Méthodes d'intervention Consultation et formation

Dans la collection

Changement planifié
et
développement des organisations

Tome 1. Historique et prospective du changement planifié
ISBN 2-7605-0510-3

Tome 2. Priorités actuelles et futures
ISBN 2-7605-0511-1

Tome 3. Théories de l'organisation.
Personnes, groupes, systèmes et environnements
ISBN 2-7605-0512-X

Tome 4. Pouvoirs et cultures organisationnels
ISBN 2-7605-0573-1

Tome 5. Théories du changement social intentionnel.
Participation, expertise et contraintes
ISBN 2-7605-0616-9

Tome 6. Changement planifié et évolution spontanée
ISBN 2-7605-0617-7

Tome 7. Méthodes d'intervention.
Consultation et formation
ISBN 2-7605-0618-5

Tome 8. Méthodes d'intervention.
Développement organisationnel
ISBN 2-7605-0619-3

CHANGEMENT PLANIFIÉ ET DÉVELOPPEMENT DES ORGANISATIONS

T O M E 7

Méthodes d'intervention Consultation et formation

SOUS LA DIRECTION DE
ROGER TESSIER ET YVAN TELLIER

1992
Presses de l'Université du Québec
Case postale 250, Sillery, Québec G1T 2R1

Données de catalogage avant publication (Canada)

Vedette principale au titre :

Changement planifié et développement des organisations

[2e version]

Comprend des références bibliographiques.
Sommaire : t. 1. Historique et prospective du changement planifié – t. 2. Priorités actuelles et futures – t. 3. Théories de l'organisation, personnes, groupes, systèmes et environnements – t. 4. Pouvoirs et cultures organisationnels – t. 5. Théorie du changement social intentionnel, participation, expertise et contraintes – t. 6. Changement planifié et évolution spontanée – t. 7. Méthodes d'intervention, consultation et formation – t. 8. Méthodes d'intervention, développement organisationnel.

ISBN 2-7605-0618-5 (v. 7)

1. Changement organisationnel. 2. Efficacité organisationnelle. 3. Organisation – Recherche. 4. Culture d'entreprise. I. Tessier, Roger, 1939- . II. Tellier, Yvan, 1932- .

HM131.T448 1990   658.4'06   C91-002854-0

Conception et réalisation de la couverture : Sylvie BERNARD

ISBN 2-7605-0618-5

Tous droits de reproduction, de traduction et d'adaptation réservés © 1992
Presses de l'Université du Québec

Dépôt légal – 2e trimestre 1992
Bibliothèque nationale du Québec
Bibliothèque nationale du Canada
Imprimé au Canada

Table des matières

Avant-propos IX

Remerciements XIII

Introduction XV

1 Un modèle intégré de la consultation 1
  Robert LESCARBEAU
  Maurice PAYETTE
  Yves ST-ARNAUD

2 Consultation. Expertise et facilitation 21
  Roger TESSIER

3 Le processus de consultation dans les organisations 37
  Mire-ô B. TREMBLAY

4 Les valeurs des consultants et consultantes organisationnels 63
  Jacques RHÉAUME

5 Différents aspects de la vie d'un groupe 85
  Michèle ROUSSIN

6 Le groupe de travail 97
  François ALLAIRE

7 Groupes restreints et apprentissage existentiel.
  Les divers visages de la méthode de laboratoire 135
  Aline FORTIN

8 Interventions visant les individus. Les processus de base
  et leurs conséquences dans diverses situations 159
  Robert T. GOLEMBIEWSKI

9 Interventions dirigées sur le groupe.
  Quelques tendances de développement 187
  Robert T. GOLEMBIEWSKI

10 Le groupe de formation. Légende et science 203
Aline FORTIN

11 Le groupe de formation et l'orientation rogérienne 237
Fernand ROUSSEL

12 L'apprentissage du processus rationnel de résolution de problèmes
et de planification du changement social 275
Roger TESSIER

13 La métaphore générative. Une façon de voir la formulation
de problème dans les politiques sociales 311
Donald A. SCHÖN

14 Le futur préféré.
Une méthode novatrice de changement planifié 345
Jean-Michel MASSE
Roger TESSIER

15 Enseigner l'expérience ! Une pédagogie qui vise à aider
des gestionnaires à apprendre à partir de leur pratique actuelle 373
Adrien PAYETTE

16 La science-action.
Le rapport entre la science et la pratique professionnelle 395
Fernand SERRE

17 Apprendre-s'enseigner.
Une approche écosystémique de l'interaction éducative 423
Michèle-Isis BROUILLET

18 Le modelage du comportement.
Une approche efficace de la formation des gestionnaires 459
Danièle RICARD

Conclusion 493

Notices biographiques 499

Avant-propos

C'est en 1973 qu'a été publiée simultanément à Montréal et à Paris, la première version de *Changement planifié et développement des organisations : théorie et pratique*. Ce premier livre de 800 pages comptait une trentaine de collaborateurs. Nous présentons ici une deuxième version en huit tomes réunissant les collaborations d'une centaine d'auteurs. Cette croissance est attribuable au nombre et à la variété des intervenants, directement et indirectement touchés par les diverses manifestations du courant, à la quantité des programmes d'études universitaires, ainsi qu'à la diversification des apports théoriques et méthodologiques. Alors qu'en 1973, un peu partout en Amérique, la pratique du changement planifié présentait des signes d'essoufflement et semblait même sur le point d'amorcer un net mouvement de recul, force nous est de constater aujourd'hui, dix-sept ans plus tard, tous les signes d'une reprise vigoureuse. La redécouverte des acquis et l'ouverture à de nouvelles perspectives garantissent la pertinence renouvelée pour l'action et la réflexion des personnes qui s'inscrivent dans la tradition des pratiques de groupe orientées vers le changement des institutions et du personnel qu'elles encadrent.

Au moment d'arrêter la stratégie de production, nous avons fait certains choix qui expliquent, outre la taille, d'importantes différences entre l'ouvrage actuel et son prédécesseur. D'abord, les tomes 1 et 2, *Historique et prospective du changement planifié* et *Priorités actuelles et futures,* situent les pratiques actuelles dans une perspective plus explicite, mieux définie et plus différenciée. Si nous avons cru bon d'accorder plus d'attention à l'histoire, c'est sans doute qu'elle est plus longue : un demi-siècle justifie l'attente qu'une vision rétrospective offre aujourd'hui des points de repère plus nombreux et plus significatifs comparés à ceux qu'aurait révélés un historique produit au début des années 70. L'adoption d'un point de vue prospectif nous a paru, quant à elle, entièrement justifiée par les exigences de lucidité que commande une fin de millénaire turbulente et déroutante.

Sœur Anne, ne vois-tu rien venir ? Voyez-vous, chère sœur, ce n'est pas que je ne vois rien venir, mais bien plutôt que j'en vois trop !

Comment, en effet, distinguer dans la masse des signes de changements politiques, économiques, culturels, écologiques et techniques, les précurseurs du prochain équilibre d'une civilisation mondiale et planétaire qui ne menacerait plus, comme elle le fait dans la conjoncture actuelle : la nature, par les retombées de l'industrialisation sauvage, les nombreuses cultures, par la généralisation rigide d'une certaine modernité occidentale, les hommes, femmes et enfants arrachés à leur tradition, livrés à un désespoir que la consommation, la drogue et les distractions de toutes sortes ne font qu'anesthésier momentanément.

Nous avons ensuite présenté de façon plus explicite les *Théories de l'organisation. Personnes, groupes, systèmes et environnements* (tome 3) et *Pouvoirs et cultures organisationnels* (tome 4). Indépendamment de leur traduction immédiate en stratégies de changement et en méthodes d'intervention, nous présentons les grands courants théoriques sur les organisations formelles aux intervenants, chercheurs et étudiants, pour qui le décodage du fonctionnement des organisations, souvent sous forme de diagnostic préalable à une intervention (action directe, formation) constitue une priorité vitale et un pôle d'attraction intellectuel de première importance.

Le tome 5 (*Théories du changement social intentionnel. Participation, expertise et contraintes*), le tome 6 (*Changement planifié et évolution spontanée*), le tome 7 (*Méthodes d'intervention. Consultation et formation*) et le tome 8 (*Méthodes d'intervention. Développement organisationnel*) s'apparentent plus au contenu de l'ouvrage paru en 1973, la théorie et la pratique du changement planifié et du développement organisationnel leur donnant une trame spécifique.

Nous accordons davantage d'importance à des postures théoriques (pour les tomes 3, 4, 5 et 6) et à des innovations méthodologiques (pour les tomes 7 et 8) compatibles avec les postulats théoriques et les valeurs humanistes et démocratiques de la tradition du changement planifié, mais que nous croyons aptes à soutenir des efforts d'ouverture, de renouveau et d'approfondissement, tout en maintenant, voire en faisant progresser l'ensemble des traits constants caractéristiques de la tradition.

Comme codirecteurs de l'ouvrage, nous saisissons l'occasion de ce bref avant-propos pour offrir nos remerciements les plus sincères à certaines personnes et institutions dont la collaboration a rendu possible la production d'une œuvre d'une telle ampleur et d'une telle complexité. En tout premier lieu, nous voulons exprimer notre gratitude à Claude Lagadec, philosophe et écrivain, dont la double maîtrise de l'anglais et du français aura rendu possible la publication, pour la première fois en français, de quatorze textes américains originaux, répartis également entre des apports classiques et nouveaux.

Nous voulons aussi rendre hommage à trois collaborateurs dont l'assiduité au travail et la compétence auront permis qu'un aussi gros projet arrive à terme sans trop de complication. Depuis la mise en place du tout premier fichier des auteurs jusqu'à la correspondance requise par la négociation des droits de traduction et de reproduction, Réjean Labonté aura été un infatigable compagnon de route. Lucie Dubuc, responsable de la révision des quatre derniers tomes, a assuré les contacts avec les auteurs. Mariane St-Denis a surtout joué le rôle d'assistante à la rédaction pour deux opérations complexes : la mise en forme des entrevues de la section *Images du futur* et la rédaction des notices biographiques des auteurs. Nous remercions également le Service des publications de l'UQAM dont l'aide financière a permis la transcription dactylographique de ces entrevues.

Remerciements

Nous tenons à remercier les maisons d'édition suivantes, qui ont bien voulu nous permettre de reproduire certains documents dans le présent volume.

Les Éditions de l'IFG

Peacock Publishers

Les Presses de l'Université de Montréal

Cambridge University Press

Ce volume a pu être publié grâce à une subvention du Comité des publications de l'Université du Québec à Montréal.

Introduction

Des huit tomes de *Changement planifié et développement des organisations*, les deux derniers ont suffisamment partie liée pour que la première moitié de leur titre soit identique : *Méthodes d'intervention : consultation et formation* (tome 7) et *Méthodes d'intervention : développement organisationnel* (tome 8).

Aucune des pratiques de consultation — qu'il s'agisse des méthodes, des stratégies, des techniques, des attitudes ou des diverses pratiques de formation — décrites dans ce livre ne concerne que le strict *développement organisationnel* (DO). D'où l'intérêt de les traiter séparément, sans les grouper avec le DO présenté plus loin au tome 8. Et ce, même si toutes ces pratiques ont eu dans le passé, conservent dans le présent ou pourraient avoir dans le proche avenir une pertinence manifeste pour la stratégie du DO, comme pour certaines autres stratégies, telles que certaines formes de développement communautaire, de « qualité de vie au travail » et de « qualité totale », ou encore le travail de design ou de redesign sociotechnique. Si le tout de la consultation, de même que le tout de la formation, ne se ramènent pas au DO, la proposition réciproque est au moins aussi vraie : le tout du DO ne se ramène pas à la consultation et à la formation.

On a généralement tendance à subdiviser les pratiques de changement planifié en trois grandes catégories : la *consultation*, la *formation* et l'*action directe* au sein de systèmes-clients de divers genres et de tailles variables. La vision élargie du processus de consultation proposée par Robert Lescarbeau, Maurice Payette et Yves St-Arnaud confère au terme « consultant » un sens qui recouvre en bonne partie celui de termes voisins comme « intervenant psychosocial » ou « agent de changement ». La consultation en arrive à la limite à englober les deux autres formes d'interventions, la formation et l'action directe, au risque, cependant, de faire perdre certaines nuances aux trois réalités concernées. Il existe de nombreuses pratiques de changement planifié ne constituant en rien une relation de consultation, externe ou interne, selon que les consultantes et consultants appartiennent ou non au grand ensemble qui comprend le système auprès duquel ils interviennent.

Pour la formation par exemple, les instruments d'auto-apprentissages assistés, individuels ou de groupe, ou simplement les innombrables programmes de formation plus ou moins ouverts au grand public, ne sont pas au sens strict des activités de consultation. On trouve aussi des activités d'action directe qui ne sont pas comme telles des consultations : une entreprise peut utiliser l'enquête-*feed-back* ou avoir recours à diverses tactiques d'animation, sans faire appel pour autant à des consultants et consultantes, internes ou externes, qui recommandent l'utilisation de ces méthodes, en gèrent l'exécution et en évaluent le rendement. Plusieurs des innovations apportées par le mouvement des relations humaines des années 50 et 60 sont maintenant devenues des pratiques communes, fort répandues sinon généralisées. L'« écoute active » de Carl R. Rogers, comme le « parler au je » d'ailleurs, fait d'ores et déjà partie de manuels d'éducation morale à l'intérieur des écoles publiques. Ce dont il faut se réjouir ! La récupération — substantielle ou non : pur rituel, coup de chapeau consolateur, geste disculpateur — est le scénario le plus probable en ce genre de révolutions culturelles. De toute façon, les mouvements et les échanges entre les « ressources » internes et externes des organisations et des communautés constitueraient un fort bel objet pour l'histoire et la sociologie des retombées sociales des sciences humaines sur le fonctionnement des sociétés, des institutions et des groupes. Même si les sous-ensembles consultation, formation et action directe (faudrait-il ajouter la recherche ?) entretiennent dans les faits d'importants liens à l'intérieur de trames d'intervention variables d'une entreprise de changement à l'autre, ils n'en constituent pas moins des aires distinctes des méthodes d'intervention en changement planifié.

Le développement professionnel, né de la transformation du mouvement des relations humaines, aura voulu que ces trois sous-ensembles apparaissent successivement dans l'histoire. Les spécialistes concernés, et ce très majoritairement, ont commencé par tirer du bouillonnement de la recherche-action des débuts, donc de l'engagement de chercheurs universitaires dans l'action sociale, une pratique de formation par le groupe : la méthode du laboratoire. Une fois dépassée, assez rapidement faut-il le dire ? la tentation de ramener le DO et le changement planifié à des programmes de formation aux relations humaines tenus à l'intérieur d'institutions (privées comme publiques), les consultantes et consultants se mirent en frais, par diagnostics spécifiques et plans d'action sur mesure, pour tirer du laboratoire de formation en îlot culturel et particulièrement du groupe de formation non structuré (le *training-group* ou *T-group*) — qualifié par R. T. Golembiewski de « matrice » dont provient la technologie DO — l'ensemble des techniques d'action directe dans le système-client, de même qu'une éthique, des attitudes et des dispositions stratégiques, comme le *feed-back* et le dévoilement de soi (ou encore l'esprit d'enquête), diverses manières de traiter des problèmes fonctionnels et interpersonnels.

À bien y penser, c'est l'apprentissage qui est le processus fondamental au cœur du DO. Même en consultation, on accorde la primauté au processus sur le contenu ; ce qui arrive dans les faits entre les divers interlocuteurs et interlocutrices organisationnels, d'une part, entre ceux-ci et les consultantes et consultants, de l'autre, constitue la plus importante source d'apprentissage chez tous, les spécialistes en consultation inclusivement.

Apprendre quoi? Comment apprendre?

Aline Fortin dans «Groupes restreints et apprentissage existentiel: les divers visages de la méthode de laboratoire» présente les postulats fondamentaux de cette pédagogie qui veut rendre les participants et participantes capables d'analyser, ici et maintenant, le processus de leurs interactions en groupe, les sensibiliser aux divers aspects de la vie en groupe, mais encore plus leur procurer un contexte approprié où il leur sera possible d'apprendre à apprendre, à l'occasion d'un jeu sur les niveaux à rendre jaloux un Bateson ou un Watzlawick.

Par le recours au *feed-back* né de leurs propres comportements dans la situation et en comptant sur l'aide d'un personnel qualifié affichant des attitudes et des comportements différents de l'enseignement traditionnel, les participantes et participants tirent de la situation l'occasion de développer leurs ressources au niveau des relations humaines, mais aussi d'autres aspects fondamentaux de la vie des groupes et des organisations. C'est à la diversité de ces aspects de la vie en groupe (le terme «groupe» recevant ici une très large extension) que s'attache Michèle Roussin dans «Différents aspects de la vie d'un groupe». Elle propose de définir le groupe comme un système d'interaction poursuivant des buts (Yves St-Arnaud parlerait plutôt de «cibles communes»). Les personnes en interaction jouent des rôles tout en respectant et en modifiant certaines normes. Elles s'attachent plus ou moins les unes aux autres, et le réseau de leurs attractions et de leurs répulsions se superpose à celui, plus formel, défini par l'organigramme (statuts et rôles).

«Différents aspects de la vie d'un groupe» envisage le groupe sous l'angle de ses circonstances *matérielles* (sa taille, l'espace physique dont il dispose, etc.), de ses divisions de *rôles* (président ou présidente d'assemblée, contremaître, trouble-fête ou bouffon) ou dans ses *normes* (horaires, politesse, tabous, coutumes, modes de fonctionnement). Une distinction maîtresse reconnaît toujours au groupe des propriétés *formelles* et *informelles*.

Les réseaux de communication, par lesquels s'échangent informations et ressources diverses, ne sont pas non plus exclusivement formels. Le patron n'est pas toujours l'«étoile». Les cliques et les contacts exercent souvent autant de pouvoir que les rangs hiérarchiques. La poursuite de certains buts formels n'épuise pas la question des finalités du travail et de la vie en groupe. En plus de servir leurs buts formels, les groupes remplissent d'autres fonctions, en particuliers socio-émotives.

Le programme de travail des sessions de formation en îlot culturel (groupes d'étrangers se réunissant en un endroit particulier hors de leur lieu habituel de travail) proposait deux contextes d'apprentissage principaux : le *groupe de formation* mettait en lumière les aspects plus informels et plus spontanés de la vie en groupe ; l'autre contexte, le *groupe d'animation*, misait plus sur le processus de résolution des problèmes au sein d'une équipe de travail et sur la répartition des rôles fonctionnels à l'intérieur d'un tel type de groupe (participation-animation).

Dans « Le groupe de formation : légende et science », Aline Fortin décrit le processus d'un groupe de formation, présente les principales théories sur l'apprentissage ayant cours au sein d'un tel type de groupe et s'attarde à réfléchir sur l'épineux problème du transfert des apprentissages de la situation de laboratoire ou de groupe de formation à la situation réelle de la vie au sein de l'organisation.

Fernand Roussel, dans « Le groupe de formation et l'orientation rogérienne », campe bien les principaux traits de la méthode du laboratoire et du groupe de formation. Il accorde une attention particulière au modèle de la compétence interpersonnelle de Chris Argyris, dont les affinités avec le point de vue rogérien sont assez manifestes.

Quelles sont les options de base des monitrices et moniteurs rogériens ? La première tient au fait qu'à leurs yeux, les êtres humains vivent dans un univers personnel et subjectif. De plus, ils sont mus par une tendance actualisante qui opère au niveau de l'organisme tout entier. Avant de prendre la forme concrète de techniques d'intervention ou de comportements, la pratique rogérienne repose sur trois attitudes de base : 1) la *considération* inconditionnelle à l'égard de toute personne et l'attention à l'expérience qu'elle vit ; 2) la *compréhension empathique* ; 3) la *congruence*, c'est-à-dire un degré d'accord optimal entre le vécu et le symbolisé. Le groupe (ou la personne) aidé tient la place centrale dans la démarche (d'où le vocable de *démarche centrée sur le client* très tôt préféré à « non-directivité » par Carl Rogers lui-même). Les moniteurs et monitrices — comme tous les autres intervenantes et intervenants s'inspirant de l'éthique et de la méthode rogériennes (thérapeutes, leaders, partenaires au sein de diverses dyades) — tiennent surtout à favoriser chez leur partenaire une symbolisation correcte de son expérience et de son vécu. Fernand Roussel rappelle qu'au niveau des interventions concrètes, ils accordent une place prépondérante à la réponse reflet, qui est tout sauf une interprétation fournie au groupe-client à partir d'un cadre de référence extérieur à sa propre expérience personnelle.

En se situant à l'autre pôle de l'opposition centration sur le vécu émergent/discipline sociocognitive requise par la résolution en équipe de problèmes divers, François Allaire dans « Le groupe de travail » décrit les processus par lesquels les participants et participantes à des groupes de tâche échangent divers types d'informations, en constituant une forme de micro-organisation, véritable système productif traitant des énergies diverses selon des processus variés. Le groupe de travail poursuit des objectifs en utilisant certaines techniques pour les atteindre. Ces techniques sont mentales et l'on trouve des informations à l'intrant et à l'extrant des processus. Les processus sont circonscrits par des structures, soit des aspects relativement constants de la situation. François Allaire décrit trois types d'éléments structuraux (formes de regroupement, règles de participation, rôles) encadrant le déroulement du traitement de l'information effectué par des processus d'échange et de symbolisation. Les processus d'échange sont eux-mêmes modulés par des objectifs spécifiques du groupe de travail pour prendre la forme de processus de consultation, de décision, de réflexion ou de résolution de problèmes.

Pour bien se convaincre de la continuité, aux yeux des monitrices et moniteurs de la première génération, entre le fonctionnement des groupes vu comme contexte d'apprentissage et celui des équipes de travail en tant qu'unités de production à l'intérieur d'une organisation, on n'a qu'à lire en succession les deux textes de Robert T. Golembiewski. Dans « Interventions visant les individus : les processus de base et leurs conséquences dans diverses situations », l'auteur affirme que la méthode du laboratoire repose sur deux processus psychosociaux, à vrai dire deux types de communications — le *feed-back* et la transparence de soi.

Bien sûr, déjà le *feed-back* dévoile l'orientation de l'émetteur, et les deux processus sont subtilement liés. Le *feed-back* alimentant la recherche faite par l'autre de l'optimisation de son adaptation à l'intérieur d'une situation qu'il partage avec au moins une autre personne (mais généralement avec un plus grand nombre d'acteurs et d'actrices), constitue une forme *d'aide* fort utile à l'exploration de l'identité du récepteur. Mais le *feed-back* tend à devenir circulaire, et ce sont forcément l'identité et l'adaptation de tous les participants et participantes du groupe, invités à plus de transparence, qui sont directement concernées par les processus d'élucidation et de partage au cœur de la méthode du laboratoire. Toutes les manières d'ouvrir les communications en favorisant la circulation du *feed-back* parmi les membres du groupe réel (par exemple, une division organisationnelle permanente, une session temporaire de formation à l'animation ou à la gestion) ne sont pas nécessairement constructives. Seules le sont les manières qui veillent à réduire au minimum les jugements moraux et les tentatives de contrôle extérieur. L'information qui circule doit être vérifiable et descriptive, et elle doit s'abstenir dès le départ de tous les « bons » et de tous les « mauvais ». Une information de qualité, au dire de Robert T. Golembiewski, ne peut circuler dans de tels processus publics et efficaces que si les participants apportent une attention particulière à en assurer la convenance.

Dans « Interventions dirigées sur le groupe : quelques tendances de développement », Robert T. Golembiewski décrit comme la première phase du DO la méthode du laboratoire proprement dite. À cette phase, cette méthode met trop l'accent sur le groupe de formation entre étrangers à l'intérieur de sessions intensives. La pertinence de la formation pour le groupe naturel de provenance des participantes et participants a été faible dans beaucoup de cas. À l'occasion, ce ne fut pas d'ailleurs le système de production qui bénéficia des retombées les plus nettes, mais bien plutôt la famille. Souvent, les effets bénéfiques ont paru moins intenses et univoques que ceux annoncés par les théories et les idéologies derrière le projet d'implanter des programmes de formation susceptibles d'instaurer de nouveaux modes de gestion et de participation à l'intérieur de l'organisation.

L'influence du groupe sur l'individu et la possibilité d'utiliser cette influence comme levier de changement auprès des individus reposent sur certaines des théories les plus étoffées de la psychologie sociale et de la microsociologie. Par contre, certaines dérives (pour reprendre l'expression d'Olivier Cotinaud[1]), en particulier une certaine pratique des « groupes de rencontre », ont augmenté de manière excessive la marginalité de certaines formes d'utilisation de la méthode du laboratoire en vue d'augmenter la compétence interpersonnelle des acteurs et actrices organisationnels. Robert T. Golembiewski observe qu'à la seconde phase, les gens utilisant la méthode du laboratoire aux fins de développement organisationnel ont essayé de réduire l'écart entre la situation d'apprentissage et le cadre organisationnel des participantes et participants. Ils ont moins explicitement visé le changement individuel. Ils ont eu tendance à revaloriser les environnements familiers comme source d'apprentissage, en particulier ceux reliés au travail. Ils ont tenté aussi de faire tenir au groupe naturel une fonction centrale.

« L'apprentissage du processus rationnel de résolution de problèmes et de planification du changement social » de Roger Tessier présente une méthode susceptible, à l'intérieur du cadre d'un laboratoire, d'aider des participantes et des participants à franchir les diverses étapes d'un processus rationnel de résolution de problèmes (position du problème, inventaire des solutions, choix d'une solution, planification de l'action). Roger Tessier décrit trois programmes distincts poursuivant cet objectif. La différence entre les programmes tient essentiellement à la longueur de la période consacrée à l'apprentissage. Le texte se termine par une évaluation des trois programmes. Le processus rationnel de résolution des problèmes dans ses intonations logiques, stratégiques et tactiques donne un objet à trois volets à toutes les situations d'apprentissage décrites.

---

1. Olivier COTINAUD (1976). *Groupe et analyse institutionnelle : l'intervention psychosociologique et ses dérives*, Paris, Le Centurion.

Diagnostics et recadrages : intuitions et analyses

Roger Tessier décrit l'*inventaire des solutions* comme seconde phase du processus de résolution de problèmes : inventaire ou invention de solutions, de telles solutions doivent agir au niveau des causes diagnostiquées.

Plusieurs des développements récents, présentés au sein de ce tome 7 consacré à la formation et à la consultation, n'hésiteraient pas à choisir l'invention plutôt que l'inventaire des solutions. De plus, ils ne s'embarrasseraient sans doute pas beaucoup de démêler lesquelles des actions concernent les causes plutôt que les symptômes, ou même d'autres aspects de la situation. De plus, les problèmes en tant que tels ne sont pas le point de départ du processus de résolution, mais bien plutôt des *métaphores génératives* pour Donald A. Schön ou une *vision de l'avenir* pour Jean-Michel Masse et Roger Tessier, des *modèles d'action implicites* à rendre conscients et à rectifier en tenant compte des buts visés, dans la perspective de la science-action présentée par Fernand Serre.

Dans «La métaphore générative ; une façon de voir la formulation de problème dans les politiques sociales», Donald A. Schön présente la *métaphore générative* comme un processus. À partir de ce que les gens disent et font, il faut inférer leur mode de penser et tenter de voir s'il comporte une métaphore générative, c'est-à-dire une métaphore de nature telle qu'elle engendre de nouvelles perspectives, de nouveaux cadres. Inférer une métaphore des faits et gestes et des discours est avant tout affaire d'interprétation. Mais selon quel processus une métaphore génère-t-elle un nouveau *voir-comme* ? Quelle est l'anatomie de ce processus ? En matière de politique sociale, il s'agit peut-être moins de *résoudre* des problèmes que de *formuler* des problèmes. La formulation de problème découle des «histoires» que les gens racontent sur les situations qui ne vont pas. Ces histoires renvoient à des métaphores sous-jacentes.

Donald A. Schön ne veut pas tant que nous pensions métaphoriquement que de nous rendre conscients des métaphores exprimées par notre discours concernant les problèmes de politique sociale. Son premier objectif est de nous aider à rendre conscientes ces métaphores et à les critiquer.

Il nous convie à la lucidité et à la critique afin que nous atteignions à plus de rigueur. Prendre conscience des métaphores génératives sans doute, mais aussi apprendre à prédire à partir de celles-ci à quel genre de dilemmes arriveront les interlocuteurs et interlocutrices utilisant des cadres de référence contradictoires, porteurs de métaphores divergentes. Sur la même longueur d'onde que les logiciens de la communication à la Watzlawick ou que Erving Goffman dans *Frame Analysis*[2], Schön soutient que le *recadrage* ressemble en très grande partie à la création d'une métaphore générative. Recadrer n'est pas redécrire. Il

---

2. Erving GOFFMAN (1974). *Frame Analysis*, New York, Harper.

manque à la redescription l'étrangeté perçue entre d'anciens termes de référence et ceux imposés par le nouvel objet de référence dans la métaphore (par exemple, la vision d'un pinceau non plus comme une brosse, mais comme une pompe).

Poser des problèmes est un double processus : *nommer* et *cadrer*. La situation qui fait problème n'est pas faite de « données ». Des représentations enracinées dans des données, quand elles existent, sont construites par les actrices et les acteurs et en particulier par les spécialistes externes. Nommer et cadrer, c'est choisir des faits et programmer une cohérence. C'est le conflit entre plusieurs perspectives ou métaphores génératives qui nous incite à leur porter plus d'attention, à débusquer le tacite dans l'espoir d'harmoniser les buts et les valeurs derrière la diversité des images.

Jean-Michel Masse et Roger Tessier, dans « Le futur préféré : une méthode novatrice de changement planifié », reprennent le programme classique proposé par Ronald Lippitt et ses collaborateurs à des communautés et groupes souvent fort grands, plusieurs centaines de membres réunis dans des colloques d'assez courte durée (deux jours d'affilée par exemple). Ce programme présente des différences importantes comparé au cycle traditionnel de résolution de problèmes (celui décrit par Roger Tessier dans le texte présenté plus haut ou plusieurs autres développés dans la documentation américaine principalement). Dans les sessions qui utilisent la méthode du *futur préféré,* on tend à ramener la phase de définition du problème à une sorte de mise en train initiale, beaucoup plus courte, où les échanges de perceptions ne mènent pas à une analyse recherchant des causes. Ce programme tente plutôt de faire projeter rapidement sur un avenir prochain des images susceptibles d'être traduites en un plan d'action améliorative. De plus, ce programme accorde beaucoup plus d'importance au choix de ces actions et à leur planification en vue d'une implantation réussie ; ce qui voudrait dire que ce qui a d'abord été imaginé pendant la session sera par la suite réalisé dans la vie de tous les jours des organisations et groupes concernés par l'entreprise de changement. L'enquête et la recherche d'un diagnostic subtil cèdent le pas à l'imagination de scénarios futurs, au choix de ceux qu'on entreprend de réaliser et à la planification des actions ainsi requises. S'attardant moins à l'analyse, s'orientant plus vite vers l'avenir, les participants et participantes à de tels ateliers adoptent une attitude proactive qui rééquilibre la dynamique socio-émotive à l'œuvre dans un groupe de tâche en présence de problèmes à résoudre ou de changements à envisager. Penser à partir de problèmes, c'est, émotionnellement, demeurer en présence de réalités souffrantes dont un groupe se plaint et dont la nomination et le cadrage, à la Schön, constituent la tâche première d'un groupe responsable de la situation. Imaginer et planifier entraînent l'énergie à se ressourcer et rehaussent la cohésion dans les groupes. Sommes-nous vraiment tenus de souffrir à ce point ? Ne savons-nous pas dès le départ, d'accord en cela avec Paul Watzlawick, ce maître du paradoxe, que nous faisons notre malheur nous-mêmes ?

Dès Kurt Lewin, la recherche-action, nous le rappelle Fernand Serre dans « La *science-action* : le rapport entre la science et la pratique professionnelle », prend ses distances avec le legs déductif classique par lequel l'action est pensée comme une conséquence de la recherche à partir de lois scientifiques élaborées *in vitro*, sans que soit faite aucune référence à une manière circulaire ou cybernétique, à l'action comme genèse de la connaissance. Fernand Serre propose une conception, encore plus radicale que celle de Chris Argyris ou de Donald A. Schön, qui affirme que l'action est la principale source de la connaissance. Le monde des intentions (changement social intentionnel oblige !) est particulièrement ambigu. La classique distinction fonctionnaliste entre fonction manifeste et fonction latente n'épuise pas, et de loin, la question de l'ambiguïté de l'intentionnalité. La science-action va beaucoup plus loin ! Nos intentions explicites, officielles, font partie de la théorie professée. Or seule l'action concrète, véritable signature de l'acteur ou de l'actrice, permet de dessiner, *a posteriori* et par le dur labeur de l'élucidation, le véritable modèle d'action qui les guide. Ce modèle échappe souvent aux modèles d'action issus du passé. Seul un nouveau cadrage du réel permet de resserrer le rapport entre le modèle (ou la représentation mentale) et l'action véritablement accomplie par la personne à l'intérieur d'une situation précise. Ceux et celles qui acceptent un effort de rationalisation explicite parviennent à resserrer les liens entre l'objectif poursuivi, l'intention formulée, la stratégie utilisée et les effets véritablement atteints sur le théâtre des opérations, dans la réalité concrète.

Sous bien des horizons, le terme clé « cadre » renvoie surtout à des processus mentaux (sauf chez Goffman, où il renvoie à la fois à des formes institutionnelles et à des processus mentaux). Cadrer et recadrer, c'est d'abord nommer la réalité, procéder aux opérations mentales impliquées dans tout décodage et toute interprétation (causale ou non) des problèmes à expliquer et à résoudre.

Le mot « cadre », mais cette fois au sens institutionnel, peut également faire valoir l'originalité andragogique aussi bien de la démarche de formation décrite par Adrien Payette que de la théorie écologique de l'apprentissage et de l'enseignement proposée par Michèle-Isis Brouillet.

Dans le premier cas, même si l'apprentissage se déroule au sein d'un groupe, ses références de prédilection demeurent la pratique des gestionnaires dans le cadre institutionnel de leurs activités professionnelles. Pour sa part, Michèle-Isis Brouillet propose un cadre élargi de l'apprentissage, les intrants significatifs ne se ramenant pas principalement aux contributions du classique triangle derrière la question : « Pour enseigner les mathématiques à Paul faut-il connaître les mathématiques ou Paul ? » Le triangle inclut l'expérience de l'enseignant ou l'enseignante, les mathématiques et Paul. Il faudrait remplacer la fourchette binaire de cette question et oser répondre plutôt : « Pour bien enseigner les mathématiques à quiconque, il faut connaître les mathématiques, les destinataires, l'enseignant ou l'enseignante et bien d'autres choses encore. »

Dans « Enseigner l'expérience ! Une pédagogie qui vise à aider des gestionnaires à apprendre à partir de leur pratique actuelle », Adrien Payette propose un dépassement de la logique de la résolution de problème d'un genre particulier. La position d'un problème avant d'être un diagnostic est une mise au point. Parmi tout ce qui peut revendiquer l'attention à l'intérieur d'une situation, la « problémation » doit discriminer entre un centre et une périphérie à l'intérieur d'un champ souvent large et fort complexe. L'originalité de « Enseigner l'expérience ! », c'est de proposer trois centrations plutôt qu'une. Premièrement, dans quelle situation d'organisation se trouve l'apprenant ou l'apprenante ? Deuxièmement, comment se retrouvent-ils eux-mêmes dans cette situation ? Troisièmement, comment se dessine l'interaction entre la situation organisationnelle et le ou la gestionnaire ? Les participantes et participants motivés, entourés de collègues aidants, tentent de s'autocritiquer avec le plus de lucidité et d'enracinement factuel possible, compte tenu des limites de temps. Adrien Payette constate parmi ses étudiants et étudiantes gestionnaires une plus grande capacité à confronter leurs propres hypothèses et celles des autres. Ces hypothèses, d'ailleurs, ont aussi à être soumises à la même discipline et à la même précision qu'à l'intérieur de la démarche scientifique. Utilisés comme matériel pédagogique dans l'atelier de formation, les problèmes et les hypothèses de solutions apportés par les élèves leur permettent une sorte de prétest, qui lui-même est fort rentable au niveau du transfert des apprentissages.

« Apprendre-s'enseigner : une approche écosystémique de l'interaction éducative » permet à Michèle-Isis Brouillet de montrer comment l'enseignement, comme bien d'autres choses, n'est pas un processus linéaire où les maîtres font quelque chose aux élèves. Le foyer d'une approche systémique de l'éducation, ce n'est ni l'enseignement, ni l'enfant, ni l'enseignant ou l'enseignante, mais une métaréalité : la relation éducative proprement dite. Michèle-Isis Brouillet a tôt fait de proposer, comme centre d'intégration du rapport éducatif, deux perspectives complémentaires : structurale et relationnelle. Quelles configurations *ad extra* (enseignantes ou enseignants, personnes enseignées, finalités, environnements) assurent les types d'interactions requis par les récurrences complexes constituant *ad intra* des relations éducatives ? Peut-on vraiment tenir pour acquis qu'il s'agit bien d'apprendre et d'enseigner quand éduquer constitue une transaction entre ceux et celles qui s'adonnent à des échanges à l'intérieur d'un cadre particulier nommé éducatif ? De tels échanges veulent réaliser plusieurs finalités à l'intérieur d'un système complexe. De telles finalités concernent les personnes, les relations, les programmes et les processus à plusieurs niveaux d'environnement. Vu de l'intérieur, au pôle perceptuel des activités impliquées, le système andragogique fait fonction d'instance socialisatrice. Il est une suite continue d'occasions d'apprendre à apprendre. Vu de l'extérieur, ce même système (comme tout autre d'ailleurs) ne peut être qu'une structure composée d'éléments stables : l'éducateur ou l'éducatrice, l'élève, leur relation et d'autres aspects du groupe et de l'environnement. La concertation entre plusieurs éléments internes de la situation éducative et plusieurs autres, externes, est en quelque sorte l'objet propre d'une écologie de l'éducation.

Tout changement organisationnel représente, en fin de compte, un apprentissage spécifique de la part des acteurs et actrices concernés. Le modelage du comportement, comme le fait observer Danièle Ricard dans « Le modelage du comportement : une approche efficace de la formation des gestionnaires », présente l'originalité principale de se situer d'emblée dans le milieu de travail. Des diverses théories de l'apprentissage utilisées par les formateurs, c'est celle qui comporte le moins de risques au plan du transfert de la situation d'apprentissage à la situation concrète de travail. La portée pratique évidente du modelage du comportement ne doit pas laisser croire qu'il est dépourvu de fondements théoriques. Issu d'une double tradition, béhavioriste et cognitiviste, il trouve sa formulation la plus explicite dans la théorie de l'apprentissage social de Bandura.

Pour être efficace, tout modelage du comportement doit faire appel à quatre grands processus : l'attention, la rétention, la reproduction et la motivation. Sur le plan de la motivation, le renforcement positif est particulièrement efficace.

La pratique du modelage du comportement a donné lieu à plusieurs recherches d'évaluation. Son efficacité fait l'objet de conclusions unanimes. Elle est attribuée à deux facteurs principaux : le modèle s'efforce de créer un changement direct (sans passer par les valeurs et les attitudes) et la qualité de la formatrice ou du formateur compte pour beaucoup dans le rendement de la méthode. En particulier, ils doivent être capables de démontrer qu'ils peuvent effectivement faire ce qu'ils enseignent.

De la consultation

De la consultation, Robert Lescarbeau, Maurice Payette et Yves St-Arnaud, dans « Un modèle intégré de la consultation », proposent un modèle qui, de la réception de la demande à la terminaison de la relation, représente une vue de la consultation comme processus. Dans toute sa généralité, cette idée vaudrait, en fait, pour toute forme de consultation. Par contre, la gestion du processus complexe d'interaction entre système-client et consultants et consultantes externes, mais aussi entre divers actrices et acteurs et entre groupes constituant ce système-client, en même temps que la création de processus *ad hoc* (sessions de formation, activités de groupe utilisant leur propre processus) représentent l'essentiel de la tâche de consultation.

Une telle insistance sur le processus, mieux un tel renversement du fond et de la forme — où les processus créés provisoirement par des méthodes d'intervention ou ayant déjà cours dans le fonctionnement habituel du groupe ou de l'organisation-cliente reçoivent autant d'attention que les contenus de l'expertise des spécialistes externes—, devient une source majeure de la démarche éducative commune à diverses formes d'interventions effectuées par les spécialistes externes.

Dans la tradition du changement planifié, les consultants et consultantes externes, dans les faits, gèrent un processus de changement organisationnel dont les diverses étapes ont été planifiées à l'intérieur d'un programme (souvent réparti sur plusieurs années, mais possiblement aussi beaucoup plus bref) qui a été négocié explicitement entre le système-client et la ou le spécialiste. La gestion du processus est coopérative. Les perceptions et réactions des divers participants et participantes (de niveaux hiérarchiques multiples, de groupes et de divisions, de rassemblements temporaires) sont le plus possible partagées clairement. On en tient compte dans des évaluations formatives — en cours de route — et elles impliquent souvent d'importants réajustements. Le degré de structuration fort variable des processus engagés dépend de plusieurs conditions, mais la forme la plus typique de consultation en changement planifié donne des marges de manœuvre importantes aux spécialistes comme aux systèmes-clients. L'autonomie du système-client, en cours de consultation comme au terme du processus, est la valeur fondamentale donnant leur toile de fond éthique aux transactions particulières au sein du processus de consultation. Que les consultants et consultantes tiennent des rôles de *feed-back*, d'animation, de formation ou de conseil ; que leurs partenaires soient des individus ou des groupes, ceux-ci étant réunis en îlots culturels ou constituant des unités fonctionnelles à l'intérieur des institutions, ils proposent à la fois la résolution directe de certains problèmes en même temps que des apprentissages à plus long terme. Dans les termes de la théorie des systèmes, les spécialistes externes « traitent » certaines données et pratiquent certaines opérations. À l'intérieur d'un modèle systémique, ils procurent au système des moyens de clarifier ses *inputs*, de les traiter plus intelligiblement pour arriver à des *outputs* définissant des solutions de plus ou moins longue haleine des problèmes.

Le modèle proposé par Robert Lescarbeau, Maurice Payette et Yves St-Arnaud décrit un processus de consultation où sont identifiées six étapes : entrée, contrat, recadrage, planification, implantation, terminaison. Les transactions entre spécialiste en consultation et système-client franchiront de telles étapes de manière optimale si la relation est coopérative et si les connaissances méthodologiques et les habiletés tactiques du ou de la spécialiste s'avèrent compatibles avec les ressources et les valeurs du système-client et complémentaires de ces dernières. Ces dimensions — relationnelle, systémique, méthodologique et technique — présentent des critères d'efficacité distincts et complémentaires.

«Consultation: expertise et facilitation» est l'occasion donnée à Roger Tessier pour clarifier les deux formes fondamentales de la consultation: l'expertise, où les conseillères et conseillers sont d'abord soucieux d'accomplir une tâche, et la facilitation, où ils se centrent sur le travail des personnes responsables de l'organisation qui les engage. Le texte démontre comment ces deux types purs de consultation se croisent très fréquemment dans le processus concret de telle ou telle consultation. Ce croisement peut être source d'ambiguïté et de difficulté dans des relations entre les spécialistes et le groupe-client: mais pour peu qu'on prenne la peine d'élucider cette ambiguïté, elle peut aussi devenir source de différenciation où les spécialistes s'acquittent tour à tour des fonctions d'expertise et de facilitation, au gré des besoins et des attentes de leurs clients, mais aussi en tenant compte des exigences objectives de la situation.

Mire-ô B. Tremblay fait le bilan de son expérience personnelle comme conseiller au sein des organisations dans «Le processus de consultation dans les organisations». Il indique comment les conseillères et conseillers, au moment d'entrer en relation avec leur client, doivent tenir compte de leur vécu personnel et s'assurer de leur propre congruence dans la situation; il leur faut également utiliser leur relation avec les personnes significatives du groupe-client, pour diagnostiquer le type de problèmes que l'organisation rencontre, mais aussi pour prévoir comment elle entend se situer face à ses problèmes, si elle semble disponible par rapport à une démarche de prise en charge de son destin. Mire-ô B. Tremblay réfléchit aussi sur les différences entre deux types de conseillers et conseillères: ceux qui sont rattachés à une organisation (internes) et ceux qui n'appartiennent pas à l'organisation (externes). Il esquisse enfin le genre de relation que ces deux types de spécialistes peuvent entretenir au moment de collaborer à l'intérieur d'une même entreprise de changement.

Pour conclure cette seconde partie du tome 7, consacrée à la consultation, Jacques Rhéaume s'intéresse aux valeurs d'un groupe particulier en consultation organisationnelle. Dans «Les valeurs des consultants et consultantes organisationnels», il décrit par une méthode appropriée ceux et celles qui pratiquent le DO ou des formes apparentées de consultation en gestion des ressources humaines. Les valeurs des consultantes et consultants en comptabilité, en ingénierie ou en informatique, en finance ou en stratégie pourraient sans doute être passablement différentes. Pour mener à bonne fin ses recherches, il analyse le matériel produit par un grand nombre d'entrevues en profondeur auprès de conseillers et conseillères, spécialistes ou gestionnaires (dont la pratique sur le terrain est la principale source d'apprentissage), et d'universitaires intervenant dans l'entreprise ou la bureaucratie à titre de chercheurs et chercheuses ou de consultants et consultantes externes. Enfin, s'ajoute une quatrième catégorie faite d'animatrices et animateurs consultants (présents surtout dans le champ social et communautaire).

Deux questions principales ont guidé l'analyse de données riches et abondantes :

1) La consultation organisationnelle sert-elle le *statu quo* en adaptant les individus à la culture organisationnelle de leurs dirigeants et dirigeantes ?

2) La consultation organisationnelle est-elle une pure reproduction des tendances culturelles dominantes dans la société globale ?

La psychosociologie implicite des consultantes et consultants est susceptible d'influencer leur conception des rapports entre la personne et l'organisation, leur conception de l'intervention, de même que leur conception du changement et de la société dans son ensemble. Jacques Rhéaume propose que, dans chacune de ces trois sphères, on pourrait se montrer plus soucieux d'adaptation que de changement, servant plus la transmission des valeurs dominantes qu'une véritable transformation sociale puisant son énergie à la base du système.

Qu'en est-il au juste ? Que révèle l'analyse des nombreux protocoles étudiés par l'auteur ? Il en ressort une certaine image d'hétérogénéité. Certains professent un humanisme qui peut être assez critique par rapport à certaines normes de l'organisation, alors que d'autres considèrent la légitimité des conditions préalables fonctionnelles et des contraintes de l'entreprise comme prioritaire. Sur la nature même de la consultation, l'analyse révèle également deux tendances : un sous-groupe met l'accent sur une conception processuelle de l'intervention, tandis que l'autre définit davantage son rôle par un traitement explicite d'un certain contenu.

Comment les consultants et consultantes voient-ils la société dans laquelle ils interviennent ? Ils sont plus sensibles aux aspects économiques (crise, mondialisation des marchés, etc.) et souvent aussi culturels (éclatement de la famille, changements dans les mœurs) qu'aux aspects proprement politiques (la place du Québec dans l'ensemble nord-américain ou le jeu des classes sociales dans la société occidentale). Pour conclure, Jacques Rhéaume reconnaît dans ses données une sorte de vision éclatée du social chez les consultantes et consultants dans le domaine du DO. Macroscopiquement, l'économie domine ; microscopiquement les besoins et les valeurs des individus à la base du système l'emportent.

1

Un modèle intégré de la consultation*

Robert LESCARBEAU
Maurice PAYETTE
Yves ST-ARNAUD

Le modèle présenté dans les pages qui suivent s'inscrit dans la tradition qu'on identifie fréquemment comme le courant des relations humaines, initié par Kurt Lewin dans les années 40, mais il intègre le résultat d'une quinzaine d'années de consultation, de formation, de recherche-intervention, de réflexion personnelle et d'interaction entre trois univers : celui de la psychologie des relations humaines, celui du développement organisationnel et celui de l'intervention communautaire. Les auteurs ont été particulièrement influencés par les travaux de Gordon et Ronald Lippitt (1978) ainsi que par Chris Argyris et Donald A. Schön (1974).

Avant la présentation des particularités du modèle, deux notions centrales doivent être précisées : la notion de processus et la notion de consultant.

La notion de processus

Au point de départ d'une intervention, il existe toujours une situation particulière qui amène une ou plusieurs personnes à demander l'aide d'un intervenant

---

* Cet article présente le modèle de consultation qui fait l'objet d'un instrument autogéré de formation destiné aux consultants, publié en 1985 aux Presses de l'Université de Montréal et présentement en réédition.

ou à se montrer réceptives face à une offre de service professionnel. Il s'agit, par exemple, d'un problème à résoudre, d'une difficulté à surmonter, d'une amélioration à trouver ou d'un apprentissage à faire. Selon l'approche proposée ici, la façon de procéder pour arriver à une solution est tout aussi importante que la solution elle-même. La compétence spécifique du consultant repose en bonne partie sur sa connaissance des processus et sur son habileté à construire et à gérer des processus.

Le mot « processus »

Une des caractéristiques de l'ère du Verseau, selon Marilyn Ferguson (1980), c'est la découverte de l'importance du processus. Le mot « processus » qui se répand de plus en plus dans un grand nombre de disciplines et qui sera utilisé fréquemment dans le contexte de l'intervention mérite quelques explications. C'est en soi un concept assez simple, mais l'usage de plus en plus répandu amène des nuances, des subtilités et parfois des ambiguïtés.

Quelques exemples d'usage courant serviront de point de départ à ces explications. En informatique, le traitement des données est un processus ; en psychologie, on parle des processus cognitifs, affectifs, de développement, etc. ; en industrie, les transformations de certains produits bruts se font à travers des processus ; les gestionnaires d'entreprises sont des spécialistes de processus de solution de problème, de décision, de changement, de développement ; en pédagogie, on analyse et on facilite les processus d'apprentissage. En examinant attentivement les exemples de l'usage courant, on peut y retrouver quatre ingrédients :

1. *Une série d'opérations.* Il s'agit d'activités distinctes, d'étapes définies ou simplement d'un cheminement, d'une démarche.

2. *Un enchaînement logique.* L'ordre des opérations ne se fait pas au hasard, mais selon un enchaînement relativement rigoureux et systématique. Les opérations se présentent comme logiquement interreliées, chacune étant habituellement préalable à la suivante. Cet enchaînement n'est pas nécessairement linéaire ; il est parfois circulaire au sens où il constitue un cycle permettant la reprise de certaines opérations. Dans tout processus, on peut déceler une certaine régularité dans la reproduction des activités.

3. *Un mouvement.* Un processus est en soi dynamique et actif, constamment en mouvement ou facilitant le mouvement ; les dictionnaires relient le mot « processus » à « progrès » et à « progresser ».

4. *Une transformation.* Les opérations d'un processus sont orientées vers une fin et doivent normalement produire quelque chose. En termes cybernétiques, on dit que le processus est ce qui permet de transformer un *input* en un *output* désiré ou de faire passer d'un état à un autre.

Ces considérations nous amènent à proposer la définition suivante : *Un processus est une suite dynamique et rigoureuse d'opérations accomplies selon un mode défini, dans le but de transformer de la matière ou de l'information.*

Quand on oppose le concept de processus à d'autres concepts, on arrive alors à faire des distinctions qui nous aident à mieux le saisir et à éviter certaines confusions. Les « conspirateurs du Verseau » dont parle Ferguson (1980) opposent le processus au résultat, au produit ou au but. Pour eux, ce qui se passe en cours de route ou durant les opérations devient aussi important sinon plus important que ce qui est atteint ; ainsi en apprentissage, la façon d'apprendre d'un client et ce qu'il vit durant le processus préoccupent le formateur autant que les compétences ou le savoir acquis. Certains auteurs comme Schein (1969) opposeront le processus à la structure, en parlant des organisations, pour distinguer les éléments statiques (comme les niveaux hiérarchiques et la division des tâches) des phénomènes dynamiques (comme ce qui se passe entre les personnes qui sont dans ces structures). Dans la même ligne, mais avec certaines nuances, Goodstein (1978) fera la distinction entre le processus et le contenu : par exemple, ce qui est dit dans une communication et ce qui se passe entre les personnes qui communiquent.

L'intervention comme processus

La plupart des auteurs qui traitent de la consultation présentent l'intervention comme un processus, c'est-à-dire une série d'opérations ou d'étapes menées par l'intervenant en vue de transformer une situation particulière ou un problème en une nouvelle situation plus souhaitable et plus adéquate. On tente alors de distinguer et de définir clairement différentes étapes et de montrer les liens dynamiques entre ces étapes ; on signale les enjeux propres à chaque opération. Il s'agit non seulement d'un cadre conceptuel, mais d'une véritable méthodologie d'intervention qui se veut efficace pour atteindre les résultats visés. Une des responsabilités de l'intervenant est de gérer le déroulement de cette suite d'opérations, c'est-à-dire :

1) planifier le déroulement du processus aussi bien dans son ensemble que dans chacune de ses étapes ;

2) choisir et utiliser une instrumentation adéquate pour supporter le déroulement du processus ;

3) prendre les décisions requises pour s'assurer que le processus se déroule de façon à produire les effets attendus ;

4) coordonner les activités et les ressources au cours du processus ;

5) évaluer et contrôler le déroulement, ce qui implique que l'intervenant juge, tout au cours de l'intervention,

– de l'atteinte des objectifs de chaque étape,

– de l'opportunité de passer à une nouvelle étape,

– de la nécessité d'apporter des correctifs.

Le nombre des étapes du processus d'intervention est variable selon les auteurs et selon les types d'interventions.

L'intervention sur les processus

Le recours à un modèle d'intervention détermine l'importance qu'on accorde à certains éléments d'une situation plutôt qu'à d'autres. En reprenant la distinction déjà mentionnée entre le processus et le contenu, on peut distinguer deux types de modèles d'intervention utilisés par les consultants. L'un amène l'intervenant à se préoccuper presque exclusivement du contenu, c'est-à-dire de la nature du problème à résoudre et des solutions adéquates de ce problème (Bordeleau, 1986); l'autre amène l'intervenant à examiner les différents processus d'un système, à intervenir pour les améliorer (Gallessich, 1982; Capelle, 1979). Des exemples permettront de mieux comprendre ces deux approches.

Une institution de réhabilitation de jeunes délinquants se préoccupe, depuis un certain temps, d'assurer une continuité plus grande dans les résultats des efforts de rééducation en élaborant un programme de réinsertion sociale à l'intention des bénéficiaires qui quittent l'institution. On demande l'aide d'un consultant. On peut imaginer deux scénarios différents. Un premier intervenant, spécialiste en rééducation, peut analyser les besoins des bénéficiaires, les compétences et les ressources des éducateurs, s'inspirer des modèles de réinsertion sociale déjà existants et proposer un programme complet comportant des objectifs réalistes, des moyens adéquats et des instruments d'évaluation; il aidera ses clients à bien comprendre le sens et les exigences de ce programme et pourra s'assurer que l'implantation se fasse correctement. Un autre intervenant peut amener les éducateurs à bien identifier les besoins auxquels ils veulent répondre, à s'entendre sur une certaine approche de réinsertion sociale qui convient à leur situation, à se concerter pour choisir des objectifs réalistes et concrets de même que des stratégies adéquates et efficaces, puis au besoin à développer des habiletés nouvelles pour gérer un tel programme. Avec l'aide de l'intervenant les éducateurs se trouveront une méthode simple mais utile pour implanter leur programme puis, après un certain temps, l'évaluer et y apporter des correctifs.

Dans un autre contexte, des superviseurs font appel à un consultant pour améliorer leur mode de supervision. Un premier intervenant peut analyser la situation concrète où ses clients exercent leurs fonctions de supervision, analyser les différents modèles que présente la documentation sur ce sujet, proposer et enseigner à ses clients l'emploi d'une méthode qu'il jugera appropriée. Un autre intervenant peut aider ses clients à bien identifier leurs insatisfactions et proposer une méthode de travail où eux-mêmes apporteront les correctifs appropriés en utilisant leurs propres ressources et leur expérience personnelle de la supervision. Les clients seront ainsi considérés comme les créateurs de leur méthode plutôt que comme les utilisateurs d'un produit fourni par le consultant.

Entre ces deux extrêmes, l'intervention portant uniquement sur le contenu et celle portant uniquement sur les processus, il y a des modèles intermédiaires qui amènent le consultant à agir simultanément sur le contenu et sur le processus. Un organisme d'éducation permanente qui a identifié, par exemple, un besoin exprimé dans différents milieux concernant la relation d'aide peut faire appel à un intervenant qui exercera un rôle de formateur : celui-ci pourra procéder à une analyse des besoins puis créer un environnement pédagogique où les participants pourront à la fois prendre connaissance d'un modèle de la relation d'aide présenté par l'intervenant et se l'approprier dans des mises en situation où chacun pratiquera ce modèle en l'adaptant à sa personnalité, avec l'aide du groupe d'apprentissage.

Même lorsqu'il privilégie l'utilisation des interactions dans ses interventions, le consultant utilise et diffuse, au cours de ses interventions, différentes grilles théoriques qui lui permettent de comprendre et d'améliorer les interactions au plan individuel, interpersonnel, groupal, organisationnel ou communautaire. Par exemple, une équipe de direction d'un collège fait appel à un consultant pour améliorer son mode de fonctionnement. Tout en gérant un processus qui permettra à l'information de circuler entre les personnes concernées, le consultant peut énoncer certains principes d'un bon fonctionnement d'une équipe de gestion et aider ses interlocuteurs à les appliquer dans leur situation particulière.

Le consultant

Le terme « intervenir » désigne une action directe et délibérée, entreprise au sein d'un système d'activités humaines dans le but d'évaluer, de consolider ou de modifier une situation donnée. L'intervention requiert l'utilisation des ressources d'une personne extérieure à la situation en cause. Cette personne, dans le cadre du présent modèle, sera désignée par le terme « consultant ».

Le terme « consultant » est utilisé dans plusieurs contextes, chacun de ces contextes lui donnant un sens bien particulier. Dans le cadre du modèle intégré présenté ici, le consultant est un professionnel qui gère un processus de changement ; il se distingue de l'expert-conseil qui donne un avis professionnel sur un contenu particulier.

Le terme «système» est utilisé pour désigner l'interlocuteur du consultant. Rosnay (1975) définit ainsi le système : «Un ensemble d'éléments en interaction dynamique, organisés en fonction d'un but (p. 93).» Ainsi le système-client est l'ensemble des personnes et des groupes qui seront invités à participer à certaines étapes de l'intervention ou qui seront directement touchés par l'intervention. Tous ces éléments seront en interaction en fonction du but, qui est d'améliorer la situation pour laquelle on a fait appel au consultant.

Intervenir, selon une approche systémique, signifie s'efforcer d'influencer un ensemble de facteurs, d'éléments interdépendants ou de composantes d'une situation. Le consultant qui utilise cette façon de définir une situation évite de considérer celle-ci de façon isolée et tente de décloisonner les perceptions ; il cherche à identifier les facteurs qui sont en interaction dans la situation. Dans la recherche de correctifs ou d'apprentissages, il tient compte de cette interdépendance, sachant qu'une modification d'une des parties aura une influence sur les autres. Il s'efforce de faire évoluer tous les facteurs susceptibles de contribuer au changement désiré.

Généralement, le système existe indépendamment de l'intervention : la situation au sein de laquelle on intervient existe avant que l'intervention ne commence et elle continue à exister, de façon modifiée, après l'intervention. Parfois on crée, aux fins de l'intervention, un système relativement indépendant des systèmes naturels qui existaient avant le début de l'intervention. C'est le cas des sessions de formation qui se font en dehors du milieu de travail habituel ou d'un groupe de tâche relié à l'intervention. Le consultant qui utilise une approche systémique est conscient de l'impact de son intervention sur les systèmes naturels où ses clients se retrouveront après son départ.

Le consultant ne se perçoit ni ne se conduit comme s'il était le seul responsable de la situation à faire évoluer. Il se définit comme une ressource collaborant avec d'autres ressources. La situation appartient en droit et en fait aux membres du système où il intervient. Dans un système permanent, il évite en particulier de favoriser un sous-groupe au détriment d'un autre. Il œuvre à développer le potentiel humain de tout un chacun. Il favorise la concertation entre les différents éléments du système, chaque membre occupant pleinement le champ de ses responsabilités et respectant le champ de compétence des autres membres du système.

L'insistance mise sur la notion de processus et sur l'interaction est intimement liée à une conception de l'intervention. Le consultant qui s'inspire de ce modèle facilite le changement dans un système ou chez un individu en misant sur les capacités et les ressources des personnes concernées.

Le consultant s'inscrit dans une perspective de développement de l'autonomie, de manière à ce que les gens deviennent progressivement plus compétents à solutionner leurs problèmes, à travailler eux-mêmes à l'amélioration de leur situation ou de leurs compétences. De cette façon, il œuvre à assurer le développement optimal des ressources de la personne humaine et des systèmes où celle-ci évolue.

L'intervention peut prendre différentes formes selon la nature de la demande et selon les objectifs poursuivis. En conséquence, le consultant est appelé à exercer différents rôles au cours d'une intervention. Le présent modèle intègre plusieurs rôles que le consultant est appelé à exercer au cours d'une intervention selon la nature de la demande et l'évolution de la situation.

Le consultant exerce un rôle de formateur lorsqu'il intervient comme personne-ressource, dans le cadre d'un groupe d'apprentissage, pour planifier et exécuter une activité visant le développement d'habiletés personnelles ou interpersonnelles.

Le consultant exerce un rôle d'aidant lorsqu'au cours d'une intervention, il répond aux besoins d'un individu qui désire résoudre un problème personnel, prendre une décision, liquider des tensions accumulées, planifier une action difficile, intégrer un *feed-back*, accepter un échec, etc.

Le consultant exerce un rôle d'animateur lorsqu'au cours d'une intervention, il aide un petit groupe à prendre des décisions, à procéder à une autorégulation, à s'organiser, à accomplir une tâche particulière, etc.

Le consultant exerce un rôle d'agent de *feed-back* lorsqu'au cours d'une intervention, il utilise une méthode éprouvée pour recueillir de l'information dans un système, organiser cette information et la retourner au système concerné en vue d'enrichir et de valider les données ainsi que de s'entendre sur les suites à y donner.

Le consultant exerce un rôle de conseiller lorsqu'il assiste un client, responsable d'un groupe ou d'un système, dans la recherche et l'élaboration de processus permettant à celui-ci de mieux remplir sa tâche auprès des personnes et des groupes.

Le consultant exerce un rôle d'agent de liaison lorsqu'il contribue à créer des liens fonctionnels entre le client et d'autres ressources, soit en orientant le client vers ces ressources, soit en établissant lui-même le contact entre le client et les ressources disponibles.

Le consultant exerce un rôle de théoricien lorsqu'il fournit au système-client un cadre conceptuel ou une information théorique propre à faire progresser le processus de changement ou à faciliter la compréhension des phénomènes en cours.

L'ensemble des éléments qui précèdent sont regroupés dans la figure 1. Le cercle du haut représente le consultant. L'ensemble de cercles qui apparaît dans la partie inférieure du schéma désigne les différents systèmes et les

FIGURE 1
Les rôles du consultant

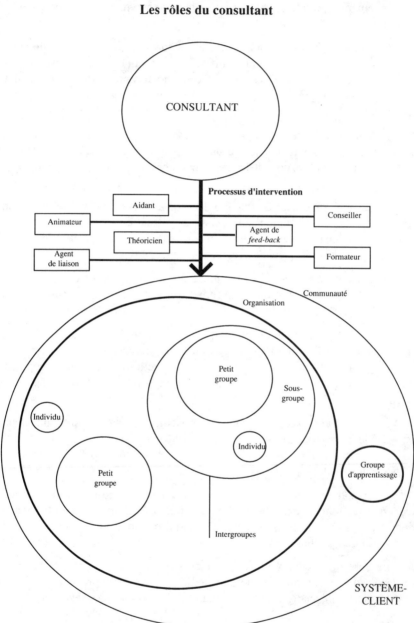

interlocuteurs qui peuvent composer un système-client au cours d'une intervention : une communauté, une organisation, un groupe d'apprentissage, un ou plusieurs sous-groupes organisationnels, un ou plusieurs petits groupes, une ou plusieurs dyades, un ou plusieurs individus. La flèche centrale désigne le processus d'intervention. Les cases reliées à cette flèche désignent les principaux rôles que le consultant peut exercer au cours d'une intervention.

Le système professionnel-client

L'intervention peut se comparer à un système de traitement d'information. Un ordinateur, par exemple, est un instrument construit pour traiter toutes sortes de questions. Essentiellement, il est construit à partir d'une science du comment : il possède dans ses circuits une façon de traiter des données en suivant un certain nombre de règles inscrites dans un programme. Il peut ainsi résoudre un problème de mise en marché d'un produit, élaborer un diagnostic médical, jouer aux échecs, procéder à un traitement de texte, contrôler une comptabilité ou guider un vaisseau spatial. La science du comment dont il dispose peut être mise au service de différents utilisateurs qui peuvent lui soumettre leurs données.

Lorsqu'une ou plusieurs personnes utilisent les services d'un consultant, tout se passe comme si elles lui demandaient l'accès à une science du comment. Le consultant, au départ, dispose rarement de programmes tout faits qui permettraient de donner une réponse rapide aux questions qu'on lui pose. Il offre cependant à ses interlocuteurs d'entreprendre une démarche systématique qui permettra de recueillir et de traiter les données selon une méthode éprouvée.

Avant d'entreprendre la présentation des composantes du modèle d'intervention, la description du système professionnel-client permettra d'avoir une vue d'ensemble de l'intervention et de définir certains concepts de base.

Le schéma reproduit dans la figure 2 résume les principaux éléments du système qui se crée lorsqu'une intervention débute.

Le système et ses frontières

L'approche systémique est une façon de mettre de l'ordre dans une réalité complexe pour mieux la comprendre et pour agir sur elle de façon efficace. Lorsqu'un consultant intervient, il est presque impossible d'isoler un facteur précis du système-client qui serait la cause unique d'un effet non désiré et qu'il suffirait de modifier pour éliminer cet effet. Dans d'autres domaines d'intervention, sur le plan médical par exemple, il arrive que l'intervenant puisse attribuer un symptôme particulier à une cause précise : c'est le cas du médecin qui diagnostique une amygdalite ; il suffit de supprimer l'amygdale pour que le symptôme disparaisse. Dans un système d'activités humaines, il est rare que le diagnostic puisse être aussi simple. Si un groupe de personnes se plaignent, par exemple, que dans leur association il n'y a pas assez de participation, ou que « les gens ne sont pas motivés », on attribuera cette difficulté à un ensemble de facteurs. Il est possible que, pour certains membres de l'association, les objectifs poursuivis ne fassent plus partie de leurs priorités ; pour d'autres la baisse de motivation dépendra du mode de fonctionnement de l'association ; pour d'autres encore, cela sera plutôt attribuable à des conflits interpersonnels ou à un manque de compétence pour agir efficacement au sein de l'organisme en question.

FIGURE 2
Le système professionnel-client

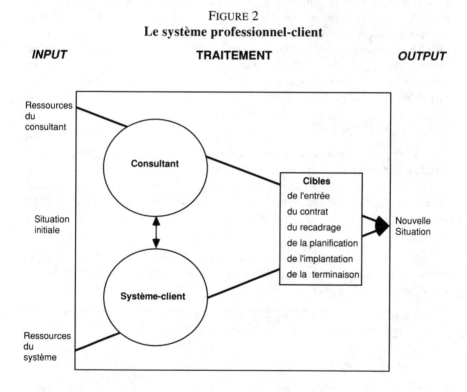

Dans la plupart des situations pour lesquelles on fait appel à un consultant, il serait même dangereux de chercher à isoler une cause unique. C'est pourquoi le consultant privilégie une approche systémique qui lui permet de considérer un ensemble d'éléments reliés les uns aux autres. De ce point de vue, chaque intervention comporte des éléments de recherche. Pour procéder à ce genre de recherche et répondre aux exigences d'un client, il faut renoncer à contrôler toutes les variables impliquées dans la situation que l'on veut modifier.

L'approche systémique permet d'aborder ce genre de situation complexe en agissant sur quelques éléments clés. L'intervention consiste à créer un système provisoire qu'on appelle le système professionnel-client et à traiter l'information qui circule à l'intérieur de ce système pendant toute la durée de l'intervention.

Dans la figure 2, le grand rectangle définit la frontière du système professionnel-client. Il représente d'une part une frontière matérielle : le lieu où se fait l'intervention. Il indique d'autre part une frontière psychologique : le type de problème qu'on veut y traiter et les rôles que chacun des partenaires sera appelé à y jouer au cours de l'intervention. Si, par exemple, on fait appel à un consultant dans une équipe de travail, on demandera que toutes les personnes concernées par le problème à résoudre soient engagées dans l'intervention ; on exigera aussi du consultant la confidentialité pour que l'information qui circulera dans ce système ne soit pas utilisée plus tard par des supérieurs hiérarchiques au détriment des personnes concernées.

La frontière du système professionnel-client est définie par un ensemble de règles du jeu, dont certaines sont implicites et d'autres précisées au point de départ. Une question importante se pose à ce moment : « Qui aura accès à l'information ? » Les personnes qui auront accès à l'information devront être identifiées au moment de définir le système professionnel-client.

La frontière du système professionnel-client est très précise, et il est important qu'elle le soit, mais cela ne veut pas dire qu'elle est fixée une fois pour toutes. Dès qu'une relation s'établit entre un consultant (ou une équipe de consultants) d'une part et au moins un membre du système-client d'autre part, le système de traitement d'information commence à fonctionner. Déjà il y a un *input*, un traitement qui se manifeste dans le dialogue qui s'engage entre les partenaires et un *output* qu'on recherche implicitement.

L'input

L'information qui va entrer dans le système professionnel-client pour y être traitée est de deux ordres. Avant même que le système ne soit créé, deux réalités existent qui ne sont pas en relation l'une avec l'autre. Il existe d'une part un savoir et un savoir-faire qui constituent un réservoir de ressources accumulées dans le cadre de la profession qu'exerce le consultant. Il existe d'autre part un système qui a lui aussi des ressources. L'interaction entre ces deux types de ressources est suscitée par une situation particulière vécue comme insatisfaisante par une ou plusieurs personnes ; on la désigne comme la situation initiale pour souligner ce qui, dans cette situation, est à l'origine du système professionnel-client. Une intervention peut débuter de deux façons, soit par une demande de consultation, soit par une offre de service. Dans le premier cas, la situation initiale aboutit à une demande adressée au consultant. Le but de la demande est précisément de mettre en rapport les ressources d'un milieu et celles du consultant. Le consultant sera l'intermédiaire entre le réservoir de connaissances et la situation pour laquelle on le consulte. Le demandeur sera l'intermédiaire entre le milieu et le consultant. Dans le second cas, le consultant, selon la connaissance globale qu'il a de différents milieux, offre ses ressources à des individus ou à une clientèle cible susceptible d'en profiter. La naissance du système professionnel-client est représentée à gauche du schéma de la figure 2. En dehors de ce système, on retrouve les ressources du consultant, les ressources actuelles ou potentielles du système-client ainsi qu'une situation initiale. Dès que le contact est établi, les ressources dont dispose le consultant lui permettent de faire entrer dans le système toute l'information pertinente, de traiter cette information en vue d'améliorer la situation initiale.

Le traitement

Le modèle intégré permet de traiter la situation initiale selon un processus très rigoureux qui décompose l'ensemble de l'intervention en plusieurs cibles, elles-mêmes regroupées de façon à déterminer les étapes d'une intervention. Ces étapes peuvent varier selon les rôles exercés, mais on y retrouve toujours six catégories de base qui regroupent des cibles spécifiques : les cibles de l'entrée, du contrat, du recadrage, de la planification, de l'implantation et de la terminaison.

Tout au long de cette démarche, le consultant dispose d'instruments particuliers qui permettent de recueillir et de traiter l'information nécessaire à chaque étape. De plus, chaque ensemble d'étapes constitue un sous-système qui a son propre *input* et son propre *output*. L'*output* prend toujours la forme d'un résultat intermédiaire, observable dans le système professionnel-client. Chaque *output* intermédiaire doit être atteint de façon satisfaisante avant que l'on ne s'engage dans les étapes de la catégorie qui suit. C'est la compréhension de cette logique de l'intervention et la maîtrise des instruments appropriés aux différentes étapes qui définissent le champ particulier de compétence du consultant dans le traitement de l'information qui entre dans le système professionnel-client.

Les étapes de l'entrée permettent d'explorer une situation qui a suscité une demande d'intervention. Elle n'aboutit pas toujours à la décision de procéder à une intervention, mais, dans les cas où on décide de le faire, l'*output* particulier des étapes de l'entrée — qui deviendra l'*input* des étapes de la catégorie suivante — peut se formuler ainsi : c'est l'engagement de la part du consultant à élaborer un projet d'intervention, projet qu'il soumettra plus tard à son client.

Les étapes du contrat consistent à préparer une esquisse à l'intention du client, à déterminer avec celui-ci le contenu de la proposition d'intervention, à rédiger et à transmettre au client un document pour qu'il vérifie la fidélité du document aux ententes antérieures. Le tout aboutit à un *output* particulier, le projet d'intervention, qui servira de point de départ aux étapes de la catégorie suivante.

Les étapes qui suivent correspondent à ce que d'autres consultants appellent le diagnostic. La notion de diagnostic laisse entendre que le mauvais fonctionnement d'un système dépend directement d'une ou de plusieurs causes qu'il suffirait de déterminer pour modifier la situation qui fait l'objet du diagnostic. Le terme « recadrage », utilisé dans le présent modèle, invite les membres du système-client à organiser l'information reliée à la situation initiale dans un contexte conceptuel ou émotionnel différent de celui qu'on utilisait précédemment. Les étapes du recadrage consistent à diffuser de l'information à l'intérieur du système-client concernant la démarche entreprise, à planifier le processus de recadrage, à coordonner une collecte de données, à traiter les données recueillies, à transmettre les données au système-client puis à s'entendre sur une formulation de la situation initiale. L'*output* de ces étapes prend la forme de priorités de changement que l'on retient pour la suite de l'intervention.

Les étapes de la planification constituent en quelque sorte une transition entre les étapes du recadrage et celles de l'implantation. Pour agir de façon cohérente lors des étapes de l'implantation, le consultant a besoin d'un plan, d'une ligne de conduite et d'une prévision des opérations nécessaires à l'amélioration d'une situation. La planification part des priorités de changement retenues précédemment. Pour chacune, le consultant élabore une planification globale d'abord, puis une planification détaillée. Au terme de ces étapes, on dispose d'un projet de devis qui a été soumis au client, discuté, modifié au besoin, pour faire enfin l'objet d'un accord.

Les étapes de l'implantation consistent essentiellement à gérer les activités qui, partant du devis produit aux étapes antérieures, permettront de produire les résultats attendus. Le consultant peut, selon les cas, initier les activités, coordonner la démarche et favoriser la concertation, soutenir les personnes et le système, assurer l'autorégulation, faciliter l'institutionnalisation des résultats et maintenir la coopération tout au long de ce processus.

Les étapes de la terminaison comportent des activités qui permettent un retour sur l'intervention, une appréciation de la situation actuelle en comparaison avec la situation initiale ainsi qu'un regard prospectif sur ce qui devrait suivre l'intervention. L'*output* prend la forme d'un jugement qui est porté sur la situation présente.

L'output

Dans tout système, le but visé est la clé pour comprendre l'interaction entre les éléments. Lorsqu'on a compris, par exemple, que le but du système constitué par un œuf est de produire un poussin, il devient possible de comprendre la présence des éléments qui interagissent à l'intérieur de cet œuf. De la même façon, le système professionnel-client existe en fonction d'un but. Comme il s'agit d'un système qui se crée à mesure que les partenaires interagissent, le but n'est pas aussi évident que dans le cas de l'œuf. Surtout il n'est pas déterminé par un code génétique. La détermination du but est même une caractéristique des systèmes humains. Dans le système professionnel-client, la formulation du but est un test important du degré de coopération qui peut s'établir entre l'intervenant et ses interlocuteurs. C'est en partie la recherche d'une telle concertation qui justifie l'importance accordée à la première étape dite d'entrée. C'est là qu'on détermine, dans ses grandes lignes, le type d'*output* que l'on visera au cours de l'intervention, quitte à le préciser par la suite à mesure que l'information requise sera disponible. L'*output* lui-même ne pourra être observé qu'au terme de l'intervention. De la même façon que tous les œufs ne produisent pas les poussins attendus, toutes les interventions ne produisent pas ce qu'on attend d'elles. Il faudra donc évaluer au terme du traitement si l'*output* visé a été atteint, mais le premier pas à faire est de déterminer ce qu'on appelle alors l'*output* désiré.

Dans la figure 2, les flèches qui vont de gauche à droite indiquent le passage de l'*input* à l'*output*; elles symbolisent la trajectoire ou le processus d'intervention. Partant de la situation initiale, le système-client vise implicitement un *output* qui deviendra la situation nouvelle. L'intervenant, pour sa part, agit ordinairement en fonction d'objectifs professionnels qui privilégient certains types d'*output*. Il arrive même qu'il y ait désaccord sur la formulation de l'*output*, au point de départ. Les étapes de l'entrée et du contrat permettent de traiter ces divergences et d'assurer le consensus nécessaire à la poursuite de l'intervention.

Les quatre composantes du modèle

Le traitement de l'information assure le passage de l'*input* à la nouvelle situation qui devrait correspondre à l'*output* désiré. Au-delà des particularités reliées aux rôles qu'exerce le consultant, le modèle d'intervention proposé ici se caractérise par les quatre composantes suivantes : composante relationnelle, composante méthodologique, composante technique et composante systémique.

La figure 3 présente une schématisation du système professionnel-client en soulignant ces quatre composantes, ainsi que les sous-systèmes qui constituent les grandes étapes du processus d'intervention. La ligne horizontale qui occupe la partie centrale du schéma représente les étapes. On trouve ensuite, dans la colonne de gauche, la description de chaque composante.

La composante relationnelle

Sans une coopération entre le consultant et le système-client, le modèle d'intervention présenté ici ne peut fonctionner. Le consultant offre à ses clients une méthode rigoureuse pour traiter toutes sortes de problèmes ou pour faciliter des apprentissages. S'il réussit à se faire accepter comme tel, il a besoin que le système-client s'engage avec lui dans la formulation de la situation initiale et dans la progression vers l'*output*. C'est à travers ses habiletés interpersonnelles qu'il réussira à établir cette coopération. La coopération est définie ici en fonction de trois éléments de base : la poursuite de cibles communes ; la reconnaissance de champs de compétence complémentaires et le partage du pouvoir en fonction des champs de compétence.

Le consultant est ainsi un agent de coopération : pour intervenir efficacement dans un système, il ne suffit pas qu'il possède certaines expertises ; il doit aussi avoir les compétences particulières permettant de travailler de façon coopérative avec les personnes concernées. Sans une relation de coopération, l'intervention dont il est question ici serait vouée à l'échec.

La composante méthodologique

Comme spécialiste du comment, le consultant utilise, en collaboration avec son système-client, une façon méthodique de gérer l'intervention, ce qui permet de transformer la situation initiale en une situation nouvelle. Il devra se faire le gardien des différentes cibles et de leur enchaînement logique : c'est lui qui devra prendre la direction du processus.

Lorsqu'il met au profit d'un système-client une science du comment, le consultant devient le gestionnaire d'un processus d'intervention, processus qui permet de traiter systématiquement la situation qui requiert ses services professionnels.

FIGURE 3
Les composantes du modèle d'intervention

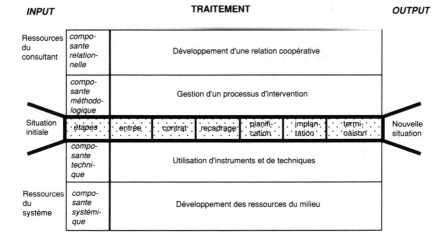

La composante technique

À mesure que le processus se déroule, dans une relation coopérative, on a besoin de faire circuler de l'information dans le système. Une des ressources que le consultant apporte consiste en un choix, dans un répertoire d'instruments, de ceux qui sont les plus appropriés aux besoins du système professionnel-client. Il peut aussi, le cas échéant, adapter ces instruments ou en construire d'autres, advenant le cas où les instruments déjà disponibles ne conviendraient pas à la situation où il se trouve. En plus de tout le reste, le consultant devient donc un pourvoyeur d'instruments et de techniques.

La composante systémique

Le système lui-même où se fait l'intervention est une composante importante du modèle présenté ici. Les buts visés par l'intervention ne peuvent être atteints de façon durable sans une utilisation des ressources du système où se fait l'intervention. Pendant que l'intervention se poursuit, c'est le milieu qui progressivement assume la responsabilité du changement. La complémentarité entre le contenu et le processus a pour conséquence qu'on ne peut jamais reproduire entièrement à l'intention d'un système-client particulier ce qui aurait été le résultat d'une intervention précédente. La composante systémique du modèle d'intervention permet au consultant de prévoir l'impact de l'intervention dans le milieu où il intervient et de se préoccuper du transfert d'apprentissage.

Tous les interlocuteurs du consultant sont engagés, à différents degrés, dans un processus de changement : changement personnel, interpersonnel, institutionnel ou social. L'intervention est entreprise précisément parce qu'un changement est souhaité. Comme l'intervention vise la meilleure utilisation possible des ressources des personnes engagées pour favoriser le changement, le consultant ne peut donc intervenir sans être un catalyseur de ressources.

L'efficacité de l'intervention

Selon l'usage courant, l'efficacité consiste à produire l'effet qu'on attend d'une action particulière ou, plus précisément, selon *Le Petit Robert*, réside dans la « capacité de produire le maximum de résultats avec le minimum d'effort ».

L'expérience sur laquelle repose la formulation du modèle d'intervention présenté ici permet de prédire que l'efficacité de l'ensemble de l'intervention est directement reliée à quatre facteurs d'efficacité dont chacun correspond à une des composantes.

Par rapport à la composante relationnelle

Parce que la coopération est une composante essentielle du modèle présenté ici, l'efficacité du système professionnel-client passe par la capacité d'établir et de maintenir la coopération avec un minimum d'effort.

Les habiletés requises pour établir et maintenir une relation coopérative ne diffèrent pas des autres habiletés : au début elles exigent beaucoup de pratique et d'effort. On part du principe que « c'est en forgeant que l'on devient forgeron », c'est en coopérant que l'on devient efficace dans ses relations interpersonnelles.

Par rapport à la composante méthodologique

La deuxième composante du modèle permet de prédire que l'efficacité de l'intervention sera directement proportionnelle à la rigueur que le consultant manifestera dans la gestion du processus d'intervention.

Cette rigueur suppose une bonne compréhension des différentes étapes du processus que l'on gère et une compréhension du caractère circulaire de celui-ci. Souvent il faudra revenir sur des étapes que l'on croyait terminées, intégrer des facteurs imprévus, adapter un processus qui, compte tenu des circonstances, deviendrait trop rigide si on suivait le modèle à la lettre. L'efficacité de la gestion du processus repose donc sur la capacité d'atteindre les différentes cibles qui marquent le déroulement du processus sans dépense inutile d'énergie de la part de l'intervenant et du système-client.

Par rapport à la composante technique

La troisième composante du modèle a été définie en fonction de l'instrumentation requise par l'intervention. L'intervenant se présente avec un réservoir d'outils déjà disponibles et une capacité de construire de nouveaux instruments, le cas échéant.

L'efficacité de l'intervention sera donc aussi influencée par cette dimension. L'instrumentation sera-t-elle suffisante et pertinente ; ou au contraire sera-t-elle lourde au point de gaspiller des énergies qui seraient mieux utilisées dans les autres composantes du modèle ? Voilà les questions qui permettent une utilisation efficace de cette composante.

Par rapport à la composante systémique

Le développement des ressources du milieu est en partie relié à la qualité de la coopération, mais il en est aussi différent, car il impose à la coopération un cadre très précis : le respect des particularités de chaque milieu ou de chaque personne engagés dans le système professionnel-client. Pour être efficace à ce niveau, il faut être capable de saisir les implications du changement personnel et institutionnel, de comprendre et de gérer les résistances au changement de façon à faire émerger de nouvelles ressources et à augmenter l'efficacité des personnes ou du système.

Les critères d'efficacité

Comme tout modèle d'intervention, celui qui est présenté ici est la synthèse de l'expérience de professionnels qui, à travers leur pratique, en ont vérifié la pertinence. C'est un modèle qui évolue cependant. En conséquence, il est important de pouvoir soumettre le modèle lui-même à une évaluation rigoureuse. À ce chapitre, il ne faut pas confondre les moyens que l'on prend pour être efficace et l'efficacité elle-même. Les facteurs d'efficacité décrits précédemment constituent des hypothèses de travail pour le consultant qui entreprend une nouvelle intervention. On lui prédit qu'il sera efficace s'il établit et maintient une relation coopérative, s'il gère rigoureusement un processus, s'il utilise des instruments appropriés et s'il adapte son intervention au système où il intervient. Toute intervention nouvelle devient une occasion de vérifier et au besoin de critiquer le modèle utilisé. En conséquence, lorsqu'on veut évaluer l'efficacité de l'intervention, il faut des critères qui seront relativement indépendants des moyens utilisés pour produire les résultats que l'on peut observer au terme d'une intervention. Le tableau 1 propose de tels critères d'efficacité.

TABLEAU 1
Critères d'efficacité d'une intervention

CRITÈRES GÉNÉRAUX	CRITÈRES PARTICULIERS
	Une intervention professionnelle a été efficace si nous sommes en mesure d'observer que :
1. Atteinte des objectifs	La situation qui a suscité l'intervention s'est transformée dans la direction souhaitée, c'est-à-dire que les objectifs de l'intervention ont été choisis adéquatement et atteints en conformité avec les critères établis en commun ;
2. Absence d'effet secondaire	Tous les impacts actuellement observables sont positifs, c'est-à-dire qu'il n'y a pas d'effet secondaire indésirable : conflit latent, compétition, incapacité d'intégrer le *feed-back* reçu, etc. ;

3. Enracinement	Les changements effectués commencent à s'enraciner et seront, selon toute probabilité, durables ;
4. Transfert des responsabilités	Les membres du système se sentent davantage responsables du changement provoqué et sont outillés pour poursuivre les changements amorcés ;
5. Rentabilité	Le bilan fait par le consultant et les personnes engagées permet de conclure que les bénéfices (résultats, impacts, retombées) sont supérieurs ou, à tout le moins, équivalents aux coûts de l'intervention (énergie, temps, argent, etc.) ;
6. Pertinence	Le déroulement et les résultats de l'intervention permettent de conclure que l'intervention était pertinente, c'est-à-dire qu'elle s'inscrivait dans les orientations et les priorités du système ou des personnes engagés et que les cibles ont été adéquatement choisies.

Conclusion

En plus de systématiser l'expérience de consultants ayant œuvré dans différents univers, le modèle présenté ici fournit un cadre général qui intègre plusieurs éléments du courant des relations humaines, dans lequel il se situe. Sa principale caractéristique est de tenir compte, dans toute intervention, de quatre composantes du processus de consultation : les composantes relationnelle, méthodologique, technique et systémique.

Le consultant qui utilise le présent modèle adopte une approche systémique ; il interagit avec un système-client dont il définit les frontières ; sa contribution la plus importante vient de sa connaissance des processus et de son habileté à gérer ces processus ; il facilite le changement en misant sur les ressources des membres du système où il intervient ; il a recours à différents rôles selon les exigences de l'intervention ; bref, il est simultanément un agent de coopération, le gestionnaire d'un processus d'intervention, un pourvoyeur d'instruments et de techniques et un catalyseur de ressources.

Références bibliographiques

ARGYRIS, C. et SCHÖN, D. A. (1974). *Theory in Practice : Increasing Professional Effectiveness*, San Francisco, Jossey-Bass.

BORDELEAU, Y. (1986). *La fonction de conseil auprès des organisations*, Montréal, Agence d'Arc Inc.

CAPELLE, R. G. (1979). *Changing Human Systems*, Toronto, International Human Systems Institute.

FERGUSON, M. (1980). *The Aquarian Conspiracy*, Los Angeles, Torcher. Traduit en français sous le titre *Les enfants du Verseau*, Paris, Calmann-Levy, 1981.

GALLESSICH, J. (1982). *The Profession and Practice of Consultation*, San Francisco, Jossey-Bass Publisher.

GOODSTEIN, L. R. (1978). *Consulting with Human Service Systems*, Don Mills, Addison-Wesley.

LESCARBEAU, R., PAYETTE, M. et ST-ARNAUD, Y. (1985). *Devenir consultant, instrument autogéré de formation*, Montréal, Les Presses de l'Université de Montréal.

LIPPITT, G. et LIPPITT, R. (1978). *The Consulting Process in Action*, La Jolla, Cal., University Associates, Inc. Traduit en français sous le titre *La pratique de la consultation*, Victoriaville, Éditions NHP, 1980.

ROBERT, Paul (1988). *Le Petit Robert*, Paris, Dictionnaires Le Robert.

ROSNAY, J. (1975). *Le macroscope*, Paris, Seuil.

SCHEIN, E. H. (1969). *Processus Consultation : It's Role in Organization Development*, Don Mills, Addison-Wesley.

2

Consultation
Expertise et facilitation

Roger TESSIER

A. W. Gouldner (1961), dans un article consacré à la question de la consultation, propose deux types essentiels de relation de consultation qu'il dénomme *engineering approach* et *clinical approach*. Cette dualité de fonctions de la consultation rejoint les dimensions fondamentales de toute situation de consultation. La facilitation ou la relation de facilitation (*clinical approach*) est essentiellement centrée sur la personne ou le groupe bénéficiaire de la consultation de même que sur la relation entre le client et le conseiller. Le conseiller-facilitateur est soucieux d'aider son client (individu ou groupe) à résoudre son problème à travers une démarche dont ce client est lui-même le principal artisan et le premier responsable. Le conseiller situe le problème au niveau d'un ensemble complexe de processus d'interactions sociales à élucider, pour que le client atteigne plus facilement un fonctionnement optimal.

La contrepartie de la consultation de type « facilitation », c'est la consultation de type « expertise » (dans les termes de Gouldner, *engineering approach*). Le *conseiller-expert* par opposition au *conseiller-facilitateur* est essentiellement centré sur le problème du client qui le consulte et non pas sur l'expérience personnelle[1] de celui-ci. Alors que le clinicien ou le facilitateur veut d'abord aider la personne ou le groupe à résoudre lui-même son problème, l'expert, lui, entend produire un maximum d'idées ou d'actions utiles à la solution de ce problème. Il est centré sur sa propre production, non pas sur celle de la personne ou du groupe qui consulte. En fin de compte, la situation ou les situations qui

1. L'expression « expérience personnelle » est employée ici au sens du vécu phénoménal ou du processus que Gendlin (1964) appelle *experiencing*, et non au sens de l'enrichissement tiré d'expériences vécues dans le passé.

font problème se présentent à l'intelligence du conseiller comme une matrice multidimensionnelle de contenus offrant matière à la réflexion et à l'action. Le tableau 1 schématise ces contrastes entre les deux approches.

TABLEAU 1

**Comparaison entre le conseiller-expert
et le conseiller-facilitateur**

CONSEILLER-FACILITATEUR	CONSEILLER-EXPERT
— Préoccupation pour les *personnes* qui vivent un problème	— Préoccupation pour le *problème* que vivent des personnes
— Tentative pour aider les personnes à *résoudre elles-mêmes* leur problème	— Tentative pour *produire soi-même des idées et des actions* utiles à la résolution du problème
— Définition de la situation-problème comme un ensemble de *processus sociaux à élucider* pour *faciliter le fonctionnement* optimal de la personne ou du groupe	— Définition de la situation-problème comme une *matrice de contenus* sur lesquels *travailler intellectuellement* pour ensuite intervenir

Les formes de la relation de consultation

La consultation-facilitation et la consultation-expertise constituent des idéaux types, c'est dire qu'il se rencontre des cas concrets de relations de consultation s'apparentant de très près aux propriétés formelles des cas extrêmes inclus dans les idéaux types, mais qu'il existe également une multitude de cas concrets de relations de consultation de caractère *mixte*, qui empruntent à la fois à l'expertise et à la facilitation. Il est intéressant de souligner ici que la mixité d'un bon nombre de relations de consultation est inavouée en ce sens que le client comme le conseiller entretiennent l'impression que leur rapport est du type de la facilitation pure ou du type de l'expertise pure, quand, de fait, beaucoup de leurs conduites dans le jeu des interactions les situent en chassé-croisé de la dichotomie expertise/facilitation. Ils s'imaginent demander (recevoir) des services d'un type quand, en fait, ils demandent (reçoivent) des services de l'autre type ou des deux à la fois. Beaucoup de facilitateurs s'illusionnent sur l'absence de connotation d'expertise dans leur relation avec leurs clients. De la même façon, bien des clients ne prennent pas conscience que la solution de leur problème ne leur est pas offerte sur un plateau d'argent par l'expert, mais provient plutôt des efforts qu'eux-mêmes consentent pour le résoudre une fois établi le contact avec l'expert. Celui-ci favorise la recherche d'une solution bien plus qu'il ne la fournit lui-même d'emblée.

Le caractère composite d'une relation de consultation ne fait pas en tant que tel figure de problème. Il reste qu'une plus grande clarté des implications de facilitation ou d'expertise de toute relation de consultation permet non pas d'aligner les conduites du conseiller et du client sur des modèles univoques qui bannissent tout emprunt à l'élément opposé de l'alternative, mais de saisir lucidement les composantes de la relation telle qu'elle existe, donc, les attentes susceptibles d'intervenir de part et d'autre tout au cours de son développement. Il devient donc intéressant d'examiner diverses formes épousées par la relation de consultation, non point pour établir des règles, mais bien plutôt pour fournir, aux clients comme aux conseillers, des critères qui les aident à clarifier leur relation, qu'il s'agisse de l'entreprendre du bon pied, de saisir certaines de ses implications pendant son déroulement ou d'en faire le bilan une fois atteint son terme.

Le conseiller comme facilitateur

Dès qu'il agit comme facilitateur, le conseiller s'évertue à déclencher et à soutenir des mécanismes autorégulateurs dans l'organisme du client, individu ou groupe. Ces mécanismes autorégulateurs prennent tantôt la forme de processus d'exploration où le client tente de saisir lucidement les diverses composantes de son expérience face à lui-même et à son environnement, tantôt celle de processus de décision où il élabore des solutions possibles et en choisit une, en vue de mener une action qui corrige un problème ou accroisse un rendement. Si le facilitateur veut déclencher et soutenir des processus autorégulateurs de prise en charge autonome chez le client, c'est qu'il suppose celui-ci en possession des ressources et du pouvoir que requiert un changement satisfaisant à ses yeux. Il faut bien saisir la triple implication d'un tel postulat. Le client doit avoir accès à certaines ressources (ces ressources sont matérielles, intellectuelles ou affectives). Il faut qu'il ait le pouvoir d'utiliser ces ressources pour changer la situation qui fait problème (ce pouvoir est légal ou psychologique, et dérive de sources variables). Enfin, la troisième implication est que le problème existe à partir du moment où la personne ou le groupe concernés le perçoivent. Il existe dans les limites que lui confère cette perception. De plus, quand le conseiller adopte un comportement de facilitateur (comme c'est le cas par exemple pour un psychothérapeute, un moniteur en dynamique des groupes, un animateur social, un analyste social, etc.), il postule que le client est en mesure d'apprendre à partir de sa propre expérience et, par ce fait, d'atteindre des niveaux *optima* de fonctionnement typiques des stades les plus avancés d'un processus de développement. Une telle approche de facilitation, comme l'ont soutenu Lippitt, Watson et Westley (1958), convient autant à un conseiller œuvrant auprès d'individus en recherche d'un niveau d'équilibre supérieur qu'à celui travaillant auprès de sous-groupes au sein des organisations formelles, qui tentent d'aménager des rapports plus adéquats avec leur environnement. Il semble aussi qu'elle soit envisageable dans l'optique de ceux qui travaillent auprès de grands ensembles comme des organisations entières ou des communautés de base (quartiers, villages, etc.). Que la consultation s'adresse à ce troisième type de groupes, et le facilitateur entre en relation avec des intermédiaires, tantôt mandatés par l'ensemble des membres du groupe, tantôt habilités, par le poste qu'ils occupent, à interagir avec des personnes de l'extérieur dans la recherche de solutions de problèmes fonctionnels. Une telle recherche prétend optimiser le fonctionnement de la totalité ou de certaines des parties de l'organisation.

Le facilitateur, qu'il travaille auprès de personnes ou de groupes, ou bien se centre sur le développement du système dans l'optique de valeurs lointaines (par exemple, une meilleure intégration des énergies, un plus haut niveau de satisfaction ou de productivité personnelle ou collective, etc.) ou bien s'attache à la résolution de problèmes opérationnels concrets. Le client adresse souvent une demande au facilitateur à l'un ou l'autre de ces deux niveaux ; il veut mettre en valeur certaines ressources ou résoudre des problèmes. Très souvent, la demande est formulée au second niveau (la résolution des problèmes) et la réponse du facilitateur s'inscrit plutôt au premier (le développement des ressources). Apparaissent alors les ambiguïtés les plus difficiles à clarifier de la relation facilitateur-client. On attend du facilitateur des réponses concrètes à des problèmes très circonstanciés et il offre plutôt d'aider le client à mieux s'approprier certaines valeurs abstraites comme la santé mentale, la compétence interpersonnelle, la rationalité.

Tous les facilitateurs ne situent pas nécessairement leur action dans l'axe de certaines valeurs abstraites à faire émerger chez la personne ou le groupe-client. Certains acceptent de travailler à très court terme, à la recherche de solutions concrètes de problèmes opérationnels. Ils le font toujours avec le souci de faire en sorte que la résolution du problème soit la responsabilité du client, faute de quoi, le rapport verse plutôt dans l'expertise, que le fait en soit clairement reconnu ou non par le client ou le conseiller.

Le conseiller comme expert

Dès qu'il agit comme expert, le conseiller s'évertue à influencer les représentations qu'entretient le système-client (individu ou groupe) à propos d'un problème ou d'une solution d'un problème, ou encore d'une situation d'ensemble à modifier. L'expert intervient fréquemment au niveau du diagnostic même du problème et il agit de telle sorte que le client ne pose plus ce problème de la même façon une fois l'expertise accomplie. Ou encore, l'expert tente d'influencer la conception de solutions du problème ou le choix d'une solution de préférence à certaines autres. L'expert esquisse le tableau d'ensemble d'une situation dont il s'agit d'optimiser le fonctionnement et propose un nouveau système (de gestion, de développement des ressources humaines, de production, de coordination, d'information, etc.). Dans certains cas, il intervient directement pour résoudre des problèmes précis, dans d'autres, on le consulte pour qu'il exprime une vision d'ensemble concernant la totalité d'une situation donnée que le client est susceptible de vouloir transformer plus ou moins radicalement. L'expert n'agit pas uniquement au niveau des représentations ou des symboles; il agit également dans la réalité concrète du système-client en pratiquant l'implantation de la solution par lui préconisée ou en travaillant à modifier, dans les faits, une situation sur laquelle on lui a demandé d'intervenir. Si sa compétence s'applique souvent au plan de la détection, de la clarification ou du diagnostic des problèmes, elle concerne aussi, parfois, l'établissement d'un plan d'action ou l'exécution de ce plan d'action. Certaines expertises relèvent de connaissances et de techniques tellement spécialisées que seul un expert possède l'habileté d'implanter la solution ou d'exécuter le plan d'action arrêté conjointement avec le client. Si je consulte un spécialiste en chauffage parce que certaines pièces de mon domicile sont trop froides, ce spécialiste pourra diagnostiquer le problème en le reliant à une mauvaise distribution de la chaleur dans les différentes pièces, et proposer un plan d'action dont le principal élément vise la transformation du système de chauffage. Finalement, l'expert exécutera son plan d'action en installant la nouvelle chaudière et la nouvelle tuyauterie; je serais bien incapable de pratiquer moi-même une telle intervention. L'expertise dans ce cas-ci a été utilisée à trois niveaux (diagnostic, plan d'action, exécution).

Plusieurs expertises sont requises à un seul de ces trois niveaux. On demande à l'occasion à l'expert de confirmer son propre jugement-diagnostic, par exemple quelqu'un rencontre un conseiller matrimonial et lui demande si sa perception de sa relation avec sa fiancée lui paraît juste. Certains conseillers matrimoniaux acceptent de porter des jugements d'expert sur des situations de ce genre. Ou encore, on demande à un expert d'élaborer des possibilités de plans d'action sans attendre de lui l'implantation de la solution retenue. Enfin, quelqu'un pose un problème, envisage des possibilités de solutions, en choisit une et demande à un expert de l'appliquer. Un directeur des études arrive à la conclusion qu'une façon d'augmenter le rendement pédagogique des professeurs de sa commission scolaire serait de leur offrir de la formation à l'animation des groupes. Il demande alors à un expert de ce type de travail d'organiser des sessions de formation pour les enseignants de sa commission scolaire.

L'expert distingue souvent très nettement ces trois tâches (diagnostic, plan d'action, exécution). Certaines de ces distinctions font même explicitement l'objet de contrats formels, l'expert exigeant qu'on détermine à l'avance à quels niveaux se situera son intervention.

Le conseiller comme expert de la facilitation

Il arrive fréquemment, dans le secteur des relations humaines et du développement des organisations, que le client consulte une personne-ressource précisément en vertu du fait qu'elle fait figure d'expert en matière de facilitation des processus sociaux au sein de l'organisation. L'expert devra suggérer à divers participants du groupe-client des conduites davantage «facilitantes» à l'intérieur des processus sociaux où ils évoluent. On consulte un expert pour tenter d'obtenir son avis sur diverses stratégies de changement social à l'intérieur d'une organisation ou sur des façons plus efficaces de jouer le rôle de gestionnaire. À l'occasion, on demande à l'expert de se prononcer sur le caractère plus ou moins «facilitant» de certaines structures dont la mise en place est projetée à plus ou moins long terme.

On peut également attribuer comme rôle à l'expert de la facilitation la formation de *facilitateurs internes*, c'est-à-dire situés à l'intérieur du système. Il pourra alors recourir à des situations d'apprentissage empruntant davantage à la facilitation qu'à l'expertise. Pour former des animateurs de groupe (c'est-à-dire des facilitateurs de certains types de processus de groupe), le conseiller fera évoluer les participants dans des situations de groupe où lui-même agira comme facilitateur. Ou, encore, il prononcera des exposés théoriques sur l'animation des groupes de tâche, les types de problèmes que rencontrent les groupes de tâche, etc. Les facilitateurs ainsi formés se situent aussi bien à l'intérieur qu'à l'extérieur du système social. Un tel type de formation apprendra à des contremaîtres à se comporter en facilitateurs au niveau de leurs relations avec leurs employés, mais il est susceptible, tout autant, de préparer des volontaires à intervenir dans diverses communautés pour y déclencher des processus de développement.

Jouant le rôle d'expert de la facilitation, le conseiller se montre plus ou moins en accord avec les valeurs dont dérive habituellement sa conduite, au moment où il agit lui-même en tant que facilitateur. On rencontre des facilitateurs, par exemple des moniteurs de groupe de formation, qui sont tout ce qu'il y a de moins directif quand ils agissent à titre de moniteurs de groupe, mais qui affichent les attitudes les plus autoritaires dès qu'ils ont à communiquer à d'autres leurs connaissances en matière de pédagogie des groupes. Il ne faut pas, non plus, condamner le facilitateur non directif au refus de tout autre rôle que la pure facilitation. Le facilitateur non directif peut fort bien accepter d'émettre des opinions, de donner des informations à un groupe d'étudiants qui les lui demandent. Cependant l'incompatibilité apparaîtrait entre les valeurs du facilitateur et celles de l'expert, si un facilitateur complètement non directif devenait, au moment d'émettre un certain «intrant» en tant qu'expert, complètement fermé à toute forme d'interaction, ne laissant aucune chance à ses interlocuteurs de formuler clairement leurs questions et faisant montre de l'autosuffisance et du pédantisme souvent caractéristiques de l'expert.

Le conseiller comme expert et facilitateur

Il arrive fréquemment que les conseillers jouent des rôles d'expert et de facilitateur simultanément. Dans la plupart de ces cas, les conseillers empruntent des deux modèles de conduite dans des proportions variables. Ces deux rôles antinomiques peuvent être joués en succession temporelle, les étapes étant relativement longues et perceptuellement distinctes. Quelqu'un peut jouer le rôle d'expert au niveau de l'exécution d'un plan d'action après avoir joué le rôle de facilitateur au moment de poser le diagnostic. Les deux étapes (expertise et facilitation) sont clairement identifiées comme telles aux yeux du client comme du conseiller. À d'autres moments, le conseiller alterne les rôles en succession très rapide ; avant d'aider un groupe à prendre une décision, l'animateur favorise l'expression de tous les membres du groupe et en profite pour insérer, ici et là, ses propres opinions, sans se montrer, pour autant, incapable d'animer la discussion en devenant partisan d'une des possibilités. Un animateur peut, en succession très rapide, participer au *contenu* pour ensuite travailler au niveau du *processus* de la prise de décision, sans qu'il y ait contradiction entre ces deux rôles, du moins à ses yeux à lui. Un clinicien peut interviewer un patient pour obtenir un grand nombre d'informations de façon à clarifier la dynamique psychologique du patient (diagnostic), mais en même temps soumettre au passage une interprétation concernant un certain type de conduites du patient ou répondre à des questions constituant des demandes d'encouragement.

Dans certaines relations de consultation, le conseiller joue, de fait, des rôles qui s'inscrivent aux deux niveaux, l'expertise et la facilitation, et c'est cette mixité qui donne son objet à la problématique développée dans la seconde partie du présent exposé.

De l'ambiguïté à la différenciation

Dans leurs formes concrètes, la plupart des relations de consultation empruntent (de façon explicite ou implicite, consciente ou inconsciente) aux deux types fondamentaux de relations de consultation, à savoir l'expertise et la facilitation. Cette mixité est souvent source d'ambiguïté. Elle peut également conduire à une différenciation utile, indispensable dans certains cas.

Commençons par examiner les effets d'ambiguïté de cette mixité avant d'en envisager les potentielles vertus de différenciation. L'ambiguïté qui existe dans les relations entre conseillers et clients provient d'un certain nombre de disparités entre les attentes du conseiller ou du client et leur comportement dans les faits, ou encore entre les attentes du conseiller et celles du client (que ces attentes soient conscientes ou inconscientes). Il peut arriver que le client et le conseiller se soient mis d'accord sur le rôle particulier de ce dernier. Il n'est pas dit que cette entente de principe, survenue tôt au début de la relation, soit le seul guide des conduites concrètes du conseiller. Il n'est pas dit que toute sa conduite corresponde parfaitement à la définition qu'il donne de son rôle et aux prédictions qu'une telle définition permet à son client de faire. Il arrive souvent qu'un conseiller s'annonce comme devant jouer un rôle de facilitation, mais que, de fait, il tente d'influencer très directement le comportement de ses clients. Il peut bien définir son rôle comme celui d'un expert, mais se comporter, dans les faits, comme le pur animateur d'un processus de recherche exécuté par le client. Il arrive aussi qu'il n'y ait pas d'accord initial sur les formes concrètes de la conduite du conseiller ou qu'un tel accord demeure suffisamment vague pour qu'intervienne une quantité considérable de projections des deux côtés, chacun confrontant la conduite réelle de l'autre avec ses idées préconçues.

Il est évident pour le conseiller, du moment où il s'est présenté comme l'animateur d'un processus autonome accompli par le groupe, qu'on ne doit plus attendre de lui des contributions directes au niveau du contenu. Or, pour beaucoup de clients, le fait d'accepter une telle définition d'entrée de jeu ne les empêche point d'attendre, plus ou moins consciemment, des comportements d'un autre ordre. On reproche au conseiller sa relative incompétence, mais il s'agit d'un jugement proféré dans l'optique particulière d'une compétence par rapport à laquelle le conseiller n'a pas offert de services. On ne se rend pas compte, par ailleurs, de sa compétence sur le terrain où il s'est engagé à servir le groupe-client. On veut qu'il suggère des solutions, il n'en fait rien. La déception devient vive sans qu'on prenne conscience que le conseiller a aidé le groupe, discrètement, mais efficacement, à élaborer maintes solutions valables.

Un second type d'ambiguïté vient amplifier le premier; il naît de la disparité entre les attentes elles-mêmes. Les attentes sociales sont conscientes ou peuvent facilement le devenir. Mais, dans une relation de consultation, la personne du conseiller comme celle du client évoque pour le partenaire un grand nombre de situations interpersonnelles de base, qui ne font pas partie, comme telles, des définitions socialement reconnues de la relation de consultation. Certaines attentes ou certains besoins véhiculés dans la relation sont inavoués. Plusieurs parmi eux ne seraient point acceptés de la part du client ou du conseiller, si jamais ils accédaient à la conscience. Pour le client, le conseiller c'est un peu l'image paternelle toute-puissante qui donne de la sécurité. On peut projeter sur lui ses propres fantasmes de toute-puissance. C'est aussi le juge « sur-moïque » qui évalue tout et est en mesure d'accorder une sanction absolue à n'importe quelle velléité d'action. Il est relativement facile, à la lumière de la théorie psychanalytique de la relation de transfert, d'étudier les nombreuses significations fondamentales et primitives que toute figure d'autorité acquiert pour ceux que stimule son attrait ou son prestige.

Le rapport réciproque est également vrai. Pour le conseiller, le client est à la fois le client et bien d'autres choses aussi; il peut être tour à tour l'admirateur d'un exhibitionniste, l'esclave d'un tyran ou l'enfant d'un père ou d'une mère. Le jeu des attentes sociales se complique donc par l'intrusion inconsciente de fantasmes qui surdéterminent la signification de toute relation de consultation. Une telle ambiguïté, au moment où la relation est vécue dans toute la complexité de sa surcharge émotive, est rarement perçue clairement. On la voit plutôt se signaler à la conscience par des détours comme la culpabilité ressentie par le facilitateur qui se surprend à se comporter en expert, la honte que ressent le client à exprimer au facilitateur des besoins qui feraient de lui un expert, ou la tristesse que ressent l'expert qu'on conteste et avec lequel on voudrait entretenir une relation égalitaire qu'on trouve plus facilement dans des relations du type de la facilitation.

Sur un mode moins émotif, d'autres manifestations d'ambiguïté prennent la forme de disparités extrêmes dans l'évaluation de la conduite du conseiller. Certains participants trouvent celui-ci compétent parce que son comportement correspond à leurs attentes, pendant que d'autres le jugent incompétent parce qu'il les déçoit dans leurs attentes. Des participants veulent que le conseiller soit discret et se contente de faciliter les mécanismes de prise de décision interne du groupe; ils sont heureux quand il parle peu et se contente de poser des questions. D'autres, au contraire, souhaitent qu'il quitte sa « passivité » et se prononce sur le fond des problèmes.

Le contraste peut être aussi marqué entre les évaluations du conseiller et celles de ses clients. Le conseiller est satisfait de s'être maintenu dans une attitude de centration sur le groupe en accord avec sa philosophie et adéquate, selon lui, dans les circonstances particulières du groupe; par contre, plusieurs des leaders du groupe évaluent négativement la façon dont le conseiller joue son rôle. L'ambivalence du conseiller ou du client peut aussi refléter cette ambiguïté. Le conseiller n'est pas tellement certain d'être utile quand il se confine à un rôle de facilitateur: ou encore, s'il est un expert perspicace, il entretient des doutes sur le degré d'intégration personnelle des idées par lui émises que ses clients accomplissent. Le client se demande s'il apprécie vraiment le travail du conseiller, soit qu'il le trouve trop actif ou insuffisamment actif; il ne sait trop au juste ce qu'il attend du conseiller. Il voit à la fois des avantages et des inconvénients et au fait qu'il s'engage au niveau du contenu des problèmes, et au fait qu'il s'en abstienne pour laisser le groupe à ses propres ressources.

Deux autres visages de l'ambiguïté: l'*inconsistance* et la *manipulation*, viennent compléter le tableau. On demande au conseiller d'être actif, mais dès qu'il le devient on le lui reproche. Alors que, dans le cas de l'ambivalence, l'expérience reste intérieure, située entièrement au niveau du vécu subjectif du client, dans le cas de l'inconsistance, elle s'exprime dans des demandes explicites contradictoires. Le conseiller promet de suggérer trois ou quatre solutions du problème et semble s'en tirer élégamment, à la rencontre suivante, par un interrogatoire où il se centre sur le client. Il n'a pas eu le temps d'élaborer des hypothèses valables. Une telle inconsistance exprime et crée des niveaux d'insécurité souvent élevés quand le conseiller s'affiche manifestement comme un facilitateur, mais prend des voies détournées pour influencer le contenu du débat. Ce type de manipulation se rencontre chez des conseillers qui le font de façon plus ou moins conscient. Réciproquement, le client confirme le facilitateur dans son intention de ne pas intervenir sur le plan du contenu des débats, mais s'évertue ensuite, de façon indirecte, à lui poser une foule de questions pour le forcer à donner son opinion.

L'ambiguïté qui caractérise certaines situations de consultation est probablement en grande partie inévitable. Le rôle du conseiller n'est pas soumis à un rituel social rigide où ses conduites correspondent à d'autres conduites prévisibles de la part du client. Le fait que, dans un grand nombre de situations, les conseillers adoptent des attitudes mixtes qui leur font jouer à la fois des rôles de facilitateurs et d'experts, le fait également que les clients attendent les deux types d'attitudes de la part d'un même conseiller, reflètent sans doute la présence, dans la situation, d'ambivalences fondamentales qu'il est impossible de résorber par le recours à des clarifications, si poussées soient-elles, intervenant d'entrée de jeu au début de la relation de consultation.

S'il est vrai que les acteurs engagés dans la situation possèdent les ressources leur permettant de régler eux-mêmes leurs problèmes (conformément au postulat posé par le facilitateur), cette vérité souffre tout de même des exceptions et n'est point absolue. Il est vrai, par ailleurs, que l'expert représente des ressources et des connaissances qui le rendent apte à produire des solutions adéquates de certains problèmes humains et sociaux, mais cette vérité aussi souffre des exceptions et n'est point absolue. Par le chassé-croisé de ces deux énoncés, on totalise bien des sources d'incertitude plus ou moins manifestes. On peut être en présence d'un client qui se croit muni de certaines ressources, mais entretient des doutes à ce sujet face à un conseiller qui possède des connaissances, dont il doute également, en secret. Les deux partenaires de la relation peuvent entretenir le même genre de conviction et de doute face à l'autre.

Plus profondément peut-être, le client est aux prises avec l'éternelle problématique de l'ambivalence face à toute figure d'autorité. Le conseiller, dans la mesure où il évoque une figure parentale, a toujours trop raison et fatalement tort ! Il a souvent d'ailleurs tort pour les mêmes motifs qui, tout juste avant, lui donnaient raison. Peut-être est-il de la nature même de la relation d'autorité d'être l'objet d'une telle ambivalence, même si cette autorité tend au maximum à égaliser le pouvoir dans la relation et prend, dans son exercice, la forme d'une intervention de facilitation. Une telle ambivalence du client face au conseiller appelle une ambivalence correspondante de celui-ci face aux responsabilités. Il est à la fois difficile et inévitable de prendre des responsabilités pour peu qu'on s'engage dans une situation. C'est très souvent pour éviter des responsabilités que le conseiller se cantonne derrière une attitude rigide de facilitateur. C'est peut-être aussi pour empêcher les autres de prendre leurs responsabilités, ou pour les prendre à leur place, que certains conseillers sont incapables de demeurer longtemps des facilitateurs et se mettent vite à jouer des rôles d'expert.

Dans un aussi complexe réseau de relations, on doit pouvoir compter sur l'apport de la lucidité qui tend à substituer, à l'ambiguïté et à ses effets dysfonctionnels, la différenciation perceptuelle et ses adaptations subtiles. C'est sûrement une des tâches les plus importantes au sein de la relation conseiller-client que d'établir de telles différenciations où des besoins différents de clients différents peuvent commander des attitudes et des conduites différentes de conseillers différents. Toutes les relations de consultation n'impliquent pas le même choix au regard de la facilitation ou de l'expertise, et tous les clients n'expriment pas les mêmes besoins non plus, sur ce terrain. Il est donc impensable de trouver des ajustements valables, et pour le client et pour le conseiller, sans s'adonner à une recherche qui différencie les conduites adéquates selon les situations.

Un tel effort de différenciation peut épouser plusieurs formes. Il peut s'agir d'une différenciation procédant d'un choix clair fait à l'orée d'une relation de consultation, où le conseiller et le client prennent beaucoup de temps pour établir où ils se tiennent l'un vis-à-vis de l'autre et ce qu'ils attendent l'un de l'autre, quitte à ce qu'ils affichent, par la suite, la rigueur exigée pour se maintenir en accord avec le choix initial et élucider l'ambiguïté, si jamais elle paraît. C'est souvent de cette façon que procède le psychothérapeute centré sur le client et soucieux d'établir très clairement le contrat qui le réunit à son client, dès le début de la relation thérapeutique. Il peut, par la suite, subir sans sourciller les pressions du client pour lui faire modifier sa conduite ou encore, le cas échéant, rappeler le contrat initial et justifier son action comme fidèle à cette entente de départ. Un autre type de différenciation surgit de la reconnaissance le plus explicite possible, reconnaissance qui se fait très progressivement, du caractère composite de la relation. On se rend compte que, dans certains types de conjonctures au cours de la relation de consultation, le comportement du conseiller emprunte plus à l'expertise qu'à la facilitation pendant que, dans d'autres, c'est l'inverse qui se produit. Cette trame de la relation composite pourra varier beaucoup d'une relation de consultation à une autre.

Il serait facile de développer plusieurs représentations d'une telle relation composite sans qu'aucune soit parfaitement contraignante pour l'esprit et tienne compte de toutes les situations concevables. Des conseillers s'en remettent aux ressources du client, excepté dans des situations d'extrême urgence. D'autres commencent par s'en remettre aux ressources du client et interviennent davantage par la suite, une fois acquise la conviction qu'ils ne voleront pas la vedette au client. D'autres, au contraire, commencent de façon plus active pour se retirer de plus en plus avec le temps. D'autres, enfin, tentent d'alterner les moments de retrait avec les moments de présence, sur la base de critères très variables, auxquels d'ailleurs leur propre conduite ne répond pas toujours. Une approche diachronique de la relation de consultation tendrait à établir des phases en fonction desquelles choisir l'attitude (facilitation ou expertise) qui aurait le plus de chances de s'avérer adéquate. On peut décrire le développement de la relation de consultation sous la forme d'un cycle de trois phases. Lors de la première phase, le conseiller agit en facilitateur; il place le client devant ses responsabilités et l'aide à définir son problème et à envisager des solutions. Mais graduellement, au fur et à mesure que progresse l'autonomie du client, le conseiller intervient de plus en plus dans les débats, sachant bien qu'il peut influencer la conduite de son client sans lui faire perdre cette autonomie: la relation prend alors la forme de l'interdépendance. Enfin, à la troisième phase, le conseiller redevient discret et prépare l'étape ultime de la terminaison de la relation, de la rupture avec le client.

D'autres modèles diachroniques de la relation de consultation seraient faciles à imaginer; ils auraient tous en commun de proposer au conseiller de moduler son comportement, en fonction non pas d'une idée abstraite de la consultation, mais plutôt d'un moment de la relation de consultation, moment intégré dans une séquence, dans une continuité chronologique. Il est important enfin de noter que la relation de consultation, dans sa forme de *facilitation* (où le conseiller joue un pur rôle de médiation entre les membres d'un groupe ou entre les diverses composantes de l'expérience subjective d'une personne ou d'un groupe) comme dans sa forme d'*expertise* (où le conseiller fournit des ressources utiles à la solution d'un problème sous forme de connaissances ou d'actions), est fortement colorée par la problématique plus générale de l'exercice de l'autorité au sein de la société moderne postindustrielle.

Bien des choses dites au sujet de la consultation pourraient être tout aussi bien prêtées à l'autorité sous toutes ses formes. La confusion qui règne autour de la notion de consultation possède vraisemblablement certaines dimensions de celle, encore plus profonde et plus centrale, qui règne à propos de l'idée d'autorité. Cette confusion tient au fait que deux courants également forts et également profonds se croisent au plan sociétal et culturel et condamnent toute idée d'autorité à une fondamentale ambiguïté. Au nom d'une idéologie manifeste très égalitaire, notre époque valorise l'autonomie personnelle comme valeur ultime, qu'il s'agisse de l'autogestion des idéologies anarchistes, de la très forte centration sur l'autonomie de l'enfant préconisée par les nouvelles philosophies de l'éducation ou de la volonté de participer à tous les niveaux dont font montre un nombre croissant de citoyens. La contrainte, la coordination, la délégation d'autorité, la décision prise par un petit nombre ou par un seul sont dévaluées et évitées dans la mesure du possible. Au même moment, cependant, les problèmes se complexifient et leur solution suppose des ensembles de connaissances de plus en plus spécialisées, dont il faut connaître le vocabulaire et la grammaire, si l'on veut prétendre à un avis pertinent dans n'importe lequel des grands débats, qu'il s'agisse de l'utilisation de l'environnement, de la gestion des affaires publiques, du développement de l'économie ou même de la signification des conduites personnelles de l'individu.

Face à cette complexité extrême du savoir et à sa distance de plus en plus grande de l'expérience immédiate à laquelle le bon sens donne accès, la technocratie sous toutes ses formes apparaît comme réponse institutionnelle. Cette technocratie est, à maints égards, le contraire pur et simple de l'autonomie et de l'autogestion. Il est souvent facile, à l'intérieur de ce débat qui oppose l'autodétermination à la technocratie, de condamner tout recours fonctionnel à un savoir spécialisé comme faisant le jeu de la technocratie. On peut avoir recours à l'expertise technique de façon non technocratique, comme on peut valoriser abusivement l'autonomie et l'autogestion. Il faut bien prendre conscience que des choix en faveur de l'autonomie demeurent toujours circonstanciels et historiques ; *circonstanciels*, en ce sens qu'on ne saurait reconnaître l'autonomie où elle n'existe pas (ou du moins pas encore) sans prendre le risque des débâcles sociales les plus spectaculaires ; *historiques*, en ce sens que l'autonomie fait plutôt figure de conquête, dans la plupart des situations individuelles et de groupe, que de facteur sur lequel on peut compter d'emblée.

Il faut inventer des modèles autonomistes de la relation de consultation qui évitent le simplisme aussi bien des affirmations technocratiques qui prétendent que les profanes ne peuvent rien comprendre au langage spécialisé du conseiller, que d'une certaine démagogie qui voudrait que la somme des incompétences accouche de la compétence. Les modèles autonomistes auxquels nous pensons feraient place à des ajustements variables et dynamiques intervenant dans une relation entre un conseiller particulier (avant statut d'expert par rapport à certains aspects) et un groupe particulier (lui aussi, expert quant à certains autres aspects de sa problématique). Les zones d'expertise, ainsi que leurs fluctuations temporelles, demeurent ce qu'il faudrait clarifier à l'intérieur d'un modèle faisant de l'autonomie l'objet d'une conquête progressive et circonstancielle. Peut-être y a-t-il une façon d'avoir recours à des experts sans enfanter la technocratie, pourvu que ce recours ne cultive pas la dépendance, mais relève plutôt de l'utilisation détachée et libre d'un point de vue particulier.

De tels modèles permettraient sans doute au client de se tenir à égale distance d'une dépendance magique vis-à-vis de l'expert et d'une contre-dépendance adolescente et vainement compétitive, refusant l'essentielle incomplétude de l'expérience humaine et la nécessaire complémentarité de prises variées sur une réalité extraordinairement complexe. À l'intérieur d'un tel modèle, la dépendance comme la contre-dépendance seraient à dépasser progressivement dans l'accession à une relation d'interdépendance fonctionnelle où le client demeure «l'expert du dedans», qui connaît intimement ses problèmes, pendant que le conseiller tient le rôle de « l'expert du dehors », capable de mettre ces problèmes en relation avec certains principes généraux ; le particularisme du coup d'œil de l'intérieur étant complété par la généralité du point de vue de l'extérieur, sans que jamais l'une ou l'autre de ces deux perspectives suffisent à la résolution des problèmes.

Une telle interdépendance fonctionnelle supposerait aussi qu'on traite la relation de consultation comme une entité dynamique susceptible de changer de forme historique. Alors qu'au début d'une relation d'expertise, le client a tout à apprendre du vocabulaire et de la grammaire de l'expert, peut-être bien devient-il progressivement capable d'utiliser la discipline du conseiller et d'échapper à une absolue dépendance à son égard. Peut-être aussi réalise-t-on que le langage du conseiller n'épuise pas la réalité et que si, dans son ordre, le point de vue qu'il représente est difficile à contester, il doit être complété par plusieurs autres perspectives par rapport auxquelles le conseiller n'est pas nécessairement un expert.

Références bibliographiques

GENDLIN, E. T. (1964). « A Theory of Personality Change », dans D. BYRNE et P. WORCHEL (sous la direction de), *Personality Change* New York, Wiley, pp. 100-148.

GOULDNER, A. W. (1961). « Engineering and Clinical Approaches to Consulting », dans W. G. BENNIS, K. D. BENNE et R. CHIN (sous la direction de), *The Planning of Change*, 1re édition, New York, Holt, Rinehart and Winston, pp. 643-653.

LIPPITT, R., WATSON, J. et WESTLEY, B. (1958). *The Dynamics of Planned Change*, New York, Harcourt.

3

Le processus de consultation dans les organisations

Mire-ô B. TREMBLAY

Je vais exposer le plus clairement possible quelques idées personnelles sur la question de la consultation. Je ne tenterai pas de résumer ce que d'autres ont dit sur le sujet ni de le traiter exhaustivement[1]. Je souhaite simplement aider le lecteur à mieux comprendre sa propre expérience à partir des significations que j'ai trouvées dans la mienne. Je m'adresse donc particulièrement à ceux qui ont à jouer dans leur travail un rôle de conseiller[2].

Je prends comme point de départ le conseiller considéré comme une personne qui vise à établir et à maintenir, pour une durée limitée, une relation d'aide avec une organisation.

La relation avec un client n'est pas donnée au départ. Il faut établir ce rapport et le maintenir aussi longtemps que les deux parties le désirent. Par conséquent, la relation de consultation s'inscrit dans un temps limité. Le processus d'aide a un point d'origine et aussi un point d'arrivée. Le client cherche à se développer de façon à ne plus avoir besoin d'aide. Dans l'établissement de cette relation, le conseiller, mû par certaines intentions face au client, tente de l'influencer dans des directions précises correspondant justement à ce qu'il souhaite comme développement du système-client. Je donne au terme «intentions» un sens très large: il veut englober tout aussi bien des tentatives pour

---

1. J'ai cependant fait suivre le texte d'une courte bibliographie sélective sur le processus de consultation.
2. Je veux parler plus particulièrement du conseiller dans le domaine des organisations; mais on pourra appliquer certaines notions à la relation d'aide entre deux personnes, où je puise d'ailleurs quelques concepts.

résoudre un problème spécifique de production, que celles pour améliorer une relation entre deux services, ou encore, développer toute l'organisation. Ces intentions peuvent être le produit d'une mise en commun entre conseiller et client, ou appartenir à une seule des deux parties.

Le conseiller (ou le mythe du cow-boy tout-puissant)

Un conseiller est d'abord une personne qui veut aider (on suppose également qu'il le peut dans une certaine mesure). C'est donc dire qu'il cherche à exercer une certaine influence. Il peut avoir développé sa compétence dans un domaine quelconque (par exemple, les techniques de fabrication de l'aluminium) et son apport consiste à essayer d'influencer des personnes, dans le domaine précis de sa compétence, domaine qui peut être très spécialisé ou très général.

Mon expérience à ce jour m'enseigne qu'une quantité importante de professionnels de la relation d'aide, au fur et à mesure que se développe leur expérience, en viennent à vivre *la maladie du pouvoir*. On se prend ici (comme ailleurs) pour Lucky Luke. (J'espère que mon lecteur est un peu familier avec les bandes dessinées des journaux *Spirou* et *Pilote,* sinon je m'empresse de lui recommander la lecture de ces ouvrages.)

Notre nouveau cow-boy en vient à travailler comme un grand expert. Il aime se retrouver seul responsable des opérations. Il semble d'ailleurs comprendre mieux que quiconque ce qui se passe dans l'organisation-cliente. En peu de temps, la plupart de ses clients dépendront presque entièrement de lui. Grâce à son pouvoir infini (il croit, lui aussi, posséder un revolver à répétitions sans limites), il est en mesure de régler tous les problèmes. En d'autres mots, il vit le mythe de l'omnipotence. Son influence lui a monté à la tête, diront certains. Peut-être bien ! Mais ce qui me frappe, c'est qu'à la différence de Lucky Luke, il ne règle pas vraiment les problèmes pour lesquels on demande son aide. En fait, il participe davantage au mythe (qui est presque un archétype dans notre civilisation nord-américaine) du cow-boy à la conquête de l'Ouest. Le consultant est devenu un homme qui veut dompter les forces de la nature, à l'exemple de Prométhée. Il veut continuer de se percevoir capable de conquérir l'Ouest, l'Ouest ayant pris le visage de la société technocratique de la civilisation industrielle, qui présente certains maux dont notre homme veut avoir raison.

En utilisant cette image de la consultation, je veux attirer l'attention sur un des ingrédients essentiels de la fonction : aider, c'est vouloir influencer dans une direction donnée. Or l'examen attentif de l'expérience de la consultation m'apprend que je peux facilement faire servir cette fonction à la satisfaction de ma soif de pouvoir. Pour saisir vraiment la dynamique de la fonction de consultation, il faut considérer, à la fois, la personne même du conseiller, sa représentation d'une organisation en développement et le rôle qu'il veut y jouer, son degré de congruence personnelle[3], ainsi que les niveaux de l'organisation mise en cause. Voyons donc tour à tour ces différentes dimensions.

Le conseiller comme personne

Qu'elle soit explicite ou implicite, le conseiller possède toujours une philosophie du travail qu'il exerce. Il veut partager avec d'autres son idéologie et ses valeurs. Son action repose sur un cadre plus ou moins clair ou plus ou moins articulé qui tente d'organiser logiquement les significations de son action. Or, chaque conception de la personne, chaque méthode de travail, reposent sur des postulats et des croyances qu'il est absolument nécessaire d'expliciter, pour soi-même comme pour les autres, afin de pouvoir les examiner et les remettre en question continuellement. Il faut savoir s'exposer à la réalité et soumettre l'idéologie qui sous-tend son action à l'épreuve d'une confrontation serrée avec les événements. On peut considérer, à la limite, que l'ensemble du cadre de référence du consultant représente des hypothèses de travail constamment réexaminées à la lumière de son travail.

Je crois aussi qu'un conseiller qui tente d'influencer un client, s'il est véritablement en contact avec ce dernier, en sera inévitablement influencé en retour. Ainsi donc, il doit exposer non seulement ses croyances et ses théories, mais aussi sa personne. C'est là, à mon avis, un des ingrédients essentiels de la consultation. Le conseiller doit être en contact réel avec son client et se transformer lui-même dans l'action. Le fait que le conseiller demeure inchangé signifie une certaine aliénation par rapport au client. Lorsque l'influence s'exerce dans un seul sens, il est impossible de croire en son utilité réelle pour le client. Je prends comme exemple la notion de *feed-back*, empruntée à la cybernétique. C'est l'information en retour qui me permet d'ajuster mon action (les sons du système sonar permettent au sous-marin d'ajuster sa direction face à l'obstacle). Si je n'ai pas assez d'informations sur mon client, comment puis je prétendre lui apporter une aide qui réponde vraiment à sa demande ? Lorsque je ne suis pas influencé par mon groupe-client, c'est que je ne me laisse pas atteindre par lui, que je me défends. Or, le conseiller qui se défend, qui garde ses distances par rapport au client, est, à mon avis, incapable de l'aider.

Compte tenu de l'état actuel de nos connaissances dans le domaine, le conseiller doit constamment s'exposer au réel. On ne peut prétendre avoir trouvé « le fond de l'affaire ». Nous ne sommes forts que de quelques hypothèses de travail et ces dernières doivent être continuellement confrontées à la réalité.

---

3. Congruence : accord ou absence de dissonance entre le comportement et sa représentation à la conscience.

Ma première hypothèse porte donc sur l'authenticité du contact entre le conseiller et le client, et dans son prolongement se situe la place importante que je donne au développement personnel du conseiller. Explicitons ce dernier point.

Il y a quelques mois, je travaillais avec un Amérindien de la Colombie-Britannique. Pour les besoins de la cause, je l'appellerai Ken. Ken est ce qu'on a convenu d'appeler un animateur social. Il travaille activement au développement des communautés amérindiennes de sa province. À ce titre, il joue aussi un rôle de conseiller, puisqu'on demande sa participation à divers comités amérindiens (affaires locales, affaires urbaines, etc.). Il est très préoccupé par l'attitude de ceux qu'il appelle les *Big Brothers*, les «grands frères blancs». Ils sont paternalistes et, de façon plus ou moins voilée, exercent une certaine forme d'oppression. Il a d'ailleurs parfaitement raison de souligner la discrimination qui existe actuellement dans plusieurs endroits du pays. Ken s'est développé dans cette dynamique de rapports entre oppresseurs et opprimés. C'est sa tragédie et celle des siens, et il travaille activement à transformer la situation. Or, en travaillant avec lui, j'ai pu remarquer combien il tenait à son rôle d'opprimé. À plusieurs reprises, dans une situation qui ne soulevait aucune des attitudes d'oppresseurs chez les membres blancs de la communauté où nous travaillions, Ken s'adressait à eux en les plaçant dans le rôle des oppresseurs. Quels qu'ils soient et quelles que soient leurs attitudes réelles, il s'adressait à eux en tant que représentant de la race des «grands frères» et créait ainsi la situation réprouvée. Il pouvait vivre ainsi plus facilement sa propre situation d'opprimé et se mettre en colère. Ken travaillait officiellement à provoquer la fin des rapports d'oppression, mais il ne pouvait enseigner qu'une seule chose : comment créer une situation d'oppresseurs et d'opprimés au sein de laquelle se battre. Il ne pouvait pas enseigner comment mener à terme le combat. Il avait besoin de se situer toujours à l'intérieur de ces rapports de force. Et il participait activement à les créer à nouveau, quel que soit l'endroit où il évoluait. Lorsque nous avons exploré ensemble les implications réelles de ce qu'il faisait auprès des Amérindiens, nous avons vite réalisé combien il participait à maintenir la situation en place, telle qu'elle était. N'ayant pas réussi lui-même à se transformer, comment pouvait-il aider d'autres à le faire ?

Le développement personnel du conseiller m'apparaît essentiel au processus de la consultation et en détermine très souvent l'issue. Quel que soit le conseiller, où qu'il soit parvenu dans son développement comme individu, il va invariablement influencer la situation d'aide à partir de ce qu'il est, pas nécessairement à partir de ce qu'il pense. Je me représente parfois le conseiller comme un guide. Or il m'est difficile d'imaginer un guide de régions qui lui sont inconnues. Dans ce sens, je crois que plus on peut s'explorer soi-même dans les diverses régions de sa personne, plus on est en mesure de servir de guide à d'autres personnes. Si j'aide des hommes à se développer, il est important que j'aie moi-même exploré mon propre univers personnel. Si j'aide une organisation, il est important que j'aie exploré, autant en pratique qu'en théorie, une quantité d'aspects de la vie des organisations. Le conseiller que je suis n'a évidemment pas voyagé dans toutes les régions ! Je n'ai vécu qu'une seule vie, parcouru qu'un seul itinéraire ; cependant j'ai appris à reconnaître les conditions d'un bon voyage, les bagages à apporter, les moyens de transport à emprunter, les cartes routières à suivre, etc.

Ainsi, par souci de réalisme, le conseiller en développement des organisations (par opposition aux conseillers qui se définissent comme des experts quant à des contenus particuliers) se veut un guide par rapport aux processus fonctionnels (par opposition aux contenus). Il n'ose pas dicter la destination de l'organisation (cette dernière sait mieux que lui où elle doit aller). Tout au plus suggère-t-il des moyens pour éclairer l'objectif et les actions à mener pour l'atteindre.

Une organisation en développement et le rôle du conseiller

La façon dont un conseiller définit l'aide qu'il offre dépend non seulement de sa personne et de sa position en tant que guide, mais aussi de ses représentations du développement de l'organisation. Je prends comme exemple un schème que j'utilise souvent. Une organisation qui demande de l'aide est une organisation qui vit une situation insatisfaisante. Ce qu'elle est dans la réalité (en partie ou en entier) se tient à une trop grande distance de ce qu'elle voudrait être. Je m'explique souvent cette distance comme le résultat d'un manque d'information. Il peut s'agir des situations de conflit entre le domaine de la connaissance scientifique et de la recherche, d'une part, et la réalité sociale, d'autre part. En effet, le conseiller est un lien ou un pont important, puisqu'il participe aux deux contextes. Il possède des ressources relevant d'un ensemble de connaissances scientifiques, tout en connaissant la réalité organisationnelle quotidienne. Il peut donc agir comme agent de diffusion de connaissances et d'innovations précises — ce qui revient à dire que le conseiller est en même temps un expert. Cette expertise porte sur des contenus précis. Je prends comme exemple un groupe de personnes réunies par un travail commun et qui éprouvent des difficultés communes. Le conseiller pourrait être, dans ce cas, un spécialiste maîtrisant certaines connaissances sur le fonctionnement des groupes de tâche. Il connaît familièrement les processus de communication qui sont à la source des problèmes de fonctionnement et ceux susceptibles d'améliorer l'efficacité d'un groupe de travail. Il peut fort bien, par ailleurs, être parfaitement ignorant des contenus particuliers sur lesquels ce groupe travaille. Il ne sait pas du tout ce que les membres du groupe ont à se dire ni quels genres d'informations leur font défaut. Il est quand même capable de placer le groupe de travail dans une situation qui provoque la mise en relief des processus de communication habituels du groupe, et de contribuer ainsi à l'amélioration de son rendement.

Ce sera le groupe lui-même qui fournira les contenus spécifiques de son débat et les informations requises par ses mécanismes d'échange. Bref, le conseiller agit en expert au strict niveau du processus de groupe.

Ainsi donc le conseiller, quelle que soit sa conception d'une organisation en difficulté, demeure d'une certaine façon l'agent de la transformation d'une connaissance en action. Voilà qui constitue une définition plus opérationnelle du terme « guide » suggéré plus haut. Il possède un certain bagage de connaissances portant sur des contenus particuliers ou sur des processus. Il est avant tout capable de transformer ses connaissances en une pratique fertile. Il est extrêmement important de faire clairement cette distinction entre *guide du contenu* et *guide du processus*; l'une et l'autre fonction ont des conséquences fort différentes. Ainsi, lorsque je me définis comme un guide par rapport au contenu, je me vois dans l'obligation d'exercer un certain nombre de contrôles; c'est moi qui possède l'information dont l'organisation a besoin. Je me dois d'assurer la transmission de cette information. Mon travail peut s'arrêter à cette stricte transmission. Je postule que l'organisation va m'accepter comme expert (ce qui manifeste sa dépendance) et que l'information rationnelle est suffisamment puissante pour résoudre le problème. L'expert en processus va créer également une certaine dépendance chez son client. Cette dépendance est différente; le client demeure le responsable essentiel des informations qui auront à circuler, des problèmes qui devront être réglés. La dépendance du client, dans ce second cas, se limite à une méthodologie, par opposition au premier, où elle s'étend en plus au contenu. Je postule ici que l'organisation est experte sur le plan des contenus, et que mon aide sur le plan des processus sera suffisante pour qu'elle parvienne à assumer ses propres problèmes.

Le conseiller établit une relation de dépendance avec son client qui sera plus ou moins grande selon qu'il se situe comme guide aux deux niveaux, contenus et processus, ou à un seul des deux. Même si je préfère jouer le rôle de guide au niveau des processus, je continue de croire qu'une forme de consultation n'est pas plus ou moins légitime qu'une autre. Il s'agit de bien connaître les régions d'exploration vers lesquelles on dirige l'organisation, en d'autres mots, d'être réellement à la hauteur de ses prétentions. Il est bien évident que toute relation d'aide implique une tentative pour influencer une personne ou un groupe de personnes dans des directions précises. Par conséquent, cette relation d'aide implique une forme quelconque de dépendance. Le client, à un moment ou l'autre, aura accepté d'être influencé par le conseiller. En acceptant cette influence, il accepte, en conséquence, une certaine dépendance. Beaucoup de phénomènes surgissent dans l'établissement et le maintien de cette relation de dépendance. L'objectif du conseiller pourrait être, par exemple, de maintenir cette relation aussi longtemps qu'il le jugera nécessaire. Ou, encore, il sera tenté de transformer cette relation de dépendance en une relation d'autonomie, et ce, dans les plus brefs délais. Le conseiller peut également envisager d'abandonner la relation à partir du moment où le client fera une demande plus ou moins claire dans ce sens, qu'il ait ou non encore besoin du conseiller, du moins de l'avis de ce dernier. La qualité de cette relation et la durée de la dépendance qu'elle entraîne sont des ingrédients très importants de la consultation. Il ne s'agit pas seulement de reconnaître le type d'orientation qui est impliqué (contenu/processus). Les informations sur la relation renseignent sur le genre de pouvoir que le conseiller cherche à avoir sur le client. Ce pouvoir, dans certains cas, sert davantage les besoins du conseiller que ceux du client.

Le degré de congruence

Revenons à l'exemple de Ken. On se rappellera qu'à l'examen d'un certain nombre de ses comportements, on pouvait noter une espèce d'incongruence ou de dissonance entre sa conduite et ses intentions formelles. En d'autres mots, il existait un écart entre ses idées et son action. Il voulait arrêter l'oppression des Blancs, mais participait à la maintenir en se situant au sein d'une bataille où il leur prêtait le rôle d'oppresseurs. Or il semble important pour le conseiller d'unifier ce qu'il *pense*, ce qu'il *vit* et ce qu'il *fait*. Ce qu'il pense doit être la représentation mentale de son vécu et de ses attitudes, et doit être véhiculé le plus fidèlement possible dans ses comportements concrets. Quand je soutiens que ces trois niveaux doivent être congruents les uns par rapport aux autres, je me situe dans une perspective très pragmatique. Mon expérience m'a appris, comme à d'autres conseillers, que ce n'est pas tellement ce qu'on *pense* qui influence les gens, mais bien plutôt ses attitudes et son vécu personnel. On peut penser beaucoup de choses, entretenir plusieurs intentions fermes, mais, en dernière analyse, ce qui va influencer les gens, ce seront les comportements concrets. Les comportements véhiculent les attitudes et le vécu, bien avant d'exprimer la pensée, surtout lorsque ces deux derniers niveaux sont en désaccord. Il est particulièrement facile, comme conseiller, de se leurrer sur soi-même. On confond facilement ce que l'on *pense* et ce que l'on *est* vraiment. J'ai l'impression qu'il faut absolument essayer d'éviter toute disparité entre ces différents niveaux et tendre à être tout simplement ce que l'on est vraiment. Ce qui est le plus efficace dans l'action, et le plus satisfaisant pour soi-même, c'est la poursuite d'objectifs en accord profond avec ce que l'on est comme personne. Ces objectifs doivent aussi être en accord avec d'autres variables (par exemple, les valeurs qui animent l'organisation avec laquelle on travaille), mais ils doivent avant tout respecter profondément sa propre intégrité personnelle.

Je me rappelle encore ces directeurs d'écoles « autoritaires dans l'âme » et qui, mobilisés par le nouveau vent de la démocratie, s'essayaient à jouer le rôle de meneurs non directifs. En fait, comme ils ne changeaient pas véritablement leur nature profonde, au lieu de s'afficher ouvertement autoritaires, ils le demeuraient, mais avec plus de subtilité, et tendaient à devenir manipulateurs. Ils participaient donc à la nouvelle idéologie de la démocratisation au niveau de leurs idées, mais dans leur vécu, dans leurs attitudes, ils demeuraient convaincus qu'il fallait contrôler le personnel, le diriger et ne pas trop lui faire confiance. On peut d'ailleurs retrouver cette disparité entre les attitudes et les idées dans les universités. Je pense particulièrement au moment où j'étais étudiant moi-même. C'était devenu la mode d'être « rogérien ». Ainsi, de futurs thérapeutes apprenaient tous à être non directifs en entrevue de thérapie. Or un bon nombre d'entre nous avaient foncièrement le goût d'être beaucoup plus autoritaires, plus affirmatifs, plus agressifs au cours de l'entrevue, beaucoup plus, en tout cas, que l'idéal l'aurait permis. On nous enseigna cette nouvelle valeur ; nous fûmes, mes confrères et moi, pendant plusieurs années, prisonniers d'un habit qui ne nous allait pas du tout. En déguisant ainsi mon agressivité, je n'atteignais que peu mes clients. Et il n'est pas impossible qu'ils aient perçu des manifestations indirectes de celle-ci.

Je ne crois pas apprendre grand-chose à quiconque en disant qu'on est plus convaincant lorsqu'on est plus congruent. Plusieurs expériences ont démontré que lorsqu'on vit soi-même des disparités entre ce qu'on est et ce qu'on pense, l'influence qu'on exerce est à l'origine de déchirements et d'ambivalences chez les autres. En fait, on transmet sa propre ambivalence. Je me suis aperçu, pour ma propre gouverne, que j'étais beaucoup plus à l'aise avec moi-même quand je poursuivais, dans mon travail, des objectifs en accord avec l'étape où j'étais rendu dans ma vie personnelle. Si j'enseigne aux autres quelque chose d'intégré à ma vie, ils tendent eux-mêmes à l'intégrer. Comment ne pas créer de méfiance chez un client quand on n'est pas vraiment ce que l'on prétend être ?

Les niveaux de l'intervention

À partir de l'expression d'une demande d'aide, le conseiller se trouve situé dans un rapport avec un client qu'il tente d'influencer dans des directions précises. Le conseiller peut alors intervenir à plusieurs niveaux de l'organisation. Quelles que soient ses intentions, l'influence qu'il aura dépendra du pouvoir que le système-client sera prêt à lui accorder en fonction du problème. Dans certains cas, un conseiller agit au sein d'une situation litigieuse comme un arbitre à qui on remet tous les pouvoirs de décision ; dans d'autres cas, il n'a droit qu'à son opinion qu'on demeure libre d'utiliser ou non. Mon propos veut illustrer simplement que l'apport du conseiller est d'abord déterminé par le pouvoir que veut bien lui accorder l'organisation. Qu'il utilise ou non ce pouvoir, la dose qu'on lui consent modèle son intervention.

Je crois aussi qu'il est absolument essentiel d'intervenir au niveau où le client est en mesure d'engager son énergie pour résoudre son problème. Ainsi, dans l'entrevue de thérapie, certaines personnes vont être prêtes à changer certaines de leurs habitudes de vie, mais ne seront pas prêtes à examiner en profondeur les motivations qui les font agir. Mon client accepte d'engager une certaine forme de son énergie pour résoudre un problème, sans aller jusqu'au bout des implications de ce problème. Est-il d'ailleurs vraiment nécessaire de toujours aller «jusqu'au bout»? J'ajouterais ici que l'intervention ne devrait pas toucher des niveaux de profondeur au-delà de celui qui est nécessaire pour amener un changement durable par rapport au problème posé. Évidemment, dans plusieurs cas, on me dira qu'il faut atteindre un niveau de profondeur situé au-delà du problème : derrière le problème, se profilent des affrontements idéologiques de base et c'est à ce niveau qu'il faut travailler. Mais, dans la pratique de la consultation, tenter d'aller plus loin que ce qu'exige un changement durable et satisfaisant, c'est se préparer à l'échec. C'est peut-être aussi se prendre pour Lucky Luke ! D'ailleurs, aller plus loin que ce dont l'organisation a besoin à première vue traduit surtout l'intention du conseiller de changer son client dans des directions choisies par lui. C'est là, à mon avis, une forme de violence et d'abus de pouvoir sur laquelle je m'interroge. Je connais d'ailleurs très peu d'organisations qui se laissent envahir de la sorte.

L'intervention du conseiller est façonnée par le pouvoir qu'on lui accorde dans la situation. Il est tout aussi important de développer l'idée qu'il peut acquérir du pouvoir dans le cours même de l'intervention ; dans ce sens, il n'est pas complètement dépendant du client. En effet, puisque son intention ultime est d'influencer son client dans certaines directions (directions qui peuvent avoir été définies par le client, en tout ou en partie), le conseiller a toujours à se poser par rapport au pouvoir formel et informel de l'organisation. Pour pouvoir influencer l'organisation, il lui faut d'abord comprendre comment elle s'auto-influence. La dynamique du pouvoir au sein d'une organisation m'apparaît un aspect sur lequel le conseiller doit s'informer à fond. Il doit apprendre à articuler son travail en fonction de cette dynamique. Quand je m'adresse à un client, je cherche à influencer ses décisions. On peut donc dire que je cherche à influencer son pouvoir de décision. C'est cette partie de l'organisation qui identifie, en dernière analyse, le niveau de fonctionnement d'un client. Dans une organisation, c'est le pouvoir, formel et informel, qui trahit le plus l'attitude du système-client face au fait d'être aidé, à la mesure de cette aide et aux directions qu'elle est susceptible de prendre. Que je sois en accord ou non avec ce pouvoir, il me faut absolument en tenir compte, que ce soit pour l'affronter, le modifier ou collaborer avec lui. Ce n'est d'ailleurs souvent qu'à la lumière de cette réflexion qu'un conseiller se rendra compte qu'il sert d'autres intentions que celles qu'il croyait lui-même respecter. Qui contrôle quoi ? Où sont les informations ? Qui a accès à ces informations ? Comment fonctionne le système de punition et de récompense ? C'est en tenant compte des réponses à toutes ces questions que le conseiller augmentera son efficacité, puisqu'il articulera son intervention selon les lignes d'action esquissées par le pouvoir réel. Si le conseiller travaille avec une partie de l'organisation qui n'a aucun pouvoir réel, son intervention risque de n'avoir pratiquement aucune influence sur l'organisation. Par contre, s'il réussit à articuler son intervention par rapport au pouvoir réel et à influencer les détenteurs du pouvoir, il parvient à influencer l'ensemble de l'organisation. Voilà pourquoi il est nécessaire pour le conseiller de se poser par rapport au pouvoir et de mesurer ainsi l'influence qu'il est susceptible d'avoir, en augmentant cette dernière selon ses intentions.

Le client, personne ou groupe

Les significations de la demande d'aide

Une demande d'aide est formulée par un client à partir d'une situation insatisfaisante. D'expérience, il est assez aisé de remarquer que la demande d'aide est exprimée souvent lorsque la situation ou le problème est devenu urgent. La plupart des organisations ont en effet tendance à appliquer plusieurs types d'opérations routinières (leurs façons habituelles de réagir et de régler les problèmes) avant de demander de l'aide. Elles peuvent expliciter certaines directives, ajouter des punitions ou des récompenses, trouver des coupables, faire des mises à pied, en appeler au gouvernement et à l'opinion publique. À la suite de ces mécanismes habituels (peut-être en concomitance, s'ils ne s'avèrent pas efficaces), l'organisation fait appel à un conseiller quelconque, qu'il soit de l'intérieur ou de l'extérieur de l'organisation.

Le recours à une aide extérieure est souvent vécu comme une forme de dépendance et la reconnaissance d'une diminution de sa valeur propre. Demander de l'aide, c'est reconnaître son incompétence, c'est reconnaître parfois son échec !

La demande d'aide, plusieurs conseillers l'ont appris d'ailleurs à leurs dépens, a aussi une multitude de significations véritables. On peut demander l'aide d'un conseiller dans le but avoué de promouvoir de meilleures communications entre des parties d'une organisation et, informellement, avec l'intention claire de faire taire les insatisfactions de certains membres de la même organisation. Un acteur d'une organisation peut demander l'aide d'un conseiller de l'extérieur, poursuivant l'objectif inavoué de gagner une compétition avec d'autres membres. Une demande d'aide sert aussi informellement une volonté d'augmenter son prestige chez le gestionnaire qui, dorénavant, peut affubler *son* conseiller.

Dans l'interprétation de la signification réelle d'une demande d'aide, il est impossible d'arriver à une image bien claire sans saisir d'où provient la demande. Quelle est la partie de l'organisation, formelle ou informelle, d'où émerge la demande d'aide ? Est-elle à la périphérie ou au centre par rapport à l'organisation formelle ? Il arrive souvent que ce soient les acteurs les plus ouverts à l'innovation qui tenteront de demander de l'aide. Or ces acteurs ont souvent des fonctions de conseil (*staff*) par rapport à la ligne de production d'une organisation, et ont peu de pouvoir formel. L'interprétation du degré de consensus qui peut exister à l'intérieur d'une organisation, quant à cette demande d'aide, va définitivement déterminer l'efficacité de l'ensemble de l'intervention du conseiller. Qui veut vraiment être aidé ? Ces interlocuteurs représentent-ils l'ensemble de l'organisation ? Quel pouvoir réel ont-ils ?

Selon mon expérience, la question la plus importante, c'est de savoir si l'organisation-cliente désire vraiment être aidée. On peut toujours considérer les acteurs qui font la demande d'aide comme porte-parole de l'organisation entière. Mais ils sont, la plupart du temps, les représentants d'une minorité plutôt que les porte-parole fidèles d'un consensus. C'est pourquoi il est important d'examiner les comportements du pouvoir formel au cours des premiers contacts de l'organisation avec le conseiller. C'est là un des multiples événements critiques que le consultant se doit de tenter d'interpréter très tôt pour avoir une image claire de la motivation réelle de l'organisation qui demande de l'aide.

Je me rappelle un animateur des Services aux étudiants dans une organisation scolaire, qui avait fait appel à un conseiller dans le but bien avoué de tenter d'aider l'organisation scolaire à mettre sur pied des journées pédagogiques. Ces journées visaient à remettre en question la pédagogie et les rapports professeurs-étudiants. Il s'agissait en fait de donner davantage de pouvoir au groupe des étudiants, de les faire participer davantage aux décisions qui les concernaient et de faciliter ainsi un assouplissement de l'ensemble des structures. Il fallait aussi comprendre la situation d'ensemble dans laquelle l'organisation scolaire se trouvait. Dans ce cas-ci, son maintien comme organisation était menacé par la remise en question de son financement par le gouvernement. Elle se trouvait donc dans une situation de crise. On pouvait facilement comprendre, à partir de ce moment-là, que la situation était trop menaçante et que la plupart des énergies de l'organisation étaient investies dans une opération de maintien et non de changement. Il fut facile de vérifier cette hypothèse quand l'autorité formelle refusa de clarifier le mandat de l'animateur (on lui avait pourtant confié l'organisation de ces journées). Progressivement, on en vint à enrayer toutes les actions que ce même animateur tenta d'entreprendre.

J'ai appris à percevoir de plus en plus clairement la présence réelle d'une véritable demande d'aide, dans la mesure où j'avais moins besoin moi-même d'aider pour trouver certaines justifications personnelles. On n'entend bien que ce que l'on veut bien entendre ! J'ai longtemps ignoré la réalité informelle du refus parce qu'il me plaisait d'entendre davantage l'autre point de vue. D'ailleurs ne pas reconnaître très tôt l'existence d'un refus informel derrière la demande, c'est préparer un échec fatal au niveau de l'intervention. Si l'organisation-cliente ne veut pas vraiment être aidée, elle ne peut partir que de ce point-là et non d'ailleurs. Bien des professionnels de l'aide ont tendance, dans ce sens, à forcer les autres à se faire aider (de façon ouverte ou voilée), plutôt que de consentir toute sa liberté au client. Un psychologue me faisait d'ailleurs remarquer que le mot « thérapeute », en anglais, pouvait se prêter à un jeu de mots significatif : *therapist* pouvait facilement devenir *the rapist*, celui qui viole, c'est-à-dire celui qui contraint l'autre personne.

Je rejoins ici ma thèse favorite, à savoir que beaucoup de gens qui se disent conseillers sont davantage des gens qui ont besoin de *vivre en train d'en aider d'autres*. Ils ont besoin de cela comme on a besoin d'une drogue. Souvent ils satisfont ce besoin au détriment des autres. On aurait avantage, dans notre profession, à reconnaître très tôt ce besoin avant qu'il ne devienne notre forme privilégiée de violence cachée.

Les points de repère de l'organisation

Une demande d'aide a donc un point d'origine bien précis et peut avoir de multiples significations. Elle peut représenter le consensus d'une organisation, comme n'exprimer que le désir d'une infime partie ; dans ce cas, on peut parler d'un refus informel de l'organisation à la perspective d'être aidée. Une organisation possède aussi ses points de repère, ou ses façons de s'expliquer les événements. Je veux parler ici, entre autres, de la façon dont l'organisation semble s'engager dans le problème qu'elle vit. Pour comprendre la portée de l'aide sollicitée, il faut entendre, du côté du groupe-client, non seulement ce qui est dit, mais encore *comment* on le dit et *ce qui n'est pas dit*. La façon de parler du problème traduit la capacité d'en prendre ou non la responsabilité, ou au contraire une tendance à chercher ailleurs, à l'extérieur, les raisons de la difficulté et les coupables à l'origine de la situation problématique. Plus le groupe-client s'engage lui-même et partage la responsabilité et la difficulté qu'il vit, plus il est capable, par exemple, de décrire les événements tels qu'ils sont, plutôt que de les *évaluer* ou de les *juger*. Plus il est prêt, alors, à affronter et à résoudre ses difficultés. Au contraire, moins le client s'engage lui-même, plus il a tendance à juger et à évaluer des événements extérieurs à lui-même, comme causes du problème, et plus il est éloigné d'une solution qui naîtrait de ses efforts, de sa prise en charge ; la résistance à l'aide du conseiller sera, par conséquent, beaucoup plus grande.

La façon dont le conseiller tente de comprendre à la fois la situation problématique et la nature particulière de la demande qui lui est faite, traduit et annonce aussi la façon dont il va s'y prendre pour aider l'organisation. Le conseiller qui se pose un peu comme un homme de recherche qui recueille l'information, et semble être le seul à participer à définir la situation problématique, sera aussi le conseiller qui proposera des solutions. Celui qui se définit comme l'expert dans la collecte de l'information, se comportera en expert aussi dans les opérations subséquentes. Sans vouloir expliciter ici tout ce qu'implique la notion de diagnostic dans l'intervention du conseiller, je veux souligner l'importance de cette première relation entre conseiller et client, dont dépend la suite de l'intervention et qui traduit déjà le style de la consultation.

La triade en interaction
(où le client et le conseiller découvrent qu'ils sont trois)

Pour examiner l'interaction qui s'établit entre le conseiller et l'organisation (et qui se déploie en plusieurs étapes), il est important de reconnaître que la relation de consultation prend en définitive la forme d'une triade.

L'organisation est double

Le conseiller est toujours en interaction avec un acteur ou un groupe d'acteurs, mais il n'est jamais en interaction avec toute l'organisation. Ainsi, lorsqu'il est en interaction avec les acteurs à l'origine de la demande d'aide, il doit constamment avoir à l'esprit la totalité de l'organisation. L'organisation totale est le troisième membre de la relation d'aide. Les propos qui précèdent ont d'ailleurs souligné ce fait lorsqu'il fut fait mention de la relation entre les acteurs « demandeurs » et le reste de l'organisation. Je souligne à ce moment l'importance du degré de validité consensuelle du besoin d'aide et de la demande. En fait, l'ensemble de l'organisation demeure quand même l'entité importante. Ainsi lorsque le conseiller tente d'interpréter le sens exact de la demande d'aide, il doit essayer de situer cette demande dans le contexte de la situation globale dans laquelle l'organisation se trouve (par exemple, l'organisation scolaire en état de crise mentionnée plus haut).

Les premières images que le conseiller se fait de son organisation-cliente tentent donc d'établir qui veut être aidé dans l'organisation et quelle proportion de l'organisation représente le groupe initial. Dans l'analyse des événements qui ont conduit à la demande d'aide, il tente à la fois de comprendre la situation problématique et aussi les processus en cours dans la demande d'aide comme telle. Parmi ces informations, les façons dont les acteurs concernés perçoivent leurs problèmes et celles dont ils en parlent permettent souvent au conseiller d'en arriver à un pronostic plus exact des comportements, des valeurs et de la distance de l'organisation par rapport à sa motivation réelle quant à la prise en charge de ses difficultés. Il évalue donc le degré d'ouverture réel de l'organisation face au changement.

Le contrat

Quelle qu'elle soit, l'organisation entretient toujours un certain nombre d'attentes par rapport au conseiller et on pourrait en dire autant de ce dernier face à son client. Ces attentes, explicites ou implicites, composent les ingrédients de ce que j'appelle le « contrat ». Il m'apparaît essentiel que ces éléments du contrat soient rendus explicites entre les deux parties, de sorte que l'ensemble des acteurs concernés de part et d'autre signent le même contrat. Il s'agit donc très tôt, au fur et à mesure que s'établit clairement l'image de l'organisation réelle pour le conseiller, que ce dernier en vienne à clarifier le contrat, c'est-à-dire la portée de la relation d'aide qui a déjà commencé à s'établir entre le client et lui. Parmi les éléments de ce contrat, il faut s'expliciter mutuellement la durée et la nature de l'aide désirée, les rôles que l'on s'attend à jouer réciproquement, les possibilités et les ressources du conseiller d'une part et de l'organisation de l'autre et, entre autres choses, les coûts de l'ensemble de cette opération pour les deux groupes concernés (il faut entendre ici les coûts en temps, en argent, en ressources, etc.). Il s'est toujours avéré avantageux d'expliciter clairement les attentes que l'on peut entretenir de part et d'autre. Dans ce sens, je me suis aperçu qu'il était important, par exemple, que je puisse clarifier avec le client les conséquences (quand je pouvais les prédire avec une certaine précision), pour l'organisation, de certaines actions envisagées. L'établissement de ce contrat permet aussi l'émergence, entre le client et le conseiller, d'un cadre de référence commun. Depuis l'origine de la relation, les besoins, les valeurs et les idéologies des deux parties concernées sont en interaction et peuvent diverger considérablement. Il est nécessaire de les clarifier et d'élaborer progressivement des points de repère qui soient communs aux deux parties. Quand ces points de repère ne sont pas communs, ils deviennent la source de conflits et de distorsions multiples. Ces points de repères concernent la façon de voir le problème, par exemple, ou la façon de se représenter une organisation en santé (objectif ou valeur), ou encore la conception des moyens à prendre pour régler les problèmes. L'établissement d'un tel contrat permet au conseiller et au client de s'influencer réciproquement de façon plus ouverte et de mesurer assez clairement les terrains de mésentente à partir desquels le client aura à préciser les degrés de liberté réels qu'il veut accorder au conseiller.

La réinterprétation du contrat

Il n'est pas rare de voir le client tenter par la suite de transformer ce contrat original. Les événements vont parfois faire voir encore plus clairement, peut-être au conseiller, mais surtout au client, les implications réelles de ce que pouvait avancer le premier à titre de projet. Il devient alors capital pour le conseiller de comprendre cette tentative de modification du contrat original et de permettre qu'elle soit exprimée. La légitimation de toute forme d'action de la part du client dans ce sens, qu'elle soit interprétée comme une résistance ou autrement, permet au client de s'exprimer ouvertement. Quelle qu'elle soit, l'action du client est une source d'information importante. Plus elle est perçue comme légitime, plus on lui accorde la possibilité de s'exprimer ouvertement et, par conséquent, de venir modifier le contrat original, donc la relation entre conseiller et client. Dans la plupart des cas où s'exprime un tel *feed-back*, l'organisation devrait d'ailleurs influencer énormément le conseiller, puisqu'elle tente précisément de dire qu'elle est, d'une façon ou d'une autre, en désaccord avec ce qu'il est en train de faire. La rigidité du conseiller et sa résistance quant à la légitimité de ces actions peuvent parfois traduire un sentiment de menace par rapport au projet initial; elles peuvent aussi être le signe que ce dernier résiste à la modification parce qu'il n'entrevoit pas de solutions de remplacement. Dans ce sens, le conseiller ne veut pas se faire prendre au dépourvu et ne plus savoir que faire. Il possède un répertoire de réponses ou de solutions possibles et résiste à l'opposition rencontrée, de peur de ne pas pouvoir créer ou découvrir des réponses plus adéquates. Il est nécessaire pour le conseiller de s'engager et d'accepter d'être changé comme personne au sein de la situation dans laquelle il se trouve. Il doit accepter autant que son client d'être en processus de transformation et d'interinfluence. Dans ce sens, il doit posséder assez de sécurité pour être prêt à prendre des risques, à faire face à quelque demande d'aide que ce soit, sans avoir préalablement ses propres idées sur le problème et ses propres solutions toutes faites.

Je me suis souvent trouvé dans des situations où les groupes que j'essayais d'aider n'utilisaient pas ce que je leur présentais comme solution. Ces derniers réinterprétaient souvent les situations d'apprentissage que je leur offrais ou les moyens de travail que je leur proposais et ce, dans des directions tout à fait imprévues. Cette réinterprétation par les acteurs concernés leur permettait de se donner à eux-mêmes ce qu'ils souhaitaient, et ce, malgré moi. Ce genre d'activités me permettait souvent de corriger mon interprétation des événements et mon image de la situation, puisque finalement ce que j'offrais comme aide n'était pas, en dernière analyse, très adéquat. La résistance que je pouvais éprouver à ces moments traduisait combien je n'aimais pas que le client échappe à mon contrôle. Le seul rôle que j'avais finalement à jouer, c'était celui, peu flamboyant, de fournir indirectement l'occasion au client de se donner à lui-même ce dont il avait besoin. (Comme l'humilité n'était pas ma première qualité, je ne trouvais pas toujours cette réinterprétation très valorisante.)

La possibilité que ce genre de tentatives puisse être le signe d'une difficulté et d'un besoin réel nécessite donc l'attention du conseiller. Mais elles ne doivent pas être pour autant prises au pied de la lettre. Elles peuvent être, par exemple, le signe d'une évasion ou d'une résistance à affronter directement les problèmes. Dans ce sens, le conseiller n'est pas nécessairement à la merci de toutes les demandes de son client. Il peut aussi opposer un refus aux tentatives du client de modifier le contrat original. Ce qui demeure essentiel selon moi, c'est la nécessité que cette modification soit perçue comme légitime et qu'elle puisse s'exprimer ouvertement. Le conseiller s'expose autant que son client à être influencé et permet l'élucidation d'informations importantes.

Les significations de la recherche du pouvoir

La relation d'aide peut répondre davantage au besoin du conseiller d'établir son pouvoir sur d'autres personnes, et servir ainsi davantage ses propres besoins. Cette hypothèse, illustrée précédemment, possède aussi d'autres facettes. Plus une personne peut récupérer de pouvoir sur sa vie personnelle, c'est-à-dire devenir responsable de ce qui lui arrive et de son destin, plus l'aide que cette même personne peut apporter à d'autres consistera à aider ces gens à reprendre en main leur propre destinée. Ainsi, si le conseiller a du pouvoir sur sa propre vie, prend la charge et est responsable de ce qui lui arrive, il peut peut-être aider d'autres à faire de même. Le conseiller n'est plus alors celui qui passe sa vie à chercher des clients qu'il peut faire changer à sa guise. Il participe moins à créer des situations d'aide où le client est très passif et dépendant. Cette conception de la responsabilité explique partiellement cette tendance que nous avons à créer un régime où le pouvoir est aux mains des experts. Bien des problèmes auxquels nous sommes confrontés deviennent plus difficiles à résoudre parce que l'information se spécialise et devient la propriété exclusive d'experts, «qui seuls s'y connaissent en la matière[4]».

Le modèle médical constitue un exemple parfait de consultation tradition-nelle, puisque le médecin, dans ses rapports avec ses patients, demeure souvent le seul détenteur de l'information. Son client ne peut être que dépendant, et souvent de façon presque infantile. Jouer ce rôle tout-puissant vient habituelle-ment consacrer l'impuissance de l'interlocuteur. Le conseiller qui établit ce genre de relation ne parvient pas, dans sa propre vie, à prendre en main son destin et sa façon de tenter de résoudre cette difficulté est de recréer cette situation avec d'autres en les prenant en charge. Mais il ne fait que les rendre impuissants, en les plaçant dans le rôle réciproque requis par son propre rôle de toute-puissance, un peu à la manière dont Ken devait placer les Blancs dans le rôle des oppresseurs.

Les significations de la relation conseiller-client

La relation qui s'établit entre le conseiller et le client peut-être considérée comme un jeu qui vient servir les besoins de chacun. Quand j'essaie d'entrer en relation avec quelqu'un en affichant des attitudes paternelles et que mon parte-naire accepte de telles attitudes, nous allons tous les deux infailliblement nous retrouver dans une relation «filiale» qui va servir nos besoins à tous deux. Je pourrais dire que j'ai besoin de me sentir responsable de la personne et que cette dernière a le besoin complémentaire d'être prise en charge. De la même façon, plus je peux comprendre la façon dont le client tente d'établir sa relation avec moi, plus je peux saisir ses besoins réels. S'il me demande de le prendre complètement en charge et qu'il devient extrêmement dépendant, il me dit en d'autres mots que ce qu'il cherche, avant tout, c'est de ne pas prendre la responsabilité de ce qui lui arrive et que je fasse tout à sa place. Si je suis une personne qui a besoin de se voir comme un expert responsable des autres, je vais pouvoir facilement jouer ce genre de jeu, sans même m'en rendre compte

---

4. I. D. Illich (1971). *Une société sans l'école*, Paris, Seuil.

parfois. Un autre client pourra par contre établir très tôt une relation où il me remet constamment en question, son but essentiel étant de s'opposer beaucoup plus que de collaborer. Ce dont il a besoin, c'est de se battre avec quelqu'un. Si, comme conseiller, j'aime me situer dans une relation de compétition, je vais pouvoir répondre très tôt à ce genre de besoin et jouer le jeu qui m'est demandé. Je pourrais aussi ne pas jouer ce jeu, mais en même temps comprendre le genre de relation qu'on tente d'établir. Ce sont là autant d'informations importantes, à la fois sur le client et probablement aussi sur l'organisation à laquelle il appartient.

La plupart des relations interpersonnelles peuvent ainsi être considérées comme des relations dyadiques où l'on tente d'établir, tour à tour, avec différents partenaires, des jeux qui viennent satisfaire nos besoins : que l'on qualifie ces derniers de besoins de déficience (névrotiques) ou de croissance importe assez peu. Plusieurs personnes nous feront sentir combien elles ont besoin d'un expert tout-puissant au-dessus d'elles, qui leur dit exactement ce qu'il faut faire. D'autres auront le même besoin fondamental, mais voudront, au contraire, se battre continuellement avec cette figure. D'autres encore ont besoin de quelqu'un qui les méprise, ou de quelqu'un qui les aime, etc. On pourrait ainsi énumérer l'éventail de toutes les possibilités de relations. Tout au plus contentons-nous de souligner les besoins que viennent satisfaire ces jeux interpersonnels et la nécessité pour le conseiller de les prendre pour ce qu'ils sont. Il devient important, pour ce dernier, d'avoir une perception aiguë de ses propres besoins s'il veut vraiment être capable de deviner, à travers ces jeux, les besoins de ses interlocuteurs. Bien des clients ont établi des relations avec leur conseiller sur cette base, et si leurs besoins correspondent à ceux de ce dernier, la situation demeure inchangée. Cette constatation vient appuyer l'importance du développement personnel du conseiller. Plus il peut voir clair dans les jeux interpersonnels qu'il a lui-même tendance à établir avec d'autres, mieux il comprendra et verra ceux que ses clients tentent d'établir avec lui.

Mais les jeux interpersonnels ont aussi cours à l'intérieur de l'organisation, entre les différents acteurs. Si l'on poursuit ce genre d'analyse, on comprendra la nature de ces jeux entre les différentes parties de l'organisation et, par conséquent, la nature de leurs besoins. En comprenant le rôle dans lequel un acteur nous met, alors on peut déduire qu'il veut jouer le rôle complémentaire. Quand quelqu'un nous met dans le rôle de l'oppresseur, c'est qu'il veut jouer la partie de l'opprimé. Mais, en définitive, *il s'agit des deux faces de la même personne*. On n'est jamais une seule face et on n'a jamais besoin d'un seul de ces rôles. Nous sommes toujours capables des rôles complémentaires, ou de celui que nous attendons du partenaire. L'opprimé possède en lui une partie de l'oppresseur. Faire jouer ce rôle à d'autres ne fait que retarder la confrontation avec soi-même. Ces mécanismes, que certains appellent projection et relation transférentielle, peuvent nourrir abondamment l'image que le conseiller se fait de l'organisation et de sa situation problématique.

L'organisation que l'on est et celle dans laquelle on est

Comprendre l'organisation que nous sommes comme personne nous permet aussi de comprendre l'organisation à laquelle nous appartenons comme membre. En effet, l'organisation n'emploie pas n'importe quel type d'acteurs et, de façon habituelle, emploie des gens dont elle a besoin pour une raison ou une autre. Officiellement, on peut considérer le point de vue formel et définir les besoins de l'organisation à partir des rôles formels qu'elle demande à ses acteurs. Dans ce sens, chaque personne a un rôle bien défini, relié souvent à sa compétence ou ses ressources (ingénieur, directeur du personnel, main-d'œuvre spécialisée, etc.). Mais un tout autre champ de données peut être considéré, à savoir ce que l'organisation demande au niveau informel dans ses rapports avec ses membres. Elle va tenter en effet d'enrôler les membres qui viennent satisfaire certains de ses besoins et va établir des jeux interpersonnels, tels que je les décrivais plus haut. Ainsi, comprendre les rôles informels joués tous les jours par les membres d'une organisation, c'est comprendre dans quels jeux interpersonnels elle veut situer ceux-ci. Et c'est dans ce sens que l'on peut affirmer que comprendre l'organisation que l'on est, c'est comprendre l'organisation à laquelle on appartient. Comprendre ce que je suis et ce que je fais tous les jours, et la façon dont je m'acquitte de mes rapports avec les autres, voilà qui reflète nombre de choses de l'organisation elle-même. En effet, l'organisation n'a pas acquis les services de n'importe quel acteur et elle a d'ordinaire tenté d'employer des acteurs qui étaient prêts à jouer, de façon informelle et tous les jours, les jeux interpersonnels dont elle a besoin. Plus un membre d'une organisation peut être conscient de la façon dont il fonctionne et entre en rapport avec les personnes, plus il peut comprendre alors les besoins équivalents de l'organisation à laquelle il appartient. Si elle ne l'a pas employé pour son habileté à développer ou établir des relations interpersonnelles sur le modèle des jeux dont elle a besoin, elle s'est habituellement empressée de les lui enseigner (un des mécanismes du processus de socialisation spécifique à l'organisation).

On peut comprendre beaucoup de choses sur l'organisation à laquelle on appartient lorsqu'on examine sa propre façon de travailler. Un directeur qui se donne complètement à son travail et qui réussit à faire une soixantaine d'heures de travail par semaine satisfait ses besoins, mais aussi ceux de l'organisation. Cette dernière a peut-être besoin d'esclaves pour se maintenir. Si le directeur ne faisait pas autant de travail, beaucoup de problèmes sous-jacents apparaîtraient à la conscience de l'organisation. Le rapport qui existe entre le genre de personnes que nous sommes et le genre d'organisation auquel nous appartenons n'est donc pas gratuit. Il existe un lien très intime entre les deux, et comprendre davantage l'organisation d'une personne, c'est aussi commencer à comprendre l'organisation en tant que système auquel elle appartient. Je me rappelle d'ailleurs un conseiller qui utilisait beaucoup cette théorie, et développait des plans de changement pour l'organisation à partir de sa compréhension du fonctionnement de certaines personnes. En effet, si l'interlocuteur du conseiller, qui est membre d'une organisation, peut comprendre comment il est fait lui-même et comment il peut changer, il comprend intimement les mécanismes identiques qui sont en jeu dans l'organisation et comment il peut les influencer.

C'est lorsqu'une infirmière a découvert la nature de ses jeux interpersonnels et sa façon d'entrer en relation avec d'autres qu'elle peut mieux comprendre l'hôpital auquel elle appartient et mieux saisir comment elle peut s'y prendre pour changer quelque chose. Elle comprend que les relations qu'elle établit sont fortement hiérarchisées. Elle ne sait que recevoir des ordres et prendre soin des gens en difficulté. Par contre, elle éprouve beaucoup de malaise à exprimer ses propres besoins et, la plupart du temps, a des rapports un peu infantiles avec les personnes qui semblent n'exprimer aucune forme de besoin. Elle a donc choisi une organisation qui a besoin de gens qui établissent ce genre de rapports. Lorsqu'elle commence à se transformer, elle découvre comment elle pourrait, par exemple, modifier ses rapports avec les médecins.

Les degrés de liberté

L'ensemble du travail de la consultation est donc un processus de mise en marche ou de remise en marche de la circulation de l'information sur l'organisation, à laquelle cette dernière n'a plus accès. J'ai tenté de qualifier le genre et la qualité de l'information que l'organisation pourrait ne pas avoir sur elle-même. Mais, comme on peut le mettre en évidence dans le processus de la relation thérapeutique, que le conseiller puisse être capable d'identifier dans quelle aire l'organisation manque d'information sur elle-même ou a perdu contact avec elle-même, cela ne veut pas dire pour autant qu'il doive partager cette information dès le moment de sa découverte. En fait, si une personne ou une organisation manque d'information sur elle-même, il ne s'agit pas automatiquement de la lui redonner tout simplement. Cette organisation a arrêté d'être en contact avec certaines de ses parties ou certaines de ses informations au cours de son développement et cela pour des raisons bien spécifiques. Redonner tout simplement l'information à l'organisation serait méconnaître ces raisons. Dans le processus de la relation thérapeutique, on utilise le postulat que la personne ne peut se développer qu'à son propre rythme. Or, ce rythme définit la mesure dans laquelle elle est capable de reprendre contact avec elle-même et de digérer l'ensemble des informations qui lui manquaient. Quelle que soit la théorie du thérapeute, on a toujours respecté la liberté du client pour qu'il puisse influencer la situation de telle sorte qu'il puisse avoir un contrôle sur le rythme auquel il peut se développer.

Lorsque nous appliquons de tels concepts à l'organisation, c'est non seulement pour ces raisons qu'il est nécessaire de la rendre capable d'influencer sa démarche en tout temps, mais aussi pour favoriser sa reprise en charge. Plus une organisation peut contrôler et influencer la situation de son développement, plus elle peut communiquer à chaque moment ses manœuvres d'autodéfense réelles ; donc plus le conseiller encourage et légitime l'expression de ces dernières, plus elle peut s'examiner à fond, et ainsi comprendre l'origine de ses difficultés. Pourtant, plus l'organisation possède de liberté, plus elle réussit à se défendre et à s'empêcher de voir la source de ses difficultés. Elle peut donc contrôler davantage l'effet possible des moyens que le conseiller lui propose ou des informations qu'il peut tenter de lui faire voir. Par opposition, on pourrait croire que plus elle est dépendante et sous le pouvoir du conseiller, plus elle est obligée de faire face à ses difficultés, à ces informations que le conseiller lui sert directement. Mais ce serait méconnaître en fait l'ensemble des mécanismes de défense d'une organisation. L'information n'a pas le pouvoir de transformation en soi, et une organisation peut continuer de résister de multiples façons. Quand l'organisation exerce sa liberté dans son rapport avec le conseiller, elle peut exprimer mieux où elle se trouve vraiment, se dire à elle-même et dire au conseiller à quelle vitesse elle est prête à se développer. Que les mécanismes de défense soient plus en évidence, c'est finalement un avantage. Ils font également partie du problème. Je ne voudrais pas par là souligner l'inefficacité de toute confrontation entre le conseiller et l'organisation, au contraire. On peut s'accorder, comme conseiller, la liberté de dire clairement ce qu'on pense. Par contre, bombarder de force une organisation avec des informations réprimées, c'est vouloir limiter la liberté de l'organisation. Une telle action demeure, en dernière analyse, tout à fait inefficace. On multiplie alors les défenses de l'organisation. Il s'agit davantage de prendre l'organisation là où elle se trouve vraiment et de la mettre en contact avec celles de ses parties avec lesquelles elle a perdu tout contact. Il sera toujours difficile pour qui que ce soit de s'engager profondément et véritablement dans quelque action que ce soit si, fondamentalement, son choix n'est pas libre. Or toute forme de consultation doit engager le client dans son développement propre, de façon que son engagement personnel l'entraîne de lui-même. Cela signifie que le conseiller permet que les acteurs (ceux qui ont le pouvoir particulièrement) identifient leur situation, mais qu'ils exercent des choix libres quant au développement de l'organisation. Ce n'est que dans le sens d'un tel engagement que le développement de l'organisation est assuré d'une portée à long terme.

On pourrait parler longtemps des différentes méthodologies, ou plus particulièrement des différents outils, que le conseiller peut utiliser dans son travail. L'ensemble de mon propos met surtout l'accent sur l'importance de la personne du conseiller comme principal instrument. On n'utilise jamais de meilleurs outils que soi-même dans une relation d'aide. C'est à partir de ce postulat que j'ai développé l'idée de congruence chez le conseiller (entre ce qu'il pense et ce qu'il est) et de la nécessité pour lui d'être en contact avec son propre vécu. Ce genre de contact est une source d'information importante sur les relations qu'il établit avec l'organisation. À bien des reprises, dans ce métier, on doit inventer sa propre méthode de travail. Dans ce sens les meilleurs conseillers sont toujours ceux qui ont appris à s'utiliser eux-mêmes, avant d'utiliser des méthodes toutes faites.

Le conseiller interne et le conseiller externe

Le présent chapitre serait très incomplet si je ne parlais pas du système d'appartenance du conseiller. En effet, la réalité de celui-ci est fort différente selon qu'il appartient lui-même, ou non, à l'organisation qu'il tente d'aider. Le conseiller interne d'une organisation n'a pas la même réalité et le même pouvoir que le conseiller qui appartient à un autre système et qui arrive de l'extérieur de l'organisation. Sans essayer de faire le tour de cette question, voyons-en toutefois quelques implications.

Le conseiller qui fait partie intégrante d'une organisation se doit absolument de comprendre les jeux interpersonnels qui ont cours au sein de celle-ci. En effet, compte tenu des remarques que je faisais précédemment, plus il comprend l'organisation qu'il constitue lui-même comme personne, plus il risque de comprendre l'organisation dans laquelle il intervient. Or, ce conseiller a choisi d'entrer dans cette organisation et d'y élaborer, pour lui-même, un rôle qui satisfasse à la fois ses besoins et ceux de l'organisation. C'est donc dire qu'il peut lui être particulièrement difficile de voir clairement les jeux qui sont les siens, comme ceux de l'organisation. Il lui est difficile, en effet, d'avoir la distance qui lui permette de voir plus clair. C'est plus exigeant pour lui d'atteindre à une relative lucidité là-dessus, mais c'est aussi plus important. Le conseiller fait ici véritablement partie du casse-tête qu'il essaie de comprendre. Lorsqu'il réussit à le saisir clairement, il possède mieux que quiconque une information de premier ordre sur l'organisation et sur les façons de la transformer.

Une organisation épuise ses ressources avant d'en arriver à demander de l'aide de l'extérieur (il y a toutefois bien des organisations qui n'agissent pas de la sorte, et dont la véritable difficulté consiste dans le fait qu'elles demandent de l'aide au lieu d'utiliser leurs propres ressources). Elle peut confier aisément ses difficultés au conseiller interne, dont c'est d'ailleurs la tâche officielle de s'en préoccuper. C'est donc dire que ce dernier possède un rôle formel (et un pouvoir qui lui est relié) l'enjoignant d'exercer son influence au sein de l'organisation. Lorsqu'une organisation éprouve une résistance quelconque à voir ses difficultés, c'est souvent le conseiller interne qui seul peut l'aider dans cette première étape. Quand une organisation fait appel à un conseiller externe, c'est souvent le signe qu'elle est déjà en proie à un certain nombre de situations insatisfaisantes, qu'elle a accepté de les considérer, qu'elle a accepté d'être aidée et de se transformer dans certaines directions (elle ne fait pas appel à n'importe quels conseillers ; elle choisit ceux qu'elle croit susceptibles de l'aider à atteindre un certain nombre d'objectifs de son choix). Tout ce champ d'activités, à partir de la perception du problème jusqu'aux premières actions pour le résoudre, ne peut être que la prérogative du conseiller interne. Il demeure toujours libre d'entreprendre, en plus, une série d'actions qui peuvent être reliées à ses fonctions (je pense particulièrement au service de la formation ou au service du personnel dans certaines industries), exerçant ainsi une certaine forme de leadership dans des directions données. En effet, le conseiller interne peut toujours compter sur la possibilité de créer son leadership en tentant de par son initiative d'influencer les objectifs de l'organisation (par exemple, pour transformer progressivement la culture de cette organisation, ou le développement de certaines de ses parties, etc.). Ces quelques considérations peuvent donc laisser voir l'importance et les avantages du rôle de conseiller attaché à l'organisation.

Le conseiller externe, quant à lui, dépend en quelque sorte de la demande d'aide. Quelles que soient ses tentatives de mettre en marché ses services, c'est l'achat qui conditionne la vente. Il peut donc difficilement participer aux premières étapes, c'est-à-dire aider l'organisation à se percevoir, à identifier ses difficultés et à commencer à s'engager sur le chemin du développement. C'est, à mon sens, une des limites importantes du rôle de conseiller externe. Mais il a aussi l'avantage de ses inconvénients. En effet, le conseiller interne est plus assujetti à l'influence de l'organisation. Cette influence se fait souvent dans le sens d'une bureaucratisation de son action. Les forces d'inertie d'une organisation peuvent facilement atteindre le conseiller interne (qui est en contact quotidien avec elle). La bureaucratisation de l'organisation peut avoir tendance à repousser à la périphérie le conseiller interne, dont elle veut contrôler l'influence, ou tout simplement, par ses propres mécanismes de transmission de l'information et de rapports interpersonnels, rendre son conseiller pratiquement impuissant en le forçant à suivre l'ensemble des rouages qui composent sa bureaucratie[5]. En effet, rares sont les conseillers internes qui ont des pouvoirs spéciaux. La plupart appartiennent à un secteur ou l'autre de l'organisation et ont donc à utiliser les canaux officiels d'interaction. Les limites que l'organisation se donne font aussi partie des limites avec lesquelles le conseiller doit travailler.

Une autre difficulté que le conseiller externe n'a pas, c'est celle qui est liée au pouvoir formel du conseiller interne. En effet, si je possède une forme de pouvoir de punition et de récompense sur d'autres, mon action est également marquée par les limites qui sont liées à l'exercice de ce pouvoir. Dans ce cas-ci, les gens dépendent de mon pouvoir et pour cette raison peuvent facilement éprouver de la méfiance. L'employé peut difficilement s'opposer ouvertement à un patron qui peut le congédier, mais il saura exprimer ses désaccords et ses

---

5. Voir Alexander WINN (1991). «Réflexions sur la stratégie du groupe de formation (*T-Group*): le rôle de l'agent de changement», dans R. TESSIER et Y. TELLIER (sous la direction de), *Changement planifié et développement des organisations*, Sillery, Presses de l'Université du Québec, tome 8.

résistances de façon passive ou autrement. C'est parce que j'ai ce pouvoir de récompense et de punition sur une personne, que j'augmente la plupart du temps les difficultés inhérentes à ce genre de rapports entre deux personnes. Ainsi, un conseiller interne (qui pourrait être par exemple directeur du personnel), possédant un pouvoir indirect important sur l'engagement et le renvoi du personnel, doit se préparer à rencontrer des résistances (très souvent inavouées) quand il tente d'implanter un changement ou d'améliorer le rendement d'un secteur ou l'autre de l'entreprise. Ses interlocuteurs se sentent menacés, et cela conditionne leurs rapports avec lui. Par opposition, le conseiller externe ne peut être, en définitive, que conseiller. Il ne possède pas d'autres rôles que celui-là, pour lequel il est engagé. Le pouvoir accordé à ce conseiller peut être un pouvoir d'expert ou un pouvoir de référence. Cette personne influence en vertu de la nature de la relation positive qu'elle établit. Son pouvoir ne peut jamais être vraiment coercitif, et dans ce sens il permet à l'organisation des degrés de liberté plus grands.

Par contre, il arrive que le pouvoir d'expert qu'on lui accorde vienne servir les besoins narcissiques de l'organisation. En effet, certaines organisations vont tenir à avoir un consultant très important (reconnu, haut coté, et dont les frais sont élevés), dans le but inavoué de nourrir leur propre image et leur propre prestige. Et, dans ce sens, elle accorde à son conseiller un pouvoir assez grand en tant qu'expert. Le pouvoir de ce dernier peut aussi être plus grand que celui du conseiller interne dans la mesure où il court-circuite les mécanismes habituels de la bureaucratie. Lorsqu'il peut réussir à établir lui-même des canaux de communication directs avec l'ensemble des gens ou des acteurs avec lesquels il veut communiquer, il agit directement sans être obligé, de par son rôle, de suivre les canaux formels habituels. Or, pendant un certain temps, ce statut privilégié peut lui servir à aider l'organisation plus efficacement. Il aura de toute évidence à travailler, un jour, avec les structures habituelles. Outre cet avantage, le conseiller externe peut souvent aussi être appelé à jouer des rôles d'arbitre, tout au moins en tant que conseiller qui vient neutraliser pendant un certain temps la compétition interne. Le conseiller interne n'est pas à l'abri de toutes les formes de compétition possibles qu'il peut engendrer ou que d'autres acteurs peuvent vivre par rapport à lui. Je pense en particulier à la difficulté des rapports, dans toutes les organisations que je connais, entre diverses fonctions-conseils (le service des ingénieurs par rapport au service de maintenance par exemple) ou entre ces fonctions et la production. Le conseiller interne, dans bien des cas, peut se retrouver au sein même de ces compétitions et son influence s'en trouve court-circuitée. Le conseiller externe a parfois droit, de la part des différents acteurs concernés, à un statut privilégié d'arbitre, qui permet d'influencer les différentes parties de l'organisation. En d'autres mots, il est le seul avec lequel on ne se bat pas, pour le moment, et qui ne sera pas, par conséquent, neutralisé dans la bataille.

Il est important de mentionner que le conseiller externe risque d'éprouver moins de difficultés à identifier la culture spécifique d'une organisation et la nature de ses jeux interpersonnels. Il en est moins influencé, et, dans ce sens, se montre souvent plus lucide sur leurs diverses implications. Mais il risque aussi d'avoir moins d'informations que le conseiller interne et d'être aveugle sur bien d'autres aspects. Jusqu'à ce jour, mon expérience de conseiller externe m'a toujours donné l'impression que si je préférais ma condition à celle du conseiller interne, c'est que je la trouvais plus gratifiante. Lorsqu'une organisation fait appel à mon aide, c'est qu'elle est déjà dans une situation active où elle a identifié des difficultés et où elle est motivée à les affronter. Cette situation est loin d'être celle de l'agent interne, qui doit participer aux frustrations quotidiennes de tout membre d'une organisation plus ou moins bureaucratique où l'innovation peut connaître des délais qui risquent toujours de décourager les plus patients.

Ces quelques réflexions veulent souligner l'importance respective des deux types de conseillers. Les deux rôles sont donc différents et complémentaires. Une des meilleures stratégies des conseillers externes a souvent été de permettre à l'organisation de créer des rôles de conseillers internes et ainsi de développer sa propre autonomie, en se donnant ses propres mécanismes d'aide. La plupart des interventions où le conseiller externe peut travailler avec un interlocuteur, tel qu'un conseiller interne, s'avèrent beaucoup plus fructueuses. On peut en dire autant des stratégies inverses où le conseiller interne fait appel à des interlocuteurs externes. Toutefois, les désavantages des rôles respectifs peuvent être sûrement contournés avec le développement de nouvelles stratégies d'intervention de la part des conseillers. Plusieurs conseillers internes, par exemple, tentent de plus en plus d'éviter les désavantages de la bureaucratie à laquelle ils appartiennent, en créant des entités, tels des comités spéciaux, mandatés par l'organisation formelle, mais qui fonctionnent un peu en marge de celle-ci (un comité d'études sur tel sujet à l'intérieur d'un cégep, les équipes SEMEA-SUITE dans le projet du renouveau pédagogique à l'élémentaire, etc.).

La terminaison de la relation
(quand le conseiller doit penser à faire sa sortie)

Quel que soit le point d'origine de la demande d'aide, elle va toujours s'inscrire dans une durée limitée. Nous avons parlé jusqu'à maintenant de bien des aspects de cette relation et j'aimerais finalement attirer l'attention sur les implications de sa durée. Plus le conseiller assume les limites de son aide et particulièrement ses limites de temps, plus il accepte facilement qu'elle se termine à un moment donné et que le client se reprenne en main. L'intensité de la relation et du travail avec le client risque alors d'être plutôt forte. La durée limitée a donc d'abord des implications au niveau de la dépendance et de

l'autonomie de l'organisation. En effet, assumer la nécessité d'une durée limitée de l'intervention, c'est assurer le développement de l'autonomie de cette
dernière.

Un conseiller de l'extérieur a pu entendre plusieurs fois l'équivalent de
cette plainte : « Mais tu ne seras pas toujours avec nous, et alors qu'arrivera-
t-il ? » « Tu as le beau jeu quand tu nous suggères ces actions, mais il ne faut pas
oublier que, lorsque tu seras parti, c'est nous qui allons être pris avec les
conséquences. » Ce message tente toujours de rappeler au conseiller, à la fois la
dépendance du client et la nécessité pour le conseiller d'ajuster son aide par
rapport au client. Mettre en branle des actions que seul le conseiller est
véritablement capable de mener à terme, c'est tenter de se créer un emploi
permanent puisque ce sera le client lui-même qui aura à poursuivre les actions
amorcées par le conseiller, et sera probablement incapable de le faire.

Un danger inhérent à la sous-estimation de l'importance des implications
temporelles de la consultation peut être l'aliénation du conseiller par rapport à
son client. Ne pas assumer d'avance la séparation, c'est se maintenir à une
certaine distance psychologique de l'organisation : quand on sait que la séparation est inévitable et qu'on ne veut pas la voir, c'est qu'on s'en défend. On se
tient alors distancé de son propre vécu et fatalement, aussi, éloigné du groupe-
client. Ceux qui cherchent des clients pour s'éprouver en train d'aider quelqu'un
auront plus de difficulté que d'autres à assumer la séparation.

Cette séparation, ou cette terminaison inévitable, s'accompagne toujours
d'une certaine forme d'anxiété ; et il faut en comprendre les implications pour
l'organisation. Ainsi par exemple, je connais plusieurs communautés de citoyens pour qui la venue d'un travailleur social comme conseiller est des plus
bienvenues parce qu'ils peuvent clairement ou consciemment percevoir que ce
dernier assume avec eux la problématique qui les concerne. Au contraire,
l'organisation peut refuser l'insertion momentanée d'un conseiller (il faut entendre y résister à des degrés divers), parce qu'elle ne veut pas vivre, à plus ou
moins brève échéance, ce qu'elle perçoit comme un abandon possible. Ne pas
estimer l'importance d'une telle appréhension chez le client, c'est préparer
parfois sa dépendance extrême et conséquemment, au moment du départ du
conseiller, un affaissement ou une régression de l'organisation au stade de
développement où elle se trouvait avant l'intervention.

Références bibliographiques

ARGYRIS, C. (1970). *Intervention Theory and Method (A Behavioral Science View)*, Reading, Mass., Addison-Wesley.

BENNIS, W. G. (1966). *Changing Organizations*, New York, McGraw-Hill.

BLAKE, R. R., MOUTON, J. S. et SLOMA, R. L. (1969). « The Union-management Intergroup Laboratory : Strategy for Resolving Intergroup Conflict », dans W. G. BENNIS, K. D. BENNE et R. CHIN (sous la direction de), *The Planning of Change*, New York, Holt, Rinehart and Winston, pp. 176-191.

CAPLOW, T. (1968). *Two Against One*, Englewood Cliffs, Prentice-Hall.

COMBS, A. W., AVILA, D. L. et PURKEY, W. W. (1971). *Helping Relationships (Basic Concepts for the Helping Professions)*, Boston, Allyn and Bacon.

DALTON, G. W., LAWRENCE, P. R. et GREINER, L. E. (1970). *Organizational Change and Development*, Homewood, Ill., Irwin-Dorsey.

FERGUSON, C. K. (1961). « Concerning the Nature of Human Systems and the Consultant's Role », dans W. G. BENNIS, K. D. BENNE et R. CHIN (sous la direction de), *The Planning of Change*, 2e édition, New York, Holt, Rinehart and Winston, pp. 407-417.

FORDYCE, J. K. et WEIL, R. (1971). *Managing with People. A Manager's Handbook of Organization Development Methods*, Reading, Mass., Addison-Wesley.

GLIDEWELL, J. C. (1961). « The Entry Problem in Consultation », dans W. G. BENNIS, K. D. BENNE et R. CHIN (sous la direction de), *The Planning of Change*, New York, Holt, Rinehart and Winston, pp. 653-660.

HARRISON, R. (1970). « Choosing the Depth of Organizational Intervention », *Journal of Applied Behavioral Science*, vol. 6, n° 2, pp. 181-203.

KOLB, D. A. et BOYATZIS, R. E. (1970). « On the Dynamics of the Helping Relationship », *Journal of Applied Behavioral Science*, vol. 6, n° 3, pp. 267-291.

STEELE, F. I. (1969). « Consultants and Detectives », *Journal of Applied Behavioral Science*, vol. 5, n° 2, pp. 187-203.

TANNENBAUM, R., WESCHLER, I. R. et MASSARIK, F. (1961). *Leadership and Organization : A Behavioral Science Approach*, New York, McGraw-Hill.

WALTON, R. E. (1968). « Interpersonal Confrontation and Basic Third-party Functions : A Case Study », *Journal of Applied Behavioral Science*, vol. 4, n° 3, pp. 327-344.

WALTON, R. E. (1969). *Interpersonal Peacemaking : Confrontations and Third-party Consultation*, Reading, Mass., Addison-Wesley.

4

Les valeurs des consultants et consultantes organisationnels

Jacques RHÉAUME

La consultation organisationnelle est une pratique sociale qui s'est affermie considérablement depuis les 25 dernières années, au Québec, comme dans la plupart des pays fortement industrialisés. Nous nous référons ici à la consultation qui s'inscrit dans le cadre des pratiques de développement organisationnel et/ou de gestion des ressources humaines, ce qui représente un secteur particulier d'intervention, à côté d'autres secteurs de consultation plus techniques (en ingénierie, en informatique ou en comptabilité). Nous pouvons remarquer par ailleurs que la notion intuitive de développement organisationnel évoque celle de la gestion générale des entreprises et de leur développement, ce que beaucoup de conseillers en gestion revendiquent comme leur territoire propre. Il convient alors de préciser davantage, dans un premier temps, le champ d'intervention que nous voulons explorer. Nous abordons ensuite les principaux résultats d'une étude[1] sur les fondements psychosociologiques des pratiques de la consultation organisationnelle, en nous concentrant plus particulièrement sur les orientations et les valeurs[2] définies par les consultants et consultantes. Deux questions complémentaires se trouvent au cœur de cette recherche :

---

1. Cette étude a été réalisée à deux moments différents soit à l'automne 1983, pour une première moitié de l'échantillon des consultantes et consultants interviewés, et au printemps 1989, pour la seconde moitié. Cette dernière partie de l'étude a été subventionnée par les Services aux collectivités de l'Université du Québec à Montréal. Le rapport détaillé (problématique, méthodologie, résultats) est disponible à ce service.

2. Nous distinguons dans ce texte la notion d'*orientation*, qui indique la visée de l'action, le but, la finalité et celle de *valeur*, qui se réfère au modèle, au critère, à un idéal normatif des conduites humaines. Deux notions complémentaires : l'une plus dynamique, l'autre plus statique.

– La consultation organisationnelle est-elle condamnée à jouer principalement un rôle d'intégration et d'adaptation des individus à ce qu'il est convenu d'appeler la culture d'entreprise, qui est souvent celle des directions d'entreprises ? Peut-elle au contraire se lier aux forces de transformation et modifier de façon importante les pratiques de travail et de direction des entreprises ?

– La consultation organisationnelle est-elle définie principalement par les tendances culturelles dominantes de nos sociétés nord-américaines, se contentant de les reproduire au sein de l'entreprise, ou reprend-elle à son compte des critiques et des remises en cause de ces valeurs dominantes, pour devenir davantage un outil de changement ?

Cette dernière formulation suggère que la question des valeurs implique directement celle de la culture, et que cette dernière est indissociable des rapports sociaux et de l'action sociale qui « produisent la société », pour reprendre l'expression du sociologue Alain Touraine. C'est pourquoi nous ne pouvons parler de consultation organisationnelle et de valeurs sans les situer dans le contexte sociohistorique où cette pratique se développe. En même temps, il est important de bien définir le lien existant entre la culture et l'action sociale, en montrant l'autonomie et l'importance du champ culturel comme lieu de création, et non comme simple reflet, des structures sociales. Enfin, nous aurons à préciser le contenu possible de la direction de ces orientations culturelles, anciennes et nouvelles, qui sont indissociables d'un projet de société.

Le domaine de la consultation organisationnelle qui nous intéresse ici met en cause de nouvelles formes de travail dans l'entreprise, publique ou privée, productrice de biens ou de services, et/ou de nouvelles approches de gestion des ressources humaines. Travailler dans des équipes semi-autonomes de travail, développer des modes de participation aux décisions, instaurer une culture d'entreprise, viser la « qualité totale », sont des exemples d'objectifs trouvés dans ce domaine de la consultation. Plus précisément, le domaine visé est celui de personnes qui sont formées aux sciences humaines et sociales appliquées au travail ou à la gestion, que ce savoir soit développé dans des disciplines de sciences humaines (psychologie industrielle, sociologie du travail, relations industrielles, psychosociologie) ou dans des programmes de sciences de la gestion (gestion des ressources humaines, gestion de projet, planification stratégique, gestion de personnel).

Nous avons procédé à des entrevues en profondeur, de type semi-dirigé, auprès d'une vingtaine de consultantes et consultants[3], qui représentent autant de cas de pratiques variées, typiques de la consultation organisationnelle. Ils se divisent en deux sous-groupes principaux : une première moitié, constituée de conseillers et conseillères professionnels formés plus directement à l'approche du développement organisationnel ; une seconde, composée d'individus possédant des profils de formation variés, plus proches de la gestion des ressources humaines. Ils œuvrent à titre de conseillères et conseillers internes des entreprises ou cadres et interviennent dans divers secteurs industriels de production de biens ou de services d'entreprises publiques ou privées ; ou externes et font partie de firmes de consultation (petites ou grandes), ou travaillent à leur compte.

Notre étude nous a permis d'évaluer à environ 500 personnes[4] le nombre des consultants et consultantes organisationnels externes des entreprises (dans des firmes ou à titre individuel). Il nous faut quintupler ce chiffre pour les spécialistes ou les cadres, le plus souvent rattachés à une direction des ressources humaines, qui font un travail similaire à l'intérieur de l'entreprise. Ce groupe d'environ 3 000 personnes au Québec représente plusieurs orientations qui se rapprochent ou s'éloignent d'une perspective de développement organisationnel. Ces orientations varient, entre autres, selon les appartenances professionnelles. Mais nous faisons l'hypothèse que les idées et les techniques reliées à la tradition du développement organisationnel constituent un point de référence central pour comprendre et situer les pratiques de ce secteur de la gestion.

La consultation ainsi définie s'inscrit dans le prolongement d'une longue tradition de pensée et de pratiques qui remonte à l'école des relations humaines (à partir des études d'Elton Mayo aux usines Hawthorne jusqu'aux travaux de Kurt Lewin), se perpétue du changement planifié et du développement organisationnel des successeurs de Lewin jusqu'au mouvement de la qualité de

---

3. Nous avons interviewé un premier groupe de dix consultants et consultantes en 1983, qui avaient comme caractéristique commune d'avoir été formés, plus ou moins longuement, à l'approche du développement organisationnel. La moitié étaient agentes ou agents internes dans des entreprises de secteurs industriels différents (textile, électricité, aéronautique, produits de construction, fonction publique), et l'autre moitié, consultantes ou consultants externes, dans des firmes ou travaillant à leur compte. Le deuxième groupe, en 1989, était composé exclusivement de dix consultants et consultantes externes dans autant de firmes différentes et présentant des profils de formation et d'expérience très variés : psychologie, administration, ingénierie, comptabilité, animation sociale.

4. Nos principales sources étaient les bottins des principales associations professionnelles pertinentes : D.O. Canada ; la Corporation professionnelle des conseillers en relations industrielles du Québec ; l'Association des professionnels en ressources humaines du Québec. Nous avons consulté également l'*Annuaire du travail*.

vie au travail et à celui plus récent de la gestion globale de la qualité[5]. Il ne s'agit pas pour autant d'un champ d'intervention exclusif et autonome. L'organisation du travail, par exemple, implique nécessairement des composantes techniques et financières et des expertises correspondantes (génie, finances, etc.) et, idéalement, appelle une collaboration entre spécialistes des sciences humaines, de la gestion et des sciences naturelles. L'approche sociotechnique[6] constitue un bon exemple de cette nécessaire complémentarité. Cependant, la consultation en développement organisationnel possède sa spécificité propre[7].

Notre recherche nous a permis d'identifier de fait quatre profils principaux de professionnels de la consultation.

Les profils professionnels en consultation

Le premier profil en consultation est celui des *conseillers et conseillères professionnels*. Ils ont reçu une formation spécifique à la *consultation organisationnelle*, le plus souvent dans l'une des disciplines suivantes : psychologie industrielle, du travail ou des relations humaines (maîtrise ou doctorat en psychologie), gestion des ressources humaines (baccalauréat, maîtrise ou doctorat en administration), psychosociologie de la communication (baccalauréat, maîtrise), en relations industrielles (baccalauréat, maîtrise ou doctorat). Les consultantes et consultants de ce profil mettent l'accent sur une bonne connaissance du processus de consultation, d'aide ou de conseil aux entreprises. Ils valorisent aussi le fait d'avoir une bonne connaissance des entreprises, et, dans le cas des psychologues industriels ou des conseillers et conseillères en relations industrielles, une expertise particulière dans le secteur des ressources humaines (ce peut être en rémunération, en santé et sécurité, en recrutement, en relations de travail). Nous pouvons inclure également, dans ce groupe, ceux et celles qui ont reçu une

---

5. Deux références représentent bien ces deux courants. Pour la qualité de vie au travail : Maurice BOISVERT, *et al.* (1980). *La qualité de vie au travail : regards sur l'expérience québécoise*, Montréal, Les éditions Agence d'Arc, 461 p. Pour la gestion de la qualité : P. R. TURCOTTE et J. L. BERGERON (1984). *Les cercles de qualité : nature et stratégie d'implantation*, Montréal, Les éditions Agence d'Arc, 219 p.
6. Voir Maurice BOISVERT (1980). *L'approche sociotechnique*, Montréal, Les éditions Agence d'Arc, 237 p.
7. La référence suivante constitue à nos yeux une excellente synthèse de cette documentation : W. J. FRENCH et C. H. BELL (1984). *Organization Development : Behavioral Science Interventions for Organization Development*, 3ᵉ édition, Englewood Cliffs, Prentice-Hall, 346 p. Voir également Yvan TELLIER (1991). « Le développement organisationnel », dans R. TESSIER et Y. TELLIER (sous la direction de), *Changement planifié et développement des organisations*, Sillery, Presses de l'Université du Québec, tome 8.

formation plus générale en sciences humaines (sociologie, sciences politiques, etc.) et qui se sont intéressés par la suite à la consultation organisationnelle comme telle. Ces personnes ont suivi habituellement des cours ou des séminaires de perfectionnement dans la pratique de la consultation.

Un second profil est celui des *conseillères et conseillers gestionnaires*. C'est celui de personnes venues progressivement à la consultation organisationnelle à partir d'une expérience dans d'autres secteurs d'expertise et / ou comme cadre à l'intérieur d'une ou plusieurs entreprises. Formés en gestion (baccalauréat ou maîtrise en administration), en génie ou en comptabilité, ces gestionnaires se sont intéressés progressivement à des rôles de conseil, de formation et de soutien auprès d'autres gestionnaires ou du personnel. S'ils se retrouvent en gestion des ressources humaines et en consultation, ce n'est pas en vertu d'une spécialisation initiale dans ce domaine, mais à la suite d'expériences et de démarches plus personnelles. Ils se sont perfectionnés dans des séminaires où ils ont appris diverses méthodes d'intervention, comme l'animation de groupe, l'analyse des relations humaines, le fonctionnement des cercles de qualité, etc. Ce perfectionnement a pu se réaliser à l'université, mais il se fait le plus souvent dans des activités offertes par des firmes spécialisées ou des associations professionnelles. Ces consultants et consultantes vont mettre l'accent sur l'importance d'une bonne expérience en gestion et la maîtrise d'habiletés de communication concrètes et efficaces.

Un troisième profil, c'est celui des *universitaires consultants*. Ces personnes enseignent à l'université, sont fortement scolarisées et spécialisées (doctorat, recherches, publications) dans un domaine pertinent (gestion des ressources humaines, psychologie industrielle, etc.) et elles font de la consultation à temps partiel dans une firme ou à titre personnel. Elles peuvent avoir développé un rôle de conseil dans leur cheminement de carrière à l'université, ou peut-être sont-elles venues à l'université après une première expérience de gestion ou de consultation. Il est à noter que le cheminement inverse existe aussi : des universitaires abandonnent le métier de l'enseignement et deviennent consultantes ou consultants dans une firme privée. Les universitaires consultants mettent surtout l'accent sur l'expertise en consultation organisationnelle comme telle.

Il existe enfin un quatrième profil, qui décrit les *animateurs et animatrices consultants*, qui proviennent du champ de l'animation sociale ou communautaire. Ces personnes peuvent avoir une formation universitaire générale, en sciences humaines ou autres ; surtout, elles se sont formées dans la pratique directe de l'animation dans les années 60. C'est le plus souvent par le biais de la formation qu'elles vont s'intéresser aux organisations. Elles vont alors se perfectionner en conséquence par des séminaires, des échanges professionnels, etc. Une variante importante de ce profil est celle des consultantes et consultants qui œuvrent dans le domaine de l'organisation communautaire, dans les organismes de santé et d'assistance sociale et qui développent, pour ce secteur particulier, une approche de consultation organisationnelle au sens où nous l'avons définie. Dans ce quatrième profil, on valorise la participation active du personnel ou des populations concernées, l'action concrète, l'innovation ou la créativité.

Valeurs et rapports sociaux : des tendances conflictuelles

L'objectif de notre étude était de dégager la psychosociologie implicite[8] des intervenants et intervenantes en consultation organisationnelle, c'est-à-dire la conception du social qu'ils élaborent à propos de leur pratique et qui lui donne du sens, et la conception de la personne et du rapport personne-organisation-société qui oriente leur pratique professionnelle. Notre schéma d'analyse[9] des discours recueillis en entrevue accordait une place importante à la conception normative de la pratique, soit les orientations et les valeurs qui animent l'action. Toutefois, le cadre global de notre schéma d'entrevue, comme de notre analyse, reposait sur un certain nombre de présupposés, dont nous résumons brièvement ici les principales composantes sociologiques et méthodologiques.

1. Les valeurs et les normes sont indissociables du contexte plus global des rapports sociaux où s'inscrit une pratique. C'est pourquoi nous les retrouvons aussi bien dans la conception que se font les intervenantes et intervenants de la personne, de l'entreprise et du lien personne-entreprise, que dans celle de leur pratique concrète d'intervention et des orientations de cette pratique. Nous les retrouvons également dans leur vision du contexte organisationnel, professionnel et sociétal de leur pratique. Ainsi, la démocratie est une valeur qui doit être qualifiée par tous ces éléments contextuels. Quels sont les éléments de l'intervention comme telle, les caractéristiques du cadre organisationnel de l'inter-

---

8. La notion de sociologie implicite a été développée d'abord par Robert Sévigny et appliquée dans une recherche que nous avons réalisée ensemble et publiée dans les ouvrages suivants : Jacques RHÉAUME et Robert SÉVIGNY (1988). *Sociologie implicite des intervenants en santé mentale. Les pratiques alternatives : du groupe d'entraide au groupe spirituel*, Montréal, Éditions Saint-Martin, vol. 1, 214 p. Jacques RHÉAUME et Robert SÉVIGNY (1988). *Sociologie implicite des intervenants en santé mentale. La pratique psychothérapeutique : de la croissance à la guérison*, Montréal, Éditions Saint-Martin, vol. 2, 222 p.
Nous utilisons ici la notion de psychosociologie implicite pour bien montrer la perspective interdisciplinaire de notre étude sur la consultation.
9. Ce schéma d'analyse s'inspirait en grande partie de celui que nous avions utilisé pour la recherche sur l'intervention en santé mentale (voir la note 8). Il comprenait les catégories générales suivantes : conception du rapport personne-organisation ; conception de l'intervention ; cadre professionnel et organisationnel de l'intervention ; cadres sociaux d'appartenance (grands ensembles) ; conception de l'action sociale.

vention, les points de vue particuliers sur l'entreprise et sur les personnes qui permettent de fonder et de définir une telle orientation démocratique ?

2. Notre analyse du point de vue des intervenants et intervenantes sur leur pratique accordait une grande importance à la logique interne, au propre cadre de référence de ceux-ci, qu'il nous faut d'abord comprendre et saisir. Mais l'analyse implique également le cadre de référence du chercheur, sa sociologie et sa psychologie explicites aussi bien qu'implicites. Ceci se traduit, par exemple, dans les schémas d'entrevue et d'analyse, comme le montre le point précédent. Mais il faut préciser davantage l'orientation de notre analyse. Nous pensons que les valeurs et les orientations de la consultation organisationnelle, que l'on retrouve clairement exprimées dans la documentation pertinente à ce domaine, se présentent trop souvent de façon décontextualisée et abstraite, ce que nous avons voulu éviter dans notre analyse du discours des intervenantes et intervenants. La démocratie dans l'entreprise ou l'autonomie personnelle au travail sont des exemples de valeurs abstraites. Comment se traduisent-elles dans des pratiques, et dans quel contexte social particulier ? Voilà ce qui peut nous permettre de mieux comprendre un champ d'action. En ce sens, la consultation est indissociable, selon nous, du contexte social nord-américain, de celui d'une société industrielle avancée, dominée par l'entreprise privée capitaliste, d'une société québécoise « dépendante » (au sens touranien), traversée de changements culturels importants (famille, religion...). Cette vision générale demande elle-même à être nuancée, tout au cours de l'analyse.

3. L'analyse des valeurs se rapproche d'une analyse de l'idéologie des consultants et consultantes, si nous donnons à la notion d'idéologie un sens de positivité relative, comme discours et système d'idées qui donnent du sens à la pratique de ce groupe, et non comme idées fausses (au sens marxiste) au départ sur le réel de l'action sociale. Il est sûr que le discours des praticiennes et praticiens est un discours engagé, où se mélangent rhétorique et information plus descriptive, conviction et analyse critique. Mais l'idéologie qui en résulte contient de ce fait une information exceptionnelle sur le monde des significations de la pratique, accessible de première main aux personnes directement engagées. Et celles-ci contribuent ainsi à la construction des savoirs plus scientifiques sur la pratique. La tâche des scientifiques, à ce titre, est complémentaire. Elle consiste à rendre compte de ce savoir des consultants et consultantes en le situant dans un univers de référence différent, le leur, celui de la discipline dans laquelle il s'inscrit.

4. Sur le plan sociologique, notre analyse des valeurs ou de l'idéologie veut éviter un double écueil : celui de faire des valeurs un code central et universel que partagent tous les membres d'une société donnée, à l'exception des individus déviants ou marginaux ; ou celui de faire des valeurs une simple résultante de la somme des intérêts particuliers et individuels, sorte de pluralisme éclaté. Ni solution fonctionnelle et unitaire ni combinaison arbitraire de la pluralité.

Nous pensons plutôt, à la suite de certains sociologues actionnalistes (comme Touraine), que les valeurs et les orientations de l'action constituent un enjeu des rapports qui se nouent entre les actrices et acteurs sociaux directement engagés, entre des groupes et des mouvements sociaux qui occupent une place plus ou moins centrale dans le développement d'une société. C'est ce qu'on veut dire simplement aussi quand on désigne les valeurs ou l'idéologie comme une réalité sociohistorique.

5. Un dernier rapprochement mérite d'être établi, entre l'analyse des valeurs et la culture. Prise dans son sens anthropologique, comme l'ensemble des pratiques symboliques et de signification qui caractérisent un groupe social, la culture englobe certes le domaine des valeurs, et celles-ci sont souvent définies comme occupant le cœur d'une culture. Encore ici, et ceci reprend notre distinction élaborée à propos de l'idéologie, il est important de relier la culture aux rapports sociaux qui la fondent, de faire de la culture à la fois le résultat et le cadre de ces rapports sociaux. Il devient vite évident, à ce moment-là, qu'il y a plusieurs cultures et plusieurs visions de la culture selon les groupes sociaux concernés. Les valeurs, il est vrai, occupent une place centrale dans ces débats culturels et elles sont indicatrices des orientations de l'action sociale.

Nous avons formulé, sur la base de ces quelques distinctions, une hypothèse de recherche qui touche directement les orientations et les valeurs du travail de consultation qui est alors analysé sous l'angle d'une action culturelle. En effet, *la consultation est une action culturelle* dans un double sens : non seulement elle repose sur un certain ensemble de valeurs et de croyances auxquels se réfèrent les consultants et les consultantes, mais elle se définit largement comme un travail symbolique de création et de développement de connaissances et de modèles susceptibles de guider et d'orienter la gestion et les opérations de l'entreprise. Nous pensons que *les orientations culturelles exprimées par les consultantes et consultants sont foncièrement ambiguës, voire conflictuelles*, parce qu'elles se fondent sur des tendances sociales plus larges qui traversent l'ensemble des entreprises. La conception psychosociologique, implicite et explicite, qu'ont les intervenants et intervenantes de leur pratique s'articulerait ainsi autour de trois pôles de référence : une orientation modernisante technocratique ; une orientation « alternative » (anti-technocratique) et une orientation démocratique critique.

a. Une première orientation, *modernisante technocratique* représente un développement culturel majeur dans une société dite « industrielle avancée ». Elle s'appuie sur une grande valorisation des expertises scientifiques et techniques, dans notre cas, puisées dans les sciences humaines et sociales, expertises qui sont destinées principalement à renforcer le pouvoir des éléments d'une classe dirigeante de type technocratique. La maîtrise rationnelle des opérations et du personnel est la perspective dominante. La recherche de l'excellence[10] représente en grande partie une telle tendance modernisante ; la notion de gestion globale de la qualité montre mieux encore cette jonction des aspects modernisants et technocratiques.

b. Une deuxième orientation, « *alternative* » *et anti-technocratique* s'appuie sur des courants de pensée ou diverses expériences sociales qui remettent en cause le projet d'une gestion technocratique du social, y compris dans les entreprises de production de biens ou de services. On invoque alors de nouvelles valeurs, la nécessité d'un nouveau paradigme de la connaissance, d'un humanisme plus radical qui favorisent l'intégrité de toute la personne. Un volume comme *Les enfants du Verseau*, de Marilyn Ferguson[11] est éloquent à ce titre.

c. Une troisième orientation, *démocratique critique*, s'inscrit dans le prolongement historique de la recherche d'une démocratie industrielle et se fonde sur une logique des rapports sociaux qui rendrait possible, pour une majorité de travailleuses et de travailleurs, une prise en charge et une appropriation beaucoup plus forte de leur vie au travail. Nous avons qualifié cette orientation de critique, au sens où ce terme est souvent compris en sociologie, soit faisant référence explicitement aux fondements de l'action sociale, aux rapports sociaux qui mettent en présence des groupes qui ont des visions et des intérêts différents et opposés par rapport au travail. En même temps, cette démocratisation critique de l'entreprise est à situer dans le contexte sociétal actuel où les rapports sociaux sont profondément transformés : signification différente accordée au travail, ampleur grandissante de l'industrie des services, culture de consommation, idéologie individualiste, etc. Le mouvement, amorcé dans les années 70, de la qualité de vie au travail représente très bien cette troisième orientation.

Ces trois orientations, précisons-le, sont susceptibles de se retrouver dans le même discours d'un consultant ou d'une consultante, parce qu'elles reflètent la complexité des tendances sociales actuelles. Nous nous attendons à ce qu'elles ne prennent pas la même importance chez tous. Chaque personne indiquera plus ou moins fortement ses préférences et ses critiques. C'est précisément ce jeu des tendances qui nous guidera dans notre analyse. Nous comptons également pouvoir dégager les implications culturelles d'une telle analyse, et indiquer ce qui semble ressortir comme orientations principales de la pratique des consultantes et consultants.

Vue sous cet angle, la question peut se formuler ainsi : les consultants et les consultantes organisationnels exercent-ils principalement une *adaptation* à un modèle culturel dominant, au sein des entreprises, rôle que nous qualifions de modernisateur technocratique ? Ou se définissent-ils comme plus ou moins

---

10. T. J. Peters et R. H. Waterman (1983). *Le prix de l'excellence : les secrets des meilleures entreprises*, Paris, Interéditions.
11. Marilyn Ferguson (1981). *Les enfants du Verseau*, Paris, Calmann-Lévy.

subversifs, visant à transformer cette culture dominante par des solutions de remplacement plus radicales, en *opposition directe* au fonctionnement traditionnel ou technocratique de l'entreprise ? Ou enfin se voient-ils comme *innovateurs*, axés sur l'instauration plus ou moins progressive d'une *démocratisation industrielle* fondée sur une plus grande appropriation, par les travailleuses et travailleurs, de leur vie de travail ?

Nous présentons maintenant, dans leurs traits essentiels, les résultats de notre analyse du matériel d'entrevues, nous concentrant plus particulièrement sur les valeurs et les orientations de la consultation organisationnelle, telles qu'on peut les lire et les interpréter à la lumière de la psychosociologie implicite des consultants et consultantes rencontrés.

Conception de la personne et du rapport personne-organisation

Le postulat central chez tous les gens interviewés est celui de la compatibilité certaine entre les besoins et le développement de la personne et les exigences ou les finalités de l'entreprise. Chez plusieurs, un tel lien prend la forme d'une équation positive très nette : une personne plus heureuse, plus motivée, plus satisfaite est un facteur de plus grande productivité. Cette harmonie possible entre les besoins de la personne et la productivité de l'entreprise suppose une certaine vision de ces deux éléments. Les positions vont alors se différencier beaucoup plus.

Une partie des consultantes et consultants fondent leur conception de la personne au travail sur les principales valeurs de la *psychologie humaniste* : autonomie de la personne, recherche d'authenticité et de rapports interpersonnels plus vrais, valorisation de l'expérience personnelle et du vécu, équilibre affectivité-raison, créativité, etc. Cette conception humaniste se traduit alors par une remise en cause, principalement, des rapports de supervision arbitraires et autoritaires et de la mauvaise qualité des relations à l'intérieur d'un service, d'une division, voire d'un secteur important de l'entreprise. L'intervention vise, dans ce contexte, à améliorer la qualité de ces relations interpersonnelles. Ceci se fait principalement par des interventions de formation ou de conseil (dans des rencontres de groupes ou individuelles). Des modèles conceptuels d'inspiration explicitement humaniste sont évoqués comme la *gestion authentique* (inspirée de la thérapie gestaltiste) ou l'*analyse transactionnelle* appliquée à la gestion. Il faut noter le lien explicite, dans ces derniers cas, avec les gestionnaires qui sont les clients principaux de l'intervention.

Cette conception humaniste se retrouve également, plus ou moins explicitement, dans des principes généraux d'une gestion nouvelle ou innovatrice de l'organisation. Par exemple, faire confiance aux membres du personnel et les rendre responsables non seulement de leur travail, mais aussi du contrôle de la qualité de ce travail suppose une base d'autonomie concrète que la direction doit favoriser chez son personnel. Ou encore, miser sur l'engagement de ce dernier dans l'entreprise, sur sa fidélité ou sa loyauté, c'est reconnaître la nécessité de traiter ses membres comme des partenaires, qui peuvent répondre ainsi à leurs propres besoins d'appartenance et d'engagement.

Une autre conception de la personne au travail apparaît aussi, chez bon nombre de consultants et consultantes, en particulier quand ils décrivent les méthodes d'intervention qu'ils utilisent, quand ils expriment leur conception de l'intervention ou quand ils font état de l'entreprise comme contexte de leurs interventions. Cette conception, plus implicite souvent, peut être qualifiée de pragmatique empirique. Les mots clés en sont l'efficacité, l'atteinte de résultats concrets et la rentabilité. L'articulation entre le développement de la personne et celui de l'entreprise se fonde alors sur un ajustement, une concordance entre les habiletés et les conduites au travail et les exigences de la productivité, de rentabilité. Ces grands objectifs de l'entreprise, situés dans le cadre d'une économie de marché, ne sont pas remis en cause. En ce sens, la priorité est mise sur les finalités de l'entreprise, auxquelles sont subordonnés les besoins individuels. Les consultantes et consultants se placent alors dans la position de ceux qui contribuent à l'atteinte de ces objectifs et qui doivent constamment faire la preuve que leur mode d'intervention va dans ce sens.

Cette dernière perspective se manifeste par le type des méthodes d'intervention privilégiées. Il s'agit de méthodes structurées, que ce soit au niveau des groupes de travail (services, ateliers, divisions, direction), ou d'ensembles plus larges. Le processus de résolution de problème et la centration sur la tâche ou les habiletés concrètes forment le fondement de toutes ces méthodes. Le processus d'intervention fait l'objet d'une planification détaillée, en particulier dans la définition des problèmes, l'établissement des objectifs et des mesures d'évaluation. Les méthodes ou techniques d'intervention pourront varier, du groupe de discussion assez ouvert à des techniques d'apprentissage très opérationnelles, appliquées par exemple à la supervision chez les contremaîtres, à travers des programmes de *gestion par interaction*. La mise sur pied et le fonctionnement des cercles de qualité est un autre exemple de ces réunions centrées sur la résolution de problèmes précis. Tous ces cas se rapprochent de la manière béhavioriste. Dans plusieurs interventions de ce genre, on va d'ailleurs accorder une importance cruciale aux systèmes de récompenses correspondants : primes au rendement, individuel ou collectif ; participation aux profits (actionnariat ou primes collectives) ; primes aux solutions originales ; reconnaissance institutionnelle de la performance, etc.

Notons tout de suite que cette deuxième conception n'est pas nécessairement opposée à la première. Nous retrouvons même une combinaison des deux, en proportions variables, chez à peu près tous les intervenants et intervenantes. Et ceci peut se comprendre. L'approche humaniste, particulièrement telle qu'elle est incarnée dans la tradition du développement organisationnel, était présentée comme une approche qui valorise aussi, sur le plan méthodologique, une analyse rationnelle empirique des problèmes. Il existe par ailleurs une variante de cette approche humaniste en consultation, dont les orientations sont plus thérapeutiques, voire contre-culturelles, qui s'inspire du mouvement des groupes de croissance. Les quelques firmes de consultation qui ont davantage suivi cette voie, en tentant d'introduire une perspective d'humanisme plus radical dans l'entreprise, se sont rapidement, au dire des personnes interviewées, ajustées, pour pouvoir assurer une plus grande crédibilité à leurs interventions. Des éléments de croissance personnelle sont encore présents, mais ils sont intégrés dans une perspective de gestion.

Il reste cependant que la distinction entre ces deux conceptions du rapport personne-organisation (humaniste, béhavioriste) demeure importante, suivant le primat qui est accordé de fait, dans les idées comme dans la pratique, soit au pôle de la personne, soit à celui de l'entreprise dans le lien communément admis entre ces deux termes. Nous verrons plus loin que cette distinction réapparaît également dans la vision plus générale du lien entre la consultation comme pratique et l'action sociale.

Conception de l'intervention et contexte de la pratique

La conception qu'ont les consultantes et consultants de leur pratique est dominée par leur situation contractuelle et l'importance accordée au processus de changement. Pour l'agent interne ou externe (nécessairement dans ce dernier cas), l'intervention se déroule dans un cadre contractuel, entre une partie mandante (la personne responsable ou le groupe de l'entreprise-cliente), et la partie intervenante (le consultant ou la consultante). Très concrètement, les personnes interviewées expriment cette réalité en disant qu'elles ont essentiellement à répondre à une demande qui, une fois clarifiée, leur sert de critère premier d'intervention. En contrepartie, elles mettent l'accent sur le processus de changement à instaurer chez le client, plutôt que sur des expertises ponctuelles axées sur des contenus. Analyser des problèmes : oui, mais, surtout, mobiliser les gens concernés et les faire participer à cette analyse ; définir des objectifs et des plans : oui, mais susciter un engagement des personnes concernées dans les changements désirés ; faire une enquête de besoins : oui, mais surtout faire prendre conscience des choses à changer, et créer des capacités nouvelles d'action collective et de leadership pour les changer. Une telle vision processuelle, centrée sur le «comment» et sur les protagonistes correspond rarement, au départ, à la demande explicite: «J'ai besoin de votre analyse ou de vos méthodes d'expert pour régler tel problème.» Il se fait donc un premier travail sur la demande (qui constitue une phase cruciale de l'intervention). Le résultat, le plus souvent, établit un compromis entre ce métaregard méthodologique (comment on fait les choses) et les expertises effectives à délivrer (les solutions à apporter aux problèmes). Il est rare que des spécialistes reçoivent le mandat de seulement favoriser une démarche d'action; il est rare aussi, du moins pour les gens que nous avons rencontrés, qu'ils soient confinés à un pur rôle d'expert qui apporte une solution. Nous retrouvons toutefois ici les différences d'orientations déjà identifiées: une approche humaniste, une approche pragmatique empirique ou un mélange des deux, en proportions variables.

Les méthodes les plus fréquemment utilisées par les consultantes et consultants interviewés sont: l'*enquête participative* (ou enquête-*feed-back*), utilisée à l'échelle de toute l'entreprise, d'un secteur majeur ou d'un seul service; la *consolidation de groupe*, dans un ou plusieurs services, souvent au niveau de l'équipe de direction; la *formation* axée sur le travail en groupe, les relations interpersonnelles, la supervision, l'analyse des rôles et des tâches, etc.; l'activité de *conseil* ou de *counseling* auprès des cadres ou du personnel (rencontre individuelle en vue d'analyser des situations difficiles pour la personne concernée); la *résolution de situations conflictuelles* entre des personnes ou entre des services. Ces méthodes, et leurs nombreuses variantes, seront utilisées pour répondre à des demandes diversifiées: faire une enquête pour trouver la source d'un malaise généralisé ou, au contraire, pour favoriser des réorientations stratégiques de l'entreprise; consolider des équipes de production ou des équipes de gestion, etc. Et l'utilisation des méthodes est bien différente selon que celles-ci s'adressent principalement aux cadres, de divers niveaux, ou au personnel de production. Enfin, ces méthodes seront combinées, bien souvent, dans des stratégies plus ou moins globales et complexes, suivant l'ampleur des changements envisagés.

Cette diversité des pratiques laisse quand même entrevoir les orientations privilégiées par les consultants et les consultantes. Il est intéressant de noter d'abord que tous s'opposent à l'utilisation stéréotypée de méthodes et de techniques d'intervention définies comme autant de recettes ou de modes. Développer une approche originale qui colle à la demande du client est la voie qu'ils privilégient. Par contre, tous également ont bien sûr *leur* façon de faire, et ceci sur la base d'une expérience souvent importante d'intervention dans un grand nombre d'entreprises, ou encore dans le cadre des expertises développées au sein de leur firme. Par exemple, une enquête participative ne part pas de zéro à chaque fois: des banques de questions existent, les grilles d'analyse sont souvent formalisées, la procédure d'enquête est rodée, etc. L'intervention se situe donc entre ces deux pôles d'action, l'un où elle est fortement structurée comme dans les « solutions à la mode », et, l'autre, où elle est très ouverte et se définit au fur et à mesure des interactions entre le client et le consultant.

Ce portrait de la situation d'intervention n'est pas sans évoquer la tradition assez classique du développement organisationnel et de ses méthodes les plus connues. Il nous faut, cependant, souligner certaines différences importantes qui ressortent des entrevues. Le *groupe restreint*, soit dans le cadre d'interventions de formation ou de consolidation de groupe, est toujours au cœur de plusieurs stratégies d'action. Dans le développement organisationnel classique, l'utilisation du groupe de formation était un outil privilégié du changement des mentalités, de l'exploration d'un fonctionnement démocratique au travail, d'une harmonisation entre l'action collective du groupe et les besoins des individus. De plus, ceci se faisait d'une façon très ouverte, centrée sur le groupe, à l'image du modèle qu'était le groupe de formation (*T-Group*). Quelques consultantes et consultants s'expriment dans ce sens. Mais ces grands objectifs sont à peu près absents du discours de la majorité d'entre eux. Le groupe est défini comme un environnement pour l'apprentissage individuel, ou l'amélioration des relations interpersonnelles, ou, encore, la simple réalisation d'une tâche : il n'est plus l'objet privilégié de l'analyse. Par ailleurs, les consultants et consultantes, ou les responsables tiennent compte du groupe, bien sûr, en prévoyant une démarche de travail active, souple, progressive et en proposant des tâches pertinentes et, le plus souvent, structurées ; mais ils ne laissent plus aller la dynamique du groupe par elle-même, dans une attitude assez large de centration sur le groupe. Cette conception instrumentale du groupe peut être illustrée dans deux situations extrêmes. Un groupe de formation, pour cadres intermédiaires, par exemple, pourra porter d'une façon importante sur l'exploration du vécu des personnes et des relations interpersonnelles : la centration se fait sur l'individu. Des exercices et des modèles conceptuels simples sont apportés pour guider l'exploration des phénomènes interpersonnels vécus. Le lien avec la dynamique du groupe et le contexte du travail est très faible. À l'autre extrême, le groupe, dans beaucoup de cercles de qualité, opère dans un cadre de travail très précis où la centration se fait principalement sur les problèmes de travail à résoudre, ce qui peut à l'occasion inclure des dimensions interpersonnelles, mais reliées aux opérations de travail. Les méthodes et les règles de fonctionnement du groupe, animé par un responsable administratif, le chef d'équipe, ou, rarement, par une consultante ou un consultant, sont minutieusement conçues pour produire cette centration sur la tâche.

La méthode de l'enquête participative (de l'enquête-*feed-back*) semble connaître une évolution analogue, même si elle était, dans la tradition du développement organisationnel, une méthode déjà plus structurée que celle des groupes de formation. Le fondement de l'enquête participative est le processus démocratique mis en branle par une réflexion ordonnée de tous les acteurs et actrices concernés sur les problèmes que vit une organisation et les décisions qui s'imposent dans la réalisation de solutions nouvelles. Ceci suppose une association stricte du personnel à toutes les phases importantes de l'enquête et un droit de regard particulier dans l'établissement des priorités, l'examen des solutions et l'évaluation. Questionnaires et entrevues demeurent subordonnés, dans ce contexte, à la réflexion collective, qui se produit essentiellement dans des rencontres de groupes, voire des assemblées générales. Quelques consultantes et consultants s'inspirent encore de très près de ce scénario d'action. Une majorité cependant s'en éloignent fortement par un contrôle accru de la démarche : en produisant des questionnaires sophistiqués que les responsables-clients sont heureux d'accepter ; en se limitant à produire un rapport qui va aux instances de direction ; en limitant la consultation à la production de données complémentaires ; en étalant dans le temps et/ou en divisant les opérations d'une façon très complexe, ce qui laisse peu de prise au personnel.

Ces développements, caractérisés par une structuration plus forte de l'intervention et un contrôle accru de la part des consultants et consultantes et de la direction, viennent étayer l'orientation pragmatique empirique mentionnée plus haut. La participation, la démocratisation et l'expérimentation collective sont fortement réduites. La part du développement personnel peut encore être grande, dans certaines de ces interventions, mais demeure coupée, bien souvent, d'enjeux plus collectifs de travail.

La consultation a changé beaucoup également, compte tenu de contextes d'action différents, de changements qui caractérisent l'évolution des approches manageriales des dernières années. Jusqu'au début des années 80, et ceci même pour des gens qui s'inscrivaient dans le courant de la qualité de vie au travail, la vision dominante dans les entreprises, telle qu'elle est évoquée par les personnes interviewées, est celle du développement interne de l'entreprise. Les objets de consultation, dans le domaine du développement organisationnel, sont principalement internes : revoir les rôles de supervision, la structure et l'exercice de l'autorité ; aider les équipes à mieux fonctionner ; analyser les besoins du personnel ; former les responsables à un leadership plus efficace. L'enjeu principal, relevé par une majorité de consultantes et consultants, est la place plus ou moins grande que peuvent avoir des services de consultation et de direction des ressources humaines aux yeux de la haute direction et en regard des opérations courantes de la production. La gestion des ressources humaines demeure souvent marginale dans les grandes décisions de l'entreprise, et, à quelques exceptions près (projets expérimentaux, investissements massifs dans des changements technologiques), la consultation en développement organisationnel est une petite section à l'intérieur de la division des ressources humaines. Les spécialistes externes en consultation sont encore plus soumis aux aléas de la demande, et leur pouvoir est lié à celui de l'entreprise-cliente principale.

Les événements liés à la crise économique des années 1981-1983 au Québec et en Amérique du Nord vont renforcer une perspective qui devient à son tour dominante dans la plupart des directions d'entreprise : la contingence de l'organisation et son lien avec l'environnement. Modèle japonais, chute de la croissance, instabilité des marchés, autant de facteurs qui sont à l'œuvre. Et la situation est connue depuis longtemps déjà ! C'est comme si les directions d'entreprise se concertaient tout à coup et adhéraient fortement à une vision d'ouverture de l'entreprise sur le marché et la clientèle, et tout ceci autour d'un mot d'ordre qui symbolise cette nouvelle situation : la gestion de la qualité. Qualité des produits, qualité des processus de travail, satisfaction de la clientèle, position concurrentielle : autant d'éléments liés. Ils le sont depuis assez longtemps dans toute bonne théorie de gestion. Ils le sont également depuis longtemps aussi dans le contexte de l'évolution de nos sociétés baptisées à juste titre « sociétés de consommation ». Mais il manquait souvent l'engagement des gestionnaires à cette logique prioritaire du lien avec le marché et la clientèle, et à la réduction des pertes liées au mauvais produit. Ce contexte apparaît central dans le discours des spécialistes interviewés, et est interprété comme une conjoncture favorable à la consultation organisationnelle, précisément celle de type développement organisationnel.

En effet, dans beaucoup d'entreprises, et en s'inspirant plus ou moins de ce qu'on a pu retenir de l'expérience japonaise, on accorde une importance plus grande à la nécessaire compétence des travailleurs et travailleuses à la base de l'entreprise et à la mobilisation des ressources humaines pour un travail de qualité dans l'ensemble de l'entreprise. En même temps, on comprend de plus en plus la nécessité d'un développement stratégique de l'entreprise, ce qui suppose une analyse des forces de l'environnement, des besoins de la clientèle, des interrelations à créer avec cet environnement, etc. Tout ceci peut avoir pour effet de replacer le facteur humain au centre de la gestion des entreprises. Cependant, le discours sur la qualité véhicule aussi l'idée qu'il revient en premier lieu aux gestionnaires de s'occuper de gérer les ressources humaines, dans tous les secteurs de l'entreprise. De plus, cette gestion doit relier étroitement facteur humain et travail. La consultation en développement organisationnel peut devenir plus importante dans les opérations de l'entreprise, mais elle est davantage soumise à ces nouveaux impératifs d'une gestion plus efficace et d'une productivité accrue.

Ce nouveau contexte qui revalorise en quelque sorte la gestion des ressources humaines dans le développement d'ensemble se réalise de façon différente selon les secteurs industriels. Les efforts pour repenser les stratégies de développement de l'organisation obéissent la plupart du temps à des facteurs d'une relative nécessité : des situations de crise (climat malsain, démobilisation sérieuse du personnel, etc.) et des situations d'innovations (changements technologiques, expériences-pilotes). Ces situations se retrouvent dans tous les secteurs industriels. Cependant, les exemples rapportés par les gens interviewés font état plus souvent de demandes importantes d'intervention dans le secteur privé que dans le secteur public. Les demandes faites en situation de crise proviennent davantage de secteurs de transformation en perte de vitesse (sur le plan économique), mais aussi de certaines organisations publiques, à caractère bureaucratique. Les demandes liées à l'innovation se font plus souvent dans les secteurs de pointe, ou au moment de certaines grandes opérations de réorganisation dans des organismes publics.

Ces éléments de contexte montrent bien les limites d'une pratique de consultation. Soumis au cadre contractuel et à la demande d'une entreprise-cliente, les consultants et consultantes le sont tout autant à un cadre industriel plus vaste où l'investissement dans les ressources humaines prend des significations différentes selon la conjoncture socio-économique. Au moment où l'actualité est dominée encore par les thèmes de la qualité, de l'excellence et de la culture d'entreprise, la pertinence de la consultation en développement organisationnel est confirmée, mais non sans certaines exigences contraignantes.

Conception de la société et du changement

Comment les consultantes et consultants voient-ils la société dans laquelle ils interviennent? La place des entreprises et du travail? Les grandes forces de l'évolution sociale? Et comment relient-ils leur mode d'intervention à ce contexte plus large de l'action sociale québécoise, canadienne et nord-américaine?

Ces spécialistes, quand ils abordent le contexte sociétal des entreprises, parlent surtout des facteurs socio-économiques qui caractérisent l'évolution des sociétés nord-américaines. C'est l'importance grandissante de la performance et de l'«excellence» pour faire face à une concurrence de plus en plus généralisée dans tous les secteurs sous les effets conjugués de la mondialisation de l'économie, des politiques libre-échangistes, des développements technologiques. Cette priorité donnée aux facteurs économiques prend, le plus souvent, la forme d'une constatation de changements perçus comme quasi inéluctables, auxquels il faut s'adapter pour survivre. Cet économisme conduit, paradoxalement, à accorder de l'importance à une culture du changement et de l'innovation, où le développement des ressources humaines est vu comme crucial. L'exemple japonais et quelquefois l'exemple suédois sont invoqués pour justifier ce lien : une meilleure utilisation du facteur humain est un atout pour une plus grande productivité, et une qualité des produits ou services plus compétitive.

Notons que la différence entre la conjoncture de crise du début des années 80 (premier moment de notre enquête, en 1983) et celle d'une croissance modérée de la fin années 80 (second moment, en 1989) se reflète dans les discours. Dans le premier cas, le développement organisationnel est justifié comme une solution possible à des situations de survie économique, et on peut noter un certain pessimisme concernant l'évolution de la demande pour ce type d'intervention, à l'heure des resserrements budgétaires, des mises à pied, des fermetures d'usines, etc. La perspective a beaucoup changé ces dernières années, après quelques années de reprise et de croissance modérée. La demande pour ce type de consultation croît, et sur la base d'une légitimité plus forte aux yeux de beaucoup de directions. Plusieurs personnes interviewées notent également que maintes entreprises se prêtent davantage à des opérations et des réformes de grande envergure, qui rappellent le temps des meilleurs exemples d'un développement plus authentique de toute l'organisation. On ne peut en conclure, toutefois, à une tendance généralisée. Ce type de demande se produit principalement dans des contextes de changements technologiques importants ou d'expériences-pilotes.

La vision du contexte sociétal de l'entreprise varie beaucoup selon que l'on parle du secteur privé ou du secteur public (et parapublic). Dans le premier cas, les individus interviewés soulignent comment les facteurs socio-économiques (productivité, technologie, rentabilité) dominent toute justification des changements à opérer dans l'entreprise. Par ailleurs, ils font état de différences importantes touchant la culture d'entreprise, suivant la nature du secteur de production en cause. Tel secteur plus traditionnel (textile, vêtement, produits de construction, etc.) sera caractérisé par une gestion autocratique, contrôlante, conservatrice. Tel secteur de pointe (en électronique ou en fabrication de produits métalliques comme l'aluminium) serait plus favorable à une gestion ouverte et innovatrice. La nature du secteur de production, sa place dans l'évolution des marchés, le niveau des technologies utilisées sont des facteurs déterminants, selon les consultants et consultantes, pour la qualification du personnel, l'organisation du travail et, partant, pour le type d'intervention et de consultation possible.

Le secteur public, où les spécialistes interviewés interviennent un peu moins, est perçu comme dominé par le modèle bureaucratique. C'est comme si les problèmes de structure organisationnelle dominaient l'évolution de l'organisation, et ceci, même s'il est question de problèmes économiques majeurs (compressions budgétaires, réduction de personnel, déficits budgétaires). La culture d'entreprise serait dominée dans ce secteur par les problèmes d'autorité et de pouvoir (de leadership, plus particulièrement), et par les problèmes de coordination et de communication. La philosophie de l'excellence et de l'innovation productive occupe une place souvent plus secondaire dans un tel contexte que dans celui du secteur privé. Les facteurs de l'environnement sont aussi perçus comme moins urgents et moins décisifs. Quelques consultantes et consultants s'appuient sur ces raisons pour expliquer pourquoi les demandes de grandes stratégies de développement organisationnel provenant de ce secteur sont moins importantes, à l'exception de quelques cas de réorganisations administratives majeures.

Certains individus interrogés accordent également une grande importance aux changements socioculturels touchant nos sociétés : l'éclatement de la famille traditionnelle, le vieillissement de la population, la signification différente attachée au travail, qui, pour beaucoup, apparaît comme une valeur relative et secondaire par rapport à des objectifs de vie personnelle. Certains spécialistes en consultation constatent également, dans ce contexte, la montée de l'individualisme et de la consommation : on ne travaille que pour augmenter son niveau de consommation. Cette vision instrumentale du travail ne serait pas le lot des seuls cols bleus ou des gens qui sont astreints à des tâches peu gratifiantes : elle traverse l'ensemble des corps d'emploi, jusqu'aux directions, surtout dans les services publics. Le lien est établi explicitement entre cette philosophie de l'individu axée sur la consommation et la nouvelle philosophie de la gestion axée sur le marché et la concurrence.

Soulignons, et ceci apparaît partiellement dans les entrevues, la contradiction, centrale pour la sociologie implicite des consultants et consultantes, entre une vision dominée par les grandes forces économiques et l'idéologie de l'individu consommateur, et la conception d'un développement de l'entreprise axé sur une mobilisation majeure des ressources humaines en faveur de la tâche ; tout ceci dans un esprit de collaboration et de vie collective accrues, fondées principalement sur l'importance des équipes de travail. Paradoxe nouveau peut-être ! La culture d'entreprise, celle d'une collectivité engagée dans un travail de qualité, devient en quelque sorte contre-culturelle, une fois replacée dans le contexte d'une société de consommation de biens et de services centrée sur l'individu. Paradoxe qui rend sans doute plus pertinente encore une philosophie de l'intervention qui saurait concilier souci de la personne, de son développement, et valorisation de l'organisation et du travail ; cette double préoccupation forme, rappelons-le, l'idée centrale des approches de la consultation ici examinées.

Nous voulons noter pour finir un certain nombre de dimensions du contexte sociétal de la pratique de la consultation qui sont peu évoquées ou ne le sont pas par les consultantes et consultants, ce qui n'en est pas moins significatif, le silence étant une autre parole.

La dimension sociopolitique est peu présente dans le discours des spécialistes en consultation, sauf parfois pour souligner les aspects négatifs des contrôles gouvernementaux ou de la bureaucratie de l'État. Il est frappant de constater aussi que la référence au grand ensemble que constitue le continent nord-américain est plus significative que les références au Québec, et l'est encore plus que celles au Canada. À l'exception de la langue française, qui est évoquée par quelques personnes tantôt comme facteur facilitant (source d'une demande de consultants et consultantes francophones), tantôt comme facteur limitatif par rapport à un marché plus large, il est peu question d'une spécificité québécoise. Le Québec fait partie du grand ensemble fortement industrialisé de l'Amérique du Nord, où les règles sont les mêmes partout, à cet égard.

Une autre dimension sociologique quasi absente est celle des rapports sociaux de classes. Quelques consultantes et consultants font exception en évoquant le milieu très particulier des cols bleus par rapport au monde des bureaux ou des cadres. On parle de culture populaire, d'un langage plus métaphorique, de rapports plus directs. Il est brièvement question également de rapports de subordination et de hiérarchisation sociale entre direction, spécialistes, cols blancs ou cols bleus. Il n'est jamais question de rapports antagonistes de classes, au sens marxiste du terme, et très peu de rapports conflictuels de domination.

La vision du syndicalisme découle des positions précédentes. Plusieurs reconnaissent un rôle historique défensif au syndicalisme, comme instrument privilégié de lutte contre les situations nettement abusives. Un plus grand nombre voit dans les syndicats une force sociale conservatrice, source de résistance au changement et à l'innovation, source même de lourdeur bureaucratique. Si plusieurs concèdent qu'ils faut engager la partie syndicale dans des projets communs pour que réussissent des interventions d'envergure (qui touchent la production), un plus grand nombre tentent de réaliser des opérations sans référence à la convention collective. De telles opérations concernent le niveau des cadres ou du personnel non syndiqué. À un extrême, nous trouvons une petite minorité de consultants et consultantes qui disent ne jamais intervenir dans des organisations syndiquées (dans certains cas, ils appliquent ainsi une politique explicite de leur firme), à l'autre extrême, une minorité tout aussi faible sont intervenus, bien au contraire, comme arbitres des rapports entre syndicat et direction. Ils accordent aux syndicats un rôle positif de leadership.

Ceci nous amène à aborder, comme dernier point, la position que prennent les consultantes et consultants face au changement dans les entreprises et face aux changements sociaux. Si nous avions à résumer cette position dans une formule-choc, nous dirions que, très majoritairement, ils se voient comme *réformistes*, du fait que leur expertise favorise l'innovation et le développement des entreprises ; ils acceptent les finalités de profit, de rendement, de productivité de celles-ci. Leur pratique quotidienne les amène plus souvent à travailler au niveau des directions et des cadres qu'à celui des services ou des ateliers de production. Leur position est neutre, en principe, selon la clientèle et la demande : elle se rapproche plus souvent des préoccupations des directions de l'entreprise.

Très peu de conseillers et conseillères relient explicitement la consultation à d'autres formes de pratiques sociales ou de mouvements sociaux. Il est un peu question du mouvement des femmes (dont on constate l'influence décisive), mais sans en faire un facteur qui modifie de façon importante la pratique d'intervention, sauf dans certains secteurs industriels à forte main-d'œuvre féminine, ou à propos de dossiers particuliers (politiques d'engagement, programmes d'accès à l'égalité). Il est peu question, également, des mouvements écologiques ou de l'environnement naturel. On ne s'attarde guère, non plus, aux réalités interethniques. Des liens plus implicites sont fréquemment suggérés, cependant (à travers les cheminements de carrière ou des pratiques privées), avec le monde de la croissance personnelle, de la thérapie, voire de la spiritualité, en particulier chez les consultants et consultantes professionnels formés à la psychologie des relations humaines. En bref, nous pourrions dire que les références majeures de la pratique de consultation se situent dans l'univers des organisations et de l'entreprise, et ce, dans un esprit plus global de modernisation et de réforme.

Conclusion

Ces quelques éléments d'analyse sur les valeurs et les orientations de la pratique de la consultation organisationnelle permettent de dresser le tableau général suivant. Il constitue un cadre provisoire de théorisation fait à partir d'études de cas. Il faudra le confronter à des données plus nombreuses. Il semble que la psychosociologie implicite (et à plusieurs moments très explicite aussi) est dominée par ce que nous pourrions appeler une *vision écartelée du social*, qui comprend, d'une part, une conception assez précise, macrosociale, du contexte socio-économique de l'entreprise, une conception assez nette également de l'idéologie individualiste, axée sur la consommation, qui caractériserait notre culture ; d'autre part, une conception de l'entreprise et de l'intervention, davantage microsociale, s'appuyant, elle, sur l'intégration des besoins de la personne et des valeurs associées à un travail collectif.

Cette tension et cet écartèlement sont accentués chez les consultantes et consultants qui accordent une plus grande importance aux facteurs psychologiques, dans le cadre d'une approche humaniste centrée sur le développement personnel et un véritable engagement des gens dans des groupes de travail et dans l'entreprise dans son ensemble. Elle sera moindre pour ceux accordant à l'individu et à ses besoins de développement personnel (pratique de formation, conseil personnel, plan de carrière, relations interpersonnelles) une attention à peu près exclusive, négligeant la dimension collective. Elle sera moindre aussi, cette tension, pour ceux qui privilégient nettement une approche pragmatique empirique et qui accordent la primauté aux facteurs structuraux, subordonnant l'action des personnes à ces impératifs organisationnels. Dans les deux cas, on ne retrouve pas cette contrainte d'une mobilisation plus collective du personnel, voire des gestionnaires. Il y a plutôt renforcement de l'idéologie individualiste et/ou des facteurs importants de l'économie et de la technologie, au détriment d'une culture (même d'une contre-culture) de la démocratie d'entreprise. Utilisant le langage des hypothèses posées plus haut, nous disons que l'adoption d'une approche modernisante technocratique, de première importance chez une majorité de nos consultants et consultantes, rejoint, dans ses effets possibles, une approche «alternative» fondée sur un humanisme individualiste radical, en reproduisant les tensions idéologiques de nos sociétés nord-américaines (est-ce aussi vrai au Québec?). Une approche plus démocratique et critique, qui reprend plusieurs éléments centraux des racines de la pratique du développement organisationnel, apparaît, en ce sens, contre-idéologique et davantage contre-culturelle.

Cependant, cette reprise d'une visée démocratique dans les organisations ne peut prendre tout son sens que si elle est resituée dans le contexte évolutif des forces sociales à l'œuvre dans nos sociétés. Un tel contexte ne fait peut-être plus de la personne au travail son pôle principal de référence. Ce qui est plutôt en jeu, c'est l'affirmation de l'autonomie personnelle dans des rapports multiples avec ce qui apparaît de plus en plus comme une société d'organisations, de services, d'institutions et, bien sûr, d'entreprises. De telles organisations envahissent toutes les sphères de la vie: les relations intimes, l'apprentissage, le loisir, la santé et le travail. Cette autonomie personnelle à reconquérir est indissociable du cadre démocratique, qui peut la fonder socialement. Et c'est encore dans des organisations que cela pourra se passer, ou, au contraire, s'oublier!

5

Différents aspects de la vie d'un groupe

Michèle ROUSSIN

Quand nous observons un groupe, nous identifions clairement certaines de ces caractéristiques : le but du groupe, les rôles, etc. Ce sont les caractéristiques formelles du groupe. Il existe d'autres aspects de la vie d'un groupe qui nous échappent beaucoup plus facilement : ce sont les caractéristiques informelles. J'aimerais tenter ici d'identifier un certain nombre de ces caractères et de voir comment ils interviennent dans la dynamique d'un groupe. Pour mieux situer l'aspect informel, je le considérerai en le comparant à l'aspect formel, qui souvent le masque et donne lieu à la difficulté que nous éprouvons à saisir les manifestations informelles de la vie d'un groupe.

D'abord, qu'est-ce qu'un groupe ? Il est difficile de définir pour ce qui est du nombre de participants les limites entre un groupe et une collection d'individus. L'élément qui permet une distinction entre groupe et ensemble, c'est la possibilité d'interaction entre tous les membres. En d'autres termes, un groupe existe quand chacun des membres peut entrer en relation directe avec chacun des autres membres du groupe. Ainsi, il est plausible de penser que, lorsque dix personnes se trouvent réunies, elles peuvent interagir l'une avec l'autre sans difficulté. Chaque membre est alors conscient de la présence de chacun des autres membres. Enlever un membre ou en changer un influence alors le groupe. Mais si 40 personnes sont ensemble, il devient à peu près impossible pour chacun de percevoir toutes les autres personnes et d'entrer en contact avec elles. Dans ce cas, par exemple, l'absence ou le changement d'un membre aura habituellement moins d'influence sur le groupe. Bales (1950) définit le groupe ainsi :

> On définit un petit groupe comme un certain nombre de personnes engagées dans des interactions, lors d'une rencontre ou d'une série de rencontres, où chaque

membre reçoit une impression de chaque autre membre assez distincte pour pouvoir, sur le moment ou plus tard, si on l'interroge à ce sujet, parler de chaque autre personne individuellement, ne serait-ce que pour se rappeler qu'elle était présente (p. 33).

La caractéristique primordiale qui définit un groupe, c'est donc l'interaction. À partir de celle-ci, quatre éléments vont habituellement se développer :

1) Des buts communs, c'est-à-dire ce pourquoi le groupe se réunit. Ces buts peuvent être extérieurs au groupe et se définir comme des tâches. Par exemple, notre groupe se réunit pour élaborer un projet de caisse de retraite qui sera présenté au patron. Ces buts peuvent être centrés sur le groupe : nous nous réunissons pour lire de la poésie et en discuter.

2) Des normes, c'est-à-dire un ensemble d'attitudes et de comportements acceptés comme légitimes par le groupe. Ainsi, dans un groupe particulier, pour parler, il faut lever la main ou il faut attendre d'y être invité par le président de l'assemblée. Les normes explicites d'un groupe sont habituellement formulées pour lui permettre de mieux s'acheminer vers son but. On peut identifier des normes d'ordres très différents. Par exemple, ce peut être la norme dans un groupe de terminer une réunion par une évaluation de la session. Ce peut être une norme du groupe de commencer chaque réunion par la prière.

3) Des rôles, c'est-à-dire un partage, entre les membres, des fonctions qui doivent être assumées dans un groupe. Un des membres assume la fonction de direction, ou agit comme modérateur dans la discussion. Un autre prend en note les délibérations. Un autre est chargé de rappeler aux membres la date de la réunion quelques jours avant celle-ci, etc.

4) Un réseau d'attractions interpersonnelles, c'est-à-dire d'attirance ou de rejet. Ce réseau peut varier avec le temps, mais se stabilise assez pour créer des patrons de communication précis entre les membres.

Un groupe peut donc se définir essentiellement par l'interaction, autour de laquelle vont se développer des buts communs, des normes, un partage des rôles et un réseau d'attractions interpersonnelles.

Propriétés formelles et propriétés informelles

Certaines caractéristiques d'un groupe sont déterminées par les besoins du groupe ou sont imposées de l'extérieur. Elles sont facilement identifiables. Ce sont les propriétés formelles du groupe. Par exemple, X assume la fonction de leader dans notre groupe.

D'autres caractéristiques sont déterminées par ces structures formelles, ou par les besoins des membres, ou des sous-groupes. Elles sont moins aisément décelables. Ce sont les propriétés informelles. Par exemple, dans notre groupe X dirige le groupe, mais X rencontre cinq personnes en dehors des réunions et s'assure qu'elles vont le soutenir quand il y aura une décision à prendre.

Si l'on considère différents aspects d'un groupe, il est possible d'identifier certaines propriétés informelles liées à des propriétés formelles.

Aspect matériel

Propriétés formelles

Une certaine connaissance de la dynamique de groupe permet habituellement de prévoir des structures matérielles qui vont favoriser la créativité et le bon fonctionnement d'un groupe. On sait qu'il ne faut pas réunir un groupe trop nombreux. On sait que les possibilités d'interaction seront plus grandes si on forme un cercle, plutôt que des rangées, que le rôle du meneur sera différent selon qu'il est intégré physiquement au groupe ou qu'il en est retiré, par exemple, sur une tribune.

Propriétés informelles

Ces structures matérielles s'accompagnent nécessairement de modifications qu'on est souvent loin d'imaginer et qu'un certain nombre de recherches ont permis de préciser.

Par exemple, on se rend compte que plus le groupe est nombreux, plus la possibilité de sous-groupes minoritaires augmente. Dans un groupe de dix personnes, on rencontrera plus souvent un sous-groupe de trois ou quatre membres opposés au reste du groupe et liés par des attractions mutuelles que dans un groupe de cinq personnes.

On voit aussi que plus le groupe est nombreux, plus les opinions et les solutions seront hétérogènes et variées. Mais, en même temps, plus les gens se sentiront frustrés dans leur désir de participer.

Des recherches indiquent aussi que le leadership se partage beaucoup plus facilement quand le groupe est petit, par exemple quatre personnes. Chacun peut alors jouer un rôle qui lui convient et participer de ce fait à la prise de décision. Plus le groupe augmente, plus la proportion des silencieux a des chances d'augmenter. Des expériences avec des groupes de quatre personnes, d'une part, et de huit personnes, d'autre part, indiquent que, même là, cette différence se manifeste.

Ces difficultés, posées par la taille d'un groupe, peuvent cesser d'être insurmontables, dès que nous ne les ignorons plus. Un groupe conscient du poids de son nombre et de la non-liberté que cela implique pour certains participants peut réaliser une action dans le but de favoriser la participation et l'intégration de tous les membres.

L'arrangement des sièges dans un groupe est important et nous savons tous que la table ronde est celle qui favorise le plus les échanges dans une perspective démocratique. Mais nous ignorons cependant que, malgré cette précaution, les systèmes de communication, c'est-à-dire qui s'adresse à qui, seront influencés par l'arrangement en cercle. Un certain nombre de recherches ont démontré qu'un individu s'adresse très peu aux personnes directement à côté de lui, à gauche ou à droite. Les interactions les plus fréquentes sont notées entre les gens qui sont face à face.

Un peu d'introspection nous amène d'ailleurs à une conclusion analogue. Après une réunion, combien les gens qui nous faisaient face nous demeurent plus présents à l'esprit que ceux que nous avions à notre droite ou à notre gauche !

Structures formelles d'un groupe

La définition du groupe apportée au début fournit les éléments essentiels qui constituent la structure d'un groupe : à savoir le but, le partage des rôles, les normes et les réseaux d'attraction.

Ces caractéristiques ne sont pas aussi explicites les unes que les autres. Le but et le partage des rôles sont définis et, si vous vous référez à la plupart des groupes auxquels vous avez participé, vous pouvez clairement en décrire le but, ce pourquoi le groupe était réuni et le partage des rôles, qui tenait la fonction de leader ou de président, et celle de secrétaire. Les normes explicites du groupe sont parfois moins claires, surtout parce qu'elles se développent avec le groupe et peu d'entre elles sont données et explicitées quand un groupe se réunit pour la première fois. Certaines normes peuvent quand même être exprimées. Les normes quant à la participation peuvent être : il faut que chacun s'exprime ; on doit demander la parole avant de parler, etc. Les normes de prise de décision peuvent être : il faut arriver à être tous d'accord ou c'est la majorité qui décide, et ainsi de suite.

Les réseaux d'attraction sont beaucoup moins explicites. Certains d'entre eux sont cependant assez clairs et perçus par tout le groupe. On saura, par exemple, que l'opinion de X est à peu près toujours entérinée par Y ou que X et Z ne s'aiment pas et ne se cachent pas pour le dire.

Mais, pour chacun de ces éléments, le but, le partage des rôles, les normes et les pôles d'attraction, il existe des aspects implicites, non clarifiés et souvent non clarifiables qui déterminent l'action du groupe tout autant que la part explicite de ces caractéristiques, ce sont les structures informelles.

Structures informelles

Le but

De nombreuses études sur les petits groupes indiquent que les membres d'un groupe seront d'autant plus motivés à travailler au but du groupe, qu'ils en retireront une récompense directe ou une satisfaction indirecte. L'efficacité des membres, en d'autres termes, varie selon que le groupe répond plus ou moins à leurs besoins individuels. Un exemple simple, c'est la personne qui a besoin d'être reconnue dans un groupe pour bien fonctionner. Une telle personne pourra difficilement offrir des solutions créatrices si le groupe ne lui a pas accordé une attention spéciale. Au contraire, si le groupe d'une façon quelconque reconnaît cette personne, en la déléguant par exemple pour représenter le groupe auprès des autorités, ou de toute autre façon, il est fort possible que l'efficacité de cette personne augmentera. Je tiens à insister ici sur le fait qu'il ne s'agit pas d'orgueil de la part de la personne en question. Il s'agit d'un besoin fondamental profond qui lui est personnel : le besoin d'être accepté. Être reconnu, c'est être accepté, dans son optique. Et, fondamentalement, tous ont besoin, à des degrés divers, de se sentir acceptés d'un groupe pour y fonctionner adéquatement.

Schutz (1958) a élaboré une théorie intéressante concernant les besoins interpersonnels. Il identifie trois besoins qu'il considère comme fondamentaux dans la rencontre entre les personnes : l'inclusion, ou le besoin d'appartenir à un groupe ; le contrôle, ou le besoin d'avoir le rôle dominant dans une relation ; et l'affection, ou le besoin d'établir une relation d'intimité. Selon Schutz, chacun possède à un degré divers ces besoins. Une telle conception permet d'expliquer les conflits possibles entre le but du groupe et les buts individuels des membres. En effet, Schutz insiste sur le fait que l'individu ne fonctionnera complètement dans un groupe que si ses besoins sont remplis à sa satisfaction. Bien plus, il ajoute que, tant que ces besoins profonds restent insatisfaits, le but de l'individu dans le groupe sera de créer des conditions favorables à la satisfaction de ces besoins. Il y a donc un déplacement et l'individu ne travaille plus au but fixé par le groupe, mais cherche à répondre à un but personnel.

À un niveau plus conscient, un individu peut faire passer un but personnel avant le but du groupe. Un individu peut par exemple savoir que s'il opère bien dans un groupe, ceci pourra favoriser sa promotion dans l'industrie. Il aura donc tout intérêt à accepter le but du groupe et à y travailler efficacement. L'inverse peut aussi se produire. Une personne peut supposer, par exemple, que si elle réussit à prouver l'inefficacité d'un groupe dont elle fait partie, cela aura pour effet de plaire au patron et d'augmenter ses chances personnelles de promotion. C'est ce que l'on nomme un « agenda » ou un plan secret, c'est-à-dire la juxtaposition d'un désir personnel au but fixé par un groupe.

Des recherches sur les buts individuels des membres d'un groupe indiquent que plus un individu est orienté vers la satisfaction de besoins personnels, moins il est content de son groupe, des décisions qui sont prises et du meneur qui assume la direction du groupe. Comme groupe, plus les membres sont orientés vers leurs besoins propres, plus il y a de conflits et, les membres se sentant moins unis, moins les liens d'amitié sont susceptibles de s'y développer; l'efficacité du groupe, de façon quantitative et qualitative, est également affectée.

D'autres recherches ont étudié les possibilités d'augmenter l'identification des membres aux buts du groupe; comment, en d'autres termes, obtenir des participants qu'ils soient plus orientés vers les buts d'un groupe, plutôt que vers la satisfaction de leurs besoins personnels. On s'est rendu compte que, si, comme groupe, les membres arrivent à déterminer aux-mêmes les buts du groupe, ils ont plus de chances de s'y identifier que si ces buts leur sont imposés de l'extérieur. Quand le groupe choisit lui-même son orientation, les membres ont plus de chances de bien connaître le but qu'ils se fixent et l'importance de celui-ci, aussi bien que les possibilités de l'atteindre.

Les normes

Les normes du groupe sont un ensemble de spécifications concernant les comportements et les attitudes vis-à-vis desquels le groupe cherche à obtenir une uniformité chez ses membres. Les normes officielles d'un groupe entrent souvent en conflit avec les schèmes de valeurs personnels des membres qui en font partie, ou avec les normes implicites du groupe.

Le groupe souvent récompense ou punit implicitement les membres qui se conforment aux normes établies ou qui en dévient. On a constaté, à ce propos, que le leader d'un groupe, s'il n'est pas nommé au début, mais doit surgir du groupe, sera celui qui représente le mieux les normes du groupe. Inversement, les membres rejetés d'un groupe sont ceux qui n'acceptent pas les normes de ce groupe, ce sont les déviants. En ce sens, on peut dire que les États ont les meneurs qu'ils méritent. Une société traditionaliste votera pour un homme aux valeurs sûres et ancestrales; une société en voie de développement élira un chef d'avant-garde. Les parias d'un État d'arrière-garde sont les rois dans un État d'avant-garde. Les petits groupes n'échappent pas à cette loi et l'on verra chaque groupe choisir comme chef celui qui représente le mieux les attitudes et les comportements valorisés par ce groupe. Les bandes de délinquants illustrent bien ce phénomène. On y verra le plus audacieux prendre la charge du groupe et le mouchard sera vite éliminé.

Normes explicites et normes individuelles

Les systèmes d'attitudes et de comportements acceptés dans un groupe sont souvent définis et restrictifs et les normes individuelles existent souvent en conflit avec ces systèmes.

Ainsi, la participation dans un groupe peut être soumise à une norme : il faut demander la parole avant d'émettre son idée. On verra des gens transgresser la norme, car, à certains moments, pour ces personnes, leur norme individuelle (qui peut être l'évaluation de l'importance de ce qu'ils ont à dire) l'emporte sur la norme établie dans le groupe.

De la même manière, l'attitude adoptée par un membre dans un groupe ne sera pas nécessairement l'attitude adéquate dans un groupe différent, où les normes ne sont pas les mêmes.

Qu'un homme qui discute avec ses amis ait les idées larges, ça va bien. Mais s'il est avec son fils, les normes sociales le forcent à adopter une attitude plus sévère.

Normes explicites et normes implicites

Les normes claires et fixées par le groupe sont souvent en très mauvais termes avec les normes implicites, non formulées ; souvent aussi, ces dernières sont beaucoup plus puissantes. Un groupe peut explicitement refuser les préjugés ethniques, et se référer à la norme de l'égalité, mais, quand il s'agit d'élire un président, chacun sait, sans que cela ait jamais été exprimé, qu'il ne doit pas voter pour Y parce qu'il est noir. Bien mieux, les normes implicites sont souvent agissantes, mais inconscientes. À leur place, au niveau conscient, nous retrouvons d'excellentes rationalisations. Ainsi, dans l'exemple cité plus haut, on ne dira pas que Y est noir, mais plutôt qu'il est trop nouveau venu, qu'il manque un peu d'expérience, ou encore qu'un aussi jeune homme serait mal vu à la présidence.

Les rôles

Partage des rôles et structure informelle

Si le rôle des membres d'un groupe est habituellement défini, la participation de chacun varie aussi bien en fonction de facteurs personnels que de la structuration apportée par le groupe.

Perception de soi et de l'acceptation de soi par le groupe

Le partage des responsabilités dans un groupe n'entraîne pas automatiquement une participation en relation directe avec ce partage. J'aimerais souligner ici deux incidences sur la façon dont un individu assumera le rôle qu'il doit tenir dans un groupe, à savoir la façon dont il se perçoit, et son sentiment d'être accepté par le groupe.

L'individu qui se perçoit comme créateur dans un domaine particulier se sentira à l'aise et fonctionnera mieux s'il est responsable d'un sous-comité où il peut utiliser ses potentialités dans le domaine où il excelle. L'individu qui se croit incapable d'assumer un poste de responsabilité a peu de chances de réussir comme meneur d'équipe, même si ses patrons l'en croient capable.

L'homme le plus compétent n'a aucune chance de succès dans un groupe où il n'est pas accepté. Par ailleurs, le sentiment d'être accepté d'un groupe permet à un membre d'augmenter l'efficacité de son travail.

Le partage des rôles dans un groupe n'est pas uniquement lié à la tâche. Les sentiments personnels et individuels doivent aussi entrer en ligne de compte.

Communication

Si le partage des rôles entre les membres d'un groupe place ceux-ci en situation de hiérarchie les uns par rapport aux autres, les systèmes de communication en seront modifiés.

En effet, les recherches sur les groupes indiquent clairement que, dans les groupes hiérarchisés, la communication est ascendante. Les personnes d'un certain statut ont plus tendance à communiquer avec ceux qui leur sont supérieurs dans la hiérarchie qu'avec ceux qui leur sont égaux ou inférieurs; ceci évidemment à l'intérieur d'un même groupe. Les personnes haut placées dans la hiérarchie participent habituellement davantage et s'adressent rarement à ceux qui sont situés plus bas dans la hiérarchie. Ils communiquent surtout avec les égaux. Bien plus, dans les études sociométriques, on s'est rendu compte que les personnes ayant un statut plus élevé sont aussi celles qui sont préférées dans le groupe.

Enfin, voici une constatation plus directement liée au partage des rôles, c'est-à-dire à « qui fait quoi » dans un groupe : si ce partage est dû à une décision du groupe, il a beaucoup plus de chances d'être efficace que s'il est imposé de l'extérieur.

Dans cette seconde possibilité de l'alternative, il est un cas particulièrement intéressant, celui de l'autorité imposée de l'extérieur. Il s'opère alors une distinction entre le titre et la fonction. Les deux peuvent coïncider, mais ils peuvent se trouver dissociés, c'est-à-dire que celui qui détient le titre de leader n'est pas nécessairement celui qui remplit cette fonction auprès des membres par son influence. L'étude sociométrique d'un groupe indique parfois que celui qui détient le titre de meneur n'est pas celui que les gens préfèrent dans le groupe. Or, on sait que plus un membre est accepté dans un groupe, plus il peut influencer ce groupe.

Pour ce qui est de la distribution des rôles, la présence de ces deux types de leader dans un groupe peut occasionner des conflits. La rivalité peut naître facilement entre les deux meneurs et l'on assiste souvent au clivage du groupe, certains soutenant le meneur nommé, d'autres soutenant le meneur charismatique.

Réseau d'attractions interpersonnelles

Cette caractéristique ne fait évidemment pas partie de la structure formelle d'un groupe. Elle découle de la présence de personnes en interrelation. Voyons d'abord comment étudier ce réseau d'attirances et de rejets. La sociométrie, méthode élaborée par Moreno (1954), constitue un instrument précieux d'information sur les attractions et les répulsions qui se développent dans un groupe. Ces données indiquant « qui choisit qui » peuvent être transformées en un sociogramme, c'est-à-dire une représentation graphique dans laquelle les individus sont représentés par des cercles et le choix par des lignes. L'étude de ces sociogrammes indique, par exemple, que certains groupes sont plus unis (cohésion) que d'autres, que les individus varient grandement par leur expansivité sociale (c'est-à-dire le nombre de choix qu'ils indiquent) et par le nombre de choix qu'ils reçoivent, et que les cliques ou les sous-groupes à l'intérieur d'un groupe se forment à partir de caractéristiques communes comme l'âge, le sexe, etc. ou d'attitudes ou de besoins communs.

Nous pouvons maintenant nous demander quels sont les effets des relations d'amitié, dans un groupe, sur le processus de solution d'un problème.

Effets sur la communication

Plusieurs recherches confirment l'opinion qui veut que les barrières dans la communication soient réduites quand des rapports d'amitié se développent. Dans un groupe composé d'amis, les canaux de communications sont plus ouverts et plus nombreux. Il en résulte que l'information possédée par chacun circule plus rapidement et s'intègre mieux à la solution du problème.

Mais il se peut également que l'amitié augmente l'interaction et l'activité purement sociales. Alors l'attention à la tâche du groupe s'en trouve diminuée.

Effets sur l'influence

Plus une personne est liée d'amitié avec une autre dans le groupe, plus elle aura tendance à accepter son idée. Bien plus, une personne perçoit souvent que ceux qu'elle préfère dans le groupe sont du même avis qu'elle et, inversement, que ceux qu'elle rejette s'opposent à elle. Il s'ensuit que des membres d'un groupe qui se choisissent mutuellement ont plus de chances de s'influencer mutuellement que s'ils se rejettent.

En guise de conclusion, il apparaît nécessaire de préciser que le tableau que nous venons de tracer des structures informelles opérantes dans un groupe n'est pas exhaustif. D'autres facteurs pourraient être expliqués. Des exemples vécus fournissent souvent un bon départ pour identifier ces structures. Une réflexion sur le déroulement de la vie d'un groupe permet de cerner les attributs qui expliquent des phénomènes difficiles à comprendre si on s'en tient à une évaluation superficielle du groupe. En effet, un groupe travaille habituellement au niveau d'une tâche et s'attarde rarement à clarifier les structures informelles dont il est également tributaire (processus). Pourtant, certains blocages au niveau de la tâche sont dus à des structures informelles que le groupe aurait avantage à discuter. Dans chacun des exemples cités au cours de l'exposé, on peut croire que, si le problème était abordé directement par le groupe, les chances de le dépasser en seraient augmentées.

Références bibliographiques

BALES, R. F. (1950). *Interaction Process Analysis : A Method for the Study of Small Groups*, Cambridge, Mass., Addison-Wesley Press, inc.

MORENO, J. L. (1954). *Les fondements de la sociométrie*, Paris, Presses universitaires de France.

SCHUTZ, W. C. (1958). *Firo, A Three-Dimensional Theory of Interpersonal Behavior*, New York, Rinehart and Co.

6

Le groupe de travail

François ALLAIRE

La notion de *groupe de travail* se réfère à ce regroupement (équipe ou comité) d'un nombre restreint de personnes aux ressources complémentaires dans la poursuite d'un objectif commun ; ce regroupement peut être permanent ou temporaire, autonome ou rattaché à une organisation qui l'englobe, à but lucratif ou non.

Le groupe de travail est un système social ; comme tout système social, il dispose d'une certaine somme d'énergie qui, traitée à l'intérieur de structures déterminées, se transforme en un objectif-produit donné. Le présent chapitre s'applique à décrire le groupe de travail sous l'angle de ces quatre paramètres que sont l'*énergie*, les *objectifs*, les *processus de traitement* et les *structures* du système-groupe.

Les énergies traitées

Les personnes qui en font partie constituent la principale source d'énergie dont dispose un groupe de travail. Au terme de toute production en groupe, il faudra considérer que ce sont des énergies humaines qui auront été traitées, par le mode d'informations échangées entre les membres du groupe. Les ordres du jour, rapports, documents ou autres instruments de travail dont le groupe peut disposer ne sont eux-mêmes qu'un héritage d'énergies humaines déjà traitées.

Des individus-citoyens

Des *individus* sont sur le point de devenir *membres* d'un groupe. Ils constituent les principaux intrants du système-groupe de travail. Ils y seront bientôt simple participant, animateur du groupe, secrétaire-rapporteur ou expert ;

éventuellement, ils y siégeront à titre d'employé ou de patron. Ils y joueront des rôles spécifiques qui, à ce titre, se devront d'être complémentaires et de répondre aux divers besoins du groupe. Et chacun, avec sa personnalité et ses attributs propres, imprimera un style particulier à son personnage. Attardons-nous pour un moment aux individus qui vont incarner ces personnages.

Il nous apparaît important d'établir la distinction entre le *membre* d'un groupe et l'*individu* qui jouera le rôle de membre. L'individu qui devient membre d'un groupe est d'abord et avant tout un *citoyen*; en tant que tel, il jouit de droits fondamentaux ou, du moins, de droits considérés comme allant de soi dans une société comme la nôtre: droit d'être informé des objectifs réels et des limites véritables de la rencontre, de comprendre ce qui est attendu de lui, d'être écouté, d'être respecté, de comprendre ce dont on discute, de comprendre les mots qu'on utilise, de comprendre le bien-fondé des structures mises en place, d'œuvrer dans un réseau de relations minimalement favorables à sa participation; l'individu ne doit jamais accepter de voir ces droits niés au nom d'une quelconque norme ou morale de groupe qui transcenderait ses droits personnels; le statut de citoyen devrait toujours avoir préséance sur celui de membre d'un groupe. Les droits et privilèges du *citoyen consentant à jouer le rôle de membre* seront déterminants pour la suite de l'existence du groupe et pour le bien-être de l'individu lui-même; c'est ce statut qui fondera la légitimité du recours aux interventions centrées sur le processus et aux périodes d'entretien visant à garantir les *conditions de travail* nécessaires à l'exercice adéquat du *rôle de membre*. Et le participant, et l'animateur, et l'autorité responsable du groupe se doivent de ne jamais négliger cette donnée s'ils veulent maintenir leur propre légitimité et celle même du groupe, et s'ils veulent, également, pouvoir espérer une croissance ordonnée de leur groupe de travail.

Des individus en forme

Il convient de prêter une attention particulière à l'état *physique* des membres si l'on veut que l'idée d'intrant ne demeure pas un pur concept d'analyse. Le travail de groupe est exigeant de par l'attention soutenue qu'il requiert et la mobilisation de soi qu'il implique; au terme de tout travail de groupe, affirmions-nous plus haut, ce sont des énergies humaines qui auront été traitées. L'individu-intrant se doit d'être disponible et apte à mettre ses ressources à contribution. Des habitudes de sommeil et une alimentation appropriées, un local de travail bien éclairé et doté d'une ventilation adéquate, des périodes de récupération soigneusement agencées, des outils de travail qui permettent de garder le groupe conscient de sa production, voilà autant de conditions favorables à la présence d'intrants véritables dans le système-groupe de travail.

La forme *psychique* des individus constitue un autre déterminant de la qualité des intrants d'un groupe de travail. Il est facile d'observer que l'énergie rendue disponible pour le groupe varie considérablement d'un individu à l'autre;

dans une rencontre donnée, la contribution de chacun sera déterminée par ses intérêts et ses sentiments du moment, par ses perceptions et ses connaissances immédiatement pertinentes aux sujets abordés. Au-delà de ces déterminants immédiats, cependant, il faut de plus reconnaître qu'à la faveur de ses expériences personnelles, chaque individu s'est formé, au cours des ans, une image de lui-même et des autres, s'est construit son système de valeurs et a mis au point ses stratégies cognitives et ses tactiques de survie personnelles et que ces acquis déterminent sa façon de symboliser son expérience, de s'exprimer et d'interagir avec autrui. Tous ces éléments donnent à l'individu une forme singulière, relativement stable, qui constitue sa «structure». Cette forme stable a nécessairement une certaine rigidité et, par là même, elle détermine le degré d'ouverture et la facilité d'accès de l'individu à ses propres ressources et à celles de ses partenaires de travail. Pour le groupe, qui se nourrit des ressources de ses membres, cette facilité d'accès à ces dernières marquera donc de façon radicale sa vitalité. C'est ainsi que l'efficacité et l'atmosphère des groupes sont hautement déterminées par la bonne forme psychique de leurs membres, c'est-à-dire par leur souplesse et leur degré d'ouverture. Si tant est que des lois régissent le fonctionnement des groupes, l'impact de la composition du groupe sur ce dernier doit donc être tenu pour l'une d'elles ; aucun responsable de groupe ne peut faire fi de cette réalité, à moins de se condamner à prendre sur lui la responsabilité entière du climat et du mode de fonctionnement de son groupe.

Avant même que les interactions ne se produisent, voilà donc sur quelles ressources le groupe peut compter : des individus aptes à un certain degré à poursuivre avec d'autres des objectifs plus ou moins définis, dans le cadre d'une rencontre plus ou moins préorganisée. Cependant, il est essentiel de préciser que *ces ressources ne sont accessibles au groupe que sous la forme d'informations.* Quand, dans ce texte, nous décrivons les processus de traitement des énergies du groupe, nous en sommes d'avance réduit à nous référer à des processus de traitement d'*information.* S'il est vrai, en effet, qu'un système mécanique utilise directement la chaleur ou la force de propulsion d'un intrant, *le système-groupe, quant à lui, n'a jamais accès qu'aux significations qui sont véhiculées au sein du groupe ; l'information est la seule forme d'énergie que le groupe, en tant que tel, saura traiter.*

Voyons maintenant quel sort est réservé à cette énergie-information dont dispose le groupe de travail.

Les objectifs

À défaut d'être maintenu entier par des soudures, des vis ou de la colle comme l'est son cousin mécanique, c'est à des éléments d'ordre psychologique que le système social du groupe de travail doit s'en remettre pour maintenir sa cohésion, à savoir les objectifs, les rôles, les normes, les affinités.

Le partage d'une perception juste des objectifs par tous les membres du groupe est un facteur essentiel de cohésion. Les objectifs représentent le produit attendu du travail. Ils servent de catalyseurs à la mobilisation des énergies ; ils permettent la concertation entre les membres et la cohérence dans les contributions. Sans objectif commun, il n'existe pas de groupe proprement dit.

Les objectifs poursuivis par un groupe de travail peuvent toujours être ramenés, sous une forme ou sous une autre, à l'un ou l'autre ou à une combinaison des quatre objectifs formels suivants : consulter, faire un choix (décider), résoudre un problème ou définir un objet.

Consulter

En tant que telle, la consultation est une activité intrinsèque du travail d'un groupe. Quoi que le groupe fasse, il fait une consultation perpétuelle de ses membres pour connaître leur point de vue. La consultation est l'alphabet du discours du groupe. À ce titre d'ailleurs, la consultation est inhérente aux autres processus de production, ceux-ci n'étant en définitive que des formes complexes de consultation. Néanmoins, il arrive que le groupe veuille se donner comme unique *objectif formel* de procéder à une consultation de ses membres ; à moins d'avis contraire, c'est dans cette dernière optique que nous nous référons à la notion de consultation dans le présent texte.

Dans une consultation, le groupe vise formellement

– à recueillir des données — informations factuelles, perceptions, opinions, suggestions, réactions émotives, etc. — fiables sur un thème donné ;

– à percevoir le point de vue singulier de chacun de ses membres ;

– à connaître le degré de similarité pouvant exister entre les positions individuelles exprimées.

Le « produit » recherché par le groupe dans la consultation est donc *un portrait de la position de ses membres sur une question donnée, exprimée en une synthèse qui reflète autant les points communs que les singularités.*

Notons, par ailleurs, qu'une consultation est souvent dissociée d'une prise de décision ; dans les groupes de réflexion, par exemple, on peut se prêter à un processus de consultation dans le simple but de mieux comprendre une réalité, ou de s'exposer à des stimulations nouvelles, ou de mieux cerner sa propre expérience en la comparant à celle d'autrui, indépendamment de quelque décision à prendre que ce soit.

Décider, faire des choix

Décider, trancher, faire des choix, voilà pour nous autant de synonymes. Nous employons les expressions «faire des choix» ou «trancher» pour caractériser l'opération impliquée dans l'acte de décider.

La vie d'un groupe est très largement occupée à trancher entre de multiples possibilités : choix d'objectifs, choix d'activités et de séquences d'activités, choix de structures de travail, choix de réponses à des offres ou à des demandes qui lui sont présentées, choix de projets, choix de solutions à des problèmes, etc. À moins qu'il ne s'agisse que de choix purement techniques, qui auraient alors avantage à être confiés à un seul individu, les choix ont une importance considérable dans la vie d'un groupe ; ils sont à la fois le reflet, le test et le creuset de la qualité de la communication qui y a cours et du degré d'intégration de ses membres, en un mot, de sa cohésion. C'est qu'un choix fait en groupe met toujours en lumière, à des degrés divers, le respect effectif accordé aux individus et la reconnaissance actuelle du pouvoir de chacun.

L'objectif formel que poursuit un groupe qui prend une décision, bien au-delà de la simple sélection d'une option, est l'adhésion de tous ses membres à l'option qui sera retenue par le groupe de sorte que la cohésion du groupe dans l'action subséquente soit maximale ; ce processus vise à éviter le mécontentement ou la division au sein du groupe, mais, paradoxalement, il peut impliquer le retrait volontaire ou l'exclusion d'un membre qui ne parviendrait pas à trouver une seule raison valable (et acceptable par les autres) de se rallier à la décision, ne serait-ce que son désir de demeurer avec le groupe.

Chaque fois que la cible partielle ou l'objectif global d'une rencontre du groupe est de faire un choix, on peut affirmer que le groupe cherche formellement

– à retenir une option dans laquelle le groupe peut s'engager ;

 à obtenir l'adhésion de tous ses membres à l'option donnée ;

– à engendrer le degré de cohésion que nécessitera la réalisation de la décision prise.

Le «produit» recherché dans la prise de décision est donc *la solidarité des membres dans la mise en œuvre de l'option retenue.*

Résoudre un problème

Voilà une autre activité importante de la vie d'un groupe de travail. Tout ce qui vit se modifie et appelle l'adaptation ; c'est le lot d'un groupe de travail de composer avec son propre changement et celui de son environnement. Quelle qu'en soit l'origine, la nécessité de réarranger des paramètres d'une situation devenue insatisfaisante s'impose régulièrement à tout groupe et le contraint à régler des problèmes.

Chaque fois qu'un groupe a pour objectif de régler un problème, il cherche formellement

— à modifier une situation pour la rendre plus conforme à un modèle et/ou plus satisfaisante pour lui-même ;

— à obtenir un changement durable de la situation ;

— à obtenir un changement au moindre coût possible ;

— à éviter les effets secondaires négatifs du changement.

Le « produit » recherché dans la résolution de problème en groupe est donc *une situation redevenue, de façon durable, satisfaisante pour le groupe et son environnement.*

Définir un objet : conceptualiser

Il arrive qu'un groupe de travail ait besoin de développer la compréhension qu'il a d'un objet donné pour mieux encadrer son action ultérieure. Ainsi, par rapport à des réalités relativement complexes — exemples : le développement, la santé communautaire, la compétence, l'imputabilité, la pauvreté, l'autonomie, la responsabilité, l'invalidité, etc. —, un groupe pourrait avoir à préparer un programme de formation ou d'intervention, à concevoir et mettre en place des mesures administratives, à construire des instruments de mesure (questionnaires ou schémas d'entrevue), à organiser un colloque, à rédiger une série d'articles, à mettre sur pied une exposition thématique, etc. Le groupe aurait alors besoin d'approfondir sa compréhension du sujet en cause pour être sûr d'en traiter tous les aspects significatifs, pour éviter la redondance et pour garantir la rigueur de son entreprise.

Chaque fois qu'il poursuit une telle compréhension d'une réalité, un groupe de travail ne souhaite pas s'en tenir à une simple consultation ou collecte de données telle que nous la décrivions plus haut. Plutôt, le groupe cherche alors formellement

— à comprendre l'objet à l'étude dans ses caractéristiques générales et abstraites, dégagé de ses formes purement concrètes et situationnelles, les premières permettant de situer ces dernières ;

— à identifier toutes les facettes ou composantes de l'objet et les rapports qu'elles entretiennent entre elles ;

— à identifier les frontières de l'objet et ce qui le différencie d'autres réalités qui lui sont apparentées ;

— à se donner un outil transposable dans l'action concrète qui doit découler de cette réflexion.

Le «produit» qui est recherché quand le groupe s'exerce à définir un objet est donc à la fois *une formulation des dimensions générales et abstraites de cet objet et une collection d'illustrations concrètes de ces dimensions qui soient utilisables dans l'action qui doit suivre.*

Pour clore cette section sur les objectifs, mentionnons que nous ne retenons pas pour objectif d'un groupe de travail le fait de vouloir simplement transmettre de l'information à un groupe, puisqu'en pareil cas, le groupe en tant que tel n'est pas mis à contribution. Si, au contraire, lors d'une telle séance d'information, on fait appel au groupe pour tester le degré de compréhension de l'information diffusée ou pour connaître les réactions déclenchées par la réception de l'information, on en revient alors à un cas particulier de consultation. Pareillement, la création d'idées (par remue-méninges [*brainstorming*] ou autre) ne nous apparaît pas davantage un objectif formel original du groupe de travail puisqu'elle peut également être assimilée à la consultation, ne différant de cette dernière qu'au niveau des techniques déployées. Enfin, les discussions sur des «thèmes de réflexion» doivent également être considérées comme de simples consultations.

Venons-en maintenant aux processus de traitement dont le groupe de travail dispose pour assurer la transformation de son énergie disponible, dans la poursuite de ses objectifs.

Les processus de traitement de l'information

Il existe, dans tout système, un processus de transformation de l'énergie disponible dont résulte un produit donné. De la même façon, on peut dire que le groupe de travail est le lieu d'application d'un processus de traitement de l'énergie humaine disponible. Mais l'énergie dont le groupe dispose doit être traitée de façon à engendrer et à combiner des informations qui aboutiront à un produit tout à fait spécifique, celui-là même que définit l'objectif. Un des points critiques du travail en groupe sera donc celui du traitement différencié des énergies dont il dispose en fonction de l'objectif visé. Suivant ce que nous avons écrit jusqu'ici à propos des objectifs d'un groupe de travail, on doit donc s'attendre à pouvoir reconnaître quatre processus spécifiques de traitement d'information : le processus de consultation, le processus de prise de décision, le processus de résolution de problème et le processus de définition d'un objet. Cependant, avant d'entreprendre la description de ces derniers, nous tenons à les situer par rapport à deux autres processus qui ont cours dans le travail de groupe : le *processus d'échange* et le *processus de symbolisation*.

Un processus indifférencié et englobant de traitement de l'information : l'échange

Il existe un processus indifférencié de traitement d'information qui englobe les autres processus en jeu dans le travail de groupe : c'est le processus d'échange. En effet, indépendamment de l'objectif particulier qu'ils poursuivent, les membres d'un groupe participent à un échange suivant lequel une demande, une question ou un besoin trouve une offre, une réponse ou une ressource. Chaque intervention d'une personne du groupe peut être envisagée dans ces termes ; elle est une sollicitation ou une offre, ou les deux à la fois. Il est vrai, cependant, que les ressources et les besoins sont souvent inconnus des personnes concernées elles-mêmes. C'est souvent l'offre qui rend conscient du manque, la demande qui fait émerger la ressource dont on dispose et la formulation d'une réponse qui révèle la question qui dormait en soi.

Le groupe est donc un marché où s'effectuent des transactions : une offre stimule une demande, une demande entraîne une série d'offres, une offre vient en compétition avec d'autres offres, les demandes ne reçoivent pas de réponses, il y a trop de demandes pour ce qu'il y a de ressources ; peu importe l'allure qu'il prend, le marché est réel. Et les gains communs sont constitués par la réalisation de la tâche qui résulte de cette pratique de l'échange. Le groupe a généralement conscience du fait que l'échange constitue son outil de vie fondamental ; le groupe a l'intuition que c'est dans la mesure où toutes les questions et toutes les réponses auront été « portées » par tous ses membres, où toutes les informations auront été partagées par tous ses membres, qu'il sera véritablement une nouvelle réalité, une nouvelle entité sociale, et non plus une simple addition d'individus. C'est dire aussi que l'échange est ici synonyme de partage ; dans un groupe, l'échange ne fait rien perdre, il multiplie.

Enfin, le processus d'échange ne se réduit pas à la seule mise en relation d'une demande et d'une offre. Les interactions qu'il implique ont une valeur de stimulation créatrice : elles engendrent constamment de nouvelles demandes et de nouvelles offres. C'est qu'à l'intérieur de ce processus de traitement qu'est l'échange, se déroule chez les individus du groupe un processus qui à la fois est stimulé par l'échange et le nourrit. Il s'agit du *processus de symbolisation*.

Un processus intrapersonnel de traitement de l'information : le processus de symbolisation

Le processus de symbolisation consiste essentiellement en une interaction entre un vécu concret immédiat et des symboles. Le vécu concret immédiat comprend l'ensemble des sensations, émotions et sentiments qui habitent l'individu à un moment donné. Le vécu immédiat étant d'une complexité quasi infinie, il en existe, à tout instant, de très nombreux aspects qui restent implicites et incomplets, hors du champ d'attention de l'individu. Quand l'attention se portera sur eux, cependant, ce sont les symboles qui leur permettront d'être représentés et d'émerger ainsi dans la conscience avec tout leur sens. À cette fin, on peut avoir recours à des symboles qui ont été appris (mots, images et gestes conventionnels enregistrés dans la mémoire) ou on peut en créer de nouveaux par la synthèse originale d'acquis antérieurs (mots inventés, métaphores et images mentales personnelles, rêves, gestes spontanés ou involontaires).

Le processus de symbolisation fonctionnerait de la façon suivante :

– le sujet dispose d'un bagage de vécu concret immédiat ;

– selon le besoin, l'attention se porte sur un aspect du vécu ;

– on utilise des symboles pour tenter de décrire ou de cerner cet aspect ;

– les symboles sont comparés au vécu et en font ressortir des aspects nouveaux ;

– les symboles sont sélectionnés ou recréés (réorganisés) en fonction de leur aptitude à représenter les aspects du vécu concret ;

– de nouveaux symboles viennent remplacer les précédents pour mieux cerner les aspects du vécu mis en lumière par les symboles déjà utilisés ;

– et le tout se reproduit sans cesse, le vécu concret lui-même ne cessant pas de se modifier.

Les interventions qui sont faites dans un groupe prennent naissance dans les personnes grâce à ce processus de symbolisation qui fait passer les données de l'état corporel (sensations ou sentiments corporels) à l'état de significations communicables. Par la symbolisation, l'énergie biologique est transformée en une information utilisable par le groupe dans le «montage» du «produit» qu'on cherche à réaliser. Sans même connaître le déroulement du processus de symbolisation, les individus d'un groupe l'emploient nécessairement comme outil de production individuelle d'informations, et force est de le tenir pour un instrument de travail original à la disposition d'un groupe de travail. Dans la pratique du travail en groupe, il faudra que le groupe réussisse à s'accorder les conditions requises par son sain déroulement : temps de réflexion individuelle, climat d'accueil, écoute empathique, communication ouverte et, au besoin, confrontation interpersonnelle.

Enfin, pour conclure sur les processus d'échange et de symbolisation, soulignons qu'ils ne sont en pratique que l'envers et l'endroit d'une même médaille.

Venons-en maintenant aux processus de consultation, de prise de décision, de résolution de problème et de définition d'un objet.

Quatre processus spécifiques de traitement de l'information

Le processus d'échange que nous avons décrit plus haut comme étant *indifférencié* emprunte, selon le besoin, des formes particulières qui représentent autant de procédures spécifiques de traitement des énergies. Celles-ci sont, en quelque sorte, des patrons d'échange que le groupe est susceptible de suivre et/ou qu'il a avantage à respecter, selon le produit qu'il veut réaliser. En effet, on peut penser qu'on ne réalise pas une prise de décision en groupe de la même façon qu'on s'y prendrait pour définir un concept, ou pour analyser et résoudre un problème, ou pour effectuer une simple consultation. L'objectif poursuivi indique donc au groupe le mode de traitement spécifique des informations et le plan d'échange particulier suivant lequel on assemblera les «pièces détachées» pour en obtenir le «produit» visé.

Le processus de consultation

Rappelons que le «produit» recherché par le groupe dans la consultation est *un portrait de la position de ses membres sur une question donnée, exprimée en une synthèse qui reflète autant les points communs que les singularités.*

La forme spécifique que prend l'échange lors d'une consultation (voir la figure 1) est la suivante :

— le thème sur lequel se fait la consultation est maintenu au centre des échanges ;

— les interactions viennent *stimuler* chacun dans l'*éclaircissement* de *sa* position face au thème, par la *prise de conscience de la position des autres* ;

— les interventions ne font pas que s'additionner, elles sont des détonateurs dans la prise de conscience de *sa* propre position face au thème, et l'animation se préoccupe de saisir et de faire exprimer les réactions déclenchées chez un tiers par toute intervention d'un membre du groupe ;

— les interactions servent à *faire voir* à chacun la *position de chacun des autres* membres du groupe ;

— les digressions de toutes sortes sont récupérées pour enrichir la *compréhension* de la position des personnes consultées ;

— on ne cherche pas à *être d'accord*, mais à *voir* et à *faire voir* ; les «Je suis d'*accord* avec toi» ou «Je ne suis pas d'*accord* avec toi» font place aux «Je *vois* ça de la même façon que toi», «Je ne *vois* pas ça de la même façon que toi» ;

— on n'hésite pas à diverger, à se montrer différent, à se montrer unique ;

— on reconnaît et on reçoit *explicitement*, par de l'écoute active, les informations qui différencient chaque individu ;

FIGURE 1
Le processus de consultation

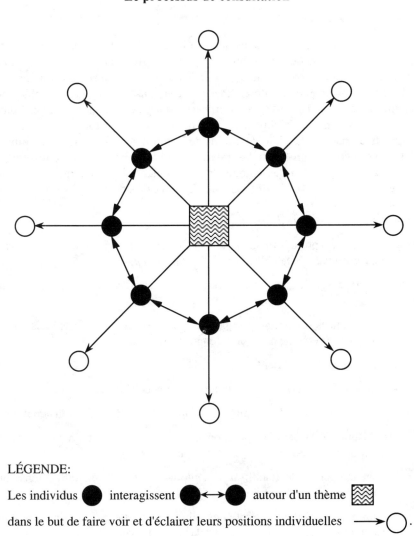

LÉGENDE:

Les individus ⬤ interagissent ⬤◄──►⬤ autour d'un thème ▨

dans le but de faire voir et d'éclairer leurs positions individuelles ──►◯ .

– on s'assure que les personnes consultées parlent vraiment *en leur nom* (à moins qu'elles ne représentent un tiers) ;

– on essaie de dégager et les points communs et les divergences dans les positions exprimées.

L'utilisation du groupe dans la consultation n'est intéressante que si elle permet la stimulation des individus du groupe. Le groupe lui-même ne sert que d'instrument pour favoriser une plus grande ouverture de chaque membre à son expérience personnelle. L'intérêt final de ce processus est l'individualisation maximum des informations. Un tel processus ne vise nullement l'unité, l'uniformité ou la cohésion autour d'une position. Toutes les fois qu'il est mené comme une prise de décision, il entraîne de la confusion, il frustre ses membres et il est vécu comme un échec. La trajectoire suivie par le groupe ne ressemble en rien alors à la fusion des volontés et à l'application des énergies dans une même direction comme c'est le cas dans un processus de décision.

Le processus de prise de décision

Rappelons que le «produit» recherché dans la prise de décision est *la solidarité des membres dans la mise en œuvre de l'option retenue.*

La forme spécifique (voir la figure 2) que prend ici l'échange est la suivante :

– Les options qui s'offrent au groupe sont définies (et souvent reprécisées ou redéfinies au fur et à mesure que l'échange progresse).

– Les interventions véhiculent :

• le sens que les membres donnent aux options considérées ;

• la position de chacun des membres face aux options (du «pour» au «contre») ;

• les raisons des prises de position et des résistances à l'abandon ou à l'adoption d'une option — nous les appellerons *arguments* ;

• les changements (décristallisations, mouvements et recristallisations) de position que le débat entraîne ;

• les normes implicites ou explicites relatives aux types d'arguments (voir plus bas) qui « devraient » prévaloir dans l'échange.

– Certaines interventions confrontent les personnes elles-mêmes en véhiculant :

• les perceptions que les membres ont les uns des autres dans le débat en cours ;

• l'intérêt et la crédibilité qu'ils accordent aux arguments de chacun.

– certaines interventions peuvent parfois contester la participation même d'un membre en mettant en doute la légitimité de ses interventions.

Au total, les interventions permettent donc :

– l'*examen critique* des *arguments* invoqués par les membres pour justifier leur position et leur résistance à abandonner ou à adopter une option ;

– la *remise en question* des *membres eux-mêmes* par la confrontation interpersonnelle ou, ultimement, par la contestation pure et simple de leur droit de participer au débat.

Les *arguments* appartiennent à l'un ou l'autre des quatre types suivants (voir les exemples de ces types d'arguments dans l'appendice du présent texte) :

– Type I, de l'ordre de la *contrainte sociale aveugle* :

   • l'argument d'autorité ;

   • la menace, l'ultimatum, le chantage ;

   • l'appel à la tradition en tant que telle («On a toujours fait ça de même !») ;

   • le tenu pour acquis, le «Ça va de soi» ;

   • la réitération pure et simple de sa position face aux options, sans apport d'arguments.

– Type II, de l'ordre du «*vrai universel*», qui comprend tout argument *présenté* comme une vérité universelle (qu'elle soit juste ou non) :

   • les énoncés véhiculant une contrainte logique abstraite ;

   • les généralisations appuyées

      sur des observations rigoureuses (l'acquis scientifique),

      sur des croyances, des mythes ou des données pseudo-scientifiques,

      sur l'extrapolation gratuite de son expérience personnelle,

      sur des préjugés.

– Type III, de l'ordre du «*bien universel*» :

   • tout argument contenant une référence à une *valeur* tenue (à tort ou à raison) pour *désirable* par tous ;

   • tout argument contenant une référence à une *norme* ou à une *règle de conduite* tenue (à tort ou à raison) pour *acceptée* par tous.

– Type IV, de l'ordre de la *contrainte situationnelle*, qui comprend tout argument qui fait valoir les éléments de la réalité « ici et maintenant » :

• l'expérience personnelle, unique, des membres ;

• l'opinion personnelle, l'impression personnelle des membres ;

• les sentiments (« désirables » et « indésirables ») des membres ;

• les besoins de croissance et de défense des membres ;

• les contraintes factuelles inhérentes à la réalité du groupe et à son environnement (ressources humaines, financières et matérielles, contraintes de temps et d'espace, contraintes organisationnelles — y compris le mode de décision en vigueur, majorité ou consensus).

Le choix véritable d'une option se fait à travers le traitement adéquat de tous les types d'information qui déterminent la libre adhésion à ladite option (types d'argumentation II, III et IV). L'échange permet à tous les membres d'un groupe de percevoir les raisons pour lesquelles chacun s'est rallié à l'option retenue. C'est là le sens même de la décision par consensus. L'adhésion qui en résulte minimise les risques de désolidarisation ultérieure. Si la décision est aveugle, basée sur la pression plutôt que sur l'information (type d'argumentation I), le risque de désolidarisation ultérieure est maximum.

Deux facteurs déterminent la qualité du traitement de l'information : l'aptitude du groupe à passer d'un type d'argumentation à l'autre et la place faite à la confrontation.

Les arguments formulés comme des vérités ou des biens universels (types II et III) sont souvent le reflet d'une expérience strictement personnelle (type IV). Cela étant, le groupe se doit de toujours faire connaître s'il reconnaît le caractère universel qui est prêté à un argument par un membre du groupe. Dans l'affirmative, l'argument sera retenu comme une base commune de prise de position par rapport à l'option considérée. Dans la négative, l'argument sera reformulé dans une forme plus subjective et permettra l'accès à l'expérience personnelle (perception, besoin, sentiment personnels) du membre concerné. Le groupe sera alors mieux en mesure d'accorder toute l'attention voulue à l'expérience de l'individu en tant que telle, soit pour s'y accommoder, soit pour confronter l'individu à l'expérience du groupe. Dans un cas comme dans l'autre, les chances d'accroître la cohésion du groupe en sont augmentées.

La confrontation personnelle, quant à elle, se réfère à cette partie de la communication qui ne porte pas sur les arguments invoqués en tant que tels, mais sur les interlocuteurs eux-mêmes. Elle a lieu quand les membres rendent explicites les perceptions qu'ils ont les uns des autres en tant qu'interlocuteurs dans le débat en cours, quand ils rendent explicite la crédibilité qu'ils s'accordent les uns aux autres dans la défense d'une position, ou quand ils font part de leurs sentiments relatifs à la façon dont ils se sentent traités dans le cours du débat.

FIGURE 2
Le processus de prise de décision

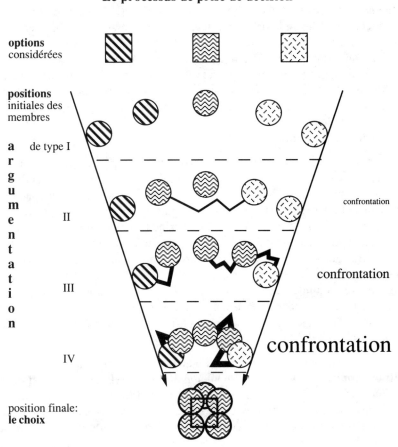

options considérées

positions initiales des membres

a de type I
r
g
u
m
e
n II
t
a
t
i III
o
n

IV

position finale:
le choix

confrontation

confrontation

confrontation

LÉGENDE
Le groupe chemine vers la cohésion dans le choix d'une option .

La probabilité de désolidarisation — — — — dans l'action subséquente diminue dans la mesure où l'intégration des arguments de type II, III et IV est réussie et où la confrontation permet aux membres de se situer les uns par rapport aux autres, de se remettre en question dans leur prise de position et de déclencher les changements requis par une adhésion véritable à une option.

La confrontation personnelle ne doit pas être assimilée à l'affrontement hostile ou à l'engueulade. Si elle est respectueuse et responsable (voir plus loin la partie consacrée au *feed-back* expérientiel), elle n'entraînera pas de rupture de communication. La confrontation permet à tout membre d'un groupe de faire savoir à un collègue avec quel ensemble de perceptions et de sentiments à son endroit il reçoit et décode ses arguments et se rapproche ou, au contraire, s'éloigne de sa position. Cette information est essentielle à une entreprise qui vise la cohésion des membres bien davantage que la sélection pure et simple d'une option. L'individu ainsi *confronté* à la réalité dynamique de son groupe peut en tenir compte dans la suite de l'interaction, que ce soit pour ajuster son argumentation, pour rectifier les perceptions qu'il aurait déclenchées ou pour se remettre en question. Une confrontation réussie entraînera donc généralement un réajustement qui se concrétisera dans un changement de type d'argumentation (déplacement des types II et III vers le type IV) ou dans un déblocage à l'intérieur d'un type d'argumentation.

La confrontation est une activité relativement exigeante. La confrontation qui a trait aux valeurs (type III) le sera généralement davantage que celle qui a trait aux connaissances ou aux croyances (type II), et celle qui touche les sentiments et les besoins (type IV) le sera plus encore que les deux premières puisqu'elle implique, presque à coup sûr, des incursions dans des aspects de lui-même par rapport auxquels l'individu mis en cause est aveugle. C'est le sentiment d'être soi-même interpellé par les propos ou les attitudes de son vis-à-vis qui procure l'énergie nécessaire à la confrontation, qui en détermine le contenu et qui en fixe les limites légitimes. C'est également le sentiment de l'importance de la décision à prendre et le besoin d'un degré de cohésion déterminé qui procureront l'énergie nécessaire à la confrontation en même temps qu'une mesure des justes limites à observer.

La confrontation interpersonnelle, quand elle est ainsi intégrée au débat, facilite le traitement de l'information et assure un maximum de cohésion dans l'action qui doit suivre la prise de décision. Quand le climat d'un groupe est à l'évitement, la confrontation peut se cacher derrière des sous-entendus, des blagues, des sourires en coin, des mimiques ou des tons de voix qui en disent long sur l'impression qu'un membre peut avoir de son vis-à-vis. L'animation vise à favoriser l'explicitation de ces messages d'ordre interpersonnel, sachant que seule l'expression ouverte de ce qu'ils recèlent permettra de dénouer les sentiments qui pourraient faire obstacle à la cohésion du groupe. À défaut de cela, l'échange glissera inévitablement vers le défaitisme, l'impuissance, le sabotage, le «tordage de bras», le recours aux slogans, le retrait, la complaisance, le faux consensus.

Dans une prise de décision, les interventions fournissent peu à peu l'image d'une cohésion qui se bâtit autour d'une option ou autour d'un compromis. La consultation favorise l'apparition et l'acceptation des différences, des nuances personnelles ou même des oppositions radicales. Elle ouvre. La prise de décision, quant à elle, vise à réduire et à réconcilier les oppositions identifiées. Elle ferme... sans pour autant « être fermée ».

Le processus de résolution de problème

Rappelons que le « produit » recherché dans la résolution de problème en groupe est *une situation redevenue, de façon durable, satisfaisante pour le groupe et son environnement.*

La résolution d'un problème implique la poursuite d'une série d'objectifs complémentaires :

– l'explicitation et le diagnostic du problème ;

– l'élaboration de solutions à appliquer aux causes du problème ;

– l'évaluation mentale de ces solutions ;

– le choix d'une solution à mettre à exécution ;

– la mise en vigueur de la solution dans la pratique, son évaluation dans la réalité ;

– l'appréciation de l'atteinte de l'objectif, soit la disparition du problème initial.

La forme spécifique que prend l'échange (voir la figure 3) est la suivante :

– on s'assure que les membres du groupe reconnaissent l'existence d'un problème ;

– les interventions sont sélectionnées et « assemblées » de façon à faire ressortir une description de la situation problématique et un lien de type cause-effet entre les données de la situation ;

– on retient des interventions les moyens d'agir sur les causes du problème qu'on a identifiées, c'est-à-dire que l'on dresse l'inventaire des solutions possibles ;

– on dégage des interventions les éléments d'évaluation des différentes solutions avancées : l'échange vise (plus ou moins explicitement) à établir s'il y a un lien entre la solution envisagée et la cause sur laquelle elle doit agir (rapport logique solution-cause), si la solution envisagée est réaliste pour ce qui est des ressources personnelles, financières, matérielles et temporelles qu'elle exige (réalisme), si la solution envisagée respecte les normes et les valeurs du groupe et de son environnement (aspect éthique) et si la solution a un potentiel d'impact émotif suffisant, compte tenu de la nature de la cause sur laquelle elle doit agir (impact émotif) ;

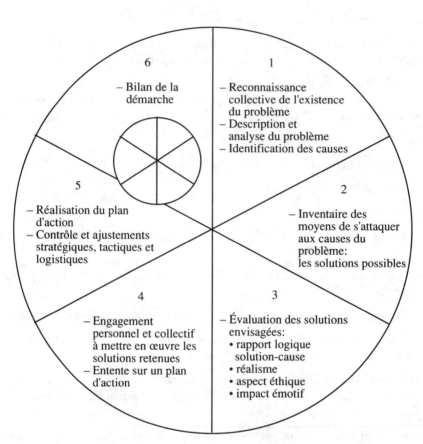

FIGURE 3
Le processus de résolution de problème

— on s'engage personnellement et collectivement à mettre en œuvre les solutions retenues;

— une fois le choix fait, on dégagera des interventions une image de l'action concrète à venir, avec tout ce que cela implique d'organisation, de division de tâches, d'élaboration de mécanismes de coordination et de fixation de délais;

— on réalise le plan d'action;

– enfin, lors de l'évaluation de l'atteinte de l'objectif, les échanges prendront la forme d'une identification de « là où on en est », d'une comparaison entre « là où on en est » et « là où on voulait en venir » et d'une recherche des causes de l'écart entre les deux points de comparaison.

Le processus de définition

Rappelons que le « produit » qui est recherché quand le groupe s'exerce à définir un objet est *à la fois une formulation des dimensions générales et abstraites de l'objet et une collection d'illustrations concrètes de ces dimensions qui soient utilisables dans l'action qui doit suivre.*

L'« objet » à comprendre peut être imaginé comme une « boîte noire » dont il faut identifier chacun des « cubes » (voir la figure 4).

La forme spécifique que prend l'échange est la suivante :

– certaines interventions expriment les conceptions actuelles (connaissances déjà acquises, idées incertaines, interrogations) des membres ou des idées neuves, inattendues, que la discussion fait surgir ; ces conceptions actuelles et ces idées nouvelles sont reliées d'une façon ou d'une autre à l'objet qu'on cherche à définir ;

– d'autres interventions auront pour fonction d'organiser, au fur et à mesure, le matériel ainsi fourni, à l'aide de catégories mentales qui unifient les éléments disparates que la discussion engendre ; par exemple, on entendra quelqu'un dire : « Tout ce qu'on vient d'énoncer me semble avoir trait aux *causes* de... » ou « On a là une illustration des *effets* de... » ou « On est en train de parler des *modes d'application* de... » ou « Ne trouvez-vous pas que ce sont là des *conditions de maintien* de... » ;

– peu à peu, les catégories mentales éclairent la nature des « cubes » de la « boîte noire », sans pour autant en exclure les exemples spécifiques que la discussion fait ressortir ;

– la découverte des catégories stimule l'intelligence dans la découverte de nouvelles catégories unificatrices ;

– la découverte des catégories suggère, à son tour, l'élaboration de nouveaux cas concrets appartenant à la même catégorie ;

– les oppositions ou les contradictions forcent l'invention de nouvelles catégories qui réduisent les contradictions et réconcilient les cas spécifiques qui étaient en contradiction apparente.

Comme la consultation, la définition d'un objet implique donc une démarche d'ouverture, mais, cette fois, à un plan cognitif. Par ailleurs, au contraire de la prise de décision, elle n'a pas pour but premier de *faire l'accord* des

FIGURE 4
Le processus de définition

LÉGENDE:

La boîte symbolise la notion à saisir. Les parties foncées évoquent les éléments qui n'ont pas encore été saisis ou qui ne l'ont été que partiellement. Les côtés correspondent à des dimensions de la réalité et chaque cube, à un élément spécifique. Les différentes couches de la boîte représentent des catégories d'éléments, les couches supérieures intégrant les couches inférieures.

membres du groupe sur les idées émises durant l'échange ; elle pose plutôt au groupe le défi d'*intégrer* les élément mis de l'avant *à la définition du concept*, comme si le groupe se devait de présumer que chacun de ces éléments appartient à un des «cubes» de la «boîte noire», dont il ne lui resterait plus, dès lors, qu'à découvrir l'identité.

En résumé, le groupe, dans la poursuite de ses divers objectifs, dispose d'une «technologie» complexe constituée de six *processus de traitement*, que nous avons identifiés ainsi :

– un processus global d'interaction : le processus d'échange ;

– un processus intrapersonnel : le processus de symbolisation ;

– quatre démarches mentales spécifiques : le processus de consultation, le processus de décision, le processus de résolution de problème, le processus de définition.

Ce sont les processus de traitement grâce auxquels les énergies sont transformées en effets-objectifs.

Mais il nous manque un autre élément constitutif du système-groupe : les structures.

Les structures

On pourrait définir une structure de la façon suivante : c'est un événement défini formellement (éventuellement connu de tous), stable dans le temps, qui détermine le cours d'un processus en action.

Certains événements sont presque imprévisibles : le taux de participation d'un membre, l'allure que prendra l'échange, la qualité de la solution qu'on trouvera, la réaction d'un membre à un autre, etc. Ces événements sont mobiles et vivants ; ils constituent le tissu des processus de groupe. On ne peut s'entendre sur ce qu'ils seront durant une réunion ni exiger qu'ils soient constants ou prévisibles. À l'inverse, certains événements de la vie du groupe peuvent être « arrêtés », définis et contrôlés de façon à garantir des ententes à leur sujet et leur permanence dans le temps : ce sont les *structures*. Les principales structures d'un groupe sont :

– les formes de regroupement des énergies,

– les règles de participation,

– les rôles.

Les formes de regroupement

Par les modalités selon lesquelles il regroupe ses ressources, un groupe détermine les possibilités d'interaction entre les interlocuteurs et la nature du travail accompli.

Les principales formes de regroupement sont :

– la réunion plénière,

– les sous-groupes,

– les triades ou les dyades,

– le travail individuel,

– les conciliabules (*buzz session*).

Dans la *réunion plénière*, tous les canaux d'échange sont virtuellement utilisables; dans le *sous-groupe*, on a réduit le nombre de canaux d'échange, pour faciliter la participation du plus grand nombre ou pour assurer le traitement approfondi d'une partie du sujet à l'étude par chacun des sous-groupes; la *triade*, la *dyade* et le *travail individuel* ont généralement pour but d'activer la symbolisation (la production d'idées, d'opinions, etc.) en vue d'un retour prochain à l'échange en réunion plénière; dans les conciliabules, on recherche l'équivalent du travail en triade ou dyade, mais dans une période plus courte, avec retour presque immédiat à l'échange en réunion plénière. Note: les conciliabules consistent à arrêter momentanément l'échange en réunion plénière, à permettre aux membres d'interagir quelques instants avec leurs partenaires immédiats sur un sujet donné, puis à reprendre la discussion en grand groupe.

Le mode de regroupement des énergies définit donc formellement avec qui les échanges sont possibles et assure que ces échanges seront stables pour un temps défini, en même temps qu'il détermine les processus d'échange et de symbolisation.

Les règles de participation

Les règles de participation constituent un autre élément sur lequel on peut s'entendre dans un groupe et qui peut demeurer stable dans le temps tout en déterminant l'allure des processus de groupe.

La participation peut être réglementée de deux façons: ou bien chaque intervention est contrôlée, ou bien l'ensemble des interventions est contrôlé.

Certaines procédures visent à réglementer chaque intervention particulière en indiquant des règles d'attribution du droit de parole:

— on fait un tour de table et chaque participant doit parler à son tour;

— il faut lever la main avant de parler;

— on n'a droit qu'à un nombre limité d'interventions;

— on n'a droit qu'à un temps limité d'intervention;

— on n'a droit de parole que si on a tel statut dans le groupe (par exemple, membre officiel, actionnaire, représentant, etc.).

Certaines procédures visent à réglementer l'ensemble des interventions; il s'agit, dans ce cas, de l'encadrement des processus de groupe au plan de la forme. Par exemple, on s'entendra pour d'abord définir le problème et en trouver les causes, puis élaborer des solutions, puis évaluer ces solutions, puis choisir une solution, et ainsi de suite. La structure indique alors à quel niveau il faudra intervenir et dans quelle séquence logique et temporelle il faudra le faire.

Les programmes, horaires et ordres du jour doivent également être consi-dérés comme des éléments de la structure, puisqu'ils constituent des ententes sur le temps disponible et sur l'ordre des sujets abordés et qu'ainsi, ils détermi-neront souvent comment on va travailler, avec quel degré d'approfondissement et avec quel objectif prioritaire en tête.

L'équipement matériel — locaux, tables, chaises, tableaux, etc. — doit être considéré comme faisant partie des énergies investies (intrant) dans le système-groupe. Mais il peut, également, être considéré comme le support physique (l'infrastructure) des structures de regroupement ou de participation. On n'a qu'à penser au président « qui a priorité de parole et qui siège au bout de la table » ou aux précieuses cabines (« cubicules ») qui rendent possible le tra-vail en sous-groupes.

Les rôles

Un élément essentiel de la structure formelle d'un groupe consiste en l'attribu-tion de rôles aux fins de division du travail. Les principaux rôles que l'on retrouve dans un groupe de tâche sont ceux de participant et d'animateur, auxquels rôles sont attachées différentes fonctions. Suivant l'ampleur du tra-vail, on trouvera également, en plus d'eux, les rôles de secrétaire et de conseiller-expert.

Les rôles de participant et d'animateur soulèvent généralement de nom-breuses questions :

– « N'y a-t-il pas plusieurs types d'animateurs ? »

– « Un animateur peut-il intervenir dans les discussions ? »

– « Un animateur peut-il influencer ? »

– « Quelle différence y a-t-il entre un leader et un animateur ? »

– Etc.

Par rapport aux structures, on peut formuler ainsi la plupart de ces ques-tions : comment définir ces rôles, doivent-ils rester stables (l'animateur peut-il participer à l'occasion ?) et comment déterminent-ils les processus de groupe ?

La notion de rôle

Précisons tout d'abord qu'un rôle n'est que le résultat d'une entente entre des gens, laquelle entente donne lieu à des attentes ; quelqu'un a un rôle quand des personnes attendent de lui qu'il fasse telle ou telle chose et que la personne le fait. Généralement, le rôle d'une personne implique que d'autres personnes tiennent un ou plusieurs rôles complémentaires de ce premier rôle : « Je fais le papa, tu fais la maman », « Je fais l'animateur, tu fais le participant », « Vous levez la main avant de prendre la parole, je vous accorde le droit de parole.» Le rôle permet de prédire les comportements d'une personne de même que les comportements complémentaires de ses interlocuteurs.

Par ailleurs, puisqu'ils résultent d'une entente entre des partenaires, les rôles d'animateur et de participant peuvent être définis par chaque groupe selon ses besoins propres du moment. Chaque groupe peut confier à «son» animateur le mandat qui lui paraît convenir.

Enfin, puisque le rôle d'animateur a acquis ses lettres de créance dans notre société (on reconnaît «son» existence, indépendamment du rôle de l'animateur de «notre» groupe), il peut être pertinent (en dépit de ce qui vient d'être dit ci-dessus) d'essayer de lui donner une définition qui soit, elle aussi, socialement reconnue.

La notion d'influence

Dans une définition négative, on peut dire que l'animateur n'est pas «celui qui n'influence pas» par opposition au participant «qui peut influencer». Toute personne présente dans un groupe (ou même absente quand elle devrait y être) exerce une influence. Qu'il s'agisse de produire l'idée de génie qui ralliera tout le monde ou de faire la synthèse qui dissipera la confusion, qu'il s'agisse d'un silence boudeur qui inquiétera tout le groupe ou d'interventions intempestives qui couperont à chacun l'inspiration, on n'échappe pas au fait de «déplacer les énergies du groupe dans une direction». Cet exercice d'influence peut être fonctionnel ou dysfonctionnel, constant ou momentané. Mais il n'est pas, en cela, le propre du participant ou de l'animateur.

Le niveau d'exercice de l'influence

Ce qui différencie l'animateur du participant, c'est le niveau auquel s'exerce l'influence. Le participant exerce son influence au niveau des apports de matériaux (les offres et les demandes qui nourrissent l'échange) — on pourrait dire au niveau du fond —, tandis que l'animateur exerce son influence au niveau de l'agencement ou de l'organisation des apports de matériaux (l'«assemblage» des «pièces») — on pourrait dire au niveau de la forme.

Dans le cadre des processus dont dispose le groupe au plan «technologique», on peut dire ceci:

– le participant symbolise, échange (interagit), produit des données sur sa position (consultation), prend des décisions, résout des problèmes et définit des concepts, dans les cadres fixés par les structures;

– l'animateur travaille sur le réseau des canaux d'échange, donne une forme aux offres et aux demandes, veille aux démarches mentales spécifiques de la consultation, de la décision, de la résolution de problèmes et de la définition des concepts, et se fait le gardien des structures.

La fonction du participant consiste donc à s'engager dans le réseau des échanges en faisant des apports ; ces apports peuvent être des offres ou des demandes d'idées, d'opinions, de suggestions, de commentaires, de propositions, d'évaluations, d'informations.

Cette fonction exige du participant qu'il symbolise (et cela requiert de rester en contact avec soi-même, en se focalisant sur soi) et qu'il reste, en même temps, en interaction continuelle avec les apports des autres participants (en les écoutant et en les reformulant au besoin). De plus, dans cette interaction, le participant réagit aux interventions de l'animateur ; comme ces dernières évoquent l'aspect «forme», la symbolisation du participant tend à fournir des productions «agencées», conformes aux besoins de l'échange et aux impératifs de l'objectif.

La fonction de l'animateur consiste à maintenir l'élément «forme» présent à l'esprit des participants ; voyons par des exemples d'interventions ce qu'il faut entendre par cela.

– Quant au réseau des canaux d'échange :

«Quelqu'un veut-il prendre la parole là-dessus ?»

«Il y a cinq personnes qui ne se sont pas encore exprimées.»

«On a de la difficulté à s'entendre. Beaucoup de gens parlent en même temps.»

«Tout le monde saisit bien le point de vue de Michelle ?»

«André, tu veux dire quelque chose ?»

«On n'a pas encore répondu à la question de Lise.»

«C'est à Charles que tu t'adresses ?»

– Quant aux interventions en général :

«Pourrais-tu expliciter ce que tu viens de dire ?»

«Toi, André, tu penses que ce n'est pas tant la couleur que la grandeur qui ne convient pas ? C'est bien ça ?»

«Tu te demandes, Lise, si le problème a bien été vidé ?»

«Tu crois qu'il faudrait qu'on fasse une pause ?»

«Tu penses qu'il faut considérer cet investissement dans une perspective à long terme?»

«Tu ne te sens pas très à l'aise face à cette question?»

«Résumons ainsi ce qui s'est dit jusqu'à maintenant: ...»

«Jusqu'à maintenant, on semble favoriser l'orientation suivante: ...»

– Quant aux démarches mentales spécifiques

- à la *consultation*:

  «On est en train de faire la critique de ce qu'a dit Jean. Je ne crois pas que cela nous aide à connaître son point de vue sur...»

  «On est ici pour prendre connaissance des problèmes soulevés par Guy et non pas pour les solutionner.»

  «Est-ce ton opinion à toi ou rapportes-tu celle d'autres personnes?»

  «Ça t'est arrivé à toi?»

  «C'est tout le monde en général ou toi qui ressens ça?»

  «Ce que tu dis est quelque peu différent de ce que disait Ghislaine tantôt.»

- à la *prise de décision*:

  «Ce que tu dis ne nous informe pas, il me semble, sur les raisons pour lesquelles tu favorises...»

  «Ce pourquoi tu privilégierais le choix de cette option, c'est que...?»

  «C'est difficile pour toi d'admettre que d'opter pour cette proposition va nous permettre de...?»

  «Tu n'es pas prêt à subir les complications qui vont résulter de ce choix-là?»

  «Tu te dis qu'au fond ça va peut-être revenir au même avec l'une ou l'autre option?»

  «Tu te sens plus à l'aise maintenant d'envisager l'autre hypothèse?»

  «Tu connais des cas où... s'est avéré un choix plus écologique que...?»

  «Il y a une question de principe impliquée là-dedans selon toi?»

  «C'est au nom de l'autonomie que tu souhaiterais qu'on abolisse les rangs à l'école?»

  «Tu vas te sentir plus à l'aise personnellement si on n'abolit pas les rangs?»

  «Selon toi, nos corridors sont trop étroits pour qu'on abolisse les rangs?»

- à la *résolution de problèmes* :

  « On pourrait tenter de rassembler autant de données factuelles que possible sur la situation. »

  « On va conserver cette solution pour tantôt, si tu veux. Il ne semble pas encore qu'on ait saisi clairement les causes du problème. »

  « D'après toi, cet élément est très important. Il pourrait être l'élément clé du problème ? »

  « Ne t'inquiète pas de savoir si c'est réaliste ou pas comme solution, on verra à ça tantôt. »

  « Est-ce qu'on est prêts à évaluer nos hypothèses de solution ? »

  « On n'a pas fini d'évaluer les solutions et il y en a qui ont déjà commencé à se répartir les tâches. »

- à la *définition d'un concept* :

  « Claude dit que c'est l'habileté mathématique qui est la meilleure expression de l'intelligence, alors que Julie dit que c'est l'habileté musicale ; ne pourrait-on pas dire qu'il peut y avoir diverses *formes* d'intelligence et qu'il y en aurait peut-être même d'autres que les formes mathématique et musicale que nous avons identifiées jusqu'à maintenant ? »

  « Il semble que ce dont vous parlez reflète l'existence de *types* de motivations : celles qui impliquent des partenaires et celles qui n'impliquent pas de partenaires. Il pourrait y avoir les motivations de type personne-objet, et les motivations de type personne-personne. Est-ce que cela est fidèle à ce que vous avez dit jusqu'à maintenant ? »

– Quant aux structures :

  « Nous en sommes maintenant au troisième point de l'ordre du jour. »

  « Le travail en sous-groupe est terminé ! »

  « On avait dit qu'on faisait un tour de table. »

  « Il nous reste 30 minutes avant la fin de la réunion. »

Si on dégage des types d'intervention des exemples qui précèdent, on peut dire que le rôle d'animateur consiste

– à donner une image de l'état du réseau des canaux d'échange (le refléter) ;

– à faire clarifier ou expliciter ;

– à reformuler ;

– à réitérer ;

– à résumer, faire des synthèses, faire le point ;

– à faire des liens entre les interventions ;

– à appliquer les structures ou à les rappeler au groupe ;

– à poser des questions qui aident le groupe à se déterminer.

Voilà donc sommairement ce qui définit les rôles de participant et d'animateur, et comment chacun de ces rôles détermine les processus de « production » du groupe. Quant à savoir si ces rôles doivent être joués de façon stable, rappelons que c'est le groupe lui-même et les exigences de la tâche qui devraient en décider.

Les personnes distinctes des rôles et des processus
Le vécu immédiat et l'entropie

Les rôles sont des éléments de la structure qui prédéterminent les comportements des membres du groupe, et les processus de traitement spécifiques aux objectifs poursuivis encadrent également le comportement des membres du groupe. Pourtant le groupe n'est pas une machine dont les membres ne seraient que des pièces, et les processus de symbolisation et d'échange supposent l'existence d'une organisation vivante, qui, par définition, ne peut pas être réduite à des éléments de la structure. Il restera toujours dans le phénomène du groupe un élément que nous serions tenté d'appeler l'« anti-structure », si ce n'était qu'il est, par ailleurs, le support de la structure tout autant que des processus de production des effets-objectifs. Cet élément, c'est le *vécu immédiat* : il est la vie du groupe, la modulation spécifique imprimée à l'énergie (l'intrant) en action dans les processus de traitement et les structures. Le vécu immédiat, c'est ce qui fait la différence entre un groupe réel et une conception du groupe sur papier : c'est le tonus affectif du groupe.

Envisagés dans l'exercice de leurs rôles, les participants ont pour fonction de faire des apports ou d'organiser ces apports et cela, tant au plan de la tâche qu'à celui de la structuration du travail (laquelle n'est en somme qu'une tâche à l'intérieur de la tâche). Pourtant, s'il est inhérent à l'accomplissement de la tâche et à la structuration du travail que des idées soient émises, que des opinions soient avancées ou que des suggestions soient faites, il n'est pas inhérent à ces mêmes fonctions que quelqu'un trouve le débat trop long, qu'un autre s'étonne des opinions émises, qu'un troisième s'adresse surtout à une personne en particulier, qu'un dernier ne se sente plus capable de penser ou s'emporte contre un collègue.

Le vécu immédiat apparaît comme continuellement mouvant, comme un tremplin pour de nouveaux progrès de la tâche ou comme un cran d'arrêt qui bloque la poursuite du travail, à la fois conséquence des événements passés et point de départ des événements à venir. Il englobe les multiples réactions *actuelles* à la situation de groupe :

– la tâche elle-même, les objectifs ;

– la structuration du travail ;

– les autres personnes du groupe ;

– soi-même.

Toute personne présente dans un groupe réagit à chacun de ces éléments de la situation. Elle réagit à elle-même, à son propre comportement, à son propre rendement et à l'effet qu'elle produit chez autrui. Elle réagit également à la nature de la tâche et à sa valeur. Elle réagit au rythme d'exécution, à la procédure, aux formes de regroupement, aux ressources matérielles, aux horaires. Elle réagit aux autres personnes, à leur allure physique, à leur comportement, à la clarté et à la qualité de leurs idées.

Cet ensemble de réactions constitue le *climat*. Mais au terme « climat », nous préférons le terme « vécu immédiat », qui nous semble se référer directement à la réalité existentielle des personnes et qui souligne avantageusement la localisation *dans les personnes* de ce climat : on peut porter plus directement attention au vécu qu'au phénomène anonyme qu'est le climat.

Le terme « entropie » désigne la tendance à la désorganisation des éléments d'un ensemble et, conséquemment, la tendance à la mort de l'ensemble. Dans le cas d'un groupe, on peut affirmer que, dans la mesure où le *vécu immédiat* n'est pas pris en considération, les acteurs, les processus et les structures en sont affectés au point de se désorganiser et de se confondre. On ne sait plus si c'est à l'idée ou à la personne qui l'a émise qu'on réagit ; on anime comme si on était participant ; on consulte comme si on décidait ; on demande aux structures de contrôler les interactions ; on redéfinit les objectifs pour suppléer aux blocages dans le processus de symbolisation. L'entropie fait son œuvre. Le groupe se désintègre.

Le vécu immédiat se situe au point frontière entre des *individus* et la *poursuite structurée d'objectifs*. Le vécu immédiat représente en cela les conditions de travail telles qu'elles sont ressenties par les membres du groupe. C'est ce qu'ils vivent comme personnes dans l'exercice de leur rôle. Et quand les conditions sont telles qu'elles interfèrent avec l'exercice du rôle à jouer, il convient de cesser de jouer le rôle et d'échanger sur les conditions dans lesquelles on doit l'exercer. C'est un peu comme si on renégociait les conditions de travail. C'est ce que fait implicitement quelqu'un qui dit, par exemple : « Bon, là ça ne marche plus. Je sens trop d'hostilité de la part de quelques-uns (ou de confusion dans l'objectif) pour pouvoir poursuivre le travail. »

Il importe donc de distinguer le rôle joué et la personne qui le joue, les interventions reliées à la tâche et aux structures, et les interventions exprimant le vécu immédiat.

Les interventions exprimant le vécu immédiat sont constituées d'une multitude de messages verbaux ou non verbaux (expression gestuelle, mimique, événements significatifs). Ils manifestent des réactions

— à la tâche elle-même :

enthousiasme, scepticisme, indifférence, stimulation, sentiment d'urgence, confusion, impuissance, etc. ;

— aux structures de travail :

• sentiment d'autonomie, de confort, d'efficacité ;

• sentiment de lourdeur rattaché à la procédure ;

• perception d'une organisation insuffisante ;

• sentiment d'être pressé par le temps, etc. ;

— à soi-même et aux autres :

• confiance, estime, solidarité, affection ;

• crainte, hostilité, rejet, dépendance, rivalité, etc.

Les messages qui expriment le vécu immédiat sont souvent diffus, inorganisés : on sent « quelque chose », le travail avance moins bien, on ne sait pas trop ce qui se passe. Plus les messages deviendront explicites, organisés, plus le groupe pourra y réagir et contrecarrer l'entropie.

L'animateur est, lui aussi, aux prises avec un vécu immédiat, et il doit en faire part au groupe dans la mesure où ce vécu contrevient à l'exercice de son rôle. Par ailleurs, comme il a une certaine distance à l'égard de la tâche, c'est de lui qu'on attendra une activité d'organisation des messages diffus et inorganisés qui expriment le vécu immédiat. On peut donc inclure dans le rôle de l'animateur un travail d'organisation des données relatives au vécu immédiat.

Concrètement, l'animateur parviendra à s'acquitter de cette tâche

— en faisant un rapport au groupe sur les événements qu'il observe ;

— en décrivant ou reflétant les réactions, comportements, paroles, postures, gestes observés ;

— en reflétant les sentiments exprimés ;

— en reformulant ou en répétant l'expression verbale qui est faite du vécu.

Ces divers comportements de l'animateur ont pour effet d'enlever aux expressions leur caractère diffus et de faire apparaître une image signifiante d'une série de messages jusque-là épars.

Le **feed-back**

Dans la mesure où le groupe réussit à expliciter les réactions qui constituent le vécu immédiat, il dispose d'un *feed-back*, c'est-à-dire d'une information sur lui-même. Le groupe sait où le groupe en est, en réaction à la tâche, aux structures et à lui-même. Toutes les réactions sont des *feed-back* en puissance ; mais c'est seulement si elles sont communiquées et acheminées aux destinataires qu'elles constituent de véritables *feed-back*, de véritables « retours d'information ». Quand le vécu immédiat est communiqué sous la forme d'un *feed-back*, cela marque le moment où le groupe se détourne temporairement de sa tâche pour regarder davantage les conditions de travail ou les conditions d'exercice des rôles.

Le *feed-back* peut être

1) descriptif,

2) expérientiel ou

3) inférentiel (évaluatif ou interprétatif),

c'est-à-dire qu'une même information peut être véhiculée de trois façons différentes (voir le tableau 1).

TABLEAU 1
Exemples de trois types de *feed-back*

	TYPES DE *FEED-BACK*		
	1) descriptif	2) expérientiel	3) inférentiel
C O N T E N U D U F E E D - B A C K	«Personne ne s'est porté volontaire.»	«Je me sens seul à prendre ça à cœur.»	«Le groupe ne veut pas coopérer.»
	«Les cinq dernières propositions ont été rejetées.»	«Je n'ai plus le goût de proposer quoi que ce soit.»	«Y'a de la compétition dans le groupe.»
	«Tu ne me parles que dans le groupe.»	«Je ne me sens pas apprécié de toi.»	«Tu es snob.»
	«C'est la quatrième fois que tu frappes sur la table.»	«J'ai peur de toi.»	«Tu es autoritaire.»

Le *feed-back* de type 3 est dit « inférentiel » en ce sens qu'il apparaît toujours comme une *conclusion* tirée d'un groupe d'événements observables ou d'un ensemble de sentiments personnels qui composent la réaction à une situation donnée. Les *feed-back* de types 1 et 2 véhiculent les faits observables et les sentiments qui pourraient être à la source du *feed-back* inférentiel. Éventuellement, l'utilisation de l'un ou l'autre type de *feed-back* procède d'une intention différenciée de mettre le foyer d'attention sur autrui, sur soi ou sur les événements, compte tenu de l'effet désiré et compte tenu des conditions d'échange dans lesquelles la communication se déroule.

Le *feed-back* de type descriptif *organise* des événements et, dans ce sens, il s'apparente aux interventions propres à l'animateur. Les *feed-back* de types inférentiel et expérientiel sont faits à titre personnel; ils permettent aux *individus* de veiller directement aux conditions d'exercice de leur *rôle*.

Typologie des rôles de participant et d'animateur en fonction du mode d'exercice de l'influence

Les rôles de participant et d'animateur déterminent des modes formels d'exercice de l'influence par la délimitation d'un niveau d'intervention spécifique (le fond ou la forme) pour chacun des membres du groupe. Mais les rôles ne déterminent pas à eux seuls le type d'influence réelle exercée par un individu. Une typologie des rôles de participant et d'animateur doit tenir compte de la façon dont s'exerce l'influence.

Pour comprendre *comment* s'exerce l'influence, il faut se référer aux processus de communication et de symbolisation : les membres produisent des symboles (au niveau du fond ou de la forme) auxquels réagissent les autres membres, ce qui favorise la symbolisation chez ces derniers et leur déplacement dans une direction donnée. Ce déplacement constitue le phénomène d'influence. L'influence peut se produire au plan de la *tâche*, des *structures* ou du *vécu immédiat*.

Les membres peuvent être en communication de deux façons (il s'agit évidemment d'une opposition justifiée par les exigences d'une typologie), tant avec eux-mêmes (au niveau de la symbolisation) qu'avec les autres (au niveau de l'échange). Ces deux façons d'être en communication seraient l'ouverture et la fermeture.

Enfin, une typologie des rôles de participant et d'animateur doit prendre en considération le cas où le rôle n'est pas joué (ou n'est joué que de façon intermittente) par la personne à laquelle il échoit. Dans ce cas, le type de rôle sera défini moins par la façon d'être en communication que par la façon de s'acquitter d'une responsabilité.

Nous avons maintenant toutes les coordonnées nécessaires à l'élaboration de la typologie que nous présentons au tableau 2.

Les appellations (démocratique, autocratique, etc.) utilisées ici s'inscrivent dans le courant de la psychologie sociale des 40 dernières années et nous n'avons pas cru utile d'en inventer de nouvelles.

Ce qu'il y a de nouveau dans cette typologie, c'est:

1) qu'elle définit les rôles démocratique, autocratique, centré sur le groupe et manipulateur comme des façons d'être en communication à différents plans de la vie du groupe (il s'agit donc d'une perspective interpersonnelle et micro-organisationnelle plutôt qu'uniquement personnelle, concernant par exemple les attitudes); et

2) qu'elle définit les rôles «laisser-faire» comme une omission du rôle dévolu, comme un accroc au niveau des structures, sans nécessairement en faire une question de personnalité.

TABLEAU 2
**Le type de rôle en fonction de la façon de jouer le rôle
et du plan où il est joué**

Façon de jouer le rôle / Plan où le rôle est joué	Communication caractérisée par		Rôle non joué ou joué de façon intermittente
	l'ouverture	la fermeture	
La tâche	Démocratique	Autocratique	Laisser-faire
Les structures	Démocratique	Autocratique	Laisser-faire
Le vécu immédiat	Centré sur le groupe	Manipulateur	Laisser-faire

Suivant cette typologie, l'animateur autocratique ne serait pas nécessairement celui qui mène les débats avec fermeté, mais plutôt celui qui se préoccupe davantage des techniques d'animation en tant que telles que des processus de symbolisation et d'échange que de telles interventions devraient maintenir ou activer chez les participants. De la même façon, le participant autocratique n'est pas nécessairement celui qui défend ses idées avec vigueur, mais celui qui vide ses apports au groupe de leur valeur de stimulant du processus de symbolisation et d'échange. C'est en cela que consiste l'idée de *fermeture* dans la communication.

Quant au type manipulateur, qu'il s'agisse du rôle de participant ou du rôle d'animateur, ce n'est pas par la façon d'être en communication, mais par l'objet de la communication qu'il se différencie du type autocrate. Chaque fois que la communication implique un échange d'informations sur les personnes elles-mêmes (plutôt que sur la tâche ou les structures) et qu'elle met en cause l'image actuelle de l'individu, dans ses rapports avec autrui ou avec la situation, on parlera d'un style centré sur le groupe ou manipulateur suivant que la communication est caractérisée par l'ouverture ou la fermeture. Le manipulateur conditionne secrètement son interlocuteur en intervenant de façon fermée (le plus souvent de manière parfaitement implicite, contrairement aux exemples que nous fournissons ci-dessous qui eux, pour les besoins de l'illustration, sont forcément explicites) au niveau des images que ce dernier peut se faire de lui-même dans la situation ou dans son rapport avec lui : « ... alors, vous êtes assez intelligent pour comprendre que, dans la situation, je n'avais pas d'autres choix que de... », « S'il y a le moindrement de solidarité entre nous, on ne peut pas refuser de supporter notre camarade... », « Vous qui êtes mon bon ami, je sais que vous ne me refuserez pas... ». Mais rappelons que ces exemples sont déjà trop explicites pour le manipulateur.

Conclusion

La première version de ce texte a été publiée en 1973. Depuis lors, nous avons utilisé les outils conceptuels qui y sont présentés dans l'animation de nombreux groupes et nous pouvons témoigner de leur pertinence et de leur utilité. Appliqués avec souplesse, ils constituent pour le participant et pour l'animateur d'un groupe un guide d'intervention efficace.

Plus précisément, il nous apparaît qu'un animateur qui saisit bien la distinction entre la consultation et la prise de décision peut éviter de faire vivre bien des ambiguïtés au groupe qu'il anime et s'éviter à lui-même bien des soucis, particulièrement dans les cas où il est en même temps le patron du groupe.

Il s'avère également que la maîtrise du processus de prise de décision constitue un outil des plus précieux pour l'animation professionnelle des groupes, car la prise de décision est une opération critique dans la vie d'un groupe en cela qu'elle met toujours à l'épreuve sa cohésion ; l'animateur qui permet à un groupe de réconcilier véritablement ses oppositions et d'accroître sa cohésion à l'occasion d'une prise de décision lui rend un service toujours apprécié.

Quant au processus de résolution de problème, nous croyons que l'attitude d'ouverture qui doit présider à son utilisation prime sur l'application pure et simple de la démarche qu'il met de l'avant ; c'est de saisir l'aspect formel d'une intervention et de savoir reconstituer son lien avec l'ensemble qui importe davantage que de suivre chronologiquement les étapes proposées par le processus. Quand l'aspect structure l'emporte sur l'aspect processus, ce qui aurait dû faciliter la création de solutions originales de problèmes uniques en leur genre risque de devenir un cadre inhibant qui conduit rapidement à des solutions formalistes sans rapport avec les objectifs visés par ce processus.

Le processus de définition est celui qui est le moins souvent utilisé ; mais, ici encore, nous pouvons témoigner de son utilité quand il s'avère approprié d'y avoir recours. Le défi qu'il pose au groupe de situer cognitivement les contributions de chacun des membres du groupe constitue un puissant catalyseur de coopération et de création collective.

Enfin, l'expérience confirme que l'instrument de communication interpersonnelle et d'entretien du groupe, le *feed-back,* est un ingrédient essentiel à la survie et à la croissance des groupes. Les exigences du *feed-back* expérientiel en font, de plus, un outil de croissance personnelle extrêmement efficace. Le *feed-back* apparaît donc comme un facteur d'intégration important des individus à la vie du groupe.

En dernier lieu, formulons le vœu que les réflexions purement théoriques présentées dans cet article n'occultent pas le fait qu'il y aura toujours place dans un groupe pour le bon sens, la simplicité, la chaleur et l'humour.

Appendice

Exemples de types d'arguments utilisés dans une prise de décision[1]

Le contexte : Les 25 professeurs d'une école secondaire sont réunis pour décider s'ils vont permettre aux élèves de troisième année du secondaire (élèves de quatorze ou quinze ans) de consommer de l'alcool au *party* de Noël, comme ces derniers en ont demandé l'autorisation.

L'animateur demande au groupe de faire un premier choix, de l'ordre de la procédure : «Fait-on un *tour de table* ou y va-t-on d'une *participation spontanée* ?»

INTERVENANT A

Je suis en faveur du tour de table ; cela permettrait d'assurer un droit de parole égal à tous.

Type d'argument :   I   II |III| IV

INTERVENANT B

Compte tenu du nombre de personnes qu'on est, je m'oppose au tour de table parce que je crains que ça prenne trop de temps. Je ne suis pas sûr que tous aient un désir égal de s'exprimer là-dessus.

Type d'argument :   I   II   III |IV|

INTERVENANT C

J'ai peur de ne pas pouvoir réagir librement avec le tour de table.

Type d'argument :   I   II   III |IV|

INTERVENANT D

Le tour de table est une méthode éprouvée en travail de groupe, tu sais.

Type d'argument : |I| II   III   IV

INTERVENANT E

Les groupes aussi nombreux que le nôtre ont généralement besoin d'une procédure.

Type d'argument :   I |II| III   IV

---

1. Rappelons que les arguments de type I sont de l'ordre de la contrainte sociale aveugle, ceux de type II de l'ordre du «vrai universel», ceux de type III de l'ordre du «bien universel» et ceux de type IV de l'ordre de la contrainte situationnelle.

INTERVENANT F

Demory prône la participation spontanée dans son livre sur l'animation.

Type d'argument: | I | II   III   IV

INTERVENANT G

Je suis en faveur du tour de table parce que c'est avec cette procédure-là que c'est le plus facile de suivre les échanges.

Type d'argument: I | II | III   IV

INTERVENANT H

Je suis en faveur du tour de table parce que c'est avec cette procédure-là que je peux le plus facilement suivre les échanges.

Type d'argument: I   II   III | IV |

(...)

ANIMATEUR

Venons-en à l'objet de notre rencontre: le *party* aura-t-il lieu *avec alcool* ou *sans alcool*?

INTERVENANT J

Je suis contre le *party* avec alcool. Des enfants de cet âge-là ne souhaitent même pas avoir un *party* avec alcool, voyons!

Type d'argument: I | II | III   IV

INTERVENANT K

Je suis contre aussi. Les enfants de cet âge-là ne savent pas encore assez se contrôler. Faut éviter de les mettre dans des situations qui les dépassent et qui pourraient leur faire faire des choses qu'ils regretteraient par la suite.

Type d'argument: I | II | | III | IV

INTERVENANT L

C'est justement: l'«École» constitue l'environnement par excellence pour des jeunes dans des circonstances comme celles-là.

Type d'argument: I | II | III   IV

INTERVENANT M

Moi aussi je suis en faveur du *party* avec alcool. C'est important de leur témoigner de la confiance.

Type d'argument: I   II | III | IV

INTERVENANT N

Moi, si les parents sont d'accord, je le suis aussi; j'aimerais ça être du *party* avec eux dans ces circonstances-là. Il me semble que ça va nous rapprocher, eux et moi!

Type d'argument: I   II   III   IV

INTERVENANT O

Un peu d'innovation dans l'école, ça serait bien. Le renouveau pédagogique, il ne suffit pas d'en parler! Faut profiter des occasions qui se présentent pour le faire.

Type d'argument: I   II   III   IV

INTERVENANT P

Moi en tous les cas, je suis contre et vous ne me ferez pas changer d'idée, peu importe ce que vous en direz. Ça n'a pas de bon sens!

Type d'argument: I   II   III   IV

INTERVENANT Q

Moi aussi, je suis contre, mais pour la simple raison qu'il va nous falloir un permis d'alcool et qu'on ne peut pas l'obtenir pour des jeunes de cet âge-là.

Type d'argument: I   II   III   IV

7

Groupes restreints et apprentissage existentiel
Les divers visages de la méthode de laboratoire

Aline FORTIN

Il y a quelque temps, alors que je feuilletais des parutions récentes en psychologie sociale, le hasard mit entre mes mains un manuel américain de niveau collégial comme il en existe tant. Une section entière (composée de quelques chapitres) y était consacrée au *laboratoire* et traitait de thèmes aussi divers que le groupe de formation, les alcooliques anonymes, le *Marriage Encounter*, les communes... Cela en dit long sur la situation actuelle d'une méthode qui a exercé une influence considérable sur la psychologie sociale appliquée et sur les conceptions et les pratiques sociales en général. Le succès considérable de sa diffusion s'est soldé, pourrait-on dire, par une perte de ce qui constituait son identité propre.

Au départ, le laboratoire était une méthode de formation dont la pédagogie innovatrice s'inspirait directement du prototype à partir duquel il s'était développé, le groupe de formation (*T-Group*). À preuve, le titre de la première édition de l'ouvrage classique sur le sujet (Bradford *et al.*, 1964) : *T-Group Theory and Laboratory Method: Innovation in Reeducation.* L'enthousiasme et le prosélytisme des praticiens de cette méthode ont contribué à la transformer en un mouvement social véritable, aux objectifs sociaux et scientifiques ambitieux (ce que ne nient pas ses concepteurs[1]). Le laboratoire allait, d'une part, transformer la société par un renouvellement culturel profond et, d'autre part, opérer

---

1. Voir K. D. BENNE *et al.* (1975), chapitre 4.

une véritable révolution en sciences sociales, où une collaboration nouvelle entre chercheurs, praticiens et victimes des problèmes sociaux susciterait une multitude de recherches pertinentes pour l'action sociale et une application systématique et rapide des connaissances acquises en sciences humaines.

Qu'est-ce donc que la méthode de laboratoire? Pour répondre à cette question, il faut se reporter à la fin des années 60. La conception qu'on en avait alors, qui constitue l'objet de ce texte, ne rend forcément pas compte de toutes ses ramifications présentes. Par contre, elle permet de cerner ce qui a fait l'originalité propre de cette approche pédagogique, dans sa forme la plus typique, et de mieux saisir son évolution ultérieure et son influence.

À cette époque en effet, la formation en laboratoire avait atteint sa maturité et aussi, en quelque sorte, son apogée. Elle avait connu une vaste diffusion: aux États-Unis mêmes et dans plusieurs pays occidentaux où des institutions d'enseignement et des organismes de tous genres offraient de telles sessions. Parallèlement, son champ d'application s'était considérablement élargi: aux groupes d'apprentissage essentiellement hétérogènes des débuts s'étaient ajoutés des groupes homogènes au plan professionnel: par exemple des éducateurs, des travailleurs communautaires, des hommes d'affaires...; aux laboratoires de relations humaines, des sessions de formation aux objectifs plus précis, comme la gestion du conflit, le travail en équipe... Finalement, des orientations, ou devrait-on dire des spécialisations? commençaient à se dessiner: la croissance personnelle (*personal growth*), le développement organisationnel et communautaire. Par contre, on n'avait pas encore atteint ce stade où la popularité de la formation en laboratoire allait servir de caution morale à une vaste gamme d'activités en groupe, à des fins thérapeutiques ou d'apprentissage supposément. En effet, l'expansion qui s'est produite durant les années 70 tenait plus de l'explosion où, souvent, le caractère non conventionnel, ésotérique, sinon socialement inacceptable, de certaines démarches de groupe semblait suffire à garantir leur effet bénéfique pour l'individu et la société. Certes, certains de ces développements se sont avérés valables et durables, mais la notion de laboratoire y a perdu de sa clarté antérieure.

Jusque-là, le laboratoire s'appuyait sur une conception bien articulée: c'était d'abord et avant tout une pédagogie dont les objectifs et la méthodologie mettaient l'accent sur l'expérience bien comprise et bien assimilée, comme source d'apprentissage, et sur le petit groupe, comme lieu privilégié d'une telle démarche. L'apprentissage existentiel et l'utilisation de groupes restreints sont les deux caractéristiques du laboratoire qui ont subsisté. Ce sont aussi celles qui ont exercé le plus d'influence sur les développements ultérieurs de cette méthode et, probablement aussi, sur nombre d'autres pratiques sociales.

Les objectifs sociaux et scientifiques, quoique toujours présents dans la description de la méthode, étaient, pour l'essentiel, des espoirs qui ne se sont pas réalisés, du moins directement. Au plan social, en dépit d'efforts répétés, on s'est heurté constamment à l'épineux problème du transfert, aux situations réelles, de l'apprentissage fait en laboratoire. Dans l'entreprise, la communauté, la formation ne s'est pas avérée la voie royale du changement. C'est dans la mesure où les praticiens du changement planifié, du développement communautaire et du développement des organisations se sont tournés vers des modèles et des stratégies plus complexes qu'ils ont pu atteindre leurs objectifs de modification sociale. — Une exception importante vaut d'être mentionnée, la consolidation d'équipes (*Team building*). — Il faut souligner aussi que l'une des «spécialisations» auxquelles le laboratoire s'est prêté, la croissance personnelle, a, pratiquement, mis en veilleuse les objectifs sociaux initiaux, pour se consacrer en priorité au mieux-être de l'individu. Finalement, après une vingtaine d'années d'utilisation, la «culture» du groupe de formation était bien connue, sinon passée dans les mœurs, et n'avait plus l'effet de choc de ses débuts. En fait, elle faisait même piètre figure, comme culture de remplacement, à côté des changements sociaux profonds que réclamaient divers groupes et des modèles contre-culturels qui étaient proposés.

La révolution scientifique non plus n'a pas eu lieu. Au lieu de liens nouveaux entre chercheurs, praticiens et personnes aux prises avec des problèmes sociaux, on a plutôt assisté à la naissance d'une nouvelle catégorie de praticiens, experts en processus et non en contenu. Il ne fait aucun doute qu'ils ont apporté et continuent d'apporter une contribution valable à la solution des problèmes des individus, des organisations et des collectivités. Si certains de ces praticiens sont aussi des chercheurs qui ont réalisé une certaine continuité entre les deux facettes de leur vie professionnelle, il serait exagéré de prétendre que le laboratoire a provoqué une application systématique et rapide des découvertes des sciences humaines et sociales ou a accru considérablement les intérêts des chercheurs pour les problèmes sociaux de l'heure. (En psychologie sociale, ce sont encore les événements dramatiques qui accaparent l'imagination populaire, qui ont le plus de chances de déclencher de nouveaux courants de recherche axés sur un problème social concret.)

Le texte qui suit présente donc la méthode de laboratoire dans sa forme traditionnelle la plus typique, telle qu'on la concevait et la pratiquait à la fin des années 60, comme une innovation pédagogique. Après un bref historique de ses origines, qui servira à illustrer son originalité, seront discutées les caractéristiques principales du processus d'apprentissage qu'elle cherchait à instaurer. Une dernière partie décrira le rôle du personnel responsable d'un laboratoire, rôle qui allait devenir le modèle à partir duquel s'est défini un nouveau type de professionnel en sciences humaines.

Une innovation pédagogique

À quelques exceptions près, la société occidentale a fondé ses systèmes d'éducation (surtout en ce qui touche l'éducation dite supérieure) sur deux valeurs fondamentales : la rationalité et l'autorité de l'expert en tant que dépositaire du savoir accumulé par l'humanité. Harrison et Hopkins (1967) décrivent très bien cette conception de la pédagogie qui trouve son contenu dans les travaux des «autorités en la matière», qui tente d'inculquer aux étudiants les méthodes de travail jugées correctes, en même temps qu'une extrême méfiance à l'endroit du sentiment, de l'impression et un véritable culte des faits et de la logique. L'étudiant apprend à devenir objectif, c'est-à-dire à considérer tout problème au niveau intellectuel et à manier le langage verbal qui y correspond. Le résultat de cette démarche est évalué par ces mêmes experts qui l'ont dirigée, à partir de la qualité de la production intellectuelle de l'étudiant.

Nombreux sont ceux qui ont eu l'intuition qu'une telle conception de l'éducation s'avérait à tout le moins limitée, sinon fautive. Durant la Seconde Guerre mondiale, Lewin s'était rendu compte que la connaissance comme telle, c'est-à-dire la possession du savoir, ne suffisait pas à modifier le comportement d'un individu. Par un heureux hasard, cette constatation allait provoquer le développement d'une nouvelle approche pédagogique connue sous le vocable *formation en laboratoire*. Ce dernier, en tant que formule d'enseignement, est utilisé depuis longtemps (avec le cours magistral et le séminaire) pour la transmission et le développement des sciences dites exactes. Le comportement humain n'a eu que très récemment droit de cité dans cet univers, et les sciences du comportement, pour mériter ce titre, se sont modelées d'emblée sur la tradition universitaire. Le laboratoire, qu'elles ont ainsi adopté comme technique d'enseignement (celui que connaissent bien les étudiants en psychologie, par exemple), diffère fondamentalement de la formation en laboratoire dont il est question ici, par sa philosophie et ses objectifs pédagogiques. La formation en laboratoire vise non pas la transmission de méthodes de recherche éprouvées ou la compréhension de lois dûment établies par des chercheurs, mais bien la découverte, par chacun, de notions utilisables dans sa vie quotidienne. Partant, au lieu d'encourager la répétition et l'atteinte de principes universels, elle favorise l'innovation et l'expérimentation dans la quête de cette vérité particulière qui permet à tout homme de faire face aux événements qui s'inscrivent dans une histoire essentiellement particulière : la sienne.

Le développement concret de cette approche pédagogique mérite d'être esquissé, car il permettra d'en mieux cerner l'originalité.

Origine

Les études de Lewin sur la modification des habitudes alimentaires des ménagères américaines (entreprises à cause des problèmes dus au rationnement) avaient souligné le rôle important que peuvent jouer les liens interpersonnels dans le comportement humain. Instruites, par une équipe de spécialistes, des propriétés nutritives de certains aliments aisément disponibles et qu'elles n'avaient pas coutume d'utiliser, les Américaines ne les incluaient pas pour autant au menu familial : la connaissance ne suffisait donc pas ! Par ailleurs, celles à qui on avait, après leur avoir fourni l'information nécessaire, donné l'occasion d'en discuter entre elles pour en arriver à une décision collective sur l'opportunité de servir de tels mets à leur famille, ont effectivement donné suite à cette décision dans une forte proportion. Une certaine *loyauté* à l'endroit de ce groupe de discussion — facteur non intellectuel — *formé de pairs* — donc probablement dénué d'« autorité », au sens traditionnel du terme — semblait donc être le facteur crucial assurant, à cette entreprise éducative, une influence réelle sur le comportement des « éduquées ».

Cette découverte fut très rapidement appliquée à une autre tentative de formation dont l'objectif ultime se situait au niveau de l'action. Il s'agissait, cette fois, d'amener des personnes qui, grâce à leur position dans certaines institutions ou organisations, disposaient de l'influence nécessaire, à travailler à l'élimination de la discrimination raciale dans l'emploi. On leur offrit donc une session de trois semaines dont le programme s'éloignait des traditions d'enseignement d'alors. Au lieu d'assister à la série habituelle d'exposés présentés par des experts, les participants, divisés en petits groupes, discutaient de divers problèmes interethniques et des moyens qui pouvaient être appliqués à leur solution. Les responsables de la session jouaient un rôle d'animateurs à l'intérieur des petits groupes.

À cette expérience de formation était couplé un projet de recherche : à l'équipe de praticiens s'était donc jointe une équipe de chercheurs qui assistaient, à titre d'observateurs silencieux, aux discussions pour y recueillir des données sur le fonctionnement des groupes restreints. Les deux équipes se rencontraient tous les soirs pour mettre leurs constatations en commun et quelques participants, ayant eu vent de cette réunion, demandèrent la permission d'y assister, permission qui leur fut accordée. Bientôt tous les participants, non seulement y assistèrent, mais prirent une part active dans la discussion. L'évaluation de la session démontra que ces réunions, donc les observations du personnel sur le comportement des participants et les échanges qui s'ensuivaient, avaient constitué le facteur crucial d'apprentissage.

L'utilisation systématique de cette découverte dans la construction du programme de sessions ultérieures — Benne (1964) donne un compte rendu détaillé de ce cheminement — a donné naissance quelques années plus tard à une nouvelle technique d'enseignement, le groupe de formation (groupe de base, *T-Group* ou *sensitivity training group*) et à une nouvelle conception de l'apprentissage, cristallisée dans la notion de *participant-observateur*.

Le groupe de formation est une méthode d'apprentissage bien spécialisée qu'il ne nous appartient pas de traiter ici[2]. Son développement a cependant donné naissance à une approche pédagogique originale, *la formation en laboratoire*, dont la philosophie de base s'appuie sur la certitude que chacun peut apprendre en agissant, c'est-à-dire tirer de sa propre expérience les enseignements dont il a besoin.

Caractéristiques de la formation en laboratoire

La famille, la classe, le cercle d'amis, voilà autant de groupes auxquels tout être humain a participé activement. De plus, sa vie lui offre de multiples occasions de contact avec les autres : il dispose donc d'une vaste *expérience* sociale. Comment expliquer alors que l'humanité en général, et chacun en particulier, aient une connaissance si embryonnaire de ce que sont les relations humaines, et si peu de maîtrise du déroulement des phénomènes sociaux. L'expérience ne sert pas parce que, le plus souvent, l'individu qui participe, par exemple, à la solution d'un problème en comité ne prête qu'une attention distraite à ce qui se passe au sein de ce comité. Il s'intéresse au travail à faire et non à la façon dont le groupe le fait. Il en retirera une certaine connaissance de la réalité extérieure qui fait l'objet des discussions. Il n'apprendra rien sur la réalité sociale que constitue cet ensemble de personnes dont il fait partie.

Cet énoncé mériterait quelques nuances, mais il permet de supposer que l'homme serait compétent face aux réalités interhumaines, s'il se donnait autant de peine à les scruter et à les analyser qu'il le fait pour d'autres éléments de sa vie. L'*expérience sociale* d'un individu lui servira dans la mesure où, tout en s'engageant activement dans ses échanges avec ses semblables, il saura prendre le recul nécessaire pour observer et tenter de comprendre ce qui s'y produit ; dans la mesure où il sera à la fois *participant et observateur*. La formation en laboratoire part de ce postulat de base et vise essentiellement à créer des situations où ce double rôle puisse être vécu et appris.

Cet objectif a permis de formuler certains principes pédagogiques qui lui donnent son identité propre. Celle-ci n'est cependant pas monolithique et nous

---

2. Le chapitre suivant, « Le groupe de formation : légende et science », par A. Fortin, y est consacré.

verrons comment la réinterprétation de ces exigences premières a donné naissance, par la suite, à des courants différents.

L'analyse du processus

Dans tout groupe et à tout moment, on peut discerner deux niveaux de réalité. Le groupe a toujours une raison d'être, si vague soit-elle: son activité se veut subordonnée à cet objectif et c'est habituellement cet aspect qui retient l'attention. On notera les progrès réalisés dans l'accomplissement de ce but, les obstacles rencontrés, les mécanismes de travail adoptés; la participation des membres sera évaluée en fonction de leur contribution au progrès de la cause commune.

La tâche (définie de façon aussi large) constitue un aspect important de la vie de tout groupe. Elle fournit aux échanges la plus grande part de leur *contenu*: il est donc facile de se laisser fasciner par ce dernier et d'oublier que, parallèlement, les êtres humains en présence se rencontrent à travers une série de transactions interpersonnelles aux colorations émotives variées. Le groupe accomplit sa tâche à travers une démarche, un *processus* qui lui est propre. En travaillant ensemble, les membres établissent aussi des relations entre eux, dont la manifestation la plus aisément reconnue constitue ce que l'on appelle le «climat» du groupe. En d'autres termes, chacun développe une image des autres qu'il vérifie ou modifie constamment, ainsi que des sentiments divers à leur endroit. Cette image et ces sentiments ont une influence subtile sur son comportement: à son insu le plus souvent, ils agissent comme filtre pour les propos des autres et déterminent, tout autant que des éléments d'ordre purement rationnels, la nature de sa propre contribution.

Parce que cette infrastructure socioaffective n'apparaît que rarement dans le contenu explicite des échanges et se manifeste surtout dans la façon dont la communication s'établit, elle échappe habituellement au groupe qui n'a, en conséquence, à peu près aucune maîtrise de ce secteur important de réalités qui constituent sa vie. *L'observation et l'analyse du processus* constituent donc un des premiers outils d'apprentissage utilisés dans un laboratoire de formation. Les participants sont invités à se dégager du contenu des échanges ou des problèmes reliés à l'accomplissement de la tâche, pour se pencher sur la démarche qui est la leur. Il y a, dans le fonctionnement de tout groupe un peu stable, des régularités qui frappent l'observateur averti: par exemple, chaque fois que X intervient, c'est Y qui lui répond; les suggestions de l'un des membres ne sont jamais discutées; les pauses ou la levée sont toujours proposées par la même personne ou encore à la suite des mêmes événements; en l'absence de certains, aucun travail ne s'accomplit; une différence d'opinion suscite automatiquement cinq minutes de blagues... Souvent trop captivés par la tâche à accomplir, les membres ne s'arrêtent pas à ces phénomènes et, parfois même, ne les remarquent pas. Les diverses techniques utilisées dans un laboratoire de formation visent à en faire justement de ses membres des observateurs avertis, capables d'évaluer leur propre démarche et de la réajuster lorsque c'est nécessaire.

L'analyse du processus constitue un ingrédient essentiel de la formation en laboratoire, utilisé en quantité variable selon les objectifs poursuivis. Ainsi, dans certains exercices centrés sur l'acquisition d'habiletés particulières (*skill exercises*), le groupe accomplira d'abord une tâche donnée, pour ensuite consacrer du temps à l'examen de son fonctionnement durant l'exécution de l'activité proposée. Dans le groupe de formation, par contre, aucune période n'est spécifiquement réservée à l'analyse du processus, puisque l'essence même de cette technique consiste à engager le groupe dans une démarche continue de réflexion sur lui-même.

Il importe de souligner que la capacité d'observer le processus au sein d'un groupe doit elle-même être l'objet d'un apprentissage qui ne va pas de soi, car il tente de briser un cercle vicieux. Tant qu'une personne n'est pas convaincue de l'influence du réseau informel sur la vie officielle d'un groupe, elle n'a pas d'intérêt à s'y arrêter. Or, pour comprendre l'importance de ce qui peut sembler un magma de détails insignifiants, il faut l'avoir vu de ses propres yeux, analysé et compris pour son propre compte.

Scruter et décortiquer sa propre démarche constitue toujours une tâche difficile pour un groupe (même lorsque ses membres disposent tous d'habiletés en ce domaine), car cette démarche, tel un iceberg, présente une partie visible sans commune mesure avec celle qui est submergée. Pour que certains événements prennent leur sens réel, il est nécessaire de recueillir nombre d'informations détenues par chacun de ses membres. Or, ceux-ci ne sont pas toujours conscients de leurs réactions intérieures ou encore peuvent hésiter à les révéler par crainte du ridicule, du rejet ou par souci de délicatesse envers les autres.

Dans un laboratoire de formation, énormément d'énergie sera donc consacrée à l'établissement d'un *climat de confiance*, en tant que condition essentielle à l'apprentissage : ce n'est que lorsque les risques liés à une certaine ouverture ou à une certaine candeur face aux autres seront minimisés que l'analyse du processus sera possible et surtout qu'elle permettra aux participants d'acquérir une nouvelle vision des relations humaines, susceptible de leur être utile, une fois l'expérience terminée.

Le vécu ici et maintenant

Une personne dûment entraînée à l'observation d'un groupe peut, avec beaucoup de justesse, décrire la structure de ses réseaux de communication et d'influence, les normes qui régissent le comportement de ses membres, les conflits qui les opposent, les problèmes qu'ils cherchent à éviter... Pour que de telles constatations soient formatrices, il faut qu'elles soient reliées à l'expérience du groupe telle qu'elle est vécue intérieurement par chacun des participants. Sinon elles seront rejetées, parce que considérées comme des interprétations gratuites ou injustes, ou elles feront figure d'explications brillantes dont le contenu séduira l'intelligence sans modifier pour autant la réalité.

Pour qu'il y ait apprentissage, il importe donc que chacun prenne conscience des phénomènes auxquels il participe, de l'intérieur de lui-même. Dans un laboratoire, le participant sera donc encouragé à observer les événements auxquels il est mêlé (analyse du processus) non pas avec l'œil froid et neutre qui caractérise le chercheur, mais en faisant constamment appel à sa propre subjectivité. On a même mis au point des techniques particulières pour aider les participants à devenir pleinement conscients de ce qu'ils éprouvent dans le moment présent[3].

Il a été amplement démontré par la psychologie contemporaine que la signification toute subjective que chacun attribue aux autres, à lui-même et aux événements qui le concernent, a une influence profonde sur sa façon d'agir (Gendlin, 1964). Il n'en était pas ainsi vers les années 40, et la formation en laboratoire a trouvé son identité première dans une adhésion à la règle stricte de l'*ici et maintenant*. Dans les premiers groupes de formation, tout intérêt au *there and then* était considéré comme non pertinent et la vie extérieure ne retrouvait droit de cité que dans les dernières heures d'un laboratoire, lorsque des exercices particuliers (appelés *back home applications*) étaient mis sur pied pour assurer le transfert de la formation reçue.

Deux motifs principaux sous-tendaient un respect strict de ce principe. Tout d'abord, il visait à éviter les généralisations hâtives du type «c'est un phénomène-tout-à-fait-naturel-qui-se-rencontre-dans-tous-les-groupes», dont l'effet net est de déclarer inutile toute recherche d'explication et, par conséquent, d'empêcher tout apprentissage. Ensuite, il faisait contrepoids à une tendance psychanalysante assez répandue, selon laquelle toute explication du comportement humain doit être retracée dans le passé lointain de l'individu et tout effort de transformation de ce comportement doit, pour réussir, s'effectuer par le biais de ce retour à ses sources profondes. Face au déterminisme freudien, les promoteurs de la formation en laboratoire (comme d'ailleurs d'autres praticiens de l'éducation, de la formation et de la psychothérapie) appuyaient leur action sur le postulat que tout homme est capable de modifier ses attitudes et son comportement dans la mesure où il est conscient des sentiments et des réactions qu'il éprouve *immédiatement, dans une situation donnée*.

---

3. Pour une théorie plus complète des conditions et des habiletés nécessaires pour que l'analyse du processus constitue un apprentissage, voir J. R. GIBB (1964) et C. ARGYRIS (1962).

L'accent placé sur l'expérience vécue ici et maintenant, comme élément essentiel à l'apprentissage, caractérise encore la formation en laboratoire, mais le principe rigoureux des débuts a fait place à des réinterprétations plus nuancées. Parce que l'objectif d'une sensibilisation générale aux phénomènes de groupe et aux relations humaines s'est différencié, les participants n'ont plus dû mettre leur expérience antérieure entre parenthèses, durant un laboratoire.

Cette transformation s'est effectuée, d'une part, lorsque l'industrie a adopté ce type de formation pour le développement de son personnel (en particulier, de ses cadres) et de l'organisation elle-même. Pour l'entreprise qui investit dans un programme de perfectionnement de sa main-d'œuvre, le transfert de la situation d'apprentissage à la situation de travail a une importance capitale : le laboratoire est alors devenu un lieu privilégié où le participant peut vérifier la valeur réelle des principes intuitifs qui le guident quotidiennement dans ses relations avec autrui. L'analyse des interactions qui ont cours durant la session demeure le thème central, mais le participant est constamment invité à la relier à son expérience extérieure pour découvrir, évaluer et modifier, au besoin, ses attitudes habituelles au travail. En dépit de cet effort pour intégrer les résultats de la formation à la vie réelle de l'organisation, l'expérience s'est avérée quelque peu décevante et a mené à la conclusion (Winn, 1966) que les effets escomptés seraient d'autant plus marqués que tous les membres d'un même groupe fonctionnel bénéficieraient simultanément et conjointement du même perfectionnement. Dans le *groupe de famille* (nom donné au laboratoire où des personnes, dont les liens au niveau du travail sont étroits, se retrouvent dans un même groupe), la notion d'*ici et maintenant* perd très nettement son sens classique : le laboratoire devient un moment de la vie du groupe, où celui-ci peut, en quelque sorte, se regarder fonctionner au ralenti et sous le microscope. L'analyse du présent ne peut se dissocier de celle du passé auquel il est nécessairement très relié et provoque fréquemment des réajustements pour l'avenir. C'est en adoptant comme objectif explicite l'amélioration des relations futures que le groupe de famille a donné naissance aux sessions de consolidation d'équipe (*Team Building*).

La formation en laboratoire s'est aussi considérablement développée dans une direction tout à fait différente, où il a fallu réviser la conception de l'*ici et maintenant*. Il s'agit du courant connu sous le nom de *croissance personnelle* (*personal growth*) (Roussin-Tessier *et al.*, 1972), dont l'objectif est, non pas une sensibilisation générale aux phénomènes de groupe ou une préparation plus directe à l'exercice de rôles sociaux, mais l'épanouissement de l'individu dans toutes les dimensions de sa personnalité. Fortement influencé par les théories phénoménologiques, ce courant postule que l'accès le plus immédiat et le plus complet possible à toutes les facettes de ce qu'il éprouve (y compris les réminiscences du passé), dans toutes les situations de sa vie, est la condition fondamentale pour que l'individu développe toutes ses capacités et parvienne à un épanouissement complet. L'expérience vécue, ici et maintenant, est donc centrale dans un laboratoire axé sur la croissance personnelle, mais le retour au passé n'est pas exclu et peut être encouragé ou provoqué, dans l'intention de débarrasser le participant de la gangue de réactions et de perceptions anachroniques qui l'emprisonne dans une réalisation étriquée de lui-même.

Le feed-back

La communication interpersonnelle se transmet à travers une série de filtres : filtre entre ce que l'on voudrait dire et ce que l'on dit, filtre entre ce que l'on dit et ce que l'interlocuteur entend, filtre enfin, entre ce que ce dernier entend et ce qu'il comprend. Un mécanisme de vérification et de correction est donc nécessaire pour aboutir au partage d'une même signification. Les théoriciens de la communication ont emprunté au génie le terme de *feed-back*, pour le désigner : dans son acception d'origine, il signifie tout mécanisme par lequel un appareil donné recueille l'information qui lui sert à corriger son fonctionnement (un thermostat est un mécanisme de *feed-back* qui enregistre la température ambiante et remet la chaudière en marche, lorsque la température s'abaisse au-dessous du point désiré).

Les spécialistes de la formation en laboratoire considèrent le *feed-back* comme un outil essentiel d'apprentissage. Tout d'abord, il permet aux participants de vraiment toucher du doigt l'intensité des distorsions qui affectent leurs échanges avec autrui. Ensuite, l'analyse du processus et de l'expérience vécue immédiatement par chacun est formatrice à la condition d'être vraiment comprise par les autres.

Enfin, et c'est sans doute là la raison majeure de l'utilisation du *feed-back*, l'être humain est rarement pleinement conscient de l'impression qu'il produit chez les autres. Se voir à travers leurs yeux lui permet, d'une part, de connaître les effets réels de sa conduite sur eux et, d'autre part, de mieux se connaître, car certaines dimensions de sa personne ou de sa vie intérieure sont parfois plus accessibles à autrui qu'à lui-même. Souvent, une personne se méprend sur les réactions véritables qu'elle provoque — qui se croyait apprécié pour sa serviabilité découvre que ses offres d'aide répétées finissent par importuner ! — ou encore s'explique mal celles qu'elle soupçonne vaguement — « Pourquoi me reproche-t-on de parler trop ? tout ce que je dis me paraît sensé. » Elle gagne à en connaître la nature véritable, car elle a alors en main des éléments lui permettant d'effectuer des choix dans ses rapports avec autrui : elle peut modifier l'image qu'elle projette en modifiant son comportement, en l'explicitant, ou continuer d'agir comme avant, tout en étant pleinement consciente des conséquences possibles. Le même principe vaut en ce qui concerne les points aveugles (la poutre dans son œil) : plus une personne a une connaissance complète et nuancée d'elle-même, plus elle a de liberté face à sa propre conduite : il faut se rendre compte que l'on est fâché, pour choisir d'exprimer ou non sa colère.

L'utilisation du *feed-back* est une des caractéristiques les plus connues de la formation en laboratoire, caractéristique qui lui a valu la réputation de servir essentiellement de défoulement. Dire à quelqu'un ce que l'on pense de lui peut certes être l'équivalent civilisé et éminemment acceptable («On est ici pour ça, n'est-ce pas?») de la gifle ou du coup de poing, et entraîne conséquemment une réaction de défense. Rogers et Kinget (1965) ont décrit l'attitude d'esprit envers l'interlocuteur essentielle pour que l'échange soit une source de compréhension mutuelle et de développement pour chacun des partenaires.

Même lorsqu'il ne constitue pas une manifestation voilée d'hostilité, le *feed-back* n'en est pas pour autant utile, soit qu'il soit en quelque sorte mal formulé, soit encore qu'il constitue une menace pour celui qui le reçoit. Dans un laboratoire de formation, on ne se borne donc pas à encourager les participants à échanger leurs impressions les uns des autres : un temps considérable (et parfois des activités particulières) est consacré à apprendre à donner du *feed-back* utilisable et à tirer profit du *feed-back* reçu. Un texte publié par le *National Training Laboratories* (NTL) dans Golembiewski et Blumberg (1970) résume les conditions requises pour en faire un échange profitable.

L'attention aux éléments affectifs

L'analyse du processus tente de mettre en lumière cette vie propre au groupe, qui passe souvent inaperçue parce qu'elle se manifeste peu, dans le contenu verbal des échanges. Ce n'est pas par hasard que ce dernier monopolise notre attention : notre éducation et le milieu ambiant nous ont appris à être rationnels, à attacher de l'importance aux idées et à nous méfier des sentiments. L'affectivité, la subjectivité sont tout au plus considérées comme un mal nécessaire auquel l'adulte raisonnable devrait se soustraire dans la mesure du possible.

La formation en laboratoire, contrairement à ce que l'on croit parfois, ne cherche pas à renverser simplement cette situation. Elle n'érige pas la subjectivité en dogme et ne bannit pas l'intelligence de la conduite des affaires humaines. Elle veut plutôt redonner aux éléments affectifs la place qu'ils y occupent véritablement.

Il s'agit, d'abord, de reconnaître que tout comportement procède de motifs qui ne sont pas que rationnels. La vulgarisation de certaines données psychologiques fait qu'en général, les gens admettent sans difficulté ce principe, sans pour autant être capables de détecter concrètement l'effet des sentiments dans leurs actions ou dans celles d'autrui. La formation en laboratoire essaie de développer cette sensibilité aux éléments affectifs et, pour ce faire, remet en question les valeurs attachées d'emblée à la plupart d'entre eux. En effet, si un individu refuse de reconnaître le sentiment qu'il éprouve, c'est que, souvent, il le considère comme répréhensible, ne se rendant pas compte que c'est sa traduction en action et non sa simple existence qui peut soulever des problèmes éthiques ou moraux.

La reconnaissance, même exacte et nuancée, du rôle inévitable de l'affectivité dans le comportement humain ne suffit pas : il importe (et c'est là l'objectif ultime de la formation en laboratoire) de la replacer au rang des facteurs qui méritent considération dans la planification et l'organisation de l'activité humaine. Les éléments émotifs doivent être inclus au même titre que les faits, dits tangibles, dans la description de la situation qui fait l'objet de projets ou de décisions. Il est parfaitement inutile de s'arrêter à expliquer et à prévoir les réticences à un changement en préparation, par exemple, pour ensuite se limiter à espérer que les gens concernés feront preuve de compréhension et de bonne volonté : l'élaboration d'une stratégie de changement doit tenir compte tout autant des obstacles techniques que des obstacles psychologiques que l'innovation peut rencontrer.

La formation en laboratoire ne vise donc pas uniquement à amener l'individu à connaître et à *parler* de ses sentiments ou de ceux des autres. Elle cherche à lui inculquer les habiletés requises pour y répondre adéquatement. La priorité accordée aux éléments affectifs ne constitue pas un rejet de la raison, mais plutôt un effort pour intégrer, dans le champ d'exercice de l'intelligence, un aspect capital de la vie humaine.

Apprendre à apprendre

Parmi les différents moyens qui sont mis à la disposition de l'homme pour améliorer sa vie, certains n'ont que des objectifs très immédiats. Ce sont toutes ces techniques de *dépannage* qui visent à régler au plus tôt le problème éprouvé. Le client est rapidement soulagé, ce qui s'avère une nécessité absolue dans certains cas, mais, le plus souvent, il devra recourir à nouveau au dépannage, s'il rencontre une difficulté analogue.

À l'opposé, dans la formation en laboratoire, la capacité de fonctionner adéquatement et de façon autonome prévaut sur la résolution immédiate d'une situation insatisfaisante. De façon extrême, l'on pourrait affirmer que les découvertes et les changements effectués durant un laboratoire sont secondaires : équiper les participants de mécanismes qui leur permettent leur vie durant d'apprendre, par eux-mêmes, à partir de leur propre expérience, tel en est l'objectif primordial.

Le développement des diverses habiletés nécessaires à l'apprentissage expérientiel est donc un objectif important de la formation en laboratoire. Si l'analyse du processus ne visait qu'à expliciter les phénomènes qui se déroulent au sein d'un groupe de participants, il serait beaucoup plus approprié de la faire effectuer par un expert. Son explication serait sans doute plus juste que celle que peuvent en élaborer les participants. Mais ceux-ci n'auraient pas alors à faire appel à leurs propres capacités d'observation et d'analyse. Face à une autre situation interpersonnelle, seraient-ils mieux équipés pour la comprendre ? Tout au plus pourraient-ils y appliquer le raisonnement brillant qui avait valu la première fois. Mais, dans ce domaine, l'imitation est extrêmement dangereuse.

C'est pourquoi la méthode de laboratoire évite le plus souvent la démonstration brillante, l'exemple parfait qui invite à la copie, aussi bien en ce qui concerne les éléments affectifs, le *feed-back* et l'expérience vécue immédiate, qu'à propos de l'analyse du processus. Ce n'est pas tant l'acquisition immédiate d'une nouvelle compréhension des phénomènes sociaux qui compte, que l'adoption d'une attitude ou d'une méthode de recherche qui permette, quotidiennement, de les cerner avec succès.

Armé d'un tel mécanisme de travail, le participant n'aura pas à retourner auprès de ses professeurs de quelques jours ou de quelques semaines chaque fois qu'il fera face à une difficulté, une situation ou un phénomène nouveaux. L'acquisition de cette indépendance a cependant son prix : l'attitude du personnel responsable du laboratoire, qui peut sembler relativement indifférent aux difficultés dans lesquelles se débattent les participants, crée chez eux un certain désarroi, quand ce n'est pas une impression de sadisme voulu. Tout laboratoire comporte des périodes pénibles de recherche, de tâtonnements, d'essais et d'erreurs : les participants découvrent, en effet, que leurs habitudes, leurs réactions usuelles sont inadéquates, parfois même nuisibles. Cette constatation est souvent un choc douloureux nécessaire pour susciter l'expérimentation et l'apprentissage.

L'îlot culturel

Apprendre implique donc, tout d'abord, de renoncer à un « naturel *x* » (c'est ce que Lewin appelait *unfreezing*) pour le remplacer par un « naturel *y* » (*refreezing*). Afin de faciliter cette démarche, le laboratoire doit devenir une sorte d'*îlot culturel* dont les résidents puissent développer des coutumes et des valeurs différentes de celles qui prévalent sur le « continent ».

En effet, la société dans laquelle nous vivons exerce le plus souvent des pressions, fortes mais subtiles, pour que nous maintenions ces habitudes qu'elle nous a aidés à développer. Même si nos proches ne semblent parfois que tolérer avec bienveillance certains de nos travers, ils font, à leur insu, tout ce qui est nécessaire pour que nous les conservions[4].

---

4. E. BERNE a bien illustré ces mécanismes dans *Games People Play,* New York, Grove Press, 1964.

Pour qu'il soit un lieu d'apprentissage, le laboratoire doit donc permettre la formation d'une microsociété temporaire dont la culture diffère au moins partiellement de celle de la macrosociété d'origine des participants. Ainsi, ces derniers peuvent non seulement se départir plus facilement de conduites acquises depuis longtemps, mais aussi jouir de l'appui sympathique d'un milieu nouveau dans leur expérimentation et leur recherche de comportements plus adéquats.

L'îlot culturel n'est pas qu'une image, mais doit, dans la mesure du possible, s'incarner dans un lieu géographique séparé du milieu familier. La majorité des laboratoires se tiennent dans un endroit relativement isolé et éloigné de la résidence habituelle des participants. Ils doivent alors loger sur place, ce qui offre le double avantage de les couper de leurs préoccupations quotidiennes (on ne les dérangera qu'en cas d'urgence) et de les amener à former un groupe relativement clos puisqu'ils partagent leurs moments de loisirs comme leurs moments de travail. Ces conditions sont donc tout particulièrement propices à l'éclosion d'une petite communauté qui peut développer, à l'abri des «étrangers», ses propres normes en fonction des besoins de ses membres et des objectifs d'apprentissage du laboratoire.

Il n'est évidemment pas toujours possible de tenir une session de formation dans de telles conditions : compte tenu des circonstances, on tentera de donner à l'îlot culturel le plus de réalité concrète possible en favorisant au maximum l'isolement des participants de leur milieu habituel.

Le rôle du personnel responsable

De ce qui précède, il ressort clairement que le personnel qui dirige un laboratoire ne peut adopter le rôle classique du professeur qui expose la matière à apprendre, dicte les travaux à faire et vérifie si les connaissances et les habiletés à acquérir ont été correctement assimilées.

Il est par ailleurs difficile de présenter, en un exposé simple et bref, la variété des rôles et des formes d'intervention possibles. Qui plus est, la formation en laboratoire est utilisée pour l'acquisition de contenus de plus en plus variés qui ont commandé l'élaboration de techniques d'apprentissage diversifiées. L'expérience accumulée a conduit à une meilleure compréhension de la dynamique de l'apprentissage et à l'élaboration de conceptions pédagogiques qui, tout en conservant les caractéristiques mentionnées plus haut, ont mis l'accent sur des aspects différents de la démarche d'éducation.

La diversité des objectifs poursuivis, des techniques disponibles et des fondements théoriques a tout naturellement conduit les praticiens de la formation à mettre au point des styles d'exercice de leur profession qui peuvent varier considérablement de l'un à l'autre. En dépit de ces différences, le responsable d'un laboratoire remplit toujours trois fonctions principales : c'est dans leur façon de s'en acquitter qu'apparaissent des variations.

La fonction d'organisation

La première tâche que rencontre le spécialiste de la formation en laboratoire consiste à traduire en une démarche concrète, adaptée aux objectifs de formation qu'il poursuit et de la clientèle qu'il vise, un ensemble de postulats, de principes et de connaissances dont il dispose. Il s'agit d'établir le programme de la session, une activité qui comprend des décisions de tous les ordres, des conditions matérielles (comme le nombre de participants, l'endroit, la durée, l'horaire) jusqu'au contenu des activités.

Le spécialiste de la formation en laboratoire se considère responsable de l'élaboration d'un programme de session qui ait une valeur pédagogique réelle. Afin de s'acquitter de cette responsabilité, il doit, tout d'abord, clarifier le contrat qui le lie à sa clientèle. Toujours nécessaire, cette démarche s'avère particulièrement cruciale lorsque le laboratoire s'insère dans une opération de changement où la clientèle est multiple : comme dans le cas d'un agent de formation engagé par un agent de changement ou un commanditaire, autre que le groupe auquel il offrira ses services. Les attentes et les exigences de ces divers interlocuteurs peuvent être fort différentes. Se refusant à n'être qu'un vendeur de cours, il voudra connaître précisément les objectifs poursuivis, pour s'assurer que la formation demandée en facilitera l'atteinte et répondra aux besoins de la clientèle visée. Il rencontrera les diverses personnes ou les groupes concernés pour connaître leurs attentes et clarifier le rôle exact qu'il est prêt à assumer, les conditions nécessaires à l'efficacité de son travail, les résultats qui peuvent en découler tout autant que les effets qu'il ne peut avoir et les risques qu'il comporte.

La première étape du travail d'organisation consiste donc à évaluer les besoins de la clientèle, laquelle ne se limite pas toujours (comme c'est le cas lorsque le laboratoire est offert au public en général par un organisme spécialisé) aux personnes qui recevront la formation. Clarifier et concilier les désirs des divers sous-groupes qui composent la clientèle peut constituer en soi une tâche considérable. Elle est cependant nécessaire, car sans adhésion à des objectifs clairs et réalistes, qui permettront d'établir le contenu et les modalités de la formation, les connaissances et les habiletés acquises risquent fort de ne jamais servir. Donner à des employés qui ne voient aucune raison de travailler étroitement avec leurs collègues une formation au travail d'équipe constitue un geste, en quelque sorte gratuit, qui aura peu d'effet sur la vie de l'entreprise.

Une fois délimités les objectifs de la formation, il est nécessaire d'établir le programme d'un laboratoire ou d'une série de laboratoires qui conduiront aux acquisitions désirées. En tant que spécialiste de la formation, le praticien aura toujours une influence prépondérante à cet égard, mais il peut choisir de l'exercer de façon très variée.

Le programme d'un laboratoire peut varier considérablement en ce qui concerne le degré de la structuration donnée par le personnel responsable. À un extrême, on trouve des sessions, appelées parfois *instrumentées*, où l'on utilise une série bien articulée d'exercices dont toutes les phases sont très clairement définies et où le rôle du personnel, en cours de session, se limite à distribuer, au moment opportun, les consignes et les instruments requis, et à demeurer disponible pour aider, sur demande, un groupe ou un participant. À l'autre extrême, on retrouve des laboratoires où le personnel remet au groupe de participants la responsabilité d'établir le programme et la teneur de ses activités, jusque dans les moindres détails[5]. Entre ces deux extrêmes, apparaît évidemment toute la gamme des variations que peut prendre l'activité structurante du personnel.

Il importe de saisir que, quelle que soit l'option faite par le praticien, il n'en demeure pas moins l'*organisateur* du laboratoire. En d'autres termes, se refuser à structurer le programme d'une session ne signifie pas pour autant abandonner la fonction d'organisateur. Une telle décision procède habituellement d'un ensemble complexe de principes concernant l'apprentissage en général et les objectifs à atteindre, et, aussi étrange que cela puisse paraître, la préparation d'une telle session peut demander autant de temps que l'élaboration d'un programme dit « instrumenté ». L'influence du personnel demeure toujours importante en tant qu'organisateur : à preuve, il résistera aux pressions, souvent violentes, que suscite inévitablement un laboratoire non structuré et cédera rarement aux demandes des participants qui voudraient qu'on leur indique quoi faire.

La fonction de clarification

Comme la formation en laboratoire vise l'apprentissage par la compréhension de l'expérience vécue, un des rôles essentiels du personnel d'un laboratoire consiste à aider les participants à élucider la nature des événements qui s'y déroulent. Cette démarche suppose l'observation et l'analyse des faits, des sentiments, de même que l'élaboration d'un langage qui rende ces constatations et ces explications communicables, et de concepts qui puissent s'appliquer à d'autres phénomènes passés ou futurs.

Ce rôle essentiel de clarification peut encore être rempli de façon très variée. Le praticien présent durant toutes les activités de la session pourra intervenir chaque fois que cela lui paraîtra opportun, sans autre plan préétabli,

---

5. L'expérience rapportée par J. B. Harvey, B. I. Oshry et G. Watson (1970) en constitue un bon exemple.

pour faire part soit de ses observations, soit de son interprétation des événements, ou pour inviter les participants à en faire autant. Il pourra présenter un concept ou susciter une discussion théorique lorsque cela lui paraîtra approprié.

L'apport du personnel responsable d'un laboratoire au niveau de la clarification peut être beaucoup plus défini et structuré. Par exemple, il peut ne s'exercer qu'à certaines périodes consacrées spécifiquement à l'évaluation. Des exercices particuliers peuvent être inclus dans le programme pour amener les participants à développer leurs capacités d'observation, d'analyse ou de conceptualisation, comme des périodes systématiques d'observation, des exposés ou des discussions théoriques.

Finalement, le personnel peut mettre à la disposition des participants divers instruments de clarification : c'est ainsi que cette fonction est remplie dans les laboratoires dits « instrumentés ». Les participants recevront des guides d'observation pour les activités du groupe, des questionnaires pour les aider à exprimer leurs constatations, des consignes pour les analyser ensemble, des textes théoriques dont ils devront évaluer la pertinence pour expliquer ce qu'ils ont vécu.

La fonction d'aide

Un laboratoire suppose une série d'activités que les participants devront effectuer (même lorsqu'ils ont à décider du contenu de leur programme, on peut encore parler d'activités à effectuer), activités choisies en fonction de l'apprentissage dont elles peuvent être la source. Parallèlement doit se dérouler une démarche de réflexion qui transforme l'apprentissage potentiel en apprentissage réel. Cette démarche peut cependant achopper à des difficultés qui lui sont inhérentes et à des obstacles particuliers que chacun des participants peut y rencontrer. Le personnel ne peut donc se borner à des fonctions d'organisation et de clarification ; il doit de plus fournir aux participants les moyens d'éliminer les barrières qui les empêchent de profiter pleinement de l'expérience en cours. C'est ce que nous appelons la fonction d'*aide*.

« Aide » fait spontanément appel à « encouragement », « soutien », « conseils » et « assistance », en un mot à une attitude d'attention bienveillante qui s'exprime de façon variée, ainsi qu'à des gestes concrets qui se veulent une contribution à la solution du problème d'autrui. Dans un laboratoire, la fonction d'aide comporte aussi ces deux facettes.

Tout d'abord, dans l'îlot culturel, le personnel doit encourager l'apparition d'un climat qui favorise l'apprentissage. Il s'agit non seulement d'un climat de solidarité et de soutien qui minimise les risques liés à la recherche de nouvelles vérités, mais aussi d'un milieu stimulant qui ébranle les certitudes acquises, engendre des interrogations et suscite des réponses originales. L'équilibre idéal entre sécurité et changement est difficile à obtenir et il semble bien qu'en général, les spécialistes de la formation ne fassent pas une part égale à ces deux dimensions (Lieberman, 1972) : certains auront recours à la *confrontation*, qui remet en cause le comportement des participants et leurs attitudes, invitant les autres à en faire autant, alors que d'autres adopteront une attitude d'*empathie*, se montrant attentifs, chaleureux et compréhensifs et favorisant l'émergence, dans le laboratoire, de normes de sympathie et de liberté.

En plus de favoriser, par son attitude et ses interventions, le développement d'une culture propice à une démarche éducative, le praticien fait aussi appel à ses habiletés et à ses connaissances professionnelles pour suggérer aux participants des moyens de surmonter les difficultés qu'ils rencontrent. Ces suggestions peuvent être de divers ordres (par exemple, évaluer ce qui vient de se passer, utiliser telle procédure de travail, prendre cinq minutes de silence, imaginer ce qui se passerait si...). Tantôt, elles découlent directement de la situation présente (par exemple, se diviser en sous-groupes à partir de tel critère qui s'est avéré avoir beaucoup d'influence dans l'évolution du groupe), tantôt, d'une technologie spécialisée (par exemple, faire un exercice non verbal, utiliser un jeu de rôle).

La fonction d'aide peut aussi s'exercer de façon indirecte, par l'intermédiaire d'instruments. Ainsi, des exercices variés peuvent être proposés aux participants pour les amener à bâtir un climat propice à l'apprentissage, à développer des comportements adéquats pour répondre à des demandes d'autrui... Il est par ailleurs évident qu'aucune panoplie d'instruments ne peut fournir toute l'assistance requise. C'est pourquoi, dans les laboratoires strictement « instrumentés », une structure est habituellement mise en place pour répondre aux besoins particuliers qui surgiront en cours de session. Par exemple, du personnel sera disponible pour aider, sur demande, un participant ou un groupe, ou encore un praticien suivra constamment le déroulement de la session par l'intermédiaire d'un comité de représentants des participants avec qui il discutera régulièrement des résultats obtenus et des difficultés rencontrées.

Le rôle et la personne

Lorsque le groupe de participants devient une société réelle possédant une raison d'être — l'apprentissage — et une organisation qui lui permet de le réaliser, la personne responsable devient un membre de cette société. C'est à l'intérieur de cette société qu'elle est appelée à remplir ses fonctions professionnelles, et la façon dont elle s'en acquitte devient sujette à adaptation, négociation, voire même contestation.

Qui plus est, elle ne pourra plus se limiter au strict exercice d'un rôle bien défini : c'est à titre de *personne, assumant des responsabilités particulières*, qu'elle deviendra un membre de la communauté qui se forme et qui ne peut se former sans lui octroyer une place en son sein.

Le comportement du praticien dans l'exercice de son métier dérive donc d'un ensemble complexe de principes qui contraste avec l'image de l'« expert » que lui plaquent le plus souvent ceux qui font affaire avec lui. Celle-ci est à tout le moins indifférenciée, quand elle ne comporte pas certaines connotations magiques de toute-puissance : l'agent de formation a, croit-on, les réponses à toutes les questions, les trucs pour résoudre tous les problèmes et possède cette science infaillible qui permet de transformer la pensée et la conduite des gens, même à leur insu.

Ces divergences de perception engendrent des imbroglios qui doivent être dissipés pour que le laboratoire s'avère véritablement éducatif. Par exemple, les participants doivent apprendre que, lorsque leur animateur les interroge sur leur sentiment d'échec ou de réussite face à l'une des activités, il les invite habituellement à analyser et à préciser leurs critères d'efficacité — qu'il remplit donc sa fonction de clarification — et non à évaluer le mécanisme d'apprentissage qu'ils viennent d'utiliser — donc qu'il n'agit pas en tant qu'organisateur soucieux d'établir la valeur de la technique qu'il a choisie.

Les participants d'un laboratoire doivent donc parvenir à discerner les différentes fonctions remplies par le personnel responsable, non seulement en général ou en théorie, mais au fur et à mesure qu'elles s'exercent, et savoir aussi les distinguer de réactions strictement personnelles. Non pas que ces dernières constituent un « mal nécessaire » que les participants se doivent d'accepter par compréhension ou humanisme ! Il importe, en fonction même des objectifs d'apprentissage, de donner aux interventions de l'agent de formation leur portée véritable : un geste d'impatience de sa part n'est pas nécessairement un jugement négatif sur ce qui se passe, une conclusion qui découle facilement du mythe de l'expert-qui-a-tout-vu, tout-entendu-et-que-rien-ne-peut-surprendre-ou-ébranler.

De la même façon, les participants doivent apprendre à utiliser à bon escient les ressources que le personnel met à leur disposition, c'est-à-dire à faire appel à lui tantôt au niveau de l'aide, tantôt au niveau de la clarification, selon ce qui s'avère le plus approprié. Le plus souvent, les premières impressions des participants face à l'expérience qu'ils vivent sont vagues et, en conséquence, les demandes qu'ils adressent aux responsables du laboratoire sont indifférenciées. Pour que la formation puisse s'ajuster constamment à leurs besoins, il est nécessaire qu'ils clarifient, et pour eux-mêmes et avec le personnel responsable, de quelle façon ce dernier peut leur être le plus utile aux divers moments de la démarche d'apprentissage.

Ces quelques considérations sur la clarification des rôles du praticien de laboratoire valent tout autant lorsqu'il est au service d'un commanditaire (agent de changement, organisation ou autre). Pour la satisfaction respective des parties concernées, il faut établir à l'avance, à tout le moins dans ses grandes lignes, comment le responsable s'acquittera de ses diverses fonctions : par exemple, s'en tiendra-t-il à un programme ou un horaire préétabli ? quels sont les thèmes ou les problèmes qu'il tentera d'explorer ? ceux auxquels il ne touchera pas ? quelle forme d'aide offrira-t-il aux participants avant, pendant ou après la session ?

Lorsqu'un laboratoire fait partie d'une opération plus vaste (l'implantation d'un changement, le développement d'une organisation, par exemple), le partage, avec les promoteurs, des fonctions nécessaires à la réalisation des objectifs d'apprentissage s'avère souvent utile : par exemple, ils s'occuperont d'inviter ou de choisir les participants du laboratoire, de mettre sur pied, dans le milieu même, des mécanismes d'intégration (*follow-up*) facilitant l'utilisation de la formation acquise. Quelle que soit la division des tâches entre promoteurs et agent de formation, elle doit faire l'objet d'une entente claire, comprise et acceptée des deux parties.

Conclusion

Dans cet article, nous avons laissé intentionnellement de côté la description des techniques utilisées dans un laboratoire. Cette méthode de formation a été appliquée à des contenus extrêmement variés et les techniques, les exercices de tous genres se sont multipliés pour répondre à des besoins de plus en plus variés.

Dans la première version de cet article publiée en 1972, nous concluions :

> Le succès d'un laboratoire, c'est-à-dire l'atteinte des objectifs qu'il vise, ne dépend à peu près plus de la solution des problèmes technologiques [...]. La formation en laboratoire est [...] parvenue à ce point critique où sa valeur réelle pour l'amélioration de la vie humaine ne dépendra plus de l'invention d'exercices ou de techniques ingénieuses, mais bien de l'identification de la nature à la fois des problèmes à résoudre et du processus pédagogique qui caractérise la formation en laboratoire. Seule l'identification des variations qui affectent ces deux inconnues et de leur relation permettra de résoudre l'équation qui définit le progrès individuel et social[6].

Ce commentaire nous paraît toujours d'actualité. Dans le cadre de groupes restreints, une multitude d'expérimentations sont maintenant proposées aux participants, à titre de formation personnelle ou pour améliorer le

---

6. A. FORTIN (1973). «La formation en laboratoire : une approche pédagogique», dans R. TESSIER et Y. TELLIER (sous la direction de), *Changement planifié et développement des organisations : théorie et pratique*, Paris et Montréal, EPI s.a. Éditeur et Les Éditions de l'IFG, p. 380.

fonctionnement ou le climat de l'organisation. L'escalade d'une montagne, les expériences traumatiques (comme le saut en parachute) réalisées en groupe, constituent-elles un *laboratoire*, au sens où ses concepteurs l'entendaient ? ou encore une application originale et valable de la pédagogie qu'ils proposaient ? Pour répondre à de telles questions, il faut revenir aux objectifs et à la conception même de l'apprentissage et à leur relation avec le progrès individuel et social.

Références bibliographiques

ARGYRIS, C. (1962). *Interpersonal Competence and Organizational Effectiveness,* Homewood, Ill., Irwin-Dorsey.

BENNE, K. D. (1964). « History of the T-Group in the Laboratory Setting », dans L. P. BRADFORD, J. R. GIBB et K. D. BENNE (sous la direction de), *T-Group Theory and Laboratory Method*, New-York, Wiley, pp. 80-135.

BENNE, K. D., BRADFORD, L. P., GIBB, J. R. et LIPPITT, R. (1975). *The Laboratory Method of Changing and Learning,* Palo Alto, Cal., Science and Behavior Books.

GENDLIN, E. T. (1964). *Une théorie du changement de la personnalité*, Montréal, Centre Interdisciplinaire de Montréal.

GIBB, J. R. (1964). « Climate for Trust Formation », dans L. P. BRADFORD, J. R. GIBB et K. D. BENNE (sous la direction de), *T-Group Theory and Laboratory Method*, New York, Wiley, pp. 279-309.

GOLEMBIEWSKI, R. T. et BLUMBERG, A. (sous la direction de) (1970). *Sensitivity Training and the Laboratory Approach*, Itasca, Ill., Peacock.

HARRISON, R. et HOPKINS, R. L. (1967). « The Design of Cross-Cultural Training : An Alternative to the University Model », *Journal of Applied Behavioral Science*, vol. 3, pp. 431-460.

HARVEY, J. B., OSHRY, B. I. et WATSON, G. (1970). « A Design for Laboratory Exploring Issues of Organization », *Journal of Applied Behavioral Science*, vol. 6, pp. 401-412.

LIEBERMAN, M. A. (1972). « Behavior and Impact of Leaders », dans L. N. SOLOMON et B. BERZON (sous la direction de), *New Perspectives on Encounter Groups*, San Francisco, Jossey-Bass, pp. 135-170.

ROGERS, C. et KINGET, M. G. (1965). *Psychothérapie et relations humaines*, Louvain, Presses universitaires de Louvain, vol. 1.

ROUSSIN-TESSIER, M., LARIVEY, M. et ROYER, D. (1972). *Groupe et croissance personnelle*, Montréal, Les Éditions de l'IFG.

WINN, A. (1966). « Social Change in Industry : from Insight to Implementation », *Journal of Applied Behavioral Science,* vol. 2, pp. 170-184.

8

Interventions visant les individus
Les processus de base et leurs conséquences dans diverses situations*

Robert T. GOLEMBIEWSKI

Dans le présent chapitre, l'accent porte sur deux processus de base de l'approche de laboratoire. De plus, ce chapitre passe en revue l'impact de ces processus dans une variété de formes d'apprentissage.

Rétroaction et transparence de soi dans l'approche de laboratoire : deux processus centraux dans toutes les formes d'apprentissage

Ce chapitre débute en insistant sur deux processus centraux dans l'approche de laboratoire, la rétroaction et la transparence de soi. Les conclusions générales sont les mêmes, que la rétroaction et la transparence soient provoquées dans un groupe de formation ou dans quelque autre moyen de l'approche de laboratoire. Dans l'approche de laboratoire, tout phénomène, à quelque niveau d'organisation que ce soit, a ses sources immédiates dans la rétroaction et la transparence fournies par les individus en interaction. D'où la nature critique des deux processus et les profondes conséquences de leurs propriétés, des valeurs et des lignes de conduite qui les sous-tendent. En bref, le groupe de formation est le

---

* Ce texte a d'abord paru sous le titre « Interventions Aimed at Individuals : Common Processes and their Consequences in Various Designs », dans R. T. GOLEMBIEWSKI et A. BLUMBERG (1972). *Renewing Organization*, Itasca, Ill., F. E. Peacock Publishers. La traduction est de Claude Lagadec.

principal moyen qui sert de matrice à l'apprentissage, et qui fournit le plus clair tableau du pouvoir de la rétroaction et de la transparence. Et ce pouvoir, à son tour, favorise les tentatives de susciter ces processus dans d'autres types de rencontres que les groupes de formation. Le présent chapitre cherche à suivre ces deux pistes.

La rétroaction et la transparence de soi peuvent être distinguées sommairement. La première est l'information — verbale et non verbale — que nous donnons à l'autre sur l'apparence qu'il présente à nos yeux, ou sur notre réaction face à lui; la transparence de soi est ce que nous révélons de nous-même à l'autre. On ne peut pas dire que les deux phénomènes soient de nature distincte. Normalement, en vérité, chaque rétroaction dit ou laisse entendre à l'Autre quelque chose sur le Soi émetteur, et par là elle est entremêlée de divulgation sur soi-même. De même, la transparence de soi implique souvent une rétroaction du Soi à l'Autre, quand ce ne serait que : « Je crois pouvoir vous confier cette information. » L'idée générale ici est dépeinte à la figure 1.

FIGURE 1
Chevauchement de la rétroaction et de la transparence

De plus, les deux développements sont aussi subtilement reliés d'une autre façon : l'un déclenche habituellement l'autre. La discussion de l'un, alors, implique l'analyse de l'autre.

Pour amener une rétroaction plus utile : quelques propriétés et lignes de conduite

À la base, l'approche de laboratoire cherche à fournir un large éventail de formes d'apprentissage qui maximisent les possibilités d'une rétroaction efficace. Dans les termes de l'analogie cybernétique d'origine, la rétroaction (*feedback*) peut être considérée comme l'information portant sur l'efficacité d'adaptation à son environnement d'un appareil de traitement de données. Ainsi, la chaudière d'une maison est reliée à un détecteur thermique, pour que l'appareil de chauffage fournisse approximativement la chaleur désirée. Si cette liaison rétroactive est mal ajustée, la chaudière produira à son tour des réponses mal adaptées. Les individus et les organisations peuvent de même s'attendre à des réponses mal adaptées, lorsque leurs rétroactions sont inadéquates. Les enjeux sont élevés, et même incroyablement élevés. La rétroaction est cruciale, pour l'émetteur aussi bien que pour le récepteur :

La rétroaction, donc, est une forme de relation d'aide; c'est un mécanisme correcteur à l'usage de l'individu qui veut savoir dans quelle mesure son comportement coïncide avec ses intentions; et c'est un moyen d'établir sa propre identité — pour répondre à la question: Qui suis-je?[1]

Cette description fait écho à un thème, devenu vénérable dans les sciences du comportement, qui est l'influence déterminante de l'information fournie à l'acteur sur l'adéquation de ses réponses. Plus la rétroaction est précise et faite au bon moment, meilleur est le rendement[2]. Le raisonnement habituel n'est pas compliqué. L'individu qui agit a comme premier objectif d'être compétent et de produire exactement l'effet qu'il veut produire. Aussi, un individu est porté à s'adapter, lorsqu'il apprend que son comportement n'est pas perçu conformément à l'idée centrale qu'il a de lui-même, ou lorsqu'il apprend que ses réponses à quelques stimuli sont inefficaces ou mal adaptées[3]. En fait, il n'est pas exagéré de dire que nous avons tous profondément besoin d'une telle information pour demeurer sains d'esprit et humains.

La viabilité d'une liaison rétroactive dépend de la nature de l'intrant, et de son évolution ou *throughput* dans le jargon de la théorie des systèmes. Quand nous considérons la rétroaction comme un intrant, les humains et les grandes organisations apparaissent semblables en ceci que leur faculté d'adaptation n'est pas plus grande que l'à-propos de leur rétroaction et son aptitude à refléter ce qui se passe. De là, l'importance décisive des séries d'interactions qui vont se détériorant progressivement, et leurs effets pernicieux qui se renforcent mutuellement. C'est dire qu'un motif *existentiel* de se méfier de A engendrera souvent une *réaction anticipatrice*, indiquant que A n'est pas fiable. En conséquence de quoi B devient probablement moins ouvert, la méfiance envers A s'en trouve renforcée, et le système se recycle à un nouvel état encore plus dégradé. Le rôle crucial de la rétroaction est le plus évident dans le groupe de formation, ou dans un petit groupe non structuré qui constitue la formule d'apprentissage de base de l'approche de laboratoire. « Qu'avez-vous pensé de moi lorsque j'ai fait cela ? » peut être le signe émis par le membre A qu'il désire recevoir une rétroaction. Et les autres membres du groupe peuvent réagir, en portant témoignage sur des matériaux dont ils ont le monopole, et qui sont leurs propres réactions, sentiments

---

1. NTL INSTITUTE FOR APPLIED BEHAVIORAL SCIENCE (1971). « Feedback and the Helping Relationship », dans Robert T. GOLEMBIEWSKI et Arthur BLUMBERG (sous la direction de), *Sensitivity Training and the Laboratory Approach*, Itasca, Ill., F. E. Peacock Publishers, p. 73.

2. James N. MOSEL (1958). « How to Feed Back Performance Results to Trainees », *Training Directors Journal*, vol. 12, février, pp. 37-47. R. Jack WEBER (1971). « Effects of Videotape Feedback on Task Group Behavior », *Proceedings*, congrès annuel, American Psychological Association, vol. 6, pp. 499-500.

3. Kenneth J. GERGEN (1969). « Self Theory and the Process of Self-Observation », *Journal of Nervous and Mental Disease*, vol. 148, n° 4, novembre, pp. 224-237.

et attitudes. Les résultats nets sont extrêmement simples. Les participants voient à quel point il est difficile, mais réconfortant, de se risquer à partager leurs idées et leurs sentiments ; ils se rendent compte à quel point ils se limitent eux-mêmes et limitent les autres en n'étant pas ouverts ; ils font la démonstration de l'importance primordiale, pour les autres, de leurs idées, de leurs sentiments et de leurs réactions ; et ils acquièrent compétence et perspicacité à donner et à recevoir des rétroactions, de même qu'à renverser les systèmes d'interaction en voie de dégradation.

La rétroaction est aussi utilement interprétée dans son évolution. Car l'adaptation mutuelle des humains, ou des organisations, *n'est pas meilleure* que la rétroaction qu'ils reçoivent n'est opportune et adéquate ; cependant, elle peut être *pire*. C'est-à-dire que, comme tous les servomécanismes, les hommes appartenant à des organisations doivent être préréglés de façon adéquate, pour produire aussi bien que pour accueillir la rétroaction. Comme dans le cas de la chaudière, l'idéal n'est pas la rétroaction quelconque produite d'une manière quelconque. Comment la rétroaction est faite, comment on lui répond — le style de son évolution — est manifestement d'une grande importance. Pour les besoins immédiats de la discussion, nous ne considérerons que deux formes d'évolution : 1) quelques caractéristiques de la rétroaction constructive (*helpful feed-back*) et 2) quelques repères pour donner et traiter la rétroaction constructive.

Quelques caractéristiques de la rétroaction constructive

Détailler les caractéristiques de la rétroaction constructive — la sorte d'évolution souhaitée dans l'approche de laboratoire — constitue un problème-artichaut, c'est un épluchage de couches successives de significations. Nous distinguerons six de ces couches ici, et pourtant cette série sera davantage suggestive qu'exhaustive. Une vaste documentation de recherche existe[4] et plusieurs modèles d'incitations variées à la rétroaction sont disponibles[5]. Nous signalons ici les points centraux prédominants dans cette recherche et dans cette pratique, tels qu'ils nous apparaissent.

La rétroaction renforce la compétence interpersonnelle mutuelle. Au niveau le plus général, tout d'abord, la rétroaction constructive a au minimum les caractéristiques citées ci-dessous, énoncées dans la perspective du Soi émetteur. Dans la rétroaction constructive : le Soi décrit le *comportement récent* de

---

4. Leland P. BRADFORD, Jack R. GIBB et Kenneth D. BENNE (sous la direction de) (1964). *T-Group Theory and Laboratory Method*, New York, John Wiley & Sons, particulièrement les pages 130-131, 156-159, 429-433.

5. Par exemple, Gail E. MYERS *et al.* (1969). «Effect of Feedback on Interpersonal Sensitivity in Laboratory Training Groups», *Journal of Applied Behavioral Science*, vol. 5, avril, pp. 175-185.

l'Autre et son *impact sur le Soi*, et en même temps le message du Soi reconnaît le *droit de l'Autre de changer* (ou de ne pas changer), aussi bien que la *possibilité* que les perceptions et les réactions du Soi ne soient que les *siennes propres*.

La description de la rétroaction constructive peut s'orienter selon un autre point de vue. La rétroaction qui aidera, à la fois, le Soi et l'Autre à améliorer leur compétence interpersonnelle mutuelle, aura les principales qualités suivantes[6] :

– L'information échangée subit une distorsion minimale, ce qui requiert qu'à la fois le Soi et l'Autre aient un niveau relativement élevé de conscience de soi et d'acceptation de soi.

– L'information est relativement cohérente et non contradictoire ; en conséquence, elle ne pose pas (par exemple) de problèmes d'ambiguïté ou d'exigences opposées.

– L'information est directement vérifiable par le Soi et par l'autre, ce qui veut dire qu'elle ne doit être ni interprétative ni fondée sur des catégories inférées.

– L'information est descriptive et le moins évaluative possible, c'est-à-dire qu'elle évite les qualificatifs comme « bon » ou « mauvais », etc.

– L'information contribue à la résolution effective de problèmes, « effective » voulant dire que la solution n'engendre pas elle-même d'autres problèmes d'ampleur égale ou plus grande, et que la solution renforce ou au moins maintient la viabilité des processus de résolution de problème.

Chacune de ces qualités est, en fait, aussi un artichaut.

La rétroaction facilite l'autonomie. Deuxièmement, la plus grande qualité peut-être de la rétroaction constructive est qu'elle facilite l'autonomie, augmente les chances que l'apprentissage s'accompagne de sentiments de réussite psychologique. En général, la notion suggère que la direction et la dépendance sont minimisées au cours de l'apprentissage, et que la collaboration et l'aide sont maximisées. À mesure que celui qui apprend devient plus à l'aise dans son autonomie, il comprend mieux les raisons de l'apprentissage et ainsi devient plus apte à entrer en pleine possession des conséquences de cette expérience, ou, ce qui revient à la même chose, il est porté à se sentir maître de ce qu'il a appris et confiant de pouvoir le transférer à d'autres situations. Cette impulsion vers l'autonomie personnelle par le truchement de la communauté est patente dans la vision qu'a Leland Bradford du caractère central de la rétroaction. « Chaque individu, dit-il, a besoin d'une information exacte sur la différence

---

6. Chris ARGYRIS (1968). « Conditions for Competence Acquisition and Therapy », *Journal of Applied Behavioral Science*, vol. 4, mars, pp. 147-177.

qui peut exister entre ce qu'il essaie de faire et ce qu'il fait vraiment. Il a besoin de mettre à profit cette information pour corriger ou changer ses actions. *Car alors, fondamentalement, il se gouverne lui-même*[7] ».

Les modèles basés sur l'approche de laboratoire veulent maximiser la réussite psychologique, afin de faciliter l'autonomie de celui qui apprend. Chris Argyris[8] insiste particulièrement sur ce point, et pousse sans relâche cette insistance jusqu'à ses conséquences logiques. Il souhaite vivement que toutes les formules d'apprentissage de laboratoire offrent aux participants de fréquentes occasions :

– de définir leurs propres buts de formation ;

– de développer leurs propres approches de la réalisation de ces buts ;

– de rattacher ces buts et ces approches aux besoins centraux des participants.

– de choisir un niveau d'aspiration qui soit pour eux un défi, au-delà de leurs habiletés actuelles, mais en deçà de leur point de rupture.

La notion sous-jacente est celle d'une personne orientée vers sa propre croissance, à la recherche d'un enrichissement de soi et d'une aide pour mieux se débrouiller dans la vie. Dans le vocabulaire d'Argyris, ce modèle de personne n'est pas aux abois ni écrasé par ses handicaps.

La rétroaction recherche un niveau particulier. Par suite, une troisième caractéristique de la relation utile dans l'approche de laboratoire est sa recherche d'une piste particulière, ou niveau. D'une façon globale, l'accent porte sur les processus conscients ou préconscients, comme la chose est explicite dans l'insistance mise plus haut sur l'information directement vérifiable par le Soi et par l'Autre. La rétroaction orientée vers l'émergence des processus qu'on appelle inconscients n'est pas un but intentionnel de l'approche de laboratoire. C'est tout le contraire, en fait, car les processus inconscients sont souvent abordés par le truchement d'une autre sorte d'information, une information reposant sur des catégories obtenues par voie déductive, et dont la valeur ne s'exprime que dans les termes de quelque cadre théorique ou conceptuel[9]. Comparons deux réactions théoriques à une longue description, richement évocatrice, d'images où l'on est ballotté dans les ténèbres sur des eaux agitées, d'un sentiment de couler sous l'unique regard de rochers impassibles, et ainsi de suite. L'exploration de cette imagerie à la recherche de matériel inconscient

---

7. Leland P. BRADFORD (1952). « A Fundamental of Education », *Adult Education*, vol. 6, avril, p. 85. L'italique est de R. T. Golembiewski.
8. Chris ARGYRIS (1968). *Op. cit.*, pp. 153-154.
9. Alvan R. FEINSTEIN (1967). *Clinical Judgment*, Baltimore, Maryland, Williams & Wilkins Co.

suivrait une piste. Ainsi, on demanderait à l'auteur de la description de fermer les yeux, d'évoquer à nouveau son sentiment de noyade et d'accorder une attention particulière à ces « rochers ». Quels sentiments évoquent-ils pour lui ? Éprouve-t-il à leur vue quelque chose de familier ? L'orientation des questions est assez claire. Elles tentent d'explorer les racines ontologiques d'une interprétation particulière d'images reflétant un sentiment d'être en dehors de l'humanité et qui, peut-être, suggèrent l'abîme où le rejet, plus tôt dans la vie, par une personne exigeante a précipité le sujet. À l'opposé tout à fait, une réaction ici et maintenant appropriée pourrait être : « Vous me jetez dans la confusion en utilisant toute cette imagerie complexe. Je me débats avec des significations. Vous m'aideriez en n'abordant qu'un thème à la fois, le reliant à vos sentiments et réactions actuels. Peut-être alors pourrais-je davantage vous aider. »

Les deux formes d'information rendent la compréhension possible, mais les situations d'apprentissage impliquées sont très différentes. Par exemple, Leonard Horwitz remarque que « les groupes de thérapie et les groupes de formation adoptent deux méthodes différentes d'accès à la compréhension : le groupe de formation dépend davantage des rétroactions personnelles des pairs, alors que le groupe de thérapie compte en grande partie sur l'interprétation que le thérapeute donne du transfert[10]. » C'est-à-dire qu'au niveau de la formule du groupe de formation, le besoin d'information immédiatement vérifiable « encourage l'observation des pairs sous forme d'évaluations mutuelles dans lesquelles chaque membre a la possibilité d'entendre l'accord d'opinions se faisant sur son rôle dans le groupe[11] ». Au contraire, la confiance en une information inférée à partir d'un schème conceptuel implique le rôle exceptionnel de la personne la plus experte dans ce schème conceptuel, c'est-à-dire le thérapeute. « Bien que diverses sortes de distorsions, de projections et de manipulations se fassent jour dans le comportement des membres les uns par rapport aux autres », Horwitz remarque, à propos de l'orientation de base qui est commune aux approches de la psychothérapie de groupe, que « le thérapeute met ces données de comportement au service de la tension générale dont il est l'objet[12] ». En résumé, le mécanisme essentiel de la psychothérapie de groupe est l'interprétation du transfert concernant le thérapeute ; dans l'approche de laboratoire, le mécanisme prédominant est la rétroaction des pairs. Cette distinction n'est certes pas absolue, mais elle est utile.

---

10. Leonard HORWITZ (1971). « Transference in Training Groups and Therapy Groups », dans R. T. GOLEMBIEWSKI et A. BLUMBERG (sous la direction de), *op. cit.*, p. 188. Publication originale dans *The International Journal of Group Psychotherapy*, vol. 14, 1964, pp. 202-213.
11. *Id. ibid.*, p. 189.
12. *Id. ibid.*, p. 188.

La rétroaction a un certain nombre d'avantages dans ces situations particulières qui sont grosses de compréhension, qui sont brèves et dont le but est de rendre les personnes plus conscientes de l'effet qu'elles produisent sur les autres. Horwitz cite trois de ces avantages. La rétroaction s'étendra probablement à un éventail de comportements plus large que le « noyau des conflits du groupe », privilégié dans la psychothérapie de groupe, et le centre d'intérêt ne sera certainement pas fixé sur les idiosyncrasies des relations individuelles à la figure d'autorité. De plus, la rétroaction met à profit la plus grande pression sociale implicite dans son approche de la compréhension. On doit se méfier des boucs émissaires que le groupe se découvre. Mais une opinion dominante, ou unanime, venant des membres du groupe, peut rendre un individu singulièrement conscient d'aspects de lui-même dont les autres lui ont déjà parlé, et qu'il était auparavant relativement libre d'ignorer en considérant ces observations comme faites plus ou moins au hasard ou même hostiles, si elles étaient logiques. Finalement, et ceci est crucial, l'insistance donnée à l'information immédiatement vérifiable permet aux participants d'échapper à la profonde régression que le thérapeute cherche à provoquer pour faire émerger les conflits inconscients qui entravent le fonctionnement. Dans les termes de Horwitz : « Le moniteur [dans l'approche de laboratoire] se contente de travailler à des niveaux de la personnalité plus superficiels et plus conscients que ne le fait le thérapeute[13]. »

La rétroaction repose sur des processus contingents. La quatrième caractéristique de la rétroaction constructive est d'impliquer un déroulement finement contingent, incertain. Comme l'écrit C. Gratton Kemp :

> Les moniteurs conviennent que la rétroaction verbale devrait venir après le développement d'une confiance mutuelle, d'un modèle d'échange et de soutien de personne à personne. Certaines rétroactions verbales sont chargées d'anxiété, et l'habileté nécessaire à une évaluation constructive est lente à se développer[14].

Par rapport aux systèmes qui dégénèrent, donc, les préalables à la rétroaction constructive sont : des accroissements suffisants de la confiance interpersonnelle, et des réductions suffisantes du risque encouru. Si elles sont présentes, ces prédispositions conforteront l'ouverture et l'appropriation personnelle, et susciteront l'empressement de l'émetteur et du récepteur de la rétroaction. Le sens de ces deux conditions est esquissé à la figure 2.

---

13. *Id. ibid.*, p. 190.
14. C. Gratton KEMP (1970). *Perspectives on the Group Process*, Boston, Houghton Mifflin Co., p. 184.

FIGURE 2
Deux cycles caractérisant les relations interpersonnelles

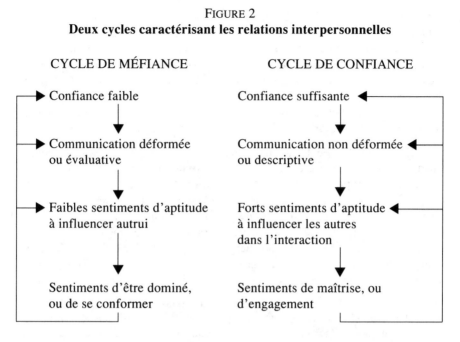

CYCLE DE MÉFIANCE

Confiance faible

Communication déformée
ou évaluative

Faibles sentiments d'aptitude
à influencer autrui

Sentiments d'être dominé,
ou de se conformer

CYCLE DE CONFIANCE

Confiance suffisante

Communication non déformée
ou descriptive

Forts sentiments d'aptitude
à influencer les autres
dans l'interaction

Sentiments de maîtrise, ou
d'engagement

Source: Figure basée sur un modèle attribué à Dale Zand, par Gordon L. LIPPITT
(1969). *Organization Renewal*, New York, Appleton-Century-Crofts, p. 90.

Les mini-modèles de la figure 2 ne laissent pas entendre qu'aucune
rétroaction n'aura lieu dans le cycle de méfiance[15]. Un certain nombre de rétroactions nuisibles peuvent avoir lieu, mais l'état de choses de loin le plus
probable est la retenue ou le masque, au moins dans la rétroaction verbale. À cet
égard, d'ailleurs, la nature est généreuse. Dans un cycle de méfiance, toute
forme de rétroaction verbale ou non verbale sera probablement dévaluée, mal
interprétée, ou rejetée comme venant d'un étranger ou inspirée par une volonté
de blesser.

La rétroaction ne détruit pas les défenses. Par suite, la rétroaction
constructive ne tente pas d'assaillir et de détruire les défenses d'une personne.
Cette cinquième caractéristique va à l'encontre du mythe commun, et désavoue
ce qui peut même être parfois une réalité. L'intention, dans l'approche de
laboratoire, est de susciter chez la personne un point de vue analytique sur ses
défenses, lui montrer qu'elles aident et font obstacle à l'apprentissage, comment elles peuvent être, de diverses façons, fonctionnelles et dysfonctionnelles

15. Gordon L. LIPPITT (1969). *Organization Renewal*, New York, Appleton-Century-
Crofts, p. 90.

par rapport à ses buts. La modification des défenses d'une personne peut être opportune, ou ne pas l'être. Mais il faudrait beaucoup d'arrogance pour songer à attaquer et à détruire les défenses d'une personne, même si cela était compatible avec l'insistance mise par l'approche de laboratoire sur l'autonomie et la réussite psychologique. Car, il y a au moins deux raisons importantes des défenses d'un individu : ce sont des systèmes conceptuels qui se sont avérés au moins modérément utiles dans le passé, et elles contiennent des valeurs importantes qui l'aident à s'orienter dans la vie[16].

En fait, plutôt que d'assaillir et de détruire les défenses, le but de l'approche de laboratoire est de créer un climat de confiance qui autorise l'examen sans danger de ses propres défenses, en partie à travers les yeux des autres. Jack R. Gibb l'établit avec finesse et de manière probante, lorsqu'il dénonce le «climat qui met chacun sur la défensive» et propose des «communications de soutien». Il explique que la personne qui perçoit ou appréhende une menace doit consacrer une partie appréciable de son énergie à se défendre, ce qui réduit d'autant l'énergie disponible à l'apprentissage ou au changement. La personne sur la défensive, dit Gibb, est trop occupée pour être à elle-même d'un grand secours :

> [...] il pense à l'apparence qu'il présente aux autres, comment il pourrait être vu plus favorablement, comment il peut gagner, dominer, impressionner ou échapper à la punition, et/ou comment il pourrait esquiver ou atténuer une attaque perçue ou anticipée [...]. Plus le climat est encourageant ou réducteur de défenses, moins l'auditeur ne lit dans la communication des distorsions naissant de la projection de ses propres anxiétés, motifs et inquiétudes. À mesure que les défenses s'abaissent, les auditeurs deviennent plus aptes à se concentrer sur la structure, le contenu et le sens intelligible du message[17].

Gibb montre qu'il s'agit d'une évolution qui se passe dans les personnes, plutôt qu'un phénomène de langage, et qu'en conséquence les progrès décisifs dans la communication requièrent une amélioration dans les relations interpersonnelles. L'approche adoptée par Gibb pour améliorer la qualité de ces communications consiste à affaiblir l'attitude défensive qui les caractérise ordinairement. Le défi que représente une meilleure communication devient ainsi une question de comportements réducteurs d'inquiétude.

Comment s'y prendre pour affronter ce défi d'une réduction des attitudes défensives ? Se basant sur son étude d'enregistrements de nombreuses discussions, Gibb a isolé deux types de climats opposés et six catégories de comportements qui les caractérisent. Le genre de contraste qui existe entre ces deux climats peut être esquissé aisément, bien que le recours aux documents d'origine soit nécessaire

---

16. Roger Harrison (1971). «Defenses and the Need to Know», dans R. T. Golembiewski et A. Blumberg (sous la direction de), *op. cit.*, pp. 80-83.
17. Jack R. Gibb (1961). «Defensive Communication», *Journal of Communication*, vol. 11, septembre, p. 144.

pour les détails. Par exemple, les climats défensifs sont caractérisés par l'attitude évaluative, alors que les climats de soutien mettent l'accent sur la description. De plus, les attitudes autoritaires sont nombreuses dans les premiers, alors qu'une orientation de résolution de problèmes prévaut dans les seconds, et ainsi de suite. Gibb signale la tendance de ces deux classes de comportements à accroître et à affaiblir les attitudes défensives, respectivement:

Les climats défensifs ont tendance à être suscités par	Les climats d'appui ont tendance à être suscités par
1) l'évaluation,	1) la description,
2) l'autorité,	2) l'orientation sur le problème,
3) la stratégie,	3) la spontanéité,
4) la neutralité,	4) l'empathie,
5) la supériorité,	5) l'égalité,
6) la certitude.	6) l'expectative.

L'approche de laboratoire, dans ses éléments essentiels, est orientée vers la création de formes d'apprentissage qui démontrent l'influence du climat sur la communication, aussi bien que la difficulté qu'il y a à susciter un climat approprié. Ce n'est pas seulement, par exemple, que les communicateurs sur la défensive émettent des signaux contradictoires et inconséquents sur les valeurs, les motifs et les états affectifs. La perception des récepteurs qui sont sur la défensive altère également ce qu'ils voient, explique Gibb. La difficulté que représente l'instauration des climats d'appui est aussi facile à comprendre. Pour illustrer le fait, Gibb montre la subtilité des comportements changeants qui passent de l'évaluation à la description. «Quiconque a tenté d'assurer la formation des professionnels des sondages d'opinion à l'usage du discours émotivement neutre, explique-t-il, sait à quel point il peut être malaisé de poser les questions les plus simples comme "Qui a fait ça?" sans avoir l'air d'accuser.»

La dynamique commune à ces considérations devrait être évidente. Faire une rétroaction constructive demande plus de considération pour les défenses que la rétroaction qui les agresse ou les détruit. En témoignent ces aphorismes: mieux vaut une rétroaction sollicitée qu'une rétroaction imposée; une rétroaction doit tenir compte des besoins de celui qui reçoit autant que de celui qui donne; elle devrait être aussi peu évaluative que possible[18]. Cette dernière recommandation, par exemple, tente directement de restreindre «les probabilités que celui qui reçoit la rétroaction se mette sur la défensive; il s'agit de créer des

---

18. NTL INSTITUTE FOR APPLIED BEHAVIORAL SCIENCE (1971). *Op. cit.,* p. 72.

conditions favorables à une écoute attentive plus grande[19] ». Une attaque contre les défenses d'une personne pourrait être : « Cesse d'agir ainsi, idiot. » L'approche de laboratoire pourrait être : « Lorsque tu agis ainsi, j'ai telles réactions. » Le style, en vérité, importe.

La rétroaction est la plus effective dans les situations de groupe. La sixième caractéristique de la rétroaction constructive est que son impact est habituellement le plus grand et le plus efficace dans une situation de groupe. Il est évident qu'une rétroaction cohérente, venant de plusieurs ou de tous les membres d'un groupe, est dotée d'un très grand pouvoir. Le contexte de groupe pourvoit également les individus d'une sécurité contre les traquenards d'un ou deux confrères sans scrupule. En outre, la situation de groupe fournit un large éventail de ressources. Ainsi, certains membres peuvent ne pas aimer *x* chez le membre A, mais les autres peuvent soutenir A ou même affirmer trouver charmant, chez A, ce que les autres trouvent repoussant. Ces diverses ressources peuvent procurer un abri même contre une rétroaction intense au moment où l'individu établit une ligne de conduite à long terme pour lui-même. Frederick Stroller décrit, à cet égard, les probabilités à court terme, et l'idéal :

> La plupart des gens soumis à une forte pression, ou bien y succombent complètement, ou s'y opposent sans équivoque, et ce n'est qu'après avoir eu l'occasion d'en faire nettement l'expérience et de la percer à jour, qu'ils semblent accéder à la possibilité de l'aborder d'une manière plus nuancée — de prendre leur temps pour choisir ce à quoi ils veulent résister et ce qu'ils veulent accepter ; l'individu libre a le choix de s'opposer ou de consentir[20].

Et ce sont des individus libres que l'approche de laboratoire tente d'alimenter : libres dans le sens essentiel qu'ils sont en possession d'une plus grande quantité d'information propre à leur assurer une plus grande maîtrise dans leurs relations interpersonnelles et intergroupes.

Six guides généraux pour une rétroaction constructive

Les caractéristiques qui viennent d'être énoncées devraient démontrer que l'approche de laboratoire n'autorise pas n'importe quelle sorte de rétroaction, et l'on peut être nettement plus précis quant à la sorte de rétroaction considérée comme idéale. Cette rétroaction est un mélange. Pour une part, elle est le produit d'une habileté qui peut s'accroître par la pratique. Pour une plus grande part encore, la rétroaction, idéalement, suppose l'acceptation des valeurs de l'approche de laboratoire. En substance, ces valeurs prescrivent que l'individu se comporte de façon à accroître sa conscience de soi et son acceptation de soi,

---

19. Chris Argyris (1968). *Op. cit.*, p. 157.
20. Frederick H. Stroller (1969). « A Stage for Trust », dans Arthur Burton (sous la direction de), *Encounter*, San Francisco, Jossey-Bass Inc., Publishers, p. 90.

tout en accroissant également celles des autres, étant bien entendu que les situations changent bon gré mal gré et que les réponses doivent être inventées sur place.

L'attention, ici, se concentre sur ces valeurs, reflétées dans les six caractéristiques de la rétroaction constructive. L'objectif de base de la présente section est simple. Nous verrons plus bas une liste des lignes directrices ou repères de la rétroaction, et leur application sera illustrée par un exemple.

Le lecteur pourrait contribuer à rendre la présente section plus expérimentalement significative pour lui-même, en utilisant ces repères provisoires pour juger de son propre niveau d'habileté à fournir une rétroaction. Les préparatifs sont simples. Le lecteur imagine une rétroaction qu'il aimerait adresser à quelqu'un, il l'écrit, telle qu'il s'imagine la dire à la personne visée ou cible. Il pourra ensuite juger de la qualité de sa rétroaction imaginée en la comparant aux lignes directrices d'une bonne rétroaction, après leur description et leur illustration.

Le tableau 1 donne, pour commencer, le détail des trois premières lignes directrices, lourdes de sens, d'une rétroaction constructive, qui seront ensuite brièvement décrites et illustrées par un contre-exemple.

Importance de l'ici et maintenant. En premier lieu, la rétroaction constructive applique le principe de battre le fer pendant qu'il est chaud. Dans la mesure du possible, la rétroaction devrait se rapporter à la situation présente, à l'ici et maintenant. L'idée en est, à la fois, pragmatique et profonde. Dans la mesure où l'accent est mis sur l'ici et maintenant, il devient en pratique plus facile de traiter des données plus ou moins vérifiables dans l'immédiat, et non encore obscurcies par des souvenirs divergents ou affaiblis. Plus profondément, à mesure que l'accent est mis sur l'ici et maintenant, il devient plus facile d'éviter plusieurs sortes de comportements inopportuns. Moins probable, par exemple, est le genre de ratiocination qui trouve des explications à tout et n'explique rien. Et moins probable, la quête, par les psychiatres amateurs, ailleurs et autrefois (*there and then*), des racines ontologiques du comportement.

Prépondérance de l'acte particulier. La seconde ligne directrice pour une rétroaction constructive est qu'elle devrait privilégier les valeurs, les attitudes et les actes particuliers, par opposition à la personne totale. Le but est double : il s'agit de s'orienter directement sur le phénomène précis auquel on s'intéresse, sans provoquer inutilement les défenses de la cible de la rétroaction, et sans la discréditer en tant que personne. La différence, dans ce qui est dit, peut être profonde. Comparons le « Je vous hais » à « J'ai été peiné lorsque vous ne m'avez pas reconnu à la soirée », alors que le stimulus commun aux deux formulations est l'impression d'avoir été snobé. La justification implicite de cette ligne directrice est élémentaire. Le dénigrement de la personne totale a toutes les chances de provoquer une réaction de fuite, ou même de contre-attaque. Ni l'une ni l'autre de ces réponses n'est susceptible d'accomplir ce que vise la rétroaction constructive : l'écoute, par la cible, de toute la signification du message, le maintien de défenses suffisamment faibles ou poreuses, pour que la cible aussi bien que l'émetteur investissent le maximum d'énergie dans la résolution de problèmes, par opposition à l'investissement dans le maintien de la façade.

Importance de la rétroaction non évaluative. La troisième ligne directrice est beaucoup plus complexe et subtile. La rétroaction constructive devrait être descriptive et dépourvue de jugement de valeur. Cela est dit dans au moins trois sens plus ou moins distincts. Au sens le plus élémentaire, la rétroaction ne devrait pas porter de jugement. C'est-à-dire qu'elle devrait se caractériser par l'absence de termes comme « bon » ou « mauvais », surtout parce que de telles évaluations portent sur la personne totale.

Parallèlement, la rétroaction devrait s'abstenir d'interpréter. Considérons le reproche du mari qui considère que les pommes de terre qui lui ont été servies sont dures. « Pauvre chéri », pourrait dire l'épouse qui se précipite sur une interprétation, « je vois que ta journée au bureau a été dure. » De telles interprétations laissent supposer l'existence de sérieux problèmes.

TABLEAU 1
Trois lignes directrices de la rétroaction constructive

LIGNES DIRECTRICES	CONTRE-EXEMPLE
– Importance de l'ici et maintenant, par opposition à l'ailleurs et autrefois.	« Georges, tu es un *enfant de chienne* (EDC) intégral. Et je sais pourquoi. Ton père t'a rejeté quant tu étais enfant.
– Insistance sur la valeur, l'attitude ou le comportement particuliers, par opposition à la personne totale.	
– Absence d'évaluation, dans au moins trois sens :	
• la rétroaction ne porte pas de jugement,	
• elle ne fait pas d'interprétation,	
• elle fait état de l'effet particulier produit sur le Soi par le comportement, l'attitude ou la valeur de l'Autre.	

Elles sont souvent une façon de ne pas entendre ce que l'émetteur veut dire, de le dévaluer, par exemple. De plus, il existe une forte possibilité que l'interprétation soit inexacte. Le mari dont il a été question plus haut pourrait rétorquer : « En réalité, ma journée au bureau a été merveilleuse. Je répète, les pommes de terre étaient dures. » La suite du dialogue pourrait s'orienter de diverses façons, dont aucune n'est très prometteuse. Finalement, plusieurs sortes d'interprétations se réfèrent à des données qui ne sont pas immédiatement observables, ou que seul un schème théorique quelconque pourrait confirmer. Si nous retournons à l'épouse de tantôt, elle pourrait répliquer d'une voix rassurante, se rappelant (ce qu'elle croit être) un puissant argument de maternage appris dans son cours d'Arts ménagers 217, intitulé « Le bonheur au foyer » : « Chéri, je sais combien il t'est difficile d'être franc avec moi, après avoir été dominé par cette autre femme dans ta vie, ta mère. Dis-moi seulement combien ta journée a été mauvaise. Tu peux me faire confiance, je n'essaie pas de t'attacher à mon tablier de cuisine. » Et tout cela à cause de pommes de terre mal cuites.

Finalement, la rétroaction devrait être non évaluative, c'est-à-dire rendre manifestes les sentiments éprouvés par le Soi à la suite de l'action, de l'attitude ou de la valeur de l'Autre. Quand l'émetteur de la rétroaction est au fait de ses propres réactions — il est conscient de lui-même et il s'accepte —, ses rétroactions sont descriptives plutôt qu'évaluatives.

La justification de cette ligne directrice a plusieurs composantes. L'une, très importante, est l'équivalent de la règle de droit qui privilégie, chez le témoin, la connaissance de première main ; car le Soi est, littéralement, l'expert mondial sur ses propres réactions. De plus, de telles réactions sont d'importance vitale pour tout Autre qui a l'intention de vérifier ou d'améliorer sa compétence interpersonnelle. L'Autre, fondamentalement, a besoin de savoir, et rapidement, si ses actions produisent les effets recherchés, et par conséquent il a besoin de marquer un but, au moins de temps en temps, afin de pouvoir s'adapter de manière appropriée. C'est ainsi qu'une expérience immédiate lui permet d'anticiper sur une compétence qui s'accroîtra dans l'avenir. Il est aussi de grande importance que cette ligne directrice renforce l'accent mis sur l'ici et maintenant, central dans l'approche de laboratoire.

Le contre-exemple de rétroaction, dans le tableau 1, contribue à illustrer, par la négative, les trois premières lignes directrices. Le lecteur peut assumer la responsabilité du premier effort de compréhension. On notera ici seulement le squelette d'une telle illustration :

– L'accent est mis surtout sur l'ailleurs et autrefois, c'est-à-dire sur l'enfance alléguée de Georges.

– L'accent est sur Georges en tant que personne totale, qui est un EDC intégral, de quelque côté qu'on le regarde.

– L'exemple de rétroaction :

- juge Georges en tant que personne totale (il est un EDC intégral);
- interprète les raisons qui rendent Georges tel qu'il est (ses expériences enfantines);
- omet de faire état de l'impact particulier, sur l'émetteur, des actions non spécifiées de Georges, de ses attitudes ou de ses valeurs, bien que le ton général reflète clairement l'effet négatif produit par Georges sur l'émetteur.

Les lignes directrices 4, 5 et 6 de la rétroaction constructive peuvent être décrites et illustrées en tant que complémentaires des trois premières, comme on le voit dans le tableau 2.

L'importance d'une aide au changement. La quatrième ligne directrice pour produire une rétroaction constructive tient compte du fait que celle-ci est, ordinairement, associée au moins à la possibilité d'un changement : soit de faire quelque chose différemment, ou de faire davantage de quelque chose ; ou au moins de continuer à faire quelque chose. Comme telle, la rétroaction constructive devrait avoir trois attributs, selon le modèle de base du changement proposé par Lewin. Elle devrait, c'est un minimum, encourager la cible à examiner quelque partie d'elle-même ou de son comportement. Deux éléments sont impliqués : la précision avec laquelle l'émetteur attire l'attention sur quelque chose ; et la réceptivité de la cible, qui est souvent fonction de la conscience qu'elle a de l'ampleur de l'aide et de l'approbation sur lesquelles elle peut compter dans la situation immédiate. On décrit l'état désiré comme un « dégel », dans lequel la cible se sent assez sécurisée pour discerner une certaine partie d'elle-même, et pour identifier la contribution de cette partie à sa compétence interpersonnelle. Le contraire absolu de l'état désiré est stéréotypé dans le personnage crispé de Don Knotts. « Êtes-vous ner... », commence l'interlocuteur. « Non ! » dit le personnage avant la fin de la question. Et nous rions tous, avec quelque compassion, sachant combien il sera difficile à ce personnage d'apprendre par l'expérience, alors qu'il rejette si rapidement cela même qui est si évident à tous.

En outre, la rétroaction qui facilite le changement laisse entendre ou suggère des comportements, des attitudes ou des valeurs de remplacement. Considérons le cas qui en est l'opposé total. « Vous dites que je vous dégoûte, dit une personne, j'aimerais y changer quelque chose. Peut-être pourriez-vous m'aider en me disant ce qu'il y a, chez moi, qui inspire une si forte réaction. » La réponse non constructive est : « Je ne le sais pas. Il y a simplement quelque chose chez vous qui me prend à rebrousse-poil. » À moins que ce dialogue peu prometteur n'aille beaucoup plus loin, on peut parier sans risque sur sa paralysie.

Finalement, sur la question du choix et du changement, la rétroaction constructive fournira un renforcement à tout nouveau comportement, attitude ou valeur dont la cible pourrait faire l'essai. Au minimum, cela appelle la bonne volonté des autres à manifester ouvertement leurs réactions aux nouvelles actions, ou à celles qui sont intensifiées. Un renforcement implique notamment la franchise qui signale toute rechute, aussi bien que l'encouragement prodigué pour l'effort fait et pour tout progrès.

Importance de la sécurité psychologique. La rétroaction constructive insistera sur la sécurisation psychologique de la cible de la rétroaction, sur une sorte de contrat de « confiance dans l'égalité », liant l'émetteur et la cible. Pour l'émetteur, cette cinquième ligne directrice signifie que la rétroaction doit être sollicitée plutôt qu'imposée, et qu'elle donne satisfaction aux besoins de la cible autant qu'à ceux de l'émetteur. Pour la cible, la ligne directrice implique qu'elle maîtrise suffisamment le processus de rétroaction pour être en mesure de signaler son désir d'obtenir une rétroaction, aussi bien que celui de n'en plus recevoir. Comme dit Gerard Egan du climat idéal du groupe de formation : « Chaque individu doit sentir qu'il peut exposer ses sentiments en toute sécurité, qu'il peut laisser tomber ses défenses et s'aventurer dans de nouvelles voies d'interaction[21]. » Cette observation vaut également pour les environnements d'apprentissage autres que ceux du groupe de formation, bien qu'ils souffrent ordinairement d'une certaine dilution de l'apprentissage, parce qu'ils sont moins favorables au développement en profondeur de la sécurité psychologique accessible au groupe de formation.

Accent sur la création d'une communauté. La sixième ligne directrice est reliée à la cinquième. La rétroaction constructive est plus probable dans un contexte où les membres forment une communauté, ou une société vouée à l'aide mutuelle. Le groupe de formation est l'exemple primordial d'une telle communauté d'aide et d'apprentissage. Dans son orientation générale, le but recherché est la création d'un véritable ordre moral et éthique, un accord de base concernant les fondements qui seuls permettent aux individus de s'opposer et d'être différents, sans opter pour l'isolement et sans devenir boucs émissaires.

Les groupes de formation ne sont pas toujours et partout appropriés ou pratiques, évidemment, et des formules de rechange pourraient rendre souhaitable la présence d'une personne-ressource, capable d'encourager l'adhésion aux valeurs propres de l'approche de laboratoire ou même d'en témoigner. Car, même dans un tel cas, le recours à la formule du groupe peut être d'une grande valeur, quand il ne ferait qu'avaliser le consensus. De plus, l'environnement du groupe peut concourir au sentiment de sécurité qu'éprouve la cible de la

---

21. Gerard EGAN (1970). *Encounter: Group Processes for Interpersonal Growth,* Belmont, Cal., Wadsworth Publishing Co., p. 247.

rétroaction. Ces deux particularités sont implicites dans des observations comme : « Voilà comment je vois Fred. Je me demande si d'autres personnes ont une perception différente de lui. »

TABLEAU 2
Trois lignes directrices additionnelles de la rétroaction constructive

LIGNES DIRECTRICES	CONTRE-EXEMPLE
– Accent sur la production de changement, de trois façons :	« Georges, tu es un EDC intégral. Et je sais pourquoi. Ton père t'a rejeté, quand tu étais enfant.»
• en aidant à « dégeler » l'ancien comportement, attitude ou valeur ;	
• en suggérant l'essai de comportements de remplacement ;	
• en renforçant tout nouveau comportement, attitude ou valeur.	
– Accent sur la « confiance dans l'égalité », sur la sécurité psychologique de la cible de la rétroaction.	
– Accent sur la création et le maintien d'une « communauté organique ».	

Le contre-exemple de rétroaction dans le tableau 2 permet l'illustration commode de ces trois lignes directrices finales. À nouveau le lecteur peut faire une bonne partie du travail par lui-même. Cependant, il sera utile de noter que, dans la rétroaction du tableau 2, en gros :

– l'accent n'est pas mis sur le changement et ne le facilite pas, parce que :

• la cible ne sait pas quels sont ceux de ses anciens comportements, attitudes et valeurs qui pourraient être changés,

• les conduites de remplacement ne sont pas évidentes, à moins d'un retour au sein maternel et d'un nouveau départ,

• en conséquence, il n'y a pas de promesse claire d'un renforcement d'aucun changement ; en fait, c'est le contraire qui semble implicite ;

– l'accent n'est clairement pas mis sur la sécurité psychologique de la cible, alors que certains besoins de l'émetteur sont probablement satisfaits;

– l'accent est sur une relation face à face, et la «communauté», dans cette relation dyadique, semble axée de façon indirecte seulement sur l'aide et l'apprentissage.

Autres possibilités de rétroaction

La discussion qui précède peut laisser entendre qu'il n'y a qu'une seule façon de procéder, et cela doit être vigoureusement démenti. Par exemple, la rétroaction propre aux relations interpersonnelles ou aux situations de groupe peut s'obtenir de diverses façons, comme:

– l'écoute de l'enregistrement sonore d'une conversation, ou d'une séance de résolution de problème[22];

– le recours à des résumés de données statistiques compilées à partir de réponses fournies antérieurement à des questionnaires[23];

– le visionnement d'un enregistrement magnétoscopique d'une conversation ou d'une interaction de groupe[24].

La rétroaction par magnétoscopie semble avoir un large éventail de traits particulièrement intéressants. Par exemple, l'enregistrement conservera des signes d'ordre non verbal qui peuvent être d'importance cruciale en communication[25]. De plus, à la différence de la rétroaction interpersonnelle, le magnétoscope donne à chacun un accès direct à sa propre présentation de soi, sans qu'il ait à séparer, comme dans les réactions venant d'une autre personne, les caractéristiques qu'il présente vraiment de celles que l'observateur projette. La rétroaction par magnétoscopie peut aussi se faire sans la présence d'un consultant de l'extérieur, évitant ainsi les problèmes de confidentialité des données, d'horaire de séance organisée à l'intention du consultant, et le risque qu'un consultant de l'extérieur apparaisse porteur de jugement, d'évaluation, ou manipulateur.

22. Thomas J. BOUCHARD (1969). «Personality, Problem-Solving Procedure, and Performance in Small Groups», *Journal of Applied Psychology Monograph*, vol. 53, pp. 1-29.

23. Frank A. HELLER (1969). «Group Feedback Analysis: A Method of Field Research», *Psychological Bulletin*, vol. 72, août, pp. 108-117.

24. R. Jack WEBER (1972). «Repetitive Self-Observation and Changes in Interaction Behavior in Small Task Groups», Hanover, N.H., Dartmouth College. Texte ronéotypé. William N. DEHEN (1967). «Self Confrontation Via TV», *Training and Development Journal*, vol. 21, octobre, pp. 42-46.

25. Ray L. BIRDWHISTELL (1970). *Kinesics and Context*, Philadelphie, University of Pennsylvania Press.

Nous n'avons pas toutes les données, mais les résultats disponibles suggèrent qu'il existe plusieurs médias capables de provoquer une rétroaction effective. En vérité, R. Jack Weber voit d'importants avantages à la rétroaction obtenue grâce au magnétoscope, aux fins de programmes de développement des organisations, et au développement d'activités d'équipe, comparativement au groupe de formation composé d'étrangers ou de membres d'une famille. Il écrit :

> Comparée [au groupe de formation] l'observation répétée de soi, médiatisée par la télévision, peut être utilisée par les groupes de travail courants à l'intérieur du cadre institutionnel, ce qui élimine la claustration inhérente à la formation traditionnelle dans l'approche de laboratoire, qui demande la résidence. De plus, la reprise magnétoscopique fournit une rétroaction claire et non évaluative, elle facilite le diagnostic personnel du comportement socio-émotif et de tâche, aussi bien au niveau de l'individu qu'au niveau du groupe, et elle permet aux membres du groupe l'accès aux données brutes de leur propre expérience, que ce soit aux fins de construction théorique, de changements de comportements ou de perceptions, ou de pure et simple mise de côté de toute l'expérience. Enfin, les types de changements de comportements rapportés ci-dessus ont eu lieu sans l'intervention d'un mécanisme de consultation extérieure au groupe. Les données que nous possédons suggèrent, de plus, qu'une expérimentation considérable de nouvelles conduites se manifestera, indépendamment de toute volonté d'attirer l'attention des membres sur certains problèmes des individus ou du groupe[26].

Pour susciter une transparence de soi plus adéquate : quelques préalables à un partage plus fructueux

La transparence de soi n'a pas reçu l'attention accordée à la rétroaction, et, s'il faut en croire certains de nos philosophes de la religion et philosophes sociaux, la perte est grande. Examinons seulement deux variations sur ce thème commun. Pour Paul Tillich, le Christ en croix est le modèle de la vie humaine quotidienne. La qualité humaine primordiale est le courage d'être soi-même dans ses relations avec les autres, à la façon du Christ qui a eu le courage d'être lui-même, même lorsque cela l'a mené à l'agonie. Pour Tillich, donc, la transparence de soi est l'acte signifiant par excellence, indépendamment de ce sur quoi elle porte[27]. Partant d'une autre perspective, O. Hobart Mowrer voudrait voir se développer une théorie de la pathologie fondée non pas sur ce que l'individu a fait, mais sur son manque de transparence, intentionnel ou accidentel, par rapport à ce qu'il a fait. La culpabilité ne serait donc pas reliée à une action quelconque de transgression d'un code moral ou légal, mais au défaut de faire état de cette

---

26. R. Jack WEBER (1972). *Op. cit.*, pp. 17-18.
27. Paul TILLICH (1952). *The Courage to Be*, New Haven, Conn., Yale University Press.

action[28]. L'idée sous-jacente est que le défaut de transparence exerce une pression sur la conscience de soi, c'est une sorte d'inachèvement monumental, qui peut engendrer des conflits névrotiques.

Les implications plus ou moins immédiates de ces concepts philosophiques sont profondes. H. M. Lynd semble avoir pris la mesure de cette profondeur : « Une personne qui ne peut pas aimer ne peut pas se révéler elle-même et vice versa[29]. » Pour le groupe de formation, Egan note que tous les participants « doivent accepter de faire des efforts pour révéler leur monde intérieur aux autres membres ». Il explique que cela suppose que « la transparence de soi digne de confiance est une sorte de voie royale à la communauté. Ce partage de la condition humaine — dans ce qu'elle peut avoir de sublime, de banal et de difforme — attire les gens les uns vers les autres[30]. »

Notre intérêt actuel pour la transparence a des buts plus modestes. Nous en citerons trois. *Premièrement*, la transparence de soi est offerte ordinairement pour obtenir une rétroaction, de là sa grande importance. C'est dire que la forme exemplaire de transparence de soi, dans l'approche de laboratoire, véhicule fréquemment une sollicitation claire ou implicite de rétroaction. Par exemple, l'affirmation suivante est une forme de transparence qui, en même temps, appelle une rétroaction : « Je suis très préoccupé par ce que vous pensez de moi. »

Deuxièmement, d'une façon plus générale, il semble y avoir des raisons importantes qui font qu'une personne devrait être transparente, ou peut-être même qu'elle a besoin de transparence en quelque sens fondamental. Samuel A. Culbert remarque, sur l'absence de transparence, qu'un de ses « effets courants saute aux yeux ». C'est que « la personne qui ne se révèle pas doit faire face à une difficulté supplémentaire pour obtenir des informations sur la réalité ou sur les aspects objectifs des relations auxquelles elle participe[31] ». C'est une conséquence de première importance, en effet, et qui est aisément associée à d'autres effets, comme le développement et la gravité de la maladie mentale.

28. O. Hobart MOWRER (1968). « Loss and Recovery of Community », dans George M. GAZDA (sous la direction de), *Innovations in Group Psychotherapy*, Springfield, Ill., Charles C. Thomas Publisher, pp. 130-189. Voir également *id.* (1964). *The New Group Therapy*, Princeton, N.J., D. Van Nostrand Co.

29. H. M. LYND (1958). *On Shame and the Search for Identity*, New York, Science Editions, p. 241.

30. Gerard EGAN (1970). *Op. cit.*, p. 193. Pour une idée générale du sujet, voir Sidney M. Jourard (1971). *Self-disclosure*, New York, Wiley Interscience.

31. Samuel A. CULBERT (1971). « The Interpersonal Process of Self-Disclosure : It Takes Two to See One », dans R. T. GOLEMBIEWSKI et A. BLUMBERG (sous la direction de), *op. cit.*, p. 75.

Troisièmement, notre intérêt ici pour la transparence de soi est aussi motivé par le besoin d'identifier explicitement les relations «congruentes» ou «authentiques» comme des rues à deux sens. Plus précisément, certaines interprétations de ces expressions, «être congruent» ou «être authentique», leur font signifier: «dire absolument tout», dans le cas de la transparence aussi bien que dans celui de la rétroaction. C'est là une authenticité ou une congruence à sens unique, et c'est peut-être même une impasse narcissique qui rend impossible ce qu'elle prétend mettre en valeur. En général, il existe de fortes raisons de rejeter la conclusion selon laquelle, puisque la transparence est une bonne chose, la transparence sans limite est en conséquence la meilleure des choses.

William Dyer fournit une vue en perspective sur les problèmes connexes, dans sa discussion des dilemmes de la «congruence», que Carl Rogers avait définie comme «un exact ajustement du vécu, [...] de la conscience de soi, et de la communication». Pour Rogers, le plus simple exemple est le bébé. «En connaissant la faim au niveau physiologique et viscéral, explique Rogers, sa conscience de soi apparaît pour s'ajuster à ce vécu, et sa communication est également congruente à son expérience[32].» Une congruence accrue, selon lui, mènera à l'enrichissement des relations interpersonnelles.

Dyer reconnaît à la fois la sagesse d'une stratégie fondée sur la congruence et les problèmes qu'elle entraîne[33]. «À l'intérieur de limites assez larges, dit-il, la congruence peut être tonique, particulièrement en tant que contrepoids à un excès de répression comportementale imposé par des sociétés ou organisations répressives.» Dans ces circonstances, explique-t-il, «le problème de nombreuses personnes n'est pas d'aller "trop loin" dans la congruence, mais plutôt de sortir d'une conduite surréprimée». Dyer privilégie le thème de la congruence, mais jusqu'à un certain point, dans le contexte des extensions débridées qui lui furent adjointes à la suite de l'intuition centrale de Rogers. «La congruence veut-elle dire, demande-t-il, qu'une personne peut faire n'importe quoi à la condition de rester fidèle à l'état actuel de sa conscience de soi et de son vécu?»La congruence, observe-t-il, «dans cette acception directe et immédiate, est devenue la valeur primordiale pour certains». Dyer fait écho à ses propres normes, quand il parle d'une telle extension du concept rogérien, normes qui rejoignent celles de l'approche de laboratoire exposée ci-dessus. Il explique:

> Être congruent n'est pas la seule valeur à laquelle je tiens. *Je tiens également aux droits des autres.* Mon système de valeurs personnelles me porte à vouloir vivre une vie utile aux autres, à privilégier une société fondée sur le respect mutuel et l'ouverture. Si je devais m'engager dans une conduite qui pourrait être

---

32. Carl ROGERS (1961). *On Becoming a Person*, Boston, Houghton Mifflin Co., p. 308.
33. William G. DYER (1969). «Congruence and Control», *Journal of Applied Behavioral Science*, vol. 5, avril, pp. 161-173.

«congruente» en ce moment, cela violerait aussi un grand nombre d'autres valeurs que j'estime importantes. Je ne violerai pas ces valeurs à seule fin d'être congruent[34].

Argyris a développé avec force un point de vue semblable[35]. Il recommande avec insistance que le concept connexe d'authenticité se réfère à un phénomène interpersonnel, plutôt qu'à un état ou à un attribut personnel. Les relations humaines sont pour lui «la source de la vie psychologique et de la croissance humaines», particulièrement en ce que ces relations peuvent impliquer une conscience et une acceptation de soi et des autres croissantes. Les relations authentiques sont, en fait, celles dans lesquelles un individu augmente sa conscience et son acceptation de soi et des autres, et cela d'une façon telle que les autres sont en mesure d'en faire autant. En conséquence, pour Argyris, il n'est pas plus possible d'être authentique indépendamment des autres qu'il n'est possible de coopérer avec soi. L'authenticité d'une personne, donc, sera fonction de son aptitude à créer des relations authentiques avec les autres, aussi bien que de leur aptitude à créer des relations authentiques avec lui. On pourrait dire, par ironie, qu'un service imparable au tennis est facile, mais en fin de compte futile quand il n'y a pas d'autre joueur de l'autre côté du filet. Ce n'est pas ainsi que l'on joue au tennis. C'est encore plus vrai dans la vie.

Une subtilité s'impose. Argyris précise qu'il parle de ce que Culbert a appelé la *transparence de soi réelle*, par opposition à la *transparence de soi non réelle*. La non réelle serait ce que je pratiquerais si j'affirmais, sur un ton très excité, avoir été danseur de ballet professionnel. La distinction faite par Culbert est utile. Il est clair que le simple manque de transparence d'une personne rend improbable ou impossible son acceptation par les autres; la transparence non réelle ajoute une complexité considérable à cette situation: elle suggère l'image d'une personne qui ne peut pas gagner parce qu'elle perdrait trop. Culbert conclut:

> Le fait de recevoir, de la part des autres membres, l'acceptation de données inexactes sur le soi — par lesquelles on accepte tacitement d'être connu — réduit les possibilités de dévoiler éventuellement des données exactes sur le soi, qui pourraient corriger les impressions fausses[36].

Quelques lignes directrices pour la transparence de soi

On ne peut que suggérer le genre de transparence de soi le plus propre à susciter une conscience et une acceptation de soi accrues, de la part de Soi et de l'Autre, il nous faudra donc être bref. D'autant plus que Culbert, qui sera notre source

---

34. *Id. ibid.*, pp. 161-165.
35. Chris ARGYRIS (1962). *Interpersonal Competence and Organizational Effectiveness*, Homewood, Ill., Dorsey Press, p. 21.
36. Samuel A. CULBERT (1971). *Op. cit.*, p. 76.

principale en cette matière, a fait récemment une récapitulation de la pensée et de la recherche sur la transparence de soi. Nous signalerons six traits de la transparence de soi.

Premièrement, la transparence de soi est utile dans la mesure où elle est perçue comme appropriée à la situation. Manifestement, ce n'est là qu'une observation générale. Les cas extrêmes sont aisés à situer. On n'hésite pas, au milieu d'une scène de tendresse au théâtre, à juger intempestifs les cris de l'enfant qui veut aller aux toilettes. Plus difficiles sont les cas dans lesquels les normes courantes n'autorisent pas la transparence de soi, et où cependant une transparence sera jugée appropriée. Considérons la transparence d'un candidat à la présidence américaine au sujet de son alcoolisme, comme on l'a vu récemment. L'«opportunité», dans ce cas, dépend fortement des valeurs personnelles, des perceptions que l'on a de ce que doit être un président, et de l'intensité du désir de devenir président.

Deuxièmement, la motivation perçue derrière la transparence de soi aura des effets déterminants sur l'authenticité des relations existant entre l'émetteur et le récepteur. Culbert montre l'importance de la perception qu'ont les autres de la congruence entre les motifs, allégués ou implicites, de celui qui fait la confidence et ceux que les autres lui imputent. Il conclut : « Si le communicateur est perçu comme congruent, le récepteur accueillera sans difficulté sa participation, il sera ouvert à la possibilité d'une interprétation favorable de ses communications[37].» Par contre, des communications perçues comme non congruentes tendent à susciter des réactions soupçonneuses ou défensives, au moins jusqu'au moment où le récepteur trouve une stratégie susceptible de protéger ses intérêts.

Troisièmement, le choix du moment est critique dans l'effet produit par un élément de transparence de soi. La réaction «*C'est maintenant* que tu nous le dis» suggère que la transparence aurait pu avoir lieu plus tôt.

Quatrièmement, la transparence de soi produit des résultats différents, selon qu'elle est orientée vers le passé, le présent ou l'avenir. Les transparences par rapport au passé peuvent avoir quelque importance, mais elles peuvent aussi se prolonger en histoires compliquées, dont la compréhension dépend fortement des filtres perceptuels du narrateur. L'à-propos immédiat des confidences faites sur son propre passé peut aussi être incertain. C'est pourquoi Egan note que la transparence de soi au passé est fréquemment de l'«histoire», une pseudo-transparence. De l'«histoire», il note :

> Elle relève du calcul et de l'analyse, et dégage habituellement une forte odeur d'ailleurs et autrefois. Elle débite des faits d'expérience, et même des interprétations de cette expérience, mais laisse la personne qui révèle relativement in-

---

37. *Id. ibid.*, p. 77. C'est dire que le moindre soupçon de ruse suscitera probablement une ruse en retour.

demne : comptabilisée et analysée, mais non révélée. La personne présente relate de nombreux faits sur elle-même, mais la personne intérieure demeure inconnue. L'histoire est souvent une longue justification. Le récit est long et souvent soutenu, par crainte d'interruption. L'interruption pourrait entraîner un engagement personnel, et une personne qui s'aventure dans l'histoire évite, plutôt qu'elle n'invite, l'engagement[38].

La transparence de soi par rapport à l'avenir peut aussi être significative, mais les résolutions peuvent vaciller et les souvenirs s'affaiblir au moment crucial.

Pour de telles raisons, et particulièrement pour éviter les pièges de l'orientation ailleurs et autrefois, Culbert remarque que la plupart des groupes de formation attribuent un rôle clé à la transparence conjuguée au présent. Il explique que « de telles transparences de soi ont généralement la plus grande pertinence interpersonnelle, elles génèrent la plus grande quantité de rétroactions, et elles assurent la plus grande réceptivité aux rétroactions des autres ». La conclusion est immédiate : « Par conséquent, note Culbert, toutes autres choses étant égales, la transparence par rapport au présent semble posséder les plus hautes promesses d'une conscience de soi et d'une croissance personnelle accrues[39]. »

Cinquièmement, la croissance dans la conscience et l'acceptation de soi et des autres varie selon une courbe qui monte pour ensuite redescendre avec l'augmentation de la transparence de soi. Quelques recherches[40] corroborent le sens commun[41] à cet égard. Trop de transparence peut être tout aussi destructeur des relations interpersonnelles que trop peu. Dans le premier cas l'autre personne est accablée, dans le second c'est la relation qui meurt d'inanition.

La transparence de soi efficace, donc, se reconnaît à son à-propos sans inhibition, d'une intensité juste. Dans la plupart des cas, cet énoncé ne pose aucun problème, même en reconnaissant l'absence de contenu précis donné à « à-propos » et à « juste ». Généralement parlant, la plupart des relations interpersonnelles contiennent trop peu de transparence de soi. C'est pourquoi « davantage » est une prescription généralement applicable à la transparence de soi. La question de savoir où commence l'excès est complexe, comme Culbert l'affirme :

> Le problème de l'excès de transparence de soi est moins simple. En quoi consiste *trop*, dans *quelles* circonstances, par *qui*, est une question extrêmement complexe.

---

38. Cité dans Gerard EGAN (1970). *Op. cit.*, pp. 234-235.
39. Samuel A. CULBERT (1971). *Op. cit.*, p. 78.
40. *Id. ibid.*, p. 75.
41. S. M. JOURARD (1961). *The Transparent Self*, Princeton, N. J., D. Van Nostrand Co.

L'à-propos, la motivation, le moment, le degré de tension, tous ces éléments entrent en jeu. De plus, établir la quantité *optimale* de transparence de soi n'est pas moins compliqué[42].

Sixièmement, la transparence de soi peut être inutile, ou même dangereuse, dans certaines circonstances. Le principal souci d'Egan concerne, de loin, sa possible inutilité. Il croit que la transparence sera probablement inutile si elle est[43] :

– exhibitionniste, plutôt qu'axée sur l'établissement ou l'approfondissement d'une relation ;

– sans réponse de soutien et d'acceptation de la part des récepteurs ;

– de l'histoire, au sens défini plus haut ;

– seulement promise, par quelqu'un qui ensuite se défile ;

– incomplète, dans une situation où elle devrait être complète.

Plus généralement, la transparence de soi peut même être menaçante *sui generis*, et possiblement à un point aigu, pour certaines personnes. Egan observe que « la transparence de soi cristallise, et dans un sens réifie, des aspects du soi que la personne préférerait vivre en silence — quelque douloureux que cela soit — plutôt que d'y faire face[44] ».

Comme dans le cas de la rétroaction, la transparence de soi doit être assujettie aux valeurs de l'approche de laboratoire, et, dans la mesure du possible, au développement antérieur des habiletés appropriées. Normalement, cependant, il y a des limites importantes au nombre de situations prévisibles, pour lesquelles il est possible de se préparer d'avance. C'est de là que vient l'insistance d'Argyris pour que soient données aux individus, « en même temps que la connaissance de tout comportement particulier, les habiletés de base nécessaires au diagnostic réaliste des situations nouvelles, et celles qui sont requises pour le développement d'une coopération avec les autres personnes concernées, afin d'engendrer le comportement pertinent et adapté à la situation ». C'est la fonction même de l'approche de laboratoire qui est en jeu, indépendamment de la formule particulière d'apprentissage.

Le besoin d'indications sur ce qui constitue une transparence de soi appropriée est partout urgent. Le moniteur a besoin de conseils lorsque les faits connus semblent indiquer que les deux voies possibles, davantage, et moins, de transparence de soi du moniteur lui-même, peuvent être utiles au groupe de formation. Des indications seraient également nécessaires quant au registre

---

42. Samuel A. CULBERT (1971). *Op. cit.*, p. 79.
43. Gerard EGAN (1970). *Op. cit.*, pp. 211-213.
44. *Id. ibid.*, p. 207.

total de la transparence de soi : celle dans « le vrai monde », aussi bien que celle que tentent de provoquer des environnements particuliers d'apprentissage. Par exemple, une microformule de stimulation de la transparence, qui pourrait être un exercice dans le groupe de formation classique, propose à chacun des participants d'établir la liste des trois personnes en qui il a le moins confiance, ou qu'il aime le moins dans le groupe, ou quelque autre expression de ce genre. Dans certains cas extrêmes, la totalité de l'expérimentation a été conçue autour de l'incitation à la transparence de soi, comme dans une fin de semaine de *Rational Encounter*, où les segments d'apprentissage sont basés sur des instructions, émises par le moniteur, telles que : « À quel membre de ce groupe aimeriez-vous adresser des reproches ? Pourquoi ? Adressez-les-lui, tout de suite. » Le choix entre de telles formules soulève des questions d'ordre empirique et moral dont la complexité excède largement notre compréhension actuelle. Décidément, nous en resterons aux généralités.

9

Interventions dirigées sur le groupe
Quelques tendances de développement*

Robert T. GOLEMBIEWSKI

Le présent chapitre esquisse les principales tendances dans l'évolution de l'approche de laboratoire pour les groupes. «Groupe», ici, signifie généralement un ensemble de vingt personnes au plus, qui interagissent directement et partagent une identification psychologique immédiate. Notre attention se concentre ici sur des groupes tels que la petite unité de travail d'une organisation formelle, par opposition aux groupes formés à partir des catégories sociales.

Le changement dans le groupe par les méthodes de laboratoire: quelques tendances générales

L'approche de laboratoire est allée à l'école de l'expérience acquise dans les autres approches du groupe par la science du comportement; les résultats ont été inégaux. L'importance donnée au groupe de formation provenait de la phase initiale de ce développement parallèle, mais les qualités de cette phase I étaient aussi ses plus grands défauts. Rudimentaire, et par là révélatrice, la phase I a maximisé l'impact des expériences initiales d'apprentissage de laboratoire, presque toujours dans des groupes de gens étrangers entre eux. Le coût de cette impéritie a probablement été la perte de transfert de la formation acquise à

* Ce texte a d'abord paru sous le titre «Interventions Aimed at Groups: Some Developmental Trends and a Case Study», dans R. T. GOLEMBIEWSKI et A. BLUMBERG (1972). *Renewing Organization*, Itasca, Ill., F. E. Peacock Publishers. La traduction est de Claude Lagadec.

d'autres environnements. Naturellement, cette perte n'était pas constante. La perte probable était moins prononcée dans les applications faites sur les groupes rapprochés comme la famille, et plus prononcée dans les essais de transfert aux organisations. La phase II met l'accent sur le transfert d'apprentissage, au risque de réduire l'impact de l'expérience initiale sur l'individu.

Les approches de laboratoire et les autres approches, par la science du comportement, du groupe : un cas de développement parallèle, phase I

La valeur et l'impact du groupe de formation, comme moyen d'apprentissage, sont manifestement impliqués dans l'évolution historique d'autres approches du groupe par la science du comportement. Trois étapes successives de cette histoire sont particulièrement révélatrices à cet égard. Au début, les premiers observateurs, à partir d'au moins Aristote[1], et au moins jusqu'à Le Bon[2], partageaient l'opinion commune selon laquelle le comportement, les attitudes et les croyances des individus sont fondamentalement enracinés dans les relations interpersonnelles et intergroupes. Aristote interprétait la nature sociale de l'homme comme une noblesse, et Le Bon voyait dans le grégarisme la source de beaucoup de mal. Et cependant, interprétée en un sens vil ou noble, la même généralisation sous-tend des notions aussi disparates que celles d'Aristote et de Le Bon : le groupe est une source fondamentale d'influence sur le comportement, les attitudes et les croyances de ses membres.

Dans ce sens élémentaire, le groupe est un *moyen de contrôle*. C'est un environnement de première importance dans lequel les gens se forgent l'idée de ce qu'ils sont, ou, c'est pratiquement la même chose, du type de rapports qu'ils ont les uns avec les autres. C'est de là que vient la force contraignante de la dynamique du groupe de formation.

À partir de l'observation élémentaire que les groupes influencent le comportement, l'importance de la formation par le groupe découle en pratique de deux développements conceptuels[3]. Au départ, une idée en germe était issue des années 30 et 40, à peu près. Son intuition centrale, découlant directement du fait que les groupes peuvent influencer ou régir le comportement, les attitudes et les croyances, exigeait que l'on fasse du groupe la *cible du changement*. Divers travaux théoriques et pratiques ont saisi l'occasion de relever ce défi, et de

---

1. Aristote a défini l'homme comme un « animal social », un superbe, dans sa *Politique*.
2. Gustave LE BON (1926). *The Crowd*, 16ᵉ impression, Londres, T. F. Unwin.
3. L'argumentation qui suit est empruntée à Dorwin CARTWRIGHT (1951). « Achieving Change in People : Some Applications of Group Dynamics Theory », *Human Relations*, vol. 4, octobre, pp. 381-392.

s'emparer de ce levier naturel qu'est l'influence du groupe sur ses membres, dans le but de modifier, soit le comportement de l'individu, soit celui du groupe. Des contextes de groupes furent ainsi utilisés pour inciter des mères à donner régulièrement du jus d'orange à leurs bébés, pour encourager des travailleurs industriels à accroître leur rendement, ou pour amener des ménagères à tirer profit de coupes inhabituelles de boucherie, afin de pallier les pénuries du temps de guerre.

Cette première extrapolation conceptuelle de l'intuition de base sur le groupe a engendré une activité considérable, de recherche et de pratique, habituellement appelée la *dynamique de groupe*[4]. Plusieurs formulations dérivées de ces relations de base — ou principes de la dynamique de groupe — sont nées de cet intérêt, et ont eu de grandes répercussions. Aux fins d'illustration, les principes suivants furent appliqués à un large éventail de contextes d'enseignement, de thérapie et de travail :

– Plus l'attraction exercée par le groupe sur ses membres est grande, plus grande est l'influence qu'il peut exercer sur eux, et plus les membres partagent les normes du groupe.

– Plus l'attraction exercée par le groupe sur ses membres est grande, plus grande est la résistance aux changements de comportements, d'attitudes ou de croyances qui s'écartent des normes du groupe.

– Plus le prestige d'un individu parmi les membres du groupe est grand, plus l'influence qu'il peut exercer est grande.

Il y a un chaînon particulièrement faible dans les essais d'applications de tels principes de dynamique de groupe, particulièrement dans les contextes industriels ou administratifs. Il est bien vrai que l'encouragement donné au développement des groupes rend accessible un énorme potentiel d'influence sur le comportement, mais il n'est pas assuré que les groupes feront ce que les autorités en titre considèrent être « la bonne chose ». Par exemple, si ce sont des motifs de relations humaines qui attirent des travailleurs vers un groupe, ce groupe ne sera pas nécessairement très utile pour changer, dans le sens souhaité par la direction, leurs attitudes à l'égard des niveaux de productivité. En fait, un groupe qui les séduirait encore davantage pourrait être finalement capable de mobiliser ses ressources pour résister à la direction[5].

---

4. Robert T. GOLEMBIEWSKI (1962). *The Small Group*, Chicago, University of Chicago Press, particulièrement les pages 8-33.
5. L'entière conscience de ce fait fut lente et malaisée. Arnold TANNENBAUM et Stanley SEASHORE, *Some Changing Conceptions and Approaches to the Study of Persons in Organizations*, Ann Arbor, Michigan, Institute for Social Research, University of Michigan, sans date.

En conséquence, il devint de plus en plus évident que d'autres principes de dynamique de groupe étaient nécessaires pour prédire si, et dans quelle direction, l'influence d'un groupe s'exercerait dans des cas précis. Quelques autres principes illustrent ce champ d'étude maintenant élargi.

– Plus grand est le sentiment d'appartenance à un groupe composé, d'une part, de gens qui utilisent leur influence pour amener un changement et, d'autre part, de personnes dont le comportement doit changer, plus probable est l'acceptation de l'influence.

– Plus les valeurs, attitudes et comportements particuliers sont étroitement liés à l'attrait qu'un groupe exerce sur ses membres, plus grande est l'influence que le groupe peut exercer sur ces valeurs, attitudes et comportements.

De tels principes impliquent un second et profond développement conceptuel de l'observation première que le groupe influence le comportement : en résumé, une bonne partie de la résistance naturelle du groupe cible au changement projeté peut être évitée si l'on fait du groupe lui-même l'*agent de changement*.

Les implications radicales du concept de groupe comme agent de changement se sont reflétées dans un certain nombre d'approches de la science du comportement, par exemple dans le traitement des délinquants, mais ces implications ne se sont nulle part manifestées aussi clairement que dans le groupe de formation. À l'intérieur de limites très larges, en fait et intentionnellement, les participants d'un groupe de formation peuvent déterminer leur propre destin comme membres d'un système social temporaire. Très tôt, dans un groupe de formation, « les membres se concentrent sur les rapports qu'ils entretiennent les uns avec les autres, sur les problèmes de relations intimes et de proximité, note un observateur, et ils apprennent, à partir de ce vif intérêt centré sur les relations entre pairs, à progresser dans la connaissance de leurs propres modes caractéristiques d'interaction[6]. »

La grande portée de l'autodétermination à l'intérieur d'un groupe de formation accroît la probabilité de l'influence directe du groupe. *Grosso modo*, le groupe de formation a moins besoin d'investir ses ressources dans la résistance à une autorité extérieure, il en a davantage à consacrer à l'apprentissage ou à la gestion de l'influence qu'il exerce. À l'usage, l'expérience du groupe de formation reflète plusieurs autres principes importants de la dynamique des groupes :

– Plus les membres du groupe ressentent le besoin d'un changement, plus grande sera la pression du groupe favorisant ce changement, et plus grande sera l'influence exercée sur les membres.

---

6. Leonard HORWITZ (1964). « Transference in Training Groups and Therapy Groups », *International Journal of Group Psychotherapy*, vol. 14, novembre, p. 208.

– Plus l'information sur les projets de changements et leurs conséquences est largement diffusée entre les membres du groupe, plus les membres se sentent engagés dans le changement et sa réalisation pratique.

– Les tensions occasionnées par le changement et ressenties par un secteur d'un groupe produiront des tensions systémiques dans d'autres secteurs ; elles pourront être réduites par le renoncement au changement projeté, ou par le réaménagement des différents secteurs d'un groupe.

L'usage du groupe lui-même comme agent de changement est peut-être *l'unique* source de son pouvoir.

Le concept du groupe en tant qu'agent de changement a favorisé deux principaux usages du groupe de formation. Le premier usage historique concernait de petites populations de participants ne se connaissant pas entre eux, et le pouvoir du groupe de formation était alors lié à deux objectifs. Ainsi le groupe de formation était-il apprécié, comme environnement particulièrement commode et précieux de démarrage rapide des mécanismes fondamentaux de groupe, par des entreprises de recherche désireuses d'apporter des contributions importantes à la connaissance de base des phénomènes de groupe[7]. Ensuite, dans la foulée du développement cognitif impliqué par ce premier objectif, le groupe de formation était aussi lié à une compréhension en profondeur des mécanismes du groupe par les participants, et, pratiquement avec la même intensité, à la pratique et à la maîtrise des « habiletés de base[8] ». Ces tendances furent massivement renforcées. De façon significative, les participants à ces premiers groupes de formation étaient souvent membres de professions ou d'occupations d'« aide » : enseignants, instructeurs industriels et cadres de ressources humaines, pasteurs et autres ecclésiastiques, intervenants au service de la jeunesse, personnel d'organisations caritatives et de service, spécialistes du *counseling* et cliniciens, et ainsi de suite. Ces gens de la première heure avaient clairement un grand besoin d'intégrer leur expérience de travail, d'apprendre le maniement de moyens d'intervention adéquats, et d'évaluer leur expérience du groupe de formation dans les termes propres aux institutions et professions auxquelles ils appartenaient souvent.

Le pouvoir du groupe de formation comme agent de changement a aussi engendré un deuxième usage, dans la phase I. C'est que l'on utilisait le groupe de formation formé de participants étrangers entre eux dans un but général de

---

7. Dorothy STOCK et Herbert THELEN (1958). *Emotional Dynamics and Group Culture*, Washington, D.C., National Training Laboratories.

8. En fait le groupe de formation était à l'origine appelé groupe de formation aux habiletés de base. Voir l'histoire révélatrice de Kenneth D. BENNE (1964). « History of the T-Group in the Laboratory Setting », dans Leland P. BRADFORD, Jack R. GIBB et Kenneth D. BENNE (sous la direction de), *T-Group Theory and Laboratory Method*, New York, John Wiley & Sons, pp. 87-113.

confrontation du soi en relation. Ce second usage se développa progressivement, par une succession de formes plus ou moins distinctes. Tout au long de cette évolution, l'expérience du groupe de formation devenait plus intense et produisait davantage d'effets. C'est que les formules d'apprentissage se concentraient beaucoup plus sur l'affect et l'émotivité, et beaucoup moins sur la compréhension ou la pratique d'habiletés particulières. De façon importante, également, les participants avaient des motivations de plus en plus diverses, et apparemment des besoins plus intenses. Ainsi, de façon croissante, les participants ont voulu soulager leurs sentiments d'aliénation ou de solitude, par exemple, et plusieurs s'attendaient à passer par un état d'exaltation[9] et même l'exigeaient. Ces participants entretenaient les plus hautes attentes à l'égard du groupe de formation, et ces attentes accentuaient l'impact du groupe sur les personnes, plutôt que sur ses applications professionnelles ou de métier ; ceci étant une simplification risquée n'ayant qu'un sens relatif.

Les deux usages de la phase I du groupe de formation ont produit des résultats divergents sur des points qui ne sont pas indifférents. Par exemple, la rapide augmentation des candidatures à la formation et l'intensité vécue dans les formules adoptées par le second usage ont soulevé d'importants problèmes pratiques. Ceux-ci incluaient : la compétence du nombre croissant de moniteurs répondant à la demande croissante ; la question des critères d'admissibilité à la formation ; et la difficulté d'effectuer le suivi des cas de réactions inattendues des clients. Le premier usage du groupe de formation, quant à lui, n'avait connu de tels problèmes que sous une forme bénigne ; le petit cénacle de moniteurs de cette époque, par exemple, pouvait compter sur l'interaction du face-à-face, comme contrôle de base. De toute évidence, des interrogations morales de première importance accompagnaient ce genre de problèmes pratiques.

Les problèmes pratiques, aussi bien que ceux d'ordre moral, dans le second usage de la phase I, s'aggravent par l'apparition de diverses formes mutantes d'apprentissage, comme la grande classe des *groupes de rencontre*. Aux fins d'illustration :

– La position centrale du moniteur, dans de nombreuses formes mutantes de groupes de formation, aggrave le problème de sa responsabilité morale quant à ce qui advient, contrairement à l'initiative et à l'engagement du participant, valorisés par le groupe de formation orthodoxe, contre l'autorité du moniteur.

– La motivation de nombreux participants récents est beaucoup plus cathartique que cognitive, davantage de l'ordre de l'expression que de l'intellect,

9. Martin LAKIN (1969). « Some Ethical Issues in Sensitivity Training », *American Psychologist*, vol. 24, octobre, pp. 923-928 ; et Max PAGÈS (1971). « Bethel Culture, 1969 : Impressions of an Immigrant », *Journal of Applied Behavioral Science*, vol. 7, mai, pp. 267-284.

l'émotivité est de ce fait plus susceptible de poser des problèmes d'importance majeure à certains participants, alors qu'elle abandonne le potentiel de perfectionnement de l'expérience acquise avec le temps.

– Le moniteur peut avoir recours à des méthodes, directes ou subtiles, pour provoquer l'expressivité émotive, ce qui trahit la qualité de base du groupe de formation, dont les membres apprennent dans la réciprocité.

– La participation d'un grand nombre de personnes souffrant de désordres psychologiques semble avoir été encouragée par cette sorte de catharsis banalisée ou d'«expressionnite», dont la vogue manifeste accroît la force des interrogations éthiques sur les critères d'admission au groupe de formation, sur le réalisme des attentes quant aux résultats de la formation, etc.

Ces deux usages du groupe de formation, comme agent de changement, s'appuient sur plusieurs principes communs, bien qu'ils diffèrent profondément comme cela vient d'être esquissé. Les principes communs importants incluent l'idée de base que l'ouverture optimale (ou peut-être maximale) ne survient que lorsque les participants au groupe de formation se sentent psychologiquement en sécurité. Le groupe de formation composé de personnes étrangères entre elles encourage ce sentiment de sécurité de multiples manières importantes :

– Le groupe se réunit, pendant une période assez prolongée, sur un «îlot culturel».

– Ses membres ne se reverront probablement jamais, ce qui réduit ou élimine une source très importante d'insécurité.

– Sa culture est intentionnellement différente de celle du monde ordinaire des participants, plus encourageante et moins critique.

– C'est un système temporaire, ce qui encourage un relatif abandon chez les membres, qui s'expriment et empruntent des voies où ils n'oseraient probablement pas s'aventurer à l'intérieur de systèmes plus permanents.

Applications de l'approche de laboratoire des groupes : un cas de développement parallèle, phase II

Les deux usages de la phase I du groupe de formation étaient à la fois dans la ligne de l'évolution historique des autres approches du groupe par la science du comportement, et aussi profondément à l'extérieur de cette ligne. La distinction, ici, pourrait aisément devenir abusive ou simpliste, et pourtant il importe de la faire. À la base, l'importance accordée par la phase I au groupe de personnes étrangères impliquait un compromis, le sacrifice d'une partie du transfert d'apprentissage, au profit du choc initial éprouvé dans le groupe de formation.

Les faits qui justifient cette conclusion cruciale peuvent être résumés en quatre propositions. *Premièrement*, le but visé par l'approche de laboratoire n'est clairement pas le changement individuel comme tel. Dorothy Stock et Herbert Thelen notent que le postulat habituel est que les changements dans le comportement « aboutiront à une efficacité accrue, lors du retour à la vie quotidienne[10] ». Pour diverses raisons, ce postulat était souvent négligé, comme les points suivants aideront à le voir.

Deuxièmement, dans les premières études de recherche, les conclusions étaient inégales quant à la persistance des changements provoqués dans les groupes de formation d'étrangers, aussi bien que sur l'accroissement d'efficacité lors du retour aux différents environnements familiers[11]. De tels résultats démontraient que le transfert d'apprentissage à des contextes de vie quotidienne était plus délicat que ne le supposait la phase I, dans son postulat indiquant que l'apprentissage dans un contexte donné serait transféré plus ou moins directement, sinon dans tous les domaines de la vie d'une personne, du moins dans la plupart d'entre eux. C'est pourquoi, dans le cadre de ce raisonnement, on supposait que plus l'impact de l'expérience du groupe de formation d'étrangers est grand, plus grands sont les effets positifs sur l'ensemble des relations personnelles et de groupe. Ce raisonnement était pour le moins superficiel.

Troisièmement, on s'est inquiété très tôt de la possibilité que les expériences entre étrangers puissent leur créer, dans les faits, des problèmes, en l'absence d'une planification de structures d'accueil dans leur vie quotidienne. On redoutait des dégâts, à proportion de l'impact subi par l'individu. Le risque était celui d'une sorte de qui perd gagne, beaucoup plus sérieux que la simple disparition graduelle, ou le déclin, de l'apprentissage. C'était la mise en garde de Warren G. Bennis, Kenneth D. Benne et Robert Chin en 1962 :

> Il est inintelligent d'isoler l'individu de son contexte organisationnel, de la structure normative qui reconnaît ses services et qui constitue son groupe de référence privilégié. En fait, si cette façon de faire provoque l'émergence de normes et d'attentes opposées lui faisant contrepoids, le résultat peut être aussi nuisible à l'organisation qu'à l'individu[12].

Quatrièmement, la diversité des résultats dont cette documentation de recherche faisait état fut interprétée comme démontrant la nécessité de « modifier l'équilibre des forces à l'intérieur de l'individu, et des forces dans les situations

---

10. Dorothy STOCK et Herbert THELEN (1958). *Op. cit.*, p. 244.
11. Floyd C. MANN (1962). « Studying and Creating Change », dans Warren G. BENNIS, Kenneth D. BENNE et Robert CHIN (sous la direction de), *The Planning of Change*, New York, Holt, Rinehart & Winston, pp. 605-615.
12. Warren G. BENNIS, Kenneth D. BENNE et R. CHIN (sous la direction de) (1962). *Op. cit.*, p. 620.

organisationnelles entourant l'individu[13]». Floyd C. Mann concluait ainsi son résumé d'un certain nombre d'entreprises de formation en relations humaines[14]:

> Au mieux, ces études suggèrent que ce type de formation a peu ou pas d'effet généralisable [...]. La formation qui ne tient pas compte de l'environnement social ordinaire du client aura probablement peu de chances de modifier le comportement. Il est fort possible que les relations humaines — en tant que formule de réalisation du changement social — obtiennent leurs plus grands succès lorsqu'elles s'appliquent à refondre l'ensemble du système des relations de rôles [...].

Le déplacement implicite est critique. L'intérêt portait sur l'individu dans son environnement social permanent, plutôt que sur les groupes temporaires de formation.

C'est de là que vient la phase II du développement parallèle de l'approche de laboratoire, et des autres sciences du comportement. Allons ici droit au fait, la phase II est à la recherche de formules permettant la conversion de divers groupes existant à l'état naturel en agents de changement. De plus en plus, l'initiation aux valeurs de laboratoire se porta sur les groupes, familiaux, de travail, ou autres. C'était là un grand bond en avant. «C'est le fait d'avoir appris à *rejeter* les labos de groupes de formation d'étrangers, note Robert Blake, qui a permis l'émergence du DO[15].» Le choix est clair. La phase II veut compenser toute perte d'impact de l'expérience initiale de formation par l'application plus directe dans des contextes appropriés de ce qui est appris, quelle qu'en soit la nature.

L'importance croissante du développement d'équipe : vers l'application de la phase II de l'approche de laboratoire des groupes

Le *développement d'équipe* est l'exemple actuel le plus manifeste des applications de la phase II de l'approche de laboratoire des groupes. En substance, il tente d'intégrer, dans des groupes existants, des fonctions analogues aux mécanismes et à la dynamique du groupe de formation. Parfois, c'est par l'utilisation directe de groupes de formation. Plus souvent, cependant, le moyen utilisé est l'insistance mise sur l'*analyse de processus*, qui provient principalement du groupe de formation. Il est ainsi possible d'emprunter au groupe de formation sa technique d'analyse de ce qui s'y passe, pour l'appliquer ailleurs. Mais il est impossible de priver le groupe de formation de cette technique d'analyse de processus, et cela dans au moins deux sens. Ainsi le groupe de formation, à la fois, fournit une contribution majeure au développement de la science et de l'art de l'observation

13. Floyd C. MANN (1962). *Op. cit.*, p. 612.

14. *Id. ibid.*, p. 608.

15. Cité dans Wendell FRENCH (1971). «A Definition and History of Organization Development», texte présenté au colloque NTL Conference on New Technology in Organization Development, New York, 8 et 9 octobre, p. 11.

de processus, et est le meilleur environnement dans lequel les individus peuvent affûter et développer leurs habiletés dans l'observation des processus.

On peut exposer le détail du développement d'équipe[16] sous cinq rubriques.

Composition de l'organisation : les unités

L'approche de développement d'équipe suppose que les unités de base de l'organisation sont de petits groupes ou équipes de cinq à vingt membres — par exemple le directeur et le premier ou les deux premiers niveaux de ses subordonnés. «La formation individuelle et le changement personnel ont effectivement lieu dans les programmes DO, dit Richard Beckhard, mais à titre d'effets secondaires — ils ne sont pas les buts *primordiaux* ou ceux qui sont recherchés[17].» L'organisation totale est considérée comme l'agrégat complexe de telles équipes. En conséquence, lorsque des changements dans le comportement, les attitudes ou les valeurs des individus deviennent nécessaires, les normes et la culture de plusieurs équipes diversement imbriquées à plusieurs niveaux d'organisation peuvent aussi devoir être changées.

Analyse de l'expérience

Les formules du développement d'équipe ont recours à diverses formes d'apprentissage basées sur l'expérience. C'est dire que l'analyse des activités et des rapports des équipes existantes doit aboutir à un plan d'action qui oriente les activités et les rapports futurs des équipes. Toutes les formules de développement des organisations impliquent en conséquence trois étapes qui leur sont communes et qui peuvent varier largement dans les détails. Ces trois étapes sont :

– la collecte d'information sur les activités ou les relations d'équipe ;

– la rétroaction de cette information à l'équipe ;

---

16. Pour la description des traits distinctifs du développement d'équipe, voir les sources comme Newton MARGULIES et Anthony P. RAIA (1968). «People in Organizations : A Case for Team Training», *Training and Development Journal*, vol. 22, août, pp. 2-11; et Gordon L. LIPPITT, «Team Building for Matrix Organizations», dans Gordon L. LIPPITT, Leslie E. THIS et Robert G. BIDWELL Jr. (1971). *Optimizing Human Resources*, Reading, Mass., Addison-Wesley Publishing Co., pp. 158-170. L'histoire de cas d'une expérience de développement d'équipe est fournie par Iain L. MANGHAM, J. HAYES et Gary L. COOPER (1970). «Developing Executive Relationships», *Interpersonal Development*, vol. 1, pp. 110-127.

17. Richard BECKHARD (1969). *Strategies of Organization Development*, Reading, Mass., Addison-Wesley Publishing Co., p. 16.

– la planification-action par l'équipe, fondée sur la rétroaction et les réactions qu'elle suscite.

Beckhard appelle cette approche du développement d'équipe un modèle de recherche-action d'intervention[18].

Il y a de nombreuses manières de structurer une expérience de développement d'organisation, et chacune d'elles peut être justifiée selon les circonstances. En fait, les formules choisies suivantes ont toutes aidé une expérience de développement des organisations à franchir les trois étapes citées :

– Une équipe ouverte à la discussion, expérimentée, peut se réunir périodiquement afin de progresser dans une planification de l'action basée sur les réponses qu'elle donne aux questions : Où en sommes-nous ? Et pourquoi ? Comment est-il possible de faire mieux ?

– Une personne-ressource venue de l'extérieur peut interviewer les membres de l'équipe, dans le but de leur rapporter plus tard ses impressions globales sur les réactions à ses questions, telles que : Comment pourrions-nous améliorer la compétence et l'efficacité de notre équipe ?

– Une équipe pourrait solliciter des informations et recevoir des rétroactions au moyen d'un « dispositif en miroir ». Par exemple, un groupe de préposés de l'unité du service à la clientèle s'enquiert, auprès de l'unité de mise en marché, de ce que tel client important pense du service, avec l'intention d'utiliser cette rétroaction dans la planification de l'action de l'unité de service.

– Une équipe peut adopter la forme d'un groupe de formation pour produire des données et fournir une rétroaction sur les relations interpersonnelles internes, dans le but d'améliorer la communication et la prise de décision.

– Une équipe pourrait choisir entre une variété de programmes de développement proposés par des sociétés de consultants qui s'y sont spécialisées, comme dans la grille manageriale (*Managerial Grid*) de Blake[19].

– Deux équipes ou plus pourraient convenir d'une session de confrontation où chacune fournirait information et rétroaction sur ses perceptions de l'autre. Cette rétroaction peut ensuite devenir la base d'une planification-action de chaque équipe, ou des deux à la fois. Normalement, ces formules prévoient des rencontres de deux à cinq jours, en terrain neutre. Il n'est pas inhabituel de voir des équipes de travail programmer une activité de développement d'équipe à des intervalles de six à douze mois.

---

18. *Id. ibid.*, pp. 16, 27-28.
19. Robert R. BLAKE et Jane MOUTON (1968). *Corporate Excellence Through Grid Organization Development*, Houston, Texas Gulf Publishing Co.

Point central différencié des activités

Le point central des activités peut être à facettes multiples. Le registre entier en sera suggéré ici, de deux façons, les deux soulignant ce que chaque équipe efficace ferait ou devrait nécessairement faire. D'un point de vue particulier, chaque équipe doit aménager un équilibre viable et nécessairement dynamique entre au moins cinq ensembles d'exigences simultanées, comme la figure 1 le suggère ; d'un point de vue global, l'omission de n'importe laquelle de ces exigences aura un effet à long terme sur les autres, et, en conséquence, sur l'efficacité de l'équipe. De là vient le besoin, périodiquement, d'un ajustement précis, sinon général, de l'allocation des ressources aux diverses exigences de l'équipe.

FIGURE 1

Cinq niveaux d'exigences que les équipes doivent maintenir en équilibre

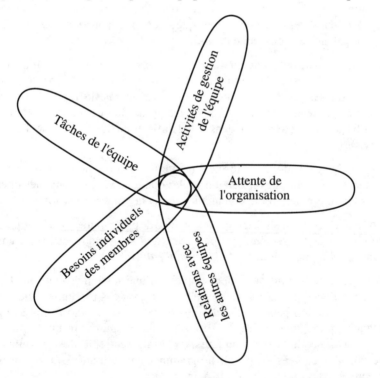

Ajoutons, pour expliquer quelque peu la figure 1, que les activités de développement d'équipe peuvent se concentrer sur la cruciale répartition des forces entre les deux exigences venant de l'extérieur de l'équipe. Ce sont :

– *les attentes de l'organisation* relativement au rendement de l'équipe, qui peuvent s'exprimer par l'établissement de standards de production, de niveaux acceptables de qualité de la production, de grandes politiques et procédures, etc. ;

– *les relations avec les autres groupes*, qui peuvent être décisives dans au moins trois situations générales :

• lorsque deux ou plusieurs équipes travaillent simultanément sur des sous-systèmes à intégrer dans une opération ou un produit ;

• lorsque deux ou plusieurs équipes travaillent sur les étapes en série d'une opération ou d'un produit, et que l'allure et la qualité du travail d'une équipe sont déterminées par celles de l'autre équipe ou des autres équipes, ou les influencent directement ;

• lorsque deux ou plusieurs équipes sont entre elles dans une relation de vendeur-acheteur ou de producteur-consommateur d'un service donné, comme dans les relations ordinaires du personnel d'une ligne d'assemblage.

Les défis posés par l'intégration de ces deux niveaux d'exigences sont multiples, et devraient être plus ou moins évidents. Par exemple, les prévisions de productivité de l'organisation pourraient acculer deux équipes interdépendantes à des situations de compétition à somme nulle (si je gagne, tu perds), comme par exemple lorsque chacune blâme l'autre pour sa production plus basse que prévu. En langage familier on dit qu'«une pierre dans le jardin de l'autre» aiderait la première équipe à combler les attentes de productivité de l'organisation. Le gain s'obtiendrait, cependant, au prix d'une détérioration des relations des deux équipes.

Chaque équipe doit aussi établir un équilibre entre les trois exigences internes et les deux exigences externes mentionnées plus haut. Les exigences internes primordiales sont :

– *la tâche de groupe*, dont les exigences à court terme peuvent l'emporter sur toute autre ;

– *la gestion de groupe*, par quoi il faut entendre la gestion de ce que chaque membre fait *aux* autres membres de l'équipe, et ce qu'il fait *avec* eux, dans l'exécution de la tâche commune, car une équipe «doit avoir une conscience croissante de ce qu'elle est [...], de son réseau constamment changeant d'interactions et de rapports, et de son besoin de maintenir des relations internes appropriées à la tâche[20]» ;

---

20. Gordon L. LIPPITT (1969). *Organization Renewal*, New York, Appleton-Century-Crofts, p. 102.

– *les besoins individuels* des membres de l'équipe, qui influencent de différentes façons le travail de celle-ci, et dont la satisfaction relative détermine la participation et l'engagement de ces membres dans l'équipe.

Les défis, présentés par la conciliation de ces exigences internes, sont classiques, et peuvent influencer les réponses apportées aux exigences externes. Considérons le cas d'un chef d'équipe que son ambition démesurée aveugle au point qu'il néglige toute activité de gestion du groupe, à seule fin que l'équipe dépasse les attentes de l'organisation dans l'exécution d'une tâche. Il reçoit par la suite une promotion au moment précis où l'efficacité de son équipe commence à se détériorer, ce qui lègue d'importants problèmes internes et externes à son successeur. Et l'homme récemment promu peut même, de façon peu charitable, commenter les problèmes de son successeur en suggérant qu'on ne peut pas s'attendre à trouver deux administrateurs de génie de suite, occupant un poste si exigeant.

Par conséquent, le centre d'attention commun aux activités du développement d'équipe est la gestion des interfaces complexes entre les exigences internes et les exigences externes. La tâche est particulièrement délicate à cause de l'opération de plusieurs logiques de première importance et souvent conflictuelles. Les logiques sont diversement associées à la hiérarchie ou autorité, au marchandage permanent entre les individus ou les groupes, et à l'ajustement socio-émotif.

D'un second point de vue, apparenté au premier, les qualités propres aux activités du développement d'équipe peuvent être suggérées par ce qu'exige le *travail d'équipe*. Le développement d'équipe, nous nous inspirons ici de Gordon L. Lippitt[21], tourne souvent autour du poids relatif des composantes du travail d'équipe, telles que :

– la compréhension des buts communs et l'engagement à leur égard ;

– l'intégration du plus grand nombre de ressources possible des membres de l'équipe, afin de mettre à profit leur contribution et aussi d'accroître leur prise en charge personnelle et leur engagement à l'égard des objectifs de l'équipe, ou de ce qu'elle produit ;

– l'aptitude et l'empressement des individus dans l'analyse et le réexamen des mécanismes d'équipe, afin d'empêcher l'accumulation d'affaires en attente et d'améliorer l'efficacité de l'équipe ;

– la confiance et l'ouverture d'esprit dans les communications et les relations ;

– un fort sentiment d'appartenance des membres à l'équipe.

---

21. *Id. ibid.*, pp. 107-113.

Les activités du développement d'équipe visent ordinairement à réaliser ces idéaux du travail d'équipe. Étant plus exigeant que le travail individuel, le travail d'équipe doit aussi composer avec les pénibles conflits potentiels que recèlent ces idéaux. Par exemple, un fort sentiment d'appartenance à un groupe peut devenir dysfonctionnel, comme lorsque la mission d'une équipe change ou est réduite, et que les membres de l'équipe ne songent qu'à perpétuer leurs anciens rapports sans nuage.

Aspects intergroupes

Les formules de développement de groupe pourraient impliquer des aspects intergroupes. On ne saurait exagérer l'importance de ce point, sauf de façon extravagante. Il est patent que les organisations font naître de nombreux besoins de rapports intergroupes harmonieux. De plus, la probabilité est élevée que ces liens s'avèrent aussi difficiles à maintenir qu'ils sont importants. On notera seulement, ici, qu'au moins trois aspects communs aux rapports intergroupes pourraient devenir les cibles de formules de développement. Ainsi la compétition destructrice entre deux ou plusieurs groupes pourrait être la cible d'une expérience de développement d'équipe. Ou l'objectif pourrait être l'amélioration des communications. Finalement, la confiance est souvent déficiente entre les groupes dont les travaux doivent être unifiés, ce qui pourrait motiver une formule intergroupes.

Importance du démarrage

Les activités de développement d'équipe sont particulièrement importantes lors du démarrage des opérations. Ainsi le développement d'équipe est spéciale-ment applicable dans des cas tels que : la formation d'une nouvelle unité de l'organisation, comme un nouveau groupe voué à la réalisation d'un projet ; le remplacement des membres clés d'une équipe, par exemple par un programme de rotation des tâches ; la constitution d'un comité *ad hoc* ou spécial, qui doit rapidement entamer et mener à bien une tâche, pour ensuite se dissoudre. Ces exemples impliquent, comme le note Beckhard[22], que les démarrages organisa-tionnels ont souvent certaines caractéristiques communes qui rendent les activités de développement d'équipe particulièrement utiles[23]. Pour parfaire sa liste de

---

22. Richard BECKHARD (1969). *Op. cit.*, pp. 28-29.
23. Roger HARRISON (1970). « Effective Organization for Startup », Boston, Mass., Development Research Associates Inc., 8 juillet. Texte ronéotypé. Voir aussi Fred FOSMIRE, Caroline KEUTZER et Richard DILLER (1971). « Starting up a New Senior High School », dans Richard A. SCHMUCK et Matthew B. MILES (sous la direction de), *Organization Development in Schools*, Palo Alto, Cal., National Press Books, pp. 87-112.

base de ces caractéristiques, ajoutons que les démarrages impliquent d'habitude plusieurs problèmes qui doivent être identifiés dès le début et résolus rapidement. Ce sont :

– une importante confusion au sujet des rôles et des relations ;

– une compréhension raisonnable des buts immédiats, mais un manque d'intelligence des mesures à prendre dans l'immédiat et qui sont nécessaires aux opérations à long terme, ce qui progressivement favorise un fort désir d'action immédiate, cependant refréné par le souci d'éviter que des initiatives irréfléchies ne deviennent plus tard des précédents embarrassants ;

– une fixation sur la tâche immédiate, ce qui signifie souvent que les activités de gestion du groupe ne reçoivent qu'une attention inadéquate, et que les besoins individuels sont négligés[24].

– le défi relevé par les membres de l'équipe qui fournissent un travail technique considérable, mais qui peuvent aussi en souffrir les répercussions sérieuses dans leur vie personnelle ou familiale[25], et qui, de toute façon, mettent dans les relations de travail une intensité qui mérite une surveillance attentive.

À plusieurs points de vue, donc, les opérations de démarrage peuvent poser des défis importants aux activités de développement d'équipe.

---

24. Étonnamment, ce sujet est suggéré par des changements dans les styles de supervision des centrales électriques, du démarrage aux opérations normales, rapportés dans Floyd C. MANN et L. Richard HOFFMAN (1960). *Automation and the Worker : Social Change in Power Plants*, New York, Holt, Rinehart and Winston. Voir également Floyd C. MANN (1965). « Toward an Understanding of the Leadership Role in Formal Organization », dans Robert D. M. DUBIN (sous la direction de), *Leadership and Productivity*, San Francisco, Chandler Publishing Co., pp. 68-103.

25. Le phénomène est particulièrement marqué pour les équipes des projets de l'aérospatiale, ce qui illustre sans aucun doute une forme d'organisation d'importance croissante. Pour une perspective générale, voir Philip SLATER et Warren G. BENNIS (1968). *The Temporary Society*, New York, Harper & Row Publishers ; et Alvin TOFFLER (1970). *Future Shock*, New York, Random House, particulièrement les pages 119-120.

10

Le groupe de formation
Légende et science

Aline FORTIN

Tous ceux qui ont participé à un groupe de formation savent qu'il s'agit d'une expérience très difficile à décrire. Ils ont gardé un souvenir vivace des premières sessions où l'ambiguïté de cette situation, qui ne ressemble à aucune autre, jointe à l'attitude incompréhensible et même révoltante du moniteur qui refusait obstinément de prendre la situation en main, les avait plongés dans un état aigu de déception, d'énervement, voire même d'hostilité. En revanche, souvent les dernières sessions apparaissent, en rétrospective, comme une sorte de paradis de la bonne entente, qu'il serait si bienfaisant de retrouver dans la vie courante. Comment un tel changement s'est-il produit ? Entre ces deux moments, certains événements se détachent — affrontement violent entre deux participants, révélation dramatique faite par l'un des membres, acharnement du groupe sur un individu déviant , mais ils suffisent rarement à expliquer le revirement constaté : le mystère demeure entier.

Tout mystère commande une mythologie et le groupe de formation n'échappe pas à la règle. Dans notre milieu, il a sa légende, qui s'est répandue comme traînée de poudre en quelques années. Chose étrange, cette légende demeure extrêmement stable dans son contenu, bien que la majorité de ceux qui participent à un groupe de formation en viennent à déplorer d'avoir abordé cette expérience avec des attentes héritées de la tradition orale et se promettent bien de ne pas transmettre, à leur tour, les mêmes stéréotypes. Souvent, ils n'ont pas retrouvé dans leur groupe ce jeu de la vérité et cette violence dont on les avait prévenus, et sont d'autant plus décidés à détruire le mythe qui entoure le groupe de formation. Et pourtant, il n'a encore rien perdu de sa vitalité. Tout se passe *comme si*, en dépit de ce que l'on peut penser et dire, on ne réussissait à transmettre à l'interlocuteur «non initié» qu'une image d'une situation insolite et angoissante.

J'espère échapper aujourd'hui à cette règle en tentant de substituer la science à la légende. Peut-être semble-t-il rebutant, pour ceux qui l'ont vécue, de voir décrite, en termes froids et objectifs, une expérience tellement vivante et chargée d'une gamme de sentiments personnels vivaces. C'est dans la mesure où les hommes ont cessé de considérer l'automobile comme un engin mystérieux, voire diabolique, qu'ils ont compris les rudiments de son fonctionnement et sont devenus de bons conducteurs, capables de tirer de leur véhicule son plein rendement... De même, il est probable qu'une meilleure connaissance de ce qu'est le groupe de formation, de ses objectifs, de ses limites et de son fonctionnement permette d'en tirer un plus grand enrichissement personnel et d'en recommander une utilisation adéquate.

Cet exposé sur le groupe de formation aurait facilement pu prendre les dimensions d'un volume. Il demeurera forcément sommaire. Vous y trouverez des données de base : ce qu'est le groupe de formation, quelques théories sur son fonctionnement et une discussion du problème que pose le transfert de la formation.

Qu'est-ce que le groupe de formation ?

Le groupe de formation[1] est une méthode d'apprentissage en petit groupe : il met à la disposition des membres certains moyens susceptibles de rendre plus adéquat et satisfaisant, pour eux, leur fonctionnement dans des situations sociales. Contrairement à ce qui se passe dans les groupes ordinaires, les membres ne sont pas réunis pour accomplir une tâche, mais pour acquérir de nouvelles connaissances qui leur serviront ensuite dans leurs contacts avec autrui. Il s'agit donc essentiellement d'une technique pédagogique, que je vais tout d'abord tenter de décrire le plus concrètement possible, pour en dégager ensuite les caractéristiques spécifiques.

Comment se déroule un groupe de formation ?

En général, un groupe de formation comporte de huit à douze membres et il est dirigé par un professionnel appelé *moniteur*.

---

1. Le groupe de formation a été désigné sous des appellations variées : au Canada, on utilise aussi le terme « groupe de sensibilisation », alors que d'autres pays francophones parlent de « groupe de base » ou de « groupe de diagnostic ». Ces divers vocables tentent de traduire le terme américain *T-Group* (T pour *training*). La documentation américaine utilise aussi l'expression *sensitivity training group* pour identifier cette technique pédagogique.

Composition du groupe et dimensions temporelles

Le groupe est habituellement composé à partir du postulat qu'il constituera une source d'apprentissage d'autant plus féconde qu'il permettra à chacun d'entrer en contact direct avec des individus dont la personnalité, la formation et l'expérience sont très diversifiées. Un groupe trop restreint risque de ne pas offrir cette variété ; s'il est trop nombreux, par contre, le participant pourrait fort bien ne pas profiter de toutes les ressources présentes, car il lui sera difficile d'établir des échanges fréquents et suivis avec chacun de ses coéquipiers.

Pour les mêmes raisons, le groupe est le plus hétérogène possible. Dans la mesure où les circonstances le permettent, on y retrouvera des personnes des deux sexes, d'âges, d'éducations, d'occupations, de statuts sociaux et civils variés. Il arrive évidemment que certains de ces critères ne peuvent s'appliquer : l'hétérogénéité sera alors définie en fonction de la situation particulière. Ainsi un groupe de formation qui s'insère dans un programme de perfectionnement à l'intention de professeurs sera forcément homogène quant à la profession ; c'est alors en tenant compte de l'endroit où ils travaillent, de leur expérience professionnelle, du type de connaissance qu'ils doivent transmettre, du niveau d'enseignement ou du type de cours auxquels ils sont rattachés, que l'on regroupera les professeurs, afin d'obtenir l'éventail le plus vaste possible de ressources théoriques et pratiques.

Habituellement, le groupe de formation suppose des sessions de deux ou trois heures chacune. La durée globale varie selon le nombre de participants, le rythme des sessions et les objectifs particuliers qui ont présidé au choix de cette technique d'apprentissage. En général, il faut calculer deux heures, en moyenne, par participant, pour que l'expérience ait chance de porter fruit. Il ne s'agit pas de consacrer deux heures à chacun, mais de prévoir, par exemple, que l'expérience devra totaliser au moins vingt heures si le groupe de formation comporte dix participants. Plus l'intervalle de temps qui sépare les sessions est considérable, plus il est utile de prolonger la durée totale du groupe : à chaque rencontre, en effet, les participants ne seront prêts à poursuivre l'apprentissage amorcé qu'après une période de mise en train où ils devront se « remettre dans l'atmosphère ».

Enfin, les objectifs précis que l'on désire atteindre, à l'aide du groupe de formation, peuvent aussi influencer la durée du groupe selon le temps requis pour y parvenir. Dans le cadre d'une session de formation aux relations humaines, le groupe de formation lui-même peut prendre une place plus modeste dans l'horaire si les participants sont, par ailleurs, engagés dans plusieurs activités structurées qui fournissent au groupe de formation la matière sur laquelle il devra se pencher.

Bien que ce ne soit pas très fréquent, certains groupes de formation peuvent profiter d'une vie très longue. Dans le cadre de programmes universitaires, par exemple, ils sont parfois conçus comme un lieu d'intégration, à un niveau très personnel, des cours et de l'expérience acquise dans l'ensemble des activités éducatives. Le groupe de formation, qui a débuté alors le plus souvent par une série intensive de rencontres, continuera à se réunir deux fois par semaine durant tout un semestre, voire même toute une année.

Au chapitre des dimensions temporelles, il importe de mentionner ce que l'on désigne sous le nom de « marathon ». Il s'agit d'une formule éliminant toute interruption : les participants se réunissent pour un nombre déterminé d'heures (habituellement une vingtaine) dans un endroit aménagé de telle sorte qu'ils puissent manger et se reposer sur place, selon leurs besoins, sans arrêter le déroulement des activités du groupe.

La vie du groupe

Bien que des échanges aient pu déjà avoir lieu entre les participants, la vie « officielle » du groupe débute avec un mot d'introduction ou d'explication du moniteur. L'exposé variera selon le style de chacun. Mais il traitera en général des points ci-dessous. Par exemple, le moniteur dira, concernant :

– les *objectifs* du groupe de formation :

> « Nous qui sommes réunis ici, ce soir, sommes appelés à vivre ensemble un certain nombre d'heures ; nous avons la possibilité de former un groupe à notre propre rythme et selon nos propres goûts, ce qui n'est habituellement pas le cas dans la plupart des groupes dont nous avons déjà fait partie. Cette expérience va nous permettre de comprendre en le vivant comment un groupe naît, se développe et se dissout, et quel rôle chacun de nous joue dans cette évolution. »

– la *philosophie de l'apprentissage* sous-jacente au groupe de formation :

> « Parce que nous n'avons aucune tâche prédéterminée à accomplir, il nous est possible de consacrer du temps, chaque fois que nous en éprouvons le besoin, à essayer de cerner et d'expliquer ce qui se passe entre nous ; de cette façon, nous pourrons mieux saisir des phénomènes de groupe que nous connaissons déjà, pour les avoir vécus, mais que nous ne comprenons pas toujours parce que nous n'avons pas le temps de nous arrêter à les analyser. Ceux qui le désirent peuvent aussi utiliser le groupe pour expérimenter de nouvelles façons d'agir et recevoir les commentaires ou l'aide des autres durant ces essais. »

– *ce que l'on peut apprendre* dans un groupe de formation :

> « Il y a une foule de choses que l'on peut retirer d'un groupe de formation. Tout dépend des besoins du groupe et de ses membres. On peut utiliser cette expérience pour mieux comprendre des phénomènes de groupe courants, comme le leadership, les conflits, l'apathie, la cohésion. Il peut aussi nous

permettre de découvrir l'image que les autres ont de nous ou encore l'effet qu'a sur eux notre façon d'agir. Pour d'autres, le groupe pourra être une occasion de développer de nouvelles façons d'entrer en contact avec autrui ou d'identifier certaines de leurs réactions spontanées dans des situations sociales, réactions qui leur ont échappé jusqu'à maintenant. »

– les *règles du jeu* :

« À part votre présence dans le local assigné au groupe, aux moments indiqués à l'horaire, il n'y a pas d'autre règle qui s'applique à nos activités. Le groupe est responsable d'organiser sa propre vie comme il l'entend et chacun est libre de participer de la façon qu'il juge la plus appropriée. »

– le *rôle du moniteur* :

« Je ne suis pas l'animateur ni le président de ce groupe. En d'autres termes, je n'établirai pas d'ordre du jour ni de procédure, je ne choisirai pas les sujets de discussion. Je ne jouerai pas les rôles habituellement dévolus à un meneur de discussion. Je suis ici pour aider chacun de vous à tirer le meilleur parti possible des diverses occasions d'apprentissage qui se présenteront au cours de cette expérience. »

La présentation du moniteur est assez souvent suivie d'un silence qui dure rarement plus d'une quinzaine de secondes, contrairement à l'image qu'en gardent parfois les participants. Ce silence est brisé, soit par une proposition ou un commentaire d'un participant qui engage le débat, soit par une ou plusieurs questions adressées au moniteur concernant ce que l'on pourrait ou devrait faire : « Est-ce qu'on doit se choisir un sujet de discussion ? » La réponse du moniteur rappellera le principe de l'autonomie que possède le groupe en ce qui concerne sa propre organisation : « Vous pouvez le faire si vous le désirez, c'est à vous d'en décider. »

Quelle que soit la façon dont s'amorcent les échanges — présentation des participants, explication par chacun des objectifs qu'il espère atteindre grâce à cette expérience, discussion sur un thème choisi par le groupe ou conversation à bâtons rompus — il est rare que le déroulement de la première session satisfasse l'ensemble des participants. Il serait en effet surprenant qu'une douzaine de personnes, qui, le plus souvent, ne se connaissent pas, en viennent d'emblée à une conversation dont le contenu et les modalités correspondent aux goûts de chacun. De plus, le climat du début est empreint d'une certaine tension : même s'ils sont extrêmement intéressés à vivre un groupe de formation, les participants éprouvent facilement diverses appréhensions face à ce qui pourrait s'y passer.

Les premières heures du groupe sont donc consacrées à briser la glace et à chercher un terrain commun où les intérêts de chacun seraient satisfaits. À cette étape, le moniteur intervient surtout pour encourager les participants à exprimer ouvertement leurs craintes, leurs désirs et leurs réactions face aux autres et à ce qui se passe. Ses questions ou ses commentaires ne sont pas toujours compris ou les bienvenus : les participants ne voient pas l'utilité d'exprimer des sentiments qu'ils croient évidents, naturels ou universels, ou encore ils craignent d'être jugés par les autres.

Peu à peu, les participants apprennent à se connaître et découvrent en même temps la variété de leurs réactions personnelles à des événements même anodins : ils entrevoient donc progressivement l'utilité de faire connaître leurs désirs et de s'expliquer pour que le groupe adopte des mécanismes de fonctionnement adéquats. Toutes les difficultés n'en sont pas abolies pour autant : de tels échanges sont possibles et fructueux dans la mesure où la confiance s'établit entre les participants, où chacun apprend à formuler ses réactions en des termes accessibles aux autres et accepte de remettre en question certaines de ses façons de voir ou d'agir.

Le moniteur aide le groupe à créer ces conditions qui favoriseront une meilleure communication. Comme leur mise en place ne peut être que progressive, le groupe traverse des périodes d'harmonie et de cohésion suivies de périodes de tiraillement et d'insatisfaction, qui obligent les participants à clarifier plus profondément leurs points de vue et leurs réactions. Si cette confrontation réussit, le groupe parviendra à une solidarité plus intense que celle qu'il a connue jusque-là.

Le *climat* du groupe oscille le plus souvent entre la satisfaction et l'insatisfaction, la bonne entente et l'affrontement, le repos et la tension. À travers ces fluctuations, les relations entre les participants deviennent plus authentiques et plus profondes. Au plan du *contenu des échanges*, les thèmes de conversation extérieurs au groupe, qui occupaient la majeure partie des premières sessions, cèdent peu à peu la place aux événements qui se produisent dans le groupe. Durant les dernières sessions, les participants semblent, pour un observateur extérieur, vivre dans un monde à part : ce qui les préoccupe, ce dont ils parlent, ce sont leurs réactions face aux autres, les sentiments qu'ils éprouvent à leur endroit, les motifs qui expliquent leur comportement, leurs attitudes personnelles qu'ils découvrent, comprennent mieux ou désireraient changer à la suite de certains commentaires ou réflexions…

Il est difficile d'être beaucoup plus précis en ce qui concerne le *déroulement concret* d'un groupe de formation. En effet, plus l'expérience se poursuit, plus les thèmes de discussion reflètent les besoins particuliers qui deviennent prédominants dans un groupe donné. Certains se donneront comme tâche principale d'établir un climat d'intimité qui permette à leurs membres de sortir de l'isolement qu'ils éprouvent dans leur vie quotidienne et de pouvoir enfin partager avec d'autres des préoccupations ou des expériences cruciales qu'ils ont toujours tenues secrètes. Dans d'autres groupes, le but primordial sera d'arriver à s'écouter et à se comprendre en dépit de conceptions de la vie diamétralement opposées. Pour d'autres groupes enfin, les phénomènes de *leadership* constitueront la préoccupation majeure : les membres essaieront, avec acharnement, de parvenir à une répartition de l'influence entre eux et à des modalités pour l'exercer, qui donnent à chacun la place qui lui revient dans le groupe.

Le rôle du moniteur

Le comportement du moniteur, tout comme les préoccupations des membres, variera d'un groupe de formation à l'autre. Le contrat qui l'unit en quelque sorte au groupe, contrat dont il a énoncé les termes lors de l'introduction qu'il a faite au tout début, l'engage à aider le groupe à utiliser au maximum les occasions d'apprentissage qui se présenteront. Ces dernières sont forcément fonction de l'histoire propre au groupe et des besoins particuliers à ses membres.

Les interventions du moniteur sont donc basées sur quelques *objectifs généraux*, mais prendront des *formes diverses* selon les circonstances. Il cherchera, tout d'abord, à faire du groupe un lieu où soit possible l'acquisition des talents de compréhension et d'action favorables à l'établissement et au maintien de relations interpersonnelles adéquates. Bien que ce soit là le motif qui ait poussé la plupart des membres à s'inscrire à une telle expérience, les participants auront tendance à sacrifier leur désir d'apprentissage à leur confort personnel, lorsque surviendront des situations de tension ou de conflit. Dans ces circonstances, l'encouragement du moniteur à analyser la situation, au lieu de l'ignorer, n'est pas superflu.

Un aspect important de sa tâche consiste aussi à instaurer dans le groupe un climat favorable à l'apprentissage et à aider chacun à éliminer les résistances personnelles qu'il éprouve devant la perspective d'avoir à remettre en question certaines de ses attitudes ou certains de ses comportements. La crainte d'être mal jugé ou rejeté, qui bloque souvent l'apprentissage, provient parfois de l'individu lui-même, parfois de la culture du groupe et parfois des deux. Le moniteur aidera donc le groupe à bâtir un climat de confiance mutuelle, de soutien et de liberté, qui encourage chacun à s'exprimer sans vouloir se justifier, et à prendre en considération les commentaires d'autrui sans devoir se défendre.

Éliminer tout obstacle ne suffit pas pour que le groupe de formation devienne véritablement un lieu d'apprentissage. Il faut encore découvrir et apprendre à appliquer diverses méthodes d'investigation qui fourniront au groupe des données utilisables. Le moniteur attirera l'attention des participants sur diverses facettes des événements auxquelles ils ne prêtent pas spontanément attention, et, souvent, servira en quelque sorte de modèle pour les analyser de façon adéquate.

Le moniteur se préoccupera enfin de faciliter l'application ultérieure de l'expérience acquise et le maintien des nouveaux comportements adoptés. Le groupe de formation constitue une situation bien particulière, souvent sans liens très nets avec la vie quotidienne, aux yeux des participants. Il peut leur apparaître difficile, ou même inapproprié, d'utiliser plus tard certaines conclusions qu'ils ont tirées ou certaines attitudes qu'ils ont adoptées au cours de cette expérience. Ce transfert de l'expérience acquise pose de réels problèmes et le moniteur aidera les participants à les cerner afin qu'ils y trouvent des solutions appropriées.

Cet exposé du déroulement d'un groupe de formation et du rôle du moniteur peut sembler bien général. Il me paraît cependant suffisant, dans le cadre de ce chapitre, dont l'objectif principal est d'exposer les fondements théoriques du groupe de formation en tant que formule pédagogique. Le lecteur intéressé à un compte rendu plus détaillé pourra consulter Klaw (1970), Bradford (1964), Weschler et Reisel (1960), qui rapportent des exemples concrets.

Sur quels postulats pédagogiques s'appuie le groupe de formation ?

Les événements qui se produisent dans le groupe de formation prennent une signification particulière : leur valeur découle de l'apprentissage qu'ils permettent (puisque c'est l'objectif de cette activité) et non de leur utilité pour la progression d'un travail donné. L'incapacité de prendre une décision, par exemple, est habituellement désastreuse lorsqu'il y a une tâche à accomplir, mais, dans le groupe de formation, elle prend une valeur positive pour autant qu'elle devienne l'occasion de découvrir, d'éprouver et d'analyser différents moyens de parvenir à un accord.

Toute technique d'apprentissage suppose une source d'informations, une définition de ce qui constitue l'information pertinente et le choix d'un niveau d'interprétation des informations recueillies. L'étude de ces trois points permettra de saisir comment le groupe de formation constitue une méthode d'apprentissage originale, distincte d'autres techniques poursuivant des buts similaires.

Le groupe constitue la source d'information

Contrairement à ce qui se passe dans un cours traditionnel, une conférence, où une seule personne (le professeur, l'expert) doit fournir au groupe la majorité des données qui nourrissent l'apprentissage, dans le groupe de formation, chaque membre est invité à jouer ce rôle dans la mesure de ses capacités. Le moniteur pourra aussi faire bénéficier le groupe de l'information qu'il détient, mais, dans ce domaine, il n'occupe pas de position prépondérante vis-à-vis des membres : sa tâche spécifique consiste à favoriser la production, l'évaluation et l'intégration du plus grand nombre de données pertinentes possible. En d'autres termes, il se donne comme responsabilité propre d'assurer les meilleures distribution et utilisation possibles de l'information, mais n'en assure pas lui-même la production.

Le hic et nunc *constitue l'information pertinente*

Dans un séminaire, un groupe de discussion, un cours centré sur l'étudiant, l'ensemble des participants et non une seule personne doit fournir aux échanges leur contenu éducatif, mais celui-ci demeure presque toujours extérieur au groupe lui-même, qu'il s'agisse de la philosophie de Sartre, de la théorie de la relativité ou de l'exercice de l'autorité. Il arrive bien que le thème discuté ait une relation avec la vie du groupe, mais on passe habituellement sous silence le phénomène tel qu'il est vécu par le groupe pour l'étudier à l'extérieur ou en général. Parfois même, lorsque le lien risquerait d'être trop évident, on l'exclut d'emblée : « Évidemment, entre nous, de tels préjugés ne jouent pas ! »

Au contraire, dans le contrat que le moniteur passe avec son groupe lors de la première session, il est entendu que ce sont les événements présents et actuels, comme la position des membres dans le groupe, le partage du pouvoir entre eux, l'intensité de l'engagement de chacun, et non des problèmes qui se jouent sur d'autres scènes, qu'il utilisera pour favoriser leur apprentissage. Peu à peu, l'analyse de l'interaction entre les participants, l'expérience vécue par chacun avec toutes ses composantes (comportements, réactions, sentiments, etc.) constituent le noyau des échanges.

La dimension interpersonnelle de la personnalité
constitue le niveau d'interprétation de l'information

Le groupe de formation cherche à améliorer le fonctionnement de l'individu dans un contexte social. C'est donc dire que l'on s'y intéresse davantage aux gestes que posent les membres, à leur comportement vis-à-vis d'autrui qu'à leur vie intérieure intime. Contrairement au groupe de thérapie, il ne s'agit pas d'utiliser les incidents de la vie du groupe pour découvrir les mobiles inconscients qui guident l'action des participants ou la dynamique profonde de leur personnalité. Toute la vie d'un groupe peut être envisagée comme une série de réseaux d'interréactions des membres entre eux, réactions qui s'expriment plus ou moins clairement par des gestes, des paroles, des prises de position : tel est le postulat qui sert de base à l'interprétation du *hic et nunc* dans le groupe de formation. Les membres essaient de découvrir les réactions que suscite leur comportement, et leurs propres réactions à autrui ; ils voient comment ce système d'interrelations détermine et explique la vie de *leur* groupe et comment ils peuvent le modifier pour la plus grande satisfaction de tous.

Toute science évolue en abolissant les frontières qui séparaient jusque-là des domaines considérés comme différents. Le groupe de formation n'a pas échappé à cette loi. L'ignorance délibérée des mobiles inconscients comme facteur explicatif, qui le caractérisait durant les années 50, s'est quelque peu tempérée surtout lorsque cette formule pédagogique est utilisée à des fins de «croissance personnelle» des participants. Le groupe de formation n'en garde pas moins comme caractéristique spécifique de placer l'analyse au niveau interpersonnel et social plutôt qu'au niveau strictement personnel et individuel.

En *résumé*, le groupe de formation est en quelque sorte constitué d'élèves qui rédigent eux-mêmes, en collaboration, le manuel dans lequel ils étudient. Ils récoltent les données pertinentes, en font l'analyse et la synthèse et utilisent le plus possible, pour ce travail, l'apport de chacun. Le moniteur joue le rôle de coordonnateur de la rédaction.

Quelques théories sur le groupe de formation

Nombreuses sont les théories qui essaient de décrire et d'expliquer le groupe de formation. (Les volumes dirigés par Bradford, Gibb et Benne, en 1964, et par Golembiewski et Blumberg, en 1970, en présentent, à eux deux, environ une douzaine.) Ces conceptions diffèrent, soit par le point de vue adopté, soit par l'accent mis sur un aspect particulier du groupe de formation. Nous ne pouvons malheureusement nous arrêter à chacune d'elles. En voici quelques-unes choisies pour illustrer le mieux possible l'éventail des conceptions du groupe de formation :

– celle de Miles (1959) d'abord, qui tente d'analyser le mécanisme même d'apprentissage en jeu dans le groupe de formation ;

– celle de Bennis et de Shepard[2] (la plus ancienne et la plus connue sans doute), qui essaie d'expliquer le déroulement des événements dans le groupe de formation en tant que séquence unique et propre à cette activité ;

– celle de Benne (1964) et celle de Weschler[3], finalement, qui représentent deux options différentes et partiellement opposées quant à l'objectif du groupe de formation.

Miles : le processus de formation

Selon Miles, l'apprentissage des relations humaines comporte cinq étapes, représentées à la figure 1.

---

2. Voir W. G. BENNIS (1964) et W. G. BENNIS et H. A. SHEPARD (1956). «Theory of Group Development», *Human Relations*, vol. 9, n° 4, pp. 415-438.
3. Voir I. R. WESCHLER et E. H. SCHEIN (1962).

Il s'agit d'un processus cyclique — chaque cycle comprend les cinq étapes — qui peut se dérouler à l'infini et dont les différents cycles peuvent se recouvrir. Alors que X en est encore à chercher une façon d'exprimer certains sentiments hostiles, il commence à découvrir qu'il est mal à l'aise chaque fois qu'il doit jouer, dans un groupe, un rôle qui le met en évidence. Envisagé dans le temps, on peut donc se représenter l'apprentissage selon la figure 2.

L'apprentissage commence par l'*insatisfaction* qu'une personne éprouve devant un problème. À elle seule, la perception d'une difficulté ne suffit pas à amorcer un changement. Si une personne se sent rejetée par une autre et prend ce rejet comme un honneur — elle croit, par exemple, que son antagoniste déprécie toute personne qui lui est supérieure —, il est peu probable qu'elle désirera vraiment améliorer sa relation avec elle. Pourquoi quelqu'un désirerait-il changer, s'il est satisfait de lui-même ? Ce n'est qu'à partir du moment où l'on est mécontent de certaines de ses attitudes, de certains de ses comportements que l'on désire les transformer.

À partir de ce moment, l'individu peut se mettre à la *recherche de nouveaux modes d'agir*. C'est la deuxième étape de l'apprentissage, qui suppose une certaine conscience de la possibilité de se conduire différemment. Tout se passe comme si la personne se disait : « *Si* j'essayais d'agir de telle *façon* qui ne m'est pas habituelle — par exemple, de parler moins souvent —, peut-être que *telle* conséquence, que je souhaite, s'ensuivrait — on m'écouterait mieux quand je parle. » Les nouveaux comportements, envisagés alors, proviennent de différentes sources : conférences, lectures, conseils sur la façon de travailler en groupe. Pour le participant d'un groupe de formation, la source principale demeure cependant l'observation du comportement des autres participants et leurs commentaires sur sa façon d'agir. Très souvent en effet, l'attitude qui est le sujet d'insatisfaction est apparue jusque-là comme tout à fait naturelle et, partant, peut-être comme la seule possible. La contribution majeure du groupe, à cette étape, consiste à présenter un témoignage vécu, souvent étonnant et déconcertant, de la variété des réactions humaines.

Après avoir envisagé un certain nombre de comportements nouveaux et possibles, le participant est prêt pour un *essai provisoire*. Comme tous ses membres ont en commun un certain désir d'amélioration, le groupe de formation constitue un endroit particulièrement propice pour tenter d'employer un nouveau mode d'agir. Il n'en demeure pas moins que, lorsqu'un membre se départit des conduites qu'il maîtrise et utilise depuis longtemps, pour s'engager dans des sentiers inconnus de lui, il se sent très vulnérable. Même s'il sait que le groupe n'a qu'une durée éphémère et que, par conséquent, les bévues qu'il risque de commettre ne le compromettront pas jusqu'à la fin de ses jours, il a besoin de sentir autour de lui un climat de soutien et de sympathie exempt de jugement pour entreprendre cette nouvelle étape.

FIGURE 1
Le processus de formation selon Miles

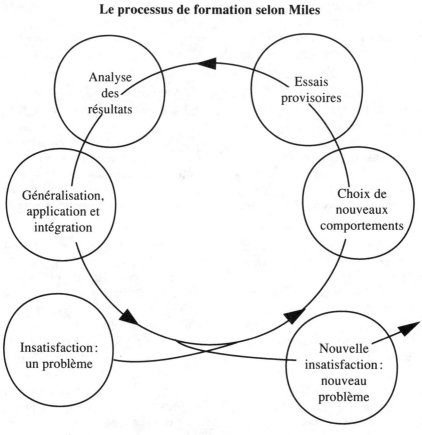

FIGURE 2
La dimension temporelle de l'apprentissage

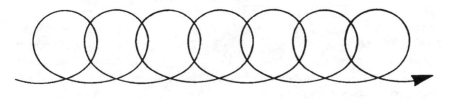

TEMPS

En dépit du proverbe « c'est en forgeant qu'on devient forgeron », l'essai de nouvelles conduites ne constitue pas à lui seul une solution : c'est en *analysant les résultats* de ses efforts que l'on apprend vraiment, car seule cette réflexion permet de découvrir si le but désiré a été atteint. Pour se développer dans le domaine des relations humaines, il faut donc prendre connaissance des effets de ses nouveaux comportements sur autrui. Dans la vie courante, le principal obstacle à l'amélioration personnelle, c'est la quasi-impossibilité de se fier aux réactions fugitives et officielles des autres pour juger de l'impact de ses actes sur eux. Le système de *feed-back* qui se développe à l'intérieur du groupe de formation permet aux membres de découvrir la portée véritable de leur comportement parce que les réactions exprimées sont claires et exemptes de déformation, viennent d'une personne non menaçante et suivent de près l'acte auquel elles font allusion.

Lorsqu'il possède une image nette de son nouveau comportement et de ses effets sur autrui, le participant peut ensuite *l'intégrer à sa perception de lui-même, la généraliser et l'appliquer à d'autres situations.* « J'ai découvert que je puis m'exprimer clairement lorsque je me sens à l'aise avec quelqu'un : il n'est pas surprenant que mon patron ne me comprenne jamais ! » Cette dernière étape est absolument nécessaire, sans quoi la découverte demeure purement verbale et superficielle : elle ne peut alors servir dans d'autres situations. Encore là, un climat de soutien, de sympathie et d'entraide est nécessaire au participant, qui souvent entrevoit un élément de sa personnalité qu'il lui est difficile d'accepter. « J'ai toujours prêché la démocratie et voilà que je m'aperçois que je me comporte en autocrate avec mes employés ! »

Théoriquement, l'apprentissage est maintenant terminé, mais, selon le mot de Bernard Shaw, « la science ne solutionne jamais un problème sans en créer dix autres ». En aplanissant une première difficulté, une personne découvre souvent une nouvelle source d'insatisfaction et le cycle recommence. En réalité, l'apprentissage n'est jamais terminé.

Bennis et Shepard : dépendance et interdépendance

Lorsqu'ils se réunissent pour la première fois, les membres d'un groupe se posent plusieurs questions sur ce que sera ce nouveau groupe. Il y règne donc un climat d'incertitude qui provient de deux foyers de préoccupations. Les membres s'interrogent, tout d'abord, sur la répartition entre eux des pouvoirs et des responsabilités, sur les modes d'influence acceptables et condamnables, sur les normes de comportement et les sanctions à imposer aux membres déviants… Ces questions ont toutes trait à un même problème fondamental, celui des *relations d'autorité ou de dépendance* : c'est la première zone d'incertitude. De plus, les membres se demandent jusqu'à quel point on attend d'eux qu'ils soient froids, objectifs et rationnels ou, si une participation plus personnelle, subjective et émotive était acceptée, comment serait reçue l'expression de sentiments négatifs s'ils venaient à en ressentir à l'égard du groupe ou de certains membres... Cet ensemble d'inconnues constitue le problème des *relations interpersonnelles ou de l'interdépendance*, qui est la deuxième zone d'incertitude dans un groupe nouvellement formé.

Même dans un groupe bien établi, ces deux problèmes, dépendance et interdépendance, ne sont jamais totalement solutionnés. La vie en groupe comporte donc toujours bon nombre d'incertitudes qui seraient une source continuelle d'anxiété si l'individu n'avait développé une façon de les régler pour son propre compte. En effet, toute personne a un mode de réaction qu'elle affiche, de façon à peu près constante, chaque fois que les problèmes de dépendance et d'interdépendance sont insuffisamment clarifiés.

On peut classifier en trois groupes les diverses *attitudes face à l'autorité*. Ceux qui se trouvent à l'aise lorsqu'il existe un meneur aux responsabilités définies et un ensemble de règles déterminant le comportement des membres, sont appelés dépendants. Ceux qui, au contraire, ne peuvent accepter aucune structure d'autorité sont appelés contre-dépendants. Ces deux catégories de personnes ont en commun de réagir en face de l'autorité de façon quasi automatique, c'est-à-dire sans considération pour la situation en cause. Ces personnes ont eu des difficultés non résolues dans leurs relations avec des figures d'autorité et leur attitude (dépendance ou contre-dépendance) constitue une mesure de protection à laquelle ils recourent chaque fois que la présence d'une autorité risquerait de faire resurgir des difficultés semblables. Il existe une troisième catégorie de personnes, les indépendants, qui peuvent, dans chaque groupe dont ils font partie, considérer la situation comme unique et chercher quelle est la structure qui convient le mieux dans les circonstances, plutôt que d'accepter ou de rejeter *a priori* toute forme d'autorité.

Dans le domaine des *relations interpersonnelles*, on retrouve trois types de réactions possibles de la part des membres d'un groupe et on qualifie ceux qui les manifestent de personnels, contre-personnels ou hyperpersonnels. Les personnes hyperpersonnelles et contre-personnelles se ressemblent par une certaine peur d'être rejetées si elles se présentent telles qu'elles sont. Les contre-personnels essaient d'échapper à ce destin en exigeant d'eux-mêmes et d'autrui des échanges rationnels et objectifs centrés sur le travail à accomplir. Les hyperpersonnels, eux, vont au-devant des coups: ils exigent de chacun un engagement émotif intense, excluent d'emblée toute forme de participation intellectuelle et ne se sentent à l'aise dans un groupe que lorsqu'ils ont établi avec chacun des relations très intimes et très chaleureuses. L'individu personnel, qui craint moins le rejet, présente, au contraire, une attitude plus nuancée. Il peut peser la nécessité, l'utilité et les risques de l'engagement personnel dans une situation donnée et travailler à créer les conditions qui le rendent possible avant de l'exiger des autres.

C'est en se référant aux zones problématiques de la vie d'un groupe, d'une part, et aux réactions spontanées des membres lorsqu'ils y éprouvent des incertitudes, d'autre part, que Bennis et Shepard expliquent le déroulement particulier des événements dans le groupe de formation. Ce dernier constitue, en effet, une situation collective unique. Un ensemble de règles, formulées plus ou moins clairement, régit les divers groupes (unités de travail, comités et associations) que nous connaissons. Ce code tente d'apaiser, avec une efficacité certainement variable et qui demeure à évaluer, les inquiétudes des membres. Il les masque donc en partie et rend moins visibles les besoins fondamentaux et les réactions de chacun. Dans le groupe de formation, la situation est différente : le moniteur ne définit pas les attitudes et les comportements désirables. La personnalité des participants s'exprime alors clairement, car il n'est pas nécessaire de faire la part entre ce qui est soumission aux normes et ce qui est apport personnel. Les membres ont aussi la possibilité de résoudre le problème des relations d'autorité et des relations interpersonnelles de la façon la plus adéquate possible, compte tenu de leurs besoins respectifs. La vie du groupe se divisera donc en deux grandes périodes comprenant chacune trois phases : durant la première période se solutionne le problème de la dépendance, durant la seconde, le problème de l'interdépendance.

Première période : l'autorité

Première phase : dépendance — évasion

Le tout début du groupe de formation est caractérisé par une grande anxiété déclenchée par le refus du moniteur d'assumer lui-même l'organisation de la vie du groupe. Les membres croient qu'il sait très bien quelle structure ils doivent se donner, mais la leur laisse trouver eux-mêmes. Aussi la recherche d'un but qui occupe habituellement le groupe durant ces premières minutes est-elle, de fait, une tentative pour découvrir ce que le moniteur attend du groupe. Voilà pourquoi cette phase se caractérise à la fois par l'évasion et la dépendance, le groupe refusant la responsabilité de son propre fonctionnement et la remettant aux mains du moniteur.

Comme il s'agit d'une activité d'apprentissage en relations humaines, les membres ont tendance à recourir, parce qu'ils les croient désirés par le moniteur, à ces comportements qui sont habituellement acceptés des autorités. Les échanges sont menés par les dépendants et c'est l'époque de l'*intimidation par l'expérience* ! On se tourne vers ceux qui semblent les plus familiers avec le maniement des groupes et on leur demande des directives pour combler le vide créé par le retrait du moniteur.

Ce mode de fonctionnement ne peut durer éternellement, pour plusieurs raisons. Les membres n'étant pas prêts à se partager le pouvoir ne peuvent accepter de se soumettre longtemps à l'autorité d'un des leurs. Les dépendants qui exerçaient une influence prépondérante pour maintenir le climat de dépendance commencent à ressentir de l'agressivité envers le moniteur, ce meneur qui refuse de prendre ses responsabilités, et les contre-dépendants hésitent de moins en moins à laisser poindre leur rejet de l'autorité constituée, parce qu'ils connaissent mieux les participants et perçoivent l'insatisfaction générale.

Évidemment cette description est théorique : elle décrit le climat qui prévaut à certains moments et fait abstraction d'un bon nombre d'événements qui laissent présager les étapes subséquentes ou qui sont des reliquats de problèmes antérieurs. Dans la réalité d'un groupe de formation, il n'y a pas de phases complètement distinctes les unes des autres.

Deuxième phase : contre-dépendance — lutte

Cette deuxième phase, qui débute par des expressions d'hostilité de plus en plus fréquentes, est marquée par deux phénomènes importants. Tout d'abord le groupe se scinde en deux factions qui se livrent bataille. Les dépendants tentent d'organiser le travail en établissant un ordre du jour, une procédure, etc. et les contre-dépendants s'y opposent vigoureusement. En même temps, le moniteur est totalement ignoré : les contre-dépendants voient ses interventions comme des tentatives d'interruption et ses silences comme de la manipulation ; les dépendants trouvent ses remarques sans valeur et hors de propos et considèrent ses silences comme une désertion. L'ignorance du groupe constitue une punition à l'endroit du moniteur qui, aux yeux des participants, s'avère incompétent dans l'exercice de ses fonctions. Il est encore trop menaçant pour que les participants puissent exprimer ouvertement leur déception face à son inefficacité, aussi tentent-ils de former un « bon groupe », tout en se passant de son aide.

Le conflit qui oppose dépendants et contre-dépendants mène le groupe au bord de la dissolution.

Troisième phase : résolution de la dépendance

Depuis le début du groupe s'est développé un certain nombre de forces positives qui vont le sauver de la faillite. Des liens se sont créés entre les membres de chacun des sous-groupes rivaux. Ils contribuent à diminuer l'anxiété du départ : les participants, se sentant ainsi moins isolés, sont moins préoccupés de chercher l'approbation des autres. De plus, les interventions du moniteur ont fait silencieusement leur chemin en dépit des apparences.

Lorsque le groupe est au bord de la ruine, les indépendants, relativement effacés et inefficaces jusque-là, deviennent le seul espoir de survivance. Comme ils sont demeurés à l'écart des clans rivaux, ils sont considérés comme plus impartiaux et on est prêts à les prendre comme médiateurs. Étant plus libres devant la question en litige, ils sont les mieux placés pour amorcer l'analyse du conflit, analyse qui aboutira à la solution du problème d'autorité.

Ce dénouement s'amorce souvent par une expression claire des griefs à l'égard du moniteur, ce qui permet de les évaluer à la lumière des faits. Seule la remise en question du rôle et de la compétence du moniteur permet aux participants d'accepter de former un groupe autonome, c'est-à-dire un groupe où les responsabilités sont partagées entre les membres, selon leurs ressources, où le moniteur est aussi un membre et, à ce titre, assume sa part de responsabilités. Le groupe en vient à accepter, en principe, le partage du pouvoir et règle ainsi le problème des relations d'autorité, mais ce partage n'est pas encore effectué. Pour le réaliser, il va falloir solutionner le problème des relations interpersonnelles.

Deuxième période : les relations interpersonnelles

Quatrième phase : enchantement — évasion

Cette phase d'euphorie qui survient approximativement au milieu de la vie du groupe de formation est bien connue : c'est l'époque des blagues, des rires, des réminiscences poétiques des moments difficiles passés ensemble, des sorties de groupe. Cet état de béatitude doit être compris pour ce qu'il est vraiment. Ce sens joyeux d'appartenance au groupe s'exprime grâce à un accord tacite pour oublier ou nier les problèmes qui ne sont pas encore réglés. À mesure que le temps passe cependant, il devient de plus en plus difficile de maintenir l'illusion de l'harmonie : les allusions hostiles deviennent de plus en plus fréquentes malgré les efforts des hyperpersonnels pour maintenir un climat chaleureux.

Peu à peu, chacun des participants se trouve aux prises avec le dilemme suivant. D'une part, il se sent obligé de sauvegarder à tout prix la bonne entente si chèrement acquise. D'autre part, il devient de plus en plus réticent à sacrifier sa propre personnalité et sa propre identité pour la cohésion d'un groupe qui satisfait de moins en moins ses propres besoins et désirs.

Cinquième phase : désenchantement — lutte

Afin de prévenir le retour des heures pénibles vécues plus tôt, deux solutions sont proposées. Ne pas pousser plus loin l'engagement personnel est la solution qui rallie les contre-personnels. Les hyperpersonnels, eux, demandent, au contraire, une amitié et une acceptation sans condition en alléguant souvent des concepts philosophico-religieux comme la charité chrétienne, l'altruisme ou la démocratie. Il se produit donc une nouvelle scission dans le groupe.

En réalité, les deux clans opposés admettent secrètement un même postulat : l'intimité engendre le mépris. Les contre-personnels essaient d'éviter cette blessure à leur estime d'eux-mêmes en affirmant que le groupe ne peut aller plus loin, les hyperpersonnels, en mettant l'accent sur leur acceptation de tous, croyant ainsi que les autres se sentiront coupables de les rejeter.

Sixième phase : validation par consensus

Peu à peu, durant le conflit qui divise le groupe à la phase précédente, se fait jour la nécessité d'effectuer une certaine évaluation des rôles joués par les différents participants. Ce besoin est loin d'être reconnu d'emblée : les contre-personnels s'y opposent comme à une invasion de leur vie privée, les hyper-personnels y résistent parce qu'une évaluation implique une différenciation entre les membres.

Ce conflit se règle lorsque chacun accepte de rendre public son propre système privé d'appréciation et de compréhension de la conduite humaine. Ce genre de travail demande énormément d'efforts et de talent de communication. Cette fois, ce sont les individus personnels qui, à cause de leur peu de difficulté dans les relations interpersonnelles, permettent d'en arriver à une solution, par exemple en demandant les commentaires des autres sur leur propre participation. Ainsi confrontée à la réalité, la peur du rejet que ressentent les autres membres face à l'évaluation prend souvent des proportions beaucoup moindres.

Le fonctionnement du groupe durant l'évaluation acquiert des caractéristiques nouvelles : les différences individuelles sont acceptées sans être jugées bonnes ou mauvaises ; les conflits existent toujours, mais se centrent sur les véritables problèmes plutôt que sur des questions émotives ; les décisions sont le fruit d'un échange rationnel suivi de consensus et non de pressions soutenues pour obtenir l'unanimité ; les membres sont conscients de leur propre engagement ainsi que d'autres processus de groupe sans s'en alarmer ; les membres prennent les uns pour les autres une existence vraiment personnelle.

Comme conséquence de cette évaluation, chacun comprend mieux la façon de penser, de ressentir et de réagir d'autrui et entretient à son endroit des attentes moins stéréotypées et plus proportionnées à ce qu'il est vraiment. Cette description est évidemment celle du groupe qui, dans l'esprit des auteurs, constitue le « bon groupe ». Malheureusement, rares sont ceux qui achèvent vraiment le travail de cette dernière phase. Plusieurs l'atteignent peu de temps avant la fin du groupe : l'évaluation est alors forcément rapide et les problèmes les plus épineux sont alors passés sous silence. De plus, la valeur de ce travail dépend énormément des membres : il suffit d'une seule personne terrorisée par des relations intimes pour immobiliser le groupe.

La vie du groupe de formation est donc un enchaînement de tentatives pour apporter une réponse aux deux classes d'incertitude auxquelles tout groupe est confronté : les relations d'autorité et les relations interpersonnelles. Ce qui donne au groupe de formation cette histoire unique, c'est l'absence, au point de départ, de toutes normes, lesquelles répondent plus ou moins adéquatement à ces deux catégories d'inquiétudes et parviennent à les masquer dans les groupes naturels. Le vide ainsi créé et les interventions du moniteur amènent les participants à identifier, à comprendre et à dissiper leurs incertitudes.

Weschler : le processus de croissance personnelle

Cette conception représente un point de vue plus récent sur ce qu'est l'objectif du groupe de formation. En effet, les préoccupations des moniteurs axées d'abord sur les phénomènes de groupe se sont peu à peu déplacées vers la dynamique individuelle, le but poursuivi étant moins de former un groupe capable de fonctionner harmonieusement (comme dans la théorie de Bennis et Shepard) que d'aider les membres à atteindre un niveau de développement personnel plus élevé. Après avoir banni du groupe de formation tout élément du *there and then* pour ne considérer que les épisodes immédiats de la vie du groupe, certains moniteurs en sont venus à considérer comme beaucoup plus valable, pour l'individu, l'exploration de ces sentiments secrets plus ou moins confus qui sous-tendent ses activités, de ces valeurs qui imprègnent constamment sa vie. Weschler est un des pionniers les plus connus de cette nouvelle orientation.

Thérapie et personnalité normale

Un très grand nombre d'individus sont considérés par leur entourage comme psychologiquement sains. Ils accomplissent leur travail avec efficacité et savent répondre adéquatement aux exigences de la vie familiale et sociale. Ils entretiennent des relations harmonieuses et satisfaisantes avec leurs amis et bon nombre de leurs collègues de travail. Cependant, la vie en société, avec ses exigences complexes et souvent contradictoires, ne leur est pas nécessairement facile. Sous l'apparence extérieure du succès et de l'adaptation, subsistent des doutes et des craintes qui créent une certaine tension intérieure, rongent une portion de l'énergie de la personne et l'empêchent de donner son plein rendement.

Paradoxalement, les personnes qui semblent le mieux s'accommoder des normes de la société, sont souvent fortement affectées dans leur bien-être intérieur par ces mêmes normes. À ces personnes le groupe de formation fournit une occasion de découvrir et d'exploiter leurs ressources inutilisées et d'atteindre un mode de vie personnelle plus satisfaisant, en renforçant leur désir de se connaître et de vivre plus pleinement leurs rencontres avec autrui. La psychothérapie a été inventée surtout pour venir en aide aux individus psychologiquement handicapés. Le groupe de formation est une technique analogue conçue spécialement pour les gens relativement sains : au lieu de s'attaquer à la solution de conflits névrotiques, elle leur permet de découvrir ces ressources uniques qu'ils possèdent pour donner un sens plus riche à leur vie.

Jeu culturel et groupe de formation

Bien que nous soyons tous désireux de mieux nous connaître, nous sommes souvent placés dans un dilemme à cet égard par le contexte social dans lequel nous vivons. La culture, en effet, nous impose un ensemble complexe de contraintes et notre réussite sociale dépend de notre habileté à les observer. En d'autres termes, un des grands facteurs de notre succès réside dans notre apparente normalité conformément aux barèmes d'équilibre psychique de notre milieu culturel. Si un individu a reçu de ses contemporains la confirmation de sa valeur — il est reconnu comme un meneur, un homme d'action, un expert en son domaine — le besoin d'apparaître normal aux yeux d'autrui guidera en grande partie son comportement interpersonnel. Quels que soient les doutes, les craintes, les sentiments d'incapacité ou de solitude qu'il puisse éprouver intérieurement, il les camouflera soigneusement, car, croit-il, un être sain ne connaît pas de telles inquiétudes.

Une grande part de son énergie sera donc employée à bâtir des façades qui masquent aux autres sa véritable personnalité. Il deviendra ainsi un isolé, car, pour éviter que l'on détruise la façade qu'il s'est érigée, il devra feindre de croire sans restriction à l'image que les autres lui présentent d'eux-mêmes. Toute communication authentique deviendra impossible. Finalement, il s'isolera aussi de lui-même. En effet, pour sauvegarder la véracité de sa façade en s'épargnant de trop grands déchirements intérieurs, il sera bientôt amené à réprimer ses sentiments réels. Les efforts qu'un individu doit déployer pour maintenir cette identité qu'il s'est donnée, l'empêchent de se donner pleinement à d'autres tâches, et, bien qu'à brève échéance, ils lui rapportent un certain succès, ils le condamnent, à longue échéance, à l'insatisfaction de lui-même et à une stérilité personnelle plus ou moins grande.

Le groupe de formation constitue une sorte d'« îlot culturel » où un nouvel ensemble de règles remplacent celles du jeu culturel en vigueur sur le « continent ». Il offre donc aux participants une période de répit, où ils peuvent explorer ces dimensions de leur expérience qu'ils ne peuvent exprimer dans la vie courante. La manifestation de leurs sentiments y est bienvenue et ne sert pas de base à un jugement sur eux en tant que personne. Les symboles de statut et les rôles traditionnels de la culture sont absents. Le participant peut donc tenter d'adopter de nouveaux comportements sans être paralysé par la terreur qu'un échec entraîne un désastre, d'autant plus qu'il ressent de la part d'autrui une attention et une sympathie inaccoutumées envers sa vie intérieure.

Façades et points aveugles

La figure 3 permet de comprendre les effets du groupe de formation.

La « fenêtre » du *feed-back*

	Connu de soi	Inconnu de soi
Connu des autres	I Image partagée	II Points aveugles
Inconnu des autres	III Façades	IV Inconscient

Le groupe de formation cherche à agrandir le plus possible la zone I, l'image que l'on a de soi et qui est partagée par les autres, aux dépens particulièrement des zones II et III.

En ce qui concerne les façades par lesquelles nous cachons aux autres bon nombre de pensées et de sentiments (zone III), l'effet principal du groupe de formation consiste à séparer le coût réel du pseudo-coût attaché à leur révélation. Il est indéniable qu'un dommage véritable peut en résulter. Mais, trop souvent, nous avons tendance à tenir secrets des sentiments qui ne peuvent que nous attirer l'affection et l'estime dont nous rêvons. Nous ne percevons pas toujours à quel point les autres peuvent être enclins à nous manifester de la sympathie et nous sommes aussi facilement inconscients de la quasi-universalité de certaines de nos pensées secrètes. En effet, il semble que souvent ces sentiments profonds que nous croyons être les seuls à éprouver et que nous hésitons à dévoiler par peur d'être incompris ou de faire étrange figure, font partie de l'expérience vécue de la majorité des humains. Le groupe de formation permet à ses membres de prendre conscience de la similitude des problèmes qu'ils ont à affronter et rend ainsi inutiles plusieurs façades.

Chacun possède des points aveugles (zone II), c'est-à-dire que certains éléments de lui-même qui sont évidents pour autrui lui demeurent inconnus. À mesure que, dans un groupe de formation, les membres expriment leurs perceptions d'eux-mêmes et des autres avec un réel désir de se comprendre, ils en viennent à mieux se connaître eux-mêmes. Un tel échange ne va pas sans anxiété, mais il engendre aussi de nouveaux espoirs, de nouvelles aspirations. Il cimente des liens d'amitié profonds entre les participants, qui n'en apprécient que mieux la valeur et la richesse des relations interpersonnelles, alors qu'elles leur étaient peut-être apparues jusque-là comme une menace, ou une pure routine.

La disparition progressive des façades et des points aveugles donne à l'individu une ouverture et une liberté d'action nouvelles. Certes, les premières heures du groupe de formation sont dominées par l'anxiété et la peur, mais, à mesure que le participant se sent plus détendu, il commence à ressentir les bienfaits de cette expérience. L'exploration de ses sentiments, de pénible qu'elle était au début, devient une aventure passionnante, une sorte de défi qu'il a du plaisir à relever.

Cette conception du groupe de formation comme expérience de développement et d'enrichissement personnels convient tout particulièrement aux groupes dits « avancés » (dont tous les membres ont déjà participé à un groupe de formation), car les membres ont déjà eu l'occasion d'identifier et de comprendre leurs déficiences majeures et sont prêts pour la recherche de leurs ressources ignorées.

Benne : de la polarisation au paradoxe

Pour Benne, toute la vie du groupe de formation peut se ramener à la transformation d'un certain nombre de polarisations en paradoxes, qui permettent de résoudre la contradiction par la complexité. Devant les différents problèmes qu'ils affrontent, les participants ont tendance à se diviser en sous-groupes qui défendent des solutions envisagées comme opposées les unes aux autres. Cette polarisation du groupe autour de points de vue contradictoires le mène à une impasse, car, abstraitement, aucune des positions adoptées n'est juste à l'exclusion des autres. C'est précisément lorsque les membres découvrent que chacune contient une part de vérité qu'ils peuvent les reformuler en un paradoxe utilisable dans une situation concrète.

Par exemple, il est impossible de décider en théorie si les individus doivent être sacrifiés au groupe ou si le groupe doit se soumettre entièrement aux besoins des individus. Les deux opinions sont également défendables et également intenables. En fait, moins le groupe menace l'individualité de ses membres, plus ils sont prêts à payer de leur personne, et plus le groupe développe de cohésion, plus les membres se sentent libres d'être eux-mêmes. Lorsque les participants ont découvert ce paradoxe de la vie sociale, ils peuvent trouver une structure qui fasse de *ce* groupe une équipe unie par des liens solides tout en respectant les droits auxquels tiennent *ces* personnes qui le composent.

La théorie de Benne est en fait une série de commentaires ou d'observations cliniques concernant différents aspects du développement et du fonctionnement d'un groupe de formation : les premiers sont appelés sociologiques parce qu'ils traitent le groupe en tant que système social organisé et les seconds sont appelés culturels parce qu'ils mettent l'accent sur l'organisation normative intérieure au groupe.

Les aspects sociologiques

Le but du groupe

Le premier problème que les membres d'un groupe de formation rencontrent provient de l'absence d'un but délimité : certains croient que l'on ne va nulle part, alors que, pour d'autres, l'objectif du groupe est ce qu'eux-mêmes ont décidé qu'il était. Cette situation indéterminée crée un climat d'incertitude qui mobilise toutes les énergies.

En fait, il n'y a pas absence, mais multiplicité de buts : transformer un rassemblement d'individus en un ensemble social cohérent, discerner les processus de développement du groupe, sa capacité de travail, ses exigences d'intégration, en faire un lieu d'apprentissage... Et c'est devant la complexité du phénomène que les membres auront tendance à choisir un objectif tout en niant la valeur des autres. On verra souvent naître deux factions opposées, les uns retenant comme but la tâche à accomplir, les autres, l'exploration des sentiments personnels et des événements qui composent la trame du développement du groupe. En réalité, les membres apprendront dans la mesure où ils sauront identifier dans la vie du groupe les faits relevant de l'un et de l'autre but, où ils sauront combiner travail et interprétation.

Le développement et la solidarité du groupe et de ses membres

La première mission que se donne le groupe de formation, celle de transformer une collection d'individus en un système social cohérent, occasionne trois polarisations.

Il y a tout d'abord l'éternelle opposition entre le bien-être individuel et l'intérêt du groupe. Certains membres soutiennent que ce dernier doit exiger un engagement total, d'autres que des limites doivent être posées par les membres en fonction de leurs exigences personnelles. De part et d'autre, des principes viennent appuyer ces positions. En réalité, on constatera que plus la menace d'invasion de la vie privée diminue de la part du groupe, plus les membres s'engagent et plus la cohésion augmente. Le paradoxe est le suivant : quand le groupe encourage les demandes individuelles adressées au système social, les niveaux d'individualité et de solidarité s'accroissent à la fois.

La seconde polarisation concerne le confort contre le changement. C'est le problème tout particulier de la phase d'euphorie décrite par Bennis et Shepard. Dès que les membres ont connu un certain équilibre et une certaine harmonie, maintenir cette stabilité précaire devient la norme qui empêche l'expression d'insatisfaction. Certains proposent un ordre du jour rigide, alors que d'autres réclament la liberté de remettre les choses en question. Peu à peu, les membres constatent que seule une certaine sécurité fondée sur des relations établies leur permettra de faire face au changement et qu'inversement, la construction de liens interpersonnels stables exige un minimum de confiance dans les possibilités de développement du groupe.

La dernière contradiction se pose à propos de la liberté et de l'autorité dans le groupe. C'est la course au leadership, la lutte entre dépendants et contre-dépendants (dont il a été question plus tôt) et l'intégration du moniteur que l'on tend, en tant que symbole d'autorité, à suppléer ou à défier. La contradiction se résout lorsque le groupe se rend compte qu'il doit se donner une structure de pouvoir de façon à protéger la liberté de ses membres. Les membres apprendront alors à assumer le rôle d'êtres libres, tantôt en position d'autorité, tantôt en situation d'être dirigés.

L'organisation du travail

Pour plusieurs, le groupe de formation constitue un antidote aux habitudes de la vie sociale : les groupes ordinaires négligent les éléments émotifs impliqués par les relations humaines au profit de la tâche à accomplir ; le groupe de formation doit donc concentrer son attention sur ces facteurs oubliés et laisser de côté les éléments d'organisation du travail.

Cette séparation entre tâche et relations humaines est injustifiable, car, si les participants doivent apprendre à améliorer les contacts interpersonnels au sein d'un groupe, ils doivent en faire une véritable tâche. Ils doivent donc considérer ces questions comme se prêtant à une analyse rationnelle et consciente et y appliquer les processus usuels de résolution de problème, soit 1° l'échange d'informations, 2° l'organisation et l'interprétation des données, 3° le choix d'une solution et 4° l'application de cette solution.

En somme, le groupe de formation a pour but de résoudre efficacement les problèmes de maintien, de développement et de travail du groupe, car ils sont interdépendants. Négliger l'aspect de l'organisation, c'est reproduire, sans trop s'en rendre compte, la négligence habituelle qui laisse au hasard, au temps, voire même à la Providence, le soin de régler les problèmes de cohésion d'un groupe.

La langue de l'apprentissage

Dans le groupe de formation se produisent une foule d'événements et d'incidents qui permettent aux membres une nouvelle compréhension d'eux-mêmes et du fonctionnement d'un groupe s'ils sont correctement analysés. Mais que doit-on entendre par « analysés correctement » ? Trois langages sont à la disposition du groupe : les langages artistique, scientifique et politique. Lequel d'entre eux donne la meilleure perspective pour étudier la vie du groupe de formation ?

L'adoption d'un point de vue politique amène une interprétation pragmatique des événements. Une absence de préoccupations de cet ordre réduit considérablement l'intérêt des participants à utiliser les données d'observation et le *feedback*, alors qu'une trop grande polarisation sur l'aspect politique risque de limiter considérablement leur champ d'exploration à des considérations utilitaires ou moralisantes.

Une reconstruction *a posteriori*, élégante et convaincante, de l'histoire du groupe (la perspective artistique) est sans aucun doute le meilleur moyen d'établir entre les participants ce sentiment d'appartenance qui fait un groupe fort : le groupe acquiert ainsi une histoire, une tradition, une culture qui cimentent les liens entre ses membres. Pourtant, une telle reconstruction comporte des dangers. Elle transforme la valeur des événements — les moments dramatiques deviennent de délicieux souvenirs — et apporte ainsi tant de soulagement et de satisfaction que l'élégance et la valeur artistique de la narration peuvent prendre le pas sur sa véracité et son utilité. L'élaboration de l'histoire collective devient alors une forme subtile d'évasion devant des problèmes réels que le groupe appréhende d'affronter.

Une dernière perspective est à la disposition du groupe, celle de la science, qui tente de découvrir les raisons véritables de la tournure des événements : les membres formulent des hypothèses qu'ils essaient de vérifier. Il est évident que, sans un souci d'exactitude et de vérité, aucun apprentissage généralisable n'est possible. Par ailleurs, si le groupe est excessivement prudent et n'accepte que ces données qui sont tout à fait certaines et exemptes de déformation, il se dessèche et devient rapidement dépourvu de ces incidents qui lui fourniraient matière à analyse.

L'expérience révèle que souvent un groupe de formation adopte spontanément l'un des trois modes d'interprétation des événements — politique, artistique et scientifique — au détriment des deux autres. Les membres doivent peu à peu devenir conscients des limites et des avantages inhérents à ces divers types de fonctionnement, afin d'en arriver à les utiliser dans des proportions telles qu'ils puissent exploiter au maximum la source d'apprentissage qu'est la vie de leur groupe.

Les aspects culturels

Benne développe moins les aspects culturels qui touchent l'organisation du groupe, lequel élabore, au cours de son évolution, une culture ou un mode de vie qui lui est propre. Les points de référence lui manquent, car l'étude des petits groupes est pauvre à cet égard.

La caractéristique particulière au groupe de formation est son « espérance de vie » qui varie d'une vingtaine à une quarantaine d'heures. Ce temps limité a une influence importante sur le développement d'une culture de groupe ; en particulier, la discontinuité permet une grande liberté d'expression et de partage, qui facilite l'atteinte des objectifs particuliers à cette activité. Mais comment peut-on parvenir à des acquisitions durables à partir d'une expérience éphémère ? Il s'agira pour le groupe de développer une perspective temporelle autre que celle qui lui est dévolue, une vie qui déborde les limites fixées au calendrier et qui soit susceptible de faire le poids face à la réalité quotidienne. L'élaboration d'un « folklore » ou d'une « tradition » de groupe y contribue beaucoup : à partir d'un événement significatif, les participants construisent leur histoire, analysent le présent et prévoient l'avenir. Un tel événement prend alors un relief qui dépasse le cadre restreint dont il est issu.

L'élaboration d'une culture distinctive n'est possible que si les membres se centrent délibérément sur le contrôle, l'appréciation et la compréhension des réalités concrètes qui constituent leur expérience immédiate, soit le *hic et nunc*. Cette focalisation de l'attention ne peut se faire qu'en mettant entre parenthèses les rôles, les attitudes et les évaluations placés en écran entre soi et soi, ou encore entre soi et autrui. Il s'agit, en quelque sorte, d'un retour à l'homme primitif, en ce sens que les contrats et les critères sociaux habituels sont remis en question en fonction de la réalité présente. Cette lecture du moment présent devient à son tour source d'apprentissage, car elle peut s'appliquer à l'ensemble des événements futurs.

Développer une culture originale suppose la *construction d'un langage commun d'action et d'observation*. Si, au début du groupe, le problème de la langue sert la course au leadership, peu à peu le besoin de communiquer s'affirmera pour lui-même : diverses formes d'expression seront reçues pourvu qu'elles répondent à la nécessité et d'agir (prise de décision) et de comprendre (analyse des événements), car le groupe de formation n'a pas pour but l'action en soi, mais l'apprentissage par l'action.

Même si les membres ont appris à lire le moment présent avec un certain détachement des normes sociales habituellement en vigueur (*there and then*), ils doivent ensuite se détacher de critères sociaux intériorisés, se débarrasser de tous ces personnages sans visage qui leur posent des exigences au plus profond d'eux-mêmes, réévaluer, en un mot, leur morale personnelle. Cette quête de signification qui n'est pas à la remorque du sens imposé à la vie par la société, Benne l'appelle *regard vers l'abîme* de l'incertitude et de l'absurdité. Les membres éviteront de s'y engouffrer en acceptant de partir d'eux-mêmes et des faits présents, pour redonner à la vie un sens qui tienne compte de leur individualité propre et de l'intelligence collective.

Benne conclut avec quelques commentaires touchant la *méthodologie* proprement dite. Il rappelle que cette dernière, qu'elle se veuille pragmatique, esthétique ou scientifique, doit permettre un consensus à propos de la validité des perceptions et des interprétations, de sorte que les participants puissent identifier les limites du groupe de même que ses éléments perfectibles. C'est ainsi qu'ils apprendront à coopérer de façon créatrice avec la contradiction et le paradoxe.

Le transfert de la formation

Il suffit d'avoir vu évoluer un groupe de formation pour être convaincu qu'entre la première et la dernière session, des changements se sont opérés, tant chez les membres que dans le groupe. Mais s'agit-il là d'une acquisition durable, sinon permanente? Voilà tout le problème du transfert de la formation reçue. Un participant peut réussir à se mouvoir sans trop de heurts ou même à s'adapter pleinement à cette culture étrangère que constitue le groupe de formation. Pour qu'il y ait véritablement apprentissage, cela ne suffit pas: il faut *de plus* que, de retour chez lui, certains de ses comportements, certaines de ses attitudes et sa façon d'envisager certaines situations soient modifiés par cette expérience qu'il vient de vivre.

On peut imaginer un participant qui ferait, à la fin de son groupe de formation, le bilan suivant: «J'ai connu des gens épatants avec qui j'ai pu échanger comme jamais auparavant. Mon groupe était vraiment exceptionnel: tout le monde s'intéressait aux autres et cherchait à les comprendre vraiment. Je n'avais jamais rien vu de semblable. Dans quelques heures, je serai chez moi et la vie normale va reprendre. Je devrai revenir à mes anciennes habitudes. Dire vraiment ce que l'on pense, essayer de comprendre les autres, de les aider, tout ça c'est bien beau, mais à la maison, au bureau, avec les amis, c'est impossible. Le groupe de formation, ce n'est pas la vie réelle. Je suis bien content d'avoir vécu cette expérience, mais je demeure convaincu que, dans la vie réelle, il faut savoir garder ses distances et hurler avec les loups, comme on dit.» Sans vouloir minimiser le bien-être que ce participant a pu éprouver en se voyant soustrait à son mode de vie habituel, on doit cependant affirmer qu'il a très peu profité de l'expérience qu'il a vécue, puisqu'elle lui apparaît comme un moment privilégié qui laissera sa vie inchangée.

Quels sont les changements durables qui découlent normalement d'un groupe de formation? Comment peut-on assurer l'application des découvertes faites dans un îlot culturel à des milieux qui en diffèrent radicalement? Peut-on conserver à l'égard de ses amis, de ses collègues, l'attitude de confiance et de franchise que l'on a développée à l'égard des membres de son groupe de formation? Voilà autant de questions qui intéressent, à des titres divers, l'homme de science, le moniteur et le participant du groupe de formation.

Le point de vue de l'homme de science

Posé en termes scientifiques, le problème du transfert peut s'énoncer ainsi : Combien de personnes retirent un profit réel de leur participation à un groupe de formation et, alors, qu'y gagnent-elles ?

À cette question, il existe des réponses d'ordre *théorique*. (Tout ce que nous avons vu jusqu'ici constitue un effort dans ce sens.) Il est indéniable qu'elles ont beaucoup de valeur, mais elles demeurent malgré tout approximatives. En effet, elles dépendent étroitement du talent d'observateur, de l'expérience et de l'habileté conceptuelle de celui qui les formule. L'homme de science ne peut donc se contenter d'élaborer des théories : il doit tenter de les vérifier le plus rigoureusement possible par la recherche[4].

Or, la recherche sur le groupe de formation est encore dans l'enfance et doit faire face à des difficultés méthodologiques particulièrement complexes. C'est donc dire qu'il existe un décalage assez important entre les effets que l'on attribue au groupe de formation (avec raison, sans doute, pour la majorité d'entre eux) et les résultats que l'on a pu vérifier expérimentalement.

Dans l'ensemble, les recherches qui se sont arrêtées aux changements consécutifs à un groupe de formation en ont démontré l'existence chez 60 % à 75 % des ex-participants : on y parle surtout d'une plus grande correspondance entre l'image que l'on a de soi et ce que l'on voudrait être, d'une meilleure compréhension de soi-même, d'une flexibilité accrue, d'une sensibilité plus fine à l'égard d'autrui et des phénomènes de groupe, d'un talent mieux développé pour diagnostiquer une situation de groupe et pour agir en conséquence. Cependant les auteurs sont les premiers à attirer l'attention sur la confiance limitée que l'on peut donner aux résultats qu'ils obtiennent, car il n'existe pas encore de techniques vraiment fiables pour mesurer ces changements. Certaines études démontrent aussi que tous ne profitent pas également d'un groupe de formation : il semble que les individus dont l'anxiété, la dépendance ou la tendance à fuir les situations difficiles sont très fortes, apprennent peu, alors que les individus combatifs et capables d'engagement émotionnel profond en seraient les plus grands bénéficiaires. Il est aussi probable, selon certaines études, que le climat spécifique qui se développe dans un groupe donné favorise surtout l'apprentissage chez certaines catégories de membres.

---

4. Pour un tour d'horizon des résultats de recherches sur le groupe de formation, voir J. P. LANTHIER et Y. RODRIGUE (1973). « La formation en relations humaines : bilan des recherches les plus récentes », dans R. TESSIER et Y. TELLIER (sous la direction de), *Changement planifié et développement des organisations : théorie et pratique*, Paris et Montréal, EPI s.a. Éditeur et Les Éditions de l'IFG, pp. 625-650.

En résumé, les recherches confirment l'opinion des théoriciens : le groupe de formation est vraiment une occasion d'apprentissage. Mais, en même temps, elles soulignent que les changements obtenus sont loin d'être univoques ; ils sont influencés par de nombreux facteurs, dont les deux principaux sont la personnalité des participants et le climat particulier de chaque groupe de formation.

Le point de vue du moniteur

Le moniteur du groupe de formation assume la responsabilité professionnelle de l'apprentissage des membres de son groupe. Il ne peut se porter garant du changement comme tel, car ce sont les participants qui décident finalement s'ils désirent adopter de nouvelles attitudes, de nouveaux modes d'agir. Il doit cependant mettre à leur disposition les meilleurs outils nécessaires à leur développement. À ce titre, tous les problèmes que pose le transfert de la formation reçue ne peuvent le laisser indifférent s'il tient à remplir honnêtement son travail professionnel.

Un groupe de formation rassemble le plus souvent des individus dont la situation familiale et sociale est fort différente. Durant les sessions, tous vivent dans une certaine mesure les mêmes expériences et peuvent jusqu'à un certain point effectuer les mêmes découvertes. Revenu chez soi, chacun doit utiliser ce bagage commun dans des circonstances extrêmement variées. Mireille a tendance à être très distante avec les hommes et a de la difficulté à s'attacher à eux ; Réjean, lui, manifeste rarement son mécontentement devant un geste posé par quelqu'un d'autre. Tous les membres du groupe de formation étaient d'accord là-dessus : Mireille et Réjean se sont rendu compte qu'ils avaient raison et désirent changer. Mireille doit-elle décider de se montrer plus accueillante envers un de ses camarades de bureau qui s'intéresse beaucoup à elle, et Réjean doit-il aller trouver son patron en rentrant pour lui exposer l'insatisfaction qu'il a ressentie devant certaines de ses décisions ? Ce n'est pas sûr : le camarade de Mireille n'est peut-être pas du tout attirant pour elle et le patron de Réjean le prendrait peut-être en aversion pour longtemps.

L'application à une situation concrète des découvertes faites dans le groupe de formation ne va pas de soi, et le moniteur doit, dans la mesure du possible, aider les membres de son groupe dans ce travail.

Même si l'on considère que vivre et comprendre pleinement la situation *hic et nunc* du groupe de formation constitue en soi un apprentissage valable et plus profitable que de tenter de solutionner les problèmes que l'on a laissés chez soi, il n'en demeure pas moins que ce sont ces derniers problèmes que les participants sont, à long terme, le plus intéressés à résoudre. L'histoire même du groupe de formation depuis ses débuts, il y a vingt ans, peut se résumer en un effort continu pour faciliter aux participants l'utilisation dans leur milieu naturel de leurs nouvelles connaissances et de leurs nouveaux talents. Ces tentatives ont déjà produit des fruits, mais il est certain que l'on n'a pas encore découvert tous les moyens qui permettent d'atteindre ce but.

Sous un angle différent, le problème du transfert se pose aussi au moniteur avant même que le groupe de formation ne soit commencé, c'est-à-dire lorsqu'il est appelé à travailler avec un groupe donné. Depuis vingt ans, cette technique a été utilisée dans une très grande variété de milieux et de conditions. L'expérience ainsi accumulée a démontré que le groupe de formation peut, avec certaines personnes et dans certaines circonstances, avoir plus d'effets nocifs que d'effets positifs. Dans d'autres circonstances, bien qu'il soit un moyen d'apprentissage valable, il ne peut à lui seul régler certains problèmes. Un groupe d'institutrices, par exemple, peut tirer un réel profit du groupe de formation, mais si elles désirent apprendre à donner aux parents de leurs élèves des conseils adéquats pour aider leur enfant à faire son travail scolaire, il existe des techniques beaucoup plus efficaces que le groupe de formation.

En un mot, le groupe de formation n'est pas une panacée, et il appartient au moniteur consciencieux de juger de son utilité dans une situation donnée avant de l'entreprendre. Sa connaissance de la dynamique des groupes et de ses techniques lui sert de guide pour évaluer la situation où il est appelé à travailler : il peut alors décider si le groupe de formation s'avérera profitable et utile dans les circonstances, s'il est préférable de lui adjoindre d'autres techniques ou s'il vaudrait mieux le remplacer tout simplement par des moyens qui semblent plus prometteurs.

Le point de vue du participant

Habituellement, le participant qui termine son groupe de formation a l'impression d'en avoir retiré deux catégories d'acquisitions. Tout d'abord, il a modifié certaines de ses attitudes et certains de ses comportements. Ensuite, il a eu l'occasion d'assister et de participer à la mise en œuvre de techniques de la dynamique des groupes, soit à l'intérieur même de son groupe de formation, soit en tant qu'activités complémentaires. Il se demande maintenant quelle utilisation il peut faire de ce bagage, une fois retourné chez lui.

La première partie du problème peut se formuler ainsi : « Vais-je garder, à l'égard des personnes de mon entourage, les nouvelles attitudes et les nouveaux comportements que j'ai développés à l'intérieur de mon groupe de formation ? » La réponse à une telle question est loin d'être simple.

Tout d'abord, le groupe de formation constitue une situation spéciale où certains comportements sont possibles à cause des conditions particulières qui y règnent. La présence du moniteur, le désir commun de s'améliorer qui anime les membres et la sympathie mutuelle qui en découle assurent aux échanges une valeur qu'ils n'auraient pas si ces facteurs de sécurité étaient absents. Même si mon voisin ressemble à Pierre, un membre de mon groupe de formation, il n'est pas sûr que, si je lui disais franchement ce que je pense de lui, nos relations s'en trouveraient grandement améliorées, comme cela s'est passé avec Pierre. Tout d'abord, mon voisin ne compte peut-être pas sur moi pour se développer personnellement. De plus, il est certain qu'une conversation près de la clôture qui sépare nos deux terrains n'offre pas les garanties d'efficacité que présente un échange du même genre au sein du groupe de formation. Mon voisin pourrait être profondément blessé ou atterré par mes propos, il pourrait n'y rien comprendre ou encore me classer comme un envieux ou un grossier personnage. Le résultat a de bonnes chances d'être nul et même négatif. Est-ce à dire que je doive renoncer à tout changement dans nos relations ? Probablement pas, car il existe sûrement des moyens moins draconiens d'établir entre nous une communication qui s'éloigne des lieux communs qui la caractérisaient jusqu'à maintenant.

Parce que nous avons été ainsi éduqués, notre vie sociale est tissée de conventionnel et de trompe-l'œil. Aussi la découverte majeure qui résulte du groupe de formation est-elle souvent la constatation qu'il y a de nombreux avantages à se révéler aux autres tel que l'on est. De là à exiger d'emblée des autres un engagement personnel profond, il n'y a souvent qu'un pas pour le participant enthousiaste qui vient de découvrir les relations interpersonnelles authentiques. Une telle fougue peut souvent produire l'effet inverse : effrayées, les personnes qui n'ont pas vécu une pareille expérience se replient désespérément sur elles-mêmes au lieu de devenir plus ouvertes. L'engagement personnel n'est possible que dans une atmosphère de confiance et de respect mutuels et il est inutile de l'exiger d'autrui si l'on n'a d'abord réussi à créer ce climat.

Il n'est d'ailleurs pas rare qu'un changement chez une personne crée des malaises dans son milieu. « J'ai tellement d'ouvrage à la maison que j'ai rarement le temps de sortir avec mon mari, qui me le reproche souvent. Si je prends des dispositions pour me libérer plus rapidement de mon travail domestique, il sera sûrement content, mais peut-être pas autant que je l'imagine, car, maintenant, il devra tenir compte de mes goûts dans l'organisation de ses loisirs. » Cet exemple illustre bien comment notre entourage, obligé qu'il est de supporter nos travers, met au point des mécanismes pour s'en accommoder et en tirer parti. Si nous venons à changer, l'équilibre est rompu et il s'ensuit une période de malaise, qui ne cesse que lorsqu'un nouveau mode d'adaptation mutuelle a été élaboré. Lorsqu'un participant quitte son groupe de formation, il a changé, mais son milieu, lui, est demeuré sensiblement le même. Il est donc fort possible que ses parents, ses amis, ses collègues n'éprouvent pas le même enthousiasme que lui en face de ses transformations récentes et que la période qui suit immédiatement son groupe de formation s'avère très décevante par rapport à l'image qu'il s'en était faite.

Au risque de paraître pessimiste, cet exposé des difficultés qui attendent les membres à leur sortie du groupe de formation cherchait à en replacer les résultats dans une perspective réaliste. Le travail fait durant les sessions n'est que l'amorce d'une tâche qui peut se poursuivre durant des mois et des années. Appliquer à sa vie de tous les jours les découvertes faites dans le groupe de formation demande une réflexion continuelle sur son existence présente et sur celle que l'on désirerait mener, une évaluation nuancée des nombreux facteurs en cause et une prévision des répercussions positives et négatives des gestes que l'on désire poser. Le problème s'avère d'autant plus complexe qu'il faut parfois accepter de se mettre momentanément dans des conditions difficiles pour réussir à améliorer son sort. Exposer ouvertement ses griefs au patron peut aggraver la situation au bureau au lieu de l'améliorer. Il existe parfois des modes de solution plus sûrs, mais il se peut que, dans certaines circonstances, il soit préférable de mettre cartes sur table au risque de devoir se chercher un autre emploi : un tel échange net et franc peut constituer le seul moyen de vérifier si la situation est détériorée à tel point que la seule solution satisfaisante consiste à se trouver un autre employeur.

Le deuxième problème que se pose le participant qui termine son groupe de formation concerne les techniques qu'il a eu l'occasion de voir appliquées. Certaines d'entre elles l'ont particulièrement frappé et il se demande s'il ne pourrait pas les utiliser pour résoudre quelques-uns des problèmes de son milieu. La réponse à cette question varie avec les techniques en cause.

En ce qui concerne le groupe de formation et le psychodrame, seules les personnes qui ont reçu un entraînement spécifique à l'utilisation de ces techniques sont considérées comme aptes à s'en servir adéquatement et cela, quelle que soit leur compétence dans des domaines connexes (psychothérapie, ou autres techniques psychologiques, par exemple). Le fait d'avoir participé à un groupe de formation ou à une session de psychodrame ne donne aucune compétence pour en diriger soi-même.

Il est par ailleurs évident que d'autres techniques ont pu être introduites au cours de l'expérience dans le seul but de répondre au désir légitime des participants d'en revenir mieux équipés pour faire face aux exigences de leur vie en société. Ces techniques peuvent donc être utilisées sans restriction par tous ceux qui ont participé à la session (par exemple, les divers types d'intervention possibles durant une consultation, le renversement de rôles lorsque deux personnes ne parviennent pas à se comprendre dans une discussion).

Il reste tout un ensemble de techniques (comme le jeu de rôle) qui peuvent, dans certaines circonstances, être utilisées par d'anciens participants. Des facteurs comme la situation en cause, le but recherché, les répercussions possibles, la position de l'ancien participant vis-à-vis du groupe avec lequel il travaillera, son degré de familiarité avec la technique utilisée, influencent le profit qu'il pourra en retirer. De façon générale, les techniques élaborées par la psychologie sont des outils efficaces lorsqu'ils sont correctement employés. Mal utilisés, ils peuvent créer des problèmes graves: la bonne volonté et les bonnes intentions dans ce domaine ne suffisent pas. Il existe un moyen simple de s'éviter des déboires cuisants. Les spécialistes de la dynamique des groupes sont toujours disponibles pour apporter des informations et des conseils techniques à ceux qui s'intéressent à l'amélioration des relations humaines et de la vie de groupe. Consultés au sujet d'un projet, ils peuvent offrir des suggestions utiles et si des conséquences malheureuses en découlaient, ils peuvent trouver des moyens d'y remédier.

Références bibliographiques

BENNE, K. D. (1964). « From Polarization to Paradox », dans L. P. BRADFORD, J. R. GIBB et K. D. BENNE (sous la direction de), *T-Group Theory and Laboratory Method*, New York, Wiley, pp. 216-247.

BENNIS, W. G. (1964). « Patterns and Vicissitudes in T-Group Development », dans L. P. BRADFORD, J. R. GIBB et K. D. BENNE (sous la direction de), *T-Group Theory and Laboratory Method*, New York, Wiley, pp. 248-278.

BRADFORD, L. P. (1964). « Trainer-Intervention : Case Episodes », dans L. P. BRADFORD, J. R. GIBB et K. D. BENNE (sous la direction de), *T-Group Theory and Laboratory Method*, New York, Wiley, pp. 136-167.

BRADFORD, L. P., GIBB, J. R et BENNE, K. D. (sous la direction de) (1964). *T-Group Theory and Laboratory Method*, New York, Wiley.

GOLEMBIEWSKI, R. T. et BLUMBERG, A. (sous la direction de) (1970). *Sensitivity Training and the Laboratory Approach*, Itasca, Ill., Peacock.

KLAW, S. (1970). « Two Weeks in a T-Group », dans R. T. GOLEMBIEWSKI et A. BLUMBERG (sous la direction de), *Sensitivity Training and the Laboratory Approach*, Itasca, Ill., Peacock, pp. 18-23.

MILES, M. B. (1959). *Learning to Work in Groups*, New York, Teachers College, Columbia University.

WESCHLER, I. R. et REISEL, J. (1960). *Inside a Sensitivity Training Group*, Los Angeles, University of California.

WESCHLER, I. R. et SCHEIN, E. H. (1962). *Issues in Training*, Washington, National Training Laboratories.

11

Le groupe de formation et l'orientation rogérienne*

Fernand ROUSSEL

Ce chapitre dégage les éléments majeurs de l'arrière-plan théorique propre au groupe de formation et à la conception rogérienne des relations humaines. Les exposés critiques qui suivent traitent successivement : 1) des fondements théoriques du groupe de formation ; 2) de quelques modèles théoriques du groupe de formation ; 3) des recherches et théories concernant le rôle de moniteur ; 4) de l'orientation rogérienne, telle qu'elle apparaît chez quelques théoriciens.

Ces exposés seront nécessairement brefs. C'est pourquoi nous nous efforcerons de résoudre la difficulté qui consiste à rendre justice aux auteurs qui seront cités sans pour autant nous engager à développer toutes les implications de leurs théories. Il s'agira donc de versions personnelles de ces théories (c'est-à-dire de présentations de ces théories telles que nous les comprenons) en fonction de notre objectif ultime : définir le monitorat d'inspiration rogérienne.

Les fondements théoriques du groupe de formation

Dans cette première section, il s'agit de tirer au clair les options pédagogiques et psychologiques qui fondent en quelque sorte l'usage d'une technique : le groupe de formation.

Les premiers éléments théoriques nous viennent de la pratique de la dynamique des groupes. Les « spécialistes en relations humaines », qui réunissent

---

* Ce texte a d'abord paru dans Fernand ROUSSEL (1972). *Le moniteur d'orientation rogérienne*, Montréal, Presses de l'Université de Montréal.

dans un stage ou dans un groupe de formation un nombre de personnes jugé optimum, ne visent à faire ni du traitement ni de l'enseignement proprement dit.

Dès le point de départ, on élimine, dans la mesure du possible, toute personne présentant des symptômes pathologiques ; et, au cours de l'expérience, on mobilise toutes les forces présentes dans le groupe pour assurer la croissance des individus en tant que personnes et en tant qu'agents de communication ; en d'autres termes, on mise sur les besoins de croissance et non sur les besoins de déficience. Selon la terminologie du *National Training Laboratories*, le véritable « client », c'est un groupe de personnes réunies dans une interdépendance plus ou moins étroite, et non un « patient » qu'on traite par la psychothérapie de groupe[1].

Par ailleurs, un groupe de formation n'est pas une situation d'enseignement au sens habituel du terme, puisqu'on n'y cherche pas, d'abord, à transmettre des connaissances ou des informations théoriques au moyen de cours. Cependant les convergences, sur le plan des options pédagogiques, entre le groupe de formation et les activités de l'« école nouvelle » (sous ses différentes formes ou appellations) ne manquent pas de frapper l'observateur intéressé à l'évolution des idées et des techniques pédagogiques. De nombreuses études s'attachent à clarifier les rapports qui existent entre la dynamique des groupes et l'enseignement : Bonner, 1959 ; Bradford, 1964a ; Bradford, Gibb et Benne, 1964 ; Gage, 1963 ; Miles, 1959, 1964a, 1964b ; Weschler et Reisel, 1959.

La notion de rééducation

Ces dernières remarques, sur l'aspect pédagogique du groupe de formation, mettent en évidence le rôle joué par Kurt Lewin à l'origine non seulement de la dynamique des groupes, mais aussi du groupe de formation comme tel[2]. Malgré les querelles entourant la « paternité » de la dynamique des groupes et du groupe de formation, il semble évident que Lewin a exercé et continue d'exercer une influence considérable sur cette « innovation en éducation ».

L'objectif poursuivi dans un stage ou dans un groupe de formation entre dans le cadre général de la « rééducation » (ou de la « resocialisation ») au sens où Lewin (1959) l'entendait, c'est-à-dire un changement sur le plan du comportement et des attitudes par la « décristallisation » (*unfreezing*) des perceptions de soi, d'autrui et du milieu social ambiant. L'auteur de la théorie du champ psychologique observe que, dans les rapports quotidiens, ces attitudes et ces perceptions tendent à « se cristalliser » (*freezing*) sous forme de stéréotypes plus

---

1. Pour une discussion sur ce thème, voir K. D. BENNE, L. P. BRADFORD et R. LIPPITT (1964) ; M. ROSENBAUM et M. BERGER (1963) ; Y. TELLIER (1964).
2. Voir l'histoire du groupe de formation telle que la rapporte K. D. Benne, dans L. P. BRADFORD, J. R. GIBB et K. D. BENNE (1964).

ou moins rigides; la tâche du praticien, en tant qu'agent de changement social, consiste à assouplir ou à modifier complètement l'organisation des structures cognitives (perceptions et affects) qui entraînent des comportements.

Lewin a formulé un certain nombre de « principes de rééducation » (Lewin, 1945), qui, replacés dans la perspective gestaltiste et phénoménologique qui est la sienne, constituent de véritables fondements théoriques et stratégiques (*action-research*) pour le groupe de formation. Voici six de ces principes qui sont particulièrement pertinents:

1) Le processus de rééducation doit remplir une tâche qui est essentiellement l'équivalent d'un changement dans la culture.

2) L'action sociale, tout autant que l'action physique, est gouvernée par la perception.

3) Règle générale, le fait de posséder une connaissance correcte ne suffit pas à rectifier des perceptions fausses.

4) Des changements dans les sentiments ne sont pas nécessairement amenés par des changements dans la structure cognitive.

5) Un changement dans l'idéologie, une acceptation réelle du changement dans un ensemble de faits et de valeurs, un changement dans la perception subjective de l'univers social — ce ne sont là que trois expressions d'un même processus.

6) L'individu accepte un nouveau système de valeurs et de croyances en acceptant l'appartenance à un groupe.

C'est grâce à des principes de ce genre que l'équipe de Lewin a, dès le point de départ, donné aux spécialistes du groupe de formation un certain nombre de caractéristiques qui n'ont fait que s'accentuer depuis la fin des années 40: un souci constant d'amener des changements personnels et sociaux et de comprendre par l'action (ou par le vécu en situation) les mécanismes et les processus que *sont* ces changements; une liaison étroite entre les préoccupations de recherche et d'action (ou d'intervention), d'où le caractère scientifique de ces activités; un accent très net sur la dimension psychosociologique, qui revient sans cesse dans l'étude des rapports de toute nature qui unissent l'individu à d'autres individus (groupes restreints, organisations, société et culture); et enfin, conséquence de ces trois premières orientations, un caractère interdisciplinaire qui fait qu'à la division *National Training Laboratories* de la société *National Education Association* de Washington, par exemple, des psychologues (sociaux, cliniciens ou autres), des sociologues, des anthropologues, des philosophes et des éducateurs sont reconnus comme moniteurs (*fellows* ou *associates*); ils arrivent à collaborer et à étendre progressivement leurs champs communs d'action et de recherche.

La notion de laboratoire

C'est dans le recueil d'articles dirigé par Bradford, Gibb et Benne (1964) qu'on trouvera les définitions et les descriptions les plus poussées sur la nature d'un laboratoire.

La traduction du terme anglais *laboratory* varie, en France et au Québec, suivant les groupements qui en font un usage professionnel: par exemple, laboratoire, stage (de perfectionnement ou de sensibilisation), session, séminaire (résidentiel ou non), atelier, etc. Quoi qu'il en soit, concrètement, un laboratoire réunit un nombre plus ou moins élevé de participants (de 20 à 200 ou 300 personnes), pour un temps variable suivant les objectifs poursuivis ou la disponibilité du personnel et/ou des participants. Dans la formule la plus répandue ou la plus classique, les laboratoires sont des stages résidentiels qui durent environ deux semaines consécutives et s'adressent à des groupes dont la composition est hétérogène du point de vue sociologique (occupations, âges, sexes, etc.). On y offre aux participants un éventail d'activités où prédomine presque toujours, quant au nombre d'heures et quant à l'engagement affectif des participants, le groupe de formation (et ses dérivés).

Les laboratoires reposent sur une option pédagogique précise, en accord avec le point de vue de Lewin: on ne peut se perfectionner, dans le secteur des relations humaines, que grâce à des processus de participation où on est soi-même engagé à l'égard d'autrui. Le vécu en commun, l'engagement personnel, le retour sur sa propre participation (*feed-back*) avec l'aide d'un spécialiste, constituent les ingrédients essentiels d'un laboratoire.

Suivant Benne, Bradford et Lippitt (1964), pour atteindre l'objectif final qui est d'«apprendre à apprendre», de nombreuses possibilités d'apprentissage s'offrent aux participants: possibilité, par exemple, de mettre à l'épreuve et de découvrir leurs insatisfactions dans leurs rapports avec autrui, possibilité de vérifier si leur action et leurs objectifs sont en accord, possibilité de collaborer avec d'autres (personnes ou groupes) pour déterminer l'orientation des changements qu'ils jugent nécessaires, possibilité de clarifier pour eux-mêmes les voies à emprunter pour opérer ces changements, possibilité «d'exercer, d'intérioriser et d'appliquer de nouvelles conduites (p. 37)».

Les mêmes auteurs énumèrent également ce qu'ils appellent «les conditions optimales de perfectionnement et d'apprentissage».

1) L'accès à un ensemble de comportements, nés de la situation elle-même et provoqués par elle, aux fins d'analyse et d'apprentissage.

2) Un climat permissif et de recherche.

3) Des relations fondées sur la collaboration en vue de favoriser l'apprentissage.

4) Des modèles qui permettent de recueillir et d'étudier des données de comportement.

5) Des modèles pour comprendre et organiser ses expériences.

6) La possibilité de mettre à l'épreuve des comportements nouveaux.

7) La possibilité de généraliser les apprentissages, puis de planifier en vue de les
appliquer (pp. 40-44).

La notion d'îlot culturel

Dès 1954, Bradford suggérait d'utiliser la métaphore d'«îlot culturel» pour désigner un laboratoire. Cette appellation a été reprise, en 1962, dans un article
célèbre de Weschler, Massarik et Tannenbaum (1962), dans lequel les auteurs
réussissaient à formuler les éléments majeurs d'un courant de pensée qui était
latent jusqu'alors.

Leur point de départ est la notion de «jeu culturel» (*cultural game*), ce
dernier ayant pour effet de nous diviser à l'intérieur de nous-mêmes. Nous nous
permettons de citer de larges extraits de leur article :

> Le besoin de manifester publiquement notre normalité, alors qu'intérieurement
> nous devons faire face à des tensions ou à des bouleversements intenses, donne
> naissance à une forme de comportement que nous pourrions appeler *la construc-
> tion de façades*. Ce comportement s'appuie sur un postulat de base : si nous vou-
> lons apparaître normaux, nous devons veiller à ne laisser se manifester extérieure-
> ment aucune trace de doute au sujet de notre état de santé psychologique. Nous
> sommes tentés de chercher à préserver à tout prix notre image de nous-mêmes,
> surtout si on nous a convaincus que nous sommes des piliers de la société, des
> meneurs d'hommes, des parangons de force et de vertu. Si nous avons des doutes
> sur notre propre équilibre, il vaut mieux le cacher. [...] Peu à peu, nous nous
> découvrons dans un état d'isolement à l'égard de nous-mêmes. [...] Nous créons
> des barrières infranchissables à toute communication, intérieure et extérieure.
> [...] De part et d'autre, on en arrive à accepter une règle de conduite : je te laisserai
> la paix et tu me laisseras la paix, et tu dois me laisser la paix pour que moi je puisse
> te laisser la paix. [...] Ce phénomène d'isolement à l'égard d'autrui ou de nous-
> mêmes s'accentue lorsque nous nous mettons à croire à la réalité de ces façades,
> façades qui n'ont vraiment rien de réel. [...] Nous apprenons à accepter nos
> propres illusions, apparemment inoffensives. [...] Nous supposons que certains de
> nos sentiments ou certaines de nos pensées sont plus ou moins uniques, propres à
> nous, et que, pour cette raison, les autres «ne pourraient pas nous comprendre».
> Privés d'un *feed-back* réaliste, nous confirmons ainsi une illusion, c'est-à-dire une
> image intérieure déformée de ce que nous sommes (p. 40).

Créer un îlot culturel, c'est introduire une «trêve» dans le jeu culturel, c'est
essayer de «lever les règles du jeu», dans la mesure où on peut se retrancher
vraiment de la culture et de certains de ses aspects particulièrement contraignants.

Le groupe de formation constitue une sorte d'îlot, d'oasis, où les participants peuvent trouver une protection contre le jeu culturel décrit plus haut. On les aide à s'exprimer en toute liberté et à partager leurs pensées et leurs sentiments, de sorte qu'ils se préparent eux-mêmes à faire face de façon plus efficace aux systèmes de punitions et de récompenses qui caractérisent le jeu culturel extérieur. [...] Cette recherche peut se faire dans des conditions de sécurité raisonnables ; les participants se trouvent alors dans les limites de la même oasis, à l'abri des pressions qu'exerce habituellement le milieu.

Cette description métaphorique du groupe de formation a l'avantage d'être plus existentielle (les auteurs citent volontiers Coffman, Kafka, Arthur Miller, Rogers). D'une façon peut-être un peu naïve, à certains moments, mais peut-être aussi d'une façon prophétique, ils relient le groupe de formation au « monde extérieur », à la culture, à la société et à ses contraintes. Ils semblent oublier parfois que la culture et la société ne sont pas que contraintes, mais également soutiens et sources de croissance ; à ce sujet, il faut se rappeler les études anthropologiques et les études sur l'acquisition et les fonctions du langage[3]. Il reste malgré tout que cette notion d'« îlot culturel » met en évidence une caractéristique fondamentale du groupe de formation : « [...] à mesure que les individus expriment plus librement leurs sentiments profonds et qu'ils font l'expérience de conduites nouvelles, un degré de soutien affectif supérieur à celui qu'ils rencontrent habituellement dans leur milieu leur est offert. »

Ce qui est suggéré ici, c'est qu'un des objectifs du groupe de formation soit d'affronter le dilemme entre « être et paraître » (Buber, 1959), les paradoxes liés à l'authenticité personnelle, les malentendus, les façades et les impostures (c'est-à-dire laisser croire ou faire croire que nous sommes telle personne, alors que nous nous savons ou nous nous croyons tout autre, créer une illusion d'un mode d'être au cœur même des relations interpersonnelles).

La notion de système temporaire

La perspective temporelle joue un rôle important dans l'expérience vécue par les participants d'un groupe de formation. On sait que le groupe de formation naît, vit et meurt dans un laps de temps relativement court. Il ne s'agit pas seulement d'un fait chronologique ; les participants *savent*, eux aussi, tout au long de l'existence du groupe, qu'ils sont dans un *système temporaire*, c'est-à-dire dans une structure sociale et un milieu culturel qui seront volontairement détruits à un moment précis de l'avenir.

Miles (1964a) a étudié ces systèmes temporaires, dont le groupe de formation n'est qu'un exemple parmi des milliers d'autres. Ces systèmes sont temporai-

---

3. Voir également S. E. ASCH (1952) et ce qu'il appelle le « fait fondamental de la vie en société ».

res par opposition à des systèmes permanents (comme un État, une Église, une société industrielle, une famille, une armée, etc.), dont les membres peuvent difficilement prévoir, et souvent n'envisagent même pas, la fin ou l'extinction.

Nous reproduisons partiellement dans le tableau 1 la classification élaborée par Miles des systèmes temporaires suivant leurs *fonctions*; il s'agit en somme d'une typologie fonctionnelle avec des illustrations.

TABLEAU 1

Classification des systèmes temporaires selon leurs fonctions

FONCTIONS DES SYSTÈMES	FOYER	
	Personne	Groupe
1) loisirs et solidarité	jeux organisés, fête, vacances, voyages, etc.	carnaval, fête de bureau, banquet d'anniversaire d'une expérience de groupe, etc.
2) réalisation d'une tâche à court terme	recherche, sessions d'études pour des artistes, etc.	expédition scientifique, équipe de projet (*task-force*), etc.
3) changement: traitement	psychodrame, psychothérapie, etc.	«sociothérapie», etc.
4) changement: rééducation	sociodrame, laboratoire en relations humaines, etc.	exercice de simulation, intervention psychosociologique, etc.
5) changement: éducation	cours dans un collège ou une école, cours de golf, etc.	comité *ad hoc*, expérience en éducation, utopie, etc.

Miles s'attache surtout à étudier les cas « purs » de systèmes temporaires et surtout ceux qui ont pour fonction le changement: traitement, rééducation, éducation. Sa thèse de fond est la suivante:

> Les systèmes temporaires n'ont pas seulement une puissante valeur éducative en eux-mêmes, mais ils peuvent de plus être d'excellents mécanismes pour instaurer des changements dans les systèmes permanents d'éducation.

C'est là poser la question fondamentale du *transfert d'apprentissage*.

Du point de vue psychologique proprement dit, l'individu qui appartient à un système temporaire comme le groupe de formation se trouve souvent, pour emprunter une expression de Jaspers (1954), à une «période axiale» de son histoire personnelle, entre son passé et un futur sur lequel il projette une certaine image de lui-même, avec des visées plus ou moins claires ou planifiées sur ce que seront ses rapports avec autrui.

Les groupes, comme les individus, se préparent au démembrement de leur système temporaire. Sans admettre d'emblée l'hypothèse de Pagès (1963) suivant laquelle l'«angoisse de la séparation» serait présente dès le début du groupe de formation pour atteindre un sommet quelques heures avant la fin réelle du groupe (comment vérifier, en effet, une hypothèse touchant un contenu et des sentiments qu'on situe dans l'inconscient des individus et du groupe ?), nous considérons néanmoins que c'est une des tensions les plus grandes que doivent supporter les participants que de se préparer à quitter des personnes et des groupes alors même qu'ils sont à construire des relations profondément significatives avec eux. Le dilemme se résout, parfois péniblement, par la mise en œuvre plus ou moins consciente de mécanismes autorégulateurs qui, en quelque sorte, viennent freiner l'élan de ce que Rogers ou Gordon considèrent comme des tendances actualisantes, qui seraient tronquées si, dans leur vécu, les participants n'avaient accès ni à une conscience claire de la séparation future, ni «au sens émotionnel qui opère de façon implicite dans leur symbolisation» et qui fait partie de leur *experiencing* ou de leur expérience organismique du moment (Gendlin, 1964; Rogers, 1961a).

Le groupe de formation, en tant que système, a donc à la fois l'avantage et l'inconvénient d'être temporaire. Des plongées intenses ou denses dans une vie de groupe en îlot culturel arrivent souvent à résoudre des difficultés que l'appartenance à des groupes ou à des systèmes permanents (souvent paralysés par les règles du jeu culturel) ne peut pas surmonter[4].

Valeurs et croyances

Les quatre notions qui ont été présentées brièvement dans les pages qui précèdent définissent des options pédagogiques («rééducation» ou «resocialisation») et

---

4. Aucune recherche expérimentale n'a été citée jusqu'ici; il n'entre pas dans le cadre de ces exposés de justifier les fondements théoriques ou de les appuyer sur des travaux de nature expérimentale. On trouvera cependant des articles orientés dans ce sens dans les publications du *National Training Laboratories* (en particulier dans presque tous les numéros du *Journal of Applied Behavioral Science*, du volume 1, nᵒ 1, en 1965, jusqu'au volume 3, nᵒ 2, en 1967). Une autre source se trouve dans une série de thèses de licence inédites à l'Institut de psychologie de l'Université de Montréal. Enfin, citons W. G. BENNIS et al. (1964) et M. B. MILES (1960).

formulent, avec des nuances différentes et sous des angles différents, des fondements théoriques propres à une technique et à une méthode : le groupe de formation et le stage («laboratoire», «îlot culturel», « système temporaire »).

À cette occasion, on a conceptualisé des objectifs explicites ou évidents. Mais au-delà de ces visées, explicitement connues de tous les moniteurs et de tous les spécialistes de la dynamique des groupes, agissent en arrière-plan des systèmes de valeurs et de croyances plus obscurs (trop «proches» de nous, sans doute, de sorte que la familiarité engendre des «points aveugles» plus ou moins étendus) qui caractérisent peut-être le mode de pensée d'une culture ou même d'une sous-culture (occidentale et américaine), sinon d'un fragment culturel (les hommes de science, et surtout les spécialistes des sciences dites «de l'homme» en milieu nord-américain).

Quelques auteurs ont tenté de mettre au jour ce système de valeurs (Bennis, 1964 ; Bradford, Gibb et Benne, 1964 ; Slater et Bennis, 1964).

Sans prétendre à une lucidité parfaite, puisque nous-même appartenons à cette culture, nous présentons six de ces valeurs (ou, selon l'expression de Bennis, 1964, de *meta-goals*) qui opèrent chez les spécialistes en relations humaines :

1) *Un souci scientifique* (ou, de nouveau selon Bennis, *a spirit of inquiry*) qui s'exprime par une recherche de l'objectivité, par le retour incessant à l'analyse des faits psychologiques ou psychosociologiques, par la construction de modèles ou de «construits» théoriques, qui mettent de l'ordre dans les faits ou dans les relations entre les faits, par la croyance profondément ancrée que, une fois pourvu des moyens ou des techniques de recherche appropriés, on dissipera le mystère de l'univers de la pensée et du comportement subjectifs et intersubjectifs.

2) *Un idéal démocratique*, dont on cherche encore l'expression la mieux adaptée à notre époque. Dans leur article, Slater et Bennis (1964) écrivent :

> *La démocratie est inévitable* [   ] parce que c'est le seul système qui peut, avec des chances de succès, faire face aux demandes toujours changeantes de la civilisation contemporaine, dans le monde des affaires comme dans le monde du gouvernement des hommes.

De leur côté, Bradford, Gibb et Benne (1964) donnent à cette valeur une formulation qui prend la forme d'un problème ou d'un défi à relever :

> Le problème intellectuel qui nous est posé ici, c'est, d'un côté, de rendre plus explicites les valeurs morales inhérentes aux méthodologies de la science en tant qu'activité humaine, et, de l'autre, de définir les valeurs démocratiques à l'intérieur d'une méthodologie qui permettra de faire face aux conflits humains et de prendre des décisions.

Sauf exception, on ne met pas en doute cette « valeur démocratique », surtout aux États-Unis.

3) *Une recherche de la lucidité face à des choix à faire* dans le monde interhumain comme dans tout autre secteur des affaires humaines. Car, si on vise à des prises de conscience de plus en plus étendues et profondes, on reconnaît en même temps la nécessité de faire face aux problèmes du *choix personnel* : un groupe de formation se distingue d'un lavage de cerveau en ce que les participants et les moniteurs veillent sans cesse sur la liberté individuelle et collective, constamment menacée par l'émergence d'un pouvoir autocratique ou coercitif plus ou moins subtil.

4) *Un souci perpétuel à l'égard des relations d'assistance* (*helping relationships*), qui traduit une valeur qui a reçu plusieurs appellations au cours de l'histoire de la civilisation occidentale (chrétienne surtout). C'est dans cet éclairage qu'il faut voir la recherche du changement personnel ou social que les spécialistes de la dynamique des groupes veulent susciter et comprendre par l'action et la recherche.

5) *Une valorisation de l'authenticité* personnelle et interpersonnelle qui correspond aux inquiétudes des philosophes à l'égard du phénomène de l'*aliénation* (ce que Gabriel Marcel appelle un « problème au second degré »), d'où l'accent placé sur l'expression aussi vraie que possible des sentiments et du vécu des participants et des moniteurs.

6) *Une préoccupation constante à l'égard des problèmes d'autorité*, qui est une facette particulièrement importante de l'idéal démocratique. Cette valeur se concrétise, semble-t-il, dans une conception des rapports supérieurs-inférieurs fondée sur la collaboration. Bennis (1964) écrit : « [...] le processus qui englobe l'enseignement et l'apprentissage est un prototype de la conception de l'autorité à base de collaboration. »

Quelques modèles théoriques du groupe de formation

Après avoir évoqué à larges traits les principaux fondements théoriques du groupe de formation, et avant d'aborder les recherches et les théories touchant le rôle du moniteur, nous croyons nécessaire de présenter ce que nous appelons des *modèles théoriques* du groupe de formation.

Ces modèles sont des « construits » ou des schèmes assez détaillés qui systématisent des observations sur la nature et l'évolution du groupe de formation, en même temps qu'ils formulent des objectifs immédiats poursuivis par les spécialistes de cette technique. Bien que qualifiés de « théoriques », ces modèles sont cependant moins abstraits ou moins fondamentaux que les postulats ou les options psychologiques qui constituent les fondements ou les principes de base du groupe de formation.

En tant que technique, le groupe de formation est pratiqué depuis à peu près vingt ans. Les réflexions, les observations, les recherches se sont peu à peu accumulées, de sorte que depuis une dizaine d'années on assiste à une prolifération extrêmement nourrie de modèles théoriques. Cette abondance décourage tout effort de faire de ces travaux une étude approfondie et exhaustive. Comme ils n'ont pas tous le même degré de cohérence ou de logique interne ni la même portée pratique et théorique, on a choisi de présenter, aussi brièvement que possible, quatre de ces modèles et de se limiter à en citer quelques autres, parmi les plus significatifs.

Modèle 1 : l'apprentissage

De tous les modèles, c'est celui sans doute qui est le plus apparenté à la pensée de Lewin. On en trouve d'excellents exposés chez Bradford (1964a) et chez Schein et Bennis (1965).

Le mot *learning* («apprentissage»), dans l'œuvre de ces auteurs, prend un sens aussi étendu que les termes «éducation» et surtout «changement». Leur modèle est présenté comme un *cycle d'apprentissage* (c'est-à-dire une séquence récurrente d'événements où tous les éléments sont interdépendants) qui intègre trois dimensions : la dimension cognitive (prises de conscience plus étendues et plus approfondies), la dimension affective (changements d'attitudes) et enfin la dimension du comportement (acquisition et utilisation d'une plus grande compétence interpersonnelle).

Le cycle de l'apprentissage propose une série d'étapes circulaires dont voici une esquisse très sommaire.

1) Un participant, A, se présente au groupe avec une difficulté ou un problème quelconque. Par exemple, il n'est pas satisfait de son comportement social, il se voit lui-même comme incompétent pour nouer de bonnes relations dans différents secteurs de sa vie. D'où, chez A, un *état initial de perplexité*, d'interrogation ou de malaise, bien localisé ou diffus.

2) Dès le début de l'expérience en groupe, il doit accepter de changer une attitude, celle qui concerne précisément le *processus d'apprentissage*. Le groupe de formation est une situation où «on apprend à apprendre» en se rendant vulnérable. C'est dire que A doit accepter de s'ouvrir, de se communiquer aux autres (mais il demeure le seul à choisir où se situe la limite qu'il veut s'imposer), puis d'écouter et de percevoir les réactions ou les sentiments d'autrui à son égard. C'est le premier changement d'attitude indispensable.

3) De ce changement d'attitude à l'égard de l'apprentissage lui-même naissent, chez A, de *nouveaux comportements*, *in situ*, en accord avec sa nouvelle attitude d'engagement personnel à l'égard d'autrui.

4) Ces comportements nouveaux deviennent pour ses collègues (pour B) un type d'*information* (au sens où l'entend la théorie de l'information) dont ils ont besoin pour accroître leur propre lucidité (*awareness*) à l'égard d'eux-mêmes, des autres et de la dynamique du groupe dans son ensemble. C'est dans ce sens que le groupe de formation donne « accès à un ensemble de comportements, nés de la situation elle-même et provoqués par elle, aux fins d'analyse et d'apprentissage (*is generating its own output for analysis and learning*) (Benne, Bradford et Lippitt, 1964).

5) Cette information, à son tour, devient pour B une source de changements d'attitudes à l'égard de lui-même, des autres et du groupe. Mais ces changements provoquent chez B un *nouvel état d'insatisfaction* ou de perplexité à son propre sujet, état que A peut maintenant percevoir et auquel il peut réagir dans une relation d'assistance.

6) Ce nouvel état de malaise chez B met donc en marche une autre séquence d'événements (c'est-à-dire que le cycle recommence). Mais, cette fois-ci, les changements d'attitudes ne concernent presque plus le mode d'apprentissage, comme au tout début, mais *le soi en relation avec autrui* (individus ou groupe).

7) Le cycle se termine, soit à cause d'une intervention extérieure (par exemple, la fin en quelque sorte matérielle du groupe), soit parce que les membres atteignent à un certain degré d'équilibre improductif (par exemple, les nouveaux comportements de A ne sont plus source d'apprentissage pour B).

Parmi d'autres, une caractéristique de ce modèle est à souligner : l'utilisation de la notion d'*information*, reliée aux processus circulaires et à la rétroaction (c'est-à-dire, selon Wiener (1954), « un système dans lequel l'effet contrôle la cause » pour régulariser le système). Le fait de faire circuler dans le groupe des informations sur l'état actuel du groupe et de chacun devient une source de changements (changements d'attitudes chez les individus, et autorégulation dans l'ensemble du groupe).

Hampden-Turner (1966) propose un modèle qui s'inspire, semble-t-il, du schème qui vient d'être présenté, mais avec des objectifs beaucoup plus ambitieux, puisque l'auteur décrit le « cycle d'une expérience humaine significative ».

Modèle 2 : de la polarisation au paradoxe

Dans un article célèbre, Benne (1964) imagine l'évolution du groupe de formation comme une configuration complexe de mouvements qui mettent en évidence deux notions : la *polarisation* et le *paradoxe*.

Suivant Benne, tous les groupes de formation doivent affronter un certain nombre de problèmes internes, à cause de leur nature même. Par exemple, comment se fixer un but commun, comment assurer la cohésion du groupe, comment s'acheminer vers un état de croissance personnelle et de groupe de plus en plus poussé, comment se comporter à l'égard de l'autorité (dont le moniteur est un des représentants), etc.? Dans une large mesure, c'est le «vide initial» (l'absence d'un meneur officiel, de structures, de tâches, en somme des points de repère habituels et «objectifs») qui met en pleine lumière ces problèmes de groupe.

Face à chacun de ces problèmes, les groupes passent par trois étapes majeures:

1) Quand un problème apparaît, il naît de façon très concrète. Par exemple: «Allons-nous élire un meneur? De quoi, de quel sujet allons-nous parler? Qu'allons-nous faire du temps qui nous est donné à vivre ensemble? Le moniteur nous oblige à être libres, comment traiter avec lui? etc.»

2) Dès que ces problèmes sont clairement formulés, le groupe tend à les «polariser»: les problèmes sont posés comme si on ne pouvait les résoudre qu'en choisissant entre deux pôles, *intellectuellement irréconciliables*, parce que formulés dans le style «ou bien... ou bien». Par exemple: «Qu'est-ce qui prime ici, la cohésion du groupe ou la croissance personnelle? Faut-il ou non choisir un sujet de discussion? Doit-on ou non élire un meneur? Doit-on approfondir davantage nos communications et notre intimité ou arrêter ici (*comfort versus growth*)? Comment nous donner une autorité indispensable et en même temps protéger notre liberté individuelle et collective?» Posés dans ces termes, les problèmes exigent effectivement qu'on les résolve par un choix entre les deux options d'une alternative. Mais, douze personnes conscientes et parfois jalouses de leur liberté individuelle (surtout si le moniteur leur rappelle ce droit, en plus d'aider le groupe à identifier les problèmes et les sentiments de chacun) ne peuvent pas arriver à une unanimité vraie sur l'une quelconque de ces questions. Il se développe alors des engagements personnels très poussés, la formation de sous-groupes, sinon de cliques, irréductibles et menaçants les uns pour les autres («Si vous voulez un meneur à tout prix, c'est que vous voulez contrôler les autres, et je refuse catégoriquement au nom de la Démocratie et de la Dynamique des groupes...», ou encore «Si vous ne voulez pas de meneur, vous allez créer un état d'anarchie et de chaos qui me fait peur, qui ne m'intéresse pas; j'ai besoin d'une autorité à qui m'adresser...»). Ces clans impliquent presque tous les participants; seuls quelques individus, pour qui le problème posé n'est pas conflictuel, écoutent et, au moment voulu, seront d'un secours précieux pour le groupe et le moniteur.

3) Si le moniteur sait aider les individus, les sous-groupes et l'ensemble du groupe à exprimer le mieux possible comment ils ressentent la situation et ses problèmes («polarisés» et apparemment sans issue, sur le plan rationnel), on voit parfois un phénomène curieux se produire: *les problèmes s'évanouissent d'eux-*

mêmes, semble-t-il, ils se règlent bien souvent sans que le groupe ait pris une décision manifeste ou formelle. C'est ici qu'apparaît le phénomène ou la phase du *paradoxe*. On sait que la polarisation est un phénomène intellectuel (avec, évidemment, ses harmoniques et ses «implicites» émotionnels), alors que le paradoxe est essentiellement existentiel, vécu, «expériencié». «On a du marteau la connaissance la plus intime quand on s'en sert pour marteler. Et du clou, quand on l'enfonce dans le mur, et du mur, quand on y enfonce le clou[5].» De la même façon, selon toute apparence, le groupe de formation résout le genre de problèmes rapporté plus haut en les vivant, en les agissant, en s'en imprégnant émotionnellement, à chaque instant (de façon consciente mais non réfléchie, ou «préconceptuelle», dirait Gendlin).

Le paradoxe consiste en ce que deux «vérités», apparemment contradictoires, coexistent, en dépit de la contradiction. Le paradoxe n'est pas qu'un mode de pensée (par exemple, Kierkegaard), c'est peut-être le dernier mot dans la conceptualisation des phénomènes interhumains. Comme forme de symbolisation, il a l'avantage de créer un choc, lui-même créateur de nouvelles symbolisations. «Le mot même de paradoxe est paradoxal. Laissons-lui donc son paradoxe[6].»

Dans un paradoxe, éliminer l'une ou l'autre des deux «vérités» conduit à une sorte de non-sens logique, au sentiment d'une absurdité, comme une métaphore perd son sens, sa surcharge sémantique, quand on la prend à la lettre.

Dans le groupe de formation, ces paradoxes abondent! Par exemple, il faut que l'individu et le groupe soient libres, mais il faut aussi qu'un système d'autorité soit à l'œuvre; le groupe de formation n'a pas d'objectif, mais il en a un qui est de comprendre le groupe et ce qui s'y passe dans la dimension ou la strate psychologique; plus on communique intimement avec autrui, plus la conscience de son individualité propre devient aiguë.

Dans son article, Benne (1964) offre une hypothèse pour expliquer cette évolution, qui va de la prise de conscience d'un problème à la polarisation, puis au paradoxe. Si vraiment la polarisation rigide prend sa source dans la peur ou dans le sentiment d'être menacé par autrui, elle aura tendance à se transformer en paradoxe, quand, par l'expression de plus en plus poussée et réaliste de l'expérience vécue ou des implications de la prise de position de chacun, la menace elle-même tend à diminuer, insensiblement, puis à disparaître. «Le groupe se rend bien compte, et il accepte ce fait, que plus l'individu se livre, de façon personnelle, au groupe [...], plus les menaces de contrainte collective ou d'intrusion dans la vie privée et personnelle d'un membre tendent à se relâcher et à diminuer (p. 222).»

---

5. Martin Heidegger, cité par F. OUELLET, étude inédite sur Saint-Exupéry.
6. H. de LUBAC (1958).

C'est l'attitude non défensive, accueillante (« inconditionnelle », suivant l'expression de Rogers) du moniteur (et des participants qui semblent hors des conflits personnels que soulève le problème alors affronté par le groupe) qui, le plus souvent, va mettre en marche ou simplement accélérer le processus qui va « de la polarisation au paradoxe ».

Modèle 3 : la compétence interpersonnelle

Chris Argyris est peut-être le spécialiste en relations humaines qui a publié le plus de documents dans ce secteur. Il a fait éditer bon nombre de livres, et on ne compte plus les articles qu'il a fait paraître dans différentes revues en psychologie sociale ou en administration industrielle. Presque tous ses livres (par exemple : 1960, 1962, 1964) portent sur la psychologie de l'organisation, et tout particulièrement sur le problème de l'intégration des besoins de l'individu à ceux de l'institution (en industrie surtout), ce qui n'est pas complètement étranger aux préoccupations de notre propre recherche, puisque, dans ses travaux, il utilise le groupe de formation.

Même s'il n'a pas inventé la notion de compétence interpersonnelle, c'est sans doute lui qui l'utilise le plus volontiers et qui en a fait, en quelque sorte, le pivot ou le thème central de son modèle théorique. Dans le contexte général de la dynamique des groupes, la compétence interpersonnelle prend une signification, surtout, par opposition à la compétence technique spécialisée (ingénieur, chimiste, psychologue, plombier, etc.) ; dans le contexte actuel (de famille, de travail, d'amitié, etc.), il ne suffit pas d'être compétent « tout court ». Dans les milieux de travail en particulier, il est impérieux que non seulement les employés soient techniquement compétents, mais aussi qu'ils soient en mesure, à cause de la nécessité du travail d'équipe, de travailler avec d'autres techniciens d'une façon à la fois satisfaisante et efficace (pour chacun des individus et pour le groupe). Posséder une compétence interpersonnelle, c'est en somme acquérir, ou augmenter sa capacité de *collaborer*, au sens le plus positif du terme, que ce soit au travail ou ailleurs.

Mais Argyris n'a jamais, à notre connaissance, donné une définition abstraite de la compétence interpersonnelle ; dans tous ses écrits, c'est de dimensions à mesurer, dans une recherche, ou d'aspects de la personnalité qu'il parle, ou, plus précisément, de convergence entre 1) des traits individuels, 2) des caractéristiques interpersonnelles (« L'authenticité humaine est un phénomène interpersonnel[7] ») et 3) des normes sociales (« Les normes peuvent être définies comme des *mécanismes de coercition* créés par les individus pour sanctionner les conduites qui seront fonctionnelles pour le système[8] »).

---

7. C. ARGYRIS (1962).
8. *Id.* (1965).

Le modèle d'Argyris est évolutif, malgré une présentation typologique ; il est, comme les modèles précédents, un processus circulaire où la causalité est bilatérale et se nourrit d'elle-même.

Il propose une série de concepts à mesurer aux fins de recherche. C'est à Rogers ou, tout au moins, aux spécialistes existentiels qu'il emprunte les dimensions qui définissent la compétence interpersonnelle. Son schème tient compte, à la fois, des trois ordres mentionnés plus haut (l'individu, la relation interpersonnelle et la norme sociale propre au groupe) et du caractère « idéatif » ou « émotionnel » du comportement.

L'hypothèse fondamentale d'Argyris (1965) est la suivante :

> La compétence des êtres humains tend à augmenter dans la mesure où 1) leur lucidité à l'égard des facteurs pertinents augmente (ces facteurs sont ceux qui produisent des effets), de sorte que 2) les problèmes qu'ils résolvent demeurent résolus, et que 3) il y a une détérioration minimum dans le processus qui vise à résoudre les problèmes.

Dans le schème proprement dit, le premier stade consiste en ce que l'individu apprend à posséder ses idées et ses sentiments, à se les approprier, ou à en prendre la responsabilité ; ce faisant, il aide les autres à faire la même chose, et, tous ensemble, les membres créent une première norme : le respect et la valorisation de l'*individualité* de chacun des participants du groupe.

Le second stade de développement vers l'acquisition de la compétence interpersonnelle est plus difficile à atteindre. Le participant élargit son horizon, s'ouvre ; il recule les limites « de sa conscience et de ses responsabilités. Il permet et encourage même la réception de nouvelles informations[9] » sur lui-même. Sur le plan interpersonnel, il soutient les autres dans leurs efforts pour progresser dans le même sens d'ouverture (*openness*), ce qui a pour effet de créer une autre norme, celle de *se soucier* (*concern*) des idées et des sentiments des interlocuteurs : « La norme incite les membres à encourager, protéger et développer l'unicité des idées et des sentiments des autres dans un groupe ou une organisation[10]. »

Enfin, la troisième étape dans le développement de cette compétence, la plus difficile à atteindre à son avis, c'est pour l'individu de se mettre à l'épreuve, de prendre des risques 1) en essayant des comportements nouveaux (par exemple, il exprime maintenant ses sentiments et ses idées, tels qu'il les vit) et 2) en atteignant une conscience plus aiguë de soi-même. Encore ici, en se mettant lui-même à l'épreuve, il peut amener la même attitude et le même comportement

---

9. C. ARGYRIS (1965), p. 61.
10. *Id. ibid.*, p. 63.

chez ses partenaires, ce qui contribue à la création d'une troisième norme : *se faire confiance mutuellement* et s'aider à prendre des risques (y compris s'aider à assumer les effets déplaisants qui peuvent en résulter).

Argyris (1962) prétend aussi mesurer l'incompétence interpersonnelle. Sans entrer dans les détails, soulignons que, sur le plan des *normes*, à l'individua-lité correspond le conformisme, au souci pour autrui, l'antagonisme ; et, enfin, au lieu de se faire confiance mutuellement, les participants établissent une norme qui « inhibe le goût du risque », sur le plan intellectuel comme sur le plan émo-tionnel. Ce modèle repose sur des hypothèses qu'il serait trop long et peut-être inutile de citer ici. Limitons-nous à en présenter deux :

> Chez un individu (et dans une institution), une croissance plus efficiente aura tendance à se manifester à mesure que l'individu prendra une conscience plus aiguë de lui-même et, *en même temps*, qu'il deviendra plus réceptif à l'égard de lui-même. La meilleure condition pour se changer soi-même, c'est de développer une attitude profonde de compréhension et d'acceptation de soi-même. La véritable acceptation de soi ne conduira pas à l'immobilisme, à la stagnation ou à la complaisance. Un individu complaisant ne s'estime pas, il ne s'accepte pas. Une personne qui a de l'estime pour elle-même prend conscience du fait que la complaisance est en liaison directe avec la stagnation et, éventuellement, avec la détérioration psychologique.

> À mesure qu'augmentent chez un participant son sens de la responsabilité personnelle, son estime et son acceptation de lui-même, il a tendance à se montrer plus compréhensif à l'égard d'autrui et à manifester plus d'estime à son endroit. Cette croissance dans l'acceptation des autres aura pour effet de diminuer, chez lui et chez les autres, les attitudes défensives. En retour, ce mouvement augmentera la probabilité d'une plus grande ouverture à sa propre expérience, d'un usage plus libre des idées nouvelles, et, enfin, d'une attitude de plus grande tolérance à l'égard de ces idées neuves [...] (p. 135). »

La parenté avec l'univers de Rogers apparaît nettement dans ces deux extraits ; on croirait lire une autre version de « la loi provisoire » (Rogers, 1961a).

Modèle 4 : les groupes de sensibilisation

Comme nous n'avons jamais participé nous-même à un groupe de ce style (première formule, ou développement ultérieur dans le sens de la « communication par l'action »), nous nous limiterons à faire ressortir les éléments distinctifs de ce modèle, tels qu'ils nous apparaissent dans les publications (Bugental et Tannenbaum, 1963 ; Massarik, 1965 ; Weschler, Massarik et Tannenbaum, 1962). L'importance considérable et, semble-t-il, croissante de ces sessions de sensibilisation mérite qu'on s'y arrête, ne serait-ce que pour les présenter de façon nécessairement livresque.

Dans le style qui lui est si particulier, Kierkegaard (1949) pointe directe-ment vers ce qui nous apparaît l'accent particulier ou la ligne de force de ce nouveau modèle : « Exprimer en existant ce qu'on a compris de soi-même, et se comprendre ainsi soi-même, n'est pas du tout comique ; mais tout comprendre, sauf soi-même, est très comique (p. 237). »

Dans leur article, Weschler, Massarik et Tannenbaum (1962) ne craignent pas d'employer l'expression « thérapie pour les normaux » pour décrire leur approche du groupe de formation. Moins que les processus de groupe, ce sont les *valeurs vitales* qu'ils veulent révéler, provoquer, analyser et comprendre : tendances à contrôler les autres, manifestations d'hostilité, capacité de donner et de recevoir de l'amour, sentiments de solitude, recherche de l'identité personnelle, etc.

> Notre conception de l'entraînement à la sensibilisation vise de plus en plus à appuyer les individus dans leur désir d'expériences humaines plus intenses, dans leur soif d'une prise de conscience plus profonde et plus conforme à la réalité, dans leur recherche d'un sens plus authentique à leur vie et dans leur désir de mettre en marche, puis de poursuivre, un processus de croissance individuelle susceptible de les conduire à une intégrité personnelle de plus en plus grande (p. 34).

Une autre caractéristique de ce modèle, c'est l'« introduction prudente » de stimuli ou de techniques. Bugental et Tannenbaum (1963) proposent la peinture, les films, le silence, la poésie, la poterie, le dessin collectif, le chant, et toutes les autres formes d'expression où le corps du participant est mis directement à contribution (correspondant aujourd'hui à ce que certains appellent l'« expression corporelle », d'autres « la communication non verbale » ou « la communication par l'action », et qui renvoie à tout un éventail de techniques).

En 1965, Massarik faisait paraître un long article dont le titre et le sous-titre en disent long : « *A Sensitivity Training Impact Model : Some First (and Second) Thoughts on the Evaluation of Sensitivity Training* ». Il s'agit vraiment d'un modèle, truffé de considérations fort concrètes ou pratiques, encore que les dimensions théoriques ne soient pas ignorées.

Du point de vue spatio-temporel, Massarik distingue d'abord 1) le contexte culturel, puis 2) l'expérience immédiatement préparatoire à la session, ensuite 3) le cœur même de son modèle : l'expérience de perfectionnement à proprement parler, et enfin 4) l'expérience postsession.

À l'intérieur de chacune de ces étapes, l'auteur propose ce qu'il appelle deux « matrices », l'une *interpersonnelle*, l'autre *intrapersonnelle*. Une matrice interpersonnelle naît de la combinaison des forces sociales qui touchent l'individu ; en réalité, il s'agit d'une partie du « champ psychologique » de Lewin. On peut distinguer cinq secteurs majeurs dans ce champ que l'individu apporte avec lui, auxquels le groupe de sensibilisation s'attache particulièrement : 1) les personnes qui composent le noyau familial ; 2) les amis personnels ; 3) les personnes qui font partie du même groupe d'appartenance (par exemple, syndicats, sociétés professionnelles, organismes communautaires, etc.); 4) les personnes qui appartiennent à la même institution formelle, à cause de leur occupation; 5) les personnes qui appartiennent à des groupes de référence (formels ou non). Ce sont les réactions, les perceptions et les affects à l'égard de ces personnes qui peuvent devenir la matière d'un groupe de sensibilisation; d'où une notion beaucoup plus élargie de l'«ici et maintenant».

Il est assez curieux de qualifier d'«intrapersonnel» ce qui, en psychologie sociale tout au moins, naît des rapports avec le milieu social et qui, essentiellement, ne pourrait pas opérer sans lui (par exemple le concept de soi [*self-concept*] tel que perçu par le sujet lui-même [Seeley, 1965]). Quoi qu'il en soit, Massarik énumère douze zones intrapersonnelles reliées à la personnalité: 1) le concept de soi tel que perçu par le sujet; 2) le concept de soi idéal; 3) les hypothèses (ou postulats) que chacun possède concernant l'image que les autres se font de soi; 4) les perceptions d'autrui et la sensibilité sociale; 5) la lucidité envers soi-même (*self-insight*); 6) la souplesse et l'efficacité sur le plan du comportement; 7) l'ouverture à l'expérience; 8) l'aptitude à se révéler soi-même; 9) l'aptitude à réagir par une expérience totale; 10) la congruence; 11) les configurations (*patterns*) de besoins et de défenses; 12) les variables démographiques et biographiques.

En somme, il s'agit de détruire les façades créées par le jeu culturel et les points aveugles que nous créons nous-mêmes en étant incapables d'évaluer de façon réaliste ce que nous sommes et ce que les autres pensent de nous.

Voici maintenant une liste de six autres modèles:

– Modèle 5: le modèle cognitif (Harrison, 1965).

– Modèle 6: les préoccupations modales (Gibb, 1964).

– Modèle 7. le complexe dépendance-interdépendance (Bennis, 1964).

– Modèle 8: la culture de groupe et la configuration des valences individuelles (Bion, 1961).

– Modèle 9: le «groupe-centré-sur-le-groupe» (Meigniez, 1963).

– Modèle 10: le groupe de formation comme dialectique (Lapassade [1961], inédit, mais probablement accessible au Centre national de la recherche scientifique, à Paris).

Ces dix modèles n'épuisent pas tous les efforts de conceptualisation appliqués au groupe de formation, mais ils donnent un aperçu de quelques-uns des concepts qui, à la fois, sous-tendent l'activité des moniteurs et donnent un sens à une expérience de groupe apparemment désordonnée ou confuse. Au-delà des formulations particulières à chacun, il est possible de retrouver les grandes sources de la psychologie contemporaine : la théorie du champ (Lewin), les théories néo-freudiennes (Bion, Meigniez), les théories existentielles (Argyris, Gibb, Rogers, Weschler, Massarik et Tannenbaum), les théories de l'interaction symbolique (issues de Mead), les théories sur les systèmes conceptuels (Harrison), etc.

Recherches et théories sur le rôle du moniteur

Si le matériel théorique concernant le groupe de formation est plutôt abondant, on a par contre très peu écrit sur le moniteur lui-même, son rôle, ses fonctions, ses interventions. On trouvera chez Bradford (1964b) et chez Reisel (1962) des études qui touchent directement ce thème. D'autres (Meigniez, 1963 ; Psathas et Hardert, 1966 ; Weschler, Massarik et Tannenbaum, 1962) n'en parlent qu'incidemment ou sous un angle très particulier.

Mais ce qui a été dit dans les sections précédentes sur les fondements et les modèles théoriques permet de dégager non seulement des généralisations concernant les buts que poursuit le moniteur, mais aussi certaines règles de conduite de ce dernier dans ses rapports avec les membres de son groupe de formation.

Parce qu'il refuse de donner des traitements et de jouer le rôle d'un enseignant, le moniteur doit concentrer ses activités dans une zone qui lui est propre, mais qu'il est assez difficile de définir. Sans prétendre vider la question, on peut décrire cette zone (c'est-à-dire ses rôles et ses fonctions, en même temps que ses objectifs) de la façon suivante :

1) Son premier but est de créer des conditions de *décristallisation* : prises de conscience, essais de comportements nouveaux, etc. À peu près tous les théoriciens s'entendent sur ce rôle de *rééducateur*.

2) Le moniteur joue aussi le rôle de *psychologue*, dans la mesure où il centre ses activités sur les événements psychologiques (personnels, interpersonnels ou de groupe) qui naissent dans le groupe. Par exemple, presque tous mettent l'accent sur les sentiments, sur le vécu, sur les perceptions et sur les processus. Ils réagissent très peu aux contenus thématiques apportés par les participants (par exemple le concile, la guerre au Viêt-nam, le rôle de la femme dans la société, etc.), sauf pour les interpréter, ouvertement ou non, sur un plan symbolique.

3) Le moniteur s'intéresse à ce qui est vécu dans le groupe d'abord, d'où ses interventions pour faire circuler le plus d'informations possible sur l'état actuel du groupe, sur la participation et l'engagement personnel, sur l'analyse ou l'explicitation des événements vécus (concentration sur l' «ici et maintenant»).

4) Le moniteur favorise tout ce qui est authenticité interpersonnelle, expression spontanée de soi, lucidité, « choix existentiels ». Il n'existe aucune technique préétablie qui à l'exclusion des autres permettrait d'exercer cette fonction ; le moniteur est lui-même son principal instrument.

5) Pour atteindre ces différents objectifs, le moniteur mise sur les capacités de collaboration et d'assistance mutuelle que possèdent les participants. Il est en situation de groupe, face à des mouvements collectifs et à des réseaux de relations interpersonnelles qu'il doit apprendre à utiliser.

6) Malgré de nombreuses différences individuelles, on peut dire que les moniteurs sont « permissifs », à l'intérieur d'un cadre qui limite, mais qui protège surtout. Il semble que même les moniteurs les plus « structurants » sur le plan technique ne s'appuient pas d'abord sur la discipline, mais laissent venir les événements qui sont source d'apprentissage[11]. Chez beaucoup, cette attitude permissive s'étend au moniteur lui-même, c'est-à-dire qu'il se donne le droit d'être et d'agir suivant ses intuitions ou ses inclinations personnelles, sur le vif.

Quand on s'interroge sur le rôle du moniteur dans un groupe de formation et quand on parcourt les publications touchant ce rôle, on s'aperçoit très tôt qu'il y a beaucoup d'*implicite* dans ce que les moniteurs disent d'eux-mêmes et de leurs façons d'agir. Il semble y avoir beaucoup d'emprunts aux rôles du psychologue clinicien, mais des innovations sont apparues, des rôles nouveaux ou des fonctions nouvelles ont été créés. C'est l'objet du présent chapitre que de participer à la clarification du rôle de moniteur dans un groupe de formation, en choisissant de s'appuyer exclusivement sur l'étude du monitorat d'orientation rogérienne.

L'orientation rogérienne

Pour terminer ce tour d'horizon théorique, il reste à exposer le point de vue rogérien sur les relations humaines ; comme la théorie de Rogers est de plus en plus connue, l'exposé en sera sommaire. Notons immédiatement que les principales sources utilisées sont les suivantes : Rogers, 1947, 1949, 1955, 1957, 1958, et surtout 1959, 1961a, 1961b, 1967, et enfin le « Cas de Miss Gloria », qu'on doit pouvoir retracer par l'Association pour la recherche et l'intervention psychosociologique de Paris.

Une pensée aussi originale et vigoureuse que celle de Rogers ne pouvait que susciter plusieurs travaux de recherche ou de réflexion sur le changement. Faute de temps et d'espace, de courts exposés seront successivement consacrés, d'abord à Rogers lui-même, puis à Gordon et surtout à Gendlin.

---

11. *Cf.* l'étude de J. Reisel (1962) qui met en évidence, chez deux moniteurs, le souci commun d'être permissif, mais aussi les différences de styles.

En français, il faut noter les publications de Pagès (1963, 1965) et de Peretti (1967). Disons seulement que le premier n'est sûrement pas «rogérien» au sens où nous l'entendons (la psychanalyse et l'orientation freudienne sont omniprésentes), et ses tentatives pour rapprocher les concepts de deux auteurs dont l'arrière-plan philosophique ou scientifique et la conception de l'homme sont aux antipodes nous semblent pour le moins prématurées; mais sa version de Rogers est intéressante à plus d'un point de vue, notamment en ce qui concerne «les théories de l'information», les notions d'«activités structurantes et informantes» (1965) et ses hypothèses sur la «vie affective des groupes» (1963, 1965). La publication de Peretti est de la même veine que celle de Pagès, mais elle est assez personnelle (il n'expose pas la théorie de Rogers, il raconte quel impact la lecture de ses travaux a eu sur lui) et elle est centrée sur un thème : la liberté et les relations humaines (1967); il utilise encore, comme Pagès d'ailleurs le fait parfois, le terme «non directif» qui a prêté et prête encore à tellement de confusion; mais nous lui avons emprunté une partie de son vocabulaire en parlant d'«inspiration» rogérienne, terme qui se réfère davantage à une influence éloignée de Rogers que l'expression «orientation rogérienne» ou, tout simplement, «rogérien».

La théorie de Carl Rogers

On trouvera peut-être dans cette section une version bien particulière du point de vue rogérien sur la personnalité, les relations interpersonnelles et les groupes. Il n'est pas sûr que Rogers lui-même endosserait tout ce qu'on lui fait dire dans les pages qui suivent.

L'apport de Carl Rogers est à peu près négligeable dans au moins deux secteurs de la dynamique des groupes. Il n'a rien écrit, semble-t-il, sur la psychologie des groupes comme telle. Seuls deux de ses collaborateurs, N. Hobbs et T. Gordon, ont essayé de transposer l'orientation non directive aux activités de groupe, mais sans formuler une véritable théorie du groupe restreint. Par ailleurs, Rogers semble peu se préoccuper des problèmes d'efficacité et de rendement dans le travail en groupe (problèmes de structures, de techniques, de procédures, d'organisation); c'est de façon implicite seulement qu'on peut trouver dans son œuvre des éléments de réponse à ce genre de questions.

Sa contribution la plus évidente concerne l'univers des relations interpersonnelles et de la communication humaine. Un thème revient sans cesse dans ses travaux : *la personne en changement dans son univers personnel et social.* À partir de son expérience personnelle et de recherches, en psychothérapie individuelle surtout (Rogers, 1959; Rogers et Dymond, 1954), il essaie de mettre en évidence ce qu'on peut appeler les conditions «détériorantes» et les conditions «facilitantes» d'une situation interpersonnelle, qui vont faire que les partenaires seront immobilisés dans un état de défense ou réduits à l'état d'objets déterminés par des forces extérieures, ou, au contraire, s'achemineront progressivement vers un état de mouvement, de «fluidité» et d'authenticité qui caractérise, selon lui, une personne qui fonctionne pleinement (*fully-functioning*) (Rogers, 1958). La qualité des rapports interpersonnels constitue précisément une de ces conditions «facilitantes» ou «détériorantes» dans l'évolution d'une personne, d'où l'insistance de Rogers à étudier la communication à la fois comme indice et comme source de changements.

Une distinction s'impose dès qu'on veut parler de la «théorie» de Carl Rogers. Il y a chez cet auteur : 1) *des options de base* (c'est-à-dire une certaine conception de l'homme, des rapports interhumains, du changement et de la science qui se situent à un niveau presque préscientifique [Rogers, 1947, 1949, 1955, 1959, 1961b, 1967]) ; 2) *des attitudes fondamentales* (c'est-à-dire des états internes, des propensions à agir dans telle ou telle direction [Rogers, 1957, 1959, 1961a]) ; 3) *des comportements manifestes* qui sont l'expression de ces attitudes et qui sont en liaison directe avec les options de base[12]. Confondre ces niveaux entraîne des malentendus et risque fort de compromettre les développements et les applications que les «intuitions» et les techniques rogériennes annoncent. Par exemple, utiliser les «techniques» rogériennes pour mettre l'interlocuteur en confiance dans le but final d'interpréter son comportement ou de lui donner des conseils, donc afficher des comportements alors que les attitudes et les options correspondantes sont absentes, constitue une caricature du rogérisme.

C'est sous forme de propositions, qui nous paraissent particulièrement significatives, que seront présentés les éléments majeurs de la théorie rogérienne.

Les options de base

Proposition 1. L'être humain vit dans un univers personnel et subjectif qui est le seul réel pour lui.

> Il s'agit ici de ma croyance dans la priorité fondamentale du subjectif. [...] Bref, il me semble que, s'il existe une vérité objective, je ne pourrai jamais la connaître ; tout ce que je peux connaître, c'est que telle ou telle proposition me paraît, subjectivement, posséder les qualités d'une vérité objective[13].

Il semble difficile d'être vraiment rogérien quand on n'a pas compris, assimilé et admis cette option initiale en faveur du caractère réel et prioritaire des univers subjectifs, perceptuels ou phénoménologiques. Dès 1846, Kierkegaard écrivait : «Il s'agit de trouver une vérité qui soit vérité pour moi [...]. À quoi me servirait-il de construire un monde où je ne vivrais pas ?»

---

12. C. ROGERS (1959), pp. 188-192.
13. *Id. ibid.*, p. 192.

Proposition 2. Il y a dans tout organisme vivant une *tendance actualisante* qui n'est vraiment opérante qu'au niveau de l'organisme tout entier. On peut ajouter à cette tendance les *forces autorégulatrices*, qui, semble-t-il, ont les mêmes caractéristiques.

> On doit souligner ici que cette tendance fondamentale à l'actualisation est le seul mobile postulé dans mon système théorique. On doit aussi noter que c'est l'organisme tout entier, et seulement l'organisme tout entier, qui manifeste cette tendance. Il n'y a pas dans l'homme d'*homunculi* ni d'ailleurs aucune autre source d'énergie ou d'action dans mon système[14].

Rogers croit donc que, si des conditions raisonnablement bonnes sont créées, cette tendance actualisante se mettra en marche, avec son propre système de régulation interne. C'est pourquoi il affirme que, même pour un thérapeute, « il n'est pas aussi dangereux qu'on le croit d'aimer et de se laisser aimer » par le client.

Les attitudes fondamentales

Celles-ci découlent directement des croyances à l'égard de l'expérience humaine. Il semble que le rogérien choisisse délibérément de se situer dans un certain type de relation avec ses partenaires. Rappelons que l'*attitude* est une prédisposition stable à l'action, prédisposition interne ou intériorisée, ayant une valence positive ou négative à l'égard de l'*objet* de l'attitude.

Proposition 1. L'orientation rogérienne implique une *considération positive inconditionnelle* à l'égard de *tout* ce que vit et dit le partenaire. Il s'agit, au point de départ, d'une prise de position, d'une sorte de « parti pris », qui devient progressivement une attitude permanente et spontanée se traduisant par une volonté de non-jugement évaluatif et par une valorisation sans condition du vécu et du symbolisé dans la relation.

Proposition 2. Celui qui se veut d'orientation rogérienne cherche à développer une *attitude empathique* ou de compréhension suivant le schème de référence propre au partenaire. Paradoxalement, cette ouverture sur l'autre implique d'abord une ouverture de plus en plus grande à sa propre expérience immédiate (congruence).

Proposition 3. L'orientation rogérienne exige surtout, d'après les derniers écrits de Rogers, un degré optimal de *congruence* à l'égard de son vécu immédiat dans la relation avec le partenaire. Cette congruence implique un accès aussi direct que possible à ses propres expériences, puis une option et un jugement sur ce qui peut être communiqué délibérément au partenaire. Il semble qu'à ce sujet, Rogers ait fait un choix : il exprime à ses partenaires ce

---

14. *Id. ibid.*, p. 196.

qu'il appelle ses sentiments persistants (*persistent feelings*) à leur égard ou à l'égard de la situation présente. Être congruent, c'est surtout être « réel », être soi, refuser obstinément de jouer un rôle (celui de thérapeute ou de conseiller...).

Pour Rogers, si ces trois attitudes sont présentes et si le partenaire les perçoit et les ressent, toutes les conditions nécessaires et suffisantes sont réunies pour qu'une relation, établie sur cette base, soit « thérapeutique » (c'est-à-dire source de croissance personnelle pour les *deux* interlocuteurs).

Les comportements

C'est le point de vue technique proprement dit, celui sur lequel, semble-t-il, on trouve le plus de variations d'un rogérien à l'autre (*cf.* Seaman, 1965), celui aussi qui perd tout son sens si les croyances fondamentales et les attitudes de base sont absentes. Il semble d'ailleurs que Rogers se désintéresse de plus en plus du point de vue technique. On trouvera dans Porter (1950) et dans Rogers et Kinget (1962) des exposés traitant de cet aspect.

Proposition 1. Le psychologue d'orientation rogérienne essaie de traduire dans son comportement manifeste l'essentiel de ses options et de ses attitudes. Par exemple, le *reflet*, comportement typique du rogérien, implique : a) un refus de structurer la situation et l'expérience *à la place* du partenaire, qui mise ainsi sur ses tendances actualisantes et autorégulatrices ; b) une formulation qui véhicule le caractère subjectif des perceptions du psychologue ; c) une symbolisation nouvelle (parce que particulière au psychologue) de l'expérience du partenaire ; d) une tentative pour communiquer au partenaire l'attitude d'acceptation inconditionnelle qui annule les « conditions de valeur » habituelles.

Proposition 2. Le psychologue d'orientation rogérienne cherche, avec le partenaire, à symboliser aussi correctement que possible l'expérience immédiate de ce partenaire.

Cette activité est décrite de façon très élaborée chez Gendlin où elle fait partie d'un effort global pour reconceptualiser la théorie de Rogers en particulier, et les théories existentielles en général.

Les transpositions de Gordon

C'est Thomas Gordon qui a tenté de transposer, pour l'appliquer à la dynamique des petits groupes centrés sur une tâche, la théorie de Carl Rogers, tandis que Hobbs tentait la même entreprise à l'égard de la psychothérapie de groupe. Gordon a d'abord publié un article (1951), puis un volume (1955), dont voici, esquissées à larges traits, les idées maîtresses.

De même que Rogers qualifie sa conception de la thérapie de « centrée sur le client » (*client-centered*), de même Gordon utilise l'expression « leadership centré sur le groupe » (*group-centered leadership*) quand il présente sa théorie fondée sur les notions rogériennes de non-directivité. Pour Gordon (1955), l'hypothèse fondamentale du *leadership non directif* est presque identique à celle de Rogers :

> Un groupe a en lui-même les capacités d'ajustement nécessaires pour acquérir un plus haut degré d'harmonie interne et de productivité et pour atteindre à un ajustement plus efficace à l'environnement. Dans certaines conditions, le groupe évoluera vers une plus grande utilisation de ces capacités.

Il faut insister davantage sur les capacités et les tendances internes du groupe, et non sur l'habileté personnelle ou l'autorité du meneur, pour atteindre à un plus haut degré d'harmonie interne, de productivité, et à un ajustement plus efficace à l'environnement. Ces tendances doivent être considérées comme des forces positives, en interaction constante avec des tendances négatives à la désintégration :

> Les groupes manifestent, à certaines périodes particulières de leur existence, un certain degré de déséquilibre ou d'instabilité qui résulte de certaines forces à l'œuvre dans le groupe. Le groupe, en conséquence, est un système dynamique de forces. Des changements dans une partie quelconque du groupe provoquent des changements dans le groupe considéré comme une totalité[15].

En premier lieu, Gordon endosse dans une large mesure le point de vue suivant lequel la relation qui unit les membres au meneur tend à être un lien de dépendance et de soumission passive. Il est assez facile de constater que l'individu préfère se démettre de ses responsabilités, plutôt que d'exercer, au prix d'un effort soutenu, ses facultés créatrices et critiques. On comprend aussi que plus le meneur est autoritaire et directif, plus les participants ont tendance à se montrer dépendants et passifs, ou, au contraire, à se montrer hostiles et agressifs. L'exercice d'une telle autorité est le premier obstacle à la libre expression des tendances positives vers la maturité, inhérentes au groupe.

Aussi l'auteur rejette-t-il cette conception traditionnelle qui voit dans le leadership un ensemble de fonctions attribuées à une seule personne. Si les membres perçoivent le meneur comme étant celui qui détient la responsabilité du groupe et l'autorité sur celui-ci, ils auront tendance à devenir de plus en plus dépendants de ce meneur. Aussi suggère-t-il de concevoir le leadership comme la propriété d'un groupe total ou d'une organisation. Il s'agit d'un ensemble de fonctions partagées par tous les membres du groupe, donc d'un leadership partagé (*distributed leadership*). « Les activités d'adaptation du groupe sont les plus appropriées lorsque chacun des membres est libre, à n'importe quel moment, d'assumer certaines des fonctions du leadership[16]. » C'est donc à partir du principe de la participation maximum de tous les membres que Gordon propose un leadership partagé.

---

15. T. GORDON (1951), p. 324.
16. *Id.* (1955), p. 332.

Mais avant d'abandonner aux membres du groupe les fonctions du leadership, le meneur doit créer les *conditions* propres au leadership centré sur le groupe. Ces conditions essentielles peuvent se ramener aux trois suivantes :

1) *Occasion de participation*

C'est une condition absolument nécessaire pour que soit utilisé au maximum le potentiel de tous les membres du groupe. Par ailleurs, il n'est pas à craindre que les membres s'emparent de l'autorité au détriment du meneur, car :

> Suivant notre propre expérience, les membres d'un groupe peuvent usurper le pouvoir, mais c'est seulement *par réaction contre* une menace qu'ils perçoivent dans le pouvoir exercé par l'autorité. Nous avons probablement tendance à sous-estimer jusqu'à quel point le comportement humain est un comportement en réaction contre une menace perçue chez l'autorité — et combien peu le comportement humain est autonome[17].

2) *Liberté de communication*

Cette condition est nécessaire, en premier lieu, pour permettre des relations interpersonnelles amicales entre les membres, relations indispensables pour éviter ou régler les conflits qui naissent à l'intérieur de tout groupe. En second lieu, il est évidemment nécessaire d'avoir une totale liberté de communication pour arriver à un accord sur le sens des termes employés ou sur l'action à entreprendre en commun.

3) *Un climat psychologique d'acceptation*

Enfin, le climat du groupe ne doit comporter aucune menace à la liberté et à la spontanéité de chacun des membres. Le meneur a deux obstacles à franchir. En premier lieu, le sentiment profondément ancré chez beaucoup de n'avoir aucune valeur personnelle, d'être inutile. En second lieu, la crainte de la majorité des participants que leurs contributions ne soient immédiatement jugées, incomprises, ridiculisées ou négativement évaluées. C'est seulement en créant un climat d'acceptation et de permissivité totale que le meneur parviendra à surmonter ces obstacles. Avant tout, il devra s'abstenir de toute évaluation susceptible d'être ressentie comme une menace.

Par ailleurs, une telle conception du leadership ne va pas sans exiger de la part du meneur des *attitudes* bien caractérisées : 1) le meneur estime que les buts du groupe doivent être ceux des membres du groupe, d'abord et avant tout, parce que sur une longue période de temps les buts des membres seront plus profitables au groupe, pris comme tout, que les buts poursuivis par le meneur ; 2) les participants ont droit de prendre part à toute décision concernant tout ce qui les concerne ;

---

17. *Id.* (1951), p. 340.

3) quand le meneur accorde ce droit, il doit avoir la conviction que le groupe est apte à prendre des décisions adéquates ; 4) dans ce but, il doit faire confiance aux membres et respecter leurs habiletés individuelles ; il croit en la richesse de chacun et reconnaît toute personne comme différente de lui-même.

En accord avec les conditions à créer dans le groupe et avec les attitudes à prendre, certaines *fonctions* s'imposent comme nécessaires dans le comportement du meneur. Ces fonctions tendent à réaliser dans le groupe ce que l'hypothèse de base du leadership centré sur le groupe propose, à savoir que le meneur vraiment non directif tend à créer les conditions qui lui permettront d'abandonner ses fonctions. Le comportement du meneur tendrait à être imité, puis intériorisé, après une certaine période de temps, par tous les membres du groupe. Ces fonctions que le meneur, puis tout le groupe, doit exercer, on peut les formuler de la façon suivante :

1) *Créer un climat d'empathie et de chaleur*

Il s'agit d'un ensemble de comportements caractéristiques qui se manifestent dans les paroles, l'expression faciale et les gestes du meneur. Ils sont sans doute liés chez lui à des variables telles que son amour des autres, ses propres sentiments de sécurité, son habileté à se comporter spontanément au milieu du groupe, sa capacité de se mettre à la place des autres.

2) *Être présent aux autres*

Écouter attentivement, se concentrer sur ce qui est dit, est une fonction essentielle du meneur. Pour manifester cette attention, ce dernier reflète les sentiments de celui qui parle, clarifie ses contributions, reformule ses problèmes. Le but de cette fonction est de donner aux membres l'assurance que leurs contributions sont acceptées sans condition et appréciées positivement.

3) *Comprendre la signification et les intentions*

Il y a toujours une marge entre l'expression d'une idée ou d'un sentiment et l'impression que cause cette idée ou ce sentiment. Le meneur doit tendre continuellement à diminuer cette marge, cherchant à comprendre le sens actuel et précis, ou l'intention non exprimée, de ce qui est dit à un moment donné.

4) *Créer un climat de permissivité*

Cette fonction signifie que le meneur est prêt à accepter le groupe où il est au moment actuel, même s'il ne perçoit pas clairement ses objectifs, s'il est hostile ou au contraire dépendant à son égard. Cependant, il doit avoir une notion claire des limites à l'intérieur desquelles il doit être permissif. Certaines conditions concrètes de fonctionnement exigent que le groupe se limite. Le meneur doit tenir compte de ces limites, mais, sur le plan de la stricte procédure, il doit tendre vers une structuration minimum de la situation.

Même s'il a le mérite d'avoir tenté l'effort de transposer la théorie de Rogers pour l'appliquer aux phénomènes de groupe, le point de vue de Gordon nous paraît assez limité. Nulle part, dans ses écrits, on ne trouve de véritables tentatives pour intégrer le point de vue rogérien aux modèles théoriques déjà existants touchant la dynamique du groupe comme telle, et lui-même ne propose aucune image neuve de la réalité de groupe. Il se limite à décrire ce qui pourrait être un nouveau style de leadership, mais, encore une fois, sans penser au groupe lui-même et à ce que la dynamique des groupes a déjà révélé comme phénomènes psychosociologiques dans la vie des groupes restreints.

L'apport de Gendlin

Si on voulait présenter, dans une formule très brève, un des traits les plus originaux de l'œuvre de Gendlin, c'est sans doute la phrase suivante qui serait la plus caractéristique de son mode de pensée : « Un sentiment non symbolisé est aveugle ; une symbolisation sans sentiment est vide. »

L'œuvre de Gendlin comprend une série d'articles de recherche sur le changement en psychothérapie rogérienne, presque tous publiés en commun avec des membres de l'équipe de Rogers. Mais il a, par la suite, fait paraître un volume (1962) et deux articles d'envergure (1964, 1966). Les titres de ces ouvrages sont révélateurs des intérêts et de l'orientation de leur auteur : *Experiencing and the Creation of Meaning : A Philosophical and Psychological Approach to the Subjective* (1962) ; « *A Theory of Personality Change* » (1964) ; « *Existentialism and Experiential Psychotherapy* » (1966).

Il semble, d'après ces travaux, plus familier que Rogers avec la philosophie existentialiste, la phénoménologie et surtout la psycholinguistique et la sémantique. Son objectif à long terme est de découvrir ou d'inventer « un langage de l'expérience vécue » qui puisse être soumis aux exigences d'une démarche scientifique. C'est pourquoi on trouve chez lui une foule de termes nouveaux qui toujours visent à donner au langage et à la pensée scientifiques le pouvoir de saisir ce qui est expériencié ou préconceptuel : *experiencing, meaning, symbolization, self-process, feeling process, direct reference, carrying forward, reconstituting, focusing, unfolding*, etc.

Ces concepts se réfèrent rarement à des « contenus ». La personnalité n'est pas un « contenant » ni une structure ; comme le corps humain, elle est d'abord un ensemble de processus en interaction, un « flot expérientiel », ou encore un *experiencing*[18], en perpétuel mouvement. Par exemple, Gendlin dirait : « Vous n'êtes pas une "personne hostile", formule qui laisse entendre que votre personnalité contient de l'hostilité ; vous expérienciez en ce moment une foule de sentiments, de pensées, de perceptions qui sont *vous* au sens le plus *réel* du terme ; il se peut qu'à l'instant présent vous symbolisiez votre expérience vécue en lui donnant un sens où domine le goût de détruire et de faire souffrir, mais vous éprouvez aussi beaucoup d'autres sentiments qui, sans être inconscients, ne sont pas réfléchis ou symbolisés par le langage formel. »

Pour communiquer ce qu'il entend par *experiencing*, Gendlin doit recourir à des métaphores :

J'utilise le mot *experiencing* pour dénoter l'expérience *concrète*, car le phénomène auquel je me réfère est le *fonctionnement brut*, actuel, en mouvement, de ce qu'on appelle habituellement l'expérience. Je vais vous demander de laisser mes symboles se référer directement à votre *experiencing*. [...] Indépendamment des changements nombreux qui se produisent dans *ce* que nous éprouvons — c'est-à-dire, en réalité, indépendamment de comment nous nous sentons — il y a toujours le flot émotionnel qui est concrètement présent en nous. À n'importe quel moment, individuellement et privément, chacun de nous peut tourner son attention à l'intérieur de lui-même, et, aussitôt, se trouver en présence de ce flot émotionnel. Évidemment, nous avons alors telle ou telle idée particulière (ou un désir, une émotion, une perception, un mot, une pensée), mais, *toujours*, nous avons un sentiment concret, une sensation interne dont la nature est plus large, plus étendue. C'est une masse concrète, en ce sens que ce flot de sentiments est *là*, pour nous. Sa présence en nous n'est pas du tout vague. Ce flot de sentiments n'est vague que dans la mesure où nous ne pouvons savoir ce qu'il est. Seuls quelques aspects peuvent être formulés avec des mots. La masse elle-même est toujours quelque chose qui est là, indépendamment de ce que nous pouvons en dire. Nos définitions, notre connaissance de « ce qu'elle est », sont des symboles qui en spécifient certains aspects, qui en constituent des « parties », suivant l'expression courante. Qu'on la nomme ou non, qu'on la subdivise ou non, elle est là[19].

---

18. Le terme *experiencing* est intraduisible ; il faudrait, comme Gendlin, inventer un substantif français qui, peut-être, à l'usage, s'imposerait dans le langage de la psychologie. Pagès (1965) ne le traduit pas. À titre de suggestions, et suivant les contextes, on pourrait employer les expressions : « processus expérientiel », « expérience vécue », « expérience immédiate ». Gendlin utilise dans un autre sens le mot *expérience*. Par ailleurs, *meaning* sera traduit par « sens » ou « signification ». Quant à *felt meaning*, c'est Gendlin lui-même (1962) qui estime qu'il est à peu près l'équivalent de l'expression de Merleau-Ponty (1945) : « sens émotionnel ». Nous emprunterons d'ailleurs aux écrivains existentiels français les mots : « expériencier », « expérientiel », « existant ».

19. E. T. GENDLIN (1962), p. 11.

L'*experiencing* est un processus émotionnel concret et corporel qui constitue la matière fondamentale des phénomènes psychologiques et des phénomènes de personnalité[20].

La référence directe (*direct reference*) consiste justement à tourner son attention vers ce qui se passe en soi, à « s'y laisser glisser » en quelque sorte pour éprouver ce que c'est que d'être *soi*, à cet instant, concrètement ; le « cela » que nous éprouvons alors, c'est ce que nous sommes, ce que nous signifions pour nous-mêmes.

Suivant la démarche formelle ou « objective » de la sémantique, la signification (*meaning*) est le rapport entre le signifiant (le mot), le signifié (le sens) et le référent (la chose). Mais cette définition exclut une dimension que la psycholinguistique réintroduit : l'expérience vécue de la signification (ce que Gendlin appelle le « sens émotionnel » ou *felt meaning*). C'est quand les symboles que nous employons ne correspondent pas exactement à la signification de ce que nous sommes en train de vivre que nous devenons conscients de cette dimension : nous cherchons des mots, que nous rejetons successivement jusqu'à ce que nous éprouvions la signification la plus conforme à notre vécu, ou encore nous inventons des images dont chacun des éléments pris isolément a son sens propre, mais qui, groupés, créent une signification nouvelle (Gendlin donne l'exemple suivant : *Love is a red, red rose*).

Le sens émotionnel est, sous l'angle sémantique, l'équivalent de l'*experiencing* : il est concrètement présent en nous, nous pouvons y avoir progressivement accès, il est en perpétuel changement, et seulement une partie des sens émotionnels présents, à un moment donné, peut être symbolisée avec des mots.

Pour Gendlin, l'action de symboliser a un sens très vaste (beaucoup plus vaste, par exemple, que chez Ricœur [1965]). Tout peut jouer le rôle de symboles ; des paroles, des gestes, des personnes, des situations, des événements, des choses. Quand une personne dit : « Je me sens mal à l'aise », les mots symbolisent verbalement une expérience vécue, ils renvoient, comme tous les symboles, à quelque chose d'autre qu'eux-mêmes (que les émissions sonores). Mais, si une personne entre brusquement dans une salle où sont réunies une dizaine d'autres personnes, elle éprouve immédiatement l'expérience d'une signification : la situation signifie quelque chose, elle est un symbole qui entre en interaction avec son *experiencing* pour déclencher immédiatement une foule de sens émotionnels ; plus tard, peut-être, cette personne pourra utiliser des symboles verbaux (comme c'est souvent le cas dans les groupes de formation) pour dire : « J'ai été saisi et j'ai eu peur. J'ai eu envie de tourner les talons et de fuir. Mais j'ai serré les dents et j'ai foncé vers la seule chaise libre qui restait.

---

20. *Id.* (1964), p. 111.

J'étais très mal à l'aise...» Terminons en signalant que, pour Gendlin, les sens émotionnels ne sont pas inconscients au sens psychanalytique du terme; ils sont préconceptuels, prélogiques, ils sont conscients d'une conscience non réfléchie de sorte que par référence directe, par exemple, on y a accès directement ou progressivement.

Pour Gendlin donc, les phénomènes proprement psychologiques sont constitués par un flot expérientiel concret qui, entrant en interaction avec des symboles, prend une signification précise (grâce au langage en particulier) et des sens émotionnels, conceptuellement vagues, mais expérientiellement précis.

L'entreprise psychothérapeutique consiste, dans cette perspective, à créer des conditions qui permettront au client de développer un accès de plus en plus grand à son *experiencing*, de sorte que par une série de processus, que Gendlin décrit longuement (1964), des changements apparaissent dans la façon d'expérienceir chez ce client, changements dans les événements psychologiques vécus et dans sa personnalité.

Ces changements ressemblent à ceux que Rogers a observés dans son texte: «*A Process Conception of Psychotherapy*[21]», en particulier l'évolution que parcourt le client qui, au point de départ, est lié par une structure (*structure-bound*) et qui s'achemine peu à peu vers un état psychologique plus «fluide», plus dégagé du passé ou de l'environnement, plus ouvert à sa propre expérience (*in process*).

Après avoir ainsi brièvement exposé quelques notions fondamentales de la théorie de Gendlin, nous nous attarderons à décrire comment il voit les rapports interpersonnels dans le processus de changement.

Ce n'est ni aux structures, ni au contenu, ni aux totalités cristallisées (*frozen wholes*) de l'interlocuteur qu'il faut répondre pour déclencher une poussée plus avant (*carrying forward*) dans l'exploration du vécu immédiat, ou pour remettre en marche (*reconstituting*) l'interaction entre les symboles et l'*experiencing* (de sorte que de nouveaux sens émotionnels émergeront et «changeront tout le paysage intérieur»); c'est au sens émotionnel actuellement présent, au vécu concret immédiat qu'il faut répondre:

> En psychothérapie donc, ce qui caractérise la situation ce n'est pas que le thérapeute imagine ce qui fait défaut chez son client et comment celui-ci doit changer, de sorte que, de quelque façon, le changement se produise. Il s'agit plutôt d'une situation où l'*experiencing* du client en notre présence est déjà vitalement différent de ce qu'il était antérieurement. De cet *experiencing* différent naissent des solutions à ses problèmes. Il est en train de parler et déjà les changements se produisent. *Nos réponses* (en tant que symboles verbaux et *en tant qu'événements*) entrent en interaction avec son *experiencing* et le font progresser. Nos

---

21. C. ROGERS (1961a), pp. 125-159.

gestes et nos attitudes, le simple fait qu'il nous parle *à nous*, les changements qu'à chaque instant il manifeste à nos yeux, tout cela interagit concrètement avec ce qui s'opère implicitement en lui. [...] Les réponses interpersonnelles ne sont pas que des événements extérieurs. Ce sont des événements *en interaction avec les sentiments d'une personne*. Celle-ci développe alors la capacité de répondre à ses propres sentiments. Le *soi* est plus qu'un répertoire de réponses apprises ; c'est aussi un processus de réponses *aux* sentiments. [...] Pour être moi-même, il me faut vos réponses, parce que mes propres réponses n'arrivent pas à faire progresser mes sentiments. Sous ce rapport, je ne suis « vraiment moi-même » que *lorsque je suis en votre présence*. Pour un certain temps, l'individu ne peut atteindre à ce processus personnel [*self-process*] intégral qu'à l'intérieur de cette *relation*. Ceci n'est pas de la « dépendance ». Cette relation ne devrait pas ramener l'individu en arrière, mais au contraire le conduire à des réactions plus entières et plus profondes, qui ont pour effet de faire progresser l'*experiencing*[22].

Ce qui importe donc, c'est de concevoir la personnalité, le changement et les rapports interpersonnels comme des *processus concrets* dans lesquels le thérapeute (et, par extension, le moniteur) s'insère et auxquels il contribue, ou encore qu'il essaie de remettre en action en aidant son interlocuteur à se centrer (se focaliser) sur le ressenti dans l'immédiat, instant par instant.

Comme chez Rogers, la dimension des sentiments est continuellement mise en évidence, de même que le souci de maintenir les « trois attitudes nécessaires et suffisantes ». Dans l'ensemble, Gendlin partage également avec Rogers les options fondamentales : la priorité exclusive accordée au champ personnel, subjectif ou phénoménologique de l'interlocuteur, la croyance en des tendances actualisantes qui s'exercent sur le plan organismique, excluant de la part du spécialiste toute activité structurante.

Ce bref aperçu de la pensée de Gendlin permettra peut-être au lecteur familier avec la situation de groupe de formation d'adapter sans difficulté sa conception de la personnalité, du changement personnel et des relations interpersonnelles en psychothérapie individuelle, au rôle de moniteur face à la fois à des individus, à des sous-groupes et à la totalité d'un groupe restreint.

---

22. E. T. Gendlin (1954), pp. 133-136.

Références bibliographiques

ARGYRIS, C. (1960). *Understanding Organizational Behavior*, Homewood, Ill., Dorsey Press.

ARGYRIS, C. (1962). *Interpersonal Competence and Organizational Effectiveness*, Homewood, Ill., Dorsey Press.

ARGYRIS, C. (1964). *Integrating the Individual and the Organization*, New York, Wiley.

ARGYRIS, C. (1965). «Explorations in Interpersonal Competence I and II», *Journal of Applied Behavioral Science*, vol. 1, n°s 1 et 3.

ASCH, S. E. (1952). *Social Psychology*, New York, Prentice-Hall.

BENNE, K. D. (1964). «From Polarization to Paradox», dans L. P. BRADFORD, J. R. GIBB et K. D. BENNE (sous la direction de), *T-Group Theory and Laboratory Method*, New York, Wiley, pp. 216-247.

BENNE, K. D., BRADFORD, L. P. et LIPPITT, R. (1964). «The Laboratory Method», dans L. P. BRADFORD, J. R. GIBB et K. D. BENNE (sous la direction de), *T-Group Theory and Laboratory Method*, New York, Wiley, pp. 15-44.

BENNIS, W. G. (1964). «Goals and Meta-Goals of Laboratory Training», dans W. G. BENNIS, E. H. SCHEIN, D. E. BERLEW et F. I. STEELE (sous la direction de), *Interpersonal Dynamics*, Homewood, Ill., Dorsey Press, pp. 692-698.

BENNIS, W. G., SCHEIN, E. H., BERLEW, D. E. et STEELE, F. I. (sous la direction de) (1964). *Interpersonal Dynamics*, Homewood, Ill., Dorsey Press.

BION, W. R. (1961). *Experiences in Groups*, New York, Basic Books.

BONNER, H. (1959). *Group Dynamics*, New York, The Ronald Press.

BRADFORD, L. P. (1964a). «Membership and the Learning Process», dans L. P. BRADFORD, J. R. GIBB et K. D. BENNE (sous la direction de), *T-Group Theory and Laboratory Method*, New York, Wiley, pp. 190-215.

BRADFORD, L. P. (1964b). «Trainer-Intervention: Case Episodes», dans L. P. BRADFORD, J. R. GIBB et K. D. BENNE (sous la direction de), *T-Group Theory and Laboratory Method*, New York, Wiley, pp. 136-167.

BRADFORD, L. P., GIBB, J. R. et BENNE, K. D. (sous la direction de) (1964). *T-Group Theory and Laboratory Method*, New York, Wiley.

BUBER, M. (1959). «Éléments de l'interhumain», *La vie en dialogue*, Paris, Aubier-Montaigne, pp. 201-219.

BUGENTAL, J. F. T. et TANNENBAUM, R. (1963). «Sensitivity Training and Being Motivation», *Journal of Humanistic Psychology*, printemps.

GAGE, N. L. (sous la direction de) (1963). *Handbook of Research on Teaching*, Chicago, Rand McNally.

GENDLIN, E. T. (1962). *Experiencing and the Creation of Meaning : A Philosophical and Psychological Approach to the Subjective*, Glencoe, The Free Press.

GENDLIN, E. T. (1964). «A Theory of Personality Change», dans P. WORCHEL et D. BYRNE (sous la direction de), *Personality Change*, New York, Wiley, pp. 100-149.

GENDLIN, E. T. (1966). «Existentialism and Experiential Psychotherapy», dans C. MOUSTAKAS (sous la direction de), *Existential Child Therapy*, New York, Basic Books.

GIBB, J. R. (1964). «Climate for Trust Formation», dans L. P. BRADFORD, J. R. GIBB et K. D. BENNE (sous la direction de), *T-Group Theory and Laboratory Method*, New York, Wiley, pp. 279-309.

GORDON, T. (1951). «Group-Centered Leadership and Administration», dans C. R. ROGERS, *Client-Centered Therapy*, Boston, Houghton-Mifflin.

GORDON, T. (1955). *Group-Centered Leadership*, Boston, Houghton-Mifflin.

HAMPDEN-TURNER, C. M. (1966). «An Existential "Learning Theory" and the Integration of T-Group Research», *Journal of Applied Behavioral Science*, vol. 2, n° 4, pp. 367-386.

HARRISON, R. (1965). «Cognitive Models for Interpersonal and Group Behavior : A Theoretical Framework for Research», *Explorations in Human Relation Training and Research*, n° 2, Washington, National Training Laboratories.

JASPERS, K. (1954). *Origine et sens de l'histoire*, Paris, Librairie Plon.

KIERKEGAARD, S. (1949). *Post-scriptum aux miettes philosophiques*, Paris, Gallimard. Édition originale : 1846.

LEWIN, K. (1945). «Conduct Knowledge and Acceptance of New Values», dans *Resolving Social Conflicts*, New York, Basic Books.

LEWIN, K. (1959). «Defining the Field at a Given Time», dans D. CARTWRIGHT (sous la direction de), *Field Theory in Social Science*, New York, Harper, pp. 43-59. Édition originale : 1943.

LUBAC, H. de (1958). *Paradoxes*, Paris, Éditions du Seuil.

MASSARIK, F. (1965). « A Sensitivity Training Impact Model », *Explorations in Human Relations Training and Research*, n° 3, Washington, National Training Laboratories.

MEAD, G. H. (1959). *Mind, Self and Society*, Chicago, The University of Chicago Press. Édition originale : 1934.

MEIGNIEZ, R. (1963). « Cinq études du groupe-centré-sur-le-groupe », *Évolution psychiatrique*, vol. 2, pp. 17-95.

MERLEAU-PONTY, M. (1945). *Phénoménologie de la perception*, Paris, Gallimard.

MILES, M. B. (1959). *Learning to Work in Groups*, New York, Bureau of Publications, Teachers College, Columbia University.

MILES, M. B. (1960). « Human Relation Training : Processes and Outcomes », *Journal of Counseling Psychology*, vol. 7, pp. 301-306.

MILES, M. B. (1964a). « On Temporary Systems », dans M. B. MILES (sous la direction de), *Innovation in Education*, New York, Bureau of Publications, Teachers College, Columbia University.

MILES, M. B. (1964b). « The T-Group and the Classroom », dans L. P. BRADFORD, J. R. GIBB et K. D. BENNE (sous la direction de), *T-Group Theory and Laboratory Method*, New York, Wiley, pp. 452-476.

PAGÈS, M. (1963). « Notes sur la vie affective des groupes », *Bulletin de psychologie*, vol. 16, n° 214, pp. 6-7.

PAGÈS, M. (1965). *L'orientation non directive en psychothérapie et en psychologie sociale*, Paris, Dunod.

PERETTI, A. de (1967). *Liberté et relations humaines ou l'inspiration non directive*, Paris, Éditions de l'Épi.

PORTER, E. H. (1950). *An Introduction to Therapeutic Counseling*, Boston, Houghton-Mifflin.

PSATHAS, G. et HARDERT, R. (1966). « Trainer Interventions and Normative Patterns in the T-Group », *Journal of Applied Behavioral Science*, vol. 2, n° 2, pp. 149-169.

REISEL, J. (1962). « Observations on the Trainer Role : A Case Study », dans I. R. WESCHLER et E. H. SCHEIN (sous la direction de), *Issues in Training*, n° 5, Los Angeles, University of California.

RICŒUR, P. (1965). *De l'interprétation. Essai sur Freud*, Paris, Éditions du Seuil.

ROGERS, C. R. (1947). « Some Observations on the Organization of Personality », *American Psychologist*, vol. 2, pp. 358-368.

ROGERS, C. R. (1949). « The Attitude and Orientation of the Counselor in Client-Centered Therapy », *Journal of Consulting Psychology*, vol. 13, pp. 82-94.

ROGERS, C. R. (1955). « Persons or Science ? A Philosophical Question », *American Psychologist*, vol. 10, pp. 267-278.

ROGERS, C. R. (1957). « The Necessary and Sufficient Conditions of Therapeutic Personality Change », *Journal of Consulting Psychology*, vol. 21, pp. 95-103.

ROGERS, C. R. (1958). « The Characteristic of a Helping Relationship », *Personal and Guidance Journal*, vol. 37, pp. 6-16.

ROGERS, C. R. (1959). « A Theory of Therapy, and Interpersonal Relationship Developed in the Client-Centered Framework », dans S. KOCH (sous la direction de), *Psychology : A Study of a Science*, New York, McGraw-Hill, vol. 3, pp. 184-257.

ROGERS, C. R. (1961a). *On Becoming a Person : A Therapist's View of Psychotherapy*, Boston, Houghton-Mifflin.

ROGERS, C. R. (1961b). « Two Divergent Trends », dans R. MAY (sous la direction de), *Existential Psychology*, New York, Random House, pp. 85-93.

ROGERS, C. R. (1967). « The Process of the Basic Encounter Group », dans J. F. BUGENTAL (sous la direction de), *The Challenge of Humanistic Psychology*, New York, McGraw-Hill.

ROGERS, C. R. et DYMOND, R. F. (1954). *Psychotherapy and Personality Change*, Chicago, University of Chicago Press.

ROGERS, C. R. et KINGET, M. G. (1962). *Psychothérapie et relations humaines*, Louvain, Publications universitaires de Louvain, 2 vol.

ROSENBAUM, M. et BERGER, M. (sous la direction de) (1963). *Group Psychotherapy and Group Functions*, New York, Basic Books.

SCHEIN, E. H. et BENNIS, W. G. (sous la direction de) (1965). *Personal and Organizational Change through Group Methods*, 1ʳᵉ partie, New-York, Wiley.

SEAMAN, J. (1965). « Perspectives in Client-Centered Therapy », dans B. B. WOLMAN (sous la direction de), *Handbook of Clinical Psychology*, New York, McGraw-Hill.

SEELEY, J. R. (1965). « Social Psychology, Self and Society », *Journal of Applied Behavioral Science*, vol. 1, n° 4, pp. 311-326.

SLATER, P. E. et BENNIS, W. G. (1964). « Democracy is Inevitable », *Harvard Business Review*, vol. 42, n° 2, pp. 51-59.

TELLIER, Y. (1964). « Le groupe de formation et la psychologie clinique », *Cahiers de psychologie clinique*, vol. 1, n° 1, pp. 66-72.

WESCHLER, I. R., MASSARIK, F. et TANNENBAUM, R. (1962). « The Self in Process : A Sensitivity Training Emphasis », dans I. R. WESCHLER et E. H. SCHEIN (sous la direction de), *Issues in Training*, Washington, National Training Laboratories, n° 5, pp. 33-47.

WESCHLER, I. R. et REISEL, J. (1959). « Inside a Sensitivity Training Group », *Monograph Series*, n° 4, Los Angeles, Institute of Industrial Relations, University of California.

WIENER, N. (1954). *The Human Use of Human Beings : Cybernetics and Society*, Boston, Houghton-Mifflin.

12

L'apprentissage du processus rationnel de résolution de problèmes et de planification du changement social

Roger TESSIER

Il fut un temps où les sciences sociales appliquées avaient peu à offrir aux personnes qui, dans leur désir d'acquérir un minimum d'habileté à jouer le rôle d'agent de changement, auraient pris contact avec certaines situations d'apprentissage. La méthode du laboratoire en îlot culturel a surtout favorisé, chez sa clientèle de la première décennie, des apprentissages dans le secteur restreint des attitudes et du comportement à l'intérieur de microgroupes. La participation à de telles sessions d'apprentissage pouvait sans doute aider une personne à modifier son comportement dans diverses situations de groupe restreint, qu'il s'agisse de sous-systèmes organisationnels, de comités et d'équipes de travail variés ou de groupes d'appartenance situés sur le terrain de la vie familiale ou des rapports sociaux purement informels. Il n'en reste pas moins que le programme d'activités de telles sessions mettait peu l'accent sur le fonctionnement de grands ensembles sociaux, et encore moins sur les processus à déclencher pour faire émerger au sein de ces ensembles des changements jugés souhaitables. Figuraient sans doute, à l'ordre du jour des toutes premières sessions de formation aux relations humaines, des exposés théoriques portant sur le changement social et certains exercices en ateliers [1]. Ils étaient infailliblement conçus dans une optique psychologiste mettant en relief le rôle crucial des attitudes et des valeurs personnelles dans la modification d'une mentalité collective. Un tel apport n'était certes pas négligeable au plan théorique et, couplé avec un certain

---

1. Voir K. D. BENNE (1964).

accroissement des habiletés à saisir correctement la motivation des individus et à entrer adéquatement en relation avec eux, il était susceptible d'aider ceux qui portaient la responsabilité de processus de changement social dans divers décors institutionnels, à atteindre à plus de rigueur et d'efficacité dans leur action. Il n'en demeure pas moins qu'aux stricts plans stratégique et technique, les outils offerts aux participants des sessions de sensibilisation aux relations humaines sur le chapitre du changement social se ramenaient à peu de choses au-delà de l'analyse des champs de force (conceptualisés dans les termes de la théorie lewinienne) et des options stratégiques que leur existence contribuait à définir.

Par ailleurs, un grand nombre des éducateurs d'adultes et des moniteurs en dynamique des groupes qui ont travaillé à la mise au point de la méthode du laboratoire se sont progressivement définis comme chercheurs ou conseillers auprès de responsables organisationnels ou de promoteurs de divers projets de changement social. Dès la seconde décennie d'activités des *National Training Laboratories* (NTL) aux États-Unis, on offrait des sessions spécialisées à l'intention des leaders communautaires ou des gestionnaires de l'entreprise. Un bon nombre des moniteurs de la dynamique des groupes de la première étape intervenaient au sein des organisations ou des communautés de base (quartiers, ensembles résidentiels, etc.) et se familiarisaient avec une documentation scientifique diversifiée portant sur les problèmes de l'organisation formelle, du développement communautaire ou du fonctionnement général des systèmes sociaux, par-delà la stricte psychologie lewinienne ou interactionniste du groupe restreint ou « coude à coude ». Ce contact direct avec l'univers de l'organisation et du changement planifié accentuait en quelque sorte des préoccupations pour le changement social déjà très vives aux origines mêmes de la dynamique des groupes, mais qui figuraient moins à l'ordre du jour des sessions de formation en îlot culturel. On n'a pour s'en convaincre qu'à relire les tout premiers écrits de Kurt Lewin (1948); on saisira que, chez le fondateur de la dynamique des groupes, le problème du changement des grands ensembles sociaux n'était pas dissocié de la stratégie de rééducation de l'individu mise au point à Bethel dans le laboratoire du NTL. De cette confrontation entre les méthodes du laboratoire et la réalité sociale courante de l'organisation ou de la communauté émerge le courant du changement planifié : ce courant, en plus d'offrir des considérations théoriques sur le fonctionnement des systèmes sociaux et les processus qui président au changement de ce fonctionnement, met des outils conceptuels et techniques à la disposition des agents de changement, outils pouvant servir à l'élaboration de leur action.

Dans les pages qui suivent, nous décrivons quelques situations d'apprentissage en tentant de mettre en relief leur pertinence pour l'action concrète des agents de changement. Pour les personnes quelque peu familières avec le courant du changement planifié, les emprunts des démarches décrites ci-après aux concepts et méthodes du travail rencontrés dans la documentation américaine, ainsi que les parentés entre ces deux approches ne manqueront pas de leur sauter aux yeux. Par ailleurs, la mise au point progressive de formules de sessions permettant des apprentissages variés sur le terrain du changement planifié ne s'est pas accomplie uniquement en référence à cette tradition de pensée et d'action. Au contraire, le souci de répondre plus adéquatement aux besoins exprimés par une clientèle d'agents de changement évoluant dans les milieux de l'éducation a nettement plus influencé l'effort déployé pour créer des situations d'apprentissage vraiment significatives.

Les modifications progressives du rôle confié aux enseignants et aux directeurs d'écoles participant aux sessions de formation aux méthodes d'éducation active organisées par la Mission des projets expérimentaux du ministère de l'Éducation du Québec (de 1966 à 1972), ont créé la nécessité d'une instrumentation plus complète à mettre à la disposition des participants, de façon qu'ils puissent jouer le rôle de véritables agents de changement dans leur milieu respectif. Le projet SEMEA aura duré six ans. La stratégie mise au point à la première étape de SEMEA supposait que les participants deviennent par la suite les diffuseurs de connaissances particulières et de techniques pédagogiques nouvelles apprises au cours de la session. Une telle diffusion se faisait d'abord à l'occasion d'un stage d'été destiné aux collègues de la même école ou de la même commission scolaire que le professeur-stagiaire. La diffusion se nourrissait ensuite de l'activité du maître dans sa classe, du témoignage qu'il pouvait rendre quant à son utilisation de certaines méthodes, mais davantage encore des valeurs et des attitudes nouvelles animant son action pédagogique.

Progressivement, les concepteurs du programme SEMEA prennent conscience de la nécessité d'articuler mieux le rôle des ex-stagiaires aux niveaux régional et local. Ils élaborent, à cette fin, une stratégie plus complexe de développement des ressources pédagogiques, faisant prendre conscience aux professeurs de leur responsabilité potentielle d'agents de changement dans le milieu scolaire (sur le terrain de la pédagogie), par-delà leur strict rôle de diffuseurs à l'occasion d'un bref stage d'été. Ils sont invités à se donner eux-mêmes des objectifs d'action dans leur école et dans leur région scolaire et à définir une stratégie qui en découle. Un peu plus tard, on renverse la vapeur et, plutôt que de demander aux enseignants de véhiculer dans leur milieu des contenus pédagogiques appris lors d'un stage de déclenchement, on leur propose de procéder au diagnostic des difficultés pédagogiques rencontrées par les enseignants de leur milieu.

Le passage du rôle de pur diffuseur d'informations pédagogiques à celui, plus complexe, de véritable agent de changement fait émerger, chez les animateurs SEMEA, des besoins de trois ordres : 1) la *logique interne* du diagnostic et de l'action ; 2) les *implications stratégiques* de l'intervention ; 3) les *techniques* prolongeant les opérations mentales requises par les deux niveaux précédents.

Au niveau *logique*, la nécessité s'impose, aux animateurs du projet SEMEA, de développer chez les nouveaux agents de changement des habiletés à poser rigoureusement les problèmes, à raisonner inductivement pour remonter des effets aux causes, des symptômes aux vrais problèmes, des phénotypes aux génotypes. Il faut aussi les aider à critiquer leurs projets d'action en référence aux circonstances concrètes des problèmes sur lesquels ils entendent agir, et à planifier rigoureusement des plans d'action pouvant se déployer sur des laps de temps souvent fort longs.

Il ne fallait sans doute pas se limiter aux besoins de l'ordre de la logique formelle ou de la rationalité pure et simple. L'action (peut-être davantage sur le terrain du changement social, où la complexité des situations est grande et le rôle du facteur humain inévitable et peu pondérable) commande aussi des remises en question et des réflexions d'ordre *stratégique*. La solution la plus logique à un problème n'est pas toujours la plus stratégique. Les habiletés requises pour mener des transactions efficaces avec les acteurs sociaux dans le système à influencer ne sont pas toujours les mêmes que celles requises pour dessiner à grands traits un plan d'action rigoureux et vraisemblable. Ces deux ordres, logique et stratégique, s'interpénètrent et communiquent l'un avec l'autre ; ils concernent tout de même des aspects différents d'une entreprise de changement planifié.

Des apprentissages d'ordre *technique* doivent venir appuyer une plus grande rigueur de la pensée mise au service de l'action et des habiletés accrues à mener des transactions efficaces au sein d'un milieu humain. Ces habiletés techniques se situent souvent dans le prolongement de celles qui sont requises aux plans logique ou stratégique. Au plan logique, des techniques de collecte de l'information, de comparaison de possibilités d'action, de planification rigoureuse seront enseignées aux participants ou pratiquées dans le cadre d'une activité de stage. D'autres techniques viendront plutôt servir d'instrumentation par rapport à l'aspect stratégique de l'entreprise de changement (animation de groupe, entrevue individuelle ou de groupe, etc.).

La perception raffinée de situations humaines complexes et l'utilisation du *feed-back* des partenaires avec lesquels on interagit sont également des habiletés qu'un agent de changement doit posséder à un niveau très élevé. Les ateliers qui apparaissent progressivement dans les premiers stages SEMEA ne sont pas comme tels élaborés à partir de cette triple distinction (des plans logique, stratégique et technique). On peut cependant repérer des concepts et des exercices pratiques s'apparentant à l'un ou à l'autre des trois aspects, c'est-à-dire le cadre de référence global de l'action rationnelle, le problème des transactions avec le milieu et les outils requis pour mener à bonne fin toutes les tâches impliquées par une entreprise de changement planifié.

C'est à la toute fin du cycle SEMEA que les représentations s'articulent et que se dégagent les grandes lignes d'une démarche d'apprentissage entièrement centrée sur le développement des habiletés requises pour jouer le rôle d'agent de changement. Le cadre conceptuel auquel puisera cette démarche bénéficie d'un double héritage. Un grand nombre de concepts et de schémas sont empruntés tout de go à la documentation sur le changement planifié. Des termes comme «diagnostic», «objectifs d'action», «système cible», «stratégie d'implantation», «évaluation de l'action», à côté d'autres, plus généraux, comme «agents de changement», «système-client», «stratégie de changement», sont apparus progressivement dans la documentation sur le changement planifié et on les retrouve très explicitement dans des œuvres comme *The Planning of Change* de Bennis, Benne et Chin (1969), ou encore *The Dynamics of Planned Change* de Lippitt, Watson et Westley (1958). Par ailleurs, le cadre logique intégrant l'ensemble de ces opérations, situées tantôt au niveau de la clarification des problèmes, tantôt au niveau de l'organisation d'une action cohérente, n'a pas, à notre connaissance, été systématisé à l'occasion d'aucune des contributions marquantes de la discipline. Quelques animateurs travaillant auprès des groupes SEMEA ont tenté pour eux-mêmes de faire une telle intégration, en empruntant à Wallen la notion du processus rationnel de résolution de problèmes (position du problème, invention des solutions, évaluation des solutions, choix d'une solution.)

Le processus de résolution de problèmes décrit par rapport au cadre restreint d'un microgroupe de tâche par Wallen et un certain nombre d'autres spécialistes des groupes de tâche recouvre assez bien les principales opérations mentales requises pour procéder à un cycle complet d'action rationnelle ou de changement planifié, qui va du diagnostic à l'évaluation de l'action. La correspondance entre les deux démarches de même que la possibilité d'y joindre des considérations sur les stratégies d'implantation du changement en rapport avec les relations dans le milieu visé par le changement seront largement tributaires de travaux effectués par Poupart [2], travaux dont nous parlerons un peu plus loin.

Session de perfectionnement dans le cadre de SEMEA-SUITE

Description de la session Perfectionnement III

Vers la fin du cycle SEMEA (plus précisément à l'orée de la quatrième année de cette opération de changement dans le milieu de l'école élémentaire) sont créées des agences régionales rattachées au directeur général des études de

---

2. Voir Robert POUPART (1991). «Participation et changement planifié», dans R. TESSIER et Y. TELLIER (sous la direction de), *Changement planifié et développement des organisations*, Sillery, Presses de l'Université du Québec, tome 6.

diverses commissions scolaires régionales. Ces agences ont pour mission de prolonger, à l'échelle régionale, l'action pédagogique engagée à partir du ministère pendant les quatre années précédentes. Le projet SEMEA-SUITE offre à ces équipes régionales des services de formation et d'encadrement pour aider les animateurs, dont le nombre varie de sept à quinze par région, à mener de façon autonome leur propre activité de changement planifié dans le secteur de la pédagogie. Au chapitre des activités de perfectionnement pour agents de changement, deux stages de deux semaines (Perfectionnement III et Perfection-nement IV) s'adressent à des délégués choisis par leurs pairs pour bénéficier d'une formation exclusivement centrée sur le diagnostic des problèmes sociaux dans les milieux de l'éducation et l'élaboration de projets d'action qui leur soient proportionnés.

Au programme de la session Perfectionnement III figurent deux types d'activités. On veut compléter la formation déjà acquise par les participants en animation des groupes de tâche, mais le programme se centre d'emblée sur les diverses opérations mentales mises en cause par le *diagnostic* des problèmes des milieux de l'éducation et les stratégies d'intervention pour répondre à ces problèmes de façon satisfaisante. La plus grande portion du temps à l'intérieur de cette session de deux semaines sera consacrée à une démarche d'exploration des diverses étapes d'un processus intégré de changement planifié.

Le programme d'activités s'articule autour d'un cadre logique comprenant essentiellement dix opérations. Certaines d'entre elles sont préparatoires à l'action, d'autres en constituent l'exécution et l'évaluation. Supposant que les stagiaires avaient de leur milieu respectif (au-delà des frontières de leur école d'origine) des connaissances plutôt superficielles, le plan d'ensemble prévoyait deux étapes préalables au diagnostic des problèmes : l'*inventaire du milieu* et la *recherche des situations insatisfaisantes*. Après ces deux étapes préliminaires s'amorçait une séquence de six étapes qui constitue le modèle du processus de changement planifié adopté par les animateurs de la session Perfectionnement III.

1) Diagnostic du problème sur lequel on a choisi de travailler.

2) Invention de moyens d'action susceptibles de résoudre le problème.

3) Évaluation des moyens d'actions envisagés.

4) Choix d'un moyen ou d'un arrangement de moyens d'action.

5) Élaboration du plan d'action proprement dit.

6) Élaboration de moyens de contrôle de l'action.

Ces six étapes de préparation de l'action débouchent évidemment sur l'*exécution de l'action* (étape 7), elle-même couronnée par l'*évaluation* (étape 8). Chacune des étapes commande un ensemble d'opérations articulées dont la mise en œuvre est susceptible de produire une action rigoureuse et réaliste. C'est surtout l'étape du diagnostic qui fait l'objet d'un effort de conception considérable de la part des responsables du stage. En fait, l'étape elle-même du diagnostic est subdivisée en huit opérations partielles, dont la combinaison permet l'élaboration d'un diagnostic selon une méthode rationnelle.

On commence par choisir une priorité dans l'ensemble des problèmes évoqués, sur un mode purement empirique, aux deux étapes précédentes. Ensuite, on propose aux stagiaires d'élaborer un modèle (idéal type) concernant l'aspect ou les aspects du système social visé par le changement qui correspondent aux priorités d'action ou de diagnostic déjà établies. Une fois élaboré, ce modèle ou cet ensemble de représentations à la fois théoriques et idéales de la dimension ou de l'ensemble des dimensions, on opérationnalise le modèle (les variables de l'idéal type) de façon à le relier à des indices empiriques de l'ordre du fonctionnement du système.

Une fois terminée l'opérationnalisation du modèle (la traduction des variables en indices empiriques), on procède au choix des instruments d'enquête appropriés. On prépare ces instruments pour ensuite mener l'enquête et traiter les informations recueillies. À partir des informations recueillies, le groupe doit établir sur quels facteurs cruciaux, découlant du diagnostic proprement dit et ayant en quelque sorte statut de causes[3] de la situation-problème, l'action doit être entreprise. Les autres grandes étapes (le choix des moyens, leur évaluation ou la planification de l'action) n'ont pas fait l'objet d'élaborations conceptuelles aussi raffinées. Encore là, toutes les étapes comportent plusieurs opérations rigoureusement définies et consignées dans un document[4] *qui allait devenir le symbole controversé d'une certaine conception de l'action pédagogique.*

Les organisateurs du stage avaient choisi de faire pratiquer dans le cadre du stage les diverses étapes de la démarche, jusqu'à la préparation de l'action inclusivement. Les 60 stagiaires sont donc regroupés en 5 équipes de 12 participants. Les étapes préliminaires d'inventaire du milieu et de recherche de situations insatisfaisantes sont négligées, mais chacune des équipes choisit un problème d'ordre pédagogique correspondant à un centre d'intérêt important pour les participants.

Il est entendu que chaque équipe doit aller enquêter dans une école de la région où se déroule le stage pour apprécier les circonstances particulières des activités pédagogiques reliées à la problématique choisie préalablement comme

---

3. Il s'agit pour les participants de remonter des symptômes aux causes, c'est-à-dire de rejoindre des génotypes au-delà des apparences de façon à fonder l'action sur des facteurs fondamentaux.

4. Voir en appendice à la fin du présent texte le document 5A « Précisions sur le mandat de l'équipe de travail SEMEA-SUITE ».

objet de travail. Chaque équipe élabore un modèle conceptuel qui guide l'enquête, devant donner ses bases empiriques au diagnostic. Une équipe qui a choisi de travailler sur la problématique des relations entre les professeurs et les élèves au sein d'une école élémentaire doit conceptualiser les principales dimensions de cette aire de la réalité scolaire (dimensions de l'affectivité, de la tâche, du contrôle et de la permissivité, etc.) à l'intérieur d'un idéal type de la relation maître-élèves. Elle tire de ce modèle multidimensionnel des catégories à traduire en indices empiriques (comportementaux et situationnels) utilisables à l'occasion de l'enquête dans le milieu. Une fois construit le modèle, les participants, à partir des informations données par les animateurs, choisissent et mettent au point une méthode d'enquête appropriée (entrevue de groupe, entrevue individuelle, questionnaire ou toute autre méthode jugée adéquate).

Dans la plupart des cas, un questionnaire ou un schème d'entrevue individuelle s'adressant aux professeurs est élaboré par le groupe des stagiaires. Ceux-ci se partagent ensuite la responsabilité d'interviewer l'un ou l'autre des professeurs de l'école qui avaient accepté au préalable d'accorder leur collaboration à l'enquête.

Au retour de ce contact avec le milieu, les stagiaires se penchent surtout sur des problèmes de prise de contact avec la clientèle, c'est-à-dire les membres du système social concerné par le diagnostic, et ultérieurement par le changement social lui-même. Sont alors abordées des questions comme la pertinence des dimensions choisies au niveau de l'idéal type, la clarté des questions ou des éléments des échelles d'attitudes, des questions d'ordre sémantique, etc. C'est surtout celle de la relation entre l'enquêteur-diagnostiqueur et la clientèle (la permissivité et la méfiance, la confidentialité des résultats, etc.) qui retient l'attention d'une majorité des équipes de stagiaires.

Les cinq équipes revenaient de leur enquête sur le terrain en possession d'un dossier factuel plus ou moins considérable et constituant la base empirique sur laquelle procéder à l'opération « diagnostic » proprement dite. Cette opération « diagnostic » repose sur la possibilité que s'établissent, dans l'ensemble des faits caractéristiques de la situation-problème à l'intérieur du système social étudié, des relations de causalité attribuant des poids relatifs à divers facteurs parmi ceux du modèle conceptuel. Le jeu de ces facteurs est analysé à l'aide de données empiriques plus ou moins nombreuses. À travers cette recherche de liens de cause à effet s'élabore une représentation complexe de ce qui semble à l'origine des malaises et des indices d'insatisfaction constatés à l'occasion de l'enquête dans le milieu.

Toutes choses égales d'ailleurs, le jeu des causes et des effets dans le champ dynamique de l'ensemble des faits constatés par l'enquête permet d'isoler un ou plusieurs facteurs à modifier en profondeur pour que l'ensemble de la situation accuse des progrès sensibles. Il va sans dire que le choix du facteur sur lequel va s'exercer l'action pour modifier l'ensemble de la situation ne se fait pas toujours à partir de considérations purement logiques. Il peut arriver que le facteur posé comme le plus important dans l'équilibre ou la hiérarchie des relations de cause à effet ne soit pas, pour toutes sortes de raisons pratiques ou stratégiques, susceptible de fournir un objectif d'action vraisemblable. En toute logique cependant, la mosaïque ou la structure des objectifs devrait tendre à se rapprocher dans sa forme et dans sa constitution, du tableau de facteurs (ou de dimensions) entretenant les uns par rapport aux autres des relations de causalité multilatérales. C'est dans cette matrice de rapports de causalité que devraient être choisis, pour autant qu'ils relèvent de la logique, les objectifs (ou l'objectif) poursuivis par l'action de changement.

Il n'est malheureusement pas toujours possible de procéder avec autant de rigueur, ce dont les équipes SEMEA-SUITE ont facilement pu se rendre compte. Tantôt, les aspects de la situation érigés en « causes » du problème, et auxquels on prête plus de poids dans le jeu complexe des liens dynamiques, ne sont pas accessibles à l'action (Bennis [1969] dirait qu'ils ne sont pas « manipulables »). Tantôt, l'intelligence analytique est incapable d'établir des liens clairs entre les divers facteurs en interaction. Très souvent aussi on établit l'objectif sur une base toute intuitive. Ce qui est encore plus fréquent malheureusement, c'est la relative incapacité dont font montre les agents de changement à fonctionner à un tel niveau de rigueur analytique. Ils choisissent leurs objectifs ou leurs cibles d'action à partir de prémisses intégrées *a priori* à leur vision du monde et dans une perspective absolument non critique. Plusieurs équipes d'agents de changement recommandent une action au niveau de la formation à l'animation des groupes comme objectif désirable au plan de l'action, une fois faites certaines constatations qui n'ont pas de rapports analytiques avec la situation-problème.

Une fois terminé le diagnostic, qu'il ait ou non mené à la formulation des objectifs et à leur représentation spatiale sous forme de sous-systèmes cibles auprès desquels intervenir et pour lesquels prévoir les effets poursuivis par l'action, la démarche se continue par l'étape de l'invention de moyens d'action. À ce stade, les animateurs du stage Perfectionnement III ont milité en faveur d'une nette séparation tactique entre cette étape et la suivante (c'est-à-dire entre la deuxième et la troisième étape). Ils proposèrent aux stagiaires de procéder par associations libres (*brainstorming*) pour inventer spontanément un grand nombre de moyens d'action, sans les critiquer, reportant à une étape ultérieure l'évaluation des moyens. Il s'agit là du postulat fondamental de cette nouvelle discipline qu'on appelle la créatique [5] et qui veut que les processus de créativité soient beaucoup plus fluides si l'on met entre parenthèses toute attitude critique. Cette mise au rancart de l'attitude critique est purement tactique et ne dure qu'un temps limité. Les groupes sont donc initiés au remue-méninges

5. Ou, dans le vocabulaire d'Abraham Molles, l'inventique.

(*brainstorming*) et à certaines méthodes qui s'y apparentent. La liste exhaustive des moyens d'action ainsi imaginés est ensuite soumise à un processus d'évaluation, le plus systématique possible. Les stagiaires élaborent des grilles critiques et apprennent à établir des critères pertinents et utiles aux fins de la formulation de jugements nuancés sur le moyen ou l'arrangement (*pattern*) de moyens à retenir à l'étape de l'exécution.

Une fois établie la liste ou la grille des critères, on enseigne aux stagiaires des techniques rudimentaires d'échelles d'évaluation (*rating, ranking*, etc.).

Ces deux étapes de création et d'évaluation des moyens d'action conduisent à celle du choix des moyens d'action. Il faut alors en clarifier deux implications principales. Il est possible qu'on soit incapable de choisir des moyens spécifiques au terme des trois premières étapes de la démarche. Il faut recommencer l'une ou l'autre des opérations impliquées dans les étapes précédentes. On doit cependant se méfier d'une trop grande hésitation à choisir un moyen d'action quelconque. Une telle hésitation peut résulter des opérations très analytiques exécutées auparavant. De telles opérations risquent de faire paraître très relative toute action anticipée et de condamner l'agent de changement à l'indétermination radicale qui procède souvent d'un trop grand souci de lucidité et de rigueur.

À la suite du choix des moyens d'action envisagés, il faut passer à l'élaboration d'un programme qui vise à les rendre opérationnels et ce dans une perspective de temps correctement articulée à celui-ci. Il s'agit donc de planifier l'action proprement dite, d'en prévoir les circonstances de temps, la distribution des tâches, l'ensemble des démarches concrètes à mettre en œuvre, jusqu'à l'élaboration d'un calendrier des opérations ou d'un cheminement critique. Immédiatement après, se déroule l'étape de l'élaboration de moyens de contrôle de l'action. Très souvent, le fait de prévoir une action doit s'accompagner d'un élargissement du champ d'attention anticipant non seulement les effets recherchés comme tels, mais aussi des effets seconds qui pourraient naître de l'action elle-même. Il faut également, à l'occasion d'un programme d'action d'envergure, instaurer des mécanismes de *feed-back* en cours d'action, qui tendent à éliminer les effets seconds les plus nocifs et à modifier un tant soit peu certains aspects de la stratégie pour la rendre mieux adaptée à des circonstances réelles souvent incorrectement prévues.

Le stage Perfectionnement III n'impliquait pas la mise en œuvre des solutions auprès des écoles où s'était effectué le diagnostic. La phase d'exécution n'a pas comme telle été envisagée. L'atelier sur le changement planifié s'est donc terminé sur un certain nombre de considérations en rapport avec l'évaluation de l'action, considérations susceptibles d'être utiles aux équipes SEMEA-SUITE en activité dans les diverses régions scolaires représentées au stage. On fait alors valoir aux participants que les diverses méthodes d'évaluation ont toutes un commun dénominateur: elles favorisent une seconde confrontation empirique[6], cette fois entre l'état du sous-système consécutif à l'action et celui prévalant au moment de l'enquête. Une action efficace est celle qui réussit à réduire l'écart entre l'ensemble des effets recherchés (un certain idéal, à tout le moins une certaine approximation de cet idéal) et l'ensemble des faits constatés préalablement à l'action. Un nouveau diagnostic succédant à l'action serait en tant que tel la méthode la plus rigoureuse de contrôle de l'action et de ses effets sur le fonctionnement du système. Par contre, d'autres éléments doivent entrer en ligne de compte. Un programme d'action peut être *efficient* (en ce sens qu'il modifie la situation qui fait problème) sans être *efficace*. Il coûte beaucoup trop cher en énergies, en temps ou en argent ou crée autant de problèmes sur d'autres fronts qu'il en règle sur celui des objectifs initiaux.

L'évaluation de la session de formation Perfectionnement III

Au terme de la session Perfectionnement III, les concepteurs et animateurs de l'opération SEMEA-SUITE, particulièrement les responsables de cette session, ne peuvent faire qu'une évaluation très ambivalente du programme d'activités présenté aux stagiaires. Leurs motifs de satisfaction et d'insatisfaction sont aussi nombreux et intenses les uns que les autres. La satisfaction varie selon la perspective adoptée.

En tant que *théoriciens du changement planifié*, les concepteurs et animateurs du stage ont nettement l'impression de s'être permis, pendant deux semaines, une rupture avec un cadre conceptuel peu rigoureux et somme toute assez peu défini (celui qui les avait guidés jusque-là dans des activités analogues) pour mettre le cap sur des destinations encore inconnues, dans un trajet dont les grandes lignes, au plan théorique, semblent beaucoup plus prometteuses que ce qui a inspiré leur action jusque-là. L'expérience de Perfectionnement III, au plan de la logique des processus impliqués par la position et la clarification d'un problème organisationnel, par la conception d'une action qui résolve ce problème, a sans doute permis d'atteindre une clarté et une rigueur sans précédent. La participation à une telle aventure a beaucoup stimulé tous les animateurs et nombreux sont ceux qui voient facilement plusieurs utilisations possibles de ce qu'ils ont eux-mêmes appris au cours de la session.

À un autre point de vue, celui de la *théorie de l'apprentissage*, Perfectionnement III a tenté de réconcilier le monde un peu clos du laboratoire avec celui de la réalité organisationnelle: les stagiaires se sont rendus sur les lieux mêmes de leur activité professionnelle habituelle (c'est-à-dire des écoles) pour y interviewer *in vivo* les acteurs sociaux destinataires du changement pédagogique et tenter d'établir clairement la base empirique du problème qu'ils avaient choisi d'explorer. Sur le terrain de l'action sociale, la simulation dans le cadre d'un laboratoire

---

6. La première confrontation empirique met en cause les dimensions de l'idéal type et les données empiriques, et coïncide avec le diagnostic.

des conditions originales où se posent certains problèmes comporte facilement le risque d'un schématisme excessif et de l'invraisemblance de scénarios fictifs. Pour la théorie du changement planifié et de la formation d'agents de changement, Perfectionnement III marque sans doute une étape. Par contre, au plan strictement pédagogique, le programme d'activités de cette session pose un grand nombre de problèmes. Les animateurs et les participants ont tous eu l'impression, au cours de la session comme à sa toute fin, que la dose avait été trop forte : trop de concepts nouveaux, trop d'habiletés nouvelles, présentés d'un seul coup, en peu de temps, se bousculant les uns les autres. Le contenu étant trop considérable et les animateurs ressentant, pour toutes sortes de raisons, une certaine urgence à le livrer *in extenso* à cause de son caractère d'instrumentation pour les projets d'action qui suivaient, on a exagérément insisté sur le versant *information* et *stimulation* de la situation d'apprentissage, et insuffisamment sur le versant *assimilation* et *contrôle de l'apprentissage*. On a négligé la confrontation du rendement individuel avec les exigences intrinsèques des opérations nouvelles. Le stage a donc été excessivement centré sur la tâche. Il s'est déroulé dans une atmosphère effrénée et seul le leadership exercé par les animateurs a permis à l'ensemble des stagiaires de ne pas décrocher en cours de route. C'est d'ailleurs cette insécurité qui crée des problèmes aux concepteurs du stage quand ils se définissent comme planificateurs du projet SEMEA-SUITE dans son ensemble, non seulement de la session Perfectionnement III. Nous avons déjà dit que la session de perfectionnement était appelée à avoir une nette incidence sur l'action directe des animateurs régionaux. Dans le plan d'ensemble de l'opération SEMEA-SUITE, tel ne devait pas être le cas. L'action devait être planifiée et entreprise indépendamment des temps de ressourcement que constituaient les sessions de perfectionnement. C'était surévaluer beaucoup la capacité d'entreprise, au plan pédagogique, des équipes régionales nouvellement mises sur pied. C'était également surestimer leur autonomie par rapport à la Mission des projets expérimentaux. Effectivement, un grand nombre d'animateurs régionaux attendaient des sessions de perfectionnement qu'elles leur indiquassent la ligne de conduite à suivre au niveau de leur propre action au plan régional. Voilà pourquoi le document 5A, même s'il devait servir de cadre conceptuel à des apprentissages dont l'incidence sur l'action concrète n'avait pas été prévue comme essentielle, est vite devenu un véritable guide pour l'action.

Au-delà d'un niveau optimal, l'insécurité rend passif ou rigide. Parce que beaucoup d'animateurs régionaux se sont sentis très anxieux devant le défi d'amorcer de façon cohérente une action pédagogique dont la base fût régionale, ils ont fait montre d'une certaine rigidité dans leur utilisation de la démarche présentée dans le document 5A. Ils ont tenté de l'appliquer pas à pas, en confondant guide pédagogique et règlements. Comme ces animateurs avaient en plus à transmettre le contenu de leurs apprentissages aux autres membres de leur équipe régionale, ils se sont souvent acquittés de cette tâche de façon littérale et rigide. L'accès à l'esprit ou aux principes des démarches proposées étant presque nul chez la plupart des animateurs, ils appliquèrent la lettre de ce qu'ils érigeaient en normes strictes.

Dans plusieurs équipes, les démarches entreprises de cette façon furent rapidement vouées ou à des échecs percutants ou à d'inutiles pertes d'énergies, énergies dilapidées à exécuter en détail des opérations dont la complexité tendait au baroque le plus complet. Tous les responsables de la session conservent l'impression d'avoir fourni aux animateurs régionaux un énorme tracteur pour cultiver un très petit jardin !

Il est évident que par-delà les balbutiements et le sentiment très net d'être dépassés, un certain nombre d'animateurs ont appris à travers une telle expérience des valeurs centrales pour l'avenir de l'action rationnelle dans les organisations formelles. Ils ont accédé à une nouvelle rigueur et à un nouveau souci d'objectivation par rapport à leur propre démarche. Un certain nombre d'animateurs ont acquis dans cette expérience le second souffle susceptible de les mener très loin sur le chemin de l'action sociale rationnelle.

Au plan théorique, les animateurs du stage ont saisi, comme jamais auparavant, la fécondité potentielle d'un certain nombre de jonctions, déjà amorcées par le programme d'activités de Perfectionnement III, entre les implications logiques, stratégiques et techniques du changement planifié, entre le monde de l'action et celui de la recherche scientifique. Jusqu'ici, on avait surtout préconisé, dans la documentation sur le changement planifié, une mise en rapport de l'action et des *résultats* de l'enquête scientifique, particulièrement celle des sciences sociales. On proposait d'asseoir en quelque sorte l'action sur la certitude relative des résultats scientifiques sur le fonctionnement des systèmes sociaux. On a préconisé (Schein et Bennis, 1965) une sorte de rapprochement entre les valeurs de l'action et celles de la recherche scientifique, comme le souci d'enquêter rigoureusement sur les circonstances préalables à l'action et d'évaluer *a posteriori* sa portée véritable. Les concepteurs du stage avaient l'impression de rapprocher la démarche de l'action de celle de la recherche scientifique. Même s'ils se trouvaient très heureux de les articuler, ils se sentaient en proie à une sorte de vertige devant l'énormité et la complexité des conclusions à tirer d'un tel rapprochement, surtout en ce qui a trait aux exigences extrêmes de rationalité et de rigueur qu'il pose à l'univers du changement planifié et de l'action sociale.

Session pour groupes hétérogènes d'une durée de quatre jours

Fondements conceptuels

Alors que les participants de la session Perfectionnement III constituaient ce qu'on a convenu d'appeler dans le milieu industriel un groupe de *cousins* (ils occupaient tous des fonctions analogues dans des sous-systèmes différents d'un même grand ensemble), la session de quatre jours réunit des responsables d'organisations et des agents de changement provenant d'horizons sociaux variés. On trouve parmi les participants de la première session de quatre jours quelques industriels, un bon nombre de fonctionnaires de divers ministères provinciaux et fédéraux, quelques éducateurs ou agents de changement des milieux de l'éducation et des spécialistes du monde de la communication (radio et télévision). Il s'agit d'un groupe de quinze stagiaires tous inscrits volontairement à une session spécialisée sur le changement planifié, et ce pour une durée de quatre journées complètes. Le dépliant publicitaire annonçant cette session la décrit comme offrant les outils conceptuels et les instruments d'action essentiels pour aider les agents de changement à établir plus clairement les priorités de leur action face aux problèmes qui les sollicitent, et à concevoir avec plus de rigueur une stratégie d'intervention appropriée. La première de ces sessions hétérogènes de quatre jours est grandement redevable à l'apport théorique de Robert Poupart[7]. Un long texte de lui est remis aux participants dès l'ouverture de la session et leur sert en quelque sorte de cadre de référence conceptuel. Poupart tente, dans ce texte (une fois esquissé brièvement l'historique des principales traditions de pensée sur le changement intentionnel dans le domaine des organisations), d'articuler plus clairement les préalables logiques du changement planifié, ce qu'il accomplit en reprenant à son compte le processus de résolution de problèmes décrit d'abord par Wallen.

Wallen, à la suite d'un grand nombre de spécialistes du travail en équipe, décrit le processus de résolution de problèmes à l'intérieur d'un petit groupe de tâche sous la forme d'une séquence d'opérations mentales composée de quatre phases. La première des phases concerne la *définition du problème* : c'est celle où le groupe tente de clarifier les termes exacts du problème sur lequel il entend agir. À la seconde phase apparaît la *création des idées*, soit un processus d'énumération d'un certain nombre de solutions ou de façons de faire, permettant de s'attaquer au problème. La troisième phase coïncide avec l'*évaluation* de ces diverses idées, pendant que la quatrième conduit au *choix* de la meilleure solution aux yeux des membres du groupe. La version élargie du processus proposée par Poupart se distingue du processus de Wallen de deux façons. La phase de définition du problème est précédée d'une sous-phase qui permet de mener une enquête systématique dans le milieu où apparaît la situation-problème. En plus, cette phase est élargie pour inclure ce que d'autres théoriciens du changement planifié ont appelé le diagnostic des problèmes de l'organisation (Beckhard, 1969 ; Lorsch et Lawrence, 1969). En plus de définir le ou les problèmes surgissant de la situation insatisfaisante, le groupe des agents de changement doit poser un diagnostic sur ces problèmes de façon à trouver les causes sur lesquelles entreprendre une action jugée prioritaire. L'invention des solutions chez Poupart coïncide assez parfaitement avec la création des idées chez Wallen ; par contre, l'évaluation et le choix d'une solution sont regroupés

---

7. Le lecteur qui voudrait se familiariser davantage avec cette nouvelle version du processus de résolution de problèmes peut se référer à un texte du présent ouvrage. Voir Robert POUPART (1991). *Op. cit.*

dans une même *troisième phase*, le choix d'une solution (la sous-phase III qui précède le choix coïncide avec la troisième phase de Wallen, à savoir l'évaluation des diverses idées). Enfin, le processus s'ouvre sur l'action à l'extérieur du microgroupe de tâche par la planification de l'action qui constitue la *quatrième phase* (qui n'apparaît pas dans le processus décrit par Wallen). Cette planification de l'action comporte deux opérations : l'inventaire des méthodes d'implantation et le choix d'une méthode d'implantation. Si on considère un à un les processus mentaux décrits par Poupart, on peut les regrouper comme dans le tableau 1.

TABLEAU 1
**Phases et processus mentaux à l'intérieur du processus
de résolution de problèmes**

PHASES	PROCESSUS
I. Position du problème	1) Modèle descriptif résultant de l'enquête empirique.
	2) Définition du problème par la confrontation du modèle descriptif à un modèle théorique plus ou moins explicite.
	3) Diagnostic des causes du problème.
II. Inventaire des solutions	4) Inventaire ou invention de solutions possibles, solutions devant agir au niveau des causes diagnostiquées.
III. Choix d'une solution	5) Évaluation des diverses solutions à partir d'une grille de critères explicites.
	6) Choix d'une solution ou d'un arrangement de moyens d'action variés.
IV. Planification de l'action[a]	7) Inventaire des méthodes d'implantation.
	8) Choix d'une méthode d'implantation.

a. Il est à noter que cette quatrième phase constitue un nouveau processus de résolution de problèmes élaboré à la phase III.

Un processus de changement planifié peut donc prendre la forme d'un déroulement logique épousant plus ou moins fidèlement les quatre phases décrites par Poupart et faisant appel (de façon linéaire ou dans des séquences fort variables) à huit types de processus mentaux. Voilà qui résume la première contribution théorique de Poupart.

La seconde contribution théorique consiste à représenter les rapports entre les agents de changement, d'une part, et les acteurs sociaux composant le système social destinataire, d'autre part, comme constituant une sorte d'équilibre quant au partage du contrôle exercé sur le processus global du changement ou sur chacune de ses quatre phases : 1) définition du problème ; 2) inventaire des solutions ; 3) choix d'une solution ; 4) planification de l'implantation. Les deux traditions de pensée les plus influentes au sein du courant du *changement planifié* et de la *diffusion de l'innovation* se réfèrent à deux types fondamentaux d'approche des problèmes posés par le déclenchement et l'implantation du changement social.

L'approche et les stratégies préconisées par des théoriciens comme Everett Rogers ou Richard Carlson (la diffusion de l'innovation) donnent presque tout le contrôle des démarches de déclenchement et d'implantation de l'innovation à l'agent innovateur lui-même.

Dans la tradition du changement planifié, au contraire, les praticiens, fortement inspirés par la pensée de Carl Rogers préconisant la centration sur le client ou de Kurt Lewin valorisant une approche démocratique et permissive du changement, accordent des degrés de contrôle beaucoup plus nombreux aux clientèles destinataires. Le facilitateur non directif tente l'impossible pour que le système-client individuel ou collectif contrôle presque complètement sa propre démarche à tous les niveaux.

Les prototypes extrêmes et contradictoires des approches possibles quant à l'aspect du contrôle de la démarche sont la *diffusion* au sens strict et la *facilitation* de la démarche entreprise de façon autonome par le système-client. En plus d'isoler clairement ces attitudes extrêmes, Poupart établit une relation entre, d'une part, le niveau de contrôle appartenant à l'agent et le niveau du contrôle laissé au système social destinataire et, d'autre part, les diverses étapes d'un processus de changement planifié. Dans le cas extrême d'une stratégie de *diffusion*, l'agent de changement contrôle entièrement la démarche à tous les niveaux, aussi bien celui de la définition du problème que ceux de l'inventaire des solutions, du choix de la solution adéquate et de la planification de l'implantation de cette solution. Des stratégies comme la vente ou la manipulation, ou même certaines des recherches de Kurt Lewin (1951) constituent des modes purs et simples de diffusion d'une innovation dont la pertinence et la spécificité ont été établies en dehors de tout contrôle du système-client. Ce cas extrême donne son premier type (la *diffusion*) à la typologie de Poupart. Le second type dénommé *coplanification* consacre le contrôle de l'agent de changement aux première, deuxième et troisième phases (donc pour la définition du problème, l'inventaire des solutions et le choix d'une solution), mais associe le système-client aux modalités d'implantation de la solution choisie. Le troisième type, la *consultation*, suppose qu'une partie du contrôle est concédée au système-client. Cette partie du contrôle se situe à l'une ou l'autre des quatre étapes ou à plus d'une seule des quatre étapes, sans que jamais l'équilibre du contrôle entre agent et client n'instaure entre eux une égalité véritable. L'agent se contente de consulter le système-client; il se rend perméable à son influence, mais se réserve les décisions finales à tous les niveaux du processus du changement. La *cogestion*, le quatrième type de la typologie de Poupart, suppose au contraire que le contrôle est partagé également entre l'agent et le système-client, à chacune des quatre phases. Incidemment, la typologie pourrait sans doute comporter un cinquième type, soit une variation sur le thème de la cogestion, c'est-à-dire l'*autogestion*. L'agent de changement y laisserait aux mains du système-client la presque totalité du contrôle aux quatre étapes et jouerait des rôles instrumentaux sur demande expresse du système-client. On pourrait également imaginer des processus d'autogestion où le système-client joue en même temps le rôle d'initiateur (d'agent de changement) et de destinataire du processus de changement. Il s'agirait alors d'un groupe qui procède sur lui-même à un changement dont il contrôle toutes les étapes sans faire appel à qui que ce soit de l'extérieur (personnes en situation d'autorité ou agents de changement reconnus pour leur compétence). L'ensemble de ces concepts concernant les opérations mentales impliquées par le processus de résolution de problèmes ou de planification du changement revu et complété par Poupart, de même que la typologie des types de stratégies selon le partage du contrôle entre l'agent de changement et le système-destinataire, ont fourni le contenu fondamental de la session intensive de formation (quatre jours) à l'intention des agents de changement de divers milieux.

Objectifs de la session

Concrètement, cette session poursuivait cinq objectifs.

Premier objectif

Familiariser les participants à un cadre perceptuel cohérent sur le processus rationnel de planification du changement et de résolution de problèmes. Cette familiarisation implique la confrontation entre les concepts et des situations concrètes exposées par les participants eux-mêmes. Ils se préparent ainsi à faire l'analyse logique d'actions vraisemblables imaginées pour des situations réelles, plutôt que de contempler dans sa pure logique formelle la séquence d'opérations mentales impliquées par la résolution d'un problème ou le déclenchement d'un changement.

Deuxième objectif

Transmettre aux participants un certain nombre de concepts concernant les stratégies de changement planifié, c'est-à-dire l'ensemble des transactions menées par un ou des agents de changement auprès des acteurs jouant des rôles au sein du système social destinataire. Ces concepts sont ceux mis de l'avant par Poupart dans sa typologie des stratégies selon le partage du contrôle entre l'agent et le système destinataire.

Troisième objectif

Favoriser la critique des divers types de stratégies en se référant à des situations concrètes présentées par les participants. Ceci permet que les stratégies ne soient pas évaluées comme des entités autonomes et que les participants élaborent eux-mêmes des critères de choix face à un type ou à un autre de stratégies.

Quatrième objectif

Amorcer une analyse comparative des stratégies de changement, analyse faite en fonction de situations variables.

Cinquième objectif

Donner aux participants de l'information technique concernant des prolongements possibles au niveau technologique des diverses opérations mentales impliquées par le processus général du changement planifié. Ces informations concernent les techniques de collecte de l'information ou d'élaboration de modèles d'analyse (pour la phase I de définition du problème). Pour la phase II, les techniques appartiennent plutôt à l'univers de la créatique ou de l'inventique d'une part, à celui de la construction[8] de grilles d'évaluation de possibilités d'autre part. D'autres techniques concernent plutôt l'organisation rigoureuse de l'action ; il s'agit des techniques de planification, d'élaboration de calendriers d'action, de cheminements critiques (comme la méthode PERT ou d'autres méthodes du genre). Le caractère restreint du temps consacré à ces apprentissages dans un stage de quatre jours a limité ces activités techniques à de strictes communications d'informations. On pourrait imaginer des sessions où les participants s'initient, par des séances pratiques, à plusieurs des techniques mentionnées ci-dessus.

Description du programme d'activités

Pour atteindre les objectifs définis plus haut, un programme d'activités est arrêté, dont les grandes lignes sont les suivantes. Les participants sont répartis

---

8. De telles techniques débouchent naturellement sur les techniques de la simulation par l'ordinateur.

en petits groupes de trois. Dans chaque triade, chacun des participants doit décrire une situation-problème du milieu dont il provient. Sa description doit être extrêmement factuelle, centrée sur les insatisfactions ressenties par les acteurs sociaux du système décrit ou par le participant lui-même. La description ne doit pas excéder deux pages et doit éviter le ton péremptoire d'une docte analyse pour emprunter plutôt celui d'une description phénoménologique. Chaque triade choisit, par la suite, la situation-problème qui paraît la plus intéressante aux trois membres du groupe.

Le groupe doit ensuite répondre à deux questions. 1) Quels aspects de la situation entreprendrions-nous de changer si nous étions, à un titre ou à l'autre, responsables de l'organisation en question ? 2) Comment ferions-nous pour arriver à de tels changements ? Au terme de cette première série d'activités, chaque triade est en possession d'une description de deux pages et des réponses de groupe aux deux questions (une page par question). L'animateur du stage esquisse rapidement le processus de résolution de problèmes (les huit étapes de Poupart) et fait lire aux participants un texte sur le sujet. Par la suite, les participants s'évertuent à retrouver dans les trois documents qu'ils ont eux-mêmes rédigés (la description de la situation et les réponses aux deux questions) des exemples concrets illustrant chacun des huit processus mentaux ou des indices permettant d'inférer leur présence implicite. Au terme de cette analyse, on fait état des processus mentaux non identifiés dans les productions de groupe. On demande alors aux participants de répondre à nouveau aux questions « Quels changements voudrions-nous faire ? Comment les ferions-nous ? », mais en essayant d'appliquer systématiquement le processus de résolution de problèmes. Ce dernier exercice clôture la partie du programme consacrée à l'*analyse logique* du processus de changement planifié.

On s'attaque ensuite à des activités centrées sur l'aspect *stratégique*. Encore là, on demande aux participants de lire un texte décrivant la dimension fondamentale des stratégies de changement : le partage du contrôle entre l'agent et le système destinataire. Les participants se penchent ensuite sur leurs réponses aux deux questions initiales pour découvrir à quel type de stratégie s'apparentent ce qu'ils envisagent comme action sur la situation-problème de leur choix, de même que les façons de faire préconisées pour mener à terme le changement. Une fois faite une telle identification de leur stratégie implicite, on demande aux triades d'inventer les stratégies d'intervention (c'est-à-dire des réponses à la seconde question « Comment ferions-nous ce changement ? ») qui correspondent aux quatre types de stratégies de Poupart : diffusion, coplanification, consultation et cogestion. Suit une comparaison systématique entre ces quatre stratégies où les participants les classent par ordre de priorité quant à leur vraisemblance. Chacune des quatre triades ayant accompli un travail équivalent, on les réunit en séance plénière pour procéder à une longue analyse comparative des mérites respectifs des stratégies de changement inventées à partir du modèle de chacun des quatre types de Poupart et en fonction des diverses situations concrètes (soit une situation-problème par triade). Voilà qui termine l'étape de l'*analyse stratégique* des productions des triades.

La session se termine par une ou deux séances d'information technique. On y aborde des techniques de collecte de l'information et de diagnostic, de même que des techniques d'invention de moyens d'action et de planification de l'action.

L'évaluation de la session de quatre jours

Ce type de session a été repris un certain nombre de fois par les psychologues de l'Institut de formation par le groupe auprès de diverses clientèles hétérogènes. Il a été perçu, aussi bien par les participants que par les animateurs, comme répondant très adéquatement à plusieurs besoins des agents de changement. Le fait de poser les problèmes théoriques en fonction de situations concrètes choisies par les participants eux-mêmes facilite une compréhension plus profonde d'actions déjà entreprises ou sur le point de l'être par les agents de changement en même temps qu'une perception beaucoup plus nuancée et réaliste des concepts et des théories. Il faut apporter trois sourdines à ce bilan résolument positif. La durée de la session semble trop brève pour permettre un approfondissement véritable des concepts abordés et de leurs prolongements techniques. Une telle expérience pourrait facilement se dérouler sur quelques semaines plutôt que quatre jours. Par ailleurs, un groupe hétérogène s'adonnant à une recherche de ce genre-là doit se centrer résolument sur des tâches relativement structurées et très exigeantes. Ce groupe a peu de temps pour travailler sur les problèmes qui naissent au niveau de la participation des individus, de leurs compétitions ou de leurs relations interpersonnelles plus ou moins tendues. Une telle centration sur la tâche réclame que les animateurs soient plutôt directifs et qu'ils ignorent un bon nombre de lacunes au niveau de la communication, plutôt que d'inviter le groupe à les élucider. Encore là, un élargissement des coordonnées de temps rendrait possible un recours occasionnel à des auto-évaluations en groupe portant sur le fonctionne-ment du groupe, ce qui contribuerait sans doute à améliorer le rendement de la formule. Par ailleurs, une telle démarche est extrêmement complexe au plan intellectuel ; certains agents de changement répugnent à réfléchir avec autant de discrimination et de profondeur sur les fondements mêmes de leur action. Pour que les participants tirent un profit maximum d'une telle session, il faudrait sans doute procéder à une sélection qui retienne des agents de changement davantage portés à rechercher, pour leur action personnelle, le fondement d'une rationalité très exigeante.

Bref atelier d'une quinzaine d'heures

Objectif de l'atelier

Il arrive souvent, à l'intérieur de stages hétérogènes consacrés à la formation aux relations humaines, qu'on élabore, en marge d'une activité comme le groupe de sensibilisation, des ateliers dont l'objectif est l'approfondissement de quelques notions liées au problème du changement planifié. Il s'agit alors d'ateliers d'une quinzaine d'heures qui se déroulent en alternance avec le groupe de sensibilisation. Le fait de consacrer quinze heures au changement planifié suppose de toute nécessité une restriction considérable des aspects du problème qu'on veut examiner. L'atelier type décrit dans ces lignes a justement comme objectif d'aider les participants à clarifier quelques concepts seulement parmi ceux qui sont reliés au changement planifié. Il est donc important de très bien choisir les aspects sur lesquels faire porter le travail et d'annoncer dès le départ aux participants qu'un très grand nombre d'aspects seront ignorés.

Déroulement des activités

L'atelier s'amorce exactement de la même façon que la session de quatre jours décrite plus haut. On demande à chaque participant de décrire une situation qui fait problème et d'indiquer ce qu'il veut changer dans la situation et comment il veut le changer. Ensuite, les participants sont groupés en triades et on leur demande d'étudier jusqu'à quel point l'*objectif* de changement témoignant de ce qu'ils veulent changer correspond à la situation-problème. Une telle confrontation permet deux apprentissages à chacun des participants : décrire plus correctement la situation-problème ; choisir des objectifs d'action pertinents et conçus plus clairement. L'animateur fournit ensuite des critères d'évaluation de la pertinence et du réalisme des objectifs d'action. Une confrontation analogue peut s'amorcer entre les réponses à la question « Comment ferions-nous le changement ? » (la *stratégie*) et l'*objectif*. On peut également s'interroger sur les rapports de convenance entre la stratégie et les circonstances décrites dans la situation-problème.

Conclusions

Deux conclusions se dégagent assez clairement des descriptions faites plus haut de trois formules nouvelles de formation au processus du changement planifié. Les apprentissages susceptibles d'intéresser des agents de changement se situent à plusieurs niveaux à la fois. C'est cette pluralité des niveaux d'apprentissage que nous avons tenté d'exprimer à l'aide de la triple distinction concernant les implications *logiques*, *stratégiques* et *techniques* de toute entreprise de changement. L'établissement de ces trois niveaux laisse rapidement soupçonner l'ampleur de la matrice conceptuelle qui pourrait être élaborée pour rendre compte de la complexité du processus de changement planifié. Il suggère également la quantité considérable d'objets d'apprentissage, de contenus variés qu'une telle matrice est susceptible de révéler aussi bien aux agents de changement qu'aux personnes préoccupées par leur formation.

La seconde conclusion se situe d'emblée sur le terrain pédagogique. Les expériences tentées dans les nouvelles formules de sessions que nous avons décrites ont contribué à diversifier les situations d'apprentissage à mettre en œuvre pour favoriser le développement personnel et professionnel des agents de changement. À côté de l'îlot culturel, le travail fait sur le terrain est vite apparu susceptible de contribuer significativement à la formation des agents de changement.

Il devient possible, au terme d'une démarche qui a élargi considérablement la problématique de l'apprentissage des processus de résolution de problèmes et de changement planifié, d'élaborer un tableau des types d'activités d'apprentissage. À partir de ce tableau pourrait se structurer un cycle de formation d'agents de changement. Il est trop tôt pour esquisser comme tel un programme intégré de formation. On peut cependant, sans établir les séquences logiques ou pédagogiques qui donneraient sa forme à un tel programme, en dessiner à grands traits les dimensions fondamentales et les illustrer de types d'activités susceptibles de faire partie de divers programmes de formation. Il nous semble que les niveaux d'apprentissage (logique, stratégique, technique) et les situations d'apprentissage (îlots culturels, actions sur le terrain, réflexions théoriques) constituent des axes fondamentaux. Le tableau 2 montre quels types d'activités interviendraient comme éléments à l'intérieur de programmes de formation selon ces deux dimensions fondamentales (niveaux et situations d'apprentissage).

TABLEAU 2
**Niveaux et situations d'apprentissage
des processus de changement planifié[a]**

NIVEAUX	SITUATIONS D'APPRENTISSAGE		
	ÎLOTS CULTURELS	ACTIONS SUR LE TERRAIN	RÉFLEXIONS THÉORIQUES
LOGIQUE	– Résolution symbolique des problèmes fictifs (méthode des cas, simulation par ordinateur). – Travail expérimental sur des situations types.	– Consultation au niveau du diagnostic et de l'élaboration de plans d'action. – Évaluation d'interventions en cours d'action ou après l'action.	– Références et informations théoriques sur les opérations mentales constituant le processus du changement planifié.

TABLEAU 2 (suite)
**Niveaux et situations d'apprentissage
des processus de changement planifié[a]**

N I V E A U X	SITUATIONS D'APPRENTISSAGE		
	ÎLOTS CULTURELS	ACTIONS SUR LE TERRAIN	RÉFLEXIONS THÉORIQUES
S T R A T É G I Q U E	– Groupe de sensibilisation centré sur les phénomènes de changement et d'influence. – Jeux de rôle et jeux organisationnels. – Travail expérimental sur des situations types. – Élaboration de stratégies fictives.	– Encadrement des actions des agents de changement auprès de leurs clientèles. – Consultation à l'occasion de problèmes stratégiques particuliers, que ces problèmes soient anticipés ou actuellement vécus.	– Participation des agents de changement à des recherches sur les stratégies de changement planifié. – Références et informations théoriques sur le changement social et les relations humaines dans les organisations et les communautés. – Colloques à caractère théorique où les agents de changement réfléchissent à partir de leur action.

TABLEAU 2 (suite)
**Niveaux et situations d'apprentissage
des processus de changement planifié[a]**

N I V E A U X	SITUATIONS D'APPRENTISSAGE		
	ÎLOTS CULTURELS	ACTIONS SUR LE TERRAIN	RÉFLEXIONS THÉORIQUES
T E C H N I Q U E	– Pratique de certaines techniques en situations fictives (ateliers). – Pratique de certaines techniques en situations types. – Étude de matériel qui témoigne de l'expérience vécue (ex. : bobines magnétophoniques).	– Supervision technique. – Instrumentation technique spécifique. – Consultation technique spécifique.	– Références et informations sur les fondements théoriques des techniques de changement planifié comme : l'enquête, la construction des modèles, la simulation, la créatique, la planification, le travail en groupe, l'entrevue, etc.

a. Les éléments apparaissant dans ce tableau servent d'exemples pour illustrer chacune des neuf possibilités théoriques d'apprentissage du changement planifié. Il ne s'agit d'aucune façon d'un inventaire rigoureux et exhaustif.

Appendice : Document 5-A

Précisions sur le mandat des équipes de travail SEMEA-SUITE

1. Inventaire du milieu

À partir de l'instrument que nous vous présentons, il s'agit pour les équipes de travail d'essayer d'obtenir la représentation la plus claire et la plus objective possible de leur milieu. En d'autres termes, nous pensons qu'il est important pour les équipes de posséder l'information la plus adéquate sur les différentes composantes de leur milieu.

2. Recherche de situations insatisfaisantes

Vous faites l'inventaire des maladies, des plaintes, des besoins et des demandes du milieu.

Cette étape consiste à identifier et à énumérer des situations que vous trouvez insatisfaisantes dans votre contexte scolaire. Il ne s'agit pas ici d'analyser chacune des situations insatisfaisantes pouvant exister dans votre milieu, mais bien de les identifier et de les énumérer.

Une situation peut être considérée comme insatisfaisante :

– lorsqu'elle est en contradiction avec vos valeurs, vos croyances, vos principes, vos objectifs ;

– lorsqu'elle ne correspond pas à l'image idéale que vous vous en faites ;

– lorsque vous avez le désir de l'améliorer ;

– lorsque des forces extérieures vous obligent à la modifier ;

– lorsqu'elle ne peut répondre à de nouveaux besoins qui se font sentir ;

– lorsqu'elle ne permet pas l'utilisation optimale des ressources ;

– lorsque les gens qui la subissent s'en plaignent ;

– lorsque des besoins sont exprimés dans cette situation ;

– etc.

Notes: 1. Vous pouvez préparer des questionnaires ou des entrevues qui vous permettraient de consulter le milieu sur ces différents éléments.

2. Les données recueillies lors de l'étape «inventaire du milieu» peuvent également vous aider à trouver des situations insatisfaisantes.

3. *Diagnostic*

Cette étape comprend huit sous-étapes :

– Établissement de priorités (ou cibles) de diagnostic.

– Élaboration d'un modèle théorique.

– Opérationnalisation du modèle.

– Choix des instruments d'enquête.

– Élaboration des instruments d'enquête.

– Enquête.

– Traitement des informations recueillies.

– Choix d'une ou de plusieurs cibles d'action.

Établissement de priorités, c'est-à-dire de cibles de diagnostic

Des critères peuvent être donnés pour faciliter la sélection de cibles de diagnostic.

– «Ce que j'aimerais inventorier.»

Il s'agit de l'intérêt que vous auriez à faire enquête sur telle cible particulière.

– «J'ai des ressources pour faire ça.»

Il s'agit de considérer ici votre connaissance de ce secteur ou les possibilités qui s'offrent à vous pour inventorier ce domaine.

– «Je trouve ça important.»

• Il s'agit de considérer l'importance de la cible possible : en fonction des résultats de l'étape 2, c'est-à-dire l'inventaire des malaises et des besoins exprimés par le milieu et la mise en relief des situations insatisfaisantes ;

• au regard de la réforme scolaire et/ou du changement pédagogique ;

• au regard de l'évolution de votre milieu ;

• au regard du fonctionnement maximum de votre milieu.

*Élaboration d'un modèle théorique, opérationnalisation du modèle
et choix des instruments d'enquête*

La façon la plus commode que nous avons trouvée pour commenter les sous-étapes de l'élaboration d'un modèle théorique, de son opérationnalisation et du choix des instruments d'enquête est l'analogie qui suit :

Vous êtes des « médecins » et vous voulez connaître l'état de santé ou la maladie d'un « patient ». À ce titre, vous ne pouvez (ou ne devez) pas demander au patient : « Es-tu en bonne santé ? » ou « Souffres-tu de la jaunisse ? »

C'est en effet *lui* le « patient » et, en principe, il ne sait pas et ne peut pas vous dire s'il est en bonne santé ou s'il a la jaunisse.

Cependant, *vous* voulez savoir si le patient est en bonne santé ou s'il souffre de la jaunisse. Et *lui* sait de quels malaises il a à se plaindre.

À titre de médecins, vous devez être un expert dans le fonctionnement de l'organisme et, aussi, en pathologie. Cela signifie que vous êtes censés connaître à quels *indices* concrets, mesurables (par test ou par observation), on reconnaît la bonne santé et à quels indices on reconnaît la jaunisse.

Transposons :

1) *Élaboration d'un modèle théorique*

Le médecin qui élabore son modèle théorique et qui considère :

– le système glandulaire,

– le système nerveux,

– le système respiratoire,

– le système musculaire ;

c'est l'équipe SEMEA-SUITE qui se dit que, dans un groupe idéal de professeurs, il faut considérer par exemple :

– la cohésion,

– le sentiment de responsabilité,

– les relations égalitaires avec le directeur,

– la capacité qu'ont les professeurs de favoriser l'expression des enfants,

– etc.

2) *Opérationnalisation du modèle*

Le médecin qui se prépare à l'examen de son patient sait que le rythme de la respiration est un bon indice de l'état du système respiratoire ; il sait aussi que la réaction au coup de marteau sur la rotule est un bon indice de l'état du système nerveux ; il sait que l'état de sécheresse de la peau est un bon indice de l'état du système glandulaire. (Qu'on nous pardonne les trois observations médicales que nous venons d'énoncer.)

Si l'on poursuit la même analogie, l'équipe SEMEA-SUITE aura à préciser à quels indices on pourra reconnaître l'«état» de la cohésion, de la responsabilité, de la relation égalitaire au sein du groupe de professeurs, et de la capacité qu'ont les professeurs de favoriser l'expression des enfants.

Note: Les exemples d'opérationnalisation de modèles qui suivent sont à prendre avec la même prudence que dans le cas des illustrations médicales.

– Indices à inventorier pour établir l'état de la cohésion du groupe:

- la communication de préoccupations pédagogiques et personnelles aux autres professeurs;

- les rencontres informelles (fréquence, lieu, nombre de personnes, etc.);

- le sentiment des professeurs d'être épaulés quand ça va mal;

- etc.

– Indices à inventorier pour établir l'état du sentiment de responsabilité des professeurs:

- les charges prises spontanément;

- les projets proposés par les professeurs eux-mêmes;

- le taux de présence aux réunions formelles;

- etc.

– Indices à inventorier pour établir l'état de la relation avec le directeur:

- capacité des professeurs de suggérer des choses au directeur;

- les contacts suscités par les professeurs avec le directeur (fréquence, aise à le faire, etc.);

- etc.

– Indices à inventorier pour établir la capacité qu'ont les professeurs de favoriser l'expression:

- les enfants peuvent apporter leurs découvertes en classe;

- les enfants peuvent planifier les temps libres;

- les enfants peuvent participer à l'organisation de la classe;

- etc.

Note: Nous venons de décrire les deux étapes de préparation au choix des instruments de diagnostic:

– l'élaboration d'un modèle théorique;

– l'opérationnalisation du modèle.

Il vous restera à déterminer *auprès de qui* vous avez les meilleures chances de recueillir les informations voulues sur les *indices* retenus.

Quelquefois, il s'agira de déterminer *auprès de quoi* (par exemple, la production de dessins, les ordres du jour des réunions), ou *dans quel lieu* (classe, salle des professeurs, cour de récréation), vous aurez la possibilité de recueillir ces informations.

Enfin, il vous faudra déterminer avec quels instruments vous allez recueillir ces informations. Il faudra alors tenir compte de deux facteurs:

1) La nature des renseignements que vous voulez obtenir (l'objet de l'enquête) et le degré éventuel de menace que cette enquête peut représenter pour la personne interrogée.

Exemple de problème qui se pose ici:

On est peut-être moins ouvert en remplissant un questionnaire dont on craint l'usage ultérieur (surtout si la question est compromettante); mais, à l'inverse, il peut être moins gênant de répondre à une question écrite que de parler en entrevue.

2) Les contingences situationnelles: ressources de temps, de main-d'œuvre, etc.

Exemple de problème qui se pose ici:

Le questionnaire est plus économique en temps, mais les gens répondront-ils?

Élaboration des instruments d'enquête

Une fois l'instrument choisi, vous élaborez vos questions (pour questionnaires ou entrevues) ou vos catégories d'observations (pour l'observation) en gardant toujours à l'esprit que vous « interrogez» le patient et non pas le médecin. C'est la différence entre *ce que vous voulez savoir* et *ce qu'il faut demander ou observer* pour le savoir. C'est dans cette phase qu'il faudra pousser l'opérationnalisation au maximum (dans tous ses détails concrets), si cela n'a pas déjà été fait, le tout se présentant alors sous la forme d'une question ou d'une catégorie d'observation.

Enquête

C'est l'étape de l'administration des instruments.

Traitement des informations recueillies

Les informations recueillies durant l'enquête peuvent provenir de deux sources :

– des instruments de mesure ;

– des observations accidentelles non prévues, faites au hasard des contacts avec le milieu.

Nous appelons ce deuxième type d'information des *informations vicariantes*. Les deux types d'information peuvent servir à faire le diagnostic final de la situation.

Le diagnostic final se déroule en trois phases, lesquelles correspondent à trois niveaux d'analyse. En ce qui a trait aux informations recueillies par instruments d'enquête, les deux premiers niveaux d'analyse sont :

– la compilation statistique des résultats ;

– l'analyse méthodique (c'est-à-dire en fonction de la logique interne de l'instrument lui-même).

Quant aux informations vicariantes, ces deux premiers niveaux seraient :

– la systématisation et la catégorisation des faits (par opposition aux impressions ou inférences qu'on a pu tirer de ces faits) ;

– l'analyse critique (c'est-à-dire en fonction de la logique théorique et du bon sens critique).

La compilation permet d'obtenir des *résultats*. La systématisation donne lieu à des *informations vicariantes systématisées*. De l'analyse du deuxième niveau, on obtient des conclusions ou inférences que nous appelons ici *constatations* (produit).

Le troisième niveau d'analyse constitue le *diagnostic* proprement dit, c'est-à-dire l'identification (et donc la différenciation) des effets et des causes ou, si l'on veut, des problèmes et des causes. Les liens de cause à effet qu'établit le diagnostic proprement dit sont soit *hypothétiques*, soit *vérifiés*. Ces liens peuvent être établis :

– soit à partir d'une vérification rigoureuse par l'intermédiaire des instruments ;

– soit à partir de conceptions ou de modèles théoriques ;

– soit à partir du sens commun (l'expérience).

Choix d'une ou de plusieurs cibles d'action

Le diagnostic a normalement fourni l'information suffisante pour établir le lien cause-effet. Une fois qu'on aura également établi le lien cause-cause (c'est-à-dire établi la hiérarchie des causes), on pourra choisir une ou plusieurs causes qui deviendront alors les *cibles d'action* ou les *objectifs d'action*.

Note : Le terme « objectif » fait référence au *problème* qu'on veut voir solutionner. Tandis que le terme « objectif d'action » ou « cible d'action » fait référence à la *cause* du problème. C'est sur cette dernière qu'on voudra *agir* à partir de maintenant.

Le choix de la cible d'action devrait se faire à la fois en fonction de l'importance « objective » de la cause (en référence au modèle théorique et aux données recueillies) et avec réalisme, c'est-à-dire en tenant compte des contingences situationnelles : ressources, contraintes, etc.

Notons, et cela est important, que le critère du réalisme ne pourra *définitivement* être considéré que lorsque la démarche d'évaluation des moyens d'action aura été terminée.

4. Invention de moyens d'action

Il s'agit ici pour le groupe d'exprimer sans contrainte le plus grand nombre possible d'hypothèses de moyens d'action, tout « farfelus » qu'ils puissent paraître (*brainstorming*). Il ne s'agit pas ici de critiquer les hypothèses formulées par le groupe, mais bien d'en trouver le plus grand nombre possible.

Note : Il s'agit d'inventer des moyens d'action pour *vous*, c'est-à-dire des opérations que vous pourriez éventuellement mettre en œuvre :

- faire l'organisation de…

- suggérer…

- enquêter sur…

- rencontrer…

- offrir de la consultation sur…

- faire un rapport sur…

- etc.

5. Évaluation des moyens d'action

À partir des moyens d'action inventés, le groupe doit décider d'en retenir un ou plusieurs. Pour ce faire, il doit se poser les questions suivantes pour chacun des moyens trouvés à l'étape précédente :

– Avons-nous les ressources nécessaires pour mettre ce moyen à exécution et quelles sont les ressources disponibles dans le milieu?

– Quels effets secondaires notre moyen d'action entraîne-t-il?

• peut-il provoquer des réactions positives ou négatives?

• peut-on évaluer quelles seront les résistances qu'il provoquera?

• etc.

– Les règlements de l'école permettent-ils cette action?

– Les professeurs peuvent-ils collaborer en dehors des heures de travail?

– Est-ce que le moyen d'action est acceptable en fonction de nos valeurs, de nos croyances?

– Est-ce que le moyen d'action est en accord avec la cible d'action choisie?

Note: Il y aurait avantage à préciser la cible d'action et à la fractionner au maximum en des éléments constitutifs, afin de mieux répondre à cette dernière question.

6. Choix d'un moyen ou d'un arrangement de moyens d'action

Normalement, l'évaluation (étape 5) mène au choix des moyens d'action. Cependant, une réticence du groupe à faire ce choix pourrait révéler:

– qu'une ou plusieurs étapes antécédentes ont été déficientes, par exemple:

• les contraintes ou les effets secondaires ont été sous-estimés et le groupe les craint maintenant,

• les objectifs ne sont plus clairs,

• le groupe n'a pas tenu compte, lors de l'évaluation des moyens, des éléments constitutifs de la cible d'action, même s'il les avait déjà clairement identifiés lors du diagnostic,

• il n'a pas inventé à sa satisfaction des moyens d'action;

– que le groupe perçoit l'imminence de l'action et qu'il craint d'avoir à s'y engager;

– qu'il y a des conflits non liquidés dans le groupe;

– que les objectifs ne stimulent plus;

– etc.

7. *Élaboration du plan d'action*

L'équipe aurait avantage à s'interroger, à cette étape-ci, sur ses objectifs ou son programme à long terme. Ceci devrait lui permettre de situer dans une perspective temporelle la série des objectifs et des moyens d'action.

a) Établir un programme à long, moyen et court terme.

b) Intégrer au plan les actions parallèles destinées à tenir compte de la situation (personnes visées, contraintes, effets secondaires, etc.).

c) Établir la «mécanique» des actions du plan à court terme.

d) Répartir les tâches.

e) Établir le calendrier des opérations.

8. *Élaboration de moyens de contrôle de l'action en cours*

Avant de passer concrètement à l'exécution des projets d'action, il peut être utile à l'équipe de prévoir des mécanismes de contrôle destinés à suivre le déroulement de l'action elle-même. Cette vérification s'avère nécessaire et elle permet:

– de dépister à la source les effets secondaires imprévus;

– d'être informé que les tâches sont exécutées par ceux entre lesquels elles furent partagées;

– de pouvoir réajuster l'action si elle ne semble pas correspondre aux objectifs visés;

– d'avoir de l'information sur les données de la situation dans laquelle se déroule l'action, en particulier pour dépister aussi tôt que possible des changements dans la situation qui pourraient compromettre l'action elle-même;

– de contrôler et de réajuster au besoin le calendrier des opérations;

– de vérifier l'accomplissement des actions parallèles.

De plus, tout au cours de l'action, il pourrait être utile de se poser les questions suivantes:

– Est-ce que les efforts de changements sont dirigés par les membres eux-mêmes? Si oui, dans quelle proportion?

– Est-ce que les efforts de changement répondent aux besoins établis au point de départ?

– Quel est le degré de confiance et de respect à l'intérieur du groupe?

– Quelles informations les gens reçoivent-ils sur l'efficacité de leur action?

Note: Pour vous aider dans ce travail, divers moyens vous sont accessibles :

- faire le point en équipe de travail, se fixer des réunions à cet effet ;
- avoir un responsable qui centralise et coordonne l'information des membres, et qui se charge de sa circulation ;
- consulter formellement le milieu :
  - questionnaires,
  - entrevues,
  - etc. ;
- être à l'écoute du milieu :
  - rumeurs qui courent,
  - commentaires entendus,
  - résistances perçues ;
- etc.

9. Exécution des projets d'action

Après avoir énuméré les tâches et en avoir précisé l'enchaînement, la séquence et le calendrier d'exécution, le groupe passe à l'action.

10. Évaluation

Cette étape consiste à vérifier si les moyens mis à exécution ont permis d'atteindre les objectifs visés.

Cette démarche requiert les mêmes habiletés que celles mises en œuvre lors de l'étape du diagnostic.

N.B. Le guide « Précisions sur le mandat des équipes de travail » a été élaboré par une équipe d'animateurs comprenant les personnes suivantes :

Francis Étienne, Claude Lessard, Renée Noreau, Marie-Claire Vachon et Marcel Veillette, de la Mission des projets expérimentaux ; François Allaire, Claire Garneau, Ginette Paris, Roger Tessier et Bernard Tremblay, de l'Institut de formation par le groupe. Le texte comme tel est dû à la plume de François Allaire.

Références bibliographiques

BECKHARD, R. (1969). *Organization Development : Strategies and Models*, Reading, Mass., Addison-Wesley.

BENNE, K. D. (1964). « History of the T-Group in the Laboratory Setting », dans L. P. BRADFORD, J. R. GIBB et K. D. BENNE (sous la direction de), *T-Group Theory and Laboratory Method*, New York, Wiley.

BENNIS, W. G. (1969). « Theory and Method in Applying Behavioral Science to Planned Organizational Change », dans W. G. BENNIS, K. D. BENNE et R. CHIN (sous la direction de), *The Planning of Change*, 2ᵉ édition, New York, Holt, Rinehart and Winston.

BENNIS, W. G., BENNE, K. D. et CHIN, R. (sous la direction de) (1969). *The Planning of Change*, 2ᵉ édition, New York, Holt, Rinehart and Winston.

LEWIN, K. (1948). *Resolving Social Conflicts*, New York, Harper.

LEWIN, K. (1951). *Field Theory in Social Science*, New York, Harper.

LIPPITT, R., WATSON, J. et WESTLEY, B. (1958). *The Dynamics of Planned Change*, New York, Harcourt.

LORSCH, J. W. et LAWRENCE, P. R. (1969). « The Diagnosis of Organizational Problems », dans W. G. BENNIS, K. D. BENNE et R. CHIN (sous la direction de), *The Planning of Change*, 2ᵉ édition, New York, Holt, Rinehart and Winston.

SCHEIN, E. H. et BENNIS, W. G. (1965). *Personal and Organizational Change through Group Methods : The Laboratory Approach*, New York, Wiley.

13

La métaphore générative
Une façon de voir la formulation de problème dans les politiques sociales*

Donald A. Schön

Les linguistes et les philosophes du langage se sont beaucoup intéressés à la métaphore. Ils l'ont surtout considérée comme une forme de langage symbolique qui demande une définition ou une explication. (L'article de Searle [1979] en est un exemple remarquable. Deux articles classiques, Black [1962] et Beardsley [1967], sont aussi dans cette veine.) Dans cette tradition, la métaphore est une sorte d'anomalie de langage, anomalie qui doit être écartée au profit d'une théorie générale de la référence ou de la signification. Il y a cependant une autre tradition très différente associée à la notion de métaphore ; elle donne à la métaphore une place centrale pour rendre compte de nos façons de voir le monde : notre façon de penser les choses, de donner un sens à la réalité et de poser les problèmes que nous tentons ensuite de résoudre[1]. Dans ce deuxième sens, la *métaphore* se réfère à la fois à une sorte de produit — une perspective ou un cadre de référence, une façon de regarder les choses — et à une sorte de processus — un processus qui génère de nouvelles perspectives sur le monde. Dans cette tradition, des affirmations métaphoriques — « L'homme est un loup » ainsi que le reste du répertoire plutôt sombre d'exemples usés — n'ont de sens qu'en tant que symptômes d'une façon particulière de *voir comme*, le

---

Ce texte a d'abord paru sous le titre : « Generative Metaphor : A Perspective on Problem-Setting in Social Policy », dans A. Ortony (sous la direction de) (1979). *Metaphor and Thought*, New York, Cambridge University Press, pp. 254-283. La traduction est de Lise Roquet et Yves St-Arnaud.

1. L'œuvre de Ernst Cassirer — en particulier, son *Language and Myth* (1946) — est centrale dans cette tradition.

méta-pherein ou la *transposition* de cadres ou de perspectives d'un domaine d'expérience à un autre. C'est ce processus que je désignerai comme la métaphore générative dans la suite de ce chapitre[2].

Dans la seconde tradition, on fait face à deux puzzles majeurs. Le premier concerne l'interprétation. À partir de ce que les gens disent et font, particulièrement dans des situations qui font problème, comment devrions-nous inférer leur façon de *penser* ces situations : leur mode de pensée implique-t-il une métaphore générative et, si oui, quelle est-elle ? Ceci est un problème d'herméneutique[3], le problème de l'interprétation de textes dans un sens très large, le problème de la critique littéraire. Ce qui nous préoccupe ici, c'est de comprendre quelles inférences conduisent aux interprétations, quels sont les faits sur lesquels s'appuient ces interprétations et les critères par lesquels on pourrait les évaluer et les mettre à l'épreuve.

Le second puzzle concerne l'aspect génératif. Ce n'est rien de moins que la question de savoir comment nous parvenons à voir les choses sous de nouveaux angles. Puisque nous concevons la métaphore générative comme un cas particulier de *voir-comme,* qui conduit à de nouvelles perspectives sur le monde, nous nous demandons comment le processus de la métaphore générative fonctionne. Quelle est l'anatomie du processus de la métaphore générative ?

Dans ce chapitre, je m'arrêterai à certains aspects de ces deux puzzles, en fonction d'un domaine particulier où ils ont des implications, celui des politiques sociales.

Depuis une vingtaine d'années, ce domaine a été marqué et même dominé par une conception selon laquelle le développement des politiques sociales devait être considéré comme une entreprise de solution de problème. À l'opposé de cette conception, j'ai acquis la conviction que les difficultés essentielles en matière de politiques sociales sont plus une question de formulation de problème (*problem-setting*) qu'une question de solution de problème, que la façon de formuler les buts à atteindre est plus importante que le choix des moyens que l'on met en œuvre pour atteindre ces buts. Il devient alors capital d'apprendre

2. Le terme a été utilisé pour la première fois dans D. A. Schön et J. Bamberger (1976). D. A. Schön (1963) a traité antérieurement du sujet.
3. La tradition de l'herméneutique, développée en Allemagne à la fin du XIXe siècle par le philosophe Dilthey, a été reprise dans les dernières années par des philosophes du continent tel Paul Ricœur (voir, par exemple, P. Ricœur, 1970).

comment se formulent en fait les problèmes de politiques sociales et de découvrir ce que cela signifie de bien ou mal les formuler[4].

La formulation de problème émerge, je crois, des « histoires » que les gens
racontent au sujet de situations qui font problème — histoires dans lesquelles les
gens décrivent ce qui ne va pas et ce qui appelle une solution. Lorsque nous
examinons les histoires, telles qu'elles sont racontées par les analystes ou par les
spécialistes en matière de politiques sociales, sous l'angle de la formulation des
problèmes, il est possible de constater que les formulations de problèmes reposent
souvent sur des métaphores sous-jacentes aux histoires qui génèrent ces formulations
et orientent les processus de solution de problème. Une des histoires les plus
répandues dans le domaine des services sociaux, par exemple, consiste à poser un
diagnostic de *fragmentation* puis à prescrire la *coordination* comme remède. Il y a
une autre possibilité : on peut percevoir les services dits *fragmentés* comme des
services *autonomes*. Des services fragmentés constituent un problème lorsqu'ils
sont perçus comme l'éclatement d'une intégration antérieure. On voit ces services
comme un vase jadis entier qui est maintenant brisé.

Sous l'emprise de la métaphore, il semble évident que la fragmentation est
mauvaise et que la coordination est bonne. Mais cette évidence repose beaucoup
sur le fait que la métaphore demeure tacite. Lorsque nous avons reconstitué la
métaphore sous-jacente à l'histoire qui a donné lieu à la formulation du problème,
nous pouvons nous demander, par exemple, si les services qui seraient appropriés
à la situation présente sont limités à ceux qui étaient autrefois réunis et si le
manque d'intégration n'entraîne pas autant de bénéfices que d'inconvénients. En
bref, nous pouvons rendre explicite la métaphore, élaborer les propositions qui en
découlent et juger de leur pertinence dans la situation présente.

La notion de métaphore générative devient alors un instrument d'interprétation qui peut servir à l'analyse critique des politiques sociales. Mon argumentation ne consiste pas à dire que nous devrions réfléchir de façon métaphorique en matière de politique sociale, mais que nous pensons déjà à ces
problèmes en utilisant certaines métaphores génératives tacites et omniprésentes,
que nous devrions devenir conscients et critiques par rapport à ces métaphores
génératives, afin d'augmenter la rigueur et la précision de notre analyse des
questions de politiques sociales, en examinant les analogies et les absences
d'analogie entre les descriptions courantes — incorporées dans les métaphores

---

4. Mon intérêt pour la formulation de problème dans le domaine des politiques sociales
s'est développé à travers une collaboration avec Martin Rein. (Voir M. REIN, 1976 ; et
M. REIN et D. A. SCHÖN, 1977.) R. E. NISBETT (1969) et R. H. BROWN (1976) ont aussi
écrit sur ce sujet, en accordant une attention particulière aux fonctions de la métaphore.

du type « services fragmentés » — et les situations concrètes qui font problème et auxquelles nous sommes confrontés.

La pensée qui me pousse à argumenter en faveur d'une plus grande conscience des métaphores qui commandent la formulation de problème dans le domaine des politiques sociales m'amène également à proposer un argument en faveur de la production de métaphores génératives.

Lorsque nous nous attardons à la formulation de problème dans les questions sociales, nous y découvrons l'existence de cadres de référence conflictuels. Nos discussions en matière de politiques sociales portent moins sur des problèmes que sur des dilemmes. Les protagonistes, dans ces débats, apportent des cadres de référence différents et incompatibles, issus de métaphores différentes et divergentes. Ces conflits s'avèrent insolubles par le recours aux faits — par des correctifs technologiques, par des analyses de compensations ou par le recours aux formes institutionnalisées de choix sociaux. En fait, ces conflits chroniques de perspectives, chargés d'un fort potentiel de contestation violente, sont devenus eux-mêmes objets de politiques sociales. Est-il alors possible d'arriver, par le questionnement, à restructurer, à coordonner, à réconcilier ou à intégrer des cadres de référence contradictoires dans l'explication des problèmes sociaux ? Si oui, quelle est la nature de ce questionnement ?

Je crois que nous parvenons parfois, intuitivement, à nous engager dans un questionnement réciproque grâce auquel des cadres de référence contradictoires sont restructurés et coordonnés. Je soutiendrai que le recadrage est semblable, en plusieurs points majeurs, à la création d'une métaphore générative. Ces deux types de processus me semblent avoir un air de famille, et mes efforts pour les expliquer peuvent apporter un éclairage dans les deux sens.

Je poursuivrai cette réflexion en m'arrêtant à deux exemples. Le premier est tiré du domaine de la technologie et le second est tiré du champ de la politique du logement. Je traiterai, dans le premier exemple, de la création de la métaphore générative et, dans le second, de l'opposition entre deux façons de formuler un problème de politique sociale (chacune de ces deux façons étant générée par sa propre métaphore), une opposition qui est résolue dans un contexte particulier grâce à un processus de recadrage et de coordination ; processus qui ressemble sous plusieurs aspects importants au travail cognitif impliqué par la création de la métaphore générative.

La création de la métaphore générative : un exemple technologique

Il y a quelques années, un groupe de chercheurs en développement de produits cherchait à découvrir comment améliorer le rendement d'un nouveau pinceau fait de poils synthétiques[5]. En comparaison avec l'ancien pinceau de poils naturels, le nouveau étendait la peinture d'une façon discontinue et inégale. Les chercheurs avaient tenté différentes améliorations. Par exemple, ils avaient remarqué que les poils naturels avaient des bouts fendus, alors que les poils synthétiques n'en avaient pas, et ils essayèrent (sans résultat significatif) de fendre les bouts des poils synthétiques. Ils firent aussi des expériences avec des poils de différents diamètres. Rien n'y faisait.

Quelqu'un fit alors une observation : « Vous savez, un pinceau est une sorte de pompe ! » Il souligna que, lorsqu'un pinceau est pressé contre une surface, la peinture est poussée à travers les espaces qui séparent les poils. La peinture est pour ainsi dire canalisée, circulant entre les poils qui sont déformés lorsqu'on plie le pinceau. Il fit remarquer que les peintres font parfois vibrer le pinceau en l'appuyant sur une surface pour faciliter l'écoulement de la peinture.

Les chercheurs firent l'essai de pinceaux à poils naturels et à poils synthétiques en les considérant comme des pompes. Ils remarquèrent que le pinceau naturel formait une courbe graduelle quand il était pressé contre une surface alors que le pinceau synthétique prenait une forme plutôt angulaire. Ils firent l'hypothèse que cette différence pouvait expliquer le piètre rendement du pinceau à poils synthétiques. Comment alors pouvaient-ils transformer l'angle du pinceau synthétique en une courbure régulière ?

Cette pensée les amena à une variété d'idées nouvelles. On pouvait essayer de modifier les poils de manière à créer une plus grande densité dans cette zone. On pouvait essayer de les lier les uns aux autres dans cette zone. On mit en pratique certaines de ces idées et on obtint effectivement un écoulement plus graduel de la peinture.

Le pinceau en tant que pompe est un exemple de ce que je veux dire par métaphore générative.

Dans le langage quotidien on appelle un pinceau un « pinceau » et on appelle une pompe une « pompe ». Les pinceaux et les pompes sont deux objets très différents et il n'est pas approprié de nommer l'un d'eux par le nom de l'autre. Il est vrai que nous pouvons intégrer et les pinceaux et les pompes dans

---

5. Cet exemple a déjà été décrit dans D. A. SCHÖN (1963).

une catégorie plus générale; par exemple, ils sont tous deux des instruments. Mais, lorsque nous pensons à ces deux objets en tant qu'instruments, nous reconnaissons en même temps qu'ils sont construits et utilisés à des fins différentes, et qu'ils fonctionnent suivant des mécanismes différents. Donc, nous les décrivons de façon différente. Nous pourrions dire, par exemple, que les pinceaux servent à étendre la peinture sur une surface, alors que les pompes servent à transporter une quantité de liquide d'un endroit à un autre. Nous pourrions dire qu'une pompe fonctionne en poussant ou aspirant un liquide à travers un canal, alors que l'on fait fonctionner un pinceau en le plongeant dans la peinture et en transportant ensuite la peinture sur une surface, en passant le pinceau sur cette surface.

Lorsqu'un des chercheurs fit la remarque: «Vous savez, un pinceau est une sorte de pompe!», il pensait au pinceau comme à une pompe, et il invitait ses collègues à en faire autant. Dans le langage descriptif, nous pourrions dire qu'il utilisait la définition ordinaire de «pompe» — quelque chose comme «un instrument qui déplace du liquide d'un endroit à un autre en le poussant ou en l'aspirant dans un canal» — comme une description d'emprunt pour le pinceau. C'est comme s'il formulait une énigme («Comment un pinceau peut-il être une pompe?») qui, une fois posée, l'amenait ainsi que les autres chercheurs à remarquer de nouveaux aspects du pinceau et de l'action de peinturer. Les chercheurs attribuent à l'action de peinturer la constellation de notions familièrement associées au pompage (ce que Black [1962] appelle les «lieux communs associés») transformant ainsi leur perception de l'action de pomper. Ils remarquent les espaces entre les poils, par exemple, et non plus uniquement les poils, et ils conçoivent ces espaces comme des canaux à travers lesquels la peinture peut s'épandre. On pourrait dire que les espaces qui occupaient le fond sont devenus des figures, objets d'attention par eux-mêmes, tout comme, dans la pompe, l'espace intérieur est une figure avec un nom particulier, «canal». Plutôt que de percevoir la peinture comme adhérant aux poils (pour être ensuite rejetée sur une surface), ils voient maintenant la peinture couler à travers les canaux formés par les poils. Ils peuvent dès lors porter attention aux divers angles qui se forment lorsqu'on plie les pinceaux naturels et synthétiques. Ils observent comment ces différents angles compriment différemment les canaux, modifiant la façon dont le liquide est pompé à travers ces canaux. Ils peuvent intégrer leurs observations dans une nouvelle explication des différences de rendement des deux pinceaux. Ils inventent alors des façons d'adoucir l'angle produit lorsqu'on plie le pinceau synthétique pour qu'il puisse pomper (et non essuyer) la peinture plus également sur la surface.

Le « pinceau-pompe » est devenu une *métaphore* pour les chercheurs[6]. On peut caractériser le processus de création d'une métaphore en disant que les chercheurs, qui avaient d'abord décrit le fait de peinturer en des termes familiers, se sont engagés dans la description d'un processus différent déjà connu (pomper) comme étant une solution de remplacement de la description de l'action de peinturer. Cette redescription transforma à la fois leur perception du phénomène et leur description antérieure de l'acte de pomper. Ce qui fait de ce processus un processus de création de métaphore, plutôt qu'un simple processus de redescription, c'est que la nouvelle description d'emprunt appartient déjà à quelque chose de différent, bien que familier ; de sorte que tout ce que l'on sait au sujet de l'acte de pomper peut être inclus dans cette redescription de celui de peinturer. De ce point de vue, c'est un genre de description qui comporte une grande économie et une grande puissance évocatrice[7]. Dans une perspective de *vision* plutôt que de *description*[8], nous pouvons affirmer que les chercheurs ont été amenés à voir A comme B, alors que A et B leur apparaissaient auparavant comme des choses différentes. Toute création de métaphore implique un *voir-comme*, bien que tout *voir-comme* n'implique pas une création de métaphore. (Par exemple quelqu'un peut voir ceci □ comme une boîte). Dans la création de métaphore, les réalités A et B sont initialement perçues, nommées et comprises comme très différentes — tellement différentes que décrire l'une comme l'autre serait ordinairement considéré comme une erreur. C'est la restructuration de la perception des phénomènes A et B qui permet d'appeler *métaphore* ce qui autrement serait appelé *erreur*.

Toute métaphore n'est pas générative. Dans leur discussion autour du problème du pinceau, par exemple, les chercheurs ont aussi parlé de la peinture comme « masquant une surface ». Mais cette métaphore ne généra pas de nouvelles façons de voir le pinceau ni aucune vision nouvelle du problème. Le

---

6. Il reste évidemment une question centrale concernant les fondements empiriques de cette affirmation. Bien qu'ici je ne me préoccupe pas d'abord du problème de l'interprétation, j'ai tenté de suggérer que ma construction de la métaphore qui guida le travail des chercheurs peut être confrontée aux données fournies par ma description de ce qu'ils ont réellement dit et fait. Mon attribution à leur endroit d'une métaphore générative particulière est, je crois, une proposition réfutable. Je reprendrai ce point à nouveau en discutant de la formulation de problème dans les politiques sociales.

7. Plusieurs auteurs ont souligné les fonctions économiques de la métaphore conçue à la fois comme une sorte d'expression et comme une façon de penser. Voir, par exemple, E. CASSIRER (1946).

8. La notion de *voir-comme*, sa relation avec celle de *penser-comme* et avec la vision sensorielle ainsi que sa pertinence dans la compréhension de la description ont été mises en évidence par L. WITTGENSTEIN (1953), surtout aux pages 193 à 216.

pinceau-pompe était une métaphore générative pour les chercheurs en ce sens qu'il donna naissance à de nouvelles perceptions explicatives et conduisit à de nouvelles inventions.

Il est possible, dans ce récit, d'observer plusieurs traits importants du processus de création d'une métaphore générative. Les chercheurs avaient, au départ, certaines façons de décrire le pinceau et le processus de peinturer, mais ces descriptions étaient insatisfaisantes. Elles ne conduisaient pas à une formulation du problème technologique permettant de le résoudre ; elles ne provoquaient pas d'inventions. L'émergence de la métaphore générative (« Un pinceau est une sorte de pompe ! ») se produisit pendant que les chercheurs étaient engagés dans une expérience sensorielle et une expérimentation concrète avec le fonctionnement du pinceau dans son rapport avec la peinture. Les chercheurs utilisaient des mots comme « globuleux » et « lisse » pour traduire certaines qualités des phénomènes qu'ils expérimentaient. Il me semble très probable que l'émergence de la métaphore se produisit parce que les chercheurs étaient absorbés dans l'expérience du phénomène.

Une fois la métaphore créée, on pourrait dire que les chercheurs superposèrent leurs descriptions de la pompe et de l'acte de pomper aux descriptions initiales du pinceau et de l'acte de peinturer. Mais ce serait là une affirmation partiellement fausse. En première analyse, les deux descriptions résistaient à la superposition. Ce n'est qu'après avoir regroupé et renommé les éléments du pinceau et du geste de peinturer et les rapports entre eux (les espaces entre les poils devenant figure et appelés canaux, par exemple) que l'on put voir le pinceau comme une pompe.

Il est important d'observer que les chercheurs purent voir la peinture comme semblable à l'acte de pomper avant de pouvoir dire « en quoi cela était semblable [9] ». Au début, ils n'avaient qu'une perception non analysée de la similarité qu'ils parvenaient à exprimer en peinturant et en invitant les autres à percevoir ce geste à leur façon, ou en utilisant des termes comme « presser » ou « forcer » pour traduire la qualité de l'action semblable à celle d'une pompe. Plus tard seulement, et dans un effort pour rendre compte de leur perception antérieure d'une similarité, ils élaborèrent un compte rendu explicite de la similarité, un compte rendu qui devint plus tard encore une partie d'une théorie générale des « pompoïdes », suivant laquelle ils pouvaient concevoir des pinceaux, des pompes ainsi que des linges de lavage ou des vadrouilles comme illustrations d'une même catégorie technologique.

Il serait complètement faux de dire que, en créant une métaphore générative, les chercheurs « remarquèrent d'abord une certaine similarité entre les pinceaux et les pompes ». Car la création d'une métaphore générative implique un déve-

---

9. T. Kuhn (1970).

loppement. Elle a un cycle de vie. Dans les premières étapes du cycle vital, on s'aperçoit ou on sent que A et B sont similaires, sans parvenir à dire en quoi ils le sont. Plus tard, on peut parvenir à décrire les relations des éléments présents dans une perception restructurée de A et de B qui expliquent la détection préanalytique d'une similarité entre A et B, c'est-à-dire qu'on peut formuler une analogie entre A et B. Plus tard encore, on peut construire un modèle général dans lequel un A redécrit et un B redécrit peuvent être identifiés comme illustrations. Attribuer le modèle plus tardif aux premières opérations du processus serait s'engager dans une sorte de révisionnisme historique.

La formulation de problème dans les politiques sociales

Mon second exemple de métaphore générative sera tiré d'un secteur très différent, celui des politiques sociales ; et cette fois je porterai une attention particulière à la question du logement.

En introduisant ce secteur, je voudrais tout d'abord faire remarquer que celui-ci, aux États-Unis du moins, a été dominé au cours des 20 ou 30 dernières années par une conception particulière — conception selon laquelle le questionnement en matière de politiques sociales est perçu comme un processus de solution de problème.

Cette perspective de solution de problème contient trois éléments majeurs. Tout d'abord, elle dirige notre attention vers la recherche de solutions. On présume que les problèmes eux-mêmes sont des données de base. On présume que l'on sait, ou que l'on peut aisément formuler ce que sont les problèmes des villes, les problèmes économiques, les problèmes de contrôle social, bien que l'on ne puisse pas encore les résoudre. La tâche consiste à trouver des solutions à des problèmes déjà connus.

Si les problèmes sont considérés comme des données, c'est en partie parce qu'ils sont perçus comme ayant la même forme. La solution du problème fait appel aux efforts pour trouver des moyens d'atteindre des objectifs malgré les contraintes qui rendent cela difficile. Selon cette approche *instrumentaliste*, il y a toujours des objectifs, des buts ou des visées ; ceux-ci s'enracinent dans les valeurs humaines et sont, en un sens, arbitraires dans la mesure où ils dépendent de ce que nous (ou les autres) voulons accomplir. La réalisation des objectifs se heurte toujours à des contraintes, dont l'éternelle contrainte des ressources limitées. Enfin, il y a une variété de moyens disponibles, des pistes d'action optionnelles parmi lesquelles nous pouvons choisir la meilleure voie possible (au moins une voie acceptable) dans la poursuite des objectifs. Celui qui solutionne les problèmes, selon les mots de Simon (1969), est constamment engagé dans la recherche d'un espace-problème afin de trouver des moyens bien adaptés, malgré les contraintes, à l'accomplissement d'une quelconque fonction objective.

La perspective de solution de problème a été très populaire chez ceux qui, dans notre société, par profession ou en raison de leur emploi, sont les plus fortement engagés dans l'analyse, la planification, l'implantation et la critique des politiques sociales. Quelles que puissent être les différences significatives entre les économistes, les administrateurs, les ingénieurs, les analystes en matière de politiques sociales et les planificateurs, ils en sont venus au cours des dernières années à se considérer comme des personnes qui solutionnent des problèmes, dans le sens décrit plus haut. De fait, la vision que le public se fait du gouvernement a évolué progressivement vers la notion d'un gouvernement qui solutionne les problèmes sociaux [10]. Malgré le consensus qui s'accroît, la perspective de solution de problème n'entraîne pas moins de sérieuses difficultés. Les praticiens des politiques sociales et le public en général commencent à sentir l'inefficacité de cette perspective. Permettez-moi de résumer brièvement ici les critiques abondantes qui ont déjà été faites ailleurs.

Les problèmes ne sont pas des données. Ils sont construits par l'homme dans un effort pour donner un sens à des situations complexes et préoccupantes. Les façons de définir les problèmes évoluent en fonction des fluctuations du sens commun (par exemple, on avait tendance à définir le problème urbain comme de la «congestion» dans les années 50, comme de la «pauvreté» dans les années 60 et comme une «faillite fiscale» dans les années 70). Les nouvelles descriptions de problèmes ne découlent pas des solutions déjà apportées aux problèmes antérieurs, elles se développent de façon autonome à mesure que de nouvelles caractéristiques des situations deviennent évidentes. En effet, la solution des problèmes sociaux a souvent entraîné des conséquences non voulues, qu'on arrive ensuite à percevoir comme de nouveaux problèmes en soi (c'est ainsi que, dans le domaine du logement public, on en est venu à voir comme une concentration de pathologie sociale ce qui était conçu initialement comme une solution au problème de logement pour des gens subissant une pauvreté temporaire). Cette dynamique selon laquelle des solutions créent des problèmes non anticipés fait surgir un doute sur les principes mêmes de l'instrumentalisme. Nos efforts pour corriger des erreurs n'ont pas progressé vers des solutions relativement libres d'erreurs. Au contraire, l'évolution des cycles dans la formulation de problème et dans la solution des problèmes semble diverger. Les situations sociales auxquelles nous sommes confrontés se sont avérées beaucoup plus complexes que nous ne le supposions, et dans le

---

10. Pour connaître ceux qui ont adopté une telle vision, et pour une critique de cette vision, on peut consulter G. Vickers (1973), M. Rein (1976) et D. A. Schön (1971).

domaine des politiques sociales la possibilité de faire des prédictions temporelles exactes, de créer des modèles qui convergent vers une description valable
de la réalité et de mener à terme des expérimentations qui apportent des
résultats non ambigus est de plus en plus remise en question. De plus, les
problèmes inattendus créés par notre recherche de moyens appropriés pour
atteindre les fins choisies révèlent (comme dans le cas des politiques de la santé
et de l'aide sociale) un conflit persistant entre les fins visées; conflit que l'on
peut relier à la formulation de problème elle-même. Ainsi, dans le domaine des
politiques sociales, il est devenu clair que nous ne devrions plus éviter la
question de la formulation de problème.

Dès lors, comment se posent les problèmes sociaux?

Le domaine de l'habitation urbaine est tout à fait approprié à la poursuite
de cette discussion. Dans les 30 ou 40 dernières années, les gens ont raconté
certaines histoires très différentes à ce sujet, et il y a eu quelques changements
radicaux au niveau du sens commun, dans la façon de voir ce problème. Nous
nous arrêterons à deux de ces histoires, chacune d'elle proposant une façon de
voir ce qui ne va pas et ce qui doit être corrigé [11].

Détérioration et renouveau

La première histoire date des années 50. Elle est tirée de l'avis du juge Douglas
sur la constitutionnalité du programme fédéral pour le renouveau urbain dans le
district de Columbia.

---

11. Pour une étude plus approfondie de cette utilisation de l'« histoire », voir M. REIN et
D. A. SCHÖN (1977). Ici, je signalerai seulement que, dans mon utilisation,
l'« histoire » ne connote pas nécessairement une narration du genre « Il était une fois,,, »
Cependant c'est une narration d'un certain phénomène, un compte rendu dans lequel
la séquence temporelle est centrale. Les histoires explicatives sont celles dans
lesquelles l'auteur, visant à rendre compte d'un certain phénomène intrigant,
raconte une séquence d'événements temporels dans laquelle, partant d'un certain
ensemble de conditions initiales, les événements se déroulent de façon à conduire au
phénomène en question et à le produire. Une histoire diagnostique-prescriptive
donne un compte rendu explicatif et narratif d'un certain phénomène en montrant ce
qui ne va pas dans ce phénomène et ce qui doit être corrigé.
Le juge Douglas, dans l'exemple qui suit, raconte une histoire diagnostique-
prescriptive au sujet des quartiers urbains, une histoire encadrée par les notions de
« détérioration » et de « renouveau ». Si le juge Douglas voulait décrire un quartier
urbain actuel, je suppose que les choses qu'il dirait à son sujet — les choses qu'il
observerait, les traits auxquels il choisirait de s'attarder, ses façons de regrouper et
de relier les phénomènes — refléteraient toute l'histoire de base qu'il avait appris à
raconter au sujet de cette sorte de quartier.

Les experts ont conclu que si on visait la santé de la communauté, si on voulait prévenir que cette communauté ne redevienne une zone détériorée ou une zone de taudis, comme si elle était atteinte d'une maladie congénitale, la zone devait faire l'objet d'une planification globale. Il ne suffisait pas, croyaient-ils, d'éliminer les édifices existants qui n'étaient pas sanitaires ou qui étaient laids. Il était important de replanifier toute la zone de façon à éliminer les conditions qui étaient à l'origine des taudis : la surpopulation des logements, le manque de parcs, le manque de rues et d'allées adéquates, l'absence d'aires de jeux, le manque de lumière et d'air, une configuration des rues démodée. On croyait que l'approche à la pièce, la destruction de structures particulières choquantes, ne serait qu'un palliatif. La zone entière devait être redessinée, de façon à dresser pour le secteur un plan balancé et intégré incluant non seulement de nouvelles demeures, mais aussi des écoles, des églises, des parcs, des rues et des centres commerciaux. De cette façon on espérait que le cycle de détérioration du quartier serait contrôlé, et que l'on préviendrait l'apparition de futurs taudis [12].

Dans cette histoire, la communauté elle-même est un des principaux personnages ; le planificateur, ou l'expert, en est un autre. La communauté, jadis prospère, s'était détériorée, elle était devenue malade. Le planificateur, l'observant dans sa condition décadente, entretient la vision d'une communauté redevenue saine, avec de « nouvelles demeures, [...] des écoles, des églises, des parcs, des rues et des centres commerciaux ». Mais ceci n'est réalisable qu'à la condition de replanifier l'ensemble du quartier, selon un plan balancé et intégré. Autrement le quartier va « redevenir une zone [...] de taudis, comme si elle était atteinte d'une maladie congénitale ».

Le quartier défavorisé en tant que communauté naturelle

Selon la seconde histoire, les lieux appelés quartiers défavorisés ne sont pas tous semblables. Certains d'entre eux sont, en effet, décadents et appauvris, victimes de cycles de décadence exacerbés par les politiques fédérales de « ghetto » et de « renouveau urbain ». D'autres, comme le West End et le North End à Boston, ou le East Village à New York, sont des véritables quartiers à faibles revenus qui offrent à leurs habitants les services formels et les soutiens informels qui suscitent des sentiments de confort et d'appartenance. La tâche n'est pas de replanifier et de reconstruire ces quartiers, encore moins de détruire des édifices et de déloger les habitants, mais de les soutenir et de les réhabiliter, utilisant les forces déjà présentes en eux pour qu'ils se sortent de la « décadence ».

Cette histoire ressort du résumé que Gleicher et Fried (1967) ont fait de leur recherche sur les habitants du West End.

---

12. Cité dans J. BELLUSH et M. HAUSKNECHT (1967), p. 62.

En résumé, donc, nous observons qu'un certain nombre de facteurs contribuent à l'importance spéciale que le West End représentait pour la grande majorité de ses habitants :

[...] Le séjour dans le West End était très stable, avec très peu de déménagements d'une demeure à une autre et avec un minimum d'entrées et de sorties dans le quartier. Bien que la stabilité résidentielle soit un élément important en soi, elle ne rend pas complètement compte de l'engagement face au quartier.

[...] Pour la grande majorité des gens, le quartier immédiat était un foyer de sentiments positifs très forts et il était perçu comme un chez-soi, probablement avec toutes les connotations de cette expression. La signification vitale d'appartenir à un quartier ou d'y être à sa place a été une des données les plus consistantes dans les communautés de travailleurs tant aux États-Unis qu'en Angleterre.

[...] Le réseau d'interactions sociales était d'une grande importance dans le West End. Nul doute que, pour un grand nombre de personnes, le quartier immédiat [...] servait de lieu pour les relations sociales [...]. À cet égard, la communauté défavorisée urbaine a beaucoup en commun avec les communautés que l'on rencontre si fréquemment dans les cultures populaires.

[...] Ces observations nous amènent à nous questionner sur les effets du renouveau urbain : jusqu'à quel point apporte-t-il un soulagement dans une situation de stress ou jusqu'à quel point crée-t-il de plus amples dommages ? Si le quartier immédiat et la tendance à s'y attacher est au cœur de l'organisation sociale et de l'intégration d'une large proportion de la classe travaillante et si, comme le suggèrent les théories béhavioristes actuelles, organisation sociale et intégration sont les facteurs clés d'un fonctionnement social adéquat, quelles sont les conséquences de déloger les gens de leur quartier ? Même en présumant de grandes possibilités d'adaptation chez les gens, en situation de crise, quel dommage plus profond peut se manifester au cours du processus (pp. 126-135) ?

Ces histoires sont puissantes ; puissantes dans le sens qu'elles ont façonné la conscience publique en matière de logement. Chacune, en son temps, a guidé la rédaction d'une législation, la création de politiques, la planification de programmes, la ferveur des planificateurs, l'allocation des fonds et le cheminement de l'évaluation. De plus, chacune a eu sa période d'hégémonie. L'*histoire de la détérioration et du renouveau* a marqué les politiques publiques dans les années 50 au moment où l'idée du renouveau urbain était à son apogée. Dans les années 60, l'*histoire de la communauté naturelle et de sa dislocation* exprimait les réactions négatives au renouveau urbain.

Chaque histoire suggère une perception très différente de la réalité et représente une manière spéciale de voir. D'une situation qui est vague, ambiguë et indéterminée (ou riche et complexe, selon le point de vue qu'on adopte), chaque histoire sélectionne et nomme différents aspects et différentes relations qui deviennent les éléments de l'histoire (ce dont il s'agit dans l'histoire) : dans la première, par exemple, «communauté», «détérioration», «santé», «renouveau», «cycle de décadence», «plan intégré»; dans la seconde, «chez-soi», «identité spatiale», «schémas d'interaction», «réseaux informels», «dislocation». Chaque histoire situe les traits qu'elle a choisis dans le cadre d'un contexte particulier, par exemple, celui de la détérioration et de la fin de la détérioration ou celui des communautés naturelles, menacées de dissolution, et de leur préservation.

Chaque histoire construit sa vision de la réalité sociale à travers deux processus complémentaires qui consistent à *nommer* et à *cadrer* les choses. L'attention est attirée de façon sélective vers des choses qui sont nommées de façon à convenir au cadre qui est construit pour cette situation. Ensemble, les deux processus construisent un problème à partir de la réalité vague et indéterminée que John Dewey (1938) nommait la «situation-problème». Ils fournissent les fonctions essentielles de la formulation de problème. Ils sélectionnent pour l'examen quelques traits saillants et quelques relations à partir de ce qui autrement serait une réalité éminemment complexe. Ils donnent à ces éléments une organisation cohérente et décrivent ce qui ne va pas dans la situation actuelle de façon à orienter les futures transformations. À travers les processus de nommer et de cadrer, les histoires réalisent ce que Rein et Schön (1977) ont appelé «le saut normatif entre les données de base et les recommandations, entre les faits et les valeurs, entre "ce qui est" et ce qui "devrait être"». Les histoires diagnostiques-prescriptives comme celles-ci se caractérisent par leur façon élégante de faire un tel saut normatif: le passage est gracieux, naturel et semble relever de l'évidence.

Comment ces fonctions opèrent-elles?

Dans nos deux histoires la métaphore générative sert à nommer la situation du logement urbain et à lui donner un cadre. Tout comme le pinceau était perçu, dans notre exemple précédent, comme une pompe, ici la situation du logement urbain est perçue d'abord comme une maladie qui doit être guérie, puis ensuite comme une menace de destruction d'une communauté naturelle que l'on doit protéger ou restaurer. Comme précédemment, le chercheur voit A et B; il utilise une description existante de B comme redescription d'emprunt pour A. Dans ce cas, cependant, la constellation d'idées associée avec B est normative de façon inhérente. Dans nos opinions sur la maladie et la communauté naturelle, il y a déjà une évaluation, un sens du bien qui doit être poursuivi et du mal qui doit être évité. Quand nous percevons A comme B, nous transportons sur A l'évaluation implicite de B.

Une fois que nous parvenons à percevoir un quartier défavorisé comme une zone détériorée, nous savons que la détérioration doit être supprimée (des édifices «malsains» et «laids» doivent être démolis) et le quartier doit retrouver son ancien état («replanifié» et «reconstruit»). Il s'agit d'une métaphore de maladie et de remède. De plus, le remède ne doit pas être un «simple palliatif»;

une vision particulière, holistique, de la médecine est impliquée dans cette métaphore. Il ne suffirait pas, selon les experts, d'enlever à la pièce les structures indésirables.

La zone entière devait être redessinée, de façon à dresser pour le secteur un plan balancé et intégré [...]. De cette façon on espérait que le cycle de détérioration du quartier serait contrôlé, et que l'on préviendrait l'apparition de futurs taudis[13].

Une prophylaxie adéquate exige un plan «intégré» et «balancé». Tout comme en médecine on doit traiter l'homme complet, de même on doit soigner toute la communauté.

Une fois que nous parvenons à percevoir un quartier défavorisé comme une «communauté naturelle» (la «communauté culturelle» de Gleicher et Fried [1967] ou le «village urbain» de Herbert Gans [1962]), ce qui ne va pas et ce qui doit être fait deviennent également clairs. Ce qui ne va pas c'est que la communauté naturelle, avec sa stabilité familiale et ses réseaux informels de soutien mutuel, est menacée de destruction — précisément en raison de la prophylaxie entreprise au nom du «renouveau urbain». Nous devrions y penser deux fois avant de «déloger les gens de leurs quartiers»; les «communautés naturelles» devraient être protégées.

Chacune de ces métaphores génératives tire sa force normative de certains buts et de certaines valeurs, de certaines images normatives, dont le pouvoir est bien établi dans notre culture. Nous avons en horreur la maladie et nous recherchons la santé. En effet, la culture populaire semble souvent identifier la bonne vie avec la vie saine et associer le progrès à l'élimination de la maladie (bien que nous devrions trouver matière à réflexion dans le fait que la «prophylaxie sociale» a exercé un attrait si fort dans les régimes fascistes — nommément, ceux de Staline, d'Hitler et des dictatures de la droite dans le tiers monde). Nous avons également une grande sympathie pour le *naturel* et une profonde méfiance pour l'*artificiel*. L'idée de Nature, avec ses origines romantiques dans les écrits de Rousseau et ses racines plus profondes dans le panthéisme, exerce encore son attrait magique.

Une situation peut au début sembler complexe, incertaine et indéterminée. Si, par contre, nous parvenons un jour à la voir selon un dualisme normatif, tel que santé/maladie ou nature/artifice, nous saurons dès lors dans quelle direction nous orienter. De fait le diagnostic et la prescription sembleront évidents. Ce sens de l'évidence de ce qui ne va pas et de ce qui doit être restauré est la marque de la métaphore générative dans le champ des politiques sociales.

---

13. Cité dans J. BELLUSH et M. HAUSKNECHT (1967), p. 62.

Mais ce qui semble évident à l'esprit irréfléchi peut après réflexion apparaître totalement erroné. Quand la métaphore générative conduit à un sens de l'évidence, ses conséquences peuvent être tout aussi bien négatives que positives. Dans l'exemple du pinceau-pompe, nous soulignions la contribution positive de la métaphore générative aux explications et aux inventions; mais quand nous voyons A comme B, nous ne saisissons pas nécessairement A mieux qu'avant, bien que nous comprenions cet objet différemment. La qualité de notre compréhension de A a quelque chose à voir avec la qualité de notre compréhension de B au départ, quelque chose à voir avec le fait que les manières de voir A et B nous amènent à restructurer notre perception de A, et quelque chose à voir avec le processus de développement par lequel nous passons d'une détection préanalytique de la similarité entre A et B à la construction d'un modèle dont A et B (redécrits) deviennent des illustrations. À n'importe quelle étape du cycle de vie de la métaphore générative, nous pourrions, en percevant A comme B, ignorer ou déformer ce qu'après réflexion, nous pourrions prendre pour d'importants aspects de A. Nous devons donc devenir conscients des métaphores génératives qui donnent forme à nos perceptions des phénomènes. Nous devons pouvoir noter et décrire les différences autant que les ressemblances entre A et B.

Afin de dissoudre l'évidence du diagnostic et de la prescription dans le champ des politiques sociales, il nous faut devenir conscients des métaphores génératives qui sous-tendent nos histoires de formulation de problème pour y porter attention [14]. Toutefois cela n'est pas aussi facile qu'il y paraît, car les métaphores génératives sont ordinairement tacites. Souvent nous sommes inconscients des métaphores qui donnent forme à notre perception et à notre compréhension des situations sociales.

La présence de plusieurs histoires différentes et conflictuelles au sujet d'une même situation peut nous aider à porter attention aux métaphores génératives implicites. Comme dans le film japonais *Rashomon*, on est susceptible d'être intrigué, troublé et invité à la réflexion par les récits de plusieurs histoires différentes au sujet de la même situation, lorsque chaque histoire a une cohérence interne et est en elle-même convaincante bien que différente, voire incompatible avec toutes

---

14. Il est utile de signaler ici que, bien que je croie que toutes les histoires visant la formulation de problème ont des cadres qui permettent à leurs auteurs de sélectionner les aspects à considérer, il n'est pas nécessairement vrai que tous ces cadres sont de nature métaphorique. Les cadres de santé/maladie et nature/artifice *sont* des métaphores génératives pour les deux histoires que nous étudions ici. Mais plusieurs histoires reliées à la formulation de problème sont déterminées, par exemple, par la notion d'«inadéquation entre les services et les besoins», et ceci n'est pas un exemple aussi évident de métaphore générative.

les autres. Cette multiplicité d'histoires contradictoires à partir d'une même situation rend frappant le fait que nous n'avons pas affaire avec la *réalité*, mais avec des moyens variés de donner un sens à la réalité. Ensuite, nous pourrions prendre en considération les histoires elles-mêmes.

Pour amener les métaphores génératives au niveau de la conscience réfléchie et critique, nous devons les construire à partir des données contenues dans les histoires que nous racontons lors de la formulation de problème en procédant à une sorte de critique littéraire analytique des politiques. De fait, c'est grâce aux histoires racontées que nous pouvons le mieux découvrir nos cadres de référence et les métaphores génératives qu'ils contiennent implicitement.

Dans ce processus, il est important de distinguer entre ce que l'on pourrait appeler les métaphores de *surface* et les métaphores *profondes*. Le langage dans lequel l'histoire est racontée peut, comme dans les deux cas que nous avons considérés, offrir des indices qui conduisent aux métaphores génératives qui guident la formulation de problème. Le juge Douglas, par exemple, fait une référence explicite à la santé et à la maladie. Mais le langage de surface de l'histoire *n'a pas* à contenir les mots «santé» et «maladie», même lorsque la métaphore santé/maladie est bien celle qui sous-tend l'histoire en question. La métaphore profonde, en ce sens, est la métaphore qui souligne des aspects centraux et importants de l'histoire — c'est la clé pour comprendre que l'on a sélectionné certains éléments et omis certains autres ; que l'on considère comme vraies certaines affirmations pourtant contredites par des faits ; et, plus spécialement, que les conclusions normatives semblent découler si naturellement des faits. À partir d'une histoire de formulation de problème, nous devons construire la métaphore profonde qui la génère. En faisant une telle construction, nous interprétons l'histoire, nous lui donnons une «lecture», dans un sens très similaire à celui qui est employé dans la critique littéraire. Et notre interprétation est dans une très large mesure vérifiable à partir des éléments de l'histoire.

Une fois que nous avons construit une métaphore générative, une fois que nous avons conclu que, dans cette histoire, nous voyons A comme B, nous pouvons ensuite explorer et réfléchir sur les similarités et les différences entre A et B. Ce faisant, nous puisons dans un répertoire de moyens additionnels pour percevoir et comprendre à la fois A et B. Ainsi, quand on nous présente les deux histoires de logement, on pourrait poser les questions suivantes :

– Qu'est-ce que cela signifie de dire d'un quartier qu'il est détérioré lorsque la détérioration de l'un est la communauté culturelle de l'autre ? Ce que l'un peut voir comme «malsain» et «laid», l'autre peut le voir comme confortable, familial, ou encore pittoresque. À partir de quel critère de «maladie», alors, est-ce approprié de dire que le North End de Boston est malade ?

– Qu'est-ce qui fait croire que des communautés comme celles du North End et du West End de Boston sont «naturelles», alors que le remplacement du vieux

West End est décrit comme « artificiel » ? Les deux sont le produit de l'homme et les deux impliquent des réseaux sociaux d'interactions humaines. De plus, le déplacement de l'immigrant hors de la « communauté naturelle » peut dans certains cas (comme Gleicher et Fried [1967] l'ont suggéré) contribuer activement à l'atteinte d'une plus grande autonomie et à l'intégration dans une communauté différente. Dans quelles conditions, alors, le déplacement est-il nocif ?

Ce genre de questions attire l'attention sur ce qui est métaphorique dans les métaphores génératives. C'est justement parce que les quartiers ne sont pas littéralement malades que l'on peut les *voir comme* malades. C'est parce que les communautés urbaines ne sont pas littéralement naturelles que l'on peut les *voir comme* naturelles. Lorsque, dans ces exemples de *voir-comme,* nous appliquons à des quartiers urbains les concepts familiers de maladie/santé et d'artifice/nature, nous découvrons et nous construisons, dans le contexte de ces quartiers (tels qu'ils sont, tels qu'ils ont été et tels qu'ils pourraient devenir), des caractéristiques et des relations organisées et évaluées comme elles le sont dans les contextes familiers de la santé et de la maladie, du naturel et de l'artificiel. Dans cette opération de *voir-comme,* nous construisons ce qui ne va pas et ce qui doit être corrigé.

Mais quand nous interprétons nos histoires de formulation de problème en vue de rendre conscientes et de soumettre à la réflexion leurs métaphores génératives, nos diagnostics et nos prescriptions cessent alors d'apparaître comme évidents. Nous nous retrouvons en pleine recherche critique. Nous nous apercevons des différences autant que des similitudes entre la nouvelle situation-problème et la situation familière dont la description a été attribuée à la nouvelle. Le glissement des faits aux recommandations a perdu son élégance et son évidence. Porter attention à la métaphore générative devient alors un instrument de réflexion critique que l'on peut appliquer à la construction des problèmes de politiques sociales.

Conscience du cadre de référence, conflits de cadres et recadrage

Tout ce qui précède conduit à la conclusion que la formulation de problème a de l'importance. Les façons de formuler les problèmes sociaux déterminent à la fois les sortes de buts et les valeurs que nous recherchons ainsi que les directions dans lesquelles nous cherchons des solutions. Contrairement à ce que l'on admet dans une perspective de solution de problème, les problèmes ne sont pas des données de base ; ils ne sont pas non plus réductibles à des choix arbitraires hors d'atteinte de la critique. Nous organisons les problèmes sociaux à travers les histoires que nous racontons — histoires dont le potentiel de formulation de problème découle, au moins dans certains cas, de leurs métaphores génératives.

En conséquence, nous devrions devenir conscients de nos façons d'organiser les problèmes sociaux. Nous devrions réfléchir aux processus de la formulation de problème qui le plus souvent demeurent tacites. Nous pourrions ainsi choisir consciemment et critiquer les cadres de référence qui donnent forme à nos réponses.

Mais que nous apportera la conscience du cadre de référence? On peut s'attendre à ce qu'elle nous confronte précisément et explicitement aux conflits entre les différents cadres de référence. En devenant conscients que nos débats de politiques sociales reflètent des histoires multiples et conflictuelles au sujet des phénomènes sociaux — histoires qui contiennent différentes métaphores génératives, différents cadres pour donner un sens à l'expérience, différentes significations et différentes valeurs —, nous devons en même temps conscients que les conflits de cadres de référence ne sont pas des problèmes eux-mêmes. Ils ne se prêtent pas au processus de solution de problème, dans le sens décrit plus tôt, parce que les conflits de cadres ne sont souvent pas solubles par un recours aux faits. Dans le cas des deux histoires de logement, par exemple, les adversaires ne sont pas en désaccord sur les faits; ils ne font que porter leur attention sur des faits *différents*. De plus, quand on s'est engagé dans la logique d'un cadre de référence, il est presque toujours possible de rejeter des faits, de mettre en question les données (habituellement vagues de toute façon), ou d'aménager sa propre histoire de façon à tenir compte de nouvelles données sans modifier fondamentalement cette histoire.

Construire et vérifier des modèles par la méthode d'enchaînement de séquences convergentes ne peut résoudre les conflits entre les cadres de référence, car ceux-ci s'arrêtent à différents aspects de la réalité et peuvent assimiler de nouvelles versions des faits.

J'ai soutenu ailleurs (Rein et Schön, 1974, 1977) que, dans les débats de politiques sociales, les conflits de cadres de référence prennent souvent l'allure de dilemmes — c'est-à-dire qu'aucun choix disponible n'est un bon choix, parce que nous sommes pris dans un conflit de *finalités* sans commune mesure. Les fins sont incommensurables parce qu'elles sont incorporées dans des cadres de référence conflictuels qui nous amènent à donner aux situations des significations incompatibles.

Quelles sont alors les réponses possibles face aux conflits de cadres de référence et face aux dilemmes? Cette question est de la plus haute importance pour nous, non seulement à cause de l'importance inhérente aux dilemmes de politiques eux-mêmes, mais parce que souvent des dilemmes se traduisent socialement dans des divisions sociales qui sont elles-mêmes sources de tensions. Quand le conflit entre les cadres de référence prend la forme de divisions régionales, de divisions ethniques et de divisions de classes, il devient en lui-même un problème de politiques sociales d'un ordre supérieur.

Évidemment, la question n'est pas nouvelle et plusieurs chercheurs ont proposé des réponses — réponses qui peuvent prendre la forme du *relativisme*, ou d'un instrumentalisme étendu (qui résoudrait les dilemmes à l'aide de «correctifs» technologiques ou par l'application d'une analyse de compensations), ou d'un recours à des types de compétition institutionnalisée (l'isoloir, la table de négociation et le marché). Chacune de ces réponses me semble radicalement insatisfaisante. J'ai déjà discuté ce sujet ailleurs et je n'ai pas l'intention de me répéter ici. Ce que je veux souligner, c'est que chacune de ces réponses est présentée par ses partisans comme une solution de remplacement d'une certaine forme de questionnement. C'est parce que l'on croit impossible, ou irréaliste, de se questionner au sujet des finalités conflictuelles — de soumettre le conflit des cadres de référence à un questionnement partagé — que l'on conclut à la nécessité de gérer ces conflits irréductibles par de la compétition institutionnalisée.

J'aimerais poser ici une question à deux volets : «Le conflit entre les cadres de référence peut-il se prêter à un questionnement et, si oui, à quel genre de questionnement ?» C'est la question qui introduit le lien entre la création d'une métaphore générative et la solution de conflits entre les cadres de référence.

Nous questionnons, tout au moins à certaines occasions, les dilemmes et nous le faisons intuitivement d'une façon qui implique un travail cognitif, parfois entraîne la compréhension, et qui peut être soumise à une évaluation qualitative. Cependant, comme cette sorte de questionnement ne convient pas au modèle dominant, le processus de solution de problème, nous n'arrivons pas à la nommer. Nous risquons de nier notre capacité intuitive parce que nous n'arrivons pas à la décrire.

Dans cette sorte de questionnement — que j'appellerai recadrage — nous composons avec le conflit des cadres de référence en construisant une nouvelle histoire de formulation de problème, une histoire dans laquelle nous tentons de réunir les cadres conflictuels en incluant des aspects et des relations qui viennent d'histoires antérieures, tout en ne sacrifiant pas la cohérence interne ni le degré de simplicité requis pour l'action. Nous réussissons le mieux, je crois, dans le contexte de situations particulièrement riches en information, où plusieurs combinaisons de traits et de relations sont possibles, ce qui fait obstacle à notre tendance procustéenne de ne remarquer que ce qui entre d'emblée dans nos catégories toutes faites.

J'aimerais proposer un exemple de recadrage dans le domaine de la politique du logement, tiré cette fois de l'expérience des pays en voie de développement.

Les *quartiers squatter* sont des bidonvilles, regroupement de vastes populations, où les pauvres vivent dans des huttes qu'ils ont bâties eux-mêmes dans les villes les plus importantes des pays en voie de développement à travers le monde. Dans *Housing by People*, Turner (1976) estime qu'environ un tiers de la population de Caracas, la moitié de la population d'Ankara, entre un tiers et une demie de la population de Lusaka, en Zambie, et un tiers de la population de Manille, vivent dans des quartiers squatter. Des phénomènes aussi massifs peuvent difficilement passer inaperçus, mais ils sont vus et interprétés de façons fort différentes.

Pour les fonctionnaires des gouvernements municipaux et les agences de logement et pour plusieurs habitants aisés de ces villes, ces quartiers offensent la vue : masse de débris qui se sont accumulés par une action illégale, voire criminelle, par la violation des droits de propriété, des codes de logement et des lois de zonage. Les quartiers squatter sont, dans cette perspective, une détérioration du terrain, ils déparent la cité planifiée. En contrepartie, les complexes de logements publics sont faits de logements propres, standardisés et décents, construits en conformité avec des normes de construction sur des terres réservées aux logements à prix modique. Il est vrai que plusieurs personnes à faibles revenus ne peuvent s'offrir cette sorte de logement et qu'il y en a trop peu pour répondre à la demande. Mais, de toute façon, il y a dans les villes trop de gens pauvres qui auraient dû demeurer dans leurs villages.

Pour les partisans des quartiers squatter (comme Turner) les logements publics ne servent pas à ceux qui en ont le plus besoin et ils créent des environnements souvent très peu fonctionnels.

> Dans le cas du *superbloque* à Caracas [...] construit par le régime Perez Jiminez dans les années 60, si ce n'avait été du programme très coûteux de développement communautaire mis en œuvre après la chute du régime, peut-être que l'on aurait dû abattre les 115 édifices, monstres de 14 étages. Avant le développement d'une infrastructure communautaire adéquate, ils étaient devenus des lieux de batailles rangées entre des bandes armées qui avaient envahi les édifices et les unités blindées de l'armée. [... Ces cas] mettent en lumière les problèmes bien connus de gérance et d'entretien des grands complexes, structurellement bien faits, mais où tant d'habitants deviennent aliénés[15].

Au contraire, les constructions spontanées, dans le contexte des quartiers squatter, assurent un environnement propice à la cordialité, à la communauté et à la viabilité économique.

> Grâce à son lieu de résidence sans loyer, la famille a un léger surplus en réserve pour un déménagement éventuel, peut-être pour l'achat d'un lopin de terre où construire sa propre demeure permanente. La famille paie sa part des services [...]. La hutte n'est pas l'extrême privation, aussi longtemps que le toit ne coule pas —

---

15. J. F. C. TURNER (1976), p. 59.

ce qui est rendu possible grâce à l'utilisation du plastique et autres matériaux récupérés du dépotoir. Réunie par l'utilisation d'une cour arrière fermée et privée, la famille a amplement d'espace personnel pour sa vie domestique [16].

Il est vrai que les quartiers squatter sont parfois des lieux de malnutrition, de conditions non sanitaires, propices à la maladie. Mais ce sont là des limites d'un système par ailleurs naturel, gouverné par les utilisateurs, système qui satisfait les besoins réels de ses habitants beaucoup mieux que le logement public créé par des programmes gouvernementaux formels.

Les deux façons de voir les quartiers squatter sont comparables aux perspectives des partisans et des adversaires du «renouveau urbain» aux États-Unis, et il n'est pas difficile de détecter leur ressemblance avec nos histoires courantes sur le logement. D'un côté, il y a une détérioration et le besoin de l'éliminer en replanifiant des surfaces entières de façon harmonieuse. De l'autre côté, il y a des communautés naturelles qui procurent à leurs membres le soutien informel, la stabilité et un sentiment de chez-soi. D'un côté, il y a une croyance dans l'efficacité des services formels, de l'expertise professionnelle, des programmes gouvernementaux administrés par de larges bureaucraties. De l'autre, il y a la méfiance à l'endroit des services formels, professionnels et bureaucratisés et une croyance dans les pratiques informelles et les réseaux informels des gens qui créent des communautés et contrôlent l'environnement à partir de leurs propres initiatives.

Considérées simultanément, ces vues opposées évoquent un certain nombre de dilemmes politiques. Comment peut-on à la fois protéger les droits de propriété, maintenir des normes de construction, maintenir des normes sanitaires et garder les coûts globaux à l'intérieur de certaines limites, et en même temps assurer des services de logement à ceux qui en ont besoin, permettre aux gens de s'abriter à des prix qu'ils peuvent payer, répondre aux besoins changeants et aux dimensions changeantes des familles et laisser l'initiative et le contrôle aux mains des utilisateurs ?

Est-il possible de réconcilier ces cadres de référence contradictoires ?

Au cours des quelque quinze dernières années, un mouvement s'est développé pour essayer d'y parvenir. La devise du programme issu de cet effort est «sites et services». Dans certaines villes (Lima, au Pérou, par exemple), certaines personnes se sont demandé comment l'action gouvernementale pourrait appuyer, plutôt que détruire, les quartiers squatter. Confrontés aux échecs des programmes de logement public et à la persistance des invasions squatter, les fonctionnaires du gouvernement et leurs conseillers ont exploré la possibilité d'une sorte de mélange de soutien formel et d'action informelle, d'investissement gouvernemental et d'initiative des utilisateurs.

---

16. J. F. C. Turner et R. Fichter (1972), pp. 241-242.

Turner décrit une de ces aventures :

> À l'intérieur de la *barriada* de Huascarán se trouvait une surface assez grande pour quelque vingt logements unifamiliaux. L'association du quartier l'avait acquise et elle désirait la distribuer à des familles membres qui, faute d'avoir leurs propres lots, vivaient entassées chez des parents ou des amis du quartier. Quand l'association fit appel à notre agence pour obtenir des fonds et de l'assistance technique, Marcial et moi-même avons suggéré au responsable en chef [...] que l'agence pourrait simplement prêter l'argent aux bénéficiaires des lots et les laisser s'organiser avec une supervision minimale [...]. La procédure était extrêmement simple. L'association locale alloua des lots aux familles sérieuses qui n'avaient aucune autre propriété urbaine et qui s'engagèrent à bâtir le nombre minimum d'unités spécifié dans les six mois suivant la réception du premier d'une série de cinq versements. Les bénéficiaires locaux s'imposèrent aussi de repayer la dette dans une période de quinze ans, selon des taux d'intérêt avantageux et subventionnés. Si la propriété devait être transférée, la dette serait aussi transférée [...]. Une nouvelle demeure [...] serait [...] construite à un coût beaucoup moins élevé pour le public que celles construites par des entrepreneurs commerciaux [...]. Les prêts dans leur ensemble étaient faibles, juste suffisants pour couvrir les matériaux et le travail spécialisé (briqueteur, poseur de toit, électricien, plombier) [17].

Dans d'autres projets, plus vastes, l'agence gouvernementale procura plus que des prêts à faibles taux d'intérêt :

> Dans un des développements majeurs, sur un site assigné par le gouvernement central, plus de 100 000 habitants reçurent des rues nivelées, l'énergie électrique et l'éclairage et des voies centrales d'eau conduisant à des pompes publiques dans les premiers stades de l'implantation, tout cela en consultation avec l'association des colons qui constitua un gouvernement provisoire local efficace. Les coûts d'installations aussi simples et de base peuvent généralement être supportés soit par les habitants eux-mêmes, soit par le gouvernement — ou par une combinaison de subsides publics et de contributions locales [18].

Un tel programme émerge d'une coordination complexe des deux perspectives prises par les fonctionnaires municipaux et par les partisans des quartiers squatter. Le comportement des squatters n'est perçu ni comme criminel ni comme de l'autosuffisance, mais comme de l'initiative qui peut à la fois être encouragée et contrôlée à l'intérieur des limites d'un programme gouvernemental. Les colons en tant qu'individus ne sont perçus ni comme des bénéficiaires passifs de services gouvernementaux ni comme des violateurs indépendants des normes gouvernementales, mais comme les participants responsables auxquels on peut faire confiance à la fois pour rembourser les prêts et pour éviter de se faire jouer à l'achat des matériaux. En effet, Turner rapporte que :

---

17. *Id. ibid.*, p. 140.
18. J. F. C. TURNER (1976), p. 157.

[...] Les participants de l'entreprise de Huascarán avaient obtenu leurs briques avec très peu ou pas de délai. Un autre participant, un camionneur, se chargea des livraisons. Un d'entre eux avait un frère travaillant dans une briqueterie ; il négocia un si bon marché avec son employeur que les participants de l'entreprise parvinrent à obtenir un prix inférieur de 5 % par rapport au prix du programme d'emprunt de matériaux [19].

Le jeu de la compétition qui caractérisait autrefois les rapports avec les fonctionnaires municipaux — jeu au cours duquel les fonctionnaires cherchaient à contrôler et punir les infractions, alors que les squatters cherchaient à échapper au contrôle — fait place à un jeu de collaboration dans lequel les fonctionnaires et les habitants sont tous les deux gagnants lorsque les maisons sont construites et les prêts remboursés [20]. L'éventail des choix ne se limite plus aux interventions formelles du gouvernement, comme le logement public, ou celui des réseaux informels qui se développent dans les quartiers squatter. Plutôt, une nouvelle question est soulevée : par quels moyens les interventions formelles du gouvernement pourraient-elles appuyer le système de soutien informel qui se développe dans les quartiers squatter ? La nouvelle question mène à un recadrage des rôles des différents partenaires. Le gouvernement

---

19. J. F. C. Turner et R. Fichter (1972), p. 142.
20. Max Wertheimer (1959) donne un très bel exemple de l'invention d'un nouveau jeu qui convertit la compétition en collaboration : il regardait deux garçons jouer au badminton, l'un d'entre eux étant très supérieur à l'autre. Au fur et à mesure que le jeu progressait, chacun cherchant à gagner, le garçon plus âgé gagnait facilement, le plus jeune jouait de plus en plus mal, jusqu'à ce qu'un des garçons propose un nouveau jeu dont l'objectif serait de garder le volant en l'air le plus longtemps possible. Wertheimer rapporte que, dans le déroulement de *celui-ci*, chacun devant travailler le mieux qu'il pouvait, les efforts du garçon le plus vieux étaient complémentaires de ceux du plus jeune. Les deux commencèrent à apprécier le jeu, et le jeu du plus jeune s'améliora.
Ce ne sont pas tous les recadrages qui permettent de convertir des jeux de compétition en jeux de collaboration, cependant. Wilson (1975) signale le conflit fondamental, dans les politiques de justice criminelle, entre la punition et la réhabilitation. Mais il le considère par rapport à la difficulté de tirer des conclusions d'approches expérimentales dans le traitement des criminels. Après un examen des faits, il prétend que nous ne connaissons rien au sujet de l'efficacité comparée des programmes de probation, d'incarcération et d'assistance communautaire. Il trouve non seulement que nous n'en savons rien, mais que, à cause de la nature même du cas, nous ne pouvons rien en savoir. À partir de cette conclusion, il s'oriente non pas vers une position de relativisme ou de fatalisme, mais vers un recadrage du problème. L'accent devrait porter sur des variables que nous pouvons connaître, tels la cohérence des sentences et les coûts comparés du traitement. En bref, il prétend que, parce que nous ne pouvons savoir ce que nous avons besoin de savoir pour faire les choix de politiques que nous avons formulés, nous devons recadrer les choix de politiques de manière à les faire dépendre de ce que nous pouvons savoir.

assure l'infrastructure à grande échelle et les prêts de construction, alors que chaque famille squatter construit sa propre demeure, et les associations locales organisent les processus d'approvisionnement et de distribution des ressources. Pour ce qui est du rôle de la grande industrie :

> Nous proposons que les grandes organisations aient peu ou pas affaire avec la construction ou l'aménagement des environnements résidentiels. Elles doivent plutôt s'occuper surtout d'installer l'infrastructure et de manufacturer puis de fournir les outils et les matériaux que les gens et leurs propres petites entreprises peuvent utiliser localement. La discussion est entièrement ouverte concernant l'étendue de la contribution des administrations centrales au sujet des aspects spécifiques de l'infrastructure [21].

« Sites et services » est devenue en elle-même une idée de bon aloi. La Banque mondiale, par exemple, a désormais établi plusieurs prêts dans plusieurs parties du monde en voie de développement pour des programmes de sites et services. La question n'est pas que « sites et services » soit une panacée pour le problème du logement dans les pays en voie de développement, ou mieux pour les problèmes que posent les quartiers squatter. Comme on aurait pu le prédire, à mesure que le programme a pris de l'envergure, des difficultés de gérance et d'organisation sont apparues, qui étaient absentes ou peu présentes dans les premiers programmes exploratoires. Néanmoins, l'émergence de cette idée, née des perspectives conflictuelles associées au logement municipal et aux quartiers squatter, suggère comment les dilemmes de politiques sociales peuvent disparaître avec le recadrage.

On pourrait prétendre, évidemment, qu'un dilemme qui peut être résolu n'est pas vraiment un dilemme ! Mais ce que nous appelons un dilemme tient aux stratégies que nous avons pour décrire la situation-problème et les buts impliqués par cette situation. Nous ne pouvons connaître les buts que comme des descriptions. Si des buts conflictuels sont reformulés de telle sorte qu'ils ne sont plus en conflit, alors nous pouvons honnêtement affirmer que le dilemme a été résolu. Je n'appellerai pas « recadrage », cependant, le simple fait de retoucher une histoire de formulation de problème dans le seul but d'échapper au dilemme. Les gens répondent parfois à des dilemmes par une sorte de chirurgie, se limitant à ne plus tenir compte des valeurs qui entraient en conflit avec une formulation antérieure. Dans de tels cas, ils n'apprennent rien du dilemme si ce n'est qu'il rendait la vie difficile. L'exemple de sites et services, toutefois, me semble illustrer un processus très différent. Ici, deux façons différentes

---

21. J. F. C. Turner (1976), p. 129.

d'envisager le problème de logement sont rassemblées pour former une image qui les intègre ; c'est comme si, dans la figure familière dans le gestaltisme, on parvenait à trouver le moyen de voir en même temps le vase et les profils [22] !

C'est assez consistant de dire que, d'une part, nous parvenons parfois à produire de tels processus et que, d'autre part, nous sommes habituellement incapables de dire comment nous nous y sommes pris. Je crois que le processus de solution de problème nous aveugle sur les quelques rares exemples dans lesquels certains d'entre nous, à certains moments, s'engagent intuitivement dans le recadrage, et la coordination des cadres de référence conflictuels. Ainsi, nous perdons les quelques ressources à notre disposition pour apprendre comment produire de tels processus là où nous avons le plus désespérément besoin d'y parvenir. En commençant par une réflexion sur ces quelques rares processus intuitifs, nous devons parvenir à les comprendre complètement et explicitement.

C'est à ce point que le lien entre le recadrage et la création de la métaphore générative me semble être le plus critique. Sans doute, il ne serait pas étonnant, étant donné que nous formulons souvent les problèmes de politiques sociales à travers la métaphore générative, que le recadrage et la coordination ressemblent beaucoup à la création de métaphore générative... Nous pouvons explorer cette possibilité en comparant les deux exemples centraux de ce texte.

---

22. Les formes gestaltistes sont utilisées habituellement pour montrer comment la même forme peut être perçue de façons très différentes, incompatibles. Par exemple, dans la forme bien connue, représentée ci-après, certaines personnes voient les deux profils, d'autres le vase. Habituellement, on peut parvenir (après avoir appris ce qu'il y a à voir là) à passer rapidement d'une façon à l'autre de voir la forme. C'est inusité de trouver quelqu'un qui prétend pouvoir percevoir les deux en même temps. Cependant, on peut aussi y parvenir si on pense à la forme comme deux profils qui pressent leur nez sur le contour d'un vase ! C'est cette image intégrante (inventée par Seymour Papert) qui permet de réunir les deux façons de voir la forme.

Dans l'exemple du pinceau-pompe, nous commençons par une première façon de percevoir la situation (le pinceau, l'écart de rendement entre les deux pinceaux). Ensuite on nous propose de voir le pinceau comme une pompe. La figure 1 représente ce processus.

FIGURE 1

Création de la métaphore générative du pinceau-pompe

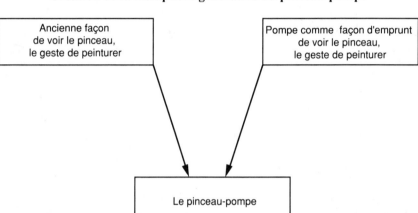

Dans l'exemple du logement, nous avons deux façons de voir les quartiers squatter (versions provenant des cadres de la « maladie » et de la « communauté naturelle ») soutenues par les personnes qui s'affrontent au sujet du sort des quartiers squatter. Le programme « sites et services » est une intégration de ces perspectives conflictuelles, intégration qui reflète un recadrage et une coordination des deux cadres. (Voir la figure 2.)

Ces deux cas sont assez symétriques. Dans les deux exemples, nous avons la construction d'une nouvelle description du phénomène, construction dans laquelle les deux descriptions antérieurement conflictuelles sont restructurées et coordonnées. Dans le cas du logement, toutefois, les deux descriptions sont initialement présentées comme des descriptions conflictuelles de la même chose ; dans l'exemple du pinceau-pompe, une description existante d'une chose est présentée comme une description d'emprunt pour une autre chose.

Dans les deux cas, il y a un contexte social dans lequel des individus s'engagent dans une sorte de demande réciproque d'information où ils recadrent le problème de leur situation-problème. En récapitulant et en comparant le travail cognitif impliqué par la création de la métaphore générative et par la restructuration et la coordination de cadres conflictuels, nous pouvons mesurer jusqu'à quel point ces deux processus présentent un air de famille.

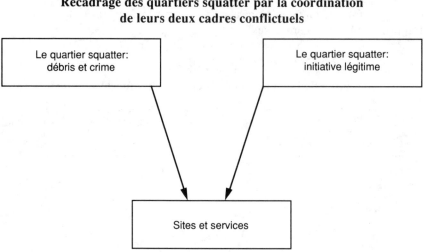

FIGURE 2
**Recadrage des quartiers squatter par la coordination
de leurs deux cadres conflictuels**

Les participants s'efforcent d'abord de faire se correspondre les deux descriptions différentes d'une situation, mais en vain. Les chercheurs ne peuvent tout d'abord relier l'un à l'autre les éléments du pinceau et de la pompe et les relations entre ces éléments; ils ne peuvent percevoir le pinceau comme une pompe. Les fonctionnaires municipaux au Pérou ne peuvent non plus superposer leurs descriptions des programmes gouvernementaux de logement, qui sont formels, aux activités spontanées des squatters; ils ne peuvent percevoir la colonie squatter comme un programme de logement. Pourtant, dans les deux cas, on a accès aux deux descriptions conflictuelles, et on fait des efforts pour considérer chacune dans le contexte de l'autre. Du moment qu'un des chercheurs dit: « Un pinceau est une sorte de pompe! », les autres essaient de découvrir comment il peut en être ainsi. Dans le contexte des colonies squatter, différents individus représentant des intérêts et des groupes sociaux différents s'opposent les uns aux autres sur la base de leurs descriptions différentes de la situation.

Dans chaque cas, le travail cognitif amène les participants à porter attention à de nouveaux aspects du phénomène et à de nouvelles relations entre ces aspects, à renommer, à regrouper et à réordonner ces aspects et ces relations. Au moment où les chercheurs explorent le pinceau à la lumière de la possibilité qu'il soit une sorte de pompe, ils s'attardent à de nouveaux traits du pinceau (les espaces entre les poils, par exemple); ils regroupent et réordonnent les caractères les uns par rapport aux autres (percevant la peinture comme un liquide qui s'écoule à travers les espaces entre les poils); et ils renomment les nouveaux groupements d'éléments (les poils deviennent les «parois» ou les «canaux»). Au moment où les partisans de l'initiative spontanée et les fonctionnaires municipaux recherchent la réponse appropriée au problème des quartiers squatter, certains d'entre eux commencent à regrouper des activités de logement qui avaient été isolées soit comme activités de logement public, soit comme celles des squatters. Ils décomposent maintenant le développement domiciliaire en activités d'achat et de distribution des matériaux, en construction de logements individuels, en tâches spécialisées et non spécialisées, en réalisation d'une infrastructure. Ils distinguent désormais trois sortes de groupes participant au processus du logement: des familles, des associations de colons et des agences municipales. Dans la description du nouveau programme, «sites et services», les éléments nouvellement nommés de l'activité de logement sont reliés à des éléments dans les nouveaux groupements de participants: les familles à la construction des demeures; les associations de colons, à l'achat et à la distribution de terrains et de matériaux; les agences municipales à la tâche d'assurer l'infrastructure. Les participants eux-mêmes sont aussi redécrits de façon à saisir leurs différents aspects et les différentes relations entre eux. Les colons ne sont plus les «parasites» ou de «passifs bénéficiaires de services», mais deviennent partie d'un contrat avec le gouvernement, dignes de confiance par rapport à une sage utilisation des fonds aux fins proposées. L'agence municipale, qui n'est plus un policier ou un pourvoyeur de logements, devient un prêteur et un constructeur de routes et d'égouts. Les deux parties ne sont plus reliées comme le dirigeant aux dirigés, mais comme des contractants. Et le programme de logement devient un mélange de services formels et informels.

Dans les deux cas, il est significatif que les participants sont engagés dans une situation particulière et concrète; au même moment où ils réfléchissent au problème, ils expérimentent les aspects matériels du problème. Dans le cas du pinceau-pompe, les chercheurs firent l'expérience d'utiliser concrètement le pinceau. Dans le cas du logement, les fonctionnaires municipaux étaient engagés avec les colons dans une *barriada* particulière. C'est comme si l'effort pour superposer l'une à l'autre des descriptions qui résistent tout d'abord à l'opération amène les participants à s'engager, en réalité ou en imagination, dans des situations concrètes qui sont riches en information.

Le travail cognitif de restructuration profite de la richesse des aspects et des relations que l'on peut trouver dans la situation concrète. Là, on peut percevoir la courbe douce du pinceau naturel et l'angle aigu du pinceau synthétique. On peut observer comment les colons s'y prennent pour acheter des briques, comment ils utilisent le camion du beau-frère de l'un d'entre eux pour les livrer. Ces nouvelles caractéristiques peuvent ensuite être incorporées dans les nouvelles descriptions des situations. On n'est pas limité aux caractéristiques retenues dans les schèmes de catégories avec lesquels on a commencé.

La richesse d'information des situations particulières pose une difficulté, toutefois. Bien que le chercheur ait suspendu les descriptions conflictuelles antérieures (il réfléchit actuellement à elles plutôt que de voir la situation en fonction d'elles), il n'est pas encore parvenu au recadrage qui l'aiderait à faire une nouvelle description. Dans cette étape intermédiaire, il a besoin d'un moyen de se représenter la particularité de la situation dans laquelle il est engagé — un moyen qui ne soit pas dominé par aucune des deux descriptions avec lesquelles il a commencé. À ce point-ci, raconter une histoire peut jouer un rôle important [23]. Le chercheur peut raconter l'histoire de son expérience de la situation (c'est-à-dire qu'il peut la raconter aux autres et à lui-même) et cela, avant qu'il n'ait construit une nouvelle description synthétique de la situation. Considérée en tant que stragérie pour représenter la situation, son histoire fixe la juxtaposition des événements dans le temps, le « après-après-après » de l'expérience temporelle. Cette stratégie de représentation permet au chercheur de traduire une grande part de la richesse contenue dans la situation sans être contraint par aucun des schèmes de catégories avec lesquels il commence. Le chercheur peut dire ce qu'il ressent quand il peint avec les deux pinceaux. Les fonctionnaires municipaux peuvent raconter l'histoire de leur réaction à l'association des colons. Plus tard, les chercheurs pourront construire de nouveaux modèles de la situation à partir des histoires qu'ils auront racontées. Leurs descriptions nouvelles et coordonnées pourront sélectionner des caractéristiques fixes que cette situation partage avec d'autres, comme dans le modèle des « pompoïdes » des chercheurs ou dans le modèle des « sites et services » des planificateurs. Mais au milieu du processus, quand les descriptions antérieures ont été suspendues et que les descriptions coordonnées ne sont pas encore développées, les chercheurs ont besoin de stratégies de représentation qui les aident à conserver et à traduire la richesse de leur expérience des événements eux-mêmes.

À partir de cet exposé, il est raisonnable de conclure, je crois, que le recadrage et la création d'une métaphore générative sont des processus intimement reliés. Dans les deux types de processus, les participants apportent dans une situation des façons différentes et conflictuelles de voir — des descriptions différentes et conflictuelles. Il y a un mouvement qui amène à superposer les descriptions les unes aux autres, mais les descriptions résistent à l'opération. Dans le contexte d'une situation particulière et concrète, les participants tra-

---

23. La narration d'une histoire est employée ici comme un cas particulier de l'utilisation de stratégies de représentation que Bamberger et moi-même avons appelées « figurales ». Dans D. A. SCHÖN et J. BAMBERGER (1976), nous avons démontré que les stratégies figurales, qui regroupent des caractéristiques sur la base de leur juxtaposition temporelle et/ou spatiale dans une situation, plutôt que sur la base de propriétés fixes qu'elles partagent, jouent un rôle critique dans plusieurs sortes de processus génératifs.

vaillent à restructurer leurs descriptions initiales — regrouper, réordonner et renommer les éléments et les relations entre eux, sélectionner de nouvelles caractéristiques et de nouvelles relations à partir de leur observation de la situation. Au fur et à mesure que ce travail avance, ils représentent leur expérience de la situation par des stratégies qui fixent le « après-après-après » de l'expérience temporelle des événements ; et, à partir de telles représentations, dont le fait de raconter une histoire est un exemple de choix, ils dégagent les groupements et les relations d'éléments qu'ils peuvent incorporer dans une nouvelle description synthétique.

Il est important aussi de noter ce qui *ne se produit pas*. Les anciennes descriptions ne sont pas reliées l'une à l'autre par une correspondance entre les éléments de l'une et l'autre description, car les anciennes descriptions résistent à de tels procédés. Plutôt, les descriptions *restructurées* sont coordonnées les unes aux autres, ce qui signifie que certaines paires d'éléments restructurés sont désormais assorties et d'autres juxtaposées, composantes d'éléments plus larges dans la nouvelle description. La nouvelle description n'est pas non plus un « compromis », une moyenne ou un équilibre des valeurs implicites dans les descriptions antérieures. On ne peut dire, par exemple, que l'opération « sites et services » est un équilibre obtenu entre les valeurs rattachées respectivement au *contrôle gouvernemental* et à l'*initiative des colons* ; la nouvelle description apporte plutôt un changement de signification de ces termes, et, en même temps, un changement dans la distribution des nouvelles fonctions de l'initiative et du contrôle. Finalement, on ne peut dire que les deux descriptions sont fusionnées, car la restructuration qu'elles subissent n'est pas caractérisée par le rapprochement d'éléments et le brouillage des frontières impliqués par la fusion.

Il y a une sorte de travail cognitif commun à l'intégration de cadres conflictuels et à la création d'une métaphore générative ; j'ai donné le nom de recadrage et coordination de cadres à ce processus commun. Nous trouvons des variantes de ce processus dans les recherches de formulation de problème qui sont au centre de l'activité technologique et des débats de politiques sociales. Nous parvenons parfois à produire de tels processus intuitivement, mais notre habileté à les décrire et à en tirer un modèle est sérieusement limitée. J'ai tenté seulement de décrire certains de leurs principaux éléments. Même à partir de ces maigres débuts, il est clair que le recadrage et la coordination de cadres diffèrent grandement des processus suggérés par des termes tels que « relevé des correspondances », « compromis » et « fusion ». L'étude du recadrage et de la coordination de cadres peut et doit être empiriquement fondée, en partant d'une description et d'une analyse prudente d'exemples particuliers de la recherche intuitive.

Deux ordres de questions me semblent avoir une importance capitale dans l'orientation de cette recherche. Tout d'abord, en ce qui concerne le fonctionnement du processus lui-même, nous avons besoin de bien meilleures descriptions des activités constitutives que j'ai appelées *recadrage* et *coordination*. On devrait porter une attention particulière aux fonctions qui consistent à renommer, à regrouper, à réordonner, à redéfinir les frontières, fonctions qui donnent toutes naissance à de nouvelles perceptions des éléments que nous appelons des choses et à de nouvelles perceptions de l'organisation figure/fond. Il sera important de se situer par rapport au processus qui nous permet de reconnaître des descriptions comme des descriptions plutôt que comme la « réalité », qui nous permet d'accueillir et de juxtaposer des descriptions conflictuelles. Il sera important d'examiner les fonctions de l'immersion dans l'expérience concrète des phénomènes de la situation, et d'explorer les stratégies de représentation qui nous permettent de capter la richesse expérientielle de la situation (sa « phénoménologie ») sans la forcer à l'intérieur de catégories formelles existantes. Et il sera important de s'interroger sur les processus par lesquels nous pouvons construire de nouveaux schèmes de catégories, de nouveaux modèles, à partir des histoires riches en information que nous racontons.

Dans tout ceci, nous devons nous demander ce qui est impliqué par l'apprentissage de ce genre de travail cognitif. Quels en sont les liens, d'un côté, avec la connaissance d'un domaine précis et, d'un autre côté, avec des compétences très générales pour utiliser le langage ? Comment le processus de recadrage et de coordination de cadres ressemble-t-il aux changements qui se produisent dans les stratégies de représentation au cours du développement cognitif et comment en diffère-t-il ?

Un second groupe de questions se réfère aux conditions favorables à la pratique du recadrage. Dans le contexte des dilemmes de politiques sociales, où nous avons le plus besoin d'apprendre comment réunir des cadres conflictuels, il est très improbable qu'une meilleure compréhension de ces processus puisse suffire à nous les faire produire. Au contraire, il est déjà remarquable que nous profitions si peu de nos capacités cognitives existantes dans des situations de difficultés et de stress. Quelles sont, alors, les configurations d'attitudes personnelles face à la recherche, de processus interpersonnels et de planification institutionnelle, qui peuvent mener à l'utilisation de nos compréhensions du recadrage ? (Pour une discussion de certaines de ces conditions, voir Schön et Argyris [1978].)

Ces deux pistes de recherche très différentes sont capitales pour l'amélioration de notre capacité de faire face aux dilemmes de politiques sociales. Si nous espérons arriver à coordonner leurs options, nous devons nous engager dans le processus lui-même que nous étudions.

Références bibliographiques

BEARDSLEY, M. C. (1967). «Metaphor», dans P. EDWARDS (sous la direction de), *Encyclopedia of Philosophy*, New York, Macmillan, tome 5.

BELLUSH, J. et HAUSKNECHT, M. (sous la direction de) (1967). *Urban Renewal : People, Politics and Planning*, Garden City, N.Y., Doubleday Anchor.

BLACK, M. (1962). «Metaphor», dans M. Black (sous la direction de), *Models and Metaphors*, Ithaca, N.Y., Cornell University Press.

BROWN, R. H. (1976). «Social Theory as Metaphor», *Theory and Society*, vol. 3, pp. 169-198.

CASSIRER, E. (1946). *Language and Myth*, New York, Dover.

DEWEY, J. (1938). *The Theory of Inquiry*, New York, H. Holt and Company.

GANS, H. (1962). *The Urban Villagers*, New York, Free Press.

GLEICHER, P. et FRIED, M. (1967). «Some Sources of Residential Satisfaction», dans J. BELLUSH et M. HAUSKNECHT (sous la direction de), *Urban Renewal : People, Politics and Planning*, Garden City, N. Y., Doubleday Anchor.

KUHN, T. (1970). «Reflections on my Critics», dans I. LAKATOS et A. MUSGRAVE (sous la direction de), *Criticism and The Growth of Knowledge*, Cambridge, Cambridge University Press.

NISBETT, R. E. (1969). *Social Change and History*, New York, Oxford University Press.

ORTONY, A. (sous la direction de) (1979). *Metaphor and Thought*, New York, Cambridge University Press.

REIN, M. (1976). *Social Science and Public Policy*, New York, Penguin.

REIN, M. et SCHÖN, D. A. (1974). «The Design Process», Cambridge, Mass., Massachusetts Institute of Technology. Texte ronéotypé.

REIN, M. et SCHÖN, D. A. (1977). «Problem-Setting in Policy Research», dans C. H. WEISS (sous la direction de), *Using Social Research in Public Policy Making*, Lexington, Mass., D. C. Heath.

RICŒUR, P. (1970). *Freud and Philosophy : An Essay in Interpretation*, New Haven, Conn., Yale University Press.

SCHÖN, D. A. (1963). *Displacement of Concepts*, New York, Humanities Press.

SCHÖN, D. A. (1971). *Beyond The Stable State*, New York, Random House.

SCHÖN, D. A. et ARGYRIS, C. (1978). *Organizational Learning : A Theory of Action Perspective*, Reading, Mass., Addison-Wesley.

SCHÖN, D. A. et BAMBERGER, J. (1976). « The Figural/Formal Transaction : A Parable of Generative Metaphor », Cambridge, Mass., Massachusetts Institute of Technology, Division for Study and Research in Education.

SEARLE, J. R. (1979). « Metaphor », dans A. ORTONY (sous la direction de), *Metaphor and Thought*, New York, Cambridge University Press, pp. 92-123.

SIMON, H. (1969). *The Science of Artificial*, Cambridge, Mass., MIT Press.

TURNER, J. F. C. (1976). *Housing by People*, New York, Pantheon Books.

TURNER, J. F. C. et FICHTER, R. (sous la direction de) (1972). *Freedom to Build*, New York, Macmillan.

VICKERS, G. (1973). *Making Institutions Work*, New York, Wiley.

WERTHEIMER, M. (1959). *On Producing Thinking*, New York, Harper and Row.

WILSON, J. Q. (1975). *In Thinking about Crime*, New York, Basic Books.

WITTGENSTEIN, L. (1953). *Philosophical Investigations*, New York, Macmillan.

14

Le futur préféré
Une méthode novatrice de changement planifié

Jean-Michel MASSE
Roger TESSIER

Les méthodes de changement planifié présentent toutes deux caractéristiques essentielles :

– elles ont recours à des *discussions démocratiques*, où s'expriment librement les opinions et les sentiments de tous les participants, dans la recherche d'un consensus, volontaire et libre ;

– elles adoptent une logique de *résolution rationnelle des problèmes*. Le processus de résolution des problèmes comporte au moins trois étapes : la *définition du problème*, le *choix d'une solution* (ou d'un objectif) ; la *planification des actions*. La plupart du temps ces trois étapes mènent à une quatrième : l'*implantation de la solution* (c'est-à-dire l'exécution des actions planifiées).

Le présent chapitre concerne la seconde caractéristique essentielle des méthodes de changement planifié, plus exactement sa qualité rationnelle. Il poursuit trois objectifs :

1) Faire ressortir l'*originalité* de la méthode du *futur préféré*. Après avoir décrit la méthode du futur préféré, ce texte propose la description d'une méthode analytique classique (Burke et Ellis, 1970), ce qui permet de cerner les différences sur lesquelles s'appuie cette originalité, particulièrement en ce qui a trait à la définition du problème, à l'établissement d'un objectif et à la planification de l'action.

2) Préciser à quelles *théories* des processus cognitifs pertinents (en particulier l'analyse et l'intuition), mais aussi à quelles théories psychosociales de l'éducation, par des méthodes de groupe et de planification du changement, font appel plus ou moins explicitement les diverses méthodes du changement planifié.

3) Évaluer comparativement les deux méthodes (analytique et intuitive) à partir de deux sources d'information. La première consiste en une recherche quantitative comparant deux devis d'animation, le premier conforme à un modèle classique de la résolution des problèmes, le second intégrant une méthode de futur préféré. La seconde source d'information provient de la pratique professionnelle de l'une et de l'autre méthode, dont témoignent certaines références de la documentation pertinente, mais également l'expérience passée de praticiens du changement planifié, les deux auteurs de ce chapitre.

L'originalité pratique du futur préféré

Comme le font observer Brandstatter (1982) ou Hare (1976), la majorité des modèles théoriques et des données de recherche qui portent sur les processus de prise de décision en groupe sont de peu d'utilité pour quiconque veut proposer un modèle de résolution rationnelle des problèmes en contexte de groupe. Cette faible pertinence tient au fait que ces recherches n'examinent que la toute fin du processus, le choix d'une solution parmi plusieurs possibilités. En effet, la recherche sur la prise de décision, pour obéir à des standards de simplification expérimentale très souvent, mais sans doute aussi pour des raisons plus profondes, qu'il n'est pas opportun d'examiner maintenant, s'en est tenue à donner comme tâches à ses groupes expérimentaux la résolution de problèmes semi-structurés où l'équipe devait s'entendre consensuellement sur une option parmi plusieurs. Le caractère structuré et artificiel de ces tâches expérimentales explique en grande partie la relative inutilité des résultats et le caractère trop partiel des modèles théoriques servis par cette approche. Même si cette recherche privilégie le modèle de Burke et Ellis (1970), on doit souligner la présence dans la documentation d'un grand nombre de modèles assez semblables (Beckhard, 1969 ; Bize, Goguelin et Carpentier, 1967 ; Eisen, 1969 ; Havelock, 1973 ; Kaufman et Stone, 1983). On peut ajouter « L'apprentissage des méthodes rationnelles de résolutions de problèmes » de Roger Tessier dans ce volume.

Le modèle de Burke et Ellis (1970) comporte trois étapes. La première étape, celle de la définition du problème, vise trois objectifs particuliers. Premièrement, une définition du problème claire et compréhensible ; laquelle définition doit être *aussi spécifique que possible*. C'est par la concertation entre les perceptions des participants à la discussion qu'on doit arriver à définir la situation-problème concernée par le processus. L'adéquation entre la définition et la situation requiert qu'on fasse référence à un nombre optimal d'exemples, d'incidents, matières premières des perceptions et des définitions mises en cause par cette première étape du processus.

Dans le modèle de Burke et Ellis, la seconde étape consiste essentiellement en l'obtention d'une décision consensuelle à propos d'un *objectif de changement*. Les participants et les participantes procèdent d'abord à une analyse des éléments à considérer dans la poursuite de cet objectif. Les facteurs favorables et défavorables sont analysés à l'aide de la méthode du champ de forces préconisée par Kurt Lewin. Le contenu positif des solutions (c'est-à-dire des actions tenant lieu d'objectif à favoriser au terme du processus), des éléments de solutions (moyens d'actions et autres) peut être traduit grâce à une méthode d'invention non structurée comme le *brainstorming*. Une fois produites plusieurs possibilités de solutions ou d'actions (et leurs champs de forces positives comme négatives), la discussion porte sur le choix d'une solution présentant la plus forte probabilité de succès compte tenu de l'objectif visé.

La troisième grande étape du processus consiste à planifier l'action requise par l'implantation de cette solution.

Il s'agit là, en somme, d'une attitude d'extrapolation au niveau de la définition du problème. La méthode implique également le choix d'un objectif présentant les caractéristiques suivantes. Cet objectif doit être clair et concret, et surtout *découler* de la définition du problème.

La méthode du futur préféré a été décrite par Lippitt et plusieurs de ses collaborateurs; nous reproduisons ci-après la description qui en est faite dans *The Humanized Future : Some New Images* par Fox, Lippitt et Schindler-Rainman (1976). La méthode du futur préféré comporte les étapes suivantes:

1) Dans cette méthode, contrairement aux méthodes analytiques, la *définition du problème* en reste à un mode impressionniste, tant au niveau du partage des perceptions des participantes et participants qu'à celui de l'organisation de ces perceptions en problématique. Cette étape est beaucoup plus courte que dans la méthode de Burke et Ellis (ou *a fortiori* celle de Schön, présentée dans ce volume), qui, elle, prévoit cinq sous-étapes de la définition du problème. La définition du ou des problèmes par des méthodes du type du futur préféré ressemble plus à une évocation et à une mise en train qui font référence à un ou des problèmes, et à certaines de leurs manifestations, en vue d'orienter les productions proactive des étapes qui suivent.

2) Lippitt et ses collaborateurs proposent aux membres de groupes de cinq ou six personnes un *voyage dans le temps* qui les place, par un saut prospectif, dans six mois, dans un an, dans deux ans, dans cinq ans. Le point de repère temporel étant à la discrétion des groupes ou de leurs animateurs et animatrices.

Exemple : «Dans deux ans, vous vous promenez en hélicoptère, qu'est-ce que vous voyez arriver dans votre région de travail qui témoigne d'un certain progrès qui vous plaît?»

3) Chaque groupe s'adonne à un *brainstorming* au temps présent des images qui sont vues ainsi par chacun. Une liste exhaustive (qui suspend le jugement critique) des images est faite au cours du *brainstorming*. Même les images répétées plusieurs fois sont notées plusieurs fois. Quand le rythme du *brainstorming* ralentit, l'animatrice ou l'animateur doit attendre : souvent les meilleures idées apparaissent après une telle accalmie. On fait la synthèse des images produites par chacun des sous-groupes de manière que tous les membres prennent conscience des productions de tous les groupes.

4) On choisit trois images privilégiées : elles définissent les conditions qu'on voudrait instaurer dans un avenir assez proche à l'intérieur de la situation où s'est produit le problème. On traduit ces images en énoncés de buts à atteindre.

5) On procède à l'analyse du champ de forces de chacune des trois images à l'origine des buts en distinguant bien les forces positives (*driving*) et les forces négatives (*restraining*). Il faut prendre bien soin de faire la liste de toutes les forces, aussi bien positives que négatives. On peut faire ensuite le bilan des forces négatives et positives pour chacun des trois buts envisagés.

6) À l'étape de la création d'actions possibles, on peut inventer des actions qui vont réduire les forces négatives les plus importantes, d'autres qui vont renforcer les principales forces positives. Encore ici un *brainstorming* peut servir à l'invention d'actions du premier comme du deuxième genre.

Une stratégie d'action peut également combiner les moyens qui correspondent aux forces les plus importantes et neutraliser certaines forces par des actions positives de force équivalente. Une stratégie peut aussi supprimer des forces négatives ou créer de nouvelles forces positives. Une stratégie d'action n'est pas constituée par une suite incohérente d'actions diverses : elle combine le plus économiquement possible diverses actions dont l'exécution concertée rend possible l'atteinte de l'objectif.

Cette procédure type connaît dans la documentation pertinente un certain nombre de variations significatives. À l'occasion, la personne individuelle, au lieu du groupe, sera le centre du processus d'invention d'un futur préféré. Certaines démarches de formation font précéder la mise en commun à l'intérieur de petits groupes par l'élaboration d'un futur préféré individuel.

Dans certains devis (plan) d'intervention, l'analyse des champs de forces porte surtout sur les avantages et les inconvénients liés au recours à certaines actions.

Il existe, bien sûr, des similitudes entre l'approche intuitive du futur préféré et l'approche d'extrapolation de la résolution rationnelle des problèmes à la Burke et Ellis. Ces deux méthodes se rejoignent à la dernière étape du processus, l'évaluation des forces positives et négatives à propos de changements souhaités et d'actions pour les instaurer. L'utilisation de la méthode du champ de forces est présente dans les deux cas, de même que le recours à des techniques de planification des actions assez semblables. Les deux méthodes sont employables à l'intérieur d'assez petits groupes comme de beaucoup plus grands ensembles (colloques, réunions, assemblées pouvant mobiliser jusqu'à cent personnes).

Par contre, la façon de procéder pour définir la situation-problème, ou encore pour déterminer l'objectif à atteindre, est fort différente dans l'une et l'autre des deux approches. En effet, dans celle de l'extrapolation, la définition du problème s'appuie sur une analyse logique, rigoureuse et systématique de la situation présente. Quant à la formulation de l'objectif à atteindre, elle doit nécessairement découler, dans un tel contexte, de l'analyse antérieure. Dans l'approche intuitive, la situation problématique est étudiée de manière beaucoup plus impressionniste. Les éléments insatisfaisants sont rapidement esquissés. On peut, au besoin, évoquer les causes principales derrière les manifestations des problèmes. Mais lorsqu'il s'agit de déterminer l'objectif à atteindre, la technique du futur préféré se substitue à une analyse fouillée de la situation-problème et ignore les causes des problèmes dans sa recherche de solutions (d'objectifs d'actions). Le lien entre le problème et l'action à entreprendre est gardé plus implicite, sinon complètement implicite, dans une méthode de type intuitif comme le futur préféré.

L'originalité théorique du futur préféré

La pratique du futur préféré est passablement répandue, moins sans doute que celle du processus classique de résolution de problème. Par contre, les écrits directement pertinents qui décrivent le futur préféré en le comparant à la résolution rationnelle des problèmes, et en établissant les fondements théoriques de l'une et de l'autre méthode, de même que leurs différences, de tels écrits sont plutôt rares et proviennent de trois sources.

1) Ronald Lippitt et ses collaborateurs ont publié quelques brochures où ils décrivent concrètement la méthode du futur préféré (*Futuring*) et proposent certaines explications théoriques.

2) Bize, Goguelin et Carpentier (1967) proposent une méthode de problémation prospective qu'ils distinguent d'une méthode d'extrapolation. Les raisons invoquées pour prétendre que la première méthode est plus créatrice ressemblent fort aux arguments du groupe de Ronald Lippitt.

3) Un psychothérapeute en thérapie brève (Melges, 1982) présente une interprétation de la psychopathologie qui accorde un poids important à la perception
du futur et préconise une stratégie thérapeutique par actualisation des images
du futur.

Comme tout apport à la théorie de l'intervention ou de la pratique, les
éléments théoriques contenus dans les textes précédemment cités imbriquent
des propositions fondamentales (exemple : envisager le futur stimule la créativité)
et des injonctions pratiques (exemple : ne cherchez pas les causes, imaginez le
futur). Les propositions fondamentales tantôt le sont au sens strict (exemple :
l'extrapolation implique la continuité du passé et du futur), tantôt sont de
l'ordre de la pratique théorisée (Sfez, 1981) (exemple : la recherche des causes
déprime les participants).

Les textes qui décrivent des méthodes de remplacement intuitives ou
prospectives (au sens de Bize *et al.* [1967] et non de la prospective scientifique,
qui est, en fait, une extrapolation) évoquent principalement trois paramètres
pour fonder les différences des devis *a priori*, comme des observations *a
posteriori* :

1) les méthodes prospectives suscitent une perspective temporelle différente ;

2) elles sollicitent des attitudes proactives plutôt que réactives ;

3) elles font appel à plus d'intuition et à moins d'analyse.

La perspective temporelle

Dans la méthode du futur préféré, une plus grande attention est accordée au
temps futur qu'au passé ou au présent. La tâche cruciale consiste à inventer et
imaginer des images concernant des buts situés dans un futur proche. Le choix
des buts doit résulter des traits que l'on peut anticiper de ce futur immédiat, de
son éventuelle évolution. On peut désirer et rêver certains futurs, mais il faut
demeurer capable de projeter des images de potentialités réalistes.

La principale différence entre une méthode prospective et une méthode
d'extrapolation (pour ce qui est de la perspective de temps) est que la seconde
passe par le passé, dont elle tente de déceler la tendance qu'elle veut prolonger
dans l'avenir. La première, elle, procède de manière plus intuitive et globale ; elle
tend à faire produire une représentation (image) du futur désiré. Le futur n'est
pas déduit du passé, mais il est produit par des sujets imaginant et désirant. Ce
qui renvoie au paramètre des attitudes, dont il sera question tout juste après.
Tenir compte de ses désirs et des produits de l'imagination rend forcément plus
créateur dans la conception de buts atteignables dans le futur immédiat.

Le psychothérapeute Melges (1982) va jusqu'à affirmer que l'absence de
précision des buts poursuivis ou alors une correction trop considérable effectuée à l'avance par suite d'une anticipation inappropriée sont souvent à l'origine

des problèmes de comportement présents. Il devient important d'aider le client à actualiser les images du futur qui lui permettent d'avoir accès à une perception globale de diverses possibilités. À cette fin même, dans le contexte de la psychothérapie, un exercice de futur préféré suscite l'actualisation de cette perception globale en un projet d'action, étape par étape. Le recours à d'inhabituelles images visuelles, qui relèvent du fonctionnement de l'hémisphère cérébral droit (donc celui des métaphores et des images globales), est susceptible, toujours selon Melges, de renouveler la perception de la situation.

Les attitudes

Selon Fox, Lippitt et Schindler-Rainman (1976), se centrer sur les problèmes décourage. On a plus d'énergie quand on envisage l'avenir. Il est important de ne pas se laisser obnubiler par la souffrance, l'impuissance et tout ce qui colore négativement les problèmes à résoudre. Il est plus tonique d'aspirer à réaliser les étapes concrètes qui mènent à des buts désirables. L'exaltation qu'entraîne l'action en fonction du futur et la rationalité qui lui est nécessaire doivent supplanter l'anxiété d'avoir à réagir aux problèmes et à les combattre.

Une approche prospective fait appel à l'imagination du futur, au désir et à la volonté. Nous ne sommes pas là à regarder passivement le passé devenir le présent et l'avenir. Nous intervenons activement, afin de façonner le futur pour le faire ressembler le plus possible à nos espoirs et à nos désirs. Il ne s'agit pas d'imposer de manière démiurgique une forme arbitraire à l'avenir, mais de faire se conjuguer au mieux les anticipations réalistes de cet avenir et les vœux, espoirs, désirs, à partir desquels agir sur cet avenir.

Les processus cognitifs

Selon Bize *et al.* (1967), un processus de résolution de problème implique toujours un état d'anticipation quant à l'avenir qui accorde beaucoup de poids à des solutions éventuelles. La vision du futur désiré est une dimension cruciale, car les buts poursuivis conditionnent les solutions envisagées, peu importe les données qui définissent les problèmes.

La perspective temporelle à partir de laquelle un problème est examiné peut prendre trois formes : rétrospective, d'extrapolation et prospective. L'attitude rétrospective n'est aucunement créatrice parce qu'elle vise à la reconstruction pure et simple du passé. L'attitude d'extrapolation déduit l'avenir du passé. Seule une attitude prospective permet l'introduction de la créativité des personnes et des groupes comme facteur de détermination de l'avenir. Il ne s'agit pas d'inventer des rêves utopiques, des images irréalistes dont le décodage est impossible (comme il arrive à l'occasion dans des exercices de *brainstorming* qui dérapent), mais plutôt de concevoir des buts qui se situent dans l'avenir et qui n'assurent pas nécessairement la continuité des tendances du passé ni l'élimination des causes qu'on peut attribuer aux problèmes, présents et passés.

L'évaluation comparée du futur préféré et d'une méthode classique de résolution des problèmes

L'évaluation comparée à partir d'une recherche quantitative

Description du terrain

Une importante coopérative financière, dont le siège social est situé à Montréal et qui compte des bureaux locaux dans toutes les régions du Québec, a confié à Jean-Michel Masse et à ses collaborateurs et collaboratrices du laboratoire de psychologie sociale de l'Université de Sherbrooke (Masse, 1986) l'organisation d'un colloque d'une journée sur le problème de la relève au sein de l'organisation.

Trois semaines avant la tenue du colloque, les 640 membres de la coopérative (aussi bien le personnel de soutien que les cadres des divers niveaux) furent conviés à participer à ce colloque. Soixante-deux personnes accepteront l'invitation. Le choix de cette organisation parmi d'autres dépendait de la perception du consultant principal selon laquelle la direction de la coopérative se montrait disposée à établir un rapport de réelle consultation avec son personnel à propos de l'épineux problème de la relève, c'est-à-dire l'accès des membres à divers postes au sein de la hiérarchie de même que le recrutement externe de ressources adéquates.

Tel que le formulaient les responsables de l'organisation, le problème de la relève au sein de la coopérative satisfaisait aux exigences d'un processus de résolution qui ne porte pas sur le choix de possibilités déjà fixées, comme c'est le cas, par exemple, dans les recherches sur la décision de groupe rapportées par plusieurs auteurs, Cummings *et al.* (1974), Miesing et Preble (1985), Price (1985). Les membres d'un groupe ne peuvent s'engager que si, comme le souligne Lavergne (1983), existent entre eux des différences de perceptions quant à l'existence du problème, à son degré d'importance ou à sa signification. De plus, le problème en question doit concerner directement les finalités mêmes du groupe, et se prêter à un rapport d'authentique consultation entre les cadres de gestion et le personnel de l'organisation. Le problème de la relève, tel qu'il était vécu dans la coopérative concernée par la recherche-action de Masse et de ses collaboratrices et collaborateurs, répondait parfaitement à ces critères; il était suffisamment significatif pour mobiliser l'ensemble des membres et, à moins qu'une action ne soit entreprise, il allait se montrer réel et persistant à plus ou moins long terme. Bref, seul un problème complexe et significatif, engendrant des malaises réels, est susceptible d'éveiller et de soutenir l'intérêt de la forte majorité des gens concernés pour chacune des trois phases d'un processus de résolution de problème : définition du problème, choix d'un objectif et planification de l'action.

Un peu comme Janis (1982), les consultants et consultantes ont tenu à faire des douze groupes de cinq à six membres, présents au colloque d'une journée, de véritables groupes consultatifs. Il s'agit de groupes qui n'ont pas à implanter les solutions suggérées, ce qui les libère de la pensée de groupe (*groupthink*). Ils n'ont qu'à acheminer une recommandation aux responsables de l'organisation. Généralement, Janis procède à la constitution de ses groupes consultatifs en faisant appel à des volontaires par le truchement des journaux. Les organisateurs du colloque ont également fait appel à des volontaires, mais il leur a fallu tenir compte des visées de recherche des consultantes et consultants externes, de manière à constituer des groupes équivalents, excepté pour le plan d'animation, que des animatrices et animateurs externes allaient suivre et qui, lui, différerait : six des groupes considérés comme expérimentaux fonctionneraient selon une méthode intuitive, pendant que les six autres, groupes témoins, adopteraient une méthode analytique. On a donc tenu compte de cinq critères pour rendre les douze comités les plus équivalents possible. La moyenne des chiffres d'affaires des centres locaux dont provenaient les membres a été tenue constante d'un groupe à l'autre. On a voulu également diversifier la composition des groupes quand à la région de provenance de leurs membres : urbaine, semiurbaine et rurale, à leur fonction exercée dans la coopérative (membres du conseil d'administration, de la direction, cadres, personnel de bureau). On a aussi voulu rendre les groupes équivalents par le vécu des membres relativement au problème de la relève, de sorte que ne se retrouvent pas dans un même groupe tous ceux qui aspirent à des postes hiérarchiquement attrayants, pendant que, dans certains groupes, seraient rassemblés des éléments plus stable du personnel. Le dernier critère tentait de répartir également le degré de connaissance interpersonnelle préalable des membres, dont pouvaient témoigner certaines personnes du bureau du personnel qui connaissaient bien l'ensemble des participantes et participants.

Les plans d'animation pour le groupe expérimental (méthode intuitive) et le groupe témoin (méthode analytique) comportent chacun quatre phases : l'amorce de la discussion, la définition du problème, la formulation d'un objectif et la proposition d'un plan d'action. La première et la dernière phase se déroulent de façon identique dans les deux types de groupes.

– *L'amorce de la discussion.* Les responsables de l'animation distribuent aux membres un texte énumérant 40 faits habituellement associés au problème de la relève. Après une lecture attentive, les membres doivent répartir 20 points parmi ces 40 faits. Chaque groupe peut donc sélectionner les éléments qu'il considère comme vraiment significatifs avant d'aborder la définition du problème proprement dite.

– *La définition du problème.* Pour les groupes fonctionnant selon la méthode intuitive, les responsables de l'animation demandent aux membres de s'entendre sur les observations et les faits les plus significatifs et de formuler une définition suffisamment claire du problème de la relève.

Pour les groupes fonctionnant selon la méthode analytique, les responsables de l'animation confient aux membres le mandat d'utiliser les données recueillies pour explorer et expliciter le problème, en essayant de bien distinguer les symptômes et les causes.

– *La formulation d'un objectif.* Pour les groupes intuitifs, les responsables de l'animation leur font faire un exercice d'imagination du futur désiré. Les membres font un voyage individuel qui se déroule douze mois plus tard, où, pendant deux jours, ils peuvent observer leur centre local et y voir des changements bénéfiques et plaisants survenus à la suite de la journée du colloque du 24 septembre 1984. Les animateurs et animatrices entendent faire produire aux membres des actions concrètes qui représentent des réalisations bénéfiques par rapport au problème de la relève. Une fois faite la production individuelle, on procède à une mise en commun pour clarifier les images du futur, et le groupe retient les images les plus stimulantes qu'il reproduit sur une affiche.

Pour les groupes témoins, utilisant la méthode analytique, la directive propose une comparaison systématique entre la situation-problème et une situation future désirée. La tâche consiste à mettre en parallèle les caractéristiques de la situation qui font problème et celles anticipées de la situation désirée. Au terme, le groupe doit formuler un objectif à atteindre, qu'il inscrit sur une affiche.

– *L'élaboration d'un plan d'action.* Autant pour les groupes fonctionnant selon la méthode intuitive que pour ceux employant la méthode analytique, les responsables de l'animation proposent trois tâches aux membres.

1) La première applique la méthode du champ de forces (Burke et Ellis, 1970 ; Lewin, 1953 ; Schindler-Rainman, Lippitt et Cole, 1977). Cette méthode consiste à identifier les ressources les plus significatives qui faciliteront l'atteinte de l'objectif et les principales difficultés (restrictions, blocages, barrières) qui s'opposeront à l'atteinte de l'objectif.

2) La deuxième tâche est l'inventaire des moyens d'actions et des obstacles possibles à leur réalisation. Pour l'accomplir, le groupe utilise la méthode du *brainstorming* (Burke et Ellis, 1970 ; Osborn, 1953 ; Schindler-Rainman, Lippitt et Cole, 1977).

3) La troisième et dernière tâche renvoie à une planification systématique du changement souhaité. Pour y arriver, le groupe doit faire la sélection des principales tâches à exécuter, présenter les différents sous-systèmes de la coopérative qui seront engagés dans leur réalisation et proposer des méthodes à employer pour évaluer l'atteinte de l'objectif. Le tout se terminant par l'élaboration d'un échéancier.

Modèle conceptuel et hypothèses

Chaque comité doit produire une recommandation qui tient en trois textes distincts et reliés. Le premier texte définit le problème, le second délimite l'objectif de changement et le troisième contient une planification sommaire des actions à poser.

Ces productions de groupe seront évaluées à deux niveaux : quant à la qualité intrinsèque des textes (évaluation confiée à trois juges extérieurs à l'organisation et qui sont des spécialistes du changement planifié), et quant à la convenance et à l'adaptation des recommandations au fonctionnement de la coopérative (évaluation confiée à trois juges internes de la coopérative). En plus du rendement, le travail des comités sera également évalué selon le coût d'utilisation des deux méthodes comparées. Le coût d'utilisation se mesure d'abord en temps (le nombre de minutes que les groupes ont employées pour chacune des trois étapes : définition de problème, choix d'un objectif et planification de l'action). Le second critère consiste en la qualité du fonctionnement du groupe de tâche, plus précisément celle des deux dimensions définies par St-Arnaud (1976) dans son instrument de mesure du groupe optimal, soit le processus de production et le processus de solidarité au sein du groupe. Dernier critère, l'appréciation des méthodes employées par les membres des groupes. Cette appréciation sera évaluée à partir d'un questionnement direct des membres à ce sujet, de même que de leurs réponses à un questionnaire mis au point par Masse (1986) sur les divers climats de groupe identifiés par St-Arnaud (1978) : les climats positifs d'efficacité, de solidarité, d'harmonie ; les climats négatifs d'apathie, de réserve, de dispersion, de fébrilité, d'euphorie, de labeur. Enfin, on interrogera les responsables de l'animation pour tenter de voir si les plans d'animation ont été exécutés comme prévu et pour leur faire mentionner des éléments perturbateurs susceptibles d'avoir fait dévier le cheminement du groupe par rapport à la planification.

De manière à la rendre opérationnelle, l'hypothèse générale selon laquelle une approche intuitive allait rendre les groupes plus créateurs et plus dynamiques a été différenciée en cinq hypothèses.

– *Première hypothèse* : lors des étapes de définition du problème et de formulation de l'objectif, les productions des groupes intuitifs seront plus valables au plan logique.

– *Deuxième hypothèse* : pour les mêmes étapes, leurs productions paraîtront plus convenables et adaptées aux circonstances aux juges internes de la coopérative.

– *Troisième hypothèse* : les groupes intuitifs prendront moins de temps à réaliser les deux premières étapes.

– *Quatrième hypothèse* : l'objectif poursuivi leur paraîtra plus clair et la solidarité sera plus forte que dans le cas des groupes analytiques.

– *Cinquième hypothèse* : les membres des groupes intuitifs exprimeront plus de satisfaction à l'endroit de la méthode que ceux des groupes analytiques.

Instruments de mesure

La mesure du rendement des comités a été confiée à des juges internes, pour le cas de l'accord des productions faites avec la réalité organisationnelle, et externes, pour ce qui est des qualités intrinsèques de rigueur et de logique de chacune des productions. Avant de passer à une évaluation pour chacune des trois étapes, les juges devaient arrêter un jugement global sur la production : « à retenir sans hésitation », « à retenir avec correctifs », « à rejeter ».

Pour la définition du problème, les critères étaient la clarté et une quantité suffisante d'éléments. À ces deux critères s'ajoutaient la pertinence et la centralité du recadrage que le groupe a fait subir à la définition initiale du problème provenant du texte produit par la direction. Pour l'objectif, les critères étaient la précision, les avantages, le lien avec le problème et le défi qu'il représente. Pour le plan d'action, la quantité suffisante des moyens, leur efficacité et le degré de structuration logique du programme venaient s'ajouter à l'unité et à la justesse de la stratégie. Dans l'ensemble, la corrélation interjuges a été plutôt faible : les coefficients Pearsons allant de 0,38 à 0,43 pour les juges externes et de 0,25 à 0,41 pour les juges internes (l'accord total entre les juges obtiendrait un coefficient de 1). Il a fallu simplifier le système de cotation et le ramener à des dichotomies fort/faible pour produire des coefficients Pearsons interjuges suffisants (autour de 0,60).

Au chapitre des coûts d'utilisation des méthodes, on a eu recours à trois instruments de mesure. La mesure du temps pour chacune des trois étapes a été confiée aux animatrices et animateurs des groupes. À mi-chemin et à la fin des quatre heures de travail du colloque, on a utilisé le St-Arnaud (1976) pour mesurer les perceptions des membres au sujet de la clarté et de la communauté de l'objectif poursuivi, de même que de la solidarité du groupe. Cet instrument semble très valable puisque l'auteur rapporte des coefficients Spearman de 0,62 à 0,93, alors que la corrélation entre l'évaluation des participants et celle de juges externes atteint 0,78. Dans le cadre de la recherche ici décrite, les indices de fidélité du St-Arnaud ont oscillé de 0,84 à 0,90, ce qui est excellent. Le questionnaire mis au point par Masse (1986) pour mesurer la satisfaction des participants à l'égard des méthodes, de même que l'identification qu'il font des neuf climats de groupe de St-Arnaud (1978) a obtenu des indices de fidélité de 0,86 pour la satisfaction à l'égard des méthodes et de 0,94 pour les climats de groupe, ce qui est exceptionnellement élevé.

Résultats

Comme on peut le voir au tableau 1, la moyenne des cotes attribuées aux groupes intuitifs est légèrement supérieure à celle des groupes analytiques pour les deux premières étapes de la tâche, alors que les analytiques obtiennent un score légèrement supérieur pour la troisième étape. Ces différences ne sont pas statistiquement significatives cependant. Les évaluations accordées par les juges internes quant à la convenance sont rapportées au tableau 2. Encore là, les groupes intuitifs obtiennent des cotes légèrement supérieures, sauf à l'étape de planification, où les groupes analytiques obtiennent des cotes plus élevées. Ces différences ne sont pas non plus statistiquement significatives. On doit donc conclure que, ni par la logique interne ni par l'adaptation aux circonstances, les productions des groupes intuitifs et analytiques ne paraissent se différencier les unes des autres. Les hypothèses de la recherche sont donc infirmées. Si on en vient maintenant à l'étude des coûts (voir le tableau 3), les moyennes et écarts types en nombres de minutes prises par les comités intuitifs et analytiques montrent des résultats qui ne sont pas significatifs statistiquement, bien qu'une différence assez forte avantage les intuitifs pour la formulation de l'objectif (exactement là où la méthode du futur préféré était susceptible d'agir), alors que le résultat (contraire aux hypothèses) favorise les groupes analytiques au niveau de la planification de l'action.

Les cotes moyennes obtenues par les groupes analytiques et les groupes intuitifs sont très élevées, autant pour le processus de production que pour la solidarité. Elles se situent d'emblée bien au-delà des normes rapportées par St-Arnaud (1976) dans son questionnaire sur le groupe optimal. Pour la solidarité, par exemple, la moyenne des groupes (pour la session de l'après-midi) se situe à 5,19, alors que St-Arnaud rapporte des moyennes autour de 4,62. Ce haut niveau de fonctionnement par rapport aux deux grandes dimensions donne l'impression que ce colloque a réuni des participants et participantes fortement déterminés et que les deux méthodes leur ont fait atteindre des taux de productivité fort élevés. Si les groupes, aussi bien analytiques qu'intuitifs, se sont montrés fortement productifs et très solidaires, la seule différence statistique significative (au seuil de 0,05) concerne la perception des objectifs lors de la deuxième mesure (celle de l'après-midi), où les groupes intuitifs ont paru en présence d'objectifs plus clairs que les groupes analytiques. Notez ici qu'il s'agit du moment précis où on a eu recours à la technique du futur préféré. Les données recueillies ne permettent pas de distinguer les deux méthodes de travail au niveau de leurs effets indirects sur l'appréciation des membres : ils ont en effet apprécié les deux méthodes de manière presque identique. Et les climats (positifs et négatifs) mesurés par la seconde partie du questionnaire d'appréciation ne parviennent pas non plus à distinguer entre les deux types de groupes, intuitifs ou analytiques. Il faut ajouter à ces résultats certains autres constitués à partir des jugements globaux des juges, externes et internes, quand on leur a demandé de discriminer les équipes vraiment exceptionnelles (celles à propos desquelles leur décision a été positive et unanime). Les deux équipes choisies par les juges externes avaient appliqué la méthode intuitive. Les juges internes, pour leur part, ont isolé deux équipes exceptionnelles, dont l'une utilisait la méthode intuitive et l'autre, la méthode analytique. Même si l'ensemble des hypothèses n'est pas confirmé par des différences statistiques significatives, tous les indices (ou presque) vont dans la même direction et favorisent la méthode intuitive. De plus, un résultat significatif confirme partiellement l'hypothèse. En effet, les comités fonctionnant selon la méthode intuitive ont perçu leurs objectifs comme plus clairs et davantage partagés par tout le groupe que les groupes analytiques les leurs. Le moment où cette mesure atteint un seuil significatif coïncide parfaitement avec celui où dans le plan d'animation les groupes intuitifs sont soumis à la technique du futur préféré.

TABLEAU 1

Moyennes et écarts types des cotes obtenues lors de l'évaluation par les juges externes des productions à chacune des trois étapes de la tâche et lors du jugement global sur le rendement

ÉTAPE DU TRAVAIL	MÉTHODE	MOYENNE	ÉCART TYPE
Définition du problème	Intuitive	4,92	0,46
	Analytique	4,57	0,73
	Total	4,74	0,61
Formulation d'un objectif	Intuitive	4,89	0,69
	Analytique	4,39	0,60
	Total	4,64	0,67
Plan d'action	Intuitive	3,54	0,36
	Analytique	3,79	0,97
	Total	3,66	0,71
Jugement global	Intuitive	1,94	0,49
	Analytique	1,89	0,34
	Total	1,92	0,41

TABLEAU 2
**Moyennes et écarts types des cotes obtenues lors de l'évaluation
par les juges internes des productions à chacune des trois étapes
de la tâche et lors du jugement global sur le rendement**

ÉTAPE DU TRAVAIL	MÉTHODE	MOYENNE	ÉCART TYPE
Définition du problème	Intuitive	4,18	0,80
	Analytique	3,61	1,18
	Total	3,90	1,00
Formulation d'un objectif	Intuitive	4,04	0,71
	Analytique	3,74	0,71
	Total	3,89	0,72
Plan d'action	Intuitive	2,99	0,81
	Analytique	3,75	0,53
	Total	3,37	0,76
Jugement global	Intuitive	2,11	0,45
	Analytique	2,00	0,56
	Total	2,06	0,49

TABLEAU 3
**Moyennes et écarts types du nombre de minutes prises
à chacune des trois étapes de la tâche**

ÉTAPE DU TRAVAIL	MÉTHODE	MOYENNE	ÉCART TYPE
Définition du problème	Intuitive	93,33	24,01
	Analytique	98,83	17,03
	Total	96,08	20,06
Formulation d'un objectif	Intuitive	68,33	18,58
	Analytique	45,00	18,97
	Total	56,67	26,14
Plan d'action	Intuitive	110,00	33,62
	Analytique	125,83	29,90
	Total	117,92	31,44

Interprétation des résultats

Il semble bien que l'absence de différences dans le rendement des divers comités s'explique surtout par le très haut rendement des comités du type analytique. En effet, tels qu'ils ont été perçus par les membres, le niveau de clarté des objectifs et celui de la solidarité dans ces groupes se situent bien au-dessus des normes rapportées par St-Arnaud (1976). Par rapport à la mesure de ce rendement en fonction du temps, on avait prédit que les groupes intuitifs procéderaient plus rapidement. Cependant, il faut remarquer ici qu'une disposition du devis d'animation demandait aux groupes intuitifs la production d'images individuelles en un premier temps. De plus, toutes les équipes devaient commencer par cerner le problème à partir d'un texte d'amorce comportant 40 observations émanant de la direction. On comprend que ces prescriptions aient empêché les groupes intuitifs d'arriver au terme de leur tâche plus rapidement que les groupes analytiques. La qualité du processus par lequel on a constitué les équipes, et le fait que, autant du côté intuitif que du côté analytique, le plan d'animation s'est avéré précis et structuré, ont eu tendance à placer l'ensemble des participants dans une attitude proactive plutôt que réactive. Même si l'organisation s'est montrée réactive face au problème de la relève (en ce sens que le problème s'est manifesté avant qu'on entreprenne d'agir), la communauté convoquée au colloque d'octobre 1984 était placée, elle, dans un contexte proactif; on attendait d'elle, de chacun des douze comités la constituant, des recommandations incluant même une planification sommaire de l'action. Une telle manière d'associer l'ensemble du personnel (tous ont été invités et 62 volontaires ont participé) constituait une grande première pour la coopérative et à ce niveau les réactions psychologiques des personnes concernées ont pesé plus lourd que les réactions aux méthodes d'animation en tant que telles. L'inscription volontaire, le fait de se retrouver à plusieurs face à un problème pertinent pour tous, de participer à un colloque qui réunit 62 personnes et une équipe d'animation de 14 professionnels, tout cela a constitué un tel renforcement de la qualité que tout ce qui aurait pu provenir de différences plus subtiles entre les deux méthodes a été en quelque sorte noyé par la vague de succès que, de tout manière, ce colloque devait atteindre.

Comparaison à partir de la pratique professionnelle

Le standard à partir duquel on peut trouver le rendement des groupes expérimentaux décrits plus haut élevé ou faible (étant donné que la comparaison ne révèle pas de différence entre les groupes expérimentaux et les groupes témoins et que cette non-différence soit attribuée à une performance inhabituelle des groupes témoins) a été dégagé intuitivement dans la pratique professionnelle de ceux et celles qui ont utilisé l'une et l'autre des méthodes, ou des méthodes s'y apparentant. Le recours que nous ferons dans les pages qui suivent à certaines interventions pour tenter d'en tirer des informations permettant de discuter des résultats de la recherche quantitative, mais plus profondément de mieux circonscrire les tenants et les aboutissants théoriques des processus mis en cause par les variations méthodologiques observées, s'appuie sur des observations faites dans quatre situations d'interventions précises. Nous commencerons par décrire ces quatre interventions en présentant le contexte et les objectifs, mais en mettant surtout l'accent sur le déroulement concret de l'action, donc sur le programme d'activités auquel correspond l'intervention. Pour chacune des quatre situations d'action, à l'intérieur desquelles des groupes furent conviés à des exercices de futur préféré, nous rapporterons en dernier lieu certaines observations de praticiens et praticiennes, qui tentent de définir les processus théoriques derrière les circonstances concrètes qui caractérisent chacune de ces interventions. Pour terminer ce développement, nous tentons de conclure, à partir de ces quatre situations, sur le mode propre d'opération d'une méthode de type futur préféré, et sur ce qui pourrait appuyer en théorie son éventuel rendement supérieur comparativement à une méthode classique comme celle de la résolution analytique des problèmes.

Description des interventions

Un colloque de deux jours à l'intention de 190 intervenantes
et intervenants communautaires d'une région urbaine particulière

Fox, Lippitt et Schindler-Rainman (1976) ont convoqué 190 intervenants et intervenantes occupant diverses fonctions, détenant différents statuts et rattachés à des disciplines variées (travailleurs et travailleuses communautaires, psychologues, gestionnaires de programmes sociaux, responsables de groupes bénévoles, conseillères et conseillers municipaux, etc.). Ces personnes sont réunies pour réfléchir aux dimensions sociales et communautaires de leur région, en vue de l'améliorer et d'augmenter l'efficacité des programmes de travail d'un grand nombre d'organisations concernées par cette question d'ensemble.

Les 190 intervenants et intervenantes sont répartis en groupes équivalents (en matière de respect de la variété des horizons) de manière que 25 comités de petite taille leur offrent un contexte de travail, l'autre étant la réunion plénière réunissant ces 25 équipes provisoires. L'objectif des deux journées de travail est de faire émerger chez ces 190 participantes et participants des priorités d'action concertées, de même que la volonté de persister dans la poursuite des objectifs impliqués par ces actions, dans un effort de collaboration entre eux en vue d'implanter des changements importants et durables.

Voici le programme d'action du colloque de deux jours.

1) Rencontre avec quelques experts et expertes, qui tracent la toile de fond prospective (au sens habituel du terme): dans quelle direction la société s'oriente-t-elle à long terme et jusqu'à quel point ces tendances dominantes vont-elles pourvoir l'action entreprise à l'échelle communautaire d'un contexte incluant des déterminants plus ou moins décisifs? Il ne s'agit pas de déduire l'action entreprise par le groupe des constatations et des orientations

idéologiques incluses dans le discours des expertes et experts, mais de donner à l'action collective prévue au cours de ce colloque de deux jours un contexte global et prospectif.

2) La seconde étape donne plutôt la parole à des spécialistes en histoire, qui, eux, viennent identifier par quel cheminement, du passé au présent, nous en sommes arrivés à notre style actuel de vie communautaire. Cet apport vise à compléter le tableau du contexte, et là non plus les participants et participantes n'ont pas à inférer leurs objectifs ou leurs stratégies d'action des discours des spécialistes.

3) À la troisième étape, les animatrices et animateurs convient les 25 équipes à répondre aux deux questions suivantes : « De quels aspects de notre communauté sommes-nous *fiers* ? Quels aspects, au contraire, nous inspirent des *regrets* ? » Chacune des équipes procède à un *brainstorming* et choisit parmi l'ensemble des productions les deux ou trois images reliées à la *fierté* ou au *regret*, que l'équipe entend produire dans la séance plénière.

4) En réunion plénière, les deux ou trois images les plus importantes provenant des 25 groupes constituent un matériel riche, par lequel on peut dresser la problématique de la communauté en la plaçant dans son contexte, et par rapport à un environnement de plus grande envergure.

5) À la cinquième étape, toujours au cours de la première matinée du premier jour, les responsables de l'animation invitent les participantes et participants à un *voyage dans le futur*. « Imaginez-vous dans un an, vous vous promenez en hélicoptère au-dessus du territoire où se trouve la communauté que nous desservons et vous observez des choses satisfaisantes, des changements qui ont eu lieu. » On rappelle qu'une prédilection doit être accordée à des images réalistes pouvant se traduire en objectifs d'action que les personnes et les groupes concernés pourront atteindre dans le temps prévu, compte tenu des énergies disponibles.

6) À la fin de la première matinée, on produit en réunion plénière, une liste d'images du futur préféré émanant de chacune des 25 équipes du colloque.

7) Lors de la réunion plénière, en procédant au vote, on choisit douze images préférées. Pour chacune de ces douze images, on constitue un comité qui doit en tirer un plan d'action. On effectue une analyse du champ des forces (motrices et freinantes) impliquées par la réalisation des actions à mener. « Où trouverons-nous les ressources significatives, mais aussi où se trouveront les obstacles les plus importants ? »

8) Pendant la seconde journée, à la huitième étape du processus, douze experts et expertes externes sont invités à participer au dernier moment du colloque pour contribuer à l'évaluation de la faisabilité des actions envisagées

jusque-là. Le travail se continue dans les douze sous-groupes et les douze spécialistes circulent d'un groupe à l'autre intervenant dans le processus de la critique des objectifs retenus et des actions envisagées.

9) À la neuvième étape, les membres des équipes s'interrogent sur les habiletés à développer pour surmonter les obstacles identifiés dans l'analyse précédente, surtout aux premières étapes du programme d'action. Déjà, la session intensive de deux jours leur permet de mieux cerner les habiletés à exercer ou à acquérir. Des exercices leur sont proposés en vue de développer certaines de ces habiletés (comment persuader les récalcitrants ou clarifier les circonstances temporelles à l'intérieur d'une séquence d'action ? etc.).

10) Le colloque se termine par la présentation d'un projet d'action intégré, fait à partir des productions des douze équipes, à divers représentants et représentantes de la communauté recrutés à l'extérieur du colloque. Il s'agira souvent de responsables politiques locaux ou régionaux, de citoyennes et citoyens concernés par le développement économique régional, de chefs d'entreprises ou de syndicalistes. Comme la rencontre avec les experts et expertes (plus tôt dans la journée), il s'agit d'un test de réalité concernant l'implantation de plans d'actions dérivés de certaines images du futur.

Les auteurs de *The Humanized Future*, en décrivant cette intervention, ont pu constater un très fort niveau de mobilisation chez les participantes et participants. Ils attribuent cette mobilisation au sentiment éprouvé par ces personnes de pouvoir influencer leur avenir, mais aussi le partager entre elles. Il est plus facile, semble-t-il, d'augmenter la cohésion en faisant travailler un groupe sur des forces positives communes qui sont d'abord présentées sous forme d'images. La tâche de tirer des plans d'action réalistes de telles images bénéficie d'un apport d'énergie provenant du fait que le groupe accorde plus d'attention aux valeurs positives, que les membres ont en commun, qu'aux problèmes et aux doutes, qui risqueraient de les diviser, d'occuper une forte proportion de leur temps et de consommer presque toute leur énergie.

Une intervention auprès du comité stratégique responsable de la gestion
d'un programme de qualité totale au sein d'une grande entreprise industrielle

Cette intervention s'est également déroulée en deux jours. Il s'agissait d'aider les cinq membres de ce comité stratégique à échanger leurs points de vue sur la qualité du programme qu'ils allaient proposer à l'ensemble des intervenants et intervenantes concernés, en particulier aux responsables des quatre bureaux régionaux de l'entreprise et de quatre succursales locales. Voici le programme d'activités que le consultant externe a proposé aux personnes engagées dans cette situation.

– *Première étape.* Il faut que les membres prennent conscience de la réalité de l'entreprise et se demandent : « Qui sommes-nous ? Quels sont nos réseaux ? De quoi sommes-nous propriétaires ? Quelles valeurs avons-nous en commun ? » Et, au terme de cette première étape, centrée sur l'identité de l'entreprise, ils se poseront une dernière question : « Quelles sont nos forces et nos faiblesses ? »

– *Deuxième étape.* L'animateur propose au groupe de se pencher sur la question suivante : « Quels facteurs devons-nous considérer si nous voulons élaborer une stratégie gagnante de changement dans l'entreprise ? »

– *Troisième étape.* L'animateur convie le groupe à placer la question de la stratégie de changement dans le contexte du passé immédiat de l'organisation en se demandant : « D'où venons-nous ? Qu'est-ce que la gestion a proposé jusqu'ici ? Qu'a-t-elle mené comme action dans le domaine de la gestion de la qualité ? Quelle évaluation faisons-nous de ces premières tentatives ? »

– *Quatrième étape.* Le groupe répond à cette question : « Quels problèmes la stratégie "qualité" que nous devons proposer aura-t-elle à résoudre, que voudra-t-elle améliorer au juste ? »

– *Cinquième étape.* L'animateur propose aux membres de se représenter la proposition de stratégie de qualité totale que le comité entend faire valoir aux yeux des responsables concernés : « Imaginez-vous dans six mois ; vous êtes reçus au bureau du président de la compagnie et vous présentez votre rapport. De quoi est-il fait ? »

L'activité proposée à cette étape, assez typiquement, soulève de la résistance chez les membres : « On ne peut pas parler du rapport, on ne l'a pas fait ! Il faudrait qu'on en parle entre nous, sinon ça risque d'être incohérent. » Par contre une fois passé le cap de cette résistance, les membres imaginent ensemble le rapport.

– *Sixième étape.* Les cinq membres du comité stratégique consacrent la deuxième journée de cette session à rencontrer des intervenants externes pour obtenir du *feed-back* sur leur rapport. Le consultant externe fait observer, au terme de la session de deux jours, que, pour la première fois dans cette entreprise, toutes les instances concernées sont parvenues à se mobiliser de façon très significative pour entreprendre un programme de qualité totale sans jouer le jeu habituel des querelles de compétences.

*Une brève intervention auprès du conseil d'administration
d'une entreprise de taille moyenne*

Le consultant externe est invité à animer une réunion du conseil d'administration. Une décision doit être prise, concernant l'implantation d'un important programme de développement des ressources humaines. D'entrée de jeu, l'animateur propose que chacun dise candidement quelle est sa solution préférée, et qu'on fasse l'économie d'une longue position de problème classique. Les participants protestent très vigoureusement : « Il n'est pas question qu'on fasse état de solutions personnelles sans avoir entendu, par exemple, l'opinion du président du conseil d'administration. » L'animateur insiste et propose même que le conseil d'administration se divise en quatre petits sous-groupes : le premier réunissant le président et le vice-président, le deuxième deux directeurs régionaux, le troisième deux experts externes mandatés par le conseil d'administration pour réfléchir à ce programme, et le quatrième comprenant les autres membres du conseil d'administration. L'animateur leur demande : « Imaginez-vous dans douze mois, votre programme préféré a été implanté, que se passe-t-il ? » À leur grande surprise, les quatre sous-groupes réalisent qu'ils partageaient une vision commune quant au programme et à son impact dans l'organisation. La réunion, devant durer trois heures, s'est terminée au bout de deux heures. On avait économisé le long détour par la compétition sur la perception des manifestations du problème.

Le futur imaginé dans certaines situations de formation

Le cycle de formation des recrues des Forces armées du Canada

Quelques consultants et consultantes externes ont mis au point un programme de trois jours (en consolidation d'équipe) à l'intention des recrues des Forces armées canadiennes. L'intervention de trois jours avait lieu pendant la deuxième semaine d'un long programme de formation de dix semaines. La consolidation d'équipe voulait réduire les conflits dans les unités réunies pour suivre le programme de formation, et alimenter l'esprit d'équipe. À la fin du programme, on propose un exercice de futur préféré individuel en leur posant d'abord les questions suivantes : « De quoi suis-je fier comme individu ? De quoi suis-je fier quant à mon groupe ? Sur quels points puis-je m'améliorer ? Sur quels points mon groupe pourrait-il s'améliorer ? » Puis on leur dit : « Imaginez-vous dans sept semaines, au moment de la réception des grades. Vous avez atteint votre objectif, vous pouvez être fier de vous. Que voyez-vous alors ? Qu'êtes-vous devenu ? » ou alors : « Imaginez-vous dans sept semaines, votre groupe a changé dans la direction que vous souhaitez ; que voyez-vous de différent dans votre vie de groupe ? » En général, ce qui frappe beaucoup les intervenantes et intervenants dans ce genre de programme, c'est le degré de *mobilisation* et de *concertation* qu'une tactique comme celle-là entraîne très rapidement dans le fonctionnement du groupe. Dans les groupes de ce programme de formation, on a observé une intensité exceptionnelle dans le soutien apporté par les personnes aux efforts des autres pour s'améliorer sur un point ou l'autre. Ce soutien impliquant attention bienveillante et conseils informels.

Futur imaginé et formation universitaire

À la fin d'un atelier sur la consolidation d'équipe auprès d'étudiants et d'étudiantes de maîtrise de psychologie, et au moment de choisir le lieu où se déroulera le stage qui termine ce cycle de formation, la consigne suivante est donnée aux étudiantes et étudiants : « Transportez-vous dans le futur. Vous êtes rendu dans le milieu que vous voulez connaître et au sein duquel vous voulez faire votre stage. C'est vraiment le milieu que vous préfériez au moment du choix. Quel est-il ? Quelles en sont les caractéristiques ? » Un tel exercice soulève toujours beaucoup d'émotions très fortes dans le groupe ; elles sont tantôt positives et s'apparentent à l'enthousiasme ou à l'euphorie, tantôt très menaçantes. Certains étudiants et étudiantes ne veulent justement pas envisager leur avenir parce qu'ils le sentent plein d'embûches et d'incertitudes. Un tel exercice les aide à analyser leurs forces et leurs faiblesses, et à prévoir des actions réalistes dans le futur immédiat. Bref, ce qu'il faut pour surmonter anxiété et ambivalence.

Ce qui se dégage des quatre programmes d'intervention décrits précédemment et qui ont tous utilisé une technique de futur imaginé, c'est le caractère *énergisant* d'une telle tactique, et ce dans chacune des quatre situations. Les participantes et participants se mobilisent beaucoup plus intensément pour l'action, et pour des actions que sous-tendent des visions communes à plusieurs d'entre eux. Le fait de centrer l'intervention sur l'expression de forces positives, et l'articulation en commun d'actions qui, d'une part, veulent maintenir et exploiter ces forces positives, et, d'autre part, contrer les forces négatives pour en limiter l'impact, une telle stratégie, qui parvient à tirer des actions réalistes de visions communes, fait émerger des énergies de forte intensité et permet d'entreprendre une action soutenue et enracinée dans des identifications collectives beaucoup plus conscientes et cohérentes. Dans les faits, il faut bien reconnaître que les personnes participant à des processus de décision ont déjà en tête leurs scénarios d'action préférés et inclinent d'emblée vers une solution, en redoutant souvent quelques autres solutions. Au lieu de confronter ces projections à l'intérieur d'un long processus de définition du problème, de mise en commun des points de repère empiriques et des interprétations, on aborde de front les préférences habituellement gardées tacites en les exprimant clairement. Il peut arriver que la convergence soit plus forte que prévue. L'effet de simplification en sera d'autant plus grand, de même que l'économie de temps et d'énergie. La confirmation de la compétence de chacun des membres par le groupe, et du groupe par chacun des membres devrait également s'effectuer plus facilement au sein de groupes plus cohésifs au départ.

Conclusion

Aux yeux des praticiens et praticiennes, le processus analytique de résolution de problème et l'imagination du futur préféré sont de bonnes méthodes de changement planifié. La seconde, le futur préféré, leur paraît cependant plus efficace. Le rapport coûts-rendement y étant plus avantageux. De cette supériorité relative deux explications sont proposées. La première attribue certains avantages fonctionnels au processus cognitif de l'intuition : il serait en soi plus facile de produire des images d'un futur immédiat désiré que de franchir intégralement les étapes du processus de résolution de problème (symptômes, causes, objectifs, plan d'action). La seconde explication prête une importante fonction positive à l'attitude proactive — par opposition à l'attitude réactive — suscitée chez les participantes et participants par la méthode du futur préféré : envisager l'avenir serait, en soi, plus stimulant que de se pencher sur le passé pour en expliquer les problèmes d'une manière analytique.

Même en admettant que ces deux propositions théoriques visent juste, qu'elles situent correctement les processus cognitifs et émotifs touchés par les méthodes proposées par les praticiens et praticiennes, les conditions instaurées par ces méthodes, telles que les décrivent le compte rendu de recherche de Masse (1986) ou les narrations impressionnistes de divers consultantes et consultants, ne concernent pas exclusivement ni l'intuition ni l'attitude proactive. L'ensemble des directives qui, aux diverses étapes des deux méthodes, structurent la tâche confiée aux équipes et comités n'instaurent pas des conditions univoques et homogènes. L'animation d'exercices de futur préféré n'active pas seulement l'intuition. Même les dispositions les plus aptes à engendrer des images intuitives : « Vous vous promenez en hélicoptère et vous voyez des choses qui supposent que des changements désirables sont survenus » sont intégrées dans une séquence d'opérations ou soumises à diverses restrictions. Les images du futur doivent être réalistes : elles représentent des virtualités réalisables, produites par des imaginations autodisciplinées. Il est possible aussi que la brièveté (deux ans) du temps qui sépare le présent et le futur prochain facilite la compatibilité des images produites avec ce que l'institution concernée perçoit comme son identité, et avec certains scénarios de changement devant se réaliser en deux années ou moins.

Une part non négligeable de la variation, quant à l'efficacité comparée d'un processus de résolution de problème et d'un exercice de futur préféré imaginé, sans doute très facile à identifier dans la recherche-action de Masse (1986), tient à des traits que possèdent en commun la *variante analytique* et la *variante intuitive*. L'entreprise crée un réseau de communication inhabituel et met en place une organisation facilitante. Ce qui rend la tâche ardue à ce genre de discrimination, c'est qu'elle porte sur la différence entre deux niveaux élevés de rendement.

Quand les praticiens et praticiennes arrêtent l'ordre du jour d'un colloque ou énoncent les directives décrivant les tâches des individus, des sous-groupes ou de l'assemblée plénière, même s'ils expriment une cohérence, à tout le moins des préférences théoriques, ils activent un processus très complexe. Bien sûr, la métaphore du « voyage en avant » des exercices de futur préféré met en branle des processus plus intuitifs. Ces processus intuitifs demeurent fortement encadrés, cependant. En design, on commence par l'« idée », mais le futur préféré est, dans tous les cas évoqués dans ce texte, exercé dans un contexte de *problèmes*. L'opposition entre résolution de problème et futur préféré est asymétrique, car le futur préféré est une méthode de résolution de problème. Le processus s'enclenche parce que plusieurs actrices et acteurs sociaux conviennent qu'une situation fait problème et qu'elle les concernent tous, à des titres et à des degrés divers. L'étape de la description du problème est présente dans le futur préféré. Elle est plus brève : surtout, elle se contente de la dimension de l'établissement du problème (« mise au point ») sans prendre la peine de l'analyser en vue de trouver des causes. Dans certains des devis à la Fox, Lippitt et Schindler-Rainman (1976), l'établissement du problème est même en partie confié à des comités de l'extérieur, spécialistes en histoire, en prospective et porte-parole de diverses tendances, qui placent le problème local dans une perspective globale et à long terme. C'est donc pendant plusieurs heures qu'on aura proposé aux participants et participantes de nombreuses perspectives selon lesquelles envisager le problème déclencheur. Le cadrage théorique et idéologique de la production d'images du futur préféré survient après deux opérations dont les résultats (*outputs*) ne peuvent qu'influencer profondément les images produites. Les analystes, dans le cas des interventions de futur préféré décrites dans la documentation pertinente, font très explicitement mention de limites quant au réalisme. Cette préoccupation hâtive pour la vraisemblance contrevient à la règle d'or du *brainstorming*, selon laquelle il faut renoncer à toute censure et toute sélection. Plus exactement, il faut dissocier les phases de production et d'évaluation des idées. Une telle préoccupation pour la vraisemblance simplifie la tâche de la sélection, en restreignant la liberté de l'imagination. Maintes productions métaphoriques (dessins, images, scénarios) sont encombrantes du fait qu'elles retiennent beaucoup l'attention (par leur fantaisie, leur drôlerie, à l'extrême leur valeur poétique...) sans se laisser décoder clairement. Y a-t-il autre chose à faire avec des images que de les décoder ?

Quand les praticiennes et praticiens énoncent les directives d'un exercice de futur préféré, ils s'acquittent d'abord et avant tout de la fonction primaire de la *structuration*. Une part des bénéfices qu'ils attribuent au fait de centrer le groupe sur le futur, attitude proactive, revient bien simplement au fait de faire cheminer les équipes selon des procédures optimalement structurantes. Dans le colloque étudié par Masse (1986), les deux méthodes rivales offrent l'une et l'autre des cheminements d'équipe optimalement structurés. Les angoisses et dépressions paralysantes attribuées à la résolution classique des problèmes sont peut-être, tout autant, le fait de pratiques d'animation semi-structurantes qui laissent la bride sur le cou à des processus psychologiques récurrents. Si le problème est accablant, un degré optimal de structuration, inhérent à la démarche de travail proposée par les praticiens et praticiennes, devient une source importante de soutien pour le groupe.

L'adoption d'une attitude proactive, mêlée au fait de pouvoir collaborer à une démarche structurée, tonifie et donne de l'énergie, là où une centration obsessionnelle sur les problèmes déprime et démobilise. L'intensité des émotions négatives, coût élevé associé à tout effort d'attention aux problèmes, varie avec le genre et l'importance de ces problèmes. Il n'est pas certain, par exemple, que le problème de la relève au sein de la coopérative étudiée par Masse représente une expérience émotive lourde, dont « on a marre ». Peut-être la différence entre les deux devis étudiés par Masse se serait-elle montrée plus substantielle, à l'avantage du futur préféré, si les problèmes envisagés avaient montré une tonalité émotive nettement négative et plus intense.

Pour confirmer l'hypothèse théorique faisant grand cas de la nature intuitive du futur préféré et du caractère tonifiant de l'attitude proactive, il faudrait comparer des démarches concernant des problèmes plus centraux, plus ardus, plus coûteux émotivement que le problème de la relève dans la coopérative. Aurait-on loisir de créer un devis expérimental pour comparer le rendement du futur préféré et de la résolution analytique, il faudrait contrôler la variable du degré de structuration. On aurait intérêt à comparer quatre types de méthodes : 1) analytique très structurée, 2) intuitive très structurée, 3) analytique peu structurée, 4) intuitive peu structurée. Il y aurait alors fort à parier que la différence de rendement la plus grande surviendrait entre deux méthodes moins structurées, à l'avantage du futur préféré.

Références bibliographiques

BECKHARD, R. (1969). *Organization Development: Strategies and Models*, Reading, Mass., Addison-Wesley.

BIZE, P.R., GOGUELIN, P. et CARPENTIER, R. (1967). *Le penser efficace: la problémation*, Paris, Société d'édition d'enseignement supérieur, tome 2.

BRANDSTATTER, H. (1982). « Recent Research in Group Decision-Making », dans H. BRANDSTATTER, J.H. DAVIS et G. STROCKER-KREICHGAUER (sous la direction de), *Group Decision Making*, New York, Academic Press/European Association of Experimental Social Psychology, pp. 527-529.

BURKE, W.W. et ELLIS, B.R. (1970). « Designing a Work Conference on Change and Problem Solving », dans W.W. BURKE et R. BECKHARD (sous la direction de), *Conference Planning*, 2ᵉ édition, San Diego, Cal., University Associates, pp. 117-129.

CUMMINGS, L.K., HUBERT, G.P. et ARENDT, E. (1974). « Effects of Size and Spatial Arrangements on Group Decision-Making », *Academy of Management Journal*, vol. 17, pp. 460-475.

EISEN, S. (1969). *A Problem-Solving Program for Defining a Problem and Planning Action*, Washington, D.C., NTL Learning Ressources Corporation.

FOX, R.S., LIPPITT, R.O. et SCHINDLER-RAINMAN, E. (1976). *The Humanized Future: Some New Images*, La Jolla, Cal., University Associates.

HARE, P.A. (1976). *Handbook of Small Group Research*, 2ᵉ édition, New York, Free Press.

HAVELOCK, R.G. (1973). *The Change Agent's Guide to Innovation in Education*, Englewoods Cliffs, N.J., Educational Technology.

JANIS, I.K. (1982). « Counteracting the Adverse Effects of Concurrence-Seeking in Policy-Planning Groups: Theory and Research Perspectives », dans H. BRANDSTATTER, J.H. DAVIS et G. STOCKER-KREICHGAUER (sous la direction de), *Group Decision Making*, New York, Academic Press/European Association of Experimental Social Psychology, pp. 477-502.

KAUFMAN, R. et STONE, B. (1983). *Planning for Organizational Success,* New York, Wiley.

LAVERGNE, J.-P. (1983). *La décision: psychologie et méthodologie*, Paris, Entreprise moderne d'édition.

LEWIN, K. (1953). *Field Theory in Social Science*, New York, Harper.

LINDAMAN, E. B. et LIPPITT, R. O. (1979). *Choosing the Future you Prefer — A Goal Setting Guide*, Ann Arbor, Mich., Human Ressource Development Associates of Ann Arbor.

MASSE, J.-M. (1986). *Effets différentiels d'approches intuitive et analytique dans le groupe de tâche*, thèse de doctorat en psychologie sociale, Université de Montréal.

MELGES, F. T. (1982). *Time and the Inner Future*, New York, Wiley.

MIESING, P. et PREBLE, J. F. (1985). «Group Processes and Performance in a Complex Business Simulation», *Small Group Behavior,* vol. 16, pp. 325-328.

OSBORN, A. F. (1953). *Applied Imagination*, New York, Scribner.

PRICE, K. H. (1985). «Problem Solving Strategies: A Comparison by Problem-Solving Phases», *Group and Organization Studies*, vol. 10, pp. 278-299.

ST-ARNAUD, Y. (1976). *Le groupe optimal,* Montréal, CIM.

ST-ARNAUD, Y. (1978). *Les petits groupes — participation et communication,* Montréal, Presses de l'Université de Montréal.

SCHINDLER-RAINMAN, E., LIPPITT, R. O. et COLE, J. (1977). *Taking your Meetings Out of the Doldrums*, La Jolla, Cal., University Associates.

SFEZ, L. (1981). *Critique de la décision*, Paris, Presses de la Fondation nationale des sciences politiques.

15

Enseigner l'expérience !
Une pédagogie qui vise à aider des gestionnaires à apprendre à partir de leur pratique actuelle

Adrien PAYETTE

Introduction

Les gestionnaires qui étudient à temps partiel ont introduit dans la classe une réalité qui nous permet de dépasser la pédagogie de l'étude de cas et de la simulation. L'étude de cas réels constitue un acquis impérissable de la formation à la gestion : elle a réussi à apporter dans la classe d'importants morceaux de la réalité gestionnaire. La simulation, moins répandue, marque aussi un progrès pédagogique durable. Mais les études à temps partiel ont permis d'introduire dans la classe de management de *vrais* gestionnaires qui, tous les jours, sont aux prises avec de *vrais* problèmes de gestion.

Notre propos ne vise pas, loin de là, à déclarer périmées la pédagogie de l'étude de cas et celle de la simulation pour les remplacer par ce que nous appellerons *réfléchir seul et avec d'autres sur sa pratique*. Nous voulons simplement attirer l'attention de celles et ceux qui ont la chance d'enseigner à des gestionnaires en exercice, sur la richesse de cette situation pédagogique et sur une façon de l'exploiter.

Origine

Pour ramener à l'essentiel l'histoire de cette pédagogie, nous dirons qu'elle provient de la rencontre d'une volonté et d'un contexte. Le contexte que nous décrirons un peu plus loin, est celui de classes composées de gestionnaires en exercice, étudiant à temps partiel. La volonté est celle d'un formateur qui essaie d'être le plus près possible de la pratique réelle de la gestion.

Au début, en 1977, nous cherchions à construire un laboratoire de gestion : à reproduire en classe les vraies réalités de la gestion. Nos tâtonnements nous ont amené à nous rendre compte rapidement que le laboratoire que nous cherchions était là, sous nos yeux, dans la situation même où nous travaillions :

– le laboratoire : la situation organisationnelle de chacun ;

– le sujet à étudier : chacun en train de gérer ;

– le chercheur : chaque gestionnaire étudiant ;

– la classe : un lieu pour débattre des « rapports de laboratoire » et pour formuler de nouvelles hypothèses ;

– le professeur : un guide pour aider chacun à étudier le mieux possible ses expériences quotidiennes de gestion et pour permettre des échanges d'expériences les plus rentables possible.

Cette façon d'envisager l'enseignement de la gestion place au centre la personne du gestionnaire, dans son unicité ; elle affirme que la gestion s'apprend essentiellement par l'expérience ; elle fait la preuve que des échanges organisés entre gestionnaires praticiens permettent d'enrichir l'expérience de chacun.

La chose la plus importante à étudier pour un gestionnaire qui veut apprendre à gérer, c'est lui en train de gérer. Quelle que soit la valeur des choses qu'il aura apprises *au sujet de* la gestion, tôt ou tard, s'il veut apprendre à gérer, il devra *travailler* sur sa propre pratique de gestion.

Contexte

Le cadre général de cet enseignement est une maîtrise en administration publique de 60 crédits (20 cours de 45 heures) qui se fait à temps partiel en quatre ou cinq ans. Les étudiants : 70 % d'hommes, 30 % de femmes (sauf l'an dernier, inversion brusque : 60 % de femmes, 40 % d'hommes) ; moyenne d'âge, 35 ans ; 80 % occupent un poste de gestion, 20 % exercent des professions libérales avec et sans expérience de gestion ; les gestionnaires, si l'on excepte quelques cadres supérieurs, sont des cadres intermédiaires qui œuvrent au sein des fonctions publiques fédérale, provinciale ou municipales, au sein du réseau de l'éducation ou de celui des affaires sociales et de la santé, au sein de sociétés d'État ou de divers organismes péripublics[1]. Ils ont approximativement cinq ans d'expérience en gestion.

---

1. Ces organismes liés au gouvernement sont encore plus autonomes que ceux qui appartiennent au secteur parapublic.

Avant de décrire les grandes lignes de cette méthode pédagogique, il est utile de présenter les idées qui la fondent.

Fondements

L'idée centrale est très simple (en apparence) et fort connue : *la personne de la situation*. C'est l'abc de la pensée sur la gestion américaine : *the right person at the right place at the right time.*

Nous avons ramené à quatre propositions et à une définition la philosophie contenue dans cette formule populaire :

– Une personne n'est jamais efficace en soi, même si elle a de magnifiques talents.

– Une personne n'est efficace qu'en fonction des exigences particulières d'une situation.

– Chaque situation de gestion a des exigences stratégiques spécifiques.

– Chaque situation change dans le temps et les facteurs stratégiques se modifient.

La définition à laquelle nous sommes parvenu est un concentré de la conception de l'efficacité des gestionnaires qui est véhiculée par cette pédagogie : *la personne de la situation est celle qui utilise ses ressources de telle sorte que les effets de ses comportements satisfont un pourcentage suffisant des exigences stratégiques de la situation.*

Expliciter ce « pourcentage suffisant » serait beaucoup trop long. Disons seulement qu'il renvoie au fait que tout gestionnaire doit satisfaire à une combinaison complexe d'attentes complémentaires, divergentes et contradictoires d'un grand nombre d'acteurs stratégiques individuels et collectifs (groupe, comité, service...).

Précisions aussi rapidement que les facteurs stratégiques de la situation ce sont les variables, les ingrédients, les éléments qui ont un lien positif ou négatif déterminant avec l'intention, le projet ou l'objectif à la lumière duquel on *lit* cette situation.

Le facteur stratégique, est celui qui, contrôlé et influencé de la bonne manière, à la bonne place, au bon moment, réalisera le nouveau système ou l'ensemble de conditions visées par l'objectif[2].

---

2. C. I. BARNARD (1971), p. 203.

Ces quelques idées indiquent clairement que la méthode s'inscrit dans une perspective « contingente » (*contingency theory*), dans une perspective situationnelle qui met en garde contre les principes universels de gestion et qui exige chaque fois de considérer les ingrédients spécifiques de chaque situation.

Cette formule de la personne de la situation introduit aussi une lecture complexe de la subjectivité et de l'objectivité en réintroduisant l'acteur dans la situation. Expliquons-nous un peu.

Le souci d'impartialité dans les jugements de gestion, les efforts de bureaucratisation et les efforts « scientifiques » des sciences de la gestion ont mené à une survalorisation de l'objectivité. L'hypertrophie de la valeur de l'objectivité a fini par éliminer le gestionnaire de la situation qu'il a à gérer ; elle a incité les gestionnaires à gérer en faisant abstraction d'eux comme personne, comme subjectivité.

Cette chimère devient complète quand le gestionnaire arrive à se convaincre que la situation qu'il gère est objective et que lui-même est capable de suspendre tous les aléas de sa propre subjectivité !

En réaction à cette objectivation totalitaire, la subjectivité revendique ses droits sous deux formes : 1) en accusant l'hyperobjectivité d'être une idéologie qui sert à camoufler l'arbitraire des acteurs et 2) en rejetant toute objectivité, en la dénonçant comme contrainte et en prônant comme seule vérité vraie la subjectivité pure et sacrée de l'acteur (on retrouve cette doctrine dans certains courants « psychologistes » de formation des gestionnaires qui invitent ceux-ci à n'écouter que leurs *feelings*).

Nous rejetons ces excès et nous proposons aux gestionnaires de développer la plus extrême objectivité à l'égard d'eux-mêmes autant qu'à l'égard de la situation : donc, la meilleure information factuelle sur soi et sur la situation. En même temps, nous leur proposons de toujours garder à l'esprit les données *objectives* suivantes :

– comme acteurs dans cette situation, ils ne peuvent pas ne pas faire une lecture subjective et intéressée de la situation ;

– ils constituent, comme subjectivité, une des variables stratégiques de la situation qu'ils ont à gérer ;

– la gestion n'est pas une abstraction impersonnelle et objective, la gestion sort directement des comportements concrets des gestionnaires, la gestion est l'expression de la personnalité même des gestionnaires.

C'est pourquoi l'essentiel de notre démarche est un mouvement de trois mises au point (*focus*) continuelles qui vont de *soi* à la *situation* à *soi-dans-la-situation*, ce qu'exprime le schéma fondamental de la démarche (figure 1).

FIGURE 1
Soi-dans-la-situation

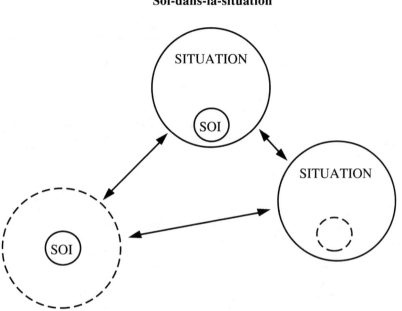

La mise au point sur la *situation* se réfère à tous ces talents de perception, de sensibilité, de diagnostic, d'analyse et d'objectivation qui sont en partie développés par tout cours de gestion.

La mise au point sur *soi* se réfère à notre formule — le gestionnaire comme personne est son premier outil de gestion. Elle exige un minimum de connaissance de soi, un minimum de lucidité sur ses forces et ses faiblesses.

La mise au point sur *soi-dans-la-situation* signifie que l'analyse objective de la situation doit être pondérée par le fait que le gestionnaire, avec ses forces et ses faiblesses spécifiques, fait partie de cette situation. Le gestionnaire décode, à travers *sa* vision des enjeux et des forces en présence, à travers *son* interprétation des objectifs de l'organisation et à travers *ses* intérêts personnels (Crozier et Friedberg, 1978), cette situation sur, dans et à l'aide de laquelle *il* agit.

Exprimée autrement, cette perspective de la personne de la situation revient à la confrontation avec les questions apparaissant à la figure 2.

FIGURE 2
Les deux pôles fondamentaux

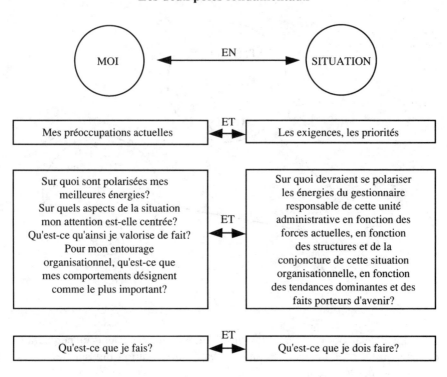

Une autre idée clé anime cette démarche : pour devenir plus compétent, un gestionnaire doit essayer de rendre plus efficace le service dont il est responsable. Ces essais constituent autant d'épisodes d'apprentissage qui le renverront à ses propres compétences à développer (connaissances, habiletés, attitudes) et qui, par leur degré de succès et d'échec, consolideront un véritable *savoir gestionnaire,* c'est-à-dire un savoir intégré aux niveaux intellectuel (tête), affectif (cœur) et instinctif (corps).

Ce savoir est celui que développe tout gestionnaire, qu'il le veuille ou pas, qu'il se donne une formation formelle ou pas. Notre propos d'enseignant est de favoriser ce savoir, de l'accélérer, de l'approfondir, de l'élargir, de l'enrichir.

C'est pourquoi l'attitude la plus importante pour devenir un gestionnaire plus compétent et plus efficace est l'*attitude d'apprentissage.* Elle consiste à adopter la position de quelqu'un qui est disposé à apprendre à partir de ce qui est en train d'arriver.

Cette attitude introduit une façon de percevoir, de comprendre et d'agir qui transforme tout en occasions d'apprendre : événements, situations, décisions, conflits, erreurs, succès... Elle fait voir sa propre pratique comme quelque chose qui mûrit lentement, se consolide étape par étape, s'apprend à travers une suite de structurations, de déstructurations, de restructurations.

La méthode pédagogique

Glenn Gould, le célèbre pianiste canadien, à qui l'on demandait ce qu'il ferait comme professeur, répondit en définissant clairement l'approche que nous présenterons maintenant :

> Comme je l'ai dit, je ne me suis jamais retrouvé dans une situation pédagogique. Si c'était le cas, ce que je ne souhaite pas, j'imagine que la seule chose à faire qui puisse être profitable serait d'utiliser un magnétophone, d'enregistrer l'étudiant, de lui faire entendre ce qu'il a joué et de lui dire : « Êtes-vous satisfait de ce que vous avez fait, de votre élocution du rendu final ? [...]
>
> Pour moi, il n'y a de révélation intéressante que provenant de l'observation de soi-même. La seule chose utile qu'un professeur puisse accomplir est d'exposer l'étudiant à une série de questions, de lui faire comprendre que des questions concernant ce qu'il fait peuvent être posées et que les réponses ne peuvent venir que de lui. Un professeur ne peut rien faire d'autre que de poser des questions, et de mettre l'étudiant dans une situation où il puisse se poser ses propres questions. Au-delà, un professeur n'est plus utile [3].

Le cadre temporel auquel nous nous référons ici est de 15 semaines (4 mois), durant lesquelles 9 rencontres ont lieu, une par 2 semaines, chacune durant 5 heures (au total, 45 heures en classe).

Le nombre d'étudiants par classe varie de 12 à 25. Mais nous ne nous référerons ici qu'au petit groupe de 4 ou 5 étudiants qui se constitue à l'intérieur du groupe de 25.

Pour ce qui est du rôle du professeur (de la personne-ressource), nous nous limiterons à dire que son extériorité est indispensable, que ce rôle exige des habiletés et de l'expérience en relation d'aide et en animation de groupe et que la connaissance pratique et théorique de la gestion est nécessaire.

Une fois que les informations de base ont été communiquées et que le climat de confiance est suffisant (la durée de cette phase varie selon chaque

---

3. G. GOULD (1983), p. 112.

groupe), on peut commencer à travailler avec chacun des gestionnaires du petit groupe.

Une rencontre permet de trois à quatre *séquences de travail* et se déroule de la façon suivante. À tour de rôle, chaque gestionnaire présente devant le groupe sa situation et ses préoccupations, suit une période d'échanges entre le gestionnaire, la personne-ressource et les membres du petit groupe.

Chaque *séquence de travail* suit le déroulement suivant :

1) présentation de sa situation organisationnelle ;

2) présentation de ses principales préoccupations actuelles ;

3) questions d'information, de clarification de la part de l'auditoire ;

4) commentaires, réactions, discussions ;

5) (étape facultative) élaboration d'hypothèses d'action (miniprojet) ;

6) prise en note par chacun des résultats de l'échange.

La figure 3 présente cette méthode pédagogique.

FIGURE 3
Modèle global de la démarche

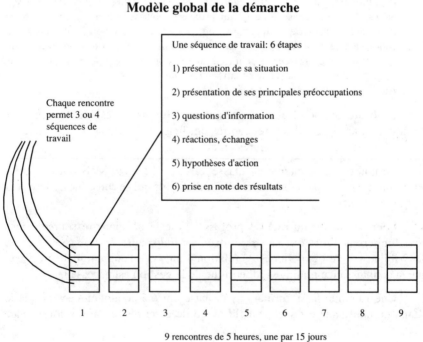

Une séquence de travail: 6 étapes

1) présentation de sa situation

2) présentation de ses principales préoccupations

3) questions d'information

4) réactions, échanges

5) hypothèses d'action

6) prise en note des résultats

Chaque rencontre
permet 3 ou 4
séquences de
travail

1   2   3   4   5   6   7   8   9

9 rencontres de 5 heures, une par 15 jours

15 semaines

Le gestionnaire qui présente sa situation dirige la séquence : il l'ouvre, il identifie ce qu'il veut explorer avec l'aide des autres, il oriente les questions, il décide de répondre ou non, il accepte ou refuse certains commentaires, il souligne les contributions significatives et, finalement, il met fin à la séquence et c'est au tour d'un autre. Et ainsi de suite.

Décrivons chacune des étapes d'une séquence de travail au cours de laquelle le groupe et le professeur travaillent avec un ou une gestionnaire.

1re étape : présentation de sa situation organisationnelle

Le premier objectif simple et opérationnel de cette première étape est, pour le groupe, de se familiariser avec le contexte dans lequel évolue le gestionnaire qui a la parole.

Ce premier objectif se double rapidement d'un objectif plus subtil qui consiste, pour celui qui présente sa situation, à voir sa situation telle qu'il se la représente et à voir en même temps sa façon de la voir, c'est-à-dire à prendre conscience, en s'exprimant, des choses dites, des choses non dites volontairement et involontairement, et de la façon de les dire : images choisies, accents, intonation... Ce processus d'objectivation est un des plus importants de cette méthode de formation. Il peut se pratiquer seul, par écrit, ou avec une seule personne, spécialiste ou pas. Ici, le fait de le pratiquer devant un groupe de gestionnaires guidé par une personne-ressource lui confère toute sa richesse.

Se présenter à d'autres, c'est aussi se présenter à soi-même.

2e étape : présentation de ses principales préoccupations

Si celui qui présente sa situation veut mener avec le groupe une réflexion sur sa pratique de gestionnaire, il ne suffit pas qu'il présente sa situation organisationnelle, il faut qu'il indique les questions qu'il veut approfondir avec l'aide de ses collègues.

« Préoccupations » signifie globalement tout ce qui attire l'attention à ce moment-là, tout ce qui polarise les énergies. Nous pouvons distinguer deux grands types de préoccupations : les problèmes et les projets. Par cette distinction, nous voulons simplement faire ressortir que les préoccupations d'un gestionnaire sont assez souvent tournées vers le futur, sur le mode « proactif ».

Cette étape n'est ni un *strip-tease*, ni une confession, ni un procès.

Notre expérience nous prouve clairement qu'il n'est pas nécessaire de raconter sa vie pour faire évoluer, avec l'aide de collègues, une question qui peut représenter un très sérieux blocage dans sa pratique.

3ᵉ *étape : période de questions d'information factuelle*

Il est important de ne pas escamoter cette étape et de ne pas sauter trop vite aux réactions et aux discussions (étape 4) et cela pour deux raisons. La première est élémentaire : avant de discuter assurons-nous que nous comprenons bien ce qui nous est présenté. La seconde raison renvoie aux importants résultats et apprentissages que peuvent provoquer de simples questions d'information et de clarification.

Simples questions, grosses découvertes. La familiarité nous rend évidentes et même invisibles plusieurs facettes, quelquefois stratégiques, de nos réalités quotidiennes. Un regard neuf, étranger, extérieur, naïf, peut nous révéler ces réalités fondues dans notre décor quotidien. De simples questions factuelles ont le don de mettre en contact le gestionnaire qui présente sa situation avec des évidences dont la révélation se répercutera quelquefois sur l'ensemble de sa réflexion et de sa pratique.

Deux exemples suffisent pour illustrer cela.

Combien de vieux ?

Récemment nommé à la tête d'un bureau local qui a très mauvaise réputation, un cadre supérieur se plaint en commençant sa présentation d'avoir hérité d'une organisation de « vieux ». Au cours de sa présentation, il revient assez souvent sur cet aspect. Nous lui demandons quelle est la distribution exacte de l'âge de ses employés ; il ne le sait pas. À la rencontre suivante, il nous dit en riant, statistiques en main, que ses « vieux » employés ne sont pas aussi vieux qu'on le lui avait dit et qu'il avait eu tort de croire ces dires qui faisaient partie de l'image extrêmement négative de ce bureau ; les données factuelles corrigeaient carrément cette information qui faisait jusqu'alors partie de son champ de conscience et qui orientait sa pratique.

Où sont ces deux employés ?

Un cadre nous dit avoir douze subordonnés et il présente son service d'informatique en décrivant les objectifs, les postes, les divers dossiers sur lesquels il travaille. Quelqu'un lui dit un peu plus loin dans la présentation : « Je ne compte que dix postes et il me semble que tu parlais de douze employés. » Voilà notre directeur de service surpris, il dessine au tableau l'organigramme et arrive à dix... et s'exclame : « C'est vrai, j'oubliais un tel et un tel ! » Il nous dira comment il en était venu à quasiment nier l'existence de ces deux employés peu performants avec lesquels il ne savait pas quoi faire.

Soulignons l'attitude qui doit fermement orienter le groupe à cette étape : insistance sur le *factuel*. La description spontanée de l'étape 1 n'est pas un effort de description objective. Elle favorise au contraire l'expression de la situation telle qu'elle est ressentie par le gestionnaire. Ce « ressenti » contient beaucoup d'impressions vagues, d'opinions peu fondées, de sentiments diffus, ce qui est normal et constitue le champ de conscience coutumier de tout gestionnaire en exercice. Mais le grand intérêt des questions d'informations posées à cette étape-ci est de confronter la présentation à une information bêtement *factuelle*. Ce processus — impressions vagues contre données factuelles — modifie déjà le champ de conscience du gestionnaire.

4e étape : commentaires, réactions, discussions

Malgré les possibilités incontestables d'apprentissages significatifs aux trois premières étapes, c'est sûrement ici que les chances de découvrir quelque chose de neuf sont les plus grandes.

Les membres du groupe comprennent facilement que le mépris, les jugements brutaux et catégoriques, les procès d'intentions et autres « charmants » comportements du même style ne sont pas faits pour fortifier le climat de confiance et stimuler l'ouverture des esprits et des cœurs !

La valeur des échanges dépend, bien sûr, des talents et de l'expérience des gestionnaires présents. Il peut être utile de se rappeler les méthodes classiques d'interactions qui favorisent l'exploitation d'un filon de réflexion : la reformulation exacte, la synthèse, le recadrage...

À l'intérieur des limites absolues de respect et de non-agression, il ne faut pas trop contrôler les échanges. Toutefois, il faut éviter que les membres du groupe interviennent successivement dans des directions opposées : cela risque d'étourdir celui ou celle qui présente sa situation.

Le gestionnaire qui présente sa situation et ses préoccupations dirige les échanges. Il lui revient en effet d'indiquer le plus clairement possible ce qu'il attend de ses collègues. Ces attentes peuvent varier beaucoup.

La *confrontation* est également une méthode de réaction qui peut être utile. Elle est difficile à bien manier parce que, souvent, elle glisse vers des interrogations insidieuses, insinuantes, à double message (*double-bind*), interprétatives, elle prête des intentions et peut conduire à des attitudes « négatives » exclues de notre approche. Elle exige donc de la part des membres du petit groupe une bonne discipline, garantie par la personne-ressource.

Un bon exemple d'utilisation d'une méthode de confrontation est donné par J. Heron, formateur britannique[4], il l'appelle la « procédure de l'avocat du diable ».

---

4. T. BOYDELL et M. PEDLER (1981), p. 120.

Attirons l'attention sur une facette majeure de cette étape: *apprendre à partir de l'expérience des autres*. Les expériences des autres, surtout si elles se contredisent entre elles, fournissent une source d'informations des plus précieuses.

Même si le groupe de réflexion n'est constitué que de gestionnaires peu expérimentés, la variété des expériences est toujours un atout à exploiter. La comparaison de diverses réalités de gestion produit plusieurs des effets que recherche la méthode des cas, sauf qu'ici le personnage central du cas peut répondre aux questions, réagir aux remarques et confronter les points de vue divergents qu'on lui présente, et, d'une semaine à l'autre, décrire l'évolution de sa situation.

Nous pourrions illustrer la richesse de ces échanges de multiples exemples. Choisissons un exemple qui présente un échange d'expériences similaires entre gestionnaires du même âge.

Quatre cadres intermédiaires se disent, chacun de leur côté, aux prises avec un patron incompétent. L'une est particulièrement perturbée par cette relation qui, depuis quelque temps, mobilise beaucoup de ses énergies, détruit sa motivation et lui donne le goût de quitter une organisation qu'elle valorise et où elle a réalisé beaucoup de choses. Les trois autres gestionnaires ont trouvé des solutions plus ou moins heureuses à leur relation difficile. Exposons-les schématiquement. L'un a appris à éviter son patron et à limiter ses contacts directs et indirects au strict nécessaire; à sa grande surprise, il a découvert que son patron appréciait cette façon de faire et qu'ils avaient ainsi trouvé une façon acceptable de fonctionner. Le deuxième, lui, a déclaré la guerre à son patron et a entrepris de le faire déplacer. Il déploie son réseau politique et monte un dossier; jeu dangereux, il en convient, mais il juge que la limite de sa tolérance est atteinte et qu'il se doit d'agir. La troisième gestionnaire, elle, applique sans le savoir une tactique souvent recommandée dans la documentation du genre *How to manage your boss* (exemple: Anthony, 1983): faire bien paraître son patron. Elle s'arrange pour que ses bons coups à elle lui soient attribués. Elle le consulte sur des points techniques, domaine dans lequel il est particulièrement compétent. Elle l'invite à jouer tous les rôles officiels (figure de proue) qui le mettent en valeur et, ainsi, réussit à éviter que l'incompétence de son patron nuise au rendement de son service.

La jeune cadre qui écoute ses trois collègues ne se trouve pas bien avancée. Elle spécule sur ces diverses stratégies et se demande comment profiter de l'expérience des autres. Quelques semaines plus tard, elle nous dira avoir combiné la tactique d'évitement du premier et celle de consultation sur des points techniques de la troisième, mais que la tentation de partir est encore très forte. Par ailleurs, elle s'est rendu compte que sa démotivation avait commencé à déteindre sur ses troupes, qui se plaignaient de la chute d'enthousiasme de leur propre patronne : le désir de protéger ses employés de la démoralisation qui s'infiltrait peu à peu dans toute la division lui avait donné, curieusement, un regain d'énergie. Sa propre expérience venait ainsi enrichir celle des trois autres collègues.

5ᵉ étape : formulation des hypothèses d'action

Cette étape est facultative. La figure 4 en présente l'évolution.

Plusieurs gestionnaires ont une compréhension suffisante de leur situation. Au lieu de consacrer plusieurs des neuf rencontres à clarifier leur vision, ils préfèrent apprendre par la pratique en s'attaquant directement à des points qui les préoccupent.

Le gestionnaire qui présente ses préoccupations peut en identifier une en particulier qu'il aimerait faire bouger, faire évoluer. Avec l'aide du groupe, il formule une hypothèse d'action, de préférence simple, microprojet, facilement réalisable avant la prochaine rencontre. Ce miniprojet peut fort bien être quelque chose qu'il a à faire de toute façon.

Entre les rencontres, il expérimente, il teste cette hypothèse, prend note de sa stratégie et des événements pertinents ; il fera un rapport au groupe à la prochaine rencontre. Que l'opération ait réussi ou pas importe moins que d'apprendre. Même s'il n'a rien fait de ce qu'il se proposait de faire, il pourra tirer profit de cette occasion manquée, en se demandant entre autres si ne pas faire ce qu'il se propose est une caractéristique importante de sa pratique.

FIGURE 4
Cycle de l'étape 5

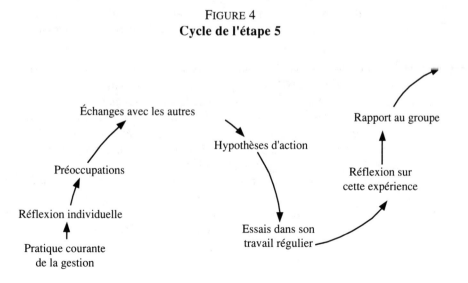

Ainsi d'une rencontre à l'autre, les gestionnaires qui pratiquent cette méthode parcourent une série de boucles au cours desquelles 1) ils approfondissent leurs préoccupations de gestion, 2) les font évoluer concrètement par leurs actions et par la réflexion collective et 3) renforcent ainsi leur réflexion dans l'action et par l'action. Plusieurs, tout en apprenant, règlent des dossiers quelquefois importants.

Ce genre de petit projet dont le gestionnaire observe attentivement la réalisation peut concerner toutes sortes d'aspects de sa pratique de gestion, toutes sortes d'aspects de son organisation, aussi bien des dossiers courants que des projets tout à fait inusités.

Le profit à en retirer peut venir du caractère innovateur de l'hypothèse formulée. Il peut venir des découvertes que permettent l'observation de sa réalisation et les échanges en groupe. Ou encore il peut venir des résultats concrets qui en découlent. Ou mieux le profit viendra des trois en même temps.

6ᵉ étape : prise en note des résultats des échanges

À la fin d'une séquence de travail avec un des membres du groupe, il est bon de faire une pause silencieuse pour laisser retomber et les idées et les émotions.

Il est superflu d'insister sur la nécessité de prendre des notes sur ce qui se passe pour le gestionnaire qui présente sa situation.

Pour les autres, nous développerons un peu cette idée qui n'est pas évidente au premier coup d'œil : *quand tu parles de ta situation et de tes préoccupations, cela m'apprend des choses sur moi et ma situation.* Certains gestionnaires dans ce genre de petit groupe ont plus de difficulté que d'autres à profiter de ces comparaisons qui leur sont offertes : ils attendent leur tour de parler de ce qui les intéresse.

Décrivons brièvement ce processus qui apparaît de plus en plus intense au fur et à mesure que se succèdent les présentations de situations variées. Au départ, la situation des autres ne suscite que de la curiosité, mais, peu à peu, se développe un ensemble de mécanismes de projection, d'identification, de différenciation, de réappropriation des projections..., que nous englobons dans l'expression *comparaison interactive.* Cette activité continue de comparaisons se développe en chacun au fur et à mesure qu'un des membres du groupe présente sa situation et ses préoccupations ; elle se multiplie lorsque les autres membres commencent à interagir avec lui et elle devient en chacun une sorte de débat collectif au fur et à mesure que se succèdent les présentations. Qu'elles soient exprimées à haute voix ou seulement formulées privément, les expressions suivantes illustrent cette comparaison interactive incessante :

– « Ce que tu dis me fait penser à ce que j'ai déjà vécu... »

– « Ta situation est tellement différente de la mienne... »

– « As-tu pensé à essayer... ? »

– « À ta place je ferais... je ne ferais pas... »

– « Nous avons le même genre de problème... »

– « Je ne voudrais pas me retrouver dans ce genre de situation... »

– « Voilà la sorte de patron que j'aimerais avoir... »

Ce débat, si on sait en dépasser la banalité apparente et lui prêter la qualité d'attention requise, révèle à chacun plusieurs caractéristiques de sa propre situation.

À la fin de chaque séquence, c'est ce débat intérieur que nous suggérons à chacun de noter : les principales retombées pour sa propre pratique de gestion.

Conditions de succès

Motivation

La première condition de succès de ce genre de réflexion est évidemment la motivation.

D'abord la motivation à s'améliorer comme gestionnaire, à devenir plus compétent, doit être claire et sans ambiguïté, sinon cela constitue la principale préoccupation à laquelle il faut s'attaquer d'abord.

D'autre part, la réflexion avec d'autres exige que cette motivation générale de base ait deux caractéristiques particulières : 1) être intéressé à parler de sa propre pratique de gestion et être ouvert aux réactions que les autres auront à l'égard de cette pratique ; 2) être intéressé à entendre les autres parler de leur propre pratique pour leur apporter la contribution qu'ils attendent.

Parler de sa pratique et accepter que d'autres posent des questions qui peuvent être dérangeantes, accepter que d'autres fassent des commentaires et proposent des façons différentes de voir, accepter que d'autres évaluent même avec respect ce que je fais, cela exige une sorte de maturité, de confiance en soi, de simplicité qui s'accompagne d'une ouverture claire au changement. Si ces conditions de base ne sont pas présentes, chacun parlera de sa pratique *inutilement*, c'est-à-dire en s'efforçant de présenter une image qui ne favorise pas l'échange ; il présentera des informations générales et banales sur sa situation et parlera de préoccupations impersonnelles qui n'expriment pas vraiment ce qu'il vit.

Il peut sembler beaucoup plus facile d'écouter les autres et de réagir à ce qu'ils présentent; c'est une illusion. Apporter une contribution valable à celle, à celui qui nous présente sa pratique actuelle, fait appel à une autre sorte d'engagement pas moins exigeant que celui de présenter ses propres préoccupations. Écouter est difficile, car, rapidement, deux interlocuteurs entrent en scène: celui qui, devant nous, présente sa situation et celui qui, en dedans de chacun, réagit.

Chacun doit donc être très attentif à ce que l'autre dit, à la manière de le dire et à ce qu'il ne dit pas et, en même temps, chacun doit être attentif à ses propres réactions et distinguer parmi ses émotions, ses fantaisies, ses questions, ses idées... celles qui ne concernent pas celui qui parle de celles qui risquent de lui être utiles. Cette distinction n'est jamais facile.

Attitude d'aide

Ce type de démarche en petit groupe requiert que les membres adoptent entre eux une attitude d'aide (Brammer, 1985). La qualité d'ouverture qu'exige ce genre de pédagogie est strictement incompatible avec des attitudes agressives, avec des comportements de compétition «primaire». Elle est tout aussi incompatible avec une attitude de politesse mondaine qui sert à masquer ce que l'on pense et ce que l'on ressent. Cette façon d'apprendre ensemble les uns des autres n'est possible que dans un climat de confiance réciproque, un climat qui assouplit les normes, habituellement rigides, qui nous guident lorsque nous nous efforçons d'avoir l'air plus fins les uns que les autres; en un mot, un climat qui permet les erreurs nécessaires pour apprendre.

Le principe de l'auberge espagnole — chacun y mange ce qu'il y apporte — est aussi vrai du contenu que du climat. Chacun tire un profit proportionnel à son investissement et chacun est stimulé (ou freiné) par le degré d'engagement des autres. «Engagement» ne signifie pas «raconter sa vie, se mettre à poil, se confesser...», mais signifie aller le plus directement possible à ses préoccupations compte tenu des ressources disponibles dans le groupe. «Engagement» signifie «ouverture», oui, mais pas sur n'importe quoi et pas n'importe comment.

Notre expérience indique clairement que cette pédagogie est rentable, que les gestionnaires en comprennent très rapidement et les mécanismes et les avantages. Le degré d'engagement est toujours très élevé, même s'il varie «en couleurs et en saveurs» avec les personnes et les groupes. Tous comprennent assez vite que les peurs qu'inspire l'expérience au début sont, comme beaucoup de peurs, des ombres grossissantes d'objets qui, une fois éclairés, s'avèrent quotidiens et familiers. D'ailleurs, cette phase constitue un apprentissage important.

Une aide supplémentaire : quinze exercices

Pour que cette réflexion *avec d'autres* sur sa pratique actuelle ait quelque profondeur, il faut que chacun mène entre les rencontres (tous les quinze jours) une réflexion personnelle. Certains plus que d'autres ont besoin d'un guide pour organiser et soutenir cette réflexion personnelle. C'est pourquoi nous fournissons aux gestionnaires étudiants une série de quinze exercices de réflexion parmi lesquels ils peuvent choisir ceux qui sont les plus pertinents pour eux actuellement (voir le tableau 1).

TABLEAU 1
Les quinze exercices de réflexion

POINT DE DÉPART ET CENTRE

1. Ma situation actuelle

2. Mes préoccupations actuelles

LA PERSONNE DU GESTIONNAIRE

3. Mes motivations

4. Mes croyances

5. Mes compétences

LES EXIGENCES DE LA SITUATION

6. Mon territoire organisationnel

7. L'efficacité de mon unité

8. Mon efficacité : mon poste, mon rôle

9. Leurs diagnostics

MES COMPORTEMENTS, MES RÉPONSES

10. Journal-agenda (quinze semaines)

11. Mon emploi du temps

12. Rôles exercés

13. Observation directe

TABLEAU 1(suite)
Les quinze exercices de réflexion

POUR CONTINUER

14. Mémoire

15. Avenir

La structure de ces quinze exercices suit la même logique que l'ensemble de la démarche :

– Partir de sa situation actuelle et de ses principales préoccupations. Les exercices 1 et 2 ajoutent, à ce que nous avons déjà présenté dans cet article, des suggestions pratiques et quelques éléments théoriques ;

– S'interroger sur soi-même dans son rôle : motivations, croyances, compétences. À l'aide de sa biographie professionnelle et de diverses questions, à l'aide de définitions et de propositions sur la gestion et à l'aide de douze modèles intégrateurs de compétences en gestion, les exercices 3, 4 et 5 invitent l'étudiant à réfléchir sur son identité personnelle et professionnelle ;

– Procéder à un diagnostic de l'efficacité de son unité organisationnelle et à un diagnostic de son propre rendement dans son poste-rôle actuel. C'est ce que permettent les exercices 6, 7 et 8. L'exercice 9 propose au gestionnaire de faire faire les mêmes diagnostics par les personnes de son entourage organisationnel ;

– Observer le plus factuellement possible ses comportements, ses réponses aux exigences de la situation. Les exercices 10 et 11 sont des analyses de l'emploi du temps, l'une macroscopique, de quinze semaines, l'autre microscopique, de dix jours. L'exercice 12 s'inspire des dix rôles de Mintzberg (1984). L'exercice 13, original, suggère aux gestionnaires de se faire observer directement dans leur travail par un collègue étudiant gestionnaire ou par le professeur ;

– Finalement, garder mémoire de ses réflexions et en tirer des plans d'avenir, au moyen des exercices 14 et 15.

La partie théorique qui alimente cet enseignement est présentée en quatre chapitres dans le manuel du cours, *L'efficacité des gestionnaires et des organisations :*

– « Une conception de la gestion »,

– « L'efficacité »,

– «L'efficacité des gestionnaires»,

– «L'efficacité des organisations».

Les résultats

L'ensemble de cette méthode de formation favorise l'intégration de la théorie à la pratique, de la pensée à l'action, de la réflexion aux activités quotidiennes du gestionnaire. Au niveau de la pratique actuelle de chaque gestionnaire, elle permet deux sortes de résultats directs : clarifier et changer.

Les échanges en petit groupe et tout le travail d'observation et de collecte d'informations qu'il mène à travers son travail, même entre les rencontres, entraînent le gestionnaire dans un processus de compréhension qui, au fil des semaines, va s'élargissant et s'approfondissant ; l'alternance de la réflexion et de l'action, l'alternance des rencontres et de la pratique de gestion produit en lui une vigilance nouvelle qui, à tout moment, de façon imprévisible, lui découvre des aspects jusque-là invisibles de sa situation organisationnelle et de ses préoccupations.

Cette clarification de sa situation et du rôle qu'il y joue entraîne inévitablement des changements. À ces changements, issus du processus de clarification, il peut ajouter des changements intentionnels, explicites, en transformant à l'occasion sa pratique en «laboratoire de gestion».

Toutes les étapes de chaque séquence de travail, toutes les séquences de chaque rencontre, toutes les rencontres et tout le travail entre les rencontres produisent un résultat indirect qui, pour plusieurs, aura des répercussions à long terme sur toute leur pratique de gestion : l'appropriation de la démarche elle-même.

Cette démarche est *plus qu'une démarche pédagogique,* c'est une démarche de réflexion qui s'intègre à la pratique de chacun. C'est *une pratique pédagogique qui devient une pratique de gestion.*

Ainsi, chacun à sa façon, les gestionnaires apprennent à porter leur attention sur eux comme personne dans le rôle, sur la situation *dans* et *sur* laquelle ils travaillent, sur eux-dans-cette-situation avec la plus grande objectivité possible et en n'oubliant pas les dimensions irrécusables de leur propre subjectivité.

Bien que certains étudiants fassent quelques apprentissages spectaculaires, la majorité obtient plutôt ce qu'on pourrait appeler un *élargissement de la conscience* fait de plusieurs petites découvertes sur eux et sur leur situation organisationnelle actuelle. L'important, c'est que cette conscience élargie est celle qu'ils ont dans leur pratique courante et *non pas celle qu'ils ont en classe*.

Ainsi l'objectif global de cette pédagogie est atteint à des degrés divers :

> L'ensemble de cette démarche vise à rendre les gestionnaires plus intelligents dans leur pratique même. Intelligence signifie ici cette aptitude infiniment perfectible de discernement et de jugement qui s'appuie sur ce qu'on appelle, faute de termes plus précis, maturité et sagesse.

> La démarche consiste à construire une sorte d'édifice d'apprentissages, de faits, d'idées, de sentiments, qui finira par se dissoudre dans le sang comme tout repas, tout voyage, toute rencontre.

> Il n'en restera que ce qui en reste lorsqu'on a tout oublié : une culture, une intelligence, une façon un peu différente de voir et de comprendre ses propres réalités.

> Une façon différente d'agir[5].

Conclusion

Cette pédagogie vise principalement les attitudes des gestionnaires. À l'aide d'outils pratiques et théoriques, à l'aide de la réflexion individuelle et collective, elle cherche à développer dans la pratique même des gestionnaires le goût d'améliorer leurs capacités de percevoir et de comprendre les exigences de la situation, le goût d'améliorer leurs capacités de concevoir et de réaliser des comportements adaptés aux exigences de la situation.

> Si vouloir devenir plus compétent peut apparaître au départ comme un devoir, cette volonté doit, peu à peu, devenir un besoin, un appétit, un intérêt et, finalement, nous l'espérons, un PLAISIR. Le plaisir de la qualité[6].

---

5. A. PAYETTE (1988), p. 2.
6. *Id. ibid.*, p. 271.

Références bibliographiques

ALINSKY, S. (1976). *Manuel de l'animateur social*, Paris, Seuil.

ANTHONY, W. P. (1983). *Managing your Boss*, New York, Amacon.

BARNARD, C. I. (1971). *The Functions of the Executive*, 21ᵉ édition, Cambridge, Mass., Harvard University Press. Édition originale: 1938.

BOYDELL, T. et PEDLER, M. (sous la direction de) (1981). *Management Self-Development — Concepts and Practices*, Londres, Gower.

BRAMMER, L. M. (1985). *The Helping Relationship*, 3ᵉ édition, Englewood Cliffs, Prentice-Hall.

CAMPBELL, J. P., DUNETTE, M. D., LAWLER, E. E. et WEICK, K. E. (1970). *Managerial Behavior, Performance and Effectiveness*, New York, McGraw-Hill.

CROZIER, M. et FRIEDBERG, E. (1978). *L'acteur et le système*, Paris, Seuil.

DELPEUCH, J.-L. et LAUVERGEON, A. (1986). « Sur les traces des dirigeants », *Annales des Mines — Gérer et comprendre*, n° 2, mars.

DRUCKER, P. F. (1974). *L'efficacité, objectif numéro 1 des cadres*, Paris, Les Éditions d'Organisation.

GOULD, G. (1983). *Le dernier puritain, Écrits*, Paris, Fayard, tome 1.

HUNT, J. G. (1984). *Leadership and Managerial Behavior*, Chicago, Science Research Associates, Inc.

KATZ, R. L. (1974). « Skills of an Effective Administrator », *Harvard Business Review*, vol. 51. Première parution: vol. 33, 1955.

MINTZBERG, H. (1984). *Le Manager au quotidien*, Paris et Montréal, Les Éditions d'Organisation et Agence d'Arc.

OSHRY, B. (1976). *The I, the We, the All of Us*, Boston, Power & Systems Training Inc.

PAYETTE, A. (1988). *L'efficacité des gestionnaires et des organisations*, Sillery, Les Presses de l'Université du Québec.

PEDLER, M., BURGOYNE, S. et BOYDELL, T. (1978). *A Manager's Guide to Self-Development*, Maidenhead, McGraw-Hill.

ST-ARNAUD, Y. (1986). *Devenir efficace*, Sherbrooke, Service à la recherche, Faculté des arts, Université de Sherbrooke.

SCHÖN, D. A. (1983). *The Reflective Practitioner*, New York, Basic Books.

SUN TSE (1971). *Les treize articles sur l'art de la guerre*, Paris, L'Impensé radical. Édition originale : VI-Ve siècle avant J.-C.

TESSIER, R. et TELLIER, Y. (1973). *Changement planifié et développement des organisations*, Montréal et Paris, Les Éditions de l'IFG et EPI s.a. Éditeur.

WEICK, K. E. (1983). « Managerial Thought in the Context of Action », dans S. SRIVASTVA *et al., The Executive Mind*, San Francisco, Jossey-Bass Publishers.

YOURCENAR, M. (1971). *Les mémoires d'Hadrien*, Paris, Gallimard.

16

La science-action
Le rapport entre la science et la pratique professionnelle

Fernand SERRE

Le rapport pouvant exister entre la science et la pratique professionnelle intéresse plusieurs personnes, autant les chercheurs et les professeurs que les praticiens. Par ailleurs, ces deux réalités leur apparaissent comme deux univers distincts. Les chercheurs et les professeurs réussissent difficilement à communiquer de façon efficace avec les praticiens. Les connaissances et les recherches des uns ne semblent pas très utiles aux autres. Par ailleurs, les questions et les problèmes des praticiens ne semblent pas intéresser plusieurs professeurs ou chercheurs.

Ce document vise à décrire des pistes de solutions. Dans la première partie, nous ferons état des efforts qui ont été déployés pour établir des ponts entre le monde de la science et celui de la pratique.

Nous présenterons, dans la deuxième partie, les réflexions de quelques chercheurs américains qui proposent des pistes nouvelles et prometteuses. Ces chercheurs tentent de développer une épistémologie de l'action selon laquelle cette dernière devient source de connaissances. Ils appellent ce courant de pensée la science-action. Une partie importante de notre texte sera consacrée à cette deuxième étape.

Dans la troisième partie, l'étude d'une situation vécue permettra de constater l'utilité de la science-action dans la pratique. Cette dernière permet aux praticiens de découvrir les modèles qui influencent leur pratique, et les aide à devenir plus efficaces dans leurs interventions.

La problématique

La recherche est-elle utile aux praticiens ?

Depuis déjà plusieurs années, des chercheurs s'intéressent à la relation entre la science et la pratique professionnelle. Cette préoccupation augmente de plus en plus en Amérique du Nord. Récemment, un groupe de chercheurs de l'Université de Pittsburg a publié un ensemble de textes regroupés autour du titre *Producing Useful Knowledge for Organizations* (1983).

Dans un article récent, Cheryl Morrow-Bradley et Robert Elliott (1986) de l'Université de Toledo ont cherché à identifier les sources d'information que des praticiens (psychothérapeutes) utilisent pour se perfectionner. Ils ont découvert qu'ils s'adressent aux sources dont fait mention le tableau 1.

TABLEAU 1
**Sources d'information au sujet de la psychothérapie :
pourcentage des praticiens les considérant comme
les plus utiles et les plus souhaitées**

Sources d'information	les plus utiles (%)	les plus souhaitées (%)
1) expérience avec leurs clients	48	17
2) livres et articles	10	15
3) expérience d'être un client	8	1
4) supervision ou consultation	7	12
5) ateliers, conférences	7	14
6) présentation de recherches	6	14
7) discussion avec des collègues	5	15
8) recherche (articles, livres)	4	9
9) recherche en psychothérapie	3	2
10) autre	2	1

Ce tableau fait voir clairement que ces praticiens comptent d'abord sur leurs expériences professionnelles pour mieux comprendre les comportements de leurs clients (48 %). De plus, les données obtenues font clairement état que la recherche, sous une forme ou sous une autre, représente une faible source d'information pour ces praticiens en psychothérapie. Parmi les trois conclusions majeures présentées par les auteurs de cette étude, celle-ci apparaît en tête :

Tout d'abord, l'utilisation de la recherche est faible. Les thérapeutes apprennent sur la thérapie surtout de leurs expériences pratiques avec des clients et ne consultent que rarement la recherche pour trouver des solutions aux difficultés qu'ils rencontrent avec leurs clients (p. 194).

Les résultats de cette recherche ont été obtenus auprès des psychothérapeutes. Si cette même recherche était faite auprès d'autres praticiens, les résultats obtenus seraient probablement semblables.

En continuité avec ces résultats, qui remettent en question l'utilité de la recherche, de plus en plus d'auteurs, dont des chercheurs universitaires, s'interrogent sur l'utilité de la science telle qu'elle se développe et telle qu'elle est enseignée dans les milieux universitaires.

Donald Schön (1987) critique ceux et celles qui considèrent que la pratique n'est que l'application des éléments que présente la science. Comme il l'écrit, la pratique est souvent perçue comme la seule application de théories et de modèles appris à l'université ou ailleurs.

Comme l'indique le tableau 1, près de la moitié des psychothérapeutes qui ont répondu à l'enquête de Cheryl Morrow-Bradley et Robert Elliot disent trouver leur information dans leurs expériences avec leurs clients. En revanche, 13 % seulement ont dit avoir recours à la recherche (4 %, à la recherche [articles, livres], 3 %, à la recherche en psychothérapie et 6 %, à la présentation de recherche). Malgré leur désir de s'inspirer de la science enseignée pour devenir plus efficaces, les praticiens arrivent difficilement à appliquer et à utiliser les connaissances issues de la science. Aussi, l'affirmation selon laquelle les professionnels résolvent, principalement ou même uniquement, leurs problèmes en appliquant des théories dérivées des connaissances scientifiques semble être mise en question par plusieurs. Parmi ces derniers, on rencontre principalement des praticiens. Mais il s'y trouve également des universitaires.

Comme Schön le précise dans plusieurs de ses écrits, entre autres dans *Educating the Reflective Practitioner*[1], les praticiens évoluent dans des situations uniques, incertaines et conflictuelles. Les recherches expérimentales sont habituellement menées dans des conditions où toutes les variables sont bien contrôlées. Les données obtenues dans ces recherches sont issues de structures bien définies, ce qui, la plupart du temps, n'est pas le cas dans l'action telle qu'elle est vécue par les praticiens. La recherche et la science ne tiennent pas compte du caractère non structuré de l'action. Il devient très difficile, voire impossible, pour les praticiens d'appliquer les théories issues de la recherche.

Par ailleurs, les praticiens interviewés par Cheryl Morrow-Bradley et Robert Elliott (1986) de l'Université de Toledo ont déclaré qu'ils souhaitaient que la recherche vienne les aider à être plus efficaces :

---

1. D. A. SCHÖN (1987), p. 6.

Ce qui est le plus important, c'est que les thérapeutes voudraient utiliser la recherche en thérapie, comme ils l'ont indiqué dans leur choix de source préférée d'information [...]. Même si les données recueillies ne concernent pas les caractéristiques propres de la pratique des thérapeutes [...], il s'avère que ces derniers désirent surtout consulter des recherches sur ce qu'ils font principalement dans leur pratique (p. 194).

L'écart décrit plus haut entre les conditions dans lesquelles évolue la recherche et celles dans lesquelles se développe la pratique a pour conséquence que les praticiens ne trouvent pas les réponses qu'ils cherchent dans les résultats de recherche.

À la suite de ces constatations, on peut s'interroger sur la possibilité de réduire cet écart. Est-il possible de faire un rapprochement entre ces deux mondes en respectant les caractéristiques de l'un et de l'autre, d'une part le caractère scientifique de la recherche et, d'autre part, le caractère *ad hoc* de l'action?

Efforts de rapprochement entre science et action

Faut-il commencer par s'interroger sur la science et la recherche en en modifiant l'approche? Certains ont proposé de réviser les fondements et les méthodes de la recherche et de l'enseignement dans les écoles, en subordonnant la pratique à la science. Ce courant demeure celui que les adeptes des recherches expérimentales favorisent.

Il se trouve un autre courant de pensée qui gagne de plus en plus d'adeptes. En effet, des chercheurs encore peu nombreux, mais en nombre croissant, proposent de considérer l'action comme une source de connaissances en soi. Les connaissances issues de l'action sont considérées aussi valables que celles issues de la recherche expérimentale, sans que l'action repose sur la science enseignée ou issue de recherches universitaires. Ce courant de réflexion, qui sera décrit plus loin dans ce texte, propose de prêter une plus grande attention à cette science qui naît dans l'action et qui comporte un caractère de rigueur scientifique aussi important que celui de la recherche expérimentale.

Chris Argyris et Donald A. Schön (1974) fondent leur affirmation sur l'hypothèse suivante: le fait de reconnaître que certains praticiens ont un rendement exceptionnel appelle une explication. Ces performances signifient que des gens d'action ont acquis au cours de leur pratique des connaissances qui les guident pour agir efficacement. Ces pratiques constituent une banque importante de connaissances non explicitées et mal reconnues. Bien plus, ces connaissances sont organisées de façon structurée, mais dans un cadre assez souple pour que le praticien puisse s'adapter aux circonstances uniques, conflictuelles et ambiguës, inhérentes à l'action. C'est là la science dans l'action.

Ces deux auteurs, Argyris et Schön, proposent une épistémologie nouvelle, axée sur la relation qui existe entre l'action et la science sous-jacente à l'action. Les performances continues des praticiens reposent nécessairement sur une intelligence de la réalité, une intelligence rigoureuse liée à l'action. Elles reposent sur des connaissances éprouvées qui n'ont pas été apprises à l'école.

Qu'est-ce que la science-action ?

Bien qu'ils n'aient pas inventé eux-mêmes le terme « science-action », Chris Argyris, Robert Putnam et Diana Maclain Smith (1985) ont tenté d'en préciser le sens et la portée dans un ouvrage intitulé *Action Science*. La description de la science-action présentée ici s'inspire entre autres de cet ouvrage.

Globalement, la science-action repose sur les deux termes qui la désignent. D'une part la science-action puise dans l'action même les données sur lesquelles cette science se bâtit. D'autre part, on peut parler de science parce que le processus de découverte de connaissances et d'habiletés est rigoureux et scientifique. Cette affirmation bipolaire sera développée ci-après.

Celui qui accomplit une action a toujours à l'esprit au moins une *intention* (sinon plusieurs) qu'il désire réaliser. Tout comme Watzlawick *et al.* (1972) ont affirmé que l'on ne peut pas ne pas communiquer, on peut dire que l'on ne peut pas ne pas avoir d'intention lorsque l'on agit. Toute action tire son origine d'une intention. Tout geste porte une intention, même si, au premier coup d'œil, il peut être difficile de la cerner. D'ailleurs, face à un geste qui semble au premier abord insolite, on cherche spontanément à découvrir quelle était l'intention de son auteur. C'est à la lumière de son intention que l'action de quelqu'un prend une signification. Cette notion est centrale dans l'étude du concept de l'action.

Découvrir l'intention sous-jacente a une action signifie autre chose que relier de façon linéaire une cause et un effet. Cette dernière façon de penser appartient plus au domaine technique. Dans le domaine des actions, l'intention fait référence à des choix qui reposent sur des jugements de valeur. La seule relation linéaire de cause à effet ne peut pas rendre compte de la complexité des intentions qui commandent les gestes humains ni l'expliquer à elle seule. Il suffit de se rappeler que devant une même situation (cause) une personne peut agir dans plusieurs sens. De plus, deux personnes dans une même situation (cause) agiront différemment. D'autres facteurs que la seule situation viennent donc influencer l'intention.

C'est en cernant l'intention d'une personne que l'on peut comprendre le sens d'une action. L'intention explique ce que la personne veut faire.

Comment cerner l'intention dans l'analyse de l'action ?

L'intention d'une personne n'est pas facile à cerner. On sait que parfois l'on pense avoir posé un geste avec telle intention alors que l'on a agi selon une intention différente qui nous échappe. Schön (1983) insiste pour que l'on se préoccupe dans l'analyse d'une action de dépasser l'approche de résolution de problème où l'on étudie la relation linéaire de cause à effet. Une telle analyse ne permet que d'identifier l'intention que l'on croit avoir eue. Il se peut que dans les faits une autre intention ait été à l'origine de l'action sans que l'on en soit conscient. Argyris, Putnam et Smith (1985) appellent *espoused theory* cette intention que l'on croit avoir eue alors qu'on en avait une autre, qu'ils nomment *theory-in-use*. On pense avoir fait telle chose alors qu'on a fait autre chose. Un patron peut vouloir devenir plus démocratique et demander à ses employés de lui faire des suggestions. Cependant, ayant toujours été directif, il pourra décider des actions à entreprendre, sans tenir compte des suggestions qui lui ont été faites. Il pensera probablement avoir agi de façon démocratique alors qu'il aura été, une fois de plus, autoritaire. L'écart entre ce que l'on pense avoir fait et ce que l'on a fait est bien traduit par l'expression populaire : « Fais ce que je dis, mais ne fais pas ce que je fais ! » Cette phrase exprime que ce que l'on dit ou ce que l'on croit faire diffère de ce que l'on fait en réalité. Nous aborderons plus loin cet écart entre l'intention qu'une personne pense avoir et sa façon d'agir, ou *entre deux intentions, celle qu'elle croit avoir et celle qu'elle a en réalité*.

Un exemple fera comprendre l'existence possible de deux théories ou intentions dans la même action, l'une étant celle que l'on croit avoir eue et l'autre celle qu'on a eue en réalité. Un père de famille veut que son garçon de dix-sept ans apprenne à devenir autonome. Par ailleurs, comme il n'a pas encore changé le *modèle d'action* qu'il appliquait avec son fils alors que ce dernier était plus jeune, il continue de lui dire quoi faire, quand le faire et comment le faire, comme si son fils était encore un enfant. Le père a vraiment l'intention de développer l'autonomie chez son fils ; c'est là son *modèle de référence (espoused theory)*. Par ailleurs, en réalité, le père veut contrôler les agissements de son fils ; c'est là son *modèle pratiqué (theory-in-use)*. Le modèle de référence est l'intention qu'il croit avoir eue, le modèle pratiqué est celle qu'il a eue en réalité.

Comme on peut le deviner, le père a connu des difficultés à développer le sens de l'autonomie chez son fils. Aussi a-t-il consulté un spécialiste pour trouver une solution de son problème. Lorsqu'il est venu chercher de l'aide pour devenir plus efficace, si le consultant s'était contenté d'analyser ses difficultés à l'intérieur d'un *cadre* linéaire de cause à effet, il se serait limité à analyser ses façons de faire au regard de son modèle de référence. Il lui aurait proposé des façons nouvelles d'intervenir qui ne l'auraient probablement pas aidé ; il aurait pu lui proposer d'utiliser de nouvelles stratégies comme celle d'être plus clair avec son fils, de lui répéter les consignes, d'être plus patient et plus compréhensif. Il ne l'aurait pas aidé à résoudre son problème, qui repose sur un écart entre ce qu'il dit qu'il voulait faire (rendre son fils autonome) et ce qu'il faisait en réalité (lui dire quoi faire, quand et comment le faire). Le jour où le père a compris que son comportement avec son fils reposait sur un modèle d'action qui n'était plus approprié avec son fils de dix-sept ans, il est devenu efficace vis-à-vis de ce dernier. Il a imaginé lui-même la stratégie qu'il fallait.

Penser avant d'agir ou agir avant de penser

La façon habituelle d'établir le rapport entre la pensée et l'action s'exprime par la phrase «penser avant d'agir». On affirme par là que la pensée précède et guide l'action. En effet, ce rapport entre la pensée et l'action découle d'un certain processus de compréhension de la réalité.

Par ailleurs, une personne aux prises avec un problème va parfois tenter des actions pour découvrir des avenues qui permettent de comprendre et d'atteindre le but visé. Lorsqu'un appareil ménager brise, on peut consulter le manuel. On peut aussi tenter de le réparer en faisant différentes interventions afin de mieux comprendre le fonctionnement de l'appareil pour le remettre en marche. Les actions que l'on fait sont autant de coups de sonde pour aider à comprendre.

Dans ce cas, l'acteur se sert de l'action comme un moyen de comprendre et d'être efficace. L'action produit des informations qui peuvent faire découvrir des éléments qui, jusque-là, demeuraient inconnus.

Les coups de sonde que lance un acteur appartiennent toujours à une façon de voir la réalité. L'acteur cherche à comprendre à l'intérieur d'un *cadre* qu'il s'est donné de la réalité. Le père lançait des coups de sonde en essayant différentes stratégies, toujours à l'intérieur du cadre qu'il s'était lui-même fixé. Il croyait qu'il devait dire à son fils quoi faire, quand et comment le faire.

Qu'est-ce qui conditionne la création du cadre ?

On peut se demander ce qui préside à la sélection et à l'organisation des éléments d'une situation donnée. Ce sont des expériences passées qui ont conduit au développement de *modèles d'action*. Chaque personne a développé, au fil de ses expériences heureuses et moins heureuses, des façons de faire, des modèles d'action. Un modèle d'action signifie que, dans une situation X, l'acteur puise dans son répertoire d'expériences les façons de faire (ce que l'on appelle les modèles d'action) susceptibles de produire le résultat qu'il désire obtenir. Les modèles d'action qu'une personne a expérimentés de façon efficace dans le passé reviennent rapidement à sa mémoire et sont habituellement réutilisés dans la perspective qu'ils soient à nouveau efficaces.

Prenons un exemple. Si quelqu'un est invité à faire une communication lors d'un colloque, il va immédiatement se rappeler les autres invitations qui lui ont été faites dans des situations semblables. Ces expériences le guideront dans sa décision.

Sa façon de faire dans ces expériences antérieures, les difficultés rencontrées et tous les autres aspects importants liés à son action (ce que l'on appelle ici le modèle d'action) et les résultats qu'il a obtenus en appliquant ce modèle, le succès remporté ou l'échec essuyé, vont amener l'individu à être attentif à certains aspects de la nouvelle situation qui lui est faite. Il lira la situation en se référant aux aspects qu'il retient de son expérience passée. Il sélectionnera certains éléments, au sujet desquels il s'informera, et en tirera des conclusions sur la base des réponses obtenues.

Ainsi il fera porter son attention sur certains éléments de la situation. Si le nombre de participants lui avait créé des difficultés, il s'enquerra du nombre de participants. Si leur approche de la réalité l'avait ennuyé, il demandera s'ils sont d'une certaine école. Si le type de questions qu'ils ont posées au regard de la pratique l'a enthousiasmé ou déboussolé, il vérifiera s'ils sont des praticiens ou des chercheurs. Au fur et à mesure qu'il obtiendra des réponses aux questions que lui suggère son modèle d'action passé, il se bâtira un *cadre de la situation*. Lorsqu'il aura construit à sa satisfaction ce cadre, constitué d'éléments sélectionnés et organisés par lui, il aura fait une lecture (subjective) de l'invitation et décidera de refuser ou d'accepter de faire la communication proposée.

On peut déduire de cette analyse que, devant une situation complexe, confuse et ambiguë, une personne qui cherche à comprendre et qui veut être efficace dans son action fait les opérations suivantes.

1) Sur la base de ses *modèles d'action* passés, l'acteur sélectionne un certain nombre d'éléments à vérifier.

2) À partir des réponses obtenues, il élabore un *cadre de la situation*, cadre qui est la perception qu'il se fait de la réalité.

3) À la lumière de ce cadre de la réalité, il décide de telle *action*.

L'action, une source d'apprentissage et de découverte

L'expression «apprentissage par l'action» (*learning by doing*) signifie d'abord que l'on apprend en appliquant des connaissances. Bien sûr, cette forme d'apprentissage est très importante pour acquérir de nouvelles habiletés. L'action permet à l'apprenant de s'approprier des connaissances qui, jusque-là, lui étaient étrangères.

L'action peut être plus qu'une façon d'assimiler des connaissances. Elle peut être aussi l'occasion d'en découvrir de nouvelles. L'«apprentissage par l'action» prend alors un second sens épistémologique. Dewey (1967) s'est fait, il y a déjà plusieurs années, le défenseur de cette relation étroite entre l'action et l'apprentissage. Pour lui, l'action permet non seulement d'approfondir des connaissances acquises précédemment, mais elle est aussi productrice de connaissances. Il a écrit : «La découverte du cours naturel du développement [...] résulte toujours d'une situation qui implique l'apprentissage par l'action[2].»

Schön (1987) nomme cette opération de vérification et d'ajustement *reflection-in-action*. Après avoir analysé une situation comme il a été expliqué précédemment, un individu choisit d'intervenir d'une certaine façon. À la suite de son intervention, il réfléchit sur l'efficacité de son action selon les résultats obtenus. Il peut décider, s'il croit ne pas avoir été efficace, de modifier son action en vue d'être plus efficace dans son intervention.

En effet, le processus recommence lorsque les hypothèses avancées s'avèrent non fondées. Lorsque le praticien rencontre une résistance et qu'il n'est pas efficace, il s'arrête et réfléchit à ce qu'il a fait. Il se remémore les hypothèses qu'il croyait valables et refait le cheminement qu'il vient de faire. Il cherche d'autres hypothèses susceptibles de l'aider à dépasser ses difficultés. Heinz von Foerster (1973) a écrit une phrase lapidaire qui résume bien ce processus : « Si tu désires voir, apprends à agir. » L'action est un moyen de découverte qui se déroule en trois étapes.

1) L'acteur établit d'abord la problématique.

2) Il pose des hypothèses d'efficacité à partir de son modèle d'action.

3) En appliquant son modèle d'action, il vérifie si ses hypothèses sont valables.

L'action est un moyen de découvrir

Schön (1987) décrit l'action non seulement comme une façon d'approfondir des connaissances par l'application, mais aussi comme une méthode de découverte de nouvelles connaissances. Le praticien, en accomplissant des actions et en observant les résultats obtenus, vérifie et accroît sa compréhension de la réalité. L'action devient un moyen pour comprendre une situation difficile lorsque plusieurs avenues différentes sont possibles. Schön nomme ce processus de découverte *reflective conversation with the situation*[3].

---

2. J. DEWEY (1967), p. 364.
3. D. A. SCHÖN (1983), p. 163.

Chaque action d'une personne engendre de nouvelles informations sur la situation. Elle renseigne sur l'hypothèse sous-jacente à l'action. L'action devient alors un instrument de découverte et de compréhension d'une réalité. En cas d'inefficacité, la personne utilise une autre stratégie comportant une nouvelle hypothèse qu'il vérifie.

Schön propose dans son livre *Educating the Reflective Practitioner* (1987) d'avoir recours au parrainage (*coaching*) pour aider l'étudiant à apprendre et ceci dans un contexte de travaux pratiques (*practicum*) où celui-ci cherche avec le guide dans une relation d'actions continues et réfléchies. «Les travaux pratiques proposent un environnement organisé pour aider à apprendre une pratique[4].»

La relation difficile entre le père et le fils, décrite précédemment et qui reposait sur un *modèle d'action inapproprié*, se retrouve dans plusieurs situations. Elle se retrouve chaque fois qu'une personne éprouve du stress dans une intervention parce qu'elle n'est pas efficace. Pensons simplement aux nombreux patrons du type *self-made man*, qui, après avoir été les seuls décideurs, disent vouloir déléguer (leur modèle de référence), mais qui, dans la réalité, disent eux aussi quoi faire, quand et comment le faire pour tout et pour rien (leur modèle pratiqué).

Schön insiste pour que l'on fasse une bonne analyse du problème (*problem-setting*), de façon à pouvoir découvrir l'écart possible entre le modèle de référence et le modèle pratiqué et expliquer les difficultés rencontrées. Yves St-Arnaud (1985), dans un article sur la science-action, a forgé un néologisme pour traduire ce que Schön appelle *problem-setting*. Il utilise le mot « problémation ». La problémation est la définition du *cadre* dans lequel se situe l'action, pour pouvoir mieux préciser l'*intention* qui anime l'acteur dans son action.

On verra plus loin que s'intéresser au cadre dans lequel s'inscrit l'action, aide à découvrir l'intention que quelqu'un cherche à atteindre en posant telle action. Le *cadre* signifie la représentation que quelqu'un se fait d'une situation. Le père voyait sa relation avec son fils d'une certaine manière. Ce que l'on appelle un cadre est une sélection et une lecture des divers éléments constitutifs de cette situation. Tout ce processus de sélection et de lecture se fait de façon inconsciente chez la personne au point que son cadre lui semble être une représentation fidèle de toute la réalité. À ses yeux, sa représentation lui semble correspondre tellement au réel qu'elle ne voit pas que la réalité puisse être différente.

Analysons un cas concret pour mieux comprendre. Dans une usine, un employé crée un problème par ses nombreuses absences. En fait, il est aux

---

4. D. A. SCHÖN (1987), p. 37.

prises avec un problème d'alcoolisme. Le patron se demande comment intervenir pour être efficace. Spontanément, selon le processus précédemment décrit, il se réfère à d'autres expériences semblables qu'il a déjà vécues et aux résultats qu'il a obtenus.

De fait, il a déjà eu un problème semblable avec un autre employé alcoolique et il juge qu'il n'a pas été très efficace. Il veut donc éviter de faire les mêmes erreurs. Il procède de la même façon qu'un chercheur en science expérimentale. Il établit d'abord la problématique, puis élabore des hypothèses et enfin précise une méthodologie d'intervention qui lui permet de confirmer ou d'infirmer ses hypothèses.

Problématique

Son expérience passée l'amène à sélectionner certains éléments précis. La patron se bâtit un cadre de la situation. L'autre employé a menti; celui-ci, aussi. L'autre employé arrivait toujours à fournir une explication à ses gestes répréhensibles; celui-ci le fait probablement aussi. L'autre lui faisait toujours des promesses qu'il ne tenait pas; celui-ci en a fait et probablement en fera d'autres qu'il ne tiendra pas. L'autre lui a promis de suivre une cure, ce qu'il n'a jamais fait, tout comme celui-ci probablement, si on le lui demandait.

Le patron se bâtit une image de la situation que l'on peut appeler, en se référant aux étapes d'élaboration de la science expérimentale, la problématique. Il est à noter que le patron ne perçoit pas toute la réalité. Il se bâtit un cadre dans lequel s'inscrira son action.

Hypothèse

Ce cadre lui indique qu'il ne doit pas répéter l'expérience passée. On lui a reproché d'avoir été trop patient et trop compréhensif. Il n'est pas étonnant alors qu'il décide de congédier l'employé rapidement, consacrant peu de temps à le rencontrer ou à l'écouter.

Intervention et vérification de l'hypothèse

Comme il a agi un peu rapidement, la décision de congédier l'employé a été contestée. Son hypothèse a donc été infirmée.

Lorsque le patron a dû expliquer son action, il a présenté sa lecture de la situation et des liens entre ces éléments pour expliquer ce qu'il avait fait: l'employé avait menti à plusieurs reprises; il avait fait des promesses qu'il n'avait pas tenues; si on lui avait demandé de suivre une cure, il aurait répondu par l'affirmative, mais ne l'aurait pas suivie. Cette lecture de la réalité, ce cadre, aux yeux du patron, était fidèle à la réalité.

La figure 1 tente de schématiser le processus qui prévaut dans le choix de stratégies d'action et la création de modèles d'action.

FIGURE 1
Processus qui guide l'action

LA PERSONNE
RECHERCHE
PARMI SES
EXPÉRIENCES
PASSÉES
UN MODÈLE
D'ACTION, ──▶ QUI L'AMÈNE
     À FAIRE
     UNE LECTURE
     DES ÉLÉMENTS
     DE LA SITUATION ──▶ ET À AGIR
     (problématique)   D'UNE
             CERTAINE
             FAÇON ──▶ QUI
             (hypothèse), S'AVÈRE
                  EFFICACE
                  OU NON
                  (vérification).

Ce processus existe dans toutes les relations interpersonnelles autant que dans tous les rapports personnels avec la nature et avec son propre corps. Moshe Feldenkrais (1972), qui se préoccupe de la coordination du corps et de l'esprit, propose une définition de l'apprentissage qui se rapproche de cette conception : « la formation de nouveaux modèles issus d'éléments de l'ensemble des situations de l'expérience personnelle précédente ».

La persistance du cadre

Comme on croit que le cadre que l'on s'est donné correspond à la réalité, on se renforce dans la conviction que son action est légitime. On peut agir de façon non efficace et continuer de le faire, croyant qu'il ne peut en être autrement parce qu'on est prisonnier du cadre que l'on s'est donné. Aussi, Feldenkrais (1972) ajoute :

> Plusieurs de nos faiblesses, physiques et mentales, résultent de l'apprentissage de mauvaises façons de faire. Le corps ne fait qu'exécuter ce que le système nerveux lui dit de faire.

Il existe donc une relation très étroite entre la vision que quelqu'un se fait d'une situation et l'intention qui guide son action dans cette situation. Ce n'est que par une problémation que l'on pourra saisir le cadre dans lequel s'inscrit l'intention d'une personne.

Imaginons les réactions de deux patrons à un problème semblable. Le premier patron, André, à qui un employé demande des explications peut réagir de plusieurs façons. Il cherchera parmi ses expériences passées une situation similaire où il a appliqué un modèle d'action de façon efficace. En réutilisant ce même modèle, il espère réussir à nouveau.

Si son souvenir l'amène à se rappeler qu'il a été efficace lorsqu'il a refusé de répondre, il sera porté à reprendre le même modèle d'action, en cherchant à ne pas répondre. Il se dira vite que les employés n'ont pas à poser de telles questions. Si ce modèle d'action lui réussissait à nouveau face à cet employé, il serait renforcé dans sa vision de la situation (son cadre) et dans son modèle d'action. La prochaine fois, il regarderait la nouvelle situation avec le même regard, étant encore attentif à certains éléments et oubliant les autres. La réalité serait celle qu'il verrait.

Face aux mêmes questions, un autre patron, Marcel, pourrait regarder la situation d'un œil différent. S'il avait appliqué dans le passé un modèle d'action qui consistait à écouter et à répondre clairement aux questions et que ce modèle lui avait permis d'établir une relation satisfaisante avec l'employé, il serait enclin à répéter ce même modèle. Il vérifierait si la demande d'information apparaît légitime et, si oui, il fournirait volontiers l'information demandée. Il aurait décidé lui aussi d'agir ainsi à partir de ses modèles d'action passés qui l'auraient amené à sélectionner parmi les éléments de la situation des éléments différents de ceux de l'autre patron : les employés ont le droit de savoir, il est même bon qu'ils sachent. Il aurait retenu un tout autre modèle d'action que celui que l'autre patron avait décidé d'appliquer.

On pourrait proposer plusieurs autres exemples de la vie quotidienne. Regardons-en seulement un autre. Dans un groupe de personnes à qui on propose l'apprentissage de l'ordinateur, les réactions seront différentes. Les plus jeunes, ayant manipulé des instruments semblables, trouvent dans leurs souvenirs des expériences (modèles d'action) heureuses où ils ont été efficaces. Les personnes plus âgées en ont habituellement moins. Leur vision de la réalité est conditionnée par ces expériences. Les uns visent (intention) d'abord à apprendre directement, les autres visent d'abord à se prémunir contre un échec possible.

L'existence du cadre échappe à celui qui l'a bâti

Analysons les interventions du père de famille qui voulait que son fils de dix-sept ans apprenne à devenir autonome. Le cadre qu'il s'était donné sur la base de ses modèles d'action passés l'avait amené à voir son fils comme un enfant à qui il fallait dire quoi faire et à qui il fallait le rappeler pour s'assurer qu'il le fasse.

Le père n'était pas conscient de l'existence de ce cadre que lui-même avait bâti. Il n'était pas plus conscient qu'il choisissait des modèles d'action qui étaient déterminés par ce même cadre. Enfin, il ne pouvait pas découvrir seul que son inefficacité dépendait de ce cadre qui lui faisait poser des gestes inefficaces dans les circonstances.

Lorsque l'on a demandé au père de dire qu'elle était son intention, il a répondu que ce qu'il voulait faire (modèle de référence) c'était d'aider son fils à devenir autonome. Dans les faits, il a agi avec son fils comme avec un enfant, en lui disant et en lui rappelant quoi faire. Son modèle pratiqué était issu de ses modèles d'action précédents. Il en était par ailleurs tout à fait inconscient.

Argyris a démontré que les personnes engagées dans une action inefficace ne questionnent pas leur cadre ou leur façon de voir la réalité. Les personnes s'entêtent à répéter sans succès les mêmes actions sans pouvoir en sortir. Watzlawick (1978) dit que «les gens font plus de la même chose», mais sans succès lorsqu'ils ne sont pas efficaces. Les personnes répètent les mêmes façons de faire bien qu'elles s'avèrent toujours inefficaces. Aussi longtemps que la personne portée à faire de l'obésité se contentera de ne pas manger tel aliment, ou de réduire la nourriture qu'elle mange à tel moment de la journée, ou de se mettre au régime pour une certaine période, elle continuera à faire plus de la même chose. Elle recommencera à manger et à faire de l'obésité. Cette personne mangera pour atténuer ses anxiétés; l'obésité qui s'ensuivra la rendra encore plus anxieuse, de telle sorte qu'elle mangera plus pour calmer cette anxiété. Si une personne ne remet pas en question le cadre qui sous-tend son action, elle continuera à faire plus de la même chose.

Aussi longtemps que quelqu'un voit une situation selon le même cadre, les modèles d'action auxquels il a recours sont sensiblement toujours les mêmes. Pour pouvoir devenir efficace, la personne doit questionner son cadre d'action. Ce n'est que par une problémation que la personne inefficace pourra s'interroger sur son cadre.

Référons-nous à nouveau à l'expérience du père, et du fils de dix-sept ans. Voici, résumées en celle d'une soirée, des conversations difficiles qui se sont échelonnées sur une plus longue période. Un dimanche soir, au souper, le père rappelle à son fils sa responsabilité de sortir les ordures avant d'aller se coucher, étant donné que le camion passe vers six heures, le matin. Le fils répond qu'il s'acquittera de sa tâche. Plus tard, au moment de s'asseoir devant la télévision, le père revient à la charge avec un peu plus d'insistance. Le fils répond qu'il sait ce qu'il a à faire. À la fin de la soirée, au moment de se retirer pour aller se coucher, le père ne peut s'empêcher de revenir sur le sujet avec, cette fois, plus de détermination. Cette dernière intervention a provoqué de vives réactions de la part du fils... et les ordures n'étaient toujours pas sorties.

Argyris et ses collaborateurs (1985) ont identifié au cours des analyses d'interventions de plusieurs milliers de personnes que les acteurs ont recours à des principes directeurs (*governing variables*) pour implanter leur modèle d'action. Ils ont établi que l'on s'inspire surtout de quatre principes directeurs :

1) vouloir *contrôler* l'autre ;

2) éviter de *blesser* l'autre ;

3) vouloir *gagner* et ne pas perdre ;

4) paraître toujours *rationnel*.

Dans ce court épisode relatant les échanges entre le père et le fils, on retrouve facilement ces quatre principes directeurs.

1) Le père a voulu *contrôler* son fils en revenant à la charge à trois reprises.

2) Il a évité de le *blesser* en ne lui disant pas sa déception.

3) Il a voulu *gagner* et éviter de perdre en insistant sur son point de vue.

4) Il a cherché à paraître toujours *rationnel* en « expliquant » à son fils, qui lui faisait le reproche de trop insister, qu'il avait dû revenir à la charge à cause de son inaction.

Tout au long de l'année, le père a tenté, en ayant recours à ces mêmes quatre principes directeurs, de devenir plus efficace, mais sans succès. À partir de sa vision de la réalité ou du cadre qu'il s'était donné de la situation, il n'a pas réussi à être efficace. Au début, il a essayé en ne disant pas directement ce qu'il pensait ; un peu plus tard, en posant des questions afin que le fils « comprenne » ; à un autre moment, en étant patient jusqu'à ce que son fils accepte ; lors d'une autre occasion, en lui expliquant les motifs de ses interventions. Il n'a pas réussi à être efficace à cause de son cadre d'action qui lui dictait d'appliquer de telles stratégies.

Après ces échanges, le père a réfléchi à ce qui venait de se passer entre lui et son fils. Il s'est remémoré tout ce qui s'était passé. Selon lui, il faisait tout pour que son fils se prenne en charge. Que pouvait-il faire de plus ? Il lui fallait sortir de son cadre. Il ne le savait pas. De plus, seul, il ne le pouvait pas.

Comment sortir du cadre

Argyris, Putnam et Smith (1985) proposent une façon pour l'acteur de sortir du cadre dans lequel il est enfermé. Ils proposent d'avoir recours à trois autres principes directeurs qui permettent de réaliser une problémation.

Ces trois principes directeurs sont :

1) *Vérifier* l'information ;

2) Favoriser des *choix libres* et éclairés ;

3) *S'engager* à réaliser l'option qui sera choisie.

Nous traduisons cette façon de problématiser par *la règle des quatre C*.

Elle consiste à faire les opérations suivantes :

1) Faire un *constat* de la situation (établir les faits) ;

2) Favoriser des *choix libres* en respectant les *compétences* de chacun ;

3) *Concourir* à leur réalisation.

Ce n'est qu'après avoir procédé à une problémation qui s'est inspirée de ces principes directeurs que le père a décidé de s'adresser ainsi à son fils : « Nous avons un problème. As-tu une proposition à faire qui puisse améliorer la situation ? » ... et le fils de répondre simplement : « Ne me dis plus quoi faire, ne me répète plus quoi faire et je m'occuperai de faire mes tâches. » *Ce qui fut dit fut fait !*

Les apprentissages de type boucle simple (*single loop*) (Argyris, 1985) sont tous ceux où on se limite à proposer ou à essayer de nouvelles stratégies sans analyser le cadre. Dans notre exemple, le père, n'ayant pas fait de problémation, avait changé de stratégies d'intervention sans s'interroger sur son cadre d'action. Il voyait son fils comme un enfant à qui il enseignait quoi faire, alors que son fils de dix-sept ans réagissait comme un jeune adulte. Cet écart échappait complètement au père !

Un apprentissage de type boucle double (*double loop*) (Argyris, 1985) est celui où l'on remonte jusqu'à l'analyse du cadre. Une telle réflexion sur le cadre de l'action en regard de ses paroles a fait découvrir au père l'écart qui existait entre son intention et ses interventions. Ce n'est qu'en changeant son cadre de perception que le père a pu devenir plus efficace. Le changement ne se fait que si la personne concernée découvre elle-même cet écart.

Lors de l'analyse d'une action inefficace, l'attention peut se porter sur le changement de stratégies sans mettre en question le cadre. La figure 2 représente ces différentes étapes du processus qui détermine l'action.

FIGURE 2
Étapes du processus qui guide l'action

LES MODÈLES
D'ACTIONS
PASSÉS ⟶ CONDITIONNENT
L'ÉLABORATION
D'UN CADRE, ⟶ QUI ENTRAÎNE
LE CHOIX
DE STRATÉGIES, ⟶ QUI SONT
EFFICACES
OU NON.

L'analyse de l'inefficacité doit remonter jusqu'à remettre en question le cadre. Ce type de questionnement s'impose si l'on veut devenir efficace chaque fois que l'inefficacité persiste, qu'une escalade se développe et provoque du stress chez l'acteur. Ces deux éléments sont des signes que l'adéquation du cadre avec la réalité est en cause.

Points de vue complémentaires

Les écrits d'autres chercheurs américains, plus précisément de la Californie, qui ont réfléchi aux différents aspects du changement à partir d'une approche psychothérapeutique parviennent aux mêmes conclusions qu'Argyris et Schön de Harvard et du *Massachusetts Institute of Technology* (MIT). Le fruit des recherches des membres de l'école de Palo Alto, Gregory Bateson, Paul Watzlawick, Richard Fisch, John Weakland, Don D. Jackson, entre autres, les a conduits à distinguer, eux aussi, deux types de changement.

1) Un changement de premier ordre, ou *changement de type 1*, prend place à l'intérieur d'un système donné qui reste lui-même inchangé. Le changement de type 1 permet le maintien de l'homéostasie (définie ici comme la constance d'un système) par le biais de rétroactions négatives qui corrigent les déviations. La notion de changement de premier ordre rend donc compte des changements continus, purement correctifs, qui, dans un environnement relativement stable, permettent à un système ouvert de se maintenir.

2) Le changement de second ordre, ou *changement de type 2*, correspond à ce qui se passe lorsqu'un système change qualitativement et de façon discontinue. Dans un changement de type 2, on assiste au développement de nouvelles

structures. Un changement de type 2 est nécessaire chaque fois que le contexte de l'action se modifie, car le changement de type 2 correspond à un changement de changements.

Pour illustrer comment le premier type de changement prend place à l'intérieur d'un système donné qui, lui, reste inchangé, Watzlawick, Weakland et Fisch (1975) utilisent la métaphore du cauchemar. En proie à un cauchemar, une personne a la possibilité de faire plusieurs choses en rêve ; elle peut courir, se cacher, se battre, hurler, sauter par-dessus une falaise, etc. Mais aucun changement issu d'une de ces actions ne pourrait mettre fin au cauchemar. Cette sorte de changement est du type 1. La seule possibilité pour sortir d'un rêve comporte un changement allant du rêve à l'état de veille. L'état de veille ne fait plus partie du rêve, mais représente un changement complet. Cette sorte de changement est un changement de type 2.

Les praticiens qui ont développé au fil de leurs interventions des modèles de l'action efficace peuvent se faire prendre au jeu. En effet, ils en viennent à développer des automatismes, des routines qui les rendent de plus en plus efficaces. Lorsqu'ils se heurtent à des difficultés, ils tentent de réajuster leur routine, mais parfois sans succès. Le problème n'est pas, dans ces cas, au niveau des routines, mais au niveau des valeurs plus profondes qui conduisent à répéter des automatismes. Aussi longtemps qu'une personne cherche une solution à l'intérieur de ses routines, elle ne devient pas plus efficace. Elle répète plus de la même chose !

Pour pouvoir devenir plus efficace, il faut passer à un apprentissage de deuxième type, un apprentissage de boucle double, en changeant son modèle d'action et les principes sous-jacents.

La science-action peut aider quelqu'un à devenir plus efficace dans ces situations où il semble que ce soit plus difficile. Elle vise à aider les praticiens à identifier les modèles d'action à la base de leur difficulté et, par la suite, à les aider à opérer des changements de type 2, de façon qu'ils deviennent plus efficaces.

L'utilisation des modèles d'action

Comment se fait-il que les acteurs ne soient pas conscients qu'ils ont spontanément recours à leurs modèles d'action ? Comme il a été dit précédemment, les gens en viennent à découvrir au cours de leurs expériences que dans tels types de situation, lorsqu'ils se donnent telle intention, en utilisant telle stratégie, ils sont efficaces. Ils ont ainsi mis au point au fil de leurs diverses expériences, des façons de faire que l'on peut qualifier d'efficaces. Ce sont là des connaissances acquises dans et par l'action, qui sont devenues peu à peu habitudes, au point que la personne concernée en vient à ne plus en être consciente. Ce sont des

modèles d'action tout à fait intégrés. Comme une telle personne est habituellement efficace, elle se fait confiance.

Devant une situation nouvelle, une personne se réfère spontanément et
inconsciemment à ses modèles pour savoir comment lire les événements de la
nouvelle situation, comment les interroger (cadre) et comment agir selon les
modèles d'action acquis. Polanyi (1967) a nommé ces connaissances liées et
intégrées à l'action *tacit knowings*, faisant ressortir le caractère implicite de ces
connaissances et la difficulté de les faire expliciter par l'acteur concerné.

La culture n'est-elle pas justement une façon d'agir et de voir qui est
entièrement intégrée? Les gens d'une même culture en viennent à agir de
certaines façons qu'ils croient normales, universelles et immuables. Il suffit de
vouloir changer une de ces façons de faire pour constater le caractère de stabilité
qu'elles ont. Et, pourtant, souvent les gens n'étaient même pas conscients de ces
façons de faire culturelles. Elles allaient de soi (Bourdieu et Passeron, 1970).

L'existence de ces connaissances tacites chez certains praticiens explique
qu'ils soient devenus des experts. En effet, on dit d'eux qu'ils sont très habiles
parce qu'ils savent lire les situations à la lumière de leurs modèles d'action liés
à leurs expériences passées et qu'ils peuvent appliquer ces modèles d'action de
façon efficace et presque spontanée. Leurs modèles d'action sont tellement
intégrés, comme on l'a dit précédemment, qu'ils semblent agir sans faire
d'effort. Ils vont directement aux éléments essentiels de la situation, au point
qu'ils ne semblent pas avoir besoin de réfléchir et de penser longuement. De
telles façons de faire sont l'expression de connaissances sous-jacentes, implicites
mais non moins réelles.

Schön (1983) nomme ces modèles d'action acquis et tacites *knowing-in-
action*. Ils ont les propriétés suivantes.

1) Les acteurs savent agir spontanément; ils n'ont pas besoin de penser avant
   ou pendant la réalisation de leur action.

2) Les acteurs sont souvent inconscients d'avoir appris ces modèles d'action.
   Ils s'en aperçoivent lorsqu'ils agissent.

3) Les acteurs sont habituellement incapables de décrire cette connaissance que
   leur action révèle par ailleurs[5].

La science-action fait découvrir les connaissances très importantes qui se
développent dans les pratiques de praticiens experts. Malheureusement, le
courant de pensée qui ne met de l'avant que l'importance de la recherche
expérimentale, ou qui affirme que l'action n'est que l'application des résultats

---

5. D. A. Schön (1983), p. 54.

de cette recherche, ne reconnaît pas toute cette science qui se développe au sein même des pratiques professionnelles.

Il faut ajouter que l'émergence de ces connaissances n'est pas chose facile. Jusqu'à ce jour, on n'a pas encore trouvé de mécanisme simple, qui permettrait aux praticiens d'expliciter leurs connaissances tacites. De plus, la majorité des praticiens, pris d'abord par l'action, n'ont pas beaucoup de temps ni d'intérêt à accorder à l'émergence de leurs connaissances, aux fins de diffusion.

Étude d'une situation vécue

Pour aider à mieux comprendre comment la science-action peut aider un praticien à devenir plus efficace, nous présenterons dans un premier temps une courte description d'une expérience vécue, accompagnée d'une analyse parallèle de la description des événements. Ce texte fera état d'énoncés qui expliciteront comment un modèle d'action peut emprisonner un praticien à son insu et le rendre inefficace.

À la suite de cette description, nous décrirons les étapes d'une démarche qui vise à aider des praticiens à devenir plus efficaces dans leur action. Cette méthode a déjà été utilisée avec plusieurs groupes. La plupart des praticiens qui s'en sont servi semblent avoir réussi à découvrir la cause de leur inefficacité et à inventer de nouvelles stratégies plus efficaces.

L'exemple proposé est celui de Philippe, professeur auprès d'un groupe d'adultes qui participent à un programme de retour aux études. Ces derniers se sont vu proposer de suivre des cours dans le cadre de l'éducation aux adultes pour augmenter leur scolarité et leurs compétences professionnelles, en vue de pouvoir trouver du travail. Ils reçoivent une allocation lorsqu'ils participent aux cours.

Philippe déplore leur faible degré de motivation, en partie lié à l'obtention de l'allocation qu'ils reçoivent lorsqu'ils assistent au cours. Au cours des dernières semaines, quelques problèmes d'ordre disciplinaire se sont manifestés : certains arrivent en retard ou partent avant la fin du cours ; d'autres s'amusent, parlent fort et dérangent ceux qui veulent travailler. Philippe a tenté de motiver ces adultes de différentes façons. Alors que les menaces ont eu un effet négatif et ont envenimé la situation, les sanctions n'ont pas semblé toucher ceux et celles qu'elles visaient. Philippe valorise la discipline et croit qu'il doit imposer des règlements.

Il a consulté une de ses consœurs qui réussit bien avec son groupe. Elle lui a parlé de son expérience et a relaté qu'après avoir dit aux étudiants qu'elle était disposée à écouter leurs suggestions en vue d'améliorer le climat de la classe, elle a reçu plusieurs propositions intéressantes. Elle a mis certaines de ces suggestions à exécution. Par ce fait, elle a contribué à améliorer considérablement la motivation des étudiants. Elle lui a donc proposé de faire la même chose et de demander à ses étudiants de lui faire des suggestions pour améliorer la situation.

Après avoir hésité, Philippe a décidé de suivre le conseil de sa consœur. Le lundi matin suivant, après avoir fait état du manque de motivation et de discipline, il a annoncé aux étudiants qu'il était disposé à recevoir leurs suggestions en vue d'améliorer le climat de travail. Malgré ses efforts, Philippe n'a pas eu un succès mirobolant !

Deux étudiants ont d'abord fait quelques suggestions. Un d'eux a proposé qu'il puisse, avec Paul, travailler dans le local voisin de la classe qui était libre. Il a fait cette proposition en expliquant qu'ils pourraient mieux y étudier. Actuellement, ils ont de la difficulté à se concentrer à cause du bruit qu'il y a dans la classe. Il lui semblait qu'une réponse positive à sa suggestion était possible. Le deuxième étudiant a proposé que les critères d'évaluation des travaux soient plus précis afin d'assurer plus de justice dans les notes accordées : les critères manquaient de rigueur, selon lui.

Les réponses faites par Philippe à chacune des propositions n'ont pas semblé satisfaire les deux intervenants. Il les a refusées toutes les deux sans trop d'explications. Par la suite, les autres se sont tus et aucune autre suggestion n'est sortie de cette séance. Philippe n'est donc pas très heureux du résultat.

Nous présentons ici l'analyse de la situation accompagnée de commentaires et d'énoncés.

Même s'il voulait afficher l'attitude d'ouverture que lui avait proposée sa consœur, Philippe était lié par son *cadre* d'action. Il a fait exactement comme lorsque l'on se fâche à nouveau contre une personne contre laquelle on nous propose de ne pas nous fâcher à nouveau.

Philippe, stressé par la situation, a puisé spontanément et inconsciemment dans son répertoire de *modèles d'action passés* pour décider comment agir. Dans le passé, Philippe a connu d'autres étudiants, non motivés, qu'il avait mis au pas ; son intervention avait été efficace. Sur la base de cette expérience, il croyait que les étudiants d'aujourd'hui ne peuvent pas faire de proposition valable et qu'ils ne savent pas se discipliner. Il faut les encadrer.

Lorsqu'on analyse les réponses qu'il a données aux étudiants qui ont fait des suggestions, on constate que, malgré son désir d'ouverture, ses réponses contredisent ses *intentions*. Il n'a pas prêté attention aux suggestions et les a rejetées trop rapidement. Voilà son *modèle pratiqué* !

Ces réponses font voir que les principes que l'on croit appliquer dans l'action peuvent différer de ceux qui guident en réalité l'action. Philippe voulait vraiment être ouvert aux suggestions et croyait qu'il se montrait disponible. Il n'était pas conscient qu'en fait, il agissait de façon différente.

À la fin de la rencontre, lorsqu'il a réfléchi à ce qu'il avait fait, Philippe était assuré qu'il avait été ouvert aux suggestions des étudiants. Il ajoutait même qu'il leur avait dit clairement au début de son intervention qu'il souhaitait recevoir leurs idées pour améliorer le climat de travail ! Voilà son *modèle de référence* !

À partir de cette analyse, on peut noter que :

1) particulièrement dans des situations difficiles et stressantes, un acteur pense avoir agi d'une certaine façon alors qu'en réalité il a procédé *différemment* ;

2) lorsque quelqu'un vit une difficulté, le *modèle pratiqué* qui guide son action est *différent* du *modèle de référence* qui préside au choix de ses stratégies d'intervention ;

3) l'individu est *inconscient de l'écart* qui existe entre son *modèle pratiqué* et son *modèle de référence*.

Si l'écart entre ce que le professeur voulait faire (son modèle de référence) et ce qu'il a fait (son modèle pratiqué) lui échappe, il n'a pas échappé aux étudiants par ailleurs. Eux en étaient conscients, au point qu'ils ont mis en doute les paroles du professeur. Ce qui était vrai pour eux, c'étaient les gestes, non les paroles. C'est pour cette raison qu'ils ont cessé de faire des suggestions constatant que, dans les faits, le professeur n'acceptait pas leurs idées. Durant ce temps, le professeur ne comprenait toujours pas pourquoi les étudiants ne faisaient pas de propositions. À ses yeux, ils n'avaient pas d'imagination ni d'idée. De là, il a été porté à penser qu'il n'existait pas de suggestions valables et que la situation ne pouvait être vraiment améliorée.

Comme dans d'autres situations semblables, les étudiants ne se sont pas plaints au professeur de cet écart, car ils le pensaient de mauvaise foi. De plus, ils n'ont pas vérifié cette croyance parce qu'ils craignaient qu'il réaffirme à nouveau son ouverture, malgré les faits contredisant sa prétention. Ils se disaient : « À quoi ça sert de lui dire qu'il ne nous écoute pas ? Il trouvera encore une excuse. »

De son côté, le professeur croyait vraiment avoir manifesté de l'ouverture d'esprit. Il s'est produit, de part et d'autre, un processus d'emprisonnement respectif (*self-sealing*) où les uns et les autres sont devenus, chacun dans leur monde, prisonniers de leur perception et enfermés à l'intérieur de cette dernière perception. Chacun s'enferme dans son cadre et personne ne s'explique ni ne comprend. Un dicton africain exprime cette situation de façon paradoxale : « En cas d'en cas, chacun dans son chacun ! »

De l'expérience de Philippe, on peut aussi retenir que :

4) lorsque quelqu'un est inefficace, il se peut que l'écart entre ce qu'il veut faire et ce qu'il fait réellement en soit la *cause*, sans qu'il le sache ;

5) l'écart entre le modèle pratiqué et le modèle de référence entraîne les uns et les autres à *s'enfermer mutuellement* dans leurs croyances respectives.

Le professeur Philippe, qui désirait que ses étudiants lui fassent des suggestions, a cherché à se rappeler ce qui s'était passé. Il n'a fait malheureusement son analyse qu'en se référant à son modèle de référence. À cause de l'écart entre son modèle pratiqué et son modèle de référence, son analyse renvoyait à un modèle d'action qu'il n'a pas appliqué en réalité.

La seule façon d'aider Philippe à dépasser cette limite consistait à faire une analyse de l'intérieur, à partir des faits et des gestes. Ceci favorise normalement chez l'individu une découverte de l'écart entre le modèle pratiqué et le modèle de référence. Cette découverte lui fait alors comprendre la cause de son inefficacité.

En se référant aux réponses qu'il a données aux étudiants qui ont tenté de lui faire des suggestions, Philippe a d'abord été surpris. Habituellement, la personne, placée devant les faits, découvre que son modèle pratiqué (refus des suggestions proposées) diffère de son modèle de référence. Non seulement les réponses du professeur contrecarraient la volonté des étudiants de participer, mais elles contredisaient l'ouverture qu'il croyait avoir.

De cette analyse, nous pouvons retenir trois énoncés :

6) un individu qui cherche à devenir plus efficace y arrive difficilement lorsqu'il existe *un écart entre son modèle pratiqué et son modèle de référence* ;

7) un individu ne peut percevoir l'écart entre son modèle de référence et le modèle qu'il pratique qu'à partir de *l'observation des faits et leur analyse* ;

8) l'analyse des faits permet à l'acteur de *découvrir son modèle pratiqué*, celui qui, jusque-là, lui était demeuré inconnu.

Toute proposition d'action que l'on fait à quelqu'un sous la forme d'un conseil, ou toute résolution que quelqu'un prend à la suite d'une réflexion, peut facilement contribuer à produire un nouveau modèle de référence. Une telle façon de procéder risque de créer à nouveau un écart entre le modèle que quelqu'un pratique et celui qu'il professe. Ce fonctionnement consiste à faire des propositions non adaptées à la personne et aux circonstances.

Tout modèle d'intervention que l'on veut inventer doit, pour devenir plus efficace, être vérifié dans et par l'action et ce par la personne concernée. Dans l'action simulée, ou idéalement dans la réalité, l'individu qui intervient selon sa personnalité et selon les divers aspects de la réalité qu'il connaît, vérifie la pertinence d'une proposition qui lui est faite.

Après avoir inventé une nouvelle stratégie, le professeur a pu en vérifier la pertinence, d'abord dans une simulation, puis dans une situation de la vie réelle. La vérification finale et, au besoin, l'ajustement d'une nouvelle stratégie que le professeur a décidé d'appliquer s'est faite lorsqu'il l'a appliquée auprès des étudiants. L'efficacité de l'action demeure le seul critère de réussite et de vérité dans l'action; lorsque le professeur réussira, c'est-à-dire lorsque les étudiants fourniront des suggestions, il n'y aura plus alors d'écart entre son modèle de référence et son modèle pratiqué ainsi:

9) c'est *dans l'action que l'acteur invente un nouveau modèle qui réduit l'écart* entre son modèle de référence et son modèle pratiqué.

Lorsqu'une personne parle de ses difficultés à quelqu'un, l'autre peut lui proposer des façons de faire qui pourraient l'aider à devenir plus efficace. Ces conseils sont formulés à partir des modèles d'action de celui ou de celle qui les propose; ils ne tiennent donc pas toujours compte des valeurs de la personne à qui on les adresse ni des circonstances dans lesquelles cette personne travaille. La proposition que la consœur de Philippe lui a faite est devenue chez ce dernier un modèle de référence!

Ces conseils peuvent donc facilement devenir pour l'autre personne qui tente de les appliquer de nouveaux modèles de référence qu'elle adopte sans le savoir. Les conseils ne permettent donc pas toujours de trouver une solution efficace.

Il devient alors nécessaire que la personne concernée éprouve tout conseil qui lui est fait. Il lui faut vérifier si les propositions qui lui sont faites lui conviennent en les essayant elle-même dans une simulation ou dans une situation de vie réelle. De cette réflexion, on peut tirer l'énoncé suivant:

10) tout conseil, ou toute proposition d'action, doit être vérifié par la personne concernée dans une simulation et idéalement dans une situation de vie réelle, avant d'être acceptée.

Au cours des multiples actions que chacun fait dans sa vie, il apprend par essais et erreurs des façons de faire qui s'avèrent de plus en plus efficaces. Chaque fois qu'il croit qu'une façon de faire déjà utilisée peut être utile, il l'applique à de nouvelles situations. Plus il répète ces façons de faire dans différentes circonstances, plus il élargit le modèle d'action sous-jacent à ses façons de faire. Un modèle bien intégré à l'action devient un automatisme. Ce caractère d'automatisme est d'ailleurs une des conditions pour que les modèles pratiqués deviennent de plus en plus fonctionnels. En effet, les gens qui ont développé un bon modèle d'action n'ont plus besoin de chercher et de penser longtemps aux divers aspects d'une situation, car, spontanément, ils perçoivent les aspects importants d'une situation et peuvent agir rapidement et efficacement grâce à leur modèle d'action. On peut dire que:

11) toute personne *a mis au point et peut mettre au point de nouveaux modèles pratiqués qui sont efficaces.*

Un instrument d'analyse de l'action qui soit scientifique

Comment peut-on en arriver à établir un mode d'analyse scientifique de l'action qui tienne compte des différents aspects uniques, incertains et conflictuels inhérents à l'action ? Peut-on en arriver à une rigueur scientifique dans l'analyse de l'action ?

Toute démarche scientifique se base sur des données factuelles. En science-action, les données sont les actions des personnes. En science-action, les données factuelles sur lesquelles se base la réflexion sont les paroles que l'acteur se rappelle avoir prononcées. Aussi, toute affirmation doit être confirmée par des faits rapportés par des paroles. Toute inférence devra être appuyée par ces faits pour qu'elle puisse être acceptée. Enfin, toute proposition doit être acceptée par la personne concernée, qui est invitée à se faire critique et exigeante.

Une inférence peut comporter une signification culturelle. Ainsi, une phrase comme : « André, ton rendement n'est pas à la hauteur », prononcée par un patron à un employé, signifie : « Ton travail est inacceptable. » On peut vérifier la compréhension de ce type d'inférence en s'assurant que, dans un groupe, la majorité des personnes d'une même culture comprennent l'expression de la même façon.

Un autre niveau d'inférence vient de la signification qu'une personne donne à une action. Par exemple, quelqu'un peut conclure que telle intervention du patron est brutale et sans nuance[6].

Lorsque l'on cherche à analyser les données d'une situation, on applique cette grille pour découvrir le cadre de la personne concernée. Lorsque les inférences sont d'un niveau ou d'un autre, elles témoignent d'un cadre. Aussi, lors de la problémation, elles devront être mises en relation avec les faits. Ce rapprochement aidera la personne à découvrir l'écart qui existe entre sa compréhension de la réalité (son cadre) et la réalité elle-même.

Lorsque l'on veut partir des actions ou plus précisément des paroles de quelqu'un, on peut se demander comment choisir un échantillon de données qui soient valables au plan scientifique. Le choix des paroles que la personne a prononcées à l'intérieur d'une conversation plus large s'inspire du cadre que cette personne a donné à l'événement. Si quelqu'un retient des éléments comme : « Tu ne m'écoutes pas », c'est qu'il considère la situation comme un dialogue de sourds. Ce choix révèle la façon de voir la réalité de la personne.

---

6. C. ARGYRIS (1985), p. 57.

Si l'on demandait à l'autre personne de nous dire son point de vue, le dialogue serait présenté différemment. Elle aurait retenu des éléments différents de la même situation. Ce qui aurait présidé à sa lecture aurait été son cadre personnel, différent de celui de l'autre interlocuteur.

Conclusion

Nous désirons ajouter que nous ne connaissons pas encore d'instrument, de processus ou de moyen «économique» permettant à des experts d'expliciter leurs modèles tacites d'action. Nous y travaillons et espérons en élaborer un prochainement.

Par ailleurs, pour aider des personnes à devenir plus efficaces dans des situations stressantes, nous avons développé un instrument d'analyse qui les aide à découvrir et leur modèle d'action et le cadre qui le sous-tend. Nous l'avons expérimenté auprès de plusieurs groupes ; les participants nous ont dit que cet instrument leur avait été utile pour découvrir l'écart qui existait entre leur cadre de la réalité et la réalité et ainsi comprendre que leurs modèles d'action étaient inadéquats.

À la suite de cette découverte, ils ont révisé leur stratégie d'action afin de devenir plus efficaces. Nous avons questionné ces mêmes participants quelques mois après la tenue des sessions. La grande majorité d'entre eux ont affirmé que leur pratique professionnelle s'était améliorée à la faveur des découvertes effectuées au cours de la session à laquelle ils avaient participé.

Références bibliographiques

Cette bibliographie fait état des principaux ouvrages consultés. Quelques-uns sont brièvement présentés pour éclairer le lecteur dans le choix de ses lectures.

ARGYRIS, C. (1985). *Strategy, Change and Defensive Routines*, Boston, Pitman.

ARGYRIS, C., PUTNAM, R. et SMITH, D. M. (1985). *Action Science*, San Francisco, Jossey-Bass.

> Ce volume fait le point sur la démarche pédagogique utilisée pour enseigner la science-action. Il peut devenir un manuel pour la personne qui veut s'initier à la science-action et apprendre la méthode qui en découle.

ARGYRIS, C. et SCHÖN, D. A. (1974). *Theory in Practice : Increasing Professional Effectiveness*, San Francisco, Jossey-Bass.

> Ce livre présente les fondements de la science-action à partir de l'observation de l'action de praticiens et propose une approche scientifique pour les aider à augmenter leur efficacité dans l'action.

BOURDIEU, P. et PASSERON, J. C. (1970). *La reproduction*, Paris, Éditions de Minuit.

DEWEY, John (1967). *Experience and Education*, New York, Collier Books.

FELDENKRAIS, Moshe (1959). *Body and Mature Behavior*, New York, International Universities.

FELDENKRAIS, Moshe (1972). *Awareness Through Movement : Health Exercises for Personal Growth*, New York, Harper & Row.

FOERSTER, Heinz von (1973). «On Constructing a Reality», dans W. F. E. PREISER, *Environmental Design Research*, Strousberg, Dowden, Hutchinson & Ross, vol. 2.

GOTTMAN, E. (1988). *Les moments et leurs hommes*, Paris, Éditions du Seuil.

KILLMAN, R. H. *et al.* (1983). *Producing Useful Knowledge for Organizations*, New York, Prager.

MORROW-BRADLEY, Cheryl et ELLIOTT, Robert (1986). «Utilization of Psychotherapy Research by Practicing Psychotherapists», *American Psychologist*, vol. 41, n° 2, février, pp.188-197.

POLANYI, M. (1967). *The Tacit Dimension*, Garden city, N. Y., Doubleday.

> Cet auteur fait ressortir l'importance des connaissances tacites acquises par chacun. «Nous connaissons plus que ce que nous pouvons dire et plus que ce que notre comportement laisse voir.»

St-Arnaud, Yves (1985). «La science-action et la recherche», *Prospectives*, vol. 21, n°s 2, 3 et 4, avril, octobre et décembre.

> Cet article établit les points de convergence et de divergence entre la recherche appliquée, la recherche-action et la science-action.

Schön, D. A. (1983). *The Reflective Practitioner*, New York, Basic Books.

Schön, D. A. (1987). *Educating the Reflective Practitioner*, San Francisco, Jossey-Bass.

> Ce livre reprend plusieurs éléments d'un ouvrage précédent du même auteur *The Reflective Practitioner*. Schön y analyse le processus de réflexion dans l'action et démontre comment l'action professionnelle obéit aux principes de base de toute démarche scientifique.

Watzlawick, P. (1978). *La réalité de la réalité : confusion, désinformation, communication*, Paris, Éditions du Seuil.

Watzlawick, P. (1980). *Le langage du changement*, Paris, Éditions du Seuil.

> L'auteur fait état de deux langages (digital et analogique) correspondant aux deux hémisphères du cerveau. Il étudie les structures linguistiques de l'hémisphère droit et le blocage de l'hémisphère gauche. À la fin de son livre, il propose des prescriptions pour faciliter le changement. Cet ouvrage est également publié en format de poche.

Watzlawick, P., Helmick-Beavin, J. et Jackson, Don D. (1972). *La logique du changement*, Paris, Éditions du Seuil.

Watzlawick, P., Weakland, J. et Fisch, R. (1975). *Changements*, Paris, Éditions du Seuil.

> Ce livre, publié en format de poche, fait état des modèles sous-jacents au changement et à la permanence des comportements. Les auteurs y décrivent les changements de types 1 et 2 ainsi qu'une stratégie de changement. Les explications sont truffées d'illustrations.

17

Apprendre-s'enseigner
Une approche écosystémique
de l'interaction éducative

Michèle-Isis BROUILLET

> *Comprendre, dans ce sens, c'est découvrir*
> *les relations dynamiques entre les éléments,*
> *voir comment ils fonctionnent.*
> André OUELLET

Une enseignante et un groupe d'une vingtaine d'étudiants[1] se retrouvent en classe pendant trois heures et ce pour quinze semaines, ils partagent un même lieu pour apprendre — pour enseigner — une matière x. Parfois, il semble impossible de franchir certains obstacles : par exemple, une impatience croissante face aux explications de l'enseignante, une délinquance spontanée ou tout bonnement un monologue sans écho. Parfois, il semble se dégager une synergie active : par exemple, des questions intéressées fusent, des regards attentifs suivent l'exposé ou une atmosphère complice se dégage de la classe. Dans les deux exemples, il s'agit de la même enseignante et du même groupe d'étudiants. Il arrive aussi qu'avec un groupe d'étudiants, il n'y ait jamais de synergie possible, tout au plus une relative indifférence, alors qu'avec un autre groupe la synergie émerge et se maintient durant les quinze semaines. Que se passe-t-il ? Comment fonctionne la relation entre l'enseignante et le groupe d'étudiants ? Y a-t-il des conditions qui favorisent, d'une part, des apprentissages significatifs pour les étudiants et, d'autre part, une relation qui soit satisfaisante pour les partenaires ?

---

1. Le genre masculin est utilisé pour désigner les femmes et les hommes tout au long du texte pour en alléger la lecture.

Ces questions indiquent la direction de la recherche présentée dans le cadre de ce chapitre. Elle tente de répondre au besoin d'étudier l'acte d'apprendre et l'acte d'enseigner comme étant un tout, une tierce partie de la relation andragogique[2]. La recherche essaie aussi de répondre au besoin d'une perspective de compréhension de la dimension dynamique de la relation. Enfin, la spécificité de la recherche repose sur l'intégration d'une vision systémique à la fois pour l'analyse du phénomène du fonctionnement de la relation éducateur-adultes (Bateson et l'école de Palo Alto), pour la méthodologie de la recherche (Ouellet, 1981, 1983) et pour le modèle systémique de la relation andragogique (Brouillet, 1989).

Une approche systémique de l'acte d'apprendre et de l'acte d'enseigner

Le champ relativement nouveau de l'éducation des adultes, la diversité et la spécificité du genre des objets d'études entraînent les chercheurs à explorer des avenues souvent inédites pour ce domaine. Ainsi Danis et Dufresne-Tassé (1988) soulignent l'importance et la nécessité d'une perspective holistique pour mener des recherches pertinentes. De plus, elles mettent l'accent sur le rôle de premier plan que peut jouer la recherche qualitative dans ce domaine.

Un exemple de phénomène et d'objet d'étude qui correspond à ces propos est celui du fonctionnement de la relation andragogique, particulièrement l'étude de l'écologie de l'interaction entre l'éducateur et les adultes. En effet, étudier la dynamique d'un phénomène, c'est aborder la complexité et la circularité des effets des éléments du phénomène étudié.

Lorsqu'on conjugue ces trois éléments : étude de la dynamique d'un phénomène, perspective holistique et stratégie de recherche qualitative, on heurte de front les énoncés fondamentaux des recherches conventionnelles en sciences humaines (Harré et Secord, 1972). Ces énoncés se résument ainsi : premièrement, seul un modèle mécaniste de l'être humain peut satisfaire les exigences scientifiques ; deuxièmement, la stimulation externe est la conception la plus scientifique de la causalité ; troisièmement, une méthodologie positiviste logique est la meilleure qui soit. Peut-être ce dilemme entre les bases de la recherche conventionnelle et les besoins d'exploration des chercheurs du champ de l'éducation des adultes est-il l'une des causes du peu de recherches d'élaboration théorique en ce domaine.

---

2. Au cours de la recherche, la définition d'andragogie retenue est celle du *Grand Robert de la langue française* (1985) : (sens didactique) « Science et pratique de l'aide éducative à l'apprentissage pour les adultes. »

L'étude du fonctionnement de la relation andragogique entre l'éducateur et les adultes en situation d'apprentissage en groupe (en classe), particulièrement l'étude de l'écologie de l'interaction, correspond au genre d'étude qui nécessite une perspective différente. C'est un changement majeur puisqu'il nous fait passer d'une vision linéaire à une vision dynamique de la situation interactive.

Dans le champ des communications interpersonnelles, l'approche transactionnelle des comportements interpersonnels permet ce genre d'étude (Penman, 1980). L'approche s'appuie sur trois groupes de théories : la théorie des systèmes, les théories de la communication systémique et les théories des règles. Ces tentatives récentes relevées par Penman sont particulièrement exploitées par un groupe de chercheurs en communication.

Winkin (1981) identifie Bateson et l'école de Palo Alto à un courant appelé la nouvelle communication. La rupture épistémologique du modèle mathématique de la communication de Shannon caractérise ce courant. Cette rupture se base sur des principes d'ordre cybernétique et systémique où la causalité est circulaire et rétroactive, le concept majeur étant l'information. L'approche systémique de la nouvelle communication est heuristique et n'est pas à confondre avec d'autres approches systémiques algorithmiques. Bateson et l'école de Palo Alto sont les chercheurs qui ont été privilégiés aux fins de la présente étude parmi le groupe des chercheurs de la nouvelle communication. Les raisons de ce choix sont en relation avec le phénomène étudié (le fonctionnement de la relation) et l'objet spécifique de la recherche effectuée (l'écologie de l'interaction). En effet, une partie des travaux de Bateson et ceux de l'école de Palo Alto portent sur une approche systémique et transactionnelle des individus en interaction.

Les recherches de Bateson et de l'école de Palo Alto ont amené ceux-ci à proposer des concepts explicatifs et des stratégies d'intervention auprès des individus en interaction (Watzlawick et Weakland, 1981). L'originalité de leurs travaux porte sur une approche qui intègre à la fois la dimension systémique et la dimension transactionnelle. La particularité du genre d'analyse de la communication de ces deux approches est de se centrer sur la structure de l'interaction des personnes en situation. Penman (1980) soutient que d'envisager la communication comme un acte de participation dans une relation est à la fois banal et lourd de conséquences pour les recherches sur l'écologie de l'interaction. En effet, pour saisir ce changement de vision, il faut admettre l'existence d'un niveau *méta* où la relation exprimée dans les échanges entre les membres d'un groupe est d'un ordre de réalité différent de celui des membres engagés dans la relation. L'interaction correspond au niveau des membres que sont les individus et le niveau transactionnel correspond au niveau supraindividuel de la relation (unité apprendre-enseigner). Ainsi, pour étudier la structure d'interaction apprendre-enseigner (niveau transactionnel) dans ses rapports multiples et complexes, une approche systémique et transactionnelle s'impose.

Il s'agit donc d'une recherche théorique d'intégration et de spécification conceptuelles. Ce genre de recherche, comme le mentionne Tremblay (1968), demande parfois d'œuvrer avec des concepts déjà liés à des options théoriques particulières. C'est par le biais d'une étude de la relation andragogique telle que les auteurs du courant humaniste la présentent et par le biais d'une exploration de l'approche systémique et transactionnelle de la communication selon Bateson et l'école de Palo Alto que l'objectif de la recherche est atteint. La thèse de la recherche et l'objectif poursuivi se rejoignent autour du thème central suivant : quand on recherche une relation andragogique optimale et qu'on vise des apprentissages significatifs, il y a des conditions nécessaires et essentielles (Ouellet, 1981, 1983) à saisir pour agir. Entre autres, il est nécessaire :

1) de concevoir la relation andragogique comme un système ;

2) de comprendre qu'il y a une écologie de l'interaction (c'est-à-dire un ensemble dynamique de rapports), laquelle est une condition *essentielle* et *nécessaire* à la viabilité de la relation optimale.

3) d'intervenir en tenant compte de la dynamique de l'interaction puisque c'est le lieu des ajustements définissant la nature de la relation des partenaires.

Les résultats de la recherche portent sur un modèle systémique de la relation andragogique qui intègre l'apport de Bateson et de l'école de Palo Alto à travers la « modélisation » faite selon les trois pôles du cadre systémique de Ouellet (1981, 1983).

Une méthodologie systémique de l'intégration conceptuelle

La recherche consistant en une élaboration et une spécification conceptuelles, la grille d'analyse du phénomène étudié s'est constituée au fur et à mesure que se déroulaient la recension et l'analyse des écrits. En systémique, on constate que la dynamique de rechercher les relations qui lient les composantes d'un phénomène entraîne le chercheur dans un processus en spirale, que Morin (1977) et Penman (1980) soulignent en disant que la « méthode ne peut plus se séparer de son objet[3] ».

Le cadre opératoire de la recherche se différencie du schème classique de la recherche empirique. Ici les sujets de cette recherche sont des auteurs ayant abordé l'analyse du fonctionnement d'une relation, particulièrement celle de l'éducateur et des adultes en situation d'apprentissage en groupe (en classe). L'approche méthodologique et les instruments privilégiés ainsi que le déroulement et la procédure de la recherche sont donc radicalement autres. Pour mener une recherche d'ordre théorique, il est nécessaire de s'appuyer sur différentes

---

3. E. Morin (1977), p. 8.

théories ou encore sur des concepts clairement définis pour bien délimiter le territoire conceptuel que le chercheur tente d'explorer. Par exemple dans la présente recherche, la notion de système et de ses propriétés, l'axiomatique de l'école de Palo Alto et les critères du processus mental de Bateson jouent ce rôle de théorie générale pour favoriser la compréhension de la dynamique relationnelle de l'éducateur et du groupe d'apprenants. L'apport des théories générales[4] se complète par la définition de certaines notions essentielles à la compréhension du modèle apprendre-s'enseigner. Quant au déroulement de la recherche, il coïncide avec la modélisation systémique de la relation andragogique.

Le choix des auteurs étudiés

Le choix des auteurs retenus dans le cadre de la recherche répond à deux principes: d'abord, le respect des dimensions-critères de la grille d'analyse conceptuelle (Bertrand, 1979) et, ensuite, le respect de la double description (Bateson, 1984).

Les dimensions-critères de la grille d'analyse conceptuelle de la recherche sont les suivantes:

1) des personnes

2) en relation

3) agissant à partir de prémisses

4) à travers des processus (communication-apprentissage-évaluation)

5) en vue d'atteindre des finalités

6) dans un environnement donné (en classe).

Ces six dimensions-critères sont tour à tour abordées selon le principe de double description (Bateson, 1984), c'est-à-dire qu'on les aborde d'abord à partir des auteurs reconnus comme appartenant au mouvement humaniste en éducation et en éducation des adultes. Ensuite on reprend le même exercice avec les auteurs reconnus comme adhérant à la nouvelle communication, à la communication systémique. En éducation des adultes, le choix s'est arrêté au mouvement humaniste parce qu'il occupe une place importante dans les vingt dernières années et qu'il présente de nombreuses indications sur les attitudes et les stratégies nécessaires à l'éducateur pour favoriser l'apprentissage. En

---

4. On pourrait discuter cette appellation attribuée aux concepts présentés. Toutefois, cette discussion déborde le cadre de ce texte. Le vocable « théorie » est utilisé pour désigner un ensemble de concepts définis, articulés entre eux et permettant l'appréhension d'un phénomène.

communication, le choix a porté sur l'approche des auteurs de la nouvelle communication, à cause de l'importance qu'ils ont accordée au concept d'inter-action et surtout parce que ces auteurs abordent l'étude de la complexité et de la circularité des effets des composantes d'un système les uns sur les autres.

Ainsi, tout auteur retenu se reconnaît de l'une ou l'autre des options théoriques ou des deux. Il existe des auteurs (Landry, 1977 ; Ouellet, 1981, 1983 ; St-Arnaud, 1978, 1982) qui adhèrent à des valeurs humanistes et puisent en communication systémique pour :

1) dégager des stratégies ou des techniques d'intervention ;

2) tenter d'expliquer et d'analyser un phénomène.

Les principaux auteurs cités dans la modélisation ont en commun de s'inspirer de Bateson et de l'école de Palo Alto, ou de traiter du groupe d'une manière systémique, ou d'aborder la dimension dynamique du phénomène étudié[5].

L'apport de Bateson et de l'école de Palo Alto et quelques définitions

La base de l'originalité de Bateson et de l'école de Palo Alto s'avère double : d'une part, ils s'inscrivent dans un mouvement de renouveau du discours scientifique centré de plus en plus sur les concepts de relation, de structure, de processus et de vision holistique ; d'autre part, tout en participant de ce mouvement, ils cherchent à articuler et à élargir ces ensembles conceptuels dans des modèles cohérents et personnels.

Bateson a touché beaucoup de domaines et abordé plusieurs types de recherche. Si l'on regarde l'ensemble de sa démarche, on peut dégager quelques thèmes majeurs. Il est juste de le considérer comme un épistémologue de la communication (Marc et Picard, 1984) dont les efforts de recherche ont tenté d'appliquer la démarche systémique et la théorie des types logiques[6] de Whitehead et Russell au plus grand nombre possible de sujets. Citons entre autres : les rapports humains de tribus primitives, l'étiologie de la schizophrénie, l'étude de l'alcoolisme, les réflexions sur les catégories d'apprentissage ou encore l'étude

---

5. Pour plus de détails sur la démarche méthodologique utilisée, les personnes intéres-sées peuvent consulter la thèse (M. I. BROUILLET, 1989) ou encore un article à ce sujet (M. I. BROUILLET, 1990).
6. Voici une série d'exemples de *types logiques* :
    1) Le nom n'est pas la classe nommée, mais relève d'un type logique différent, supérieur à celui de la chose nommée.
    2) La classe est d'un type logique différent de celui de ses membres, et supérieur à lui.
    3) L'*accélération* est un type logique supérieur à la *vitesse*.
    (Tiré du glossaire de G. BATESON [1984].)

de la communication chez les dauphins. Son dernier livre est une synthèse de la même démarche, cette fois-ci il l'applique à l'évolution du monde vivant et discute des rapports entre le monde vivant, l'esprit et la pensée.

Le postulat de base chez Bateson consiste à considérer que l'étude du monde vivant demande une démarche théorique et méthodologique différente de l'étude du monde du non vivant. Dans le monde du vivant, certains sujets d'étude ne relèveraient pas du monde de la matière, mais du monde de la forme, ainsi en est-il de tout ce qui touche à l'information, à la communication, à l'organisation et à la pensée. Il dira :

> Ce qui est abstrait n'est pas la vérité, n'est pas la chose en elle-même, mais un moyen commode pour en « parler ». Il existe des erreurs, des contradictions et des troubles liés à l'oubli que la carte n'est pas le territoire[7].

Bateson transpose la proposition logique de Whitehead et Russell (la classe ne peut pas être membre d'elle-même) et il l'applique au monde du vivant. Il présente le vivant et son environnement comme étant une unité relationnelle d'un niveau d'abstraction différent et nouveau par rapport au vivant en lui-même et à l'environnement en lui-même. Il poursuit sa démonstration de la même proposition logique appliquée à l'unité relationnelle (monde vivant et environnement) en y intégrant ses découvertes quant à deux catégories d'apprentissage, soit celle par calibrage (la correction d'une classe d'actions pour améliorer un résultat) et celle par rétroaction (l'autocorrection se déroulant à l'intérieur même de l'acte). Il conclut en disant de l'unité relationnelle qu'elle est à la fois une unité de survie (apprentissage par rétroaction-maintien-conservation) et une unité évolutive (apprentissage par calibrage-changement-transformation). Pour Bateson, cette manière de se comporter (système en équilibre dynamique) est le propre de tous les processus mentaux (communication-apprentissage-pensée).

Voici les critères de tout processus mental selon Bateson, les critères n'étant valables que lorsqu'ils sont combinés :

1) Un esprit est un ensemble de parties ou composantes en interaction.

2) L'interaction entre les parties d'un esprit est déclenchée par la différence.

3) Le processus mental requiert de l'énergie collatérale.

4) Le processus mental requiert des chaînes de détermination circulaires (ou plus complexes).

5) Dans les processus mentaux, il faut considérer les effets de la différence comme des transformations d'événements qui les précédaient.

---

7. G. BATESON (1980).

6) La description et la classification de ces processus de transformation révèlent une hiérarchie de types logiques immanente aux phénomènes.

7) Les propriétés des processus mentaux sont l'intentionnalité, la capacité de choix, l'autonomie et la mort[8].

Les travaux des membres de l'école de Palo Alto se caractérisent par trois points : premièrement, ils s'inspirent de la démarche systémique ; deuxièmement, ils reprennent plusieurs concepts de Bateson qu'ils réintroduisent dans une démarche à trois volets (Marc et Picard, 1984) ; troisièmement, ils complètent les apports de Bateson par des incursions au niveau des mathématiques en empruntant les concepts de relation, de fonction, de calcul et de la théorie des groupes.

En appliquant la théorie des systèmes et la notion mathématique de fonction à l'étude des interactions humaines, l'école de Palo Alto offre un modèle descriptif et compréhensif de ce qui se passe entre des personnes ayant une relation d'une certaine durée. L'interaction est, pour eux, une série de messages (unité de comportement ou de communication) échangés entre des individus. Les êtres humains comme organismes vivants sont des systèmes ouverts, c'est-à-dire qu'ils échangent constamment dans et avec le système-milieu. Lorsque deux personnes entrent en contact, il y a interaction et les propriétés des systèmes ouverts s'appliquent aux deux systèmes humains, eux-mêmes parties d'un système plus large qui est celui du système interactif[9]. Les auteurs présentent alors les effets de leur choix théorique sur la compréhension et l'explication des relations interpersonnelles et familiales dans leurs dimensions perturbées et réussies. Ils ont non seulement abordé les relations et l'interaction, mais aussi formulé une axiomatique[10] de la communication dont voici les cinq axiomes de base :

---

8. G. BATESON (1984), p. 98.

9. «Des systèmes en interaction comme deux ou plusieurs partenaires cherchant à définir la nature de leur relation (P. WATZLAWICK, J. BEAVIN et H. JACKSON [1972], p. 120).» Les propriétés des systèmes sont : la *totalité* (le tout est plus grand que la somme de ses parties et différent de celle-ci), la *rétroaction* (c'est-à-dire les effets de comportement qui relèvent d'une *causalité circulaire*), qui peut être une *rétroaction positive*, accentuant le phénomène comme le dit l'expression «faire boule de neige», ou une *rétroaction négative*, amortissant le phénomène ; l'*homéostasie* (c'est-à-dire la réaction d'un système autorégulé de se ramener à son état initial de stabilité, s'il y a eu perturbation) ; l'*équifinalité* (la structure de ce qui se passe est plus importante que la genèse et ainsi un système peut être relativement autonome et indépendant des conditions initiales de son état).

10. La définition d'axiomatique retenue est la suivante : «Hypothèse dont on tire des conséquences logiques (théorème) en vue de l'élaboration d'un système (*Le Petit Robert 1*, Paris, Dictionnaires Le Robert, 1990).»

1) Il est impossible de ne pas communiquer puisque, pour eux, la communication est synonyme de comportement et que le comportement n'a pas de contraire.

2) Toute communication se compose de deux dimensions : le contenu et la relation, la relation incluant le contenu. La métacommunication est le moyen d'éviter les impasses causées par des confusions entre les dimensions.

3) La manière dont les partenaires décodent et découpent leur communication est une ponctuation et celle-ci est essentielle à la poursuite active de l'interaction et à la définition de la nature de la relation.

4) Les humains communiquent selon deux modes : digital (verbal-conscient) et analogique (kinésique-paralinguistique-inconscient).

5) Tout échange est nécessairement symétrique (horizontal-égal) ou complémentaire (vertical-différent).

Finalement une relation andragogique est optimale et favorise l'atteinte d'apprentissages significatifs, *si, et seulement si*, l'éducateur dispose pour agir d'une compréhension globaliste, mettant en évidence l'importance du rôle de l'interaction comme condition essentielle et nécessaire à la viabilité et à la vitalité de la relation.

Quelques définitions complètent l'apport théorique de Bateson et de l'école de Palo Alto :

– *L'optimal d'une relation andragogique* consiste en l'accomplissement d'un apprentissage intégré (concernant le triptyque des savoirs[11]) et la satisfaction possible pour tous d'un cheminement humain (Brouillet, 1989).

– *L'apprentissage significatif* équivaut à celui d'un savoir avec les choses, un apprentissage où l'on comprend le sens des choses et où l'on cherche à réagir conformément à la compréhension. En d'autres termes, on saisit l'objet cognitivement et affectivement. C'est un métaapprentissage, soit un changement correcteur dans l'ensemble des possibilités où s'effectuent les choix dans l'apprentissage (Maudsley, 1979).

– *Le groupe-classe* correspond à la structure informelle que se donne spontanément le groupe d'apprenants, indépendamment de l'institution et de l'éducateur (Postic, 1979).

– *Le groupe de la classe* se compose du groupe d'apprenants (pairs) et de l'éducateur (Postic, 1979).

– *L'optimum* est l'état considéré comme le plus favorable par rapport à une situation donnée (St-Arnaud, 1978).

---

11. Savoir, savoir-faire et savoir-être.

Maintenant que nous disposons de certains éléments de l'apport théorique et de définitions précises permettant de cerner les composantes en jeu dans la dynamique relationnelle étudiée, nous pouvons aborder le déroulement de la modélisation de la relation andragogique. On se souvient qu'il s'agit de comprendre et de se représenter l'écologie de l'interaction andragogique en situation d'apprentissage en groupe (en classe) comme une structure unique, soit une «unité d'action», une «pratique» (Bateson, 1984; Postic, 1979), unité identifiée au niveau transactionnel de la relation et nommée unité apprendre-enseigner.

La modélisation systémique de la relation andragogique

Le processus de modélisation systémique privilégié s'est construit à partir de certains concepts provenant des travaux de Bateson et de l'école de Palo Alto. Toutefois, d'autres auteurs (Bertrand, 1979; Ouellet, 1983; Tremblay, 1968) ont permis de compléter la mise en place de la démarche de recherche et la modélisation systémique de la relation andragogique.

L'élaboration du modèle comporte deux étapes: l'élaboration systémique des éléments composant l'objet d'étude (Bateson, Bertrand, école de Palo Alto, Tremblay) et la modélisation systémique de l'objet d'étude (Bateson, école de Palo Alto, Ouellet). La première étape concerne les niveaux d'exploration et d'identification des éléments composant l'objet à l'étude. Cette étape se construit à l'aide d'une procédure d'investigation en spirale (Bateson, école de Palo Alto), d'une analyse conceptuelle (Tremblay) et elle débouche sur une première grille conceptuelle (Bertrand).

La deuxième étape poursuit le processus en spirale par les niveaux de compréhension et d'intégration où il s'agit de modéliser d'une manière systémique l'objet d'étude. Cette modélisation correspond au cadre conceptuel de la recherche (Ouellet). Ce cadre systémique permet la classification finale des données et l'élaboration du modèle systémique de la relation andragogique (Brouillet, 1989).

Modéliser correspond à un effort de représentation de l'objet à l'étude comme étant un système (Ouellet, 1981). C'est une manière de saisir le sens de la réalité et de tenter de le communiquer, il y a donc une subjectivité certaine qu'il est nécessaire ultérieurement de mettre à l'épreuve du réel. Le modèle heuristique de Ouellet est constitué de trois pôles interactifs qui sont le pôle du *perceptuel*, le pôle du *rationnel* et le pôle du *fonctionnel*. C'est le propre du pôle fonctionnel dans le modèle systémique de Ouellet de permettre l'ébauche d'un modèle. Le modèle correspond à l'hypothèse dans la recherche empirique traditionnelle (voir la figure 1).

FIGURE 1
Cadre de référence pour la modélisation systémique
de la relation andragogique

CADRE DE RÉFÉRENCE POUR LA MODÉLISATION	MODÉLISATION SYSTÉMIQUE DE LA RELATION ANDRAGOGIQUE

PÔLE DU PERCEPTUEL

Prémisses du chercheur à la base du modèle systémique	**Prémisses du modèle systémique de la relation andragogique**
	1) Le processus de socialisation de l'humain est l'une des finalités de l'éducation.
	2) La dimension de formation de l'apprentissage est une suite d'occasions d'apprendre à apprendre.
	3) L'apprentissage, le comportement et la communication sont liés et tout comportement est à la fois une *communication* et un *pouvoir*.

PÔLE DU RATIONNEL

Éléments du modèle systémique	**Éléments du modèle systémique de la relation andragogique**
Dimension structurelles : – frontière, – réservoirs, – éléments choisis du réservoir, – réseau de communication.	Dimensions structurelles : – frontière : relation andragogique dans ses rapports entre l'éducateur et les adultes en situation d'apprentissage en vue d'atteindre diverses finalités ; – réservoirs (éléments choisis) : adultes, éducateur, relations, finalités, environnement ; – réseau de communication : partie intégrante de l'élément relations.
Dimensions fonctionnelles : – entrées ou intrants : • flux d'énergie et d'information, • centres de décision ; – traitement de l'information : • délais, • processus d'autorégulation, • rétroactions ; – sortie ou extrants : • éléments stables du système à la suite de l'expérience.	Dimensions fonctionnelles : – entrées ou intrants : • relations (flux d'énergie et d'information) ; • éducateurs et adultes (centres de décision) ; • environnement ; • finalités. – traitement de l'information : la dynamique des échanges (élément relations de la relation andragogique systémique) se déroulant dans le temps (délais), à travers des processus (processus en spirale), intègre comme métaprocessus les autres processus : objets processeurs, processus d'autorégulation internes ; – sorties ou extrants : • éducateur, adulte (éthique, traitement de l'information : cognitif et affectif) ; • environnement (situations, objet d'étude, environnement) ; • finalités (éducateur, adultes, relation) ; • relations (processus en spirale, unité apprendre-enseigner).

FIGURE 1 (suite)
**Cadre de référence pour la modélisation systémique
de la relation andragogique**

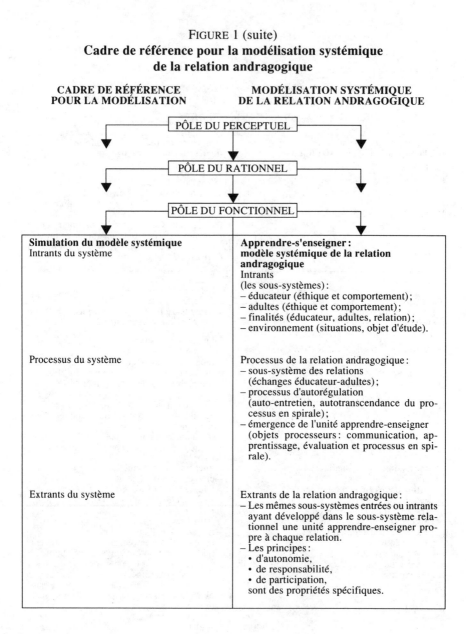

**CADRE DE RÉFÉRENCE
POUR LA MODÉLISATION**

**MODÉLISATION SYSTÉMIQUE
DE LA RELATION ANDRAGOGIQUE**

PÔLE DU PERCEPTUEL

PÔLE DU RATIONNEL

PÔLE DU FONCTIONNEL

Simulation du modèle systémique Intrants du système	**Apprendre-s'enseigner : modèle systémique de la relation andragogique** Intrants (les sous-systèmes) : – éducateur (éthique et comportement) ; – adultes (éthique et comportement) ; – finalités (éducateur, adultes, relation) ; – environnement (situations, objet d'étude).

Processus du système	Processus de la relation andragogique :
	– sous-système des relations
	  (échanges éducateur-adultes) ;
	– processus d'autorégulation
	  (auto-entretien, autotranscendance du pro-
	  cessus en spirale) ;
	– émergence de l'unité apprendre-enseigner
	  (objets processeurs : communication, ap-
	  prentissage, évaluation et processus en spi-
	  rale).

Extrants du système	Extrants de la relation andragogique :
	– Les mêmes sous-systèmes entrées ou intrants
	  ayant développé dans le sous-système rela-
	  tionnel une unité apprendre-enseigner pro-
	  pre à chaque relation.
	– Les principes :
	  • d'autonomie,
	  • de responsabilité,
	  • de participation,
	  sont des propriétés spécifiques.

Le pôle perceptuel présente trois propositions majeures qui constituent les *prémisses* du modèle. Le pôle *rationnel* du modèle systémique présente les dimensions structurelles et fonctionnelles du modèle. C'est au pôle rationnel que se trouvent les éléments stables de la relation andragogique. Ces éléments comprennent, entre autres, les partenaires de la relation, c'est-à-dire *l'éducateur et les adultes*, le second élément est constitué des *relations* qu'entretiennent l'éducateur et les adultes. Ce sont ces éléments qui constituent les entrées et les sorties du système de la relation andragogique, alors que les processus sont ceux de la communication, de l'apprentissage et de l'évaluation. Le pôle *fonctionnel* du modèle systémique fait l'objet d'une simulation et d'une présentation de son fonctionnement. La dynamique du modèle repose sur le fait qu'à travers un processus en spirale, les interactions servent à la mise au point constante par la rétroaction (positive, négative ou neutre) des rapports des partenaires de la relation andragogique en situation d'apprentissage en groupe (en classe).

Le schéma du cadre de référence et de la modélisation de la relation andragogique ouvre sur le thème central de ce chapitre : l'élaboration du modèle systémique de la relation andragogique. Chaque pôle sera présenté en vue de dégager les composantes du système qu'est la relation andragogique. L'illustration-simulation se termine par le modèle *apprendre-s'enseigner*, une approche systémique et transactionnelle de la relation andragogique.

Un modèle systémique de la relation andragogique : apprendre-s'enseigner

Nous venons d'aborder la méthodologie qui a permis d'élaborer le modèle systémique. À partir de maintenant, il sera question des prémisses à la base du modèle (pôle perceptuel), des composantes structurelles et fonctionnelles du modèle (pôle rationnel) et de l'illustration du modèle (pôle fonctionnel). Pour mieux se représenter les éléments en présence dans la modélisation, consulter la figure 1 qui présente d'une manière schématique l'ensemble des différents thèmes que la description du modèle va aborder.

Le pôle perceptuel

Les prémisses sont un ensemble de propositions à la base du modèle présenté. Dans le cadre du présent modèle, trois propositions regroupent ces prémisses. Ces propositions forment une synthèse personnelle de l'apport de différents auteurs (Bateson, école de Palo Alto, Landry, Ouellet, Ouellette, Postic, Reboul, Vendette).

La première proposition affirme que le processus de socialisation de l'humain est l'une des finalités de l'éducation (Postic, 1979). Ce processus consiste à être en mesure de transposer les apprentissages faits dans ses autres activités de vie. Le processus implique donc qu'il y a une dimension d'information et de formation dans la transmission et l'acquisition de la connaissance (Ouellet, 1983 ; Ouellette, 1983 ; Postic, 1979 ; Reboul, 1980).

La deuxième proposition présente la dimension de formation de l'apprentissage en la considérant comme une suite d'occasions d'apprendre à apprendre. Or, apprendre à apprendre consiste à développer des habiletés de métacommunication, de métaapprentissage et d'évaluation créatrice, aussi bien au sujet de l'objet d'étude que de la dynamique des échanges entre l'éducateur et les adultes.

La troisième proposition s'appuie sur l'axiome de l'école de Palo Alto selon lequel l'apprentissage est lié à la communication et au comportement. Ainsi, on ne peut pas ne pas communiquer et on ne peut pas ne pas influencer. L'influence étant une forme de pouvoir, tout comportement est à la fois une communication et un pouvoir (Landry, 1977 ; Reboul, 1980 ; Vendette, 1984 ; Watzlawick, Beavin et Jackson, 1972).

Le pôle rationnel

Le pôle rationnel présente les composantes du modèle systémique de la relation andragogique. En effet, ce pôle doit identifier non seulement les éléments ou sous-systèmes du modèle, mais aussi les diverses facettes qui sont en jeu dans le système de la relation andragogique. Selon Ouellet (1983), comprendre l'organisation des éléments stables demande d'examiner les dimensions *structurelles* et *fonctionnelles* qui interviennent dans la dynamique interactive entre les éléments. La description formelle d'un modèle systémique inclut les dimensions structurelles suivantes : une frontière, des réservoirs, des éléments choisis parmi ces réservoirs, un réseau de communication. La description fonctionnelle concerne les dimensions suivantes : les flux d'énergie et d'information, les centres de décision, les délais, les rétroactions-processus d'autorégulation. Nous allons présenter ces dimensions en donnant les définitions des différents éléments qui les composent.

Les dimensions structurelles de la modélisation

Le schéma de la relation andragogique systémique (voir la figure 2) présente une vue en plongée des réservoirs et des éléments stables de la relation andragogique. La frontière est une représentation concrète qui situe l'objet à l'étude dans un univers de connaissances possibles. Ici le modèle systémique se limite à l'exploration de la relation andragogique dans ses rapports entre l'éducateur et les adultes en situation d'apprentissage, en vue d'atteindre diverses finalités et dans un cadre spatio-temporel spécifique. Les réservoirs sont des formes englobant les éléments, porteurs d'information et d'énergie[12], sous-systèmes de la relation andragogique. Les *éléments stables* forment la charpente de la modélisation. Le modèle présenté a cinq éléments stables : l'*éducateur*, les *adultes*, les *relations*, les *finalités*, l'*environnement*. Ainsi, toutes les variables qui relèvent de la présente étude font partie de l'un de ces cinq éléments (soussystèmes).

FIGURE 2
Le schéma de la relation andragogique systémique

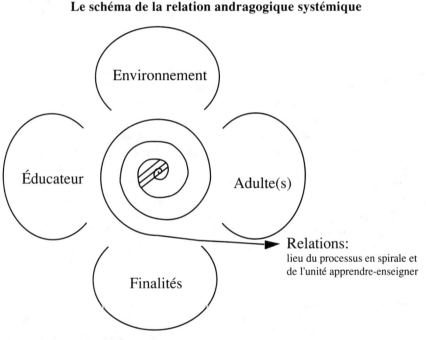

Environnement

Éducateur

Adulte(s)

Relations:
lieu du processus en spirale et
de l'unité apprendre-enseigner

Finalités

---

12. Le terme « énergie » est employé dans le sens de ce que possède le système qui le rend capable de produire des activités (Y. St-Arnaud, 1978). Il peut y avoir de l'énergie *résiduelle*, d'*entretien*, de *production*, de *solidarité*.

Énergie résiduelle : celle des individus.

Énergie d'entretien : celle qui émerge de l'énergie disponible que les individus apportent au groupe. Cette énergie permet au groupe de rencontrer les obstacles de la croissance.

Les énergies de production et de solidarité sont des énergies primaires provenant de l'énergie disponible et qui sont source et effet de la participation et de la communication (Y. St-Arnaud, 1978).

Des schémas permettant de voir les éléments stables du système de la relation andragogique sont présentés au fur et à mesure des descriptions formelles et fonctionnelles. Tel un microscope, la description passe des plans généraux au sous-système des relations. Ce sous-système est progressivement grossi pour permettre l'étude de l'écologie de l'interaction systémique. En effet, l'une des hypothèses du modèle systémique de la relation andragogique considère l'unité d'interaction apprendre-enseigner comme le noyau central du sous-système des relations. L'intérêt de la présente recherche porte sur la compréhension de la dynamique de l'ensemble des relations dans lesquelles se meuvent les individus en situation d'apprentissage de groupe (en classe). Ainsi quatre éléments stables (sous-systèmes) font l'objet d'un développement plus poussé dans la recherche : il s'agit de l'éducateur, des adultes, des relations et des finalités.

L'éducateur

Il s'agit de toute personne qui est mandatée pour exercer un rôle de formation d'aide à l'apprentissage, d'information auprès d'une clientèle adulte. Cette personne intervient selon des approches et des méthodes qui lui sont spécifiques. L'éducateur comme personne humaine est un système ouvert composé de sous-ensembles : un sous-ensemble éthique, un sous-ensemble traitement de l'information et un sous-ensemble comportement. Le sous-ensemble éthique est constitué de principes, de valeurs données qui forment les perceptions de l'éducateur. Le sous-ensemble traitement de l'information intègre tous les processus perceptifs et de codage qu'il serait possible de ramener à deux niveaux : celui du traitement cognitif (interprétations) et celui du traitement affectif (ressentis) (St-Arnaud, 1982). Le dernier sous-ensemble, appelé comportement, est composé de l'intention et du comportement de l'éducateur dans la relation andragogique.

Les adultes

Il s'agit de toute personne qui n'est plus considérée comme adolescente et qui, à une étape de sa vie adulte, se place dans un contexte d'apprentissage. Cette personne a donc un bagage personnel et pratique qui marque son approche et sa démarche d'apprentissage.

Les adultes comme personnes humaines sont des systèmes ouverts composés d'un sous-ensemble éthique, d'un sous-ensemble traitement de l'information et d'un sous-ensemble comportement. Le sous-ensemble éthique se compose de l'ensemble des valeurs de l'adulte. Le sous-ensemble traitement de l'information intègre tous les processus perceptifs et de codage qu'il serait possible de ramener à deux niveaux : celui du traitement cognitif (interprétations) et celui du traitement affectif (ressentis) (St-Arnaud, 1982). Le dernier sous-ensemble appelé comportement est composé de l'intention et du comportement des adultes dans la relation andragogique.

Les finalités

Cet ensemble comprend les buts et les résultats à la fois des individus, de la relation entre éducateur et adultes, les buts et les résultats du système qu'est la relation andragogique.

L'environnement

Cet ensemble comprend l'environnement d'une manière générale. Il inclut le sous-ensemble composé des situations d'apprentissage, ici le groupe (en classe), et le sous-ensemble de l'objet d'étude (motif incitateur de la relation andragogique).

Les relations

Cet élément stable du modèle occupe une place privilégiée, car il se rapporte spécifiquement à l'objet central de la recherche qu'est l'interaction. L'élément relationnel et ses composantes est celui qui est activé dans le présent modèle. Il s'agit des lieux de régulation et de transformation des échanges entre l'éducateur et les adultes, et vice-versa. L'étude des relations, qui sont définies comme des messages entre les partenaires, permet de préciser la place des processus dans la dynamique d'une relation andragogique donnée. Un processus est un changement dans le temps, soit de matière, d'énergie ou d'information (Ouellet, 1983). Dans le cas du système de la relation andragogique et selon les critères du processus mental, il s'agit ici surtout d'information (toute différence qui fait une différence) et d'énergie collatérale (énergie disponible provenant des énergies résiduelles des individus et d'énergie d'entretien du *groupe de la classe*). Le schéma (voir la figure 3) des énergies met en évidence les sources principales (éducateurs, adultes) de l'énergie particulière (énergie disponible) qui nourrit la dynamique de la relation andragogique systémique.

Dans l'élaboration du modèle systémique de la relation andragogique, les processus de communication et d'apprentissage sont considérés comme des *objets processeurs*[13] : car ils stimulent les partenaires de la relation à des mouvements de maintien ou de changement (autorégulation) des relations qu'ils entretiennent. Un troisième processus (lui aussi objet processeur), celui de l'évaluation : processus d'actualisation des différents savoirs (Ouellet, 1983), est connexe à ceux de l'apprentissage et de la communication dans la relation andragogique (voir la figure 4).

---

13. Les objets processeurs sont des objets changés-objets changeants qui subissent l'influence du temps, de l'espace et de la forme. Ils rendent compte de l'évolution à l'intérieur d'un système. C'est généralement le lieu du traitement de l'information.

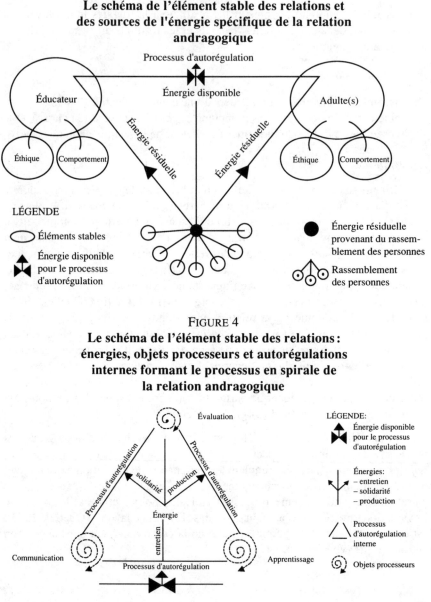

FIGURE 3
**Le schéma de l'élément stable des relations et
des sources de l'énergie spécifique de la relation
andragogique**

FIGURE 4
**Le schéma de l'élément stable des relations :
énergies, objets processeurs et autorégulations
internes formant le processus en spirale de
la relation andragogique**

D'ailleurs, les processus étant différents, mobiles, selon le contexte spatio-temporel, ils forment un sous-ensemble particulier (unité apprendre-enseigner) où s'élabore l'unicité d'une relation andragogique donnée, à travers un processus qui serait un «métaprocessus» appelé processus en spirale. La notion de métaprocessus se réfère aux critères 5 et 6 du processus mental de Bateson. En effet, le *meta*[14] correspond à l'aspect hiérarchique de l'évolution (linéaire et saut) de la relation andragogique systémique. La dynamique de la hiérarchie s'élabore dans le processus en spirale de l'élément stable des *relations*. Une coupe transversale (voir la figure 5) de la structure d'interaction, unité apprendre-enseigner, tente de représenter la dynamique hiérarchique en présentant les objets processeurs (communication, apprentissage et évaluation) dans une succession de sections superposées.

FIGURE 5
Le schéma de l'élément stable des relations :
coupe transversale de la structure d'interaction,
unité apprendre-enseigner

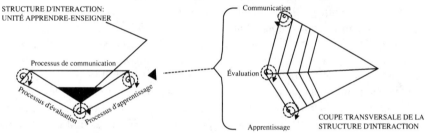

Le processus en spirale (voir la figure 6) correspond à l'autorégulation[15] de tous les échanges qui s'ébauchent dans la relation andragogique systémique. Il y a différentes raisons qui incitent à utiliser une spirale pour représenter l'auto-régulation. La première raison est reliée à la dimension dynamique de la hiérarchie du fonctionnement transactionnel de la relation andragogique systémique. La deuxième raison a trait à la dimension intangible de la structure d'interaction spécifique d'une relation andragogique donnée. La troisième raison concerne la diversité des *patterns* interactionnels d'une relation andragogique précise.

---

14. L'élément «méta» signifie «qui est au-delà, qui englobe...». Autrement dit, un terme comme «métacommunication» renvoie à des signaux qui sont d'un niveau d'abstraction supérieur à celui d'autres signaux.

15. Les termes d'«auto-entretien» et d'«autotranscendance» sont empruntés à Capra (1983) pour désigner les mécanismes d'autorégulation (processus en spirale) propres à la relation andragogique. L'aspect conservateur (*auto-entretien*) est représenté par la *progression* à l'intérieur d'une spire de la spirale. L'aspect évolutif (*autotranscendance*) est représenté par le saut d'une spire à une autre dans la spirale. La spire correspond à un tour complet de spirale.

FIGURE 6
**Le schéma du processus en spirale et de ses mécanismes
de régulation du sous-système des relations**

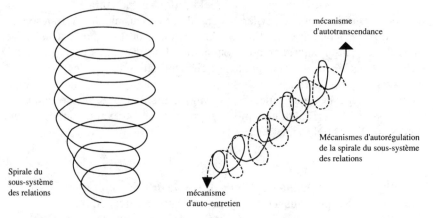

mécanisme
d'autotranscendance

Mécanismes d'autorégulation
de la spirale du sous-système
des relations

Spirale du
sous-système
des relations

mécanisme
d'auto-entretien

L'élément stable des *relations* se compose dans le modèle systémique de la relation andragogique de l'*unité d'interaction apprendre-enseigner* qui fonctionne comme une *spirale*, en se nourrissant des *énergies résiduelles*, de *solidarité*, de *production* et d'*entretien*. La spirale est elle-même un processus traversé par les *processus de communication, d'apprentissage et d'évaluation*. Voilà pourquoi ces processus sont aussi représentés par des spirales. L'équilibre de la structure d'interaction andragogique (*unité apprendre-enseigner*) est assuré par les *processus d'autorégulation internes* du processus en spirale, qui est lui-même le processus d'autorégulation de la relation andragogique systémique (voir les figures 4, 5 et 6).

Le sous-système des relations est le chef d'orchestre de la relation andragogique. Le modèle systémique de la relation andragogique porte essentiellement sur la représentation de la dynamique de ce sous-système.

Le réseau de communication

Il s'agit du moyen qui permet l'échange de l'information et de l'énergie. Les formes que peut prendre le réseau sont nombreuses et les langages pour favoriser ces échanges sont divers. Dans le cadre de ce modèle, le réseau est partie intégrante d'un système : celui des relations.

Les dimensions fonctionnelles de la modélisation

Les dimensions fonctionnelles (les flux d'énergie ou d'information, les centres de décision, les délais, les processus d'autorégulation et les rétroactions) s'inscrivent dans un espace et un temps donnés. Voilà pourquoi il est nécessaire de concevoir qu'il y a un moment appelé l'*entrée* où se font les premiers contacts. À ce moment-là, les *éléments stables* constituent les *intrants* de la relation andragogique systémique (voir la figure 7a).

FIGURE 7a
Le schéma des intrants de la relation andragogique systémique

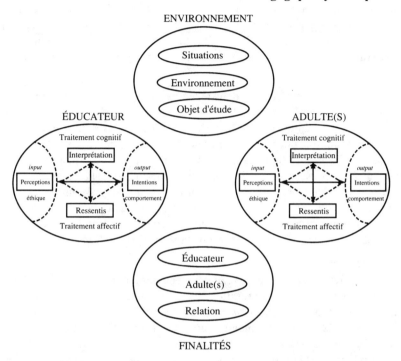

FIGURE 7b
**Le schéma du traitement de l'information et de l'énergie à travers
l'élément stable des relations (processus en spirale)
du système andragogique**

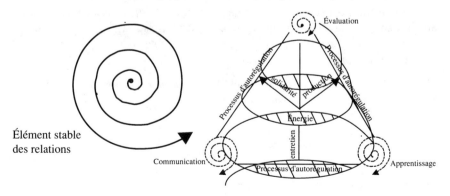

Dès que les personnes sont en présence, il s'établit des relations entre les différents *intrants*. Ces relations créent une dynamique d'échanges (flux réciproque d'information et d'énergie) entre l'éducateur et les adultes (centres de décision). Comme dans toute relation, il y a un moment où se crée la dynamique des échanges; on peut dire qu'il s'agit d'un *élément stable*. L'élément des relations correspond au *traitement de l'information* du système andragogique (voir la figure 7b).

Ces échanges se déroulent dans le temps (délais), à travers des processus. Le processus en spirale, en plus de ses mécanismes propres (voir la figure 7b), intègre comme métaprocessus les autres processus (objets processeurs, processus d'autorégulation internes) du traitement de l'information et de l'énergie provenant des *intrants* (éducateur, adultes, environnement, finalités) (voir la figure 7a). Le processus d'autorégulation (en spirale) de la relation andragogique instaure sa stabilité au moyen d'oscillations entre des adaptations possibles des différents *intrants*. En effet, la stabilité ou l'équilibre de la relation andragogique systémique repose sur un certain mouvement, comme le funambule sur son fil et une personne à bicyclette ont besoin d'oscillations pour garder un équilibre final.

De la même manière au niveau de la relation andragogique, il est nécessaire de définir *la nature de la relation*. On peut retrouver ce besoin de définir la nature de la relation à travers le discours formel des premiers échanges qui traitent des règles de fonctionnement du cours (le nombre et l'échéancier des travaux à remettre, le calendrier des activités, etc.). Or c'est le discours non formel (ton, position corporelle, information anodine comme lorsqu'on se donne des nouvelles, etc.) accompagnant les échanges, qui crée l'ébauche du type de relation et de ses règles[16].

Finalement, les *extrants* sont les éléments stables de la relation andragogique systémique tels qu'ils se retrouvent à la *sortie* de la transaction andragogique (il y a eu structure d'interaction: unité apprendre-enseigner). Ces *extrants*, ayant traversé l'expérience de la situation d'apprentissage (il s'agit ici du groupe [en classe]) à travers un processus en spirale, sont les mêmes éléments stables mais différents, parce que transformés par l'expérience vécue (voir la figure 7c).

Voilà posées les assises rationnelles, c'est-à-dire un ensemble de connaissances permettant une représentation formelle de la relation andragogique dans ses dimensions structurelles et fonctionnelles.

---

16. Les règles désignent les normes phénoménologiques en place dans la situation, qui se dégagent par observation.

Le pôle fonctionnel

Le troisième pôle de ce modèle (fonctionnel) nous ramène au tout début du chapitre. En effet, l'illustration reprend la situation de départ pour faciliter la compréhension de l'intégration de l'apport de Bateson et de l'école de Palo Alto et aussi mieux saisir la modélisation finale du modèle. « Alors, le cercle aura pu se transformer en une spirale où le retour au commencement est précisément ce qui éloigne du commencement[17]. »

FIGURE 7c
Le schéma des extrants de la relation andragogique systémique

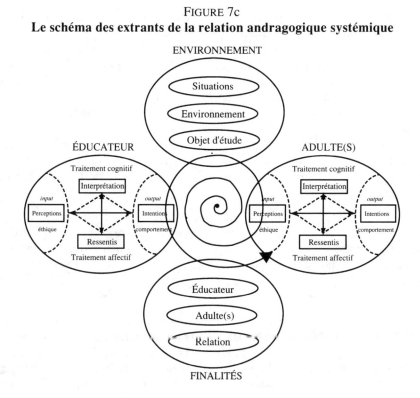

L'illustration du modèle systémique en situation de groupe (en classe) se fait par la présentation du contexte de l'«histoire[18]» d'un éducateur ayant des rapports avec un groupe d'adultes. La description se poursuit en insérant la dynamique de l'«histoire» à l'aide de l'axiomatique de l'école de Palo Alto et

---

17. E. MORIN (1977), p. 22.
18. Voir la définition d'«histoire» de Bateson (1984): «Qu'est-ce qu'une histoire? Un petit nœud ou un complexe de cette façon d'être relié que nous appelons la pertinence [...]. A est pertinent à B quels que soient A et B s'ils sont tous deux des parties [...] de la même "histoire" (p. 22).»

le pôle fonctionnel se termine par la modélisation de l'«histoire» qui s'appelle «apprendre-s'enseigner». La situation d'apprentissage privilégiée ici est celle d'une classe présentant les éléments suivants :

– une vingtaine d'étudiants ;

– se rencontrant pour un temps déterminé ;

– étudiant une même matière ;

– sous la direction d'une même enseignante.

L'éducateur a une fonction qui varie selon la conception personnelle qu'il s'en fait, selon celle de l'institution qui l'embauche et selon les attentes de ses étudiants. La qualité de la relation éducative est tributaire des perceptions réciproques des partenaires. Quels que soient les modèles culturels de relation éducative, celle-ci demeure une instance du processus de socialisation de la personne. La relation éducative implique trois partenaires : l'éducateur, l'étudiant, *le groupe de la classe*. Ces partenaires n'ont pas les mêmes rôles ni les mêmes modes de communication. Les partenaires de la relation éducative ont des relations médiatisées par les jugements et les attentes de rôles des uns et des autres. Le groupe connaît une évolution, une structure sociale et une organisation où les interactions sont l'occasion de l'élaboration de l'expérience de groupe.

L'importance du comportement de l'éducateur dans le processus de communication est abordée par certains auteurs en éducation des adultes. Ils ne sont pas nombreux à avoir mis l'accent sur la communication même, soit comme lieu d'expression des valeurs véhiculées par l'éducateur ou soit commme lieu des diverses stratégies et règles qui s'instaurent entre les partenaires de la relation de formation.

Or, il y a plusieurs règles qui prennent naissance à travers la dynamique des échanges. Il y a des rituels, des valeurs particulières et un langage donné propres à différents jeux d'enseignement. Voilà pourquoi, d'ailleurs, en utilisant plusieurs techniques de l'école de Palo Alto (recadrage, créativité, humour) l'éducateur peut faciliter les changements souhaités. Par exemple, dans une situation d'apprentissage en classe, l'éducateur peut dissiper une atmosphère lourde par une remarque absolument étrangère au propos des échanges, ce qui décentre l'attention des apprenants, et les rend éventuellement plus disponibles pour écouter la matière enseignée (recadrage). L'école de Palo Alto reconnaît à l'expert (le thérapeute, le professeur) un pouvoir certain et l'incite à l'identifier et à l'utiliser.

Le contexte de l'«histoire» de l'éducateur et du groupe d'adultes prend vie à travers l'illustration d'une progression possible de la démarche d'apprentissage et d'enseignement de ces partenaires. L'accent est mis sur la compréhension dynamique qui s'instaure dans les rapports de l'éducateur et des adultes. Il s'agit d'un même exemple observé au tout début des cours, pendant les cours et à la fin des cours. L'exemple choisi n'est qu'une des possibilités d'illustration des apports de l'école de Palo Alto (De Saint-Georges, 1980; Larsson, 1983; Ouellette, 1983; Tutts, 1974; Vendette, 1984). Les propositions axiomatiques de la pragmatique de la communication, ou encore les modèles d'interaction lorsqu'ils sont appliqués à la relation andragogique, permettent d'identifier certaines distorsions de la communication andragogique.

Dès les premiers échanges en classe s'amorcent entre l'éducateur et les adultes la définition de la nature de leur relation et l'établissement des normes phénoménologiques qui vont régir leurs rapports (axiome 1 et axiome 3). Les partenaires de la relation jouissent de statuts différents et ont des finalités semblables, mais d'un ordre différent.

Par exemple, l'éducateur a une expertise à l'égard du contenu de l'objet enseigné et il vise à ce que les étudiants apprennent ce contenu, ce qui lui confère un pouvoir différent (axiome 5). Pendant que l'éducateur traite, dans son discours formel, du plan de cours, du calendrier ou des travaux, il ouvre une communication dite digitale, mais aussi une communication dite analogique par le biais de sa gestuelle, de son ton et de l'ensemble du message kinésique qu'il émet. Ces deux modes de communication qui s'ébauchent à travers le discours formel participent à la définition de la nature de la relation. C'est ainsi que se mettent en place les éléments d'une dynamique particulière qui va être propre à une relation andragogique donnée (unicité du système).

Quelques cours plus tard, les tensions primaires sont passées et les tensions secondaires émergent (Landry, 1977). Les étudiants sont assez à l'aise et familiers entre eux pour mettre en place une structure informelle de pouvoir (le groupe-classe). En même temps, il y a constitution d'une autre structure qu'on appelle le *groupe de la classe* puisqu'il se compose de l'éducateur et des étudiants. Des conflits peuvent se produire lorsqu'il y a des désaccords entre ces deux structures. Au sixième cours, il y a un concept particulièrement difficile à comprendre... il y a eu plusieurs explications et exemples, qui ne sont toujours pas compris. La tension monte, certains perdent intérêt, d'autres questionnent et d'autres commencent à se comporter en «délinquants». Que peut faire l'éducateur pour agir dans cette dynamique de fonctionnement? Il peut se centrer sur le contenu de la matière ou les faire se référer à un document écrit. Il peut aussi, s'il est soucieux d'un apprentissage qui soit significatif et intégré et s'il a une vision holistique et heuristique de ce qui se passe, permettre la régulation du système de la relation andragogique à l'aide de techniques (recadrage-humour) ou du style de son intervention (empathie). Ainsi, il utilise le recadrage[19] pour dissiper

---

19. Le recadrage modifie le contexte conceptuel et/ou émotionnel d'une situation, ou le point de vue selon lequel elle est vécue, en la plaçant dans un autre cadre, qui correspond aussi bien, ou même mieux, aux «faits» de cette situation concrète, dont le sens, par conséquent, change rapidement.

l'anxiété des apprenants face au concept incompris et, par une métacommunication, il fait un retour sur la communication analogique qui se déroule à ce moment-là et qui suscite un malaise : « Oui, c'est difficile ce concept, oui, j'arrive mal à vous le faire comprendre. On essaie de se reprendre autrement. » Par le moyen de la métacommunication et du recadrage, l'éducateur place la dynamique interpersonnelle et le niveau transactionnel de la relation dans une possibilité d'ouverture, différente du message du discours formel qu'il est en train d'exposer. De cette manière il offre aux adultes, qui ont souvent des appréhensions sur leur capacité d'apprendre, une occasion d'être reconnus dans leurs difficultés. Ainsi se résout le blocage de l'anxiété des apprenants et s'ouvre la possibilité d'une démarche de compréhension du même concept, mais d'une façon complémentaire et différente (axiomes 2, 3 et 5 : circularité des rétroactions). L'« histoire » de la relation andragogique se poursuit pour mettre en évidence l'utilisation par l'éducateur des mécanismes d'autorégulation du processus en spirale pour « rétroagir » avec le *groupe-classe*.

Par exemple, l'approche non directive pourrait alors avoir un sens plus subtil que celui de s'effacer, d'accompagner les étudiants, de renoncer à « l'autorité généralement attachée au rôle d'enseignant[20] ». Le comportement non directif n'entraîne plus de paradoxes s'il se vit à deux niveaux : celui de la complémentarité et celui de la symétrie (axiome 5). Le premier niveau (complémentarité) correspond à l'existence de positions statutaires différentes dûment reconnues par l'institution et souvent désirées par les étudiants. L'éducateur assure ce rôle pour tout ce qui a trait à la matière et à la démarche en rapport avec les objectifs d'apprentissage. Le second niveau (symétrie) suppose que l'éducateur assume aussi la mise en place d'une relation *d'égal à égal* (comportement non directif) pour tout ce qui a trait à la vie de groupe, aux relations interpersonnelles, aux obstacles, aux conflits. À ce moment-là, c'est le troisième partenaire de la relation éducative qui est concerné, c'est-à-dire l'un des pôles du *groupe de la classe* de la relation éducative. Si, à ce moment, l'éducateur joue son rôle de partenaire d'un processus de communication sans négation, ni fuite, ni manipulation, ni coercition, il amorce une communication optimale et assume une part du processus d'autorégulation, par une rétroaction juste et pertinente. Dans un groupe (en classe), ce rôle de régulateur du processus d'autorégulation, d'incitateur d'une communication optimale, transactionnelle, doit être initialement et progressivement tenu par l'éducateur, jusqu'à ce qu'un partage des fonctions d'animation puisse être envisagé. Ainsi, par la rétroaction juste et pertinente, la communication peut réellement devenir un ajustement mutuel des partenaires en situation.

Voilà pourquoi il est possible de conclure qu'à travers le processus en spirale, les interactions servent à la mise au point constante, par la rétroaction, des rapports des partenaires de la relation andragogique. Cet état d'équilibre est plus

---

20. J. L. ELIAS et S. MERRIAM (1983), p. 126.

ou moins stable, plus ou moins souple. C'est la rétroaction qui joue un rôle semblable à celui d'un thermostat. Les échanges peuvent se faire au niveau énergétique (passage du résiduel au disponible, à l'entretien); au niveau de l'information (matière enseignée, travaux et aussi tout ce qui traite de l'affectivité et du climat); au niveau de l'expérience (les activités, la démarche, la procédure).

À la fin du cours, le *groupe de la classe* (troisième partenaire) a construit une unité d'interaction, une structure relationnelle qui est spécifique à la relation andragogique en cours, ce que Bateson appelle une pratique ou une entité *A plus B*. L'entité (transaction apprendre-enseigner) est capable de choisir, elle naît, se développe, stagne et prend fin par et à travers les échanges des partenaires de la relation.

> L'entité exécute un *processus* dont le nom correct me paraît être: une *pratique*. Il s'agit d'un *processus d'apprentissage* dans lequel le système *A plus B* ne reçoit pas d'information nouvelle de l'extérieur, mais seulement de *l'intérieur*. *L'interaction* met l'information concernant A, et les parties qui le composent, à la disposition de B, et vice versa. Ce sont les frontières qui changent[21].

Lorsque la relation de formation prend fin, il y a eu possibilité d'apprentissage significatif pour les adultes apprenants et aussi pour l'éducateur. En effet celui-ci, par le recadrage et la métacommunication, se place dans une dynamique où il est entraîné à créer ses interventions puisqu'il ne connaît pas *a priori* de quelle façon il traitera les difficultés rencontrées.

On peut se représenter l'«histoire» qui se termine, c'est-à-dire une des possibilités de représentation d'une «histoire» et d'une «pratique» par la modélisation systémique de la dynamique des échanges d'un éducateur et d'un groupe d'adultes en situation d'apprentissage (en classe). (Voir les figures 8a et 8b).

Ainsi l'éducateur et les adultes, quels qu'ils soient, seront dans un rapport significatif du fait qu'ils sont dans la même «histoire». Dans cette optique, et comme le soulignait Ouellette (1983), les principes d'autonomie, de responsabilité et de participation seront des propriétés spécifiques à l'unité apprendre-enseigner qui se développeront au cœur de l'interface, c'est-à-dire au cœur du système relationnel. Ces postulats ne seraient pas du même niveau logique que les intentions des individus en interaction. Ils ne seraient ni les causes ni les produits de l'interaction; ils seraient plutôt des propriétés propres à l'unité *A plus B*, l'unité apprendre-enseigner!

L'expérience qui se crée dans le sous-système des relations, à travers les processus de communication, d'apprentissage et d'évaluation, est créatrice de changements. Les changements peuvent être au niveau de l'information (contenu), au niveau affectif (émotions, sentiments) et à un niveau qui transforme parce qu'il

---

21. G. Bateson (1984), p. 145.

commande l'ensemble des deux premiers changements (Ouellet, 1983). Cela se produit lorsqu'il y a un métaapprentissage, c'est-à-dire lorsqu'il y a une conscience du processus d'apprendre. Ici aussi les mécanismes de rétroaction agissent pour assurer un dynamisme constant du système ; le mécanisme de régulation du sous-système des relations est le lieu des règles, des valeurs et des rôles de la relation. C'est ici aussi que peuvent s'étudier les modèles interactifs que suscitent, créent et élaborent les individus engagés dans les processus de communication, d'apprentissage et d'évaluation. Le mécanisme d'ajustement des besoins entre les entrées et les sorties du système se fait par l'autorégulation (auto-entretien [linéaire], autotranscendance [saut]). Les différences du degré d'apprentissage, du niveau d'intégration des connaissances et du degré de satisfaction des individus ne sont que la confirmation de la difficulté de prédire l'individuel. Chaque système est capable d'autonomie, de choix, d'intentionnalité et même de mort.

Le sous-système environnement dans le modèle présent n'est pas activé, si ce n'est pour servir de catalyseur. Il comprend les sous-ensembles objet d'étude, situations d'apprentissage et environnement général (voir les figures 8a et 8b). Le sous-système des finalités comprend l'information venant des individus (leur éthique), l'information provenant de la relation (les postulats de participation, d'actualisation, de responsabilité) et l'information émanant du système de la relation andragogique (auto-entretien et autotranscendance, voir les figures 8a et 8b). Un des effets majeurs du processus en spirale et de l'évolution optimale de la relation andragogique est de pouvoir produire une certaine transformation et un changement qualitatif des apprentissages. Toutefois, ceci n'est possible que si la structure d'interaction (unité apprendre-enseigner) a pu se développer de façon optimale.

Enfin, on peut dire que, dès la mise en présence de l'éducateur et des adultes et même avant, les acteurs construisent un monde perceptuel personnel qui, lors des premiers instants de la rencontre en classe, entrave les éléments objectifs de la réalité. L'amalgame de ces réalités se transmet par les comportements de l'éducateur et des adultes et crée progressivement une autre « entité », *l'unité apprendre-enseigner*. Cette entité prend forme et vit à travers les interactions des adultes et de l'éducateur, c'est-à-dire à travers les processus de communication, d'apprentissage et d'évaluation. Ces trois passages sont mobiles et peuvent être porteurs de changements pour les individus et pour la relation elle-même. C'est du sous-système des relations que dépend la dynamique, optimale ou perturbée, du système plus large qu'est la relation de formation andragogique. Les processus de communication et d'apprentissage sont les deux éléments où peuvent émerger les phénomènes de participation et d'autonomie. Quant à l'évaluation, ce processus est constamment actif dans toute situation de contact. Il serait le lieu de l'expression des phénomènes de responsabilité, d'autonomie et d'actualisation des savoirs (savoir, savoir-faire, savoir-être) pour l'éducateur et pour les adultes. La dimension de transformation devient une occasion d'apprentissage pour l'éducateur et d'enseignement pour les adultes.

FIGURE 8a
Le schéma du modèle systémique de la relation andragogique

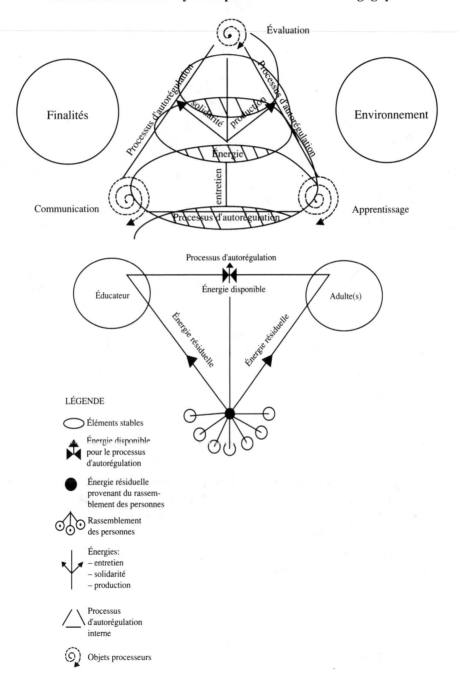

Figure 8b
**Le schéma du modèle systémique de la relation andragogique :
apprendre et s'enseigner**

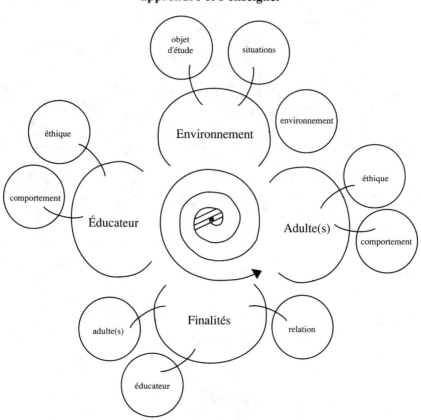

Le modèle systémique de la relation andragogique s'appelle *apprendre-s'enseigner* surtout parce que l'écologie de l'interaction systémique offre l'occasion, aux partenaires de la relation andragogique, d'apprendre et de s'enseigner, à eux-mêmes et aux autres, par le processus en spirale.

Protagoras disait déjà qu'en sortant de son enseignement on devenait autre : «[...] c'est-à-dire soi-même, mais soi-même délivré, libre de toute entrave, ayant trouvé son propre style et son propre visage[22]».

---

22. Cité par O. Reboul (1980), p. 11.

Conclusion

La compréhension de ce qui se passe entre un éducateur et des adultes en situation de groupe (en classe) revêt un caractère particulier au moment où éclatent bien des structures et ce à tous les niveaux de la société. La tentative de modéliser la dynamique des échanges des partenaires de la relation de formation, dans une optique d'optimum et d'apprentissages significatifs pour les deux parties, redonne à chacune au-delà des statuts leur première identité, celle de personne. «Dans cette époque qui ne tourne plus rond», Bateson (1984) souligne le déchirement entre «les excès divers du refus de l'affect et le courant toujours puissant du fanatisme anti-intellectuel». Shore (1985), quant à elle, propose de déplacer le débat qui existe entre pédagogie et andragogie vers l'étude de l'interaction, car elle la considère comme au cœur de la relation de formation et comme lieu créateur des apprentissages significatifs: «celui où l'apprentissage constitue un changement qualitatif de la perspective de la personne et de son approche de l'action[23]». L'orientation de la recherche se situe dans cette ligne de pensée, elle permet de dégager des assises théoriques et pratiques pour l'analyse de l'interaction andragogique dans des recherches ultérieures à la fois quantitatives et qualitatives.

Par exemple, des études peuvent être menées d'abord sur un inventaire des structures d'interaction et, ensuite, sur la récurrence des structures d'interaction dans des relations de formation. Ces études permettraient de confirmer ou d'infirmer l'idée que l'unité apprendre-enseigner constitue le lieu d'élaboration non tangible et pourtant actif du niveau transactionnel d'une relation andragogique.

Des recherches peuvent également reprendre l'étude de De Saint-Georges (1980) pour vérifier si le *couple parole-silence* réapparaît comme structure d'interaction et s'il est juste de dire qu'il y a une occurence élevée de *feed-back* et de métacommunications, dans un contexte d'activités de séminaire qui favorisent un discours de communication réciproque plutôt qu'«autoréférentiel».

D'autres recherches auprès des dyades que forment des professeurs et des étudiants en relation de supervision permettraient de confirmer l'apport théorique et pratique de l'approche systémique et transactionnelle de Bateson et de l'école de Palo Alto comme grille d'analyse de la dynamique de la relation andragogique. Les données et les résultats de ces recherches permettraient d'ajuster et de modifier le cadre conceptuel que représente le modèle systémique de la relation andragogique.

---

23. M. TAYLOR (1980), p. 193.

La recherche offre un cadre global (modèle-hypothèse) ouvert dont les prémisses de pensée sont récentes. La communication est présente comme régulation du mouvement entre l'acte d'apprendre et l'acte d'enseigner. Le thème affirme qu'une éducation centrée sur la seule transmission de l'information de la connaissance est obsolète, à l'orée du XXIe siècle où l'information et la connaissance sont des interfaces planétaires. En effet, l'accès à l'information et à la connaissance peut être maintenant courant, mais savoir penser, savoir être, savoir apprendre, c'est autre chose! De là le rôle essentiel de la dimension formative de l'éducation.

Le modèle systémique de la relation andragogique présente l'enseignement comme une *communication éducative*. L'apprentissage devient une expérience commune d'autonomie, de responsabilité et de participation où, par des comportements des uns (enseignants) et des autres (étudiants), on favorise ou non l'émergence d'apprentissages significatifs pour les personnes humaines en relation. La poursuite des travaux de recherche à partir de ce cadre théorique *apprendre-s'enseigner* permettra de dégager les comportements qui traduisent ce «quelque chose de plus». Cet ajout à la spécialité dont l'éducateur est l'expert fait de l'apprentissage un apprentissage humain, «qui aboutit à des savoir-faire permettant d'en acquérir une infinité d'autres et qui éduque la personnalité tout entière[24]».

---

24. O. REBOUL (1980), p. 75.

Références bibliographiques

BATESON, G. (1977). *Vers une écologie de l'esprit*, Paris, Seuil, tome 1. Édition originale en anglais: 1971.

BATESON, G. (1980). *Vers une écologie de l'esprit*, Paris, Seuil, tome 2. Édition originale en anglais: 1972.

BATESON, G. (1984). *La nature et la pensée*. Paris, Seuil. Édition originale en anglais: 1979.

BATESON, G. et RUESCH, J. (1951). *Communication: the Social Matrix of Psychiatry*, New York, Norton.

BERTRAND, Y. (1979). *Les modèles éducationnels*, Montréal, Service pédagogique de l'Université de Montréal.

BROUILLET, M. I. (1989). *Modèle systémique de la relation andragogique fondé sur la nouvelle communication (Bateson/Palo Alto)*, thèse de doctorat inédite, Université de Montréal.

BROUILLET, M. I. (1990). «Modèle systémique de la relation andragogique fondé sur la nouvelle communication (Bateson/Palo Alto)», dans *Les modèles en éducation, Actes du Colloque AIPELF 1989*, Montréal, éditions Noir sur Blanc.

CAPRA, F. (1983). *Le temps du changement*, Monaco, du Rocher.

DANIS, C. et DUFRESNE-TASSÉ, C. (1988). «Problèmes et éléments de solution liés à la définition de l'objet d'étude en recherche qualitative: trois illustrations», *Les Actes du 7ᵉ Congrès annuel de l'Association canadienne pour l'étude de l'éducation des adultes*, Calgary, Faculty of Continuing Education, The University of Calgary, pp. 88-92.

DE SAINT-GEORGES, P. (1980). *La Loi du silence. Feedback et méta-communication dans l'enseignement universitaire*, Louvain-la-Neuve, Université catholique de Louvain.

ELIAS, J. L. et MERRIAM, S. (1983). *Penser l'éducation des adultes*, Montréal, Guérin.

Grand Robert de la langue française, 2ᵉ édition, Paris, Dictionnaires Le Robert, vol. 9.

HARRÉ, R. et SECORD, P. F. (1972). *The Explanation of Social Behaviour*, Oxford, Basil Blackwell.

LANDRY, S. (1977). «Le groupe de tâche et sa psychologie», dans J. M. LECLERC, *Dossier sur l'enseignement: systèmes, méthodes, techniques*, Montréal, Service pédagogique de l'Université de Montréal.

LARSSON, S. (1983). «Paradoxes in Teaching», *Instructional Science*, Amsterdam, Elsevier Science Publishers, vol. 12, n° 4.

MARC, E. et PICARD, D. (1984). *L'école de Palo Alto*, Paris, Retz.

MAUDSLEY, D. B. (1979). *A Theory of Metalearning and Principles of Facilitation : An Organismic Perspective*, thèse de doctorat inédite, Université de Toronto.

MERRIAM, S. (1987). «Adult Learning and Theory Building: A Review», *Adult Education Quaterly*, vol. 37, n° 4.

MORIN, E. (1977). *La méthode. La nature de la nature*, Paris, Seuil.

OUELLET, A. (1981). *Processus de recherche, une approche systémique*, Québec, Presses de l'Université du Québec.

OUELLET, A. (1983). *L'éducation créatrice, approche systémique des valeurs*, Québec, Presses de l'Université du Québec.

OUELLETTE, L. M. (1983). *Fondement éthique et approche systémique de la relation de formation*, mémoire de maîtrise inédit, Université de Montréal.

PENMAN, R. A. (1980). *Communication Process and Relationship*, Londres, Academic Press Inc.

POSTIC, M. (1979). *La relation éducative*, Paris, Presses universitaires de France.

REBOUL, O. (1980). *Qu'est-ce qu'apprendre?*, Paris, Presses universitaires de France.

Robert Méthodique. Dictionnaire méthodique du français actuel, Paris, Dictionnaires Le Robert.

ST-ARNAUD, Y. (1978). *Les petits groupes, participation et communication*, Montréal, Presses de l'Université de Montréal.

ST-ARNAUD, Y. (1982). *La personne qui s'actualise*, Montréal, Gaëtan Morin.

SHORE, W. L. (1985). «Adult Learners Interactions with Learning Situations: A Theoretical Perspective», *Adult Education Research Conference*, Arizona State University.

TAYLOR, M. (1980). «A Conceptual Representation of Learning from the Learner's Point of View», *Adult Education Research Conference*, Vancouver.

TREMBLAY, M. A. (1968). *Initiation à la recherche dans les sciences humaines*, New York, McGraw-Hill.

TUTTS, S. L. (1974). « The Importance of Watzlawick's Content and Relationship Aspects of Communication in the Classroom », rapport présenté au Congrès annuel de la Central States Speech Association, Milwaukee, Wisconsin.

VENDETTE, G. (1984). *Vers un modèle de développement de la communication sémantiquement saine dans les études collégiales de philosophie*, thèse de doctorat inédite, Université de Montréal.

WATZLAWICK, P. (1978). *La réalité de la réalité*, Paris, Seuil.

WATZLAWICK, P. (1980). *Le langage du changement*, Paris, Seuil.

WATZLAWICK, P., BEAVIN, J. et JACKSON, DON D. (1972). *Une logique de la communication*, Paris, Seuil.

WATZLAWICK, P. et WEAKLAND, J. (1981). *Sur l'interaction, Palo Alto, 1965-1974*, Paris, Seuil.

WATZLAWICK, P., WEAKLAND, J. et FISCH, J. (1975). *Changements, paradoxes et psychothérapie*, Paris, Seuil.

WHITEHEAD, A. N. et RUSSEL, B.A.W. (1910). *Principia mathematica*, Cambridge, Cambridge University Press.

WINKIN, Y. (1981). *La nouvelle communication*, Paris, Seuil.

18

Le modelage du comportement
Une approche efficace de la formation des gestionnaires

Danièle RICARD

Introduction

L'objectif principal de cet article est de démontrer l'efficacité du modelage du comportement comme technique de formation des gestionnaires de premier niveau. Cette approche comportementale de formation est fréquemment utilisée par les entreprises, en formation à la supervision. Les cadres de premier niveau tiennent un rôle de premier plan dans toute stratégie de développement organisationnel de l'entreprise. Comment peut-on mieux s'assurer qu'un changement organisationnel se produise si ce n'est en formant les employés à le mettre en application? Que l'on veuille utiliser un autre mode de communication avec les employés, ou adopter un nouveau comportement, créer une nouvelle façon de faire implique un apprentissage. En ce sens la formation en milieu de travail se veut un outil puissant au service du développement organisationnel dans l'entreprise.

Le modelage du comportement est envisagé sous l'angle du moyen de formation visant la création de nouveaux comportements d'interaction dans une relation de supervision au travail.

Afin d'établir le contexte de ce type d'intervention, l'objectif de la formation au travail sera d'abord présenté. Par la suite, l'efficacité du modelage du comportement sera démontrée en suivant le cheminement suivant:

1) les influences théoriques;

2) la pratique en entreprise ;

3) les recherches en cours.

En premier lieu, puisque le modelage du comportement se veut un instrument de formation en milieu de travail, il convient d'établir l'objectif rattaché à ce type d'intervention.

La *formation en milieu de travail* est essentiellement une fonction au service de la gestion de l'organisation dans laquelle elle s'effectue. Selon Bédard (1990) du Conseil supérieur de l'éducation : « Cette formation n'a de raison d'être qu'en fonction de l'objectif ultime de maximiser les profits grâce à un accroissement de la productivité [1]. »

Cet accroissement de la productivité passe par le développement des personnes qui acquièrent un nouvel apprentissage. Mais qu'entend-on par apprentissage ?

L'apprentissage

Gagné (1965), Knowles (1983) et Rowntree (1982) voient l'apprentissage comme une modification durable des comportements d'une personne.

Bien que cette définition puisse sembler claire, elle demeure limitative pour certains. Ainsi l'Institut de recherches psychologiques (1984) classe l'apprentissage chez l'adulte selon trois types de modifications différentes, soit :

1) Modification de la structure cognitive (par exemple, l'acquisition de nouvelles connaissances : apprendre à écrire un curriculum vitæ ou apprendre à analyser et décrire ses points forts et ses points faibles au travail)

2) Modification de la motivation (par exemple, commencer à aimer ou à détester un nouveau genre de travail, modification des croyances et des attitudes, par exemple modifier ses attitudes stéréotypées à l'égard de l'âge, du sexe, de la race, de la classe sociale, etc. ou un changement d'idéologie, par exemple devenir pro ou antisyndicaliste)

3) Modification de comportement (par exemple acquérir une technique ou apprendre à exécuter un travail) [2]

---

1. J. BÉDARD (1990). « La formation et le recyclage de la main-d'œuvre en cours d'emploi », dans Michel GRANT (sous la direction de), *Enjeux des années 1990 pour les relations industrielles*, rapport du 26ᵉ congrès de l'Association canadienne des relations industrielles, 4, 5, 6 juin 1989, Université Laval, Québec, Association canadienne des relations industrielles, p. 260.
2. INSTITUT DE RECHERCHES PSYCHOLOGIQUES (1984). *Le counselling des adultes en vue de la prise de décisions : une orientation pragmatique*, Ottawa, Centre d'édition du gouvernement du Canada, Approvisionnements et Services, pp. 58-59.

Si l'apprentissage se conçoit de multiples façons, cette conception influence directement la façon d'enseigner et les méthodes utilisées. Le choix est vaste. Une panoplie de techniques d'enseignement est disponible. Selon l'approche systémique en formation[3], le choix de la méthode est fonction de l'objectif d'apprentissage poursuivi. L'approche de formation retenue doit favoriser l'atteinte de l'objectif ultime de toute formation en entreprise, soit de maximiser les profits par une amélioration de la productivité. Cet objectif teinte déjà le choix d'approches de formation. Bédard (1990) donne d'ailleurs une orientation très nette aux moyens privilégiés pour atteindre cet objectif.

> La formation en cours d'emploi consiste en un ensemble d'activités d'apprentissage ou de perfectionnement à caractère davantage pratique que théorique visant à rendre l'employé plus apte à effectuer efficacement son travail au sein de l'entreprise ou l'organisme auquel il appartient[4].

Comme l'a précisé Bédard, jusqu'à ce jour, le moyen le plus rapide d'améliorer l'efficacité passe par une formation à caractère plus pratique que théorique.

Cette dernière affirmation ne doit pas laisser supposer qu'une formation à caractère pratique soit dépourvue de fondement théorique. Elle indique simplement que les méthodes rattachées à cette formation sont plus axées sur l'amélioration d'une pratique que sur l'acquisition de concepts théoriques. Dans cette optique, les paragraphes qui suivent démontreront que la pratique du modelage du comportement repose sur des bases théoriques solides.

Approches théoriques

Avant d'exposer les apports théoriques comme tels, tentons de décrire ce que l'on entend par modelage du comportement.

Description du modelage du comportement

Généralement, en formation en entreprise, lorsque l'on parle de modelage du comportement, on fait allusion à une approche de formation visant à développer les habiletés de relations interpersonnelles des individus tout en préservant leur estime de soi. Ces habiletés sont développées de façon expérimentale par la pratique.

---

3. Les étapes de l'approche systémique en formation seront décrites ultérieurement dans ce chapitre.
4. J. BÉDARD (1990). *Loc. cit.*

Ableson (1981), lui, voit le modelage du comportement comme un processus d'acquisition, de développement et de modification de *scénarios cognitifs (cognitive scripts)* à l'origine des comportements. Un scénario cognitif est un schéma mental qui permet d'intérioriser des normes appropriées à l'exécution d'un comportement. C'est l'utilisation de ce scénario cognitif qui permet au modelage du comportement de dépasser la simple imitation d'un modèle.

Cette définition s'est révélée digne d'intérêt puisqu'elle intègre plus d'un apport théorique.

Apports théoriques

Outre les ascendants béhavioristes et cognitivistes de la définition précédente, le modelage du comportement tire sa source principalement des théories de l'apprentissage social de Bandura (1977a, 1977b). Toutefois, à certains égards, le modelage du comportement a aussi bénéficié d'un apport du béhaviorisme en industrie; l'andragogie et l'approche systémique en teintent aussi la pratique. Chacune de ces influences sera reprise séparément.

Apprentissage social

L'apprentissage social imprègne fortement le modelage du comportement. Les théories de Bandura donnent son fondement au modelage du comportement. Bandura (1977a, 1977b) stipule que le modelage du comportement nécessite quatre composantes afin d'être efficace. Ces composantes sont:

1) l'attention;

2) la rétention;

3) la reproduction;

4) la motivation.

Ce modèle était souvent perçu comme trop simple. Il laissait supposer qu'il suffisait pour que le modelage du comportement fonctionne que l'on observe attentivement un comportement, que l'on s'en rappelle, que l'on puisse le faire soi-même et finalement que l'on veuille le faire à nouveau.

En dépit de cette simplicité apparente, cette façon de concevoir l'apprentissage se basait sur une observation structurée de l'acquisition de comportements sociaux. L'adulte comme l'enfant utilise des modèles comportementaux. L'enfant observe constamment l'interaction entre les adultes et tente de la reproduire. L'adulte aussi observe l'interaction et il connaît presque immédiatement les comportements qui seront acceptables dans une situation donnée. Il demeure fondamentalement la même personne, mais il ne se comporte pas de la même façon dans une activité sportive avec ses amis que dans une activité sociale protocolaire.

Instinctivement autant l'enfant que l'adulte pratiquent cette forme d'apprentissage :

1) ils observent ;

2) ils se souviennent de leurs observations ;

3) ils effectuent le même comportement que celui qui a été observé ;

4) ils évaluent les conséquences ;

5) et, au besoin, ils répètent à nouveau les mêmes comportements.

Il est à noter que la quatrième phase, l'évaluation des conséquences, n'apparaît pas dans les composantes originales de Bandura. Elle pourrait toutefois être associée à la dernière composante du modèle de Bandura, soit celle de la motivation. C'est à cette phase particulière que l'influence de l'approche béhavioriste se fait sentir.

Béhaviorisme et renforcement

Le modelage du comportement emprunte au béhaviorisme certains principes de renforcement, principalement en ce qui concerne l'utilisation du renforcement positif.

Depuis presque le début du siècle, l'école béhavioriste a démontré l'efficacité des renforcements tant positifs que négatifs. Selon les tenants de cette approche, un comportement qui suscite une conséquence perçue comme négative a moins de chances de se reproduire. De la même façon, un comportement qui est associé à une conséquence perçue comme positive a plus de chances de se reproduire.

Les renforcements sont utilisés sur une grande échelle dans notre société. Le système légal est essentiellement basé sur le renforcement négatif. Que l'on pense, entre autres, aux contraventions distribuées par les policiers afin de faire respecter le Code de la route. Ces renforcements visent à éliminer un comportement considéré comme non sécuritaire. Dans cette optique, le renforcement négatif est sans doute efficace. Une personne qui vient de recevoir une contravention sera, en premier lieu, fâchée de cet incident, mais elle sera plus prudente à l'avenir. Elle peut être plus prudente de deux façons : elle peut éliminer le comportement non sécuritaire ou elle peut éliminer ce comportement seulement à la vue des policiers, ainsi elle évite simplement un renforcement négatif.

Si le système légal se sert essentiellement de renforcements négatifs, notre système individuel de renforcement est, lui, fort sensible aux renforcements de nature positive. Par exemple, si un individu obèse suit un régime amaigrissant et qu'il se fait complimenter sur sa nouvelle taille, il y a de fortes chances que ce commentaire agisse comme un renforcement positif et le motive à continuer son régime (il aura ainsi, on l'espère, acquis un comportement d'alimentation plus sain).

Ces formes de renforcements ont une influence directe sur la reproduction ou sur l'élimination d'un *comportement déjà existant*. Cependant le modelage du comportement dépasse l'utilisation béhavioriste des renforcements dans l'apprentissage.

Au-delà du béhaviorisme

Même si les deux approches utilisent une forme de renforcement, il existe une différence fondamentale entre le conditionnement opérant, tel qu'il est conçu par les béhavioristes, et l'apprentissage social. Si le béhaviorisme s'est avéré efficace pour maintenir un comportement désirable ou pour éliminer un comportement indésirable, il n'est toutefois pas en mesure de créer des nouveaux comportements par l'utilisation de renforcements. En effet, la base même du conditionnement opérant est que le comportement doit exister et apparaître avant d'être renforcé positivement ou négativement. Or cette approche peut donc être très valable tant que ces comportements existent déjà, et qu'ils se présentent dans une situation où un renforcement est possible.

Néanmoins un problème demeure : comment créer un nouveau comportement ? C'est précisément dans cette situation que le modelage du comportement prend toute sa force, puisqu'il axe sa pratique sur la reproduction d'un nouveau comportement désiré. De nouveaux comportements peuvent ainsi être appris et ensuite être renforcés positivement. Puisque le comportement à l'origine du modèle est le comportement souhaité, les renforcements suscités par la reproduction de celui-ci prennent essentiellement la forme de renforcements positifs.

Selon Bandura, ce type de renforcement positif a une influence déterminante sur la motivation de l'apprenant à exécuter une nouvelle tâche. Le renforcement positif touche directement le concept de capacité personnelle de l'apprenant. Si une personne a la conviction qu'elle peut accomplir une nouvelle tâche, l'éventualité qu'elle prenne le risque de la faire augmente. Au contraire, si elle est persuadée que la tâche est tellement difficile qu'en dépit de ses efforts elle a fort peu de chances de réussir, elle est moins portée à prendre le risque de tenter l'expérience. Si l'on considère que la répétition et la pratique jouent un rôle clé dans l'apprentissage de nouveaux comportements, cette confiance face à la capacité d'accomplir une tâche est alors primordiale.

Ainsi, le modelage du comportement a donc emprunté au béhavioriste ce qui lui convenait, soit la notion de renforcement positif. C'est avec ces quatre composantes principales — l'attention, la rétention, la reproduction et la motivation — que le modelage du comportement réussit à créer de nouveaux comportements.

Comme on peut le constater, le modelage du comportement possède une base théorique solide, mais comment fonctionne-t-il ?

Fonctionnement du modelage du comportement

Pour que les nouveaux comportements soient intégrés et qu'ils continuent à se reproduire dans le temps, ils doivent aussi correspondre, un tant soit peu, à une attitude personnelle.

Un des principaux reproches que l'on adresse au modelage du comportement est de miser sur l'acquisition d'un comportement et non sur une modification en profondeur des attitudes de l'apprenant. Cette préoccupation est d'autant plus grande qu'il est prouvé depuis longtemps que les attitudes influencent les comportements.

Le modelage du comportement est-il une vide imitation répétée d'un comportement bien présenté? Travailler à l'acquisition d'un comportement influence-t-il nos attitudes? Quel est ce lien qui unit les comportements et les attitudes dans l'apprentissage?

Liens entre les comportements et les attitudes

Il faut bien avouer qu'il y a confusion fréquente entre les notions d'attitudes et de comportements au travail. Il n'est pas rare d'entendre : « Je n'aime pas l'attitude condescendante de ce superviseur avec les employés. » Or il est fort peu probable qu'on soit en possession de données scientifiques valables pour ainsi tirer des conclusions sur l'attitude de quelqu'un. Toutefois on peut constater le manque d'écoute ou le rejet systématique de toutes les suggestions des employés. Ces comportements peuvent être interprétés comme de la condescendance face aux employés. Il est vraisemblable que ces comportements reflètent aussi une attitude, car l'attitude se manifeste par des comportements observables. Pour la majorité d'entre nous, ces notions sont tellement intimement reliées qu'elles sont fréquemment utilisées sans discernement entre l'une et l'autre. Avant le lien qui existe entre ces deux notions, les définitions courantes de l'une et de l'autre seront présentées.

Définitions courantes des attitudes et des comportements. Le Petit Robert définit ainsi le terme « attitude » : « Manière de se tenir (et *par ext.* Comportement) qui correspond à une disposition psychologique. [...] Dispositions à l'égard de qqn ou qqch. ; ensemble de jugements et de tendances qui pousse à un comportement. » Sous « comportement », nous trouvons dans le même dictionnaire : « Manière de se comporter. [...] Ensemble de réactions objectivement observables. »

Même après consultation d'un dictionnaire encyclopédique de psychologie, le concept d'attitude reste ambigu et recouvre la notion de comportement. Sous « attitude », on trouve :

> [...] Manière d'être dans une situation. Le concept d'attitude, fondamental en psychologie et tout spécialement en psychologie sociale, est flou, car il recouvre diverses significations. Il désigne l'orientation de la pensée, les dispositions

profondes de notre être (souvent inconscientes) qui guident notre conduite. Il désigne aussi les postures (par exemple, celle du discobole ou du penseur), les comportements sociaux (l'attitude charitable...). [...] il s'agit toujours d'un ensemble de réactions personnelles à un objet déterminé.

Ces définitions expliquent sans doute pourquoi l'employé moyen, non-psychologue, confond fréquemment ces termes. Toutefois lorsqu'il est question d'apprentissage, la différence devient plus importante puisqu'elle influence le type de formation utilisée.

Apprentissage et comportement. Actuellement on tente de modifier des comportements ou d'en créer de nouveaux en transformant d'abord les attitudes.

Cette préoccupation de modifier les attitudes pour changer un comportement a fait apparaître une série de programmes visant à *sensibiliser* les superviseurs à la diversité culturelle. Comme il est aussi notoire que les connaissances peuvent avoir une influence sur les comportements, une multitude de cours visent à *faire connaître* différents styles de leadership. Combien de cours s'adressant aux superviseurs expliquent longuement la grille de Blake et Mouton ou les besoins d'accomplissement et d'estime de soi dans l'échelle de Maslow ? Bien sûr ces cours sont intéressants, surtout pour les participants qui n'entendent pas parler de ces concepts pour la énième fois [5].

Néanmoins il serait faux de prétendre que l'enseignement de ces concepts ne donne rien en milieu de travail. En permettant aux apprenants de s'auto-analyser et de se comparer à d'autres personnes possédant des styles de leadership différents, ils peuvent ainsi découvrir le style de leadership leur convenant le mieux. Certains peuvent se demander si ce style de leadership est approprié à toutes les situations et parmi eux quelques autres, peut-être, décideront de modifier certains aspects de leurs comportements en relation avec leurs employés. Mais malheureusement, même si quelques individus essaient de changer à la suite de ce type de cours, bien peu réussissent à le faire. Le changement de comportement n'est jamais facile. Si l'objectif d'un cours de formation est de *sensibiliser* ou de *faire connaître* certains principes de leadership, il y a fort peu de chances pour que ces sessions de formation provoquent des modifications de comportements durables en milieu de travail. Ce qui ne signifie pas que les participants n'ont rien appris. Ils comprennent la valeur de la motivation au travail, ils saisissent l'importance d'une meilleure communication, mais ils demeurent incapables de transférer l'apprentissage du niveau des connaissances à celui des habiletés concrètes, c'est-à-dire du comportement en milieu de travail. Mais, si toutes ces connaissances sont transmises et même comprises, pourquoi le transfert ne s'effectue-t-il pas ?

---

5. Ce qui arrive de plus en plus souvent puisque, d'une part, les employés en milieu de travail ont tendance à être de plus en plus instruits et que, d'autre part, ces concepts sont enseignés maintenant dans plusieurs types de cours.

En comparant ces méthodes au modèle de Bandura, on réalise qu'elles s'arrêtent à la première composante du modèle, elles attirent l'*attention*. Elles apportent peu d'éléments visant la rétention des concepts présentés, et elles ne permettent aucune pratique comportementale.

Si certaines personnes réussissent à changer après cette prise de conscience, c'est habituellement parce qu'elles se trouvent un «modèle» qui pratique déjà les comportements qu'elles souhaitent avoir elles-mêmes et elles l'imitent. Sans effectuer une longue recherche en la matière, par simple observation, nous pouvons constater qu'il n'est pas rare de voir des personnes qui ont travaillé ensemble pendant de nombreuses années développer le même style de leadership, s'influencer, s'imiter et reproduire les comportements qu'ils jugent efficaces chez les autres.

Mais, pour plusieurs, certaines questions demeurent. Le modelage du comportement n'est-il qu'une vide imitation d'un comportement? L'apprenant change-t-il d'attitudes en profondeur? La réponse est sans doute oui et non. C'est-à-dire que certaines personnes vont changer véritablement et que d'autres personnes ne changeront pas en profondeur. Comme l'apprentissage en milieu de travail a été défini comme *une modification de comportement de plus ou moins longue durée,* il serait satisfaisant que l'employé présente les comportements souhaités. À titre d'exemple, s'il est souhaitable que les employés ne fassent pas preuve de racisme face à une clientèle d'une autre ethnie que la leur, l'objectif de la formation sera considéré comme atteint si les employés adoptent les mêmes comportements face à tous les clients, peu importe leur groupe ethnique. Il n'est tout de même pas illusoire d'espérer que ces employés développent une attitude différente à la suite d'un cours, même si celui-ci vise essentiellement l'acquisition de nouveaux comportements. Théoriquement ces espoirs sont appuyés par les recherches sur la dissonance cognitive de Festinger (1957).

Dissonance cognitive. Cette théorie stipule essentiellement que l'on tend à combler la différence entre nos attitudes et nos comportements. Festinger (1957) relate une recherche faite avec certains étudiants de collèges américains. Un groupe recevait 20 $ pour effectuer une tâche décrite comme ennuyeuse et un autre groupe recevait 1 $ pour la même tâche. Après l'exécution de cette tâche, lors d'une entrevue, les participants du premier groupe ont avoué que le travail était terriblement ennuyeux, mais qu'au moins ils étaient bien payés. Les participants de l'autre groupe, soit celui qui n'avait reçu que 1 $ pour effectuer la même tâche, ont répondu que la tâche n'était pas si ennuyeuse après tout. Les comportements observés au travail étaient identiques, les tâches exécutées. Si un groupe a accompli la tâche ennuyeuse pour l'argent, les participants de l'autre groupe ne pouvaient prétendre la même chose puisqu'ils n'avaient reçu que 1 $ pour cette même tâche. Ils ont donc dû modifier leurs attitudes face à cette tâche et finalement celle-ci ne leur semblait plus aussi ennuyeuse. Essentiellement cette expérience témoigne que l'être humain tend à éviter d'être en état de dissonance et à établir une certaine concordance entre ses attitudes et ses comportements.

Ce sont sur ces prémisses que s'appuie le modelage du comportement. L'approche vise d'abord à modifier les comportements et l'on présume que, pour la majorité des apprenants qui *veulent* changer plus en profondeur, les attitudes se réajustent aux nouveaux comportements. (Voir la figure 1 pour une comparaison entre l'approche traditionnelle et le modelage du comportement.) Certains individus émettent parfois la crainte que cette approche de la formation ne soit qu'une forme de manipulation. Cette crainte est intéressante puisqu'elle est représentative de l'efficacité perçue de cette approche : on ne craint pas la manipulation causée par un modèle d'apprentissage perçu comme peu efficace.

Figure 1

**Comparaison du modelage du comportement
et d'un modèle cognitif**

MODELAGE DU COMPORTEMENT   MODÈLE D'INSPIRATION COGNITIVE

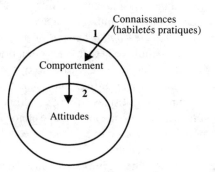
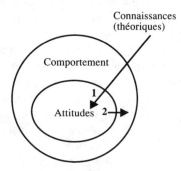

Les connaissances transmises par des méthodes axées sur les habiletés pratiques (modelage du comportement)

1) modifient un comportement ou en créent un nouveau ;

2) et possiblement modifient les attitudes des apprenants (dissonance cognitive).

Les connaissances transmises généralement sous la forme d'une présentation théorique

1) influencent les attitudes ;

2) transforment les comportements.

Le lien entre les attitudes et les comportements est présent pour les deux modèles, mais, pour ce qui est de l'apprentissage, le fonctionnement de ce lien diffère.

Faut-il mentionner que toute forme d'enseignement vise un changement quelconque chez l'apprenant ? Voir la formation comme un acte de manipulation équivaut à considérer l'apprenant adulte comme un être sans volonté propre. Pourtant apprendre est essentiellement un acte volontaire et aucun changement ne s'effectue automatiquement sans que l'adulte y consente. La motivation de changer dépend toujours de l'apprenant. Les comportements adoptés et l'attitude acquise respectent toujours l'image que l'on se fait de soi-même.

La perception de soi. Cette préoccupation quant à la manipulation par l'apprentissage a intéressé différents chercheurs. Russell *et al.* (1984) s'appuient sur les théories de Bern (1972), Kelly (1969) et Maltz (1960), qui ont trouvé, dans la théorie de la perception de soi, des justifications donnant toujours à l'humain la possibilité d'exercer son jugement critique. Ces auteurs stipulent que, peu importe la puissance de persuasion du modèle présenté, les apprenants n'utiliseront pas des comportements ne correspondant pas à leur propre perception d'eux-mêmes.

Dès lors il convient de mentionner, comme Sorcher et Spence (1982), que le modelage du comportement comme technique de formation en gestion ne vise pas à changer la personnalité des individus. Il ne vise qu'à les rendre plus efficaces dans des situations pratiques d'interactions bien précises.

C'est avec l'aide d'un texte de Jardillier (1988) que nous ferons la transition entre la théorie et la pratique :

> L'homme développe ses aptitudes en les utilisant, ses connaissances en les mettant au service de ce qu'il fait, ses capacités à communiquer en agissant avec d'autres. L'action est le véritable moteur du développement humain, tout à la fois est objectif et moyen. Chacun de nous est, dans une certaine mesure, fait de ce qu'il fait [6].

Bien sûr, l'être humain est aussi fait de ce qu'il sait. Cependant que l'on soit ou non en accord avec cette façon de concevoir le développement humain, cette citation précise exactement l'aire d'apprentissage occupée par le modelage du comportement au travail, c'est-à-dire le *savoir-faire*.

Pratique du modelage du comportement

Si le modelage du comportement tire son origine de théories de l'apprentissage depuis longtemps connues, son utilisation en formation remonte à une vingtaine d'années.

Historique

C'est à la firme *General Electric* que l'on doit la première utilisation industrielle documentée du modelage du comportement. En 1970, l'entreprise recrute différents groupes ethniques minoritaires pour travailler dans son usine de

---

6. Pierre JARDILLIER (1988). « Le développement humain dans l'entreprise », dans SOCIÉTÉ FRANÇAISE DE PSYCHOLOGIE, PSYCHOLOGIE DU TRAVAIL, *Développement des hommes et des structures de travail. Quels outils, quels moyens*, Paris, Entreprise moderne d'édition, p. 11.

moteur d'avion à réaction à Evansdale en Ohio. Même si ces employés accomplissaient adéquatement les tâches pour lesquelles ils avaient été embauchés, leur taux de roulement demeurait élevé. Plus de 70 % de ces employés quittaient la firme dans les six premiers mois de travail. Devant ce phénomène jugé alarmant par la direction, un nouveau programme de formation est mis sur pied. Ce programme a comme objectif de faciliter l'adaptation de ces nouveaux employés au travail industriel. Les employés et leurs superviseurs reçoivent une formation semblable, mais dans des groupes différents. Parmi les thèmes touchés se trouvent les éléments suivants :

– comment donner une critique constructive ;

– comment demander et recevoir de l'aide ;

– comment établir un respect et une confiance mutuels.

Cette session de formation utilise une nouvelle approche à la formation appelée le modelage du comportement (*behavior modeling*). Les résultats sont impressionnants : 72 % des employés ayant reçu la formation restent au travail pendant plus de six mois.

De tels résultats attirent l'attention des formateurs en industrie. L'utilisation du modelage du comportement se répand dans plusieurs organisations et parallèlement cette approche commence à intéresser les chercheurs.

En 1973, Goldstein et Sorcher publient un premier article intitulé « Changing Managerial Behavior by Applied Learning Techniques[7] » dans le *Training and Development Journal*. Ces chercheurs continuent leur recherche et, en 1974, publient le premier livre traitant directement de ce type de formation, *Changing Supervisor Behavior*.

C'est la même année que la firme américaine *Development Dimension International*, mieux connue sous le sigle DDI, lance son programme de gestion par interaction. Ce programme connaît un vif succès tant aux États-Unis qu'au Québec. Il est encore fréquemment utilisé en entreprise en 1991.

Cette approche subdivise les tâches du cadre de premier niveau en trois volets principaux : un volet technique, un volet administratif et un volet d'interrelation avec les subalternes. Le modelage du comportement touche essentiellement l'aspect d'interrelation avec les employés.

Pendant ce temps les expériences à la *General Electric* continuent d'attirer l'attention de tout le secteur des ressources humaines des grandes entreprises américaines. Ainsi, en 1976, Moses et Ritchie utilisent ces techniques chez *AT&T* (*American Telephone and Telegraph*). La même année, Smith a conduit

---

7. Il est à noter qu'à ses débuts le modelage du comportement (*behavior modeling*) s'est aussi appelé formation appliquée (*applied learning*).

et évalué un programme de formation en supervision donné chez IBM. À l'époque, tous ces programmes ont été évalués et les résultats étaient plus que satisfaisants. Toutefois les méthodes utilisées pour l'évaluation des résultats furent mises en doute.

Évaluation des résultats

Des évaluations aussi positives éveillent des soupçons de la part de certains chercheurs.

C'est ainsi que McGehee et Tullar (1978) analysent toute la méthodologie utilisée lors des évaluations antérieures. Ils dépouillent les recherches de Burnaska (1976), Byham, Adams and Kiggins (1976), Kraut (1976), Moses et Ritchie (1976), ainsi que Smith (1976). Après une analyse en profondeur des méthodes utilisées, ils trouvent des lacunes à chacune d'entre elles. Ils ont alors émis des doutes au niveau du respect de certains critères de validité interne de ces expériences.

La question de l'efficacité de cette approche est soulevée. Ces fameuses techniques de modelage du comportement fonctionnent-elles ou ne sont-elles que fumisterie et tape-à-l'œil? De quoi se méfie-t-on exactement? Du fait que l'apparente simplicité de l'utilisation surpasse les fondements d'un véritable apprentissage? S'agit-il d'une méthode de manipulation à la portée de tous ou est-ce une méthode de formation légitime et valable?

C'est alors que plusieurs autres recherches, respectant scrupuleusement un modèle scientifique, prouvent hors de tout doute que ces approches fonctionnent et sont efficaces.

Parmi les recherches prouvant l'efficacité du modelage du comportement, la plus citée est sans doute celle de Latham et Saari (1979). Cette recherche, rigoureusement effectuée afin d'éliminer tout ce qui mettrait en cause la validité interne de l'expérience, s'inspire des quatre composantes de l'évaluation de Kirkpatrick[8]:

1) les réactions des participants face à la formation;

2) un test écrit pour vérifier l'apprentissage des concepts clés;

3) des exercices pour mesurer l'acquisition des habiletés;

4) une appréciation du rendement après le retour en milieu de travail.

Cette recherche démontre à nouveau l'efficacité du modèle d'apprentissage par modelage du comportement.

---

8. D. L. KIRKPATRICK (1976). «Evaluation of Training», dans L. CRAIG (sous la direction de), *Training and Development Handbook*, New York, McGraw-Hill Book Co.

Mayer et Russell (1987) citent plusieurs autres recherches prouvant l'efficacité du modelage du comportement. Ils mentionnent entre autres les recherches de Burke et Day (1986), celle de Decker et Nathan (1985) ainsi que celle de Wexley (1984). Ces recherches relativement récentes concluent toutes à l'efficacité de cette approche. Decker et Nathan (1985) attribuent la force de ce modèle au fait qu'il s'efforce de créer un changement direct de comportement, contrastant ainsi avec toutes les autres méthodes de formation qui veulent provoquer une modification de comportement par un changement de valeur et d'attitude (voir la figure 1). Cette constatation confirme les principes de Festinger présentés antérieurement.

Toutefois comme le font remarquer Russell *et al.* (1984), l'acquisition de ces nouveaux comportements repose grandement sur la qualité du formateur.

Importance du formateur

Justement parce que le modelage du comportement travaille directement les comportements, la méthode peut apparaître d'utilisation simple. Mais il s'agit là d'une fausse simplicité. On ne s'improvise pas spécialiste du modelage du comportement. C'est dans cette optique que Russell *et al.* (1984) précisent l'importance du rôle spécifique du formateur dans ces sessions de formation.

Le formateur doit non seulement maîtriser les principes clés du modelage du comportement, mais se servir lui-même du modèle. Ces auteurs soulèvent le fait qu'une partie de l'efficacité de la formation relève directement des habiletés et des compétences des formateurs. Cette dernière constatation peut sembler évidente et allant de soi pour tout type de formation, mais elle est d'autant plus vrai lorsqu'il s'agit de susciter des comportements à l'aide du modelage. La phase d'attention des participants ne se limite pas à la présentation d'un modèle et des principes clés. Cette phase d'attention demeure présente dans ce type de formation, plus que dans tout autre, et requiert que le formateur démontre qu'il peut effectivement faire ce qu'il enseigne...

Mais que fait le formateur dans ce type de formation ? Comment cette approche fonctionne-t-elle ?

Le principe fondamental de toute session de modelage du comportement est essentiellement que, dans cette méthode de formation, les habiletés interpersonnelles sont développées par la pratique. Comme nous l'avons mentionné antérieurement, le modèle de Bandura a subi quelques ajustements mineurs afin de s'ajuster aux besoins de la formation au travail.

Transformation du modèle de Bandura

Une des meilleures descriptions de l'utilisation en entreprise du modelage du comportement pour la formation en milieu de travail a été présentée par Decker

(1983). C'est ce modèle dont nous nous servirons pour illustrer la pratique de cette approche.

La figure 2 établit un parallèle entre le modèle de l'apprentissage social de Bandura et le modèle du modelage du comportement comme l'ont présenté Decker et Nathan dans leur livre *Behavior Modeling Training* paru en 1985.

En comparant ces deux modèles, on réalise que non seulement le modèle de Decker respecte toutes les phases de l'apprentissage social de Bandura, mais aussi qu'il ajoute une phase ultime, soit celle du transfert d'apprentissage. Ce dernier modèle de Decker est sans doute celui qui est le plus suivi actuellement dans la pratique du modelage du comportement.

FIGURE 2
Comparaison des modèles de Bandura et de Decker

MODÈLE BANDURA

1. Attention
2. Rétention
3. Reproduction
4. Motivation

MODÈLE DECKER

1. Présentation du comportement modèle
2. Processus de rétention
3. Répétition du comportement modèle
4. Renforcement social
5. Transfert d'apprentissage

Pratique en formation

Par essence, une session de modelage du comportement vise l'utilisation d'un modèle de gestion par interaction. Ce modèle peut varier légèrement selon la situation problématique. Il peut s'agir de problèmes de rendement, de comportement, de délégation ou de gestion des plaintes des employés. Chaque modèle présente des étapes précises et nécessite aussi l'intégration des principes clés de communication interpersonnelle.

Chacune des phases du modèle de Decker sera reprise séparément afin d'en préciser le contenu de façon conceptuelle et pratique. À la suite de la description de ce modèle, les principes clés qui le régissent seront décrits.

Modèle de Decker

Les composantes seront reprises dans l'ordre utilisé dans un programme de formation. D'abord, chaque phrase sera décrite, ensuite les rôles des participants et de l'animateur seront exposés et un exemple pratique[9] sera présenté, le plus souvent par un tableau.

Présentation du comportement modèle

Cette phase initiale du processus correspond à la composante d'*attention* du modèle de Bandura. Le comportement modèle représente le comportement idéal à avoir dans une situation donnée. Il fait ressortir l'utilisation adéquate et efficace des principes clés. Pour être efficace, ce modèle doit être considéré comme vraisemblable par les participants.

Le comportement modèle est généralement présenté par un vidéo, mais il peut aussi être présenté directement dans la salle de cours. Puisque le vidéo est habituellement privilégié, il convient de traiter de son utilisation.

Le vidéo, bien que coûteux, présente l'avantage de permettre des reprises et offre un produit fini de qualité. Il offre un matériel identique pour tous les groupes de l'entreprise. Il rend possible l'utilisation de comédiens professionnels. Il peut permettre aux gestionnaires de l'entreprise ou même aux participants de construire eux-mêmes le scénario d'un vidéo en fonction des principes clés présentés. Chacune de ces approches comporte des avantages particuliers. L'utilisation de comédiens professionnels peut rendre cette technique plus naturelle. L'utilisation des gestionnaires la rend plus réaliste. L'utilisation des participants peut faire ressortir que ces techniques sont à la portée de tous.

Le *rôle des participants* à cette phase initiale de présentation du comportement modèle est l'observation active. Ils observent l'interaction, ils prennent des notes sur son déroulement et sur l'utilisation des principes clés.

Le *rôle de l'animateur* est principalement de présenter le modèle et de voir à ce que les principes clés soient bien reconnus et saisis.

Le tableau 1 décrit un exemple de modèle et le tableau 2 énumère les principes clés correspondants.

---

9. L'exemple pratique utilisé concerne la gestion d'un problème de rendement ou de comportement. Le modèle de formation présenté est tiré d'une session de formation de gestion et leadership donnée par le Groupe Lanthier Inc., psychologues industriels-organisationnels.

TABLEAU 1
Modèle

1) Entrer en contact positif.

2) Décrire le problème précis de rendement ou de comportement.

3) Expliquer vos préoccupations.

4) Demander ouvertement l'aide de l'employé pour identifier les sources du problème.

5) Souligner l'importance de redresser la situation et rechercher avec l'employé les solutions possibles.

6) Préciser les actions à exécuter de part et d'autre.

7) Fixer une date de rencontre d'évaluation des résultats et exprimer votre confiance.

TABLEAU 2
Principes clés

1) Préserver ou accroître l'estime de soi de l'employé.

2) Écouter et manifester votre compréhension.

3) Engager l'employé dans la résolution du problème.

Normalement les concepts véhiculés par les principes clés ne sont pas connus de tous et ils doivent être présentés et brièvement expliqués. Cette explication vise à démontrer tant la pertinence de l'utilisation de ces principes que l'effet de ceux-ci sur l'interlocuteur. Ainsi il est opportun de définir ou de décrire les concepts d'estime de soi, d'écoute active et d'engagement des employés dans la résolution de problème [10] et d'en préciser succinctement l'utilité en supervision.

Processus de rétention

Decker subdivise la phase du processus de rétention en trois sous-activités, soit :

– la codification symbolique ;

– l'organisation cognitive ;

– la répétition symbolique.

---

10. La présentation des principes clés suivra la description du modèle de Decker.

Le processus de *codification symbolique* [11] est celui par lequel le participant réduit divers éléments du comportement modèle à des symboles qu'il peut mémoriser et se rappeler ultérieurement. L'*organisation cognitive* est la description écrite des comportements clés dans une forme organisée. La *répétition symbolique* est la répétition mentale avant de répéter verbalement.

Le *rôle de l'animateur* est de présenter le modèle et les principes clés de façon schématique et organisée et de voir à ce que ces concepts soient bien compris de tous.

À cette étape, le *rôle de l'apprenant* est d'écouter, de prendre des notes et de commencer à organiser mentalement l'information à apprendre. Afin de concrétiser cette étape, un plan de rencontre écrit est produit par l'apprenant, qui remplit le formulaire apparaissant au tableau 3.

TABLEAU 3
Plan de rencontre

Nom de l'employé   : _____

Nom du superviseur : _____

Date   : _____

Situation à discuter : _____

Renseignements de base

– faits

– préoccupations

– cours probables

– discussions précédentes

Rendement et caractéristiques personnelles

Informations pour préserver l'estime de soi

Objectifs de la rencontre (résultats souhaités)

Quel modèle de rencontre utiliser?

Résolution de problème

– solutions possibles

– ressources et contraintes

– mesures à prévoir en l'absence de changement

– date du suivi

---

11. Cette codification symbolique peut se rapprocher des scénarios cognitifs de Ableson (1981) tels qu'ils ont été décrits antérieurement.

Répétition du comportement modèle

C'est à cette étape que le participant s'exerce aux nouveaux comportements. Cette phase est souvent confondue avec un jeu de rôle. Mais le participant ne joue pas un rôle! Au contraire, il s'efforce de s'exercer aux nouveaux comportements, tels qu'ils devront être pratiqués au travail. Afin de favoriser une expérience pratique positive, les étapes du modèle sont affichées à la vue de l'apprenant.

Le *rôle de l'animateur* est d'encadrer l'activité, de rappeler les principes clés et le modèle à suivre et de préparer le *feed-back*. Dans cette optique, il prend des notes sur cet exercice et il veille à ce que tous les autres participants prennent aussi des notes qui serviront à la session de *feed-back*.

Le *rôle des autres participants* est d'observer l'expérience et de prendre des notes en vue de la session de *feed-back* qui suivra. Cette observation et cette prise de notes agissent aussi au niveau de la phase initiale d'attention telle que la conçoit Bandura.

Le *rôle du participant* est essentiellement de reproduire le plus fidèlement possible le comportement modèle et de l'ajuster à son milieu de travail. Les éléments contenus dans son plan de rencontre se concrétisent à cette phase (voir le tableau 4).

*Renforcement social ou rétroaction (*feed-back*)*

La rétroaction est donnée tant par le formateur que par les participants dans le groupe. Le *feed-back* positif est essentiel afin d'acquérir et de raffiner les nouveaux comportements. Le *feed-back* négatif est exclu. L'expérience du succès donne la confiance en soi nécessaire pour retenter l'expérience dans des contextes parfois plus difficiles. Ce *feed-back* positif est associé à la phase de motivation du modèle de Bandura.

Cette phase est particulièrement importante relativement à la perception qu'a le participant de ses capacités personnelles d'accomplir la tâche. Cette perception positive mais réaliste de ses propres capacités est, comme nous l'avons déjà mentionné, essentielle pour prendre des risques et apprendre par la pratique. Rappelons que selon Bandura (1982) les gens sont influencés davantage par la perception qu'ils ont de leurs capacités que par leurs propres capacités comme telles.

Traditionnellement le *rôle du participant* se limite à recevoir le *feed-back* et à faire expliciter des points restés obscurs. Mais, de plus en plus, la tendance est que le participant en situation d'exercice demande lui-même son *feed-back* à certaines personnes particulières et même qu'il précise sur quel aspect il désire recevoir du *feed-back*. Cette façon de procéder vise à rendre le participant plus responsable face à son apprentissage.

TABLEAU 4
Comportement modèle

ÉTAPES DE LA RENCONTRE	INTERVENTION DU SUPERVISEUR	INVERVENTION DE L'EMPLOYÉ
1) Entrer en contact positif. **Principe clé : préserver l'estime de soi**	«Bonjour Jeanne ! Comment vas-tu ? Je t'ai fait venir à mon bureau, car j'ai besoin de discuter avec toi. Habituellement, je suis très satisfaite de ton travail,	
2) Décrire le problème précis de rendement ou de comportement.	mais, depuis deux semaines, tu passes de longues périodes à recevoir des appels téléphoniques personnels au travail. [...]	
3) Expliquer vos préoccupations.	Le téléphone doit être disponible pour les appels de la clientèle.	
4) Demander ouvertement l'aide de l'employé pour identifier les sources du problème. **Principe clé : écoute active**	Certains clients se sont plaints que la ligne était toujours occupée. Peux-tu m'expliquer ce qui se passe dernièrement ? » «Je comprends que cela t'affecte. Tu sembles prendre tes responsabilités familiales à cœur et c'est bien. »	«Ma petite sœur se sépare et elle fait face à beaucoup de difficultés. Elle compte sur moi pour l'aider et je tiens à le faire. » «Ma sœur peut toujours compter sur moi. »
5) Souligner l'importance de redresser la situation et rechercher avec l'employé les solutions possibles. **Principe clé : engager l'employé dans la résolution de problème**	«C'est vrai que c'est important de donner du soutien à sa famille. Par contre, au travail, on ne peut se permettre de monopoliser les lignes téléphoniques. Celles-ci doivent être disponibles à la clientèle. Peux-tu penser à une autre façon de soutenir ta sœur ? »	«Je peux lui dire que, si elle veut me parler, elle n'a qu'à laisser un message sur mon répondeur à la maison. Je prendrai mes messages et la rappellerai à ma pause ou à l'heure du lunch et elle peut toujours me joindre le soir. »
6) Préciser les actions à exécuter de part et d'autre.	«Ainsi, tu avertis ta sœur de ces arrangements dès aujourd'hui ! (Aucune action n'est nécessaire de la part du superviseur dans ce cas.)	
7) Fixer une date de rencontre d'évaluation des résultats et exprimer votre confiance.		

Le *rôle des autres participants* est d'apprendre comment donner et recevoir du *feed-back*.

Le *rôle de l'animateur* est de veiller à ce que le *feed-back* soit complet et que les participants respectent les règles pour donner et recevoir du *feed-back*.

Voici un exemple de *feed-back*: « Quand tu as dit à Jeanne qu'habituellement tu étais satisfaite de son travail, tu as su préserver son estime de soi. »

Transfert d'apprentissage

Cette étape est la phase ultime et essentielle de toute formation en entreprise. En fait elle est sa raison d'être. Pourtant elle est souvent ignorée et bien peu d'apprentissages réussissent à être transférés en milieu de travail. W. T. Finn (1984) cite une étude effectuée par la firme *Xerox*, qui a démontré que 87 % des habiletés acquises en formation se perdent après le retour en milieu de travail.

Avec le modelage du comportement, une variété de stratégies est utilisée pour favoriser le transfert des apprentissages au travail. Les recherches en éducation ont démontré que la similitude entre la situation d'apprentissage et la situation de travail favorise les transferts rapprochés[12]. Ainsi les sessions d'exercice ressemblent le plus possible au milieu de travail.

Des expériences ont aussi démontré que la répétition permet d'ancrer un apprentissage qui sera plus facilement utilisé à nouveau au besoin[13]. Ainsi le comportement doit être reproduit et répété plusieurs fois afin de créer une situation de surapprentissage.

Puisque l'effet positif des renforcements sur l'apprentissage a aussi été prouvé antérieurement, les renforcements doivent, autant que faire se peut, se continuer en situation de travail. Ainsi, afin de faciliter le renforcement des nouveaux comportements en milieu de travail, il s'est avéré efficace de former, dans un premier temps, les superviseurs hiérarchiques et les cadres de l'entreprise où cette formation se donne. Ces derniers connaissent les principes clés et les comportements modèles, ce qui peut leur permettre non seulement de renforcer leur utilisation chez les employés, mais aussi de les utiliser eux-mêmes et servir de modèle à leurs subalternes.

Cette phase de transfert termine le processus type d'une intervention en modelage du comportement.

---

12. Différentes sortes de transferts existent. Des définitions seront présentées ultérieurement à la section « Efficacité du modelage du comportement ».
13. Plusieurs auteurs ont écrit sur les transferts d'apprentissage. Clark et Voogel (1985) ont été très actifs dans ce type de recherche.

Dans cette approche, le transfert est facilité par le respect d'une démarche précise et de modèles explicites, et surtout par l'acquisition de principes clés. Ce sont précisément ces principes clés qui permettent de généraliser les apprentissages sous forme de transferts. Dans cette optique, ils régissent l'utilisation du modèle.

Principes clés

Les principes clés respectent l'employé autant dans sa dimension humaine que dans sa fonction de travailleur dans l'entreprise. Ils reposent à la fois sur des principes de psychologie humaine et de gestion.

Ces principes clés touchent la préservation de l'estime de soi des individus, l'écoute active des employés et l'engagement de ces derniers dans la solution des problèmes.

L'importance de ces principes n'est plus à établir, mais, puisqu'ils régissent toute la formation et permettent de généraliser les comportements modèles pour les appliquer dans d'autres situations, il est essentiel de s'y attarder. Des exemples d'utilisation des principes clés, écrits en caractères gras, apparaissent dans le tableau 4.

L'estime de soi

Ce concept d'estime de soi a fait couler beaucoup d'encre depuis Maslow. Il est dorénavant prouvé que l'estime de soi des individus est un élément de motivation puissant. Là encore le concept est relativement facile à saisir, mais sans démonstration pratique ce concept reste vide et idéologique. Il est plus facile de montrer à quelqu'un comment ne pas détruire l'estime de soi d'un individu que de lui montrer comment la préserver ou la rehausser. Ce principe clé favorise, entre autres, la reconnaissance de la contribution au travail de l'employé. Les principes clés sont souvent interreliés. Ainsi l'estime de soi de l'employé est augmentée s'il se sent écouté et s'il réalise l'importance de son opinion. Ce qui nous amène au second principe clé, soit celui de l'écoute active.

L'écoute active

L'écoute active est souvent associée à l'écoute empathique. Ce principe est en effet relié à l'influence de l'empathie en gestion. Lors du dernier congrès annuel de l'Association canadienne des relations industrielles, Cardinal et Lamoureux ont cité Bandaury (1983): «Les conflits entre les supérieurs et les subordonnés tiennent largement à un manque d'empathie de la part des managers [14].»

---

14. Cité dans L. CARDINAL et C. LAMOUREUX (1990). «L'estime de soi : atout ou contrainte pour la gestion des ressources humaines», dans Michel GRANT (sous la direction de), *op. cit.*

Même si ces deux principes ont une influence certaine sur le travail, ils ne peuvent pas, seuls, atteindre l'objectif principal de la formation en milieu de travail, soit d'améliorer la productivité. À cette fin, le dernier principe clé touche directement l'efficacité au travail.

L'engagement des employés dans la solution de problème

L'engagement des employés a fait depuis quelques années apparaître un nouveau vocabulaire de gestion. Aux États-Unis, on parle de plus en plus de la notion d'*empowerment*[15]. Ce concept ne semble pas encore avoir de traduction adéquate en français. La responsabilisation des employés est sans doute la notion qui se rapproche le plus de ce terme anglais, qui signifie en quelque sorte une prise de pouvoir personnel de l'employé à tous les niveaux de l'organisation. L'employé de premier niveau fait alors tout ce qui est en son pouvoir pour régler les problèmes à son niveau. Dans une organisation efficace, un employé ne doit plus être vu comme exécutant simplement des directives venues d'en haut. Dans une perspective de productivité, tous doivent s'engager dans leur travail et prendre leurs responsabilités propres.

Ces trois principes permettent aux participants de réaliser, au-delà de la simple imitation d'un comportement modèle, une généralisation qui l'adapte à d'autres contextes. Les comportements modèles, ne servent qu'à illustrer, dans des étapes bien précises et des démonstrations concrètes, la mise en application des principes clés.

Au-delà de la technique et des principes clés, mais toujours dans le but de démontrer l'efficacité du modelage du comportement en formation à la gestion, voyons comment cette approche utilise certains principes reconnus dans d'autres disciplines.

Avant d'aborder l'efficacité du modelage du comportement en formation à la gestion, nous verrons d'abord comment l'approche respecte les principes de l'andragogie et comment elle suit les grandes étapes de l'approche systémique en formation.

Modelage du comportement et andragogie

Knowles, sans doute un des grands auteurs en andragogie, a posé des principes concernant l'apprentissage de l'adulte. Le modelage du comportement sera comparé à ces grands principes.

---

15. Ce principe est expliqué et démontré dans le livre de W.C. BYHAM (1988). *Zapp*, Washington, Library of Congress. Ce livre de gestion a la particularité de se présenter sous la forme d'un livre de science-fiction.

Knowles (1983) expose quatre différences principales entre l'adulte et l'enfant :

1) l'image de soi de l'adulte est passée de la dépendance à l'indépendance ;

2) l'adulte dispose d'un grand bagage provenant d'expériences accumulées ;

3) le besoin d'apprendre de l'adulte est souvent relié à l'exécution de tâches précises ou encore à son besoin de développement personnel ;

4) Tandis que l'enfant assimile des connaissances pour une application future, l'adulte a besoin de connaissances dont l'application est immédiate.

Si l'on reprend ces principes dans l'ordre, on réalise que le modelage du comportement les respecte tous. D'abord l'adulte demeure toujours directement engagé dans son apprentissage, il n'est pas un spectateur passif dépendant de l'enseignant (premier principe).

Les principes clés sont présentés par le formateur et l'apprenant les ajuste à ses besoins propres en fonction de son environnement de travail. Il puise continuellement dans sa propre expérience pour concevoir le contenu de ses exercices (deuxième principe).

L'apprenant est immédiatement en mesure de constater que ces nouveaux apprentissages sont directement reliés à sa tâche. Principalement à cause des cas pratiques tirés directement de son propre milieu de travail (troisième principe).

Enfin en ce qui concerne l'utilisation des connaissances dans un avenir rapproché, le participant à ces sessions de formation utilise déjà ses apprentissages en même temps qu'il suit le cours. En effet, entre les sessions il prépare des plans d'actions qu'il utilise au travail et il rapporte ses expériences dans le groupe lors de la session suivante (quatrième principe).

Le modelage du comportement respecte donc les grands principes d'andragogie, mais respecte-t-il aussi les principes régissant la conception d'une formation efficace, c'est-à-dire l'approche systémique ?

Modelage du comportement et approche systémique

Le lien entre le respect de l'approche systémique en gestion des ressources humaines et l'efficacité de l'intervention n'est plus à faire. En formation, le respect de l'approche systémique est tout aussi important qu'en gestion. On s'entend habituellement pour décrire l'approche systémique de la façon suivante :

1) évaluation des besoins de formation ;

2) établissement des objectifs d'apprentissage ;

3) conception des programmes de formation (choix des méthodes et du contenu);

4) prestation de la formation comme telle;

5) évaluation de la formation (acquis et transferts d'apprentissage).

L'approche systémique préconise dans une phase initiale une *évaluation des besoins*[16] de formation. Le modelage des comportements ne déroge pas à cette règle. Une évaluation doit être effectuée afin de déterminer les comportements à adopter en concordance avec le style de gestion souhaité (besoins de l'organisation). Le niveau actuel de compétence des employés doit aussi être évalué (besoins des apprenants). Quelle habileté souhaite-t-on voir améliorer (première étape)?

En fonction de ces besoins, des *objectifs d'apprentissage* sont déterminés. Généralement lorsque l'on utilise l'approche de modelage du comportement, ces objectifs visent à améliorer l'interaction entre les superviseurs et leurs employés. Selon Robinson (1982), les objectifs d'apprentissage doivent correspondre à un besoin de l'apprenant et ils doivent être des comportements efficaces pour l'organisation (deuxième étape).

Une fois les besoins évalués et les objectifs déterminés, la *conception du programme* est effectuée et un contenu respectant les objectifs de communication nécessaires à l'entreprise est développé (troisième étape).

C'est seulement une fois ces étapes franchies que l'on décide si l'approche de modelage du comportement est appropriée à l'apprentissage souhaité. Il est à noter que cette méthode ne s'applique pas dans tout type de formation. Elle correspond à des objectifs d'apprentissage précis, soit des objectifs visant à créer un nouveau comportement directement relié à l'interaction entre un superviseur et son employé.

Par la suite le programme de *formation* est transmis à des participants de l'entreprise (quatrième étape).

À la suite de la formation une *évaluation complète* est effectuée. Cette évaluation s'inspire directement de l'évaluation de Kirkpatrick (1976) mentionnée antérieurement (cinquième étape).

L'*évaluation des acquis* est visible en situation d'apprentissage. En effet, puisque ce programme est axé sur des exercices pendant les cours, on peut déjà constater les comportements acquis par observation directe.

---

16. Ces évaluations de besoins sont souvent faites par des entrevues ou par l'observation.

Dans l'évaluation de la formation, l'*appréciation des apprenants* est aussi considérée. À la fin de la formation, le participant donne son appréciation de la session, tant par écrit qu'oralement.

Le participant retourne dans son milieu de travail, où il effectue le *transfert* de ses nouvelles habiletés. Souvent une dernière journée de formation est offerte après deux ou trois mois de retour au travail. Cette session de rappel peut être considérée comme une *évaluation formative*[17]. Les participants y ont l'occasion de réviser les principes ; leur progression est évaluée et certains points particuliers à chacun, corrigés ou précisés.

Après toutes ces phases de sessions d'apprentissage et de retour en situation de *transfert en milieu de travail*, nous pouvons considérer que le comportement modèle est non seulement intégré mais dépassé. Les principes clés acquis dans un modèle donné ont été transférés dans d'autres situations détachées du modèle. C'est précisément avec ce dépassement du simple modèle présenté que cette technique de formation prend toute son efficacité.

Modelage du comportement et développement organisationnel

Comme nous l'avons mentionné antérieurement, la formation en milieu de travail vise essentiellement le développement de l'organisation et l'amélioration de la productivité. Si l'on entend par développement organisationnel le changement planifié de l'organisation, ce changement planifié permet de choisir des techniques d'intervention appropriées aux changements désirés. Selon Tellier :

> Le développement organisationnel, depuis ses débuts, a mis au point une technologie qui tente d'institutionnaliser de nouveaux comportements et qui rend les personnes et les groupes capables de reconnaître et de choisir des comportements différents de ceux qui sont monnaie courante dans les systèmes mécanicistes fidèles à la théorie X.

> [...] Il ne suffit pas de savoir quoi faire, il faut, pour réussir, savoir comment le faire. Le savoir n'est donc pas suffisant ; pour vraiment acquérir des comportements efficaces, il faut s'astreindre à les apprendre, à les pratiquer et à les intégrer[18].

---

17. L'évaluation formative se veut une forme d'évaluation qui permet un réajustement, une correction des apprentissages. Cette forme d'évaluation est fréquemment opposée à l'évaluation sommative, qui ne permet pas de réajustement puisqu'elle termine habituellement une activité de formation, par exemple, dans le monde scolaire, les examens de fin de session sont une évaluation sommative.
18. Y. TELLIER (à paraître). « Le développement organisationnel », dans R. TESSIER et Y. TELLIER (sous la direction de), *Changement planifié et développement des organisations*, Sillery, Les Presses de l'Université du Québec, tome 8.

En ce sens, le modelage du comportement devient un outil de changement efficace au service de la stratégie de développement organisationnel de l'entreprise.

Efficacité du modelage du comportement pour la formation en gestion

Démontrer l'efficacité de ce modèle était l'objectif à l'origine de ce chapitre. C'est par la généralisation des principes clés que nous l'atteindrons.

Dans un premier temps, le comportement est modelé et répété. Ainsi l'apprenant réalise qu'il est en mesure d'adopter ce comportement de façon adéquate.

Dans ce modèle, les principes clés sont identifiés et expliqués. Ces principes sont pratiqués sous forme de comportements. Ils sont aussi repérés dans les comportements observés chez les autres. Le renforcement positif de l'application adéquate de ces principes incite l'apprenant à les suivre davantage.

Bientôt l'apprenant réalise l'effet de ces principes clés complètement détachés du contexte de la reproduction d'un comportement modèle. Il se surprend à appliquer les principes clés dans d'autres contextes que le travail [19].

Bref les principes se généralisent et l'imitation du modèle présenté s'estompe de plus en plus jusqu'à ce que l'apprenant s'approprie les principes clés et qu'il crée pour lui-même ses propres modèles avec son propre vocabulaire.

Au début, le *transfert* se fait de façon *rapprochée*, c'est-à-dire que l'apprenant reproduit le plus fidèlement possible le modèle présenté et qu'il transporte directement ces acquis en milieu de travail. Plus le temps passe, plus l'apprenant est en mesure d'effectuer des *transferts éloignés*, c'est-à-dire qu'il utilise les mêmes apprentissages dans des situations sensiblement différentes et plus complexes que celles présentées en formation [20].

C'est à ce stade précis d'appropriation du modèle par l'apprenant que le modelage du comportement, rigide au début, prend toute sa flexibilité. C'est précisément avec cette possibilité d'adaptation à plusieurs situations qu'il prend aussi toute son efficacité.

---

19. En tant que formatrice ayant utilisé ces techniques, nous ne comptons plus le nombre de fois où un participant revient de l'intersession en faisant part au groupe de sa découverte : « L'écoute active, ça marche même avec le conjoint ! »
20. Plusieurs types de transferts existent et certaines définitions se chevauchent. Dans ce chapitre, nous nous limiterons à traiter des transferts rapprochés et des transferts éloignés.

Le modelage du comportement est une technique particulièrement efficace de formation en gestion, mais comme pour tout outil ou instrument efficace son utilisation nécessite une certaine prudence.

Mise en garde

Même si toute méthode de formation et d'enseignement peut être mal utilisée et transmettre des connaissances ou susciter des comportements à l'encontre de l'éthique, il convient de faire une mise en garde par rapport à l'approche actuelle, précisément à cause de son efficacité. Cette mise en garde est nécessaire, car les techniques comportementales sont trop souvent associées à des «manipulations» parce qu'elles poursuivent des objectifs d'apprentissage douteux. Tout apprentissage doit être encadré par un système de valeurs sain respectant des règles éthiques précises.

Ainsi plus une technique est puissante, plus il convient de s'assurer que son utilisation est adéquate. C'est sans doute à cause de son efficacité que cette technique a suscité sa large part de recherches. Plusieurs de ces recherches, comme on l'a vu antérieurement, arrivent à des résultats controversés. Cette controverse est en soi excellente. Les recherches continuent à s'effectuer et se portent garantes, peu importe leurs résultats, de l'utilisation adéquate de cette technique.

En conséquence, avant de conclure, nous dresserons un bref inventaire des recherches les plus récentes et en dégagerons quelques pistes de recherches futures.

Nouvelles pistes de recherches en modelage du comportement

Les recherches se subdivisent généralement en deux pôles. L'un vise le développement du modèle théorique et l'autre, à élargir la pratique de cette approche.

Parmi les recherches qui touchent directement le *perfectionnement du modèle*, celles de Hogan, Hakel et Decker (1986) étudient l'efficacité de faire découvrir les principes clés par les apprenants au lieu de présenter ces principes. Selon eux cette modification non seulement permet d'intégrer certains principes cognitifs à l'approche du modelage du comportement, mais respecte davantage les principes andragogiques de l'engagement de l'adulte dans son propre apprentissage. Ainsi les principes clés peuvent être découverts par les participants et formulés dans leur propre langage. L'hypothèse actuelle est que cette façon de faire peut avoir une influence sur la rétention et l'utilisation de ces principes après la formation.

Jusqu'à tout dernièrement, la technique du modelage a été utilisée exclusivement dans le modelage du comportement. Elle vise donc exclusivement des apprentissages comportementaux. Ainsi, puisqu'il était impossible de faire un vidéo de ce qui se passe dans la tête de quelqu'un pour présenter un modèle, il était convenu que cette technique ne pouvait être utilisée dans un apprentissage d'ordre cognitif. Cependant Harmon et Evans (1984) suggèrent une approche qu'ils appellent le modelage cognitif. Cette approche se veut très semblable à celle du modelage du comportement. À l'heure actuelle, elle vise principalement l'acquisition de techniques de prise de décision. Leur modèle se subdivise en quatre étapes :

1) Le modelage s'effectue en présentant étape par étape le processus de prise de décision. Des modèles visuels et des graphiques sont utilisés.

2) La reproduction est effectuée par des exercices et des études de cas.

3) Les cas sont analysés et le principe du renforcement social est utilisé.

4) Finalement le transfert est assuré par l'utilisation de vrais problèmes vécus par les participants dans leur propre milieu de travail.

Ces expériences sont embryonnaires et d'autres pistes de recherches jumelant les principes de l'apprentissage social et l'approche cognitive restent à explorer.

En plus des recherches touchant directement le modèle d'apprentissage, d'autres recherches s'effectuent présentement sur une utilisation plus étendue de cette pratique.

Les *recherches empiriques* essaient surtout de vérifier l'utilisation pratique de l'approche avec des contenus différents. Dans cette optique, Sorcher et Spence (1982) relatent une expérience effectuée en Afrique du Sud. Cette expérience utilisait les techniques de modelage du comportement afin de faciliter la relation entre les superviseurs blancs et leurs employés noirs.

Cette formation avait été donnée autant aux superviseurs qu'aux employés. Elle recherchait une participation plus active des employés au processus de travail, par exemple on enseignait aux employés à donner leurs opinions concernant un problème particulier se produisant à leur niveau d'intervention (une des difficultés rencontrées était que, dans certains pays africains, la culture des employés s'opposait à ce qu'ils donnent leur opinion). Ces difficultés ont été surmontées et les résultats sont encourageants.

Dans le même contexte interculturel, Dobbs (1983) tente de vérifier si cette approche est exportable dans d'autres pays. À cette fin, elle vérifie si les principes clés, de rehausser l'estime de soi, d'écouter avec empathie et d'engager les employés dans la solution de problème sont rattachés à une notion culturelle. Jusqu'à maintenant, il lui semble que certains facteurs culturels peuvent influencer l'utilisation de ces principes clés. Elle précise que les notions d'individualisme et de collectivité et celles de masculinité et de féminité sont vécues de façon différente d'une culture à l'autre. Selon Dobbs, chacune de ces notions est associée à des valeurs culturelles liées à la perception de soi de l'individu. Elles peuvent donc avoir une influence directe sur l'utilisation de cette technique.

Toutefois avec ces recherches, la porte est ouverte vers l'exportation de cette approche et c'est précisément en regardant ailleurs que nous conclurons.

Conclusion

Dans ce chapitre, nous avons présenté les origines théoriques du modelage du comportement. Nous avons étudié son utilisation pratique et démontré son efficacité dans la formation en milieu de travail et nous avons terminé en résumant les recherches sur cette approche. Nous ne pouvons conclure qu'en regardant vers l'avenir.

Dans un univers qui rétrécit de jour en jour, toute technique qui favorise la mondialisation des marchés n'est plus perçue comme un luxe, mais comme une nécessité.

Tant sur le plan de la gestion des affaires que sur le plan humain, nous avons besoins de moyens pour faciliter la communication interculturelle. La technique du modelage du comportement pourrait permettre d'adopter des comportements de communication appropriés en interaction avec des groupes ethniques différents du nôtre. Ces comportements peuvent être utilisés à plusieurs fins tant pour le commerce international que pour l'accueil des nouveaux immigrants. Bref, si jusqu'à maintenant le modelage du comportement s'est montré efficace pour la formation en gestion dans le milieu de travail, les recherches en modelage du comportement sont encore relativement récentes et les frontières de l'utilisation efficace de cette approche ne sont pas encore connues. Une bonne partie du potentiel de cette technique reste encore à découvrir.

Références bibliographiques

ABLESON, R. P. (1981). « Psychological Status of the Script Concept », *American Psychologist*, vol. 36, pp. 715-729.

ADLER, Seymour (1983). « Subordinate Imitation of Supervisor Behavior : The Role of Supervisor Power and Subordinate Self-Esteem », *Social Behavior and Personality*, vol. 11, n° 2, pp. 5-10.

BANDURA, A. (1977a). « Self-Efficacy : Toward a Unifying Theory of Behavioral Change », *Psychological Review*, vol. 84, pp. 191-215.

BANDURA, A. (1977b). *Social Learning Theory*, Englewood Cliffs, N.J., Prentice-Hall.

BÉDARD, J. (1990). « La formation et le recyclage de la main-d'œuvre en cours d'emploi », dans Michel GRANT (sous la direction de), *Enjeux des années 1990 pour les relations industrielles*, rapport du 26ᵉ congrès de l'Association canadienne des relations industrielles, 4, 5, 6 juin 1989, Université Laval, Québec, Association canadienne des relations industrielles.

BIRKENBACH, X. C., KANSFER, L. et MORSHUIZEN, J. D. (1985). « The Development and Evaluation of a Behavior Modeling Training Programme for Supervisors », *South African Journal of Psychology*, vol. 15, n° 1, pp. 11-19.

BRANNON, D. (1985). « Adult Learning Principles and Methods for Enhancing the Training Role of Supervisors », *The Clinical Supervisor*, vol. 3, n° 2, pp. 27-41.

BURKE, M. G. et DAY, R. R. (1986). « A Cumulative Study of the Effectiveness of Managerial Training », *Journal of Applied Psychology*, vol. 71, n° 2, pp. 232-245.

BYHAM, W. C. (1988). *Zapp*, Washington, Library of Congress.

BYHAM, W. C., ADAMS, D. et KIGGINS, A. (1976). « Transfer of Modeling Training to the Job », *Personnel Psychology*, vol. 29, pp. 345-350.

CARDINAL, L. et LAMOUREUX, C. (1990). « L'estime de soi : atout ou contrainte pour la gestion des ressources humaines », dans Michel GRANT (sous la direction de), *Enjeux des années 1990 pour les relations industrielles*, rapport du 26ᵉ congrès de l'Association canadienne des relations industrielles, 4, 5, 6 juin 1989, Université Laval, Québec, Association canadienne des relations industrielles.

CAROLL, S. J., PAINE, F. T. et IVANCEVICH, J. J. (1972). « The Relative Effectiveness of Training Methods-Expert Opinion and Research », *Personnel Psychology*, vol. 25, pp. 495-509.

CLARK, R.E. et VOOGEL, A. (1985). «Transfer of Training Principles for Instructional Design», *Educational Communication and Technology Journal*, vol. 33, n° 2, pp. 113-123.

DAVIS, B.L. et MOUNT, M.K. (1984). «Effectiveness of Performance Appraisal Training Using Computer Assisted Instruction and Behavior Modeling», *Personnel Psychology*, vol. 37, pp. 439-452.

DECKER, P.J. (1983). «The Effects of Rehearsal, Group Size and Video Feedback in Behavior Modeling», *Training*, vol. 36, pp. 763-773.

DECKER, P.J. et NATHAN, B.R. (1985). *Behavior Modeling Training*, New York, Praeger.

DOBBS, J. (1983). «Does Behavior Modeling Work Outside the U.S.?», *Training and Development Journal*, octobre, pp. 53-54.

DUBÉ, L. (1986). *Psychologie de l'apprentissage de 1880 à 1980*, Québec, Presses de l'Université du Québec.

FESTINGER, L.A. (1957). *A Theory of Cognitive Dissonance*, Evanston, Ill., Row, Peterson.

FINN, W.T. (1984). «Keep your Eye on the Sales Training Manager», *Training and Development Journal*, juillet, pp. 65-67.

GAGNÉ, R.M. (1965). *The Conditions of Learning*, New York, Holt, Rinehart and Winston.

GAGNÉ, R.M. (1979). «Educational Technology and the Learning Process», *Educational Research*, vol. 3, n° 1, pp. 3-8.

GIOA, D.A. et MAN, C.C. (1985). «Linking Cognition and Behavior: A Script Processing Interpretation of Vicarious Learning», *Academy of Management Review*, vol. 10, pp. 527-539.

GOLDSTEIN, A.P. et SORCHER, M. (1973). «Changing Managerial Behavior by Applied Learning Techniques», *Training and Development Journal*, vol. 27, n° 3, mars, pp. 36-39.

GOLDSTEIN, A.P. et SORCHER, M. (1974). *Changing Supervisor Behavior*, New York, Pergamon Press.

GRIPPIN, P. et PETERS, S. (1984). *Learning Theory and Learning Outcomes, The Connection*, Lanham, University Press of America.

GUIMOND, P. (1982). «Le *Behavior Modeling*, ou comment être efficace et le demeurer», *Performance*, vol. 6, n° 3, juin-juillet, p. 12.

HACCOUN, R.R., GARWOOD, J.B. et OELTJEN, P.D. (1982). «La rentabilisation de la formation pour les années 1980», *Commerce*, mai, pp. 110-114.

HARMON, P. et EVANS, K. (1984). « When to Use Cognitive Modeling », *Training and Development Journal*, mars, pp. 67-68.

HOGAN, P. M., HAKEL, M. D. et DECKER, P. J. (1986). « Effects of Trainee-Generated Versus Trainer-Provided Rule Codes on Generalization in Behavior Modeling Training », *Journal of Applied Psychology*, vol. 71, n° 3, pp. 469-473.

HULTMAN, K. (1986). « Behavior Modeling for Results », *Training and Development Journal*, décembre, pp. 60-63.

INSTITUT DE RECHERCHES PSYCHOLOGIQUES (1984). *Le counselling des adultes en vue de la prise de décisions : une orientation pragmatique*, Ottawa, Centre d'édition du gouvernement du Canada, Approvisionnements et services.

JARDILLIER, P. (1988). « Le développement humain dans l'entreprise », dans SOCIÉTÉ FRANÇAISE DE PSYCHOLOGIE, PSYCHOLOGIE DU TRAVAIL, *Développement des hommes et des structures de travail. Quels outils, quel moyens*, Paris, Entreprise moderne d'édition.

KIRKPATRICK, D. L. (1976). « Evaluation of Training », dans L. CRAIG (sous la direction de), *Training and Development Handbook*, New York, McGraw-Hill Book Co., pp. 18-27.

KIRKPATRICK, D. L. (1978). « Evaluating in House Training Programs », *Training and Development Journal*, septembre, pp. 6-9.

KNOWLES, M. S. (1973). *The Adult Learner : A Neglected Species*, Houston, Gulf.

KNOWLES, M. S. (1983). « Andragogy : An Emerging Technology for Adult Learning », dans M. RIGHT (sous la direction de), *Education for Adults : Adult Learning and Education*, Londres, Croom Helm.

LANTHIER, J. P. (1991). *Module problème de rendement et de comportement, session gestion et leadership*, Montréal, Groupe Lanthier Inc.

LATHAM, G. P. et SAARI, L. M. (1979). « Application of Social-Learning Theory to Training Supervisors Through Behavioral Modeling », *Journal of Applied Psychology*, vol. 64, n° 3, juin, pp. 239-246.

LUTHANS, F. et DAVIS, T. R. V. (1984). « Beyond Modeling : Managing Social Learning Processes in Human Resource Training & Development », dans L. BAIRD, C. SCHNEIER et D. LAIRD (sous la direction de), *The Training and Development Sourcebook*, Amherst, Mass., Human Resource Development Press.

McGEHEE, W. et TULLAR, W. L. (1978). « A Note on Evaluating Behavior Modification and Behavior Modeling as Industrial Training Techniques », *Personnel Psychology*, vol. 31, n° 3, automne, pp. 477-484.

MANN, R.B. et DECKER, P.J. (1984). «The Effect of Key Behavior Distinctiveness on Generalization and Recall in Behavior Modeling Training», *Academy of Management Journal*, décembre, pp. 900-911.

MANZ, C.C. et SEINS, H.P. (1986). «Beyond Imitation : Complex Behavioral and Affective Linkages Resulting from Exposure to Leadership Training Models», *Journal of Applied Psychology*, vol. 91, pp. 571-578.

MAYER, S.J. et RUSSELL, J.S. (1987). «Behavior Modeling Training in Organizations Concerns and Conclusions», *Journal of Management*, vol. 13, n° 1, pp. 21-40.

MEYER, H.H. et RAICH, M. (1983). «An Objective Evaluation of a Behavior Modeling Training Program», *Personnel Psychology*, vol. 36, pp. 755-761.

PARRY, B.S. et REICH, L.R. (1984). «An Uneasy Look at Behavior Modeling», *Training and Development Journal*, mars, pp. 57-62.

ROBINSON, J.C. (1982). *Developing Managers Through Behavior Modeling*, Austin, Texas, Learning Concept.

ROSENBAUM, B. (1984). «Back to Behavior Modeling», *Training and Development Journal*, novembre, pp. 88-89.

ROWNTREE, D. (1982). *Educational Technology in Curriculum Development*, 2ᵉ édition, Londres, Harper & Row.

RUSSELL, J.S., WEXLEY, K.N. et HUNTER, J.E. (1984). «Questioning the Effectiveness of Behavior Modeling Training in an Industrial Setting», *Personnel Psychology*, vol. 37, pp. 465-479.

SCHNEIER, C.E. (1984). «Training and Development Programs: What Learning Theory and Research Have to Offer», dans L. BAIRD, C. SCHNEIER et D. LAIRD (sous la direction de), *The Training and Development Sourcebook*, Amherst, Mass., Human Resource Development Press.

SILLAMY, Norbert (sous la direction de) (1980). *Dictionnaire encyclopédique de psychologie*, Paris, Bordas.

SORCHER, M. et SPENCE, R. (1982). «The Interface Project : Behavior Modeling as Social Technology in South Africa», *Personnel Psychology*, vol. 35, pp. 557-581.

TELLIER, Y. (à paraître). «Le développement organisationnel», dans R. TESSIER et Y. TELLIER (sous la direction de), *Changement planifié et développement des organisations*, Sillery, Les Presses de l'Université du Québec, tome 8.

WEXLEY, K.N. (1984). «Personnel Training», *Annual Review of Psychology*, vol. 35, pp. 519-551.

Conclusion
Que reste-t-il de nos amours ?

Parmi les spécialistes du changement planifié, ceux et celles qui, aujourd'hui en 1992, ont 50 ans ou plus d'âge, et ce même si le présent les satisfait, que l'avenir leur sourit, vous parleront sans doute avec émotion de la décennie de 1950 à 1960. À ce point dans la vie, on est forcément nostalgique de sa prime jeunesse! Elle a suffisamment reculé dans le rétroviseur du temps pour laisser paraître des enjolivements consentis plus facilement au passé lointain qu'à des événements survenus récemment. Même des vingtaines tourmentées ou fragiles — car il était à la fois déroutant et grisant d'entrer dans les années 60 — en arrivent à laisser dans nos albums souvenirs «Quelques photos, chères photos du temps passé! »

Que faisions-nous en 1960? Pratiquons-nous aujourd'hui diverses fonctions que nous avons apprises hier — en particulier la consultation et la formation — selon des méthodes et dans un esprit où nous reconnaîtrions les traces d'un héritage, celui du mouvement des relations humaines, dans celles de ses manifestations qui concernaient, et concernent toujours, le changement des organisations et des communautés? Si jamais nous continuons de le cerner, cet héritage, à quel avenir nous paraît-il destiné? Comment nous imaginons-nous en l'an 2000 ou 2010? Que serons-nous devenus, alors, et quelles formes auront prises nos pratiques de formation et de consultation? S'en trouvera-t-il encore où l'on reconnaîtra une certaine signature, une certaine formule distinctive faite à la fois de techniques, d'attitudes, d'idées et de valeurs? Une méthode et sa théorie contenant toujours tous ces éléments en vue d'en proposer une synthèse au sein de laquelle une grille de lecture est transformée en code opératoire. Faudra-t-il encore, demain, participer à la gestion et gérer la participation? Serons-nous mieux préparés à le faire comme participants et participantes, membres d'un personnel ou citoyennes et citoyens, comme leaders gestionnaires, ou cadres responsables de la supervision, comme consultants et consultantes ou formatrices et formateurs? Une andragogie par le groupe, du type de la méthode du laboratoire, où l'apprentissage utilise les productions du groupe et la métacommunication, comme matériaux de départ, sera-t-elle encore une stratégie éducative majeure? Aussi bien les interventions externes que les programmes internes visant la formation de divers personnels feront-ils toujours appel aux postulats pédagogiques fondamentaux d'une méthode centrée sur l'expression des perceptions et l'échange du *feed-back*? Il faudrait, ici, revenir aux plus belles pages de Max Pagès et de Fernand Roussel pour retrouver la saveur très particulière du monitorat des groupes de formation en îlots culturels hétérogènes ou dans le cadre des tout premiers groupes de famille intra-organisationnels. La non-structure pouvait aller jusqu'à une presque totale centration sur le groupe, seuls les changements de lieux demeuraient interdits. La personne donnant la formation (par monitorat, animation ou consultation) assumait un rôle passablement passif, comparativement aux attentes des apprenants et apprenantes, habitués à un enseignement et une expertise qui paraîtraient à Paulo Freire [1] assez proches d'une conception « bancaire » de l'éducation.

Les monitrices et moniteurs parlaient peu et ne répondaient pas aux questions quant au contenu des échanges auxquels s'adonnait leur groupe, surtout pas aux questions visant à clarifier au plan normatif ce qui se passait dans le groupe.

Q. : À quoi ça rime ce groupe sans structure ? Allez-vous parler un peu plus à la fin du cours ?

R. : Hum ! Hum ! Tu te demandes si je vais parler plus à la fin du cours !

De plus, ces moniteurs et monitrices, non contents de ne pas répondre aux questions quant au *contenu*, ramènent la plupart de leurs interventions à des questions concernant le *processus*. Et il leur arrive souvent, au début de l'époque de la *dynamique des groupes* du mouvement des relations humaines, de donner du *feed-back* aux groupes et aux personnes. Dépassée la phase de pleine centration sur le processus à la Rogers, ils auront tendance à s'exprimer de plus en plus explicitement à l'intérieur du groupe, veillant cependant à demeurer prioritairement soucieux de leur rôle de facilitation du processus, de l'expression et de l'échange de *feed-back* ayant cours parmi les autres participantes et participants du groupe. Ce paradoxal mélange de forte présence émotionnelle et de faible production verbale produisit beaucoup d'angoisse auprès des groupes des premières générations. Pourtant, c'est cet aspect de la situation de formation qui, souvent, les marquera le plus. À un point tel qu'il fallait leur dire à la fin des sessions : « Et, surtout, n'allez pas jouer aux moniteurs et monitrices dans vos usines, vos classes ou vos familles ! »

La rupture avec un style autoritaire d'enseignement et d'expertise, la centration sur le processus ici et maintenant, la facilitation de l'expression ouverte d'une métacommunication intentionnelle appelée *feed-back* interpersonnel, caractériseront le style des consultantes et consultants organisationnels comme celui des formateurs et formatrices au sein des groupes de formation en îlots culturels, d'autant plus que leur stratégie principale de formation sera destinée aux cadres de première ligne et aux contremaîtresses et contremaîtres.

---

1. Paulo FREIRE (1991). « Le dialogue, essence de l'éducation vue comme pratique de la liberté », dans R. TESSIER et Y. TELLIER (sous la direction de), *Changement planifié et développement des organisations*, Sillery, Presses de l'Université du Québec, tome 5, pp. 217-255.

Même si les intervenants et intervenantes en développement organisationnel (DO) ne pratiquent pas la formation en îlots culturels, leur entrée de plain-pied dans le cadre institutionnel ne les empêche pas de se référer au *processus*, d'en tenir compte dans la gestion du changement planifié (de la phase d'entrée, à la négociation, au prédiagnostic jusqu'à la fin du processus). Aldéi Darveau qualifie de « dynamique de groupe classique » le style d'intervention requis de la part des consultantes et consultants externes qui veulent aider un groupe de design à fonctionner adéquatement.

Les méthodes de formation active utilisant le vécu et les productions individuelles et de groupe ont foisonné en éducation populaire, aussi bien dans des lieux sociaux moins formels qu'à l'intérieur d'institutions professionnelles. Les éducateurs et éducatrices encadrent davantage aujourd'hui ; ils proposent des exercices structurés et gèrent le déroulement des activités. Ils ne suivent pas le groupe, comme on disait à l'époque. Le processus y est moins spontané, mais une partie importante de l'information requise pour bien adapter l'intervention et la corriger *ad hoc* est très exactement ce qu'on nommait, ce qu'on nomme toujours, le *processus*. Et seule une relation — entre la consultante ou le consultant et le groupe-client (ou alors entre l'éducateur ou l'éducatrice et les personnes éduquées) — ouverte, confiante, égalitaire, propice aux échanges, où la critique et l'appréciation peuvent s'effectuer de manière non défensive (descriptivement plutôt qu'évaluativement) remplit les conditions requises par toute intervention organisationnelle, aussi bien de formation que de consultation. Les pratiques participatives des approches de la *qualité* (qualité de vie et qualité totale) ont éminemment bénéficié de transferts d'apprentissages (techniques sans doute, mais également éthiques et attitudinaux). Seuls les dinosaures et les individus caractériels n'auront pas adhéré de nos jours à des pratiques managériales, éducatives, thérapeutiques ou parentales, plus égalitaires, où la discussion et la décision par consensus ont supplanté complètement les diktats unilatéraux des autorités hiérarchiques, ou leurs impulsions personnelles. Plus subtilement, toutes les stratégies de changement, sans doute devenues plus modestes, leurs résultats s'avérant moindres que ceux que l'on espérait, toutes les interventions incitant à des changements, s'estiment très utiles du moment qu'elles ont réussi à créer de nouveaux processus capables d'ébranler le *statu quo* ; elles comptent que de nouvelles corrections de tir préciseront les objectifs visés et les actions à venir. Les résultats véritables s'accompagnent toujours d'importantes retombées imprévisibles, tantôt heureuses, tantôt gênantes. Devenus plus tolérants face à des écarts importants entre le plan et la réalisation, les gestionnaires et les conseillères et conseillers, même soucieux de résultats empiriques, comprennent mieux que le processus rationnel de résolution des problèmes, si heureuse qu'en soit la discipline, n'empêche pas le changement planifié de ressembler à un mélange de changements intentionnels et de développements émergents, eux-mêmes à observer afin de mieux comprendre le fonctionnement de l'organisation et de concevoir des stratégies de changement plus adéquates.

Le retour de l'îlot culturel vers des lieux organisationnels ordinaires (unité de production, équipe de gestion, etc.) aura rendu les moniteurs et monitrices, conseillères et conseillers du courant des relations humaines plus économes de temps (et donc, à cause des coûts qu'il implique, plus économes tout court). Le programme de formation structuré peut accélérer l'apprentissage en cernant mieux les contenus pertinents. Un encadrement plus structuré accélère la démarche, en même temps qu'il désamorce une part importante de l'intensité émotionnelle du processus. Il n'en reste pas moins que la pratique du DO et des modes d'intervention apparentés repose sur les habiletés, montrées par les consultants et consultantes, à percevoir, à diagnostiquer et à recadrer des événements vécus, survenus dans trois sous-systèmes sociaux interreliés : l'organisation, la relation entre le système-client et la consultante ou le consultant, l'expérience vécue personnelle de ces derniers (en situation de formation, d'action directe ou d'enquête).

Si les techniques et les idées sont en cause, l'intervention (formation, consultation et enquête inclusivement) requiert surtout des aptitudes et des habiletés, une éthique et une sensibilité particulières. À la fin, seuls des critères éthiques très subtils peuvent distinguer des pratiques manipulatoires d'autres authentiquement égalitaires. Le souci d'égaliser le pouvoir entre les gens s'éduquant et les personnes-ressources concerne également les conseillers et conseillères externes, les cadres, le personnel et le syndicat.

Le XXIe siècle sera surtout le siècle de l'information et de l'éducation. La mise en valeur continue et de plus en plus complète des ressources humaines est intimement liée à cette future prédominance de l'information sur d'autres ressources. La gestion, au XXIe siècle, sera d'abord et avant tout une intégration de nombreuses perspectives quant aux informations pertinentes liées au processus spécifique de l'organisation, mais aussi à un ensemble de processus généraux qui sont ceux de toute organisation. Les organisations de l'avenir seront interactives et les actrices et acteurs sociaux — plus conscients de leur propre devenir — n'auront aucune difficulté à se percevoir comme s'éduquant. Ils en arriveront même à se définir comme des apprenants et apprenantes. Car vivre c'est apprendre ! Et comme, de plus, il est impossible d'apprendre sans communiquer, avec soi-même et avec un certain nombre d'autres personnes considérées comme significatives, même les apprenantes et apprenants les plus autonomes (auxquels aspirent nos utopies) devront dépendre de cadres d'apprentissage (classes, enclos de préparation, rites, initiations diverses). Ils devront, plus que jamais, compter sur le soutien à la fois ferme et fraternel d'un réseau personnel où se retrouveront des individus assumant des rôles de monitorat, de conseil, de facilitation, dans un processus continuel de changements adaptatifs et de négociations en vue d'atteindre et de maintenir une certaine légitimité. Les approches participatives sauront tirer profit, chacune à leur manière, du fait que le mouvement des relations humaines les a précédées, ou accompagnées dans leur propre émergence. Au plan technologique, des sédimentations importantes se sont produites dans les milieux institutionnels et organisationnels (habiletés accrues à percevoir les relations interpersonnelles et intergroupes, et à animer des équipes de travail, mais aussi utilisation des technologies du type « remue-méninges » (*brainstorming*), schémas d'animation et de discussion, critères et méthodes d'évaluation des processsus de groupe, etc.). La liste pourrait s'allonger si on abordait un certain nombre de techniques en DO qui sont fondées sur la production de perceptions personnelles, interpersonnelles et organisationnelles en vue d'augmenter leur convergence, en même temps que la loyauté à des équipes diverses.

Toujours éclectiques au plan technique, au fil de leur propre développement, les diverses approches participatives se retrouvent toutes à un même carrefour où se perd rapidement l'illusion qu'on peut entretenir une sorte de mécanique du changement planifié dont la rationalité serait simple et linéaire. Bien sûr, il est important de mettre le cap sur des objectifs clairs, de concevoir et de contrôler plusieurs scénarios, plusieurs plans sociaux pour arriver à quelque chose de cohérent sur le terrain de l'action sociale. Par contre, l'ambition elle-même derrière les objectifs, l'absence de maîtrise des événements historiques, qui peuvent accélérer, neutraliser, marginaliser des effets de changement jugés pourtant intenses, ces facteurs font que le changement planifié doit être pensé comme un processus mi-orienté, mi-émergent, un peu dans l'esprit épistémologique des Bateson, Morin, Atlan, Dupuis et autres. Le changement planifié appartient à la figure générale de l'action. Et de celle-ci il faudra proposer une conception écologique.

Notices biographiques

François ALLAIRE a obtenu en 1966 de l'Université de Montréal une licence en psychologie sociale. Depuis ce temps, il est formateur et consultant en développement organisationnel. Il a contribué à la formation de personnel, à des recherches appliquées et à des projets de changement planifié dans divers ministères et organismes des gouvernements fédéral et provincial et dans de nombreuses entreprises parapubliques et privées. Entre autres, il a animé un programme de formation au leadership à la Brasserie Molson, à l'Alcan et à l'Union des caisses populaires Desjardins. Pour le Conseil du Trésor du Canada, il a réalisé une étude sur les déterminants psychosociaux de l'implantation des langues officielles dans la fonction publique. Chez Hydro-Québec, il a participé comme consultant à un programme de préparation de la relève à des postes de gestion. Au sein de *General Electric* du Canada, il a procédé à une étude sur la communication entre la direction et les employés, et a formé des facilitateurs pour des équipes semi-autonomes.

Il enseigne également comme chargé de cours au département des communications à l'Université du Québec à Montréal (UQAM) et à celui de psychologie à l'Université de Sherbrooke. Ses principaux intérêts concernent les petits groupes, la consolidation d'équipe, la résolution de conflits et les communications dans les entreprises.

Michèle-Isis BROUILLET détient une licence en droit de l'Université de Montréal, un baccalauréat en psychosociologie de l'UQAM et, depuis 1989, un doctorat en andragogie de l'Université de Montréal. Elle a d'abord enseigné aux adultes à la Faculté d'éducation permanente (FEP) de l'Université de Montréal de 1976 à 1978 avant d'occuper le poste de directrice du programme d'animation de cette même faculté de 1978 à 1981.

Consultante et chargée de cours en formation et en animation depuis 1978, elle a surtout œuvré auprès des milieux de la santé (gérontologie, santé communautaire, centres locaux de services communautaires [CLSC], départements de santé communautaire [DSC], etc.) et de l'éducation (Université de Montréal, UQAM). Ses intérêts de recherche et d'enseignement portent sur les communications interpersonnelles, les groupes restreints et l'écologie de l'interaction éducative. Ainsi les situations d'apprentissage variées et les relations de formation qui s'y développent sont l'objet de ses recherches en communication éducative. Elle s'intéresse particulièrement aux approches systémiques de la communication et aux méthodes de recherches qualitatives en sciences humaines.

Aline FORTIN est titulaire d'une maîtrise en psychologie et d'un doctorat en psychologie sociale, obtenu en 1971 à l'Université de Montréal. Elle a été membre fondateur et consultante de l'Institut de formation par le groupe (IFG). Elle a acquis en outre une expérience de conseillère en administration et enseigné à la faculté des sciences de l'éducation de l'Université de Montréal avant de se tourner vers des rôle de gestion et occuper, dans cette même institution, le poste d'adjointe du vice-recteur à la planification, puis celui d'adjointe du vice-recteur aux études.

Aline Fortin est maintenant retournée à l'enseignement, comme professeure agrégée, à la faculté des sciences de l'éducation dans le département d'études en éducation et d'administration de l'éducation.

Robert T. GOLEMBIEWSKI est chercheur et professeur en sciences politiques et gestion à l'université de Géorgie. Consultant actif en développement organisationnel, il a transmis les résultats de ses recherches dans quelque 350 publications. Ses derniers livres comprennent *High Performance and Human Costs* (Praeger, 1988), *Organization Development* (Transaction, 1989) et *Ironies in Organization Development* (Transaction, 1990).

Robert LESCARBEAU, après un baccalauréat en commerce et un diplôme d'études commerciales, a reçu une maîtrise en éducation de l'Université de Montréal en 1975. De 1964 à 1976, il a été consultant en développement organisationnel dans divers milieux : dans des entreprises de fabrication et de services, des banques et des caisses populaires, dans le secteur hospitalier et dans différents ministères et organismes municipaux.

Depuis 1976, il est professeur au département de psychologie de l'Université de Sherbrooke. Ses principaux intérêts concernent la méthodologie du changement planifié, particulièrement le diagnostic ; l'implantation de changements technologiques et de la gestion participative, c'est-à-dire l'engagement du personnel dans l'élaboration de solutions.

Jean-Michel MASSE détient, depuis 1986, un doctorat en psychologie de l'Université de Montréal. De 1969 à 1972, il a été chargé de projets en formation et en développement organisationnel au Centre interdisciplinaire de Montréal. De 1972 à 1986, il était professeur titulaire à la maîtrise en psychologie organisationnelle à l'Université de Sherbrooke. Il s'est par la suite joint à la firme Lavalin-Econosult, où il fut directeur de la formation et des études organisationnelles et conseiller principal en évaluation de programmes, pour devenir, en 1987, chez Lavalin Formation, vice-président des affaires nationales. Depuis 1989, comme associé principal et vice-président corporatif du Groupe Conseil Éduplus, il offre une expertise conseil à des entreprises en changement et anime des rencontres de concertation. De plus, il contribue à la conception et à l'implantation de programmes de formation en développement des ressources humaines et en gestion de la qualité.

Maurice PAYETTE possède un doctorat en psychologie sociale de l'Université de Paris. Il enseigne à l'Université de Sherbrooke et agit d'autre part à titre de consultant en développement organisationnel et communautaire. Il est également président du Conseil d'administration de la Fédération des CLSC du Québec et membre du Comité institutionnel d'évaluation des programmes de premier cycle de l'Université de Sherbrooke. Il fut aussi, pendant plusieurs années, directeur de la *Revue canadienne de santé mentale communautaire*.

Maurice Payette a publié plusieurs ouvrages. Il est notamment coauteur avec Robert Lescarbeau et Yves St-Arnaud de *Devenir consultant: instrument autogéré de formation*. Il a aussi signé une collaboration au *Manuel québécois de psychologie communautaire sur la consultation communautaire*. Il prépare actuellement un *Guide pratique de la gestion de la motivation dans les organisations bénévoles*.

Jacques RHÉAUME possède une maîtrise en philosophie, une autre en psychologie et a obtenu en 1987 un doctorat en sociologie de l'Université de Montréal. De 1973 à 1978, il a été conseiller pédagogique et consultant en création de programmes pour l'enseignement collégial et universitaire. Depuis 1978, il est professeur à l'UQAM au département des communications.

Dernièrement, il a mené une recherche, financée par les services aux collectivités de l'UQAM, sur la consultation organisationnelle, à partir d'entrevues, et produit un rapport. Il étudie actuellement les programmes d'aide aux employés dans les entreprises du Québec.

Danièle RICARD détient un baccalauréat en communication de l'Université d'Ottawa et une maîtrise en communication organisationnelle de l'Université de Montréal. Elle a reçu un doctorat en technologie éducationnelle de la même université en 1989, après plusieurs années de pratique professionnelle: en formation et en développement organisationnel dans le secteur public aux niveaux fédéral, provincial et municipal; et, à son compte, en consultation dans les entreprises.

Depuis juin 1991, elle occupe un poste de professeur à l'UQAM en gestion des ressources humaines. Elle avait d'abord enseigné comme chargée de cours en communication à l'Université d'Ottawa, et en formation et développement à l'École des hautes études commerciales.

Une expérience plus étroitement liée à sa contribution dans ce volume: engagée par la firme Lanthier Dauphinais, elle a donné des sessions de modelage du comportement en entreprise. Ses recherches actuelles sur le transfert d'apprentissage de la formation en gestion poursuivent la démarche amorcée par sa thèse de doctorat traitant du transfert d'apprentissage dans la formation en milieu de travail.

Fernand ROUSSEL, docteur en psychologie de l'Université de Montréal, enseigna à temps plein à l'Institut de psychologie de cette université. Il fut la figure la plus marquante du mouvement québécois des relations humaines, de la fin des années 50 jusqu'à sa mort prématurée en 1981.

Il a joué un rôle de tout premier plan dans la formulation d'une conception rogérienne du monitorat de groupe et de l'intervention psychosociologique. Aussi doué pour la recherche que pour la pratique, Fernand Roussel a été le maître à penser de la seconde et de la troisième génération de praticiens de la psychologie sociale québécoise. Son livre *Le moniteur d'orientation rogérienne* demeure un important point de repère dans l'histoire francophone de l'intervention psychosociologique.

Michèle ROUSSIN, licenciée en psychologie de l'Université de Montréal en 1958, fut, comme assistante de recherche et monitrice, de la première équipe du Centre de recherche en relations humaines de l'Université de Montréal, organisme qui effectua, au Québec, la toute première percée en recherche sur les groupes et en formation aux relations humaines (1956). Elle fit également partie du noyau fondateur de l'IFG, première institution privée du domaine établie en 1963.

Michèle Roussin, après avoir pratiqué une forme assez classique de dynamique des groupes, s'est spécialisée en psychothérapie et croissance personnelle. Sa pratique empruntait au gestaltisme et à la psychosynthèse, mais son orientation fondamentale est constamment demeurée rogérienne. Elle forma plusieurs intervenants et psychothérapeutes. Son décès, survenu en 1979, a consterné la psychologie québécoise.

Yves ST-ARNAUD a obtenu son doctorat (Ph.D. psychologie) à l'Université de Montréal en 1968. Il a été cofondateur du Centre interdisciplinaire de Montréal, organisme offrant divers services dans le domaine de l'éducation et de la psychologie. Il est présentement professeur titulaire au département de psychologie de l'Université de Sherbrooke, où il a créé, en 1987, le Service de perfectionnement professionnel, devenu, en 1989, le Centre de consultation et de perfectionnement en relations humaines. En 1984, il a reçu le prix du Mérite annuel de la Corporation professionnelle des psychologues du Québec. Il est l'auteur de plusieurs ouvrages qui témoignent de ses travaux de recherche sur les théories de la consultation, le groupe optimal et la science-action : *Dynamique des groupes* (avec J.-M. Aubry), *Les petites groupes : participation et communication*, *Devenir consultant* et *Profession : consultant* (avec M. Payette et R. Lescarbeau).

Donald A. SCHÖN est diplômé en philosophie des universités Yale (B.A.) et Harvard (M.A. et Ph.D.). Son expérience en consultation industrielle, en administration publique et comme président d'une organisation de consultation en recherche sociale à but non lucratif, lui donne un point de vue de chercheur et de praticien sur les questions de l'innovation technologique, de l'apprentissage en milieu de travail et de l'efficacité professionnelle. Il est actuellement professeur titulaire en études urbaines et en éducation au *Massachusetts Institute of Technology*. Il est l'auteur de *The Reflective Practitioner* (1983) et de *Educating the Reflective Practitioner* (1987). Avec Chris Argyris, il a développé les concepts de science-action et de réflexion-dans-l'action grâce auxquels il renouvelle le rapport entre le savoir universitaire et la pratique professionnelle.

Fernand SERRE possède une maîtrise en éducation des adultes de l'université de Chicago, et un doctorat en andragogie de la faculté des sciences de l'éducation de l'Université de Montréal datant de 1978. Il est professeur agrégé de l'Université de Sherbrooke, où il poursuit ses recherches notamment sur l'efficacité et les modèles d'action en matière d'apprentissage et d'intervention. Il a également contribué avec Yves St-Arnaud à l'élaboration de la théorie de la science-action. Il est l'auteur de plusieurs communications, telles que «La formation des professionnels à l'efficacité», présentée au colloque «Travail-formation» (Sherbrooke, 1989) et «Les modèles d'action et l'efficacité des professionnels», présentée à l'Association des gestionnaires en ressources humaines (Sherbrooke, 1989), dont il est un membre actif. Fernand Serre participe en outre au Comité de coordination du projet «Collaboration IRECUS et coopératives d'emploi».

Roger TESSIER a obtenu un doctorat de l'Université de Montréal en 1969 et est professeur depuis 1977 au département des communications à l'UQAM. Il est également membre du comité scientifique du laboratoire de recherche en écologie humaine et sociale (LAREHS).

Outre l'enseignement et la recherche, il se consacre à la publication d'articles et d'ouvrages spécialisés — principalement sur la fonction immunitaire des réseaux de soutien social et sur les fondements épistémologiques de l'intervention psychosociologique — et à des activités de consultation, qui lui ont permis de confronter la science et la pratique.

Mire-ô B. TREMBLAY détient, depuis 1968, un doctorat en psychologie de l'Université de Montréal. De 1970 à 1974, il a été professeur à l'UQAM. Depuis 1974, il continue d'enseigner, comme chargé de cours, à la même université, à l'Université du Québec à Chicoutimi (UQAC) et à Rimouski (UQAR), et à l'Université de Sherbrooke. Il est également psychothérapeute et codirecteur de la clinique de soins holistiques l'Orphélie. Il poursuit présentement une démarche de synthèse dans le domaine de la santé en intégrant les apports de la psychologie transpersonnelle aux médecines traditionnelles et complémentaires. Il est, d'autre part, l'auteur d'écrits sur le changement planifié et les nouvelles thérapies. De plus, il a participé à la création d'un programme de télévision communautaire bidirectionnelle sur la santé mentale ainsi qu'à la création de divers programmes de formation, dont l'actuel certificat en pratiques psychosociales de l'UQAR.